国家作用の本質と体系 I

総則・物権編

仲野 武志

有斐閣

憲法政治ハ東洋諸国ニ於テ曽テ歴史ニ徴証スヘキモノナキ所ニシテ之ヲ我日本ニ施行スルハ事全ク新創タルヲ免レス冀ハクハ各位深思熟慮国家将来ノ為ニ充分討議セラレ国家将来ニ適当ナル機軸ヲ確立セラレンコトヲ

明治二二年六月一八日　伊藤博文枢密院議長

　　　　　　　は　し　が　き

　——「行政法」という名の法典は存在しない。1900本を超える現行法律の大半が"行政法"である。
　行政法の講義は、このような鬼面人を驚かせる命題に始まるのが通例である。
　しかしながら、行政行為をはじめとする各種の行為形式を扱う本論にさしかかると、説明の力点はそれぞれの"入れ物"の働き（行政行為の公定力など）におかれ、肝腎の中身（具体の立法例）については、厖大な数の法律を対象とする割には、ごく限られた紹介がされるにすぎない。
　一体"入れ物"の中には、何が入っているのか。それは、法学的観点からどのように分類され、整序されるのか。この問いに答えるためには、"入れ物"の中身を総ざらいし、全件調査を敢行しなければならない。その際、ある政策目的（自然環境の保全、都市空間の整備、金融システムの安定などなど）にかかわる立法例だけを抽出するといったような、学問的必然性を欠く母集団の限定は許されない。政策の分類が法の分類と一致する保障はない上、現行法律はすべて国法規範として等位にあり、一つの体系をなすものとして整合的に解釈されねばならないからである。本書は、私権形成的行政行為（所有権をはじめとする私権を発生させ、変更し、消滅させる行政行為）という"入れ物"の中身を網羅的に分析するものである。
　筆者が初めてこの課題に取り組んだのは、平成15年から20年にかけて断続的に東北大学の紀要に掲載された「法律上の争訟と既得権の観念（2〜9・未完）」にさかのぼる。同論文は、前例のない企てであったため見落としが多く、実際の立法に携わる前であったため条文の読みも浅く、文字どおり覚え書きの域を出ないものであった。本書は、この初出論文を全面的に加筆修正したものに相当する（ただし、第2編補章のみ、本書への収録に先立って法学論叢172巻4・5・6号（平25）に寄稿した。）。
　本書の考察順序は、（私権のカタログである）民法典の目次——総則・物権・債権編——に準拠しているが、このうち本巻に収録したのは、総則・物権編のみである。債権編及び全体のまとめについては、目下大詰めを迎えている債権

i

法改正作業の結果を見届けた上で、公表することとした（総則編第4章・物権編第2章についても、債権編と関連が深いため、続巻で取り上げる予定である。）。

　本書は、前著『公権力の行使概念の研究』（有斐閣・平19）に続く、筆者の長編第二作である。前著は、"権利"として各人が可分的に主張するのに適さない不可分利益を承認し、保護する点に、行政法固有の役割を見出すものであった。しかしながら、不可分利益を承認し、保護する行政行為は、その反面において、個人の"権利"を侵害するものであることが珍しくない（例えば道路事業のための収用裁決は、利用者たるべき者の不可分利益を承認し、保護する一方、土地所有者の私権を剥奪する行為である。）。不可分利益と"権利"をいかに調和させてゆくかこそは、行政法学の永遠の課題である。筆者が私権形成的行政行為という"入れ物"を選択したのは、私権という（国家から賦与されたものでないという意味で）既得の"権利"を形成する国家作用の全容を解明することを通じて、立法によっても侵害しえない"権利"の領域がいかなる範囲で存するかを突き止めたかったからにほかならない。

　立法例の網羅的な分析という独特のスタイルゆえ、本書は、どの章・節から読み始めても支障のないものとなっている。国内外の書店を逍遙していると、ハプスブルク帝国、オスマン帝国などを題材とした"読む事典"が人気を博しているようである。本書の外観はそこまで華やかでないが、似たような性格の書物として受け止めていただいても結構である。現行法制の起源を探っていると、近代法を非西欧社会に継受し、発展させるという、先人たちの壮大な挑戦の足あとに遭遇することがまれでない。井上毅、梅謙次郎や松本烝治といった教科書を賑わす著名人はもとより、都筑馨六、一木喜徳郎や花井卓蔵といった千両役者たちが、掛け声も高らかに登場する。彼らの息詰まる論戦については、逐一転載することは叶わなかったが、脚註をたどって速記録等の一次資料に行き着けるようにしておいた。

　ともあれ、本書は、東北大学及び京都大学の恵まれた研究環境の賜物にほかならない。東北大学の藤田宙靖名誉教授（前最高裁判事）及び稲葉馨教授からは、移ろいゆく諸政策・諸立法の基層に、確乎たる理論的視座を築くことの重要性を教えていただいた。京都大学の高木光・岡村忠生両教授は、ともに明快な合理主義的思考の持ち主として、ややもすると思索のための思索に陥りがちな筆者の惑いを日々吹き飛ばして下さっている。

はしがき

　内閣法制局の宮﨑礼壹・梶田信一郎両長官（いずれも当時）及び山本庸幸・横畠裕介両部長（それぞれ現最高裁判事・法制次長）は、（故）成田頼明教授以来40年ぶりに学界から出向した筆者に、同局のほぼすべての業務を経験させて下さった。同局で日々要求される、法学部の専門科目や省庁の所管を超えた分野横断的な検討は、生半可な研究者には到底太刀打ちのできないものである。なお、国会答弁等を引用した箇所を除き、本書の叙述は同局の見解とは無関係であることをお断りしておきたい。

　（故）成田教授及び同じく法制局OBでもあられる西谷剛教授は、ほとんど反応らしい反応もなかった初出論文の段階から、くりかえし激励の手紙をお寄せ下さった。（故）成田教授に本書の完成を報告できなかったことは、ただただ残念でならない。

　中川丈久・角松生史両教授をはじめとする神戸大学の皆様からは、東日本大震災の直後、仮研究室を提供していただくなど、心温まる支援を賜った。東京大学の塩野宏・小早川光郎両名誉教授及び宇賀克也教授には、助手時代から、おりにふれて御指導を忝くしている。本書の上梓に臨んでは、京都大学百周年基金から出版助成を受けるとともに、有斐閣書籍編集第一部・京都支店の伊丹亜紀・柳澤雅俊両氏に根気のいる編集作業を担当していただいた。

　最後に、いつも勝手ばかりで迷惑をかけどおしの妻と子供たち、とりわけ献身的な妻に感謝の意を表したい。

平成26年2月11日　　　　　　　　　　　　洛北・糺ノ森そばにて
　　　　　　　　　　　　　　　　　　　　　仲　野　武　志

目　　次

序　　説 ―――――――――――――――――――――― 1

第1編　総　則 ――――――――――――――――――― 17

第1章　人 ·· 19

第1節　自然人の権利能力を形成する国家作用　19

第1款　自然人の権利能力を発生させる国家作用　19

第1目　自然人の権利能力を発生させる立法作用　19
第2目　自然人の権利能力を発生させる司法作用　19
第3目　自然人の権利能力を発生させる行政作用　19

第2款　自然人の権利能力を変更する国家作用　20

第1目　自然人の権利能力を変更する立法作用　20
第2目　自然人の権利能力を変更する司法作用　21
第3目　自然人の権利能力を変更する行政作用　21

第3款　自然人の権利能力を消滅させる国家作用　21

第1目　自然人の権利能力を消滅させる立法作用　21
第2目　自然人の権利能力を消滅させる司法作用　22
第3目　自然人の権利能力を消滅させる行政作用　22

第2節　自然人の行為能力を形成する国家作用　23

第1款　自然人の行為能力を発生させる国家作用　23

第1目　自然人の行為能力を発生させる立法作用　23
第2目　自然人の行為能力を発生させる司法作用　23
第3目　自然人の行為能力を発生させる行政作用　23

第2款　自然人の行為能力を変更する国家作用　23

第1目　自然人の行為能力を変更する立法作用　23
第2目　自然人の行為能力を変更する司法作用　23

第3目　自然人の行為能力を変更する行政作用　*25*

　　第3款　自然人の行為能力を消滅させる国家作用　*25*

　　　第1目　自然人の行為能力を消滅させる立法作用　*25*

　　　第2目　自然人の行為能力を消滅させる司法作用　*25*

　　　第3目　自然人の行為能力を消滅させる行政作用　*25*

第2章　法　　　人 …………………………………………… *27*

第1節　法人の権利能力を発生させる国家作用　*27*

　　第1款　法人の権利能力を発生させる立法作用　*27*

　　第2款　法人の権利能力を発生させる司法作用　*31*

　　第3款　法人の権利能力を発生させる行政作用　*32*

第2節　法人の権利能力を変更する国家作用　*41*

　　第1款　法人の権利能力を変更する立法作用　*41*

　　第2款　法人の権利能力を変更する司法作用　*43*

　　第3款　法人の権利能力を変更する行政作用　*47*

第3節　法人の権利能力を消滅させる国家作用　*66*

　　第1款　法人の権利能力を消滅させる立法作用　*66*

　　第2款　法人の権利能力を消滅させる司法作用　*69*

　　第3款　法人の権利能力を消滅させる行政作用　*69*

第3章　物 ……………………………………………………… *75*

第1節　物を発生させる国家作用　*75*

　　第1款　物を発生させる立法作用　*75*

　　第2款　物を発生させる司法作用　*78*

　　第3款　物を発生させる行政作用　*83*

第2節　物を変更する国家作用　*107*

　　第1款　物を変更する立法作用　*107*

　　第2款　物を変更する司法作用　*107*

第3款　物を変更する行政作用　*107*

　　第3節　物を消滅させる国家作用　*121*
　　　第1款　物を消滅させる立法作用　*121*
　　　第2款　物を消滅させる司法作用　*126*
　　　第3款　物を消滅させる行政作用　*126*

第4章　法 律 行 為（＊続巻に収録予定）

第5章　時　　　　効 ………………………………………… *134*

　　第1節　時効を進行させる国家作用　*134*
　　　第1款　時効を進行させる立法作用　*134*
　　　第2款　時効を進行させる司法作用　*134*
　　　第3款　時効を進行させる行政作用　*135*

　　第2節　時効を停止する国家作用　*137*
　　　第1款　時効を停止する立法作用　*137*
　　　第2款　時効を停止する司法作用　*143*
　　　第3款　時効を停止する行政作用　*145*

　　第3節　時効を中断する国家作用　*147*
　　　第1款　時効を中断する立法作用　*147*
　　　第2款　時効を中断する司法作用　*147*
　　　第3款　時効を中断する行政作用　*148*

　　第4節　時効を形成するその他の国家作用　*151*
　　　第1款　時効を形成するその他の立法作用　*151*
　　　第2款　時効を形成するその他の司法作用　*152*
　　　第3款　時効を形成するその他の行政作用　*152*

第2編　物　権 ——————————————153

第1章　総　則 …………………………………………… 155

第1節　占有及び占有権　*155*
第2節　所有権及び所有権類似の物権　*156*
第3節　用益物権　*159*
第1款　地上権、永小作権及び地役権　*159*
第2款　採石権　*161*
第4節　担保物権　*162*
第1款　留置権　*162*
第2款　先取特権、質権及び抵当権　*167*

第2章　占有権（＊続巻に収録予定）

第3章　所有権 …………………………………………… *173*

第1節　所有権を発生させる国家作用　*173*
第1款　所有権を発生させる立法作用　*173*
第2款　所有権を発生させる司法作用　*180*
第3款　所有権を発生させる行政作用　*180*
第2節　所有権を変更する国家作用（狭義）　*190*
第1款　所有権を変更する立法作用（狭義）　*190*
第2款　所有権を変更する司法作用（狭義）　*191*
第3款　所有権を変更する行政作用（狭義）　*195*
第3節　所有権を変更する国家作用（広義）　*206*
第1款　所有権を変更する立法作用（広義）　*206*
第2款　所有権を変更する司法作用（広義）　*210*
第3款　所有権を変更する行政作用（広義）　*210*
第4節　所有権を消滅させる国家作用　*226*

第 1 款　所有権を消滅させる立法作用　*226*
　　　第 2 款　所有権を消滅させる司法作用　*227*
　　　第 3 款　所有権を無償で消滅させる行政作用　*231*
　　　第 4 款　所有権を有償で消滅させる行政作用　*240*
　　　　第 1 目　土地所有権を有償で消滅させる行政作用　*240*
　　　　第 2 目　建物所有権を有償で消滅させる行政作用　*257*
　　　　第 3 目　動産所有権を有償で消滅させる行政作用　*261*
　　　　第 4 目　企業を構成する動産・不動産の所有権を有償で消滅させる行政作用　*269*
　　第 5 節　所有権の限界を形成する国家作用　*277*
　　　第 1 款　所有権の限界を形成する立法作用　*277*
　　　第 2 款　所有権の限界を形成する司法作用　*277*
　　　第 3 款　所有権の限界を形成する行政作用　*277*
　　第 6 節　共有関係を形成する国家作用　*280*
　　　第 1 款　共有関係を発生させる国家作用　*280*
　　　　第 1 目　共有関係を発生させる立法作用　*280*
　　　　第 2 目　共有関係を発生させる司法作用　*281*
　　　　第 3 目　共有関係を発生させる行政作用　*281*
　　　第 2 款　共有関係を変更する国家作用（狭義）　*285*
　　　第 3 款　共有関係を変更する国家作用（広義）　*285*
　　　　第 1 目　共有関係を変更する立法作用（広義）　*285*
　　　　第 2 目　共有関係を変更する司法作用（広義）　*285*
　　　　第 3 目　共有関係を変更する行政作用（広義）　*286*
　　　第 4 款　共有関係を消滅させる国家作用　*286*
　　　　第 1 目　共有関係を消滅させる立法作用　*286*
　　　　第 2 目　共有関係を消滅させる司法作用　*286*
　　　　第 3 目　共有関係を消滅させる行政作用　*287*

第 4 章　地　上　権　*289*

　第 1 節　地上権を発生させる国家作用　*289*

第 1 款　地上権を発生させる立法作用　*289*

　　　第 2 款　地上権を発生させる司法作用　*289*

　　　第 3 款　地上権を発生させる行政作用　*292*

　第 2 節　地上権を変更する国家作用（狭義）　*297*

　　　第 1 款　地上権を変更する立法作用（狭義）　*297*

　　　第 2 款　地上権を変更する司法作用（狭義）　*297*

　　　第 3 款　地上権を変更する行政作用（狭義）　*300*

　第 3 節　地上権を変更する国家作用（広義）　*303*

　　　第 1 款　地上権を変更する立法作用（広義）　*303*

　　　第 2 款　地上権を変更する司法作用（広義）　*303*

　　　第 3 款　地上権を変更する行政作用（広義）　*304*

　第 4 節　地上権を消滅させる国家作用　*305*

　　　第 1 款　地上権を消滅させる立法作用　*305*

　　　第 2 款　地上権を消滅させる司法作用　*305*

　　　第 3 款　地上権を消滅させる行政作用　*309*

第 5 章　永 小 作 権 …………………………………………… *321*

　第 1 節　永小作権を発生させる国家作用　*321*

　　　第 1 款　永小作権を発生させる立法作用　*321*

　　　第 2 款　永小作権を発生させる司法作用　*321*

　　　第 3 款　永小作権を発生させる行政作用　*321*

　第 2 節　永小作権を変更する国家作用（狭義）　*322*

　　　第 1 款　永小作権を変更する立法作用（狭義）　*322*

　　　第 2 款　永小作権を変更する司法作用（狭義）　*322*

　　　第 3 款　永小作権を変更する行政作用（狭義）　*323*

　第 3 節　永小作権を変更する国家作用（広義）　*323*

　　　第 1 款　永小作権を変更する立法作用（広義）　*323*

第 2 款　永小作権を変更する司法作用（広義）　*324*
　　　第 3 款　永小作権を変更する行政作用（広義）　*324*
　第 4 節　永小作権を消滅させる国家作用　*324*
　　　第 1 款　永小作権を消滅させる立法作用　*324*
　　　第 2 款　永小作権を消滅させる司法作用　*324*
　　　第 3 款　永小作権を消滅させる行政作用　*325*

第 6 章　地　役　権 ……………………………………… *327*

　第 1 節　地役権を発生させる国家作用　*327*
　　　第 1 款　地役権を発生させる立法作用　*327*
　　　第 2 款　地役権を発生させる司法作用　*327*
　　　第 3 款　地役権を発生させる行政作用　*328*
　第 2 節　地役権を変更する国家作用（狭義）　*329*
　　　第 1 款　地役権を変更する立法作用（狭義）　*329*
　　　第 2 款　地役権を変更する司法作用（狭義）　*329*
　　　第 3 款　地役権を変更する行政作用（狭義）　*329*
　第 3 節　地役権を変更する国家作用（広義）　*330*
　第 4 節　地役権を消滅させる国家作用　*330*
　　　第 1 款　地役権を消滅させる立法作用　*330*
　　　第 2 款　地役権を消滅させる司法作用　*330*
　　　第 3 款　地役権を消滅させる行政作用　*330*

第 7 章　留　置　権 ……………………………………… *333*

　第 1 節　留置権を発生させる国家作用　*333*
　　　第 1 款　留置権を発生させる立法作用　*333*
　　　第 2 款　留置権を発生させる司法作用　*333*
　　　第 3 款　留置権を発生させる行政作用　*333*

第2節　留置権を変更する国家作用（狭義）　*334*

　　第1款　留置権を変更する立法作用（狭義）　*334*

　　第2款　留置権を変更する司法作用（狭義）　*334*

　　第3款　留置権を変更する行政作用（狭義）　*339*

　第3節　留置権を変更する国家作用（広義）　*342*

　第4節　留置権を消滅させる国家作用　*342*

　　第1款　留置権を消滅させる立法作用　*342*

　　第2款　留置権を消滅させる司法作用　*342*

　　第3款　留置権を消滅させる行政作用　*352*

第8章　先取特権 …………………………………… *357*

　第1節　先取特権を発生させる国家作用　*357*

　　第1款　先取特権を発生させる立法作用　*357*

　　第2款　先取特権を発生させる司法作用　*357*

　　第3款　先取特権を発生させる行政作用　*357*

　第2節　先取特権を変更する国家作用（狭義）　*367*

　　第1款　先取特権を変更する立法作用（狭義）　*367*

　　第2款　先取特権を変更する司法作用（狭義）　*367*

　　第3款　先取特権を変更する行政作用（狭義）　*367*

　第3節　先取特権を変更する国家作用（広義）　*368*

　第4節　先取特権を消滅させる国家作用　*368*

　　第1款　先取特権を消滅させる立法作用　*368*

　　第2款　先取特権を消滅させる司法作用　*368*

　　第3款　先取特権を消滅させる行政作用　*369*

第9章　質　　権 …………………………………… *373*

　第1節　質権を発生させる国家作用　*373*

第1款　質権を発生させる立法作用　*373*

　　　第2款　質権を発生させる司法作用　*374*

　　　第3款　質権を発生させる行政作用　*375*

　　第2節　質権を変更する国家作用（狭義）　*377*

　　　第1款　質権を変更する立法作用（狭義）　*377*

　　　第2款　質権を変更する司法作用（狭義）　*378*

　　　第3款　質権を変更する行政作用（狭義）　*379*

　　第3節　質権を変更する国家作用（広義）　*382*

　　第4節　質権を消滅させる国家作用　*383*

　　　第1款　質権を消滅させる立法作用　*383*

　　　第2款　質権を消滅させる司法作用　*384*

　　　第3款　質権を消滅させる行政作用　*385*

第10章　抵　当　権 …………………………………… *389*

　　第1節　抵当権を発生させる国家作用　*389*

　　　第1款　抵当権を発生させる立法作用　*389*

　　　第2款　抵当権を発生させる司法作用　*389*

　　　第3款　抵当権を発生させる行政作用　*391*

　　第2節　抵当権を変更する国家作用（狭義）　*397*

　　　第1款　抵当権を変更する立法作用（狭義）　*397*

　　　第2款　抵当権を変更する司法作用（狭義）　*398*

　　　第3款　抵当権を変更する行政作用（狭義）　*399*

　　第3節　抵当権を変更する国家作用（広義）　*400*

　　第4節　抵当権を消滅させる国家作用　*401*

　　　第1款　抵当権を消滅させる立法作用　*401*

　　　第2款　抵当権を消滅させる司法作用　*402*

　　　第3款　抵当権を消滅させる行政作用　*405*

補　章　入会権・旧慣使用権……………………………………… *412*

第1節　総　　則　*412*

第2節　入会権・旧慣使用権を変更する国家作用（狭義）　*418*

第1款　入会権・旧慣使用権を変更する立法作用（狭義）　*418*
第2款　入会権・旧慣使用権を変更する司法作用（狭義）　*420*
第3款　入会権・旧慣使用権を変更する行政作用（狭義）　*420*

第3節　入会権・旧慣使用権を変更する国家作用（広義）　*429*

第4節　入会権・旧慣使用権を消滅させる国家作用　*429*

第1款　入会権・旧慣使用権を消滅させる立法作用　*429*
第2款　入会権・旧慣使用権を消滅させる司法作用　*430*
第3款　入会権・旧慣使用権を消滅させる行政作用　*430*

第3編　債　　　権（＊続巻に収録予定）

　事項索引　*439*
　人名索引　*443*
　法令索引（日本法）　*446*
　法令索引（外国法）　*466*

本書のコピー，スキャン，デジタル化等の無断複製は著作権法上での例外を除き禁じられています。本書を代行業者等の第三者に依頼してスキャンやデジタル化することは，たとえ個人や家庭内での利用でも著作権法違反です。

凡　例

◇わが国の法令（第１編以下）

＊法令の制定（前法の全部改正を含む。以下同じ。）から廃止（後法による全部改正を含む。以下同じ。）まで（現行法令にあっては本書刊行時まで）の間に改正がなかった条項については、原則として初出の法令に限り、**題名の後**に括弧書きで制定・廃止に係る法令番号を略記した（但し、措置法律（序説参照）については、制定に係る法令番号のみを掲げた。）。

＊法令の一部改正により追加・削除された条項については、**条の後**に括弧書きで追加・削除に係る法令番号を略記した（但し、措置法律（序説参照）については、追加に係る法令番号のみを掲げた。）。

＊法令番号の略記中の「明」「大」「昭」「平」は明治・大正・昭和・平成を、「法」「政」「勅」「布告」「布達」「達」は法律・政令・勅令・太政官布告・太政官布達・太政官達を指す（「(布)」は、法令全書が編纂された際、太政官布告と看做された法令を指す。）。

＊法令番号の略記中の「緊勅」は帝国憲法８条１項に基づく勅令を、「総勅」は国家総動員法に基づく勅令を、「ポ勅」「ポ政」はポツダム宣言ノ受諾ニ伴ヒ発スル命令ニ関スル件に基づく勅令・政令を指す。

＊法令番号の略記中の「衆法」「参法」は、特に衆議院・参議院議員提出法律案であることを示したい場合に用いた。その後の数字は提出番号でなく法律番号である。

＊**ゴシック体**の法令の条項は、本書刊行時に効力を有する条項である。（旧）、（旧々）等を付した法令だけが廃止法令でないことに留意されたい。

＊題名に（旧）、（旧々）等を付した法令は、後法と題名を同じくする前法、前々法等である（官制には、これを用いない。）。

＊２以上の法令の条項を**矢印**で繋いであるのは、原則として、後者が前者を廃止するなど前法後法関係にあることを示している。例外的に、時間的断絶があるものの、ほぼ同じ事項を対象とした新旧法令についても、系統的な分り易さを重視して、これを用いた場合がある。

凡　例

＊本文で言及した帝国憲法下の法令の条文は、原則として、脚註に掲載しておいた。
＊現憲法下の法律の条文は、略記した法律番号を手掛りに「衆議院・制定法律」(http://www.shugiin.go.jp/index.nsf/html/index_housei.htm) で確認することが出来るため、掲載を省略した。
＊法令中の用字は、制定・追加時のものに統一した（但し、「取消」「取消し」等単純なものについては、現行規定の用字によった場合がある。）。

◇外国の法令
＊わが国の法令と異なり、制定・追加に係る公布日・法令番号のみを付記し、（旧）、（旧々）等も用いなかった。
＊イギリスの法律名は、正式の略称によった。

◇その他
＊康熙体の漢字、変体仮名（諺文を含む。）、繰返し記号、独文のひげ文字 (Fraktur) 等は、現在の慣用体に改めた。
＊人名（引用文献の著者等を除く。）には、原則として、当時の職名を付した。但し、戦後の研究者の所属大学名は省略し、存命の研究者の職名は本書刊行時のものとした。
＊文献の引用は、改訂版が出されている場合にも、原則として、該当箇所が初めて掲載された版から行った。
＊同一文献を2回以上引用する場合、邦語文献は本書全体で、欧語文献は章単位で初出を区切った。
＊第2編補章中、法学論叢172巻4・5・6号（平25）355頁以下になく、本書で追加した脚註は、［……］で示した。
＊続巻を参照している箇所は、〈……〉で示した。

xv

序　説

　(1)　本書は、わが国の実定法に見られる私権形成的な国家作用の立法例を網羅的に探索し、それらが如何なる理論的根拠によって正当化されるかを類型的かつ系統的に分析することを通じて、私権という国家から賦与されざる既得権（wohlerworbenes Recht）につき、法律をもってしても侵害し得ない領域があるとすれば、それは那辺に存するかを解明しようとするものである。

　「私権」とは、狭義には「物権」「債権」を指す[1]が、本書ではより広義に、両者の主体（「人」「法人」）たる資格、前者の客体（「物」）たる資格、両者の発生原因たる精神行為（「法律行為」）及び「時効」の利益を含めて用いておく[2]。

　私権「形成的」とは、私権を当事者の意思に拘わらず発生させ、変更し、又は消滅させることを指す[3]。「変更」とは、狭義には私権の内容の変更のみを指し、広義には私権の主体の変更も含む[4]（本書の見出しでは、前者を「変更（狭義）」、後者を「変更（広義）」と表現した。）。

---

1)　民法施行法 36 条・53 条 1 項は、「物権」「債権」が国家から賦与された権利でないことを示している。
2)　「物権」「債権」が既得権である以上、「人」「物」「法律行為」が前国家的存在であることはいうまでもない。これに対し、「法人」は民法施行前から存するもののみが前国家的存在とされ（民法施行法 19 条 1 項）、「時効」の利益も既得権といえない場合が多い（出訴期限規則（明 6 布告 362 − 明 31 法 11）以前の法状況につき参照、内池慶四郎『出訴期限規則史略』（慶應義塾大学法学研究会・昭 43）24〜28 頁）が、便宜上、他の既得権と併せて取り上げておく。
3)　国（国庫）の私権を形成する国家作用については、私人の（本権に基づかない）占有があるにも拘わらず国の私権を発生させるもののみ取り上げる（国が自らの私権を変更し、消滅させるのは、単なる自己制限と捉えておく。）。この外、所有者の意に反して制限物権を設定することにより所有権の内容を変更する国家作用については、所有権の章を減量するため、便宜上、制限物権を発生させる国家作用の章に配当した。制限物権を形成する合意（講学上の物権行為）を発生させる国家作用についても、便宜上、制限物権を形成する国家作用の章に配当した。物権行為は、債権行為と異なり、履行の問題を生じないからである。
4)　（旧）不動産登記法 1 条（現・不動産登記法 3 条）にいう「権利ノ……変更」との異同につき参照、吉野衛『注釈不動産登記法総論』上巻新版（金融財政事情研究会・昭 57）86 頁。

序　説

　講学上の公用収用を始めとする移転的原始取得については、甲に属する権利を消滅させると同時に乙に属する権利を発生させるものと捉えておく[5]。これに対し、講学上の公用使用（土地の使用裁決（土地収用法47条の2第1項）等）は、所有権の内容を変更するのでなく、所有権の行使たる事実行為を禁ずるもの[6]と捉えておく。

　「形成」は、事実的・物理的でなく、法的・精神的な作用である。例えば、講学上の公用収用が所有権を消滅させる法的行為であるのに対し、いわゆる破壊消防（消防法29条1～3項）は物を破壊する事実行為に止まり、本書の範囲外である（後者における所有権の消滅は、物の滅失に伴い当然に生ずる効果に過ぎない。）。

　「国家作用」とは、法律（法律に基づく命令を含む。以下同じ。）、裁判（以下法規（Rechtssatz）と処分（Verfügung）の対比に倣い「司法処分」という。）及び行政処分を指す。

　私権形成的な法律には、講学上の措置法律（Maßnahmengesetz）——特定の人又は物[7]のみに適用される法律——と措置法律以外の法律（以下「通常の法律」という。）とがあり得るが、本書では、次の二点に鑑み、前者のみを取り上げる。第一に、措置法律は法律の形式を纏った行政処分であり、通常の行政処分と連続性を有しているからである。第二に、私権形成的な法律は、私権が当然に変動する要件を定めた法律（以下「民法特別法」という。）から定義上区別されねばならない[8]が、通常の法律にあっては、両者を判別することがしばしば

5）　参照、大決大3・11・3民録20輯881頁。
6）　「元来所有権は多くの個別的な権能の合計せられたものではなく、包括的・渾一的な一個の権利であるのであるから、その中から使用の権能を取離してそれを収用するということは所有権の性質上考え得られない矛盾であって、従ってこの〔公用使用の〕場合にも、所有権中の使用の権能が収用せられるのではなく、所有権の上に新にその目的物を使用する〔私権でない〕権利が設定せられ、その結果それに対応して所有権の内容が制限せられるのであると解すべきであ」る（柳瀬良幹『公用負担法』（有斐閣・昭35）131頁）。但し、最判平17・11・1判時1928号25頁〔盛岡都市計画制限〕藤田補足意見は、前者の構成を少なくとも原理的には排除していない。
7）　「特定」には、共時的な特定（「この法律の施行の際現に存する……」といった経過規定に多い。）も含めておく。
8）　森林法186条（共有林の分割請求の制限）を違憲とした最大判昭62・4・22民集41巻3号408頁は、「財産権は、それ自体に内在する制約があるほか、……立法府が社会全体の利益を図るために加える規制により制約を受けるものである」と説示しており、両「制約」はそれぞれ民法特別法及び私権形成的な法律に相当する。同条の源流たるプロイセン・共同林ニ関スル法律

困難だからである。

　私権形成的な司法処分は、非訟事件の決定（非訟事件手続法 54 条）に多いが、訴訟事件の判決にも見られる。筆者は行政法を専門とするため、これらについては、行政処分及び措置法律との対比上最小限の考察を試みるに止めた。

　私権形成的な司法処分と異なり、私権の存否及び範囲を確認する裁判は、一般に、司法権の管轄に留保された事項（以下「司法管轄留保事項[9]」という。）だと認識されている。私権形成的な司法処分にも司法管轄留保事項が存在するかという問題は、本書にとって重大な関心事の一つである。

　本書の各編・各章は、民法の編・章と概ね一致している。即ち、各種の私権が各章に割り振られ、各章は発生、変更及び消滅の三節に分かたれ、各節は立法、司法及び行政の三款に分かたれている。

　とはいえ、本書には「法律行為」「占有権」の各章及び「債権」編は収録されていない。これは、債権法改正に向けた検討作業が長期化しつつあるためである（「法律行為」は「債権」編と深く関連しており、「占有権」には債権に基づくものもある。）。それらについては、改正結果を見届けた上で公表したい。

　(2)　本書の狙いは、次の五点に要約される。

　第一は、行政訴訟法の研究に比して大幅に立ち後れている行政実体法の研究を前進させることである。

　実定行政法の数は、元々民刑事法と比べて格段に多い。織田京都帝大教授は、早くも明治末期にこの事実に歎息していた[10]が、同じ思いは、現代の行政法学者の共有するところでもある。併しながら、昭和初期までの公法学者は、決して個別行政法との対峙を諦めてはいなかった。それどころか、織田教授を始めとする少なからぬ公法学者は、同時代の公式法令集を精査した上で、自らの行

　　（Gesetz über gemeinschaftliche Holzungen, vom 14. März 1881）6 条 1 項は、前者に当たるようにも見えるが、森林法 186 条（(旧) 森林法 6 条を踏襲したもの）は、後者として立案されている（参照、林野庁経済課編『森林法解説』（林野共済会・昭 26）399〜400 頁）。

9）　この語は、J．リヴェロ（兼子仁他訳）『フランス行政法』（東大出版会・昭 57）187 頁の訳語に倣った。但し、フランスでいう司法管轄留保事項は、財産法上の私権の存否及び範囲の確認に止まらない。

10）　「諸法令ハ既ニ積テ山ノ如ク浩翰ニシテ尽ク読ムニ堪ヘサルニ拘ラス年々歳々相次テ制定セラル、所ノ新法令ノ数甚多クシテ殆ト応接ニ遑アラス」（織田萬「行政法統一ノ必要」京都法学会雑誌 1 巻 3 号（明 39）2 頁）。

政法理論を組み立てていたと推定される[11]。これは、当時の実定行政法が絶対数としてはなお通覧可能な範囲に止まっていたからである。『現行法令輯覧』は、明治40年に二巻構成、昭和2年に三巻構成となったが、これを読破するのは（法律に限れば）決して不可能な作業でなかった。

　この幸福な環境は、昭和12～13年の支那事変議会（第73回帝国議会）を転機に"法律の洪水"が常態化したことによって一変する。『現行法令輯覧』は加除式となり、過去の一時点における全法令を鳥瞰することは不可能となった。平成25年11月1日現在、総務省行政管理局「法令データ提供システム」に収録されている法令の総数は7900件、法律だけでも1897件の多きに上っている。

　このような事態に直面して、戦後の行政法学界では、それぞれの研究対象に関係する立法例を分野横断的に博捜して行政実体法の全容を描いた業績は、稀にしか現れなくなっている[12]。量的には、たまたま裁判例で問題となった個別行政法を訴訟法的視角から深掘りした業績が、多数を占めているように見受けられる。

　併しながら、苟も実定法学を標榜する以上、裁判例で問題となったかに拘わらず実定法体系を十全に認識することは、それが如何に膨大であろうとも、行政法学にとって本来避けて通れない使命の筈である[13]。本書は、この課題に取

---

[11]　市村光恵「公水と私水」京都法学会雑誌4巻2号（明42）74～75頁には、内川義章編『現行類聚法規大全』増訂6版（中外出版社・明39）と目される法令集の関連部分を読破したことが明記されている。個別行政法を詳細に叙述した市村光恵『行政法原理』（宝文館・明39）も、同様の方法によった可能性が高い。そうすると、後者に優るとも劣らない、織田萬『日本行政法論』（六石書房・明28）から美濃部達吉『日本行政法』下巻（有斐閣・昭15）に至る体系書の多くも、内閣記録課（のち内閣官房記録課）編『現行法令輯覧』（有斐閣書房（のち帝国地方行政学会））等を通覧した上で纏められていたとしても不思議はない。

[12]　近時の例として、西谷剛「計画手続の立法判断」成田古稀『政策実現と行政法』（有斐閣・平10）183頁以下が計画策定手続に関する典型的な立法例を詳細に分析しており、常岡孝好「資料・行政立法手続に関する現行法の規定」同編『行政立法手続』（信山社・平10）223頁以下が命令等の制定手続に関する立法例を包括的に紹介している。筆者も、"違法性の承継"につき、全ての立法例を列挙した上で、一般理論を構想したことがある（参照、拙稿〔判批〕自治研究87巻1号（平23）148頁以下）。

[13]　尤も、このような方法に馴染まないテーマもある。例えば、附款に関する規定（「許可には、条件を付することができる」「前項の条件は、当該許可に係る事項の確実な実施を図るため必要な最小限度のものに限り、かつ、当該許可を受ける者に不当な義務を課することとなるものであってはならない」）は例文に過ぎず、分析する意味は乏しい。ここでは寧ろ、行政実例を素材とする方が捷径であろう。

り組むことにより、学界全体における不均衡を少しでも是正したいと考えている。

その際、本書が用いるのは、立法史的な系統に着目した分析である。

個別行政法といえば如何にも汗牛充棟の観があるが、全てが独創的な立法例という訳ではない。その大半は、先陣を切って導入された立法例に倣った"横並び立法"である（横の系統）。同種の立法例のうちから嚆矢となる立法例を突き止め、"横並び立法"を篩い落とせば、考察対象は大幅に軽減される（本書では、嚆矢となる立法例のみを本文で取り上げ、"横並び立法"は「類例」として註に一括掲記した。）。

嚆矢となる立法例にも、全く零から考案されたものは少なく、従来の立法例を基にしたものが多い。これには、後法が前法を改めた場合（縦の系統）と、前法後法関係にない別分野の立法例から示唆を得た場合（斜めの系統）がある。縦及び斜めの系統を遡れば遡る程、当該法的仕組みの、より簡潔な古典的形態が現れる。本書が廃止法令も取り上げるのは、現行法制の本質を把握するためには、現行法制だけを考察するのでは不十分と考えるからである（単に政策的必要性がなくなったために廃止された法令については、その立法例としての価値は現在も失われていない。）。

第二は、戦後の体系書から放逐された伝統的な行政法各論に代わる、新たな行政法各論のあり方を摸索することである。

行政法総論とは、実定行政法の全部の領域に妥当する理論であり、行政法各論とは、実定行政法の一部の領域に妥当する理論である。行政法各論は、高度に抽象化された行政法総論と無統一に細分化された個別法の解釈論を媒介する位置付けにある。行政法総論は、全ての行政分野に通ずるという要請を満たすため、往々にして最大公約数的な主張に止まりがちである（例えば、「行政行為は命令的行為、形成的行為及び確認的行為の三種に分類される」という命題が個別法の解釈論に裨益する点は、必ずしも多くない。）。このため、行政法各論によって行政法総論を補完し、各行政分野の特性に応じたきめ細かな理論を展開してゆく必要がある。一方、個別法の解釈論は、ともすればカズイスティクに陥りがちであるため、行政法各論によって補完し、より広い視野から方向付けてゆく必要がある。

美濃部東京帝大教授によって集大成された伝統的な行政法各論は、行政作用

序　説

法をその目的・手段を基準として「警察法」「保護及統制の法」「公企業及公物の法」「公用負担法」「財政法」「軍政法」に分類するものであった[14]。これに対しては、法の分類は行政の分類と連動せず、行政作用法を政策目的によって類型化することに学問的必然性はないという原理的な批判が、塩野教授から提起された[15]。かくして伝統的な分類は、爆発的に増え続ける個別行政法の一部を便宜的に大括りした記述概念の域を出ないものとされ、体系書から姿を消した[16]。

　本書は、固より伝統的な行政法各論の分類をそのまま再興することを目指すものでない。本書がそれに代わるものとして構想するのは、次の二段階に亘る分類である。第一は、各項目の見出しに示した"仮分類"（「地上権を消滅させる行政作用」等。これが外見上幾つかに大別・細分される場合には、その旨を各項目の冒頭に示しておいた。）である。これは、私権形成的な行政行為という分析視角から個別行政法を遺漏・重複なく通覧するための道具的な枠組みに過ぎない。この"仮分類"に基づく悉皆調査の結果、同じ類型に属する立法例でも正当化根拠を異にし、異なる類型に属する立法例でも正当化根拠を同じくするものが検出された場合には、初期類型の組替えが行われねばならない。これが本書の目指す"本分類"である。伝統的な行政法各論が行政過程を単位とし、政策目的という事実概念を主たる基準としていたのに対し、本書の"仮分類"及び"本分類"は行政行為を単位とし、それぞれ法的効果及び正当化根拠という法概念・法理論を基準としている[17]。

---

14)　参照、美濃部・前註(11)10頁・287〜288頁・576頁・776頁・845〜846頁・1047頁・1304頁。尤も、それぞれの内容は、論者によって一定していない（公用負担につき参照、柳瀬・前註(6) 1〜8頁）。

15)　「警察法」「公企業法」等を発展させた「秩序行政法」「給付行政法」という成田頼明教授の分類に対する批判として塩野教授は、「事実の分類としての給付行政の存在と、規範的分類としての給付行政法の存在とを直結させているところに、行政作用法的見地からの給付行政法論の誤りがあったのではないかと考えられる」という（塩野宏「行政作用法論」(昭47)『公法と私法』（有斐閣・平元）213頁）。

16)　最後の体系書として参照、遠藤博也『行政法Ⅱ（各論）』（青林書院新社・昭52）及び小高剛『行政法各論』（有斐閣・昭59）。尤も、最近になって原田大樹『例解行政法』（東大出版会・平25)が行政法各論の再生を試みており、今後の展開が注目される。

17)　本書の分類に対しては、行政法各論でなく、行政法総論を精緻化したものに外ならないという反駁もあり得よう（例えば、塩野・前註(15)231頁にいう「分類」は、本書でいう行政法総論における分類とされている（同233頁註59及び塩野宏「行政法の対象と範囲」前註(15)249頁も

このように、本書が構想する行政法各論は、行為形式を単位とするため、唯一絶対のものでなく、分析視角の数だけ行政法各論が成立する可能性がある。本書がまずもって私権形成的な行政行為を分析視角として選んだのは、それが私法秩序に直接かつ内在的に干渉する点で、最も深刻な社会的影響を齎す国家作用と考えられるからである。
　第三は、憲法学と行政法学を方法論的に架橋するための行政法サイドからの準備作業を行うことである。
　憲法学界では、私権形成的な措置法律に限らず民法特別法も含めた、財産権を制約する立法全般の違憲審査基準につき、豊富な研究業績の蓄積が見られる。そこでは、森林法186条（共有林の分割請求の制限）を違憲とした昭和62年の最高裁判決等[18]の基準を一応受け容れた上、その内包・外延を吟味するのが大勢のようである[19]。
　憲法学は、法律テクスト（森林法186条）が憲法テクスト（憲法29条2項）に牴触しないかを問うが、本書は、法律テクストが類似の諸法律から成るコンテクストに牴触しないかを問う。森林法186条——措置法律でないため本書の対象外であるが——を例に採れば、共有物の分割請求を制限する立法例としては、同条以外にも、分収林特別措置法4条、土地改良法94条の4の2第4項及び被災区分所有建物の再建等に関する特別措置法4条がある。併しながら、前者が制限の範囲・期間を限定していないのに対し、後三者はいずれもこれを限定している。前者は、後三者との差異につき合理的な説明を見出し得ないため、"相場"から突出した立法例として、正当化困難とされるのである。
　尤も、憲法学と本書が全く異なった問題に取り組んでいるといえるかは、極めて微妙である。憲法29条2項は当然の事理を確認したテクストのようにも

参照）が、本文に述べた"仮分類"から懸隔があるものでもない。）。併しながら、それは行政法総論・各論の定義（前述）にいう「領域」をどう理解するかの問題であり、必ずしも生産的な議論とは思われない。
18) 最大判・前註(8)、証券取引法164条1項を合憲とした最大判平14・2・13民集56巻2号331頁及び建物の区分所有等に関する法律70条を合憲とした最判平21・4・23判時2045号116頁。
19) 枚挙に遑ないが、最初期の論攷として参照、佐藤幸治「森林法共有林分割制限違憲判決と違憲審査基準」法学セミナー32巻8号（昭62）14頁以下及び芦部信喜「憲法判例の動向と『二重の基準』理論」（昭63）『人権と憲法訴訟』（有斐閣・平6）475～487頁。

序　説

見え、もしそうだとすれば、憲法学が問題としているのは寧ろ法律テクスト自体の論理内在的な一貫性であることとなり、類似の諸法律との対比が手掛りになることも予想されるからである[20]。逆に、本書にとっても、憲法テクストが手掛りになることも予想される上、そもそも理論的に正当化され得ない法律は少なくとも結論として「違憲」という外ないからである。

　憲法テクストに牴触する法律テクストの範囲と諸法律のコンテクストに牴触する法律テクストの範囲が総体として一致するかは、憲法学者・行政法学者それぞれが既存法体系を悉皆調査して両範囲を同定した上、各結果を照合して初めて答えられる問題である。本書は、このうち行政法学者に要求される作業を引き受けるものである。

　第四は、行政法と民事法が互いに如何なる関係に立っているかを、ありのままに認識することである。

　美濃部教授に代表される戦前の公法・私法二元論は、私法体系を換骨奪胎した超実定法的な公法体系[21]を構想した上、これに則って実定法を解釈しようとするものであった[22]。これに対し、宮沢東京帝大教授は、公法・私法の区別には純理論的な区別と実定法上の区別があり、両者を無自覚に混淆してはならないと批判した[23]。同教授が後者の区別の主たる根拠としたのは、行政裁判所・大審院の管轄配分に関する諸規定であったが、戦後、二元的裁判システムが廃

---

20)　郵便法63条・73条を憲法17条との関係で一部違憲とした最大判平14・9・11民集56集7号1439頁につき参照、尾島明〔判解民平14〕618頁・622～624頁。
21)　O. Mayerや美濃部教授がいわば人為的に作り上げた「公法体系」と別に、パンデクテン体系と同じくローマ法に歴史的淵源を有する「公法体系」がどの程度包括的に実在したかについての検討は、筆者の能力を超える。かかる「ローマ行政法」につき参照、佐々木雅「古代ローマ特許命令行政序説」法学論叢172巻4・5・6号（平25）484頁。
22)　例えば同教授は、「権利ニ公法上ノ権利ト私法上ノ権利トヲ区別スルノハ決シテ法律ノ明文ガアルカラデハナクシテ、学者ガ学問上ノ研究ノ為ニ権利ノ性質カラ此ノ如キ区別ヲ認メルノデアル」と宣言し、法の一般理論としての「公法上ノ物権」概念を樹立する（美濃部達吉「公法上ノ物権及ヒ公法上ノ債権（二）」法学協会雑誌27巻8号（明42）52頁・55～56頁）。そして、返す刀でこれを現実の法制に当て嵌め、国の私所有権は道路の公用開始に伴い「公法上ノ所有権」へと転化し、軌道の特許（軌道条例1条）は「公法上ノ地上権」を設定するものであり、国は関税未納の貨物（（旧）関税法5条1項）に対し「公法上ノ留置権」を有するといった主張を展開するのである（それぞれ参照、同60～61頁及び同「公法上ノ物権及ヒ公法上ノ債権（三）」法学協会雑誌27巻9号（明42）97頁・98頁）。
23)　参照、宮沢俊義「公法・私法の区別に関する論議について」（昭10）『公法の原理』（有斐閣・昭42）5頁。

止されると、後者の区別の存在は必ずしも自明でなくなった。

今日では、前者の区別については、これをアプリオリな前提とするのは実証主義的な解釈論を展開する上で寧ろ桎梏であり、後者の区別についても、民事法と行政法が相互排他的に立法されている[24]といった予断を交えることなく"行政に固有な法"の存在形態をあるがままに探究するという塩野教授の立場[25]が、広く共有されるに至っている。

本書もまたこの立場を共有しているが、"行政に固有な法"をホイリスティーシュに管見するのでなく、"行政に固有な法"の核心に位置する行政行為と民事法の本体をなす私権との接触面を取捨選択抜きに通覧した上、私権形成的な行政行為の体系的な分類に挑戦するものである(美濃部教授と異なり、本書が目指す体系は、パンデクテン体系と対置される自己完結的な体系でなく、かつ、専ら制定法に準拠したものである。)。

第五は、内閣法制局による法令審査を公法学の対象に組み入れるための準備作業を行うことである。

法令案が既存法体系と整合的かを審査することは、同局による法令審査の本丸を占める[26]が、従来、これを包括的に取り上げた研究は見当たらない。法令審査は、参事官限りの下相談から始まる草案等の段階と部長説明以降の段階に大別されるところ、草案等については、それらを管理すべき各府省がこれまで必ずしも十分に国立公文書館に移管して来なかった[27]ため、本格的な分析を可能とするだけの素材を蒐めるのが困難だからであろう。本書もまた、実際に行われた法令審査を素材とするものでない(無論、国会答弁等で同局の見解が表明されている場合には、適宜引用した。)。

公文書等の管理に関する法律の施行に伴い、このような状況が改善されるか

---

24) 但し、戦後においても、特定多目的ダム法のように、公法・私法の相互排他性を特に意識して立案された法律もある(参照、國宗正義「ダム使用権の法律的諸問題——特に河川法・物権法との関連」法律時報29巻7号(昭32)63頁。

25) 参照、塩野宏「公法・私法概念の再検討」(昭58)『公法と私法』(有斐閣・平元)131〜137頁。

26) 参照、西谷剛「政策の立法判断(一)」自治研究71巻11号(平7)10〜11頁・「政策の立法判断(二・完)」自治研究12号(平7)6頁、松永邦男他『自治立法』(ぎょうせい・平14)337〜338頁及び拙稿「内閣法制局の印象と公法学の課題」北大法学論集61巻6号(平23)191頁。

27) これに対し、部長説明資料を骨幹とする法案審査録は、これまでも定期的に、内閣法制局から国立公文書館に移管されている(参照、拙稿・前註198頁註12)。

は、なお不透明である。本書は、資料的な制約が解消される日を待ちつつ、試行的な検討を手掛けるものに止まる。

(3) 本書と先行業績との関係は、次の通りである。

市村京都帝大助教授は、明治末期に著した体系書中に「私権ヲ設定スル処分」「私権ヲ廃止変更スル処分」という分類を掲げ、わが国における私権形成的行政行為（privatrechtsgestaltender Verwaltungsakt）論の先鞭を付けた。そこでは、「個々ノ法規ニ就キテ之ヲ見ルノ外一般ノ原則ヲ立ツル能ハス」として、個別行政法から遊離した総論的考察が誡められている[28]。

第一次大戦以降のドイツでは、統制経済の進展を背景に私権形成的行政行為が続々と実定化され、その性質が盛んに論じられた。それは、私権形成的行政行為には高度の法的安定性が要求され、取消・撤回及び無効原因が通常よりも制限されるといった総論的な考察を志向するものであった。これに対し田中東京帝大助教授は、かかる命題は相対的・傾向的なものに止まるとして、私権形成的行政行為の一般理論を構築することに疑問を投げ掛けた[29]。原大阪商大教授は、恐らくこの点を踏まえ、統制法という各論領域に絞って私権形成的行政行為を俎上に載せた[30]。

戦後の行政法学界では、必ずしも多くはないものの、個別行政法に即した私権形成的行政行為の分析が深められている。とりわけ論争を捲き起したのが、国営空港の供用差止を求める民事訴訟を不適法とした大阪空港判決[31]であった。同判決の伊藤補足意見は、公共用飛行場〔現・空港〕の設置の決定（航空法55条の2第2項・40条）等を、人格権に基づく妨害排除請求権を剥奪する行政処分として把握しているようにも読めたからである。高木教授は、ドイツにおける私法関係形成許可[32]（privatrechtsgestaltende Genehmigung）と対比しつつ、そ

---

28) 市村・前註(11)『行政法原理』179〜180頁・188〜189頁。但し、後者の分類には物を破壊する事実行為も含められている（参照、同180頁）。同じく美濃部達吉『日本行政法』初版（有斐閣・明42）152頁は、私法上の権利を設定し、変更し及び剥奪する行政行為、清水澄『国法学第2編行政篇』上巻下（清水書店・明43）1321〜1322頁は、私権を設定し、移転し、及び消滅させる行政行為という分類をそれぞれ呈示している。

29) 参照、田中二郎「私法関係を形成する国家行為」法学協会雑誌51巻3号（昭8）182〜183頁。本文に述べた限りで同旨、原龍之助「私法関係を形成する行政行為——其の性質及び適用原理」民商法雑誌12巻6号（昭15）31〜32頁。

30) 参照、原龍之助『統制と行政法の理論』（有斐閣・昭19）172〜177頁。

31) 最大判昭56・12・16民集35巻10号1369頁。

のような理解に懐疑を示した[33]。山下教授も、いわゆる公定力と私法関係形成効の差異を吟味しつつ、原子炉の設置許可（核原料物質、核燃料物質及び原子炉の規制に関する法律23条1項）等は私法関係形成許可でないと結論付けている[34]。

近年では、知的財産権侵害物品の水際取締り[35]等の新たな立法例に触発される形で、斎藤教授が私法関係に対する行政権の関与をテーマとする一連の論攷を発表している。そこでは、私権の存否及び範囲を確認する行政処分も行政訴訟を通じた司法審査がされる限り憲法上排斥されないこと[36]、特許権を形成する行政過程においては、図式的な権力分立観でなく、行政処分の効果が司法審査に及ぼす影響を精細に限界付けることにより、特許庁・裁判所の役割分担を決すべきこと[37]等が提唱されている。

筆者は、これら貴重な先行業績の成果を咀嚼した上、私権形成的行政行為の棚卸し（Bestandsaufnahme）に取り組むものである。

本書は、筆者自身の先行研究との関係では、前著『公権力の行使概念の研究』（有斐閣・平19）と相俟って"車の両輪"をなすものである[38]。前著では、私権が行政処分による利害調整に組み込まれて単独的主張を許されなくなる局面を総論的に考察したが、本書では、私権がそのような組込みを受けない範囲はどこまでかを各論的に考察するものだからである。

---

32) その濫觴は、北ドイツ連邦・営業法（Gewerbeordnung für den Norddeutschen Bund, vom 21. Juni 1869）26条に遡る。
33) 参照、高木光「公共事業の差止」（昭57）『事実行為と行政訴訟』（有斐閣・昭63）84頁。同旨、阿部泰隆『行政救済の実効性』（弘文堂・昭60）73〜74頁。高木・同頁は、私法関係形成許可に当たる可能性のあるわが国の立法例として、公有水面の埋立免許（公有水面埋立法2条1項）を挙げている。埋立区域内に漁業権（漁業法23条1項により物権と看做される）が存する場合、それらが同免許により消滅すると解せば（反対、山口真弘＝住田正二『公有水面埋立法』（日本港湾協会・昭29）143〜146頁）、漁業権に基づく妨害排除請求も出来なくなるという趣旨であろう。
34) 参照、山下竜一「ドイツにおける許可の私法関係形成効(三・完)」経済研究（大阪府立大学）43巻3号（平10）11〜17頁。
35) 平成6年に新設された権利者の申立てに基づく認定手続（現・関税法69条の13以下）は、従来型の職権による手続と競合しており、過去に例を見ない（第2編第3章第4節第3款参照）。
36) 参照、斎藤誠「私人間紛争に対する行政の権力的関与──『行政法理と私法秩序』に関する一考察」成田古稀『政策実現と行政法』（有斐閣・平10）179頁。
37) 参照、斎藤誠「知的財産法のシステムと行政法理──判定・審判をめぐる素描」中山還暦『知的財産法の理論と現代的課題』（弘文堂・平17）618〜620頁。
38) 本書は、前著337頁註190に予告した「別稿」に外ならない。

序　説

(4)　最後に、本書の方法論につき、三点ほど補足しておく。

第一に、本書は専らわが国(外地を含む。)の法令を対象とする(時期的には、概ね明治23年——(旧)民法(いわゆるBoissonade民法)の制定により私法体系が整備された年——以降とするが、沿革上必要があれば更に遡る。)。

外国法については、母法と目されるものは可能な限り調べ上げたが、それ以外の"比較法のための比較法"は、本書の目的とするところでない。但し、外地法令に準ずる外国法令(後述)及び占領から復帰までの間の沖縄におけるアメリカ法令[39]は、わが国の法令と併せて取り上げる。

外地法令[40]としては、台湾の律令[41]及び朝鮮の制令[42]のうち、内地法令と異なる内容を定めたもの[43]及び内地法令と同じ内容を先んじて定めたもの[44]だけ

---

39)　その種別につき参照、宮里政玄＝島袋鉄男「米国の沖縄統治基本法の系譜」宮里編『戦後沖縄の政治と法——1945－72年』(東大出版会・昭50) 273頁以下及び久貝良順「戦後沖縄における法体系の整備——登記簿・戸籍簿を含めて」沖大法学9号(平2) 83頁以下。なお、本土における連合国最高司令官の命令指示も直接国民を拘束する(参照、最大決昭27・4・2民集6巻4号387頁)が、直接私権を形成するものは見当たらない。

40)　概説として参照、松岡修太郎『外地法』新法学全集5巻(日本評論社・昭11)、清宮四郎「外地の法的概念」(昭18)『外地法序説』(有斐閣・昭19)、山崎丹照『外地統治機構の研究』(高山書院・昭18)、中村哲『植民地統治法の基本問題』(日本評論社・昭18)、田中二郎「国法の地域的効力の限界——特殊法域に於ける法形式の研究(一)」法学協会雑誌62巻8号(昭19) 22頁以下、条約局第三課『外地法令制度の概要』外地法制誌二部(昭32)、中村哲「植民地法(法体制確立期)」鵜飼信成他編『講座日本近代法発達史』5巻(勁草書房・昭33) 173頁以下、浅田豊美『帝国法制の構造と展開』(平16)『帝国日本の植民地法制』(名古屋大学出版会・平20) 296頁以下及び向英洋『詳解旧外地法』(日本加除出版・平19)。なお、山中永之佑「植民地帝国日本における内地・朝鮮・台湾統治法の比較研究」渡辺追悼『日本社会と法律学』(日本評論社・平21) 909頁以下は、概説を含まない。

41)　参照、条約局法規課『律令総覧』外地法制誌3部の2 (昭35)。

42)　参照、条約局法規課『制令』前編・後編 外地法制誌4部の1 (昭35)。なお、諺文表記であるが、制令の下位法規である朝鮮総督府令(朝鮮総督府官制(明43勅354－昭27条約5) 4条)の分野別索引として参照、鄭肯植『朝鮮総督府法令体系分析』(韓国法制研究院・2003) 143～370頁。

43)　本書の範囲外から例を採れば、寺刹令(明44制令30－1961韓国法律994)は、昭和2年の宗教法案等が社寺上地処分等によって過度に官有と査定された境内地等を譲与するための受け皿となる法人を整備する点に主眼があった(参照、内政史研究会『有光次郎氏談話速記録』(同会・昭43) 5頁)のに対し、法人を正面に出さない宗教施設法制のあり方を示している。また、朝鮮河川令(昭2制令2－1961韓国法律892(河川法))は、流水の占用許可((旧)河川法18条→河川法23条)に代えて、流水の引用許可・注水許可という構成を採っていた(20条2号)。これは、「流水の占用」という概念が不明確であるという批判(後の時代のものであるが参照、田中二郎他「河川法の改正をめぐって」ジュリスト257号(昭38) 29頁〔金沢良雄〕)に応えるものとなっている。

を取り上げる。律令及び制令は、それぞれ台湾総督及び朝鮮総督が法律事項について定めた命令であるが、いずれも勅裁（即ち法制局審査）を要した[45]ため、外地の特殊性が存する限りで内地法令の例外を認めるものとなっている[46]。それらは、内地法令の研究にとって好個の比較素材を提供している。

　律令及び制令が日本法として最終的に失効したのは、日本国との平和条約（いわゆるサンフランシスコ講和条約）の発効日（昭27・4・28）である。尤も、同日に存する制令は、南朝鮮では、1945年在朝鮮美国陸軍司令部軍政庁法令21号1条を経た韓国・憲法（1948）100条により、韓国法律として効力を有することとなっていた。その全てが形式的にも韓国法律に切り換えられたのは、1961年から62年にかけてである[47]。本書は、現代東アジア比較法を志す読者のため、韓国法律によって廃止された制令については、韓国法としての廃止情報を掲げておいた[48]。これに対し、同日に存する律令については、中華民国法として効力を有するとされたか自体が不明瞭なものが多い[49]ため、日本法としての廃止情報のみを掲げておいた。

---

44)　本書の範囲外から例を採れば、朝鮮土地改良令（昭2制令16－1961韓国法律948（土地改良事業法））は、内地の耕地整理法1条1号と異なり、「灌漑排水ニ関スル設備又ハ工事」を「土地改良」の筆頭に掲げていた（1条1号。立案過程の梗概につき参照、萩原彦三「整備期の回顧」古庄逸夫『朝鮮土地改良事業史』（友邦協会・昭35）135頁）。これは、土地改良法2条2項1号を先取りしたものである。また、朝鮮漁業令（昭4制令1－1953韓国法律295（水産業法））は、漁業権が公益上の必要により取り消された場合の補償を定めていた（61条1項）。渡辺省三『漁業法新論』（水産社・昭5）237～238頁は、内地の（旧）漁業法もこれに倣うべきであると主張したが、それが実現したのは戦後の漁業法39条6項においてである。更に、朝鮮農地令（昭9制令5－1948南朝鮮過渡政府法令173）は、内地の農地調整法8条1項に先駆けて、いわゆる農地賃借権の物権化を規定していた（12条1項）。

45)　それぞれ参照、（旧々）台湾ニ施行スヘキ法令ニ関スル法律（明29法63－明38・3・31）1条・2条1項→（旧）台湾ニ施行スヘキ法令ニ関スル法律（明39法31－大11・1・1）1条・2条→台湾ニ施行スヘキ法令ニ関スル法律（大10法3－昭27条約5）2条・3条及び朝鮮ニ施行スヘキ法令ニ関スル件（明43緊勅324－明44法30）1条・2条→朝鮮ニ施行スヘキ法令ニ関スル法律（明44法30－昭27条約5）1条・2条。

46)　例外が認められない場合には、内地法令に依る旨が律令・制令自体に規定された（これを内地法令の「依用」という。）。但し、台湾ニ施行スヘキ法令ニ関スル法律以降の台湾では、依用でなく内地法令を直接に適用することが優先された（2条）。

47)　それ以前を含む年表として参照、法制処『法制処史』（同処・1983）414～423頁。

48)　制令から切り換えられた韓国法律の現在までの改廃経緯については、韓国法制研究院編『大韓民国法律沿革集』（同院・加除式）を参照されたい。

49)　参照、王泰升「台湾戦後初期的政権転替与法律体系的承接（1945至1949）」国立台湾大学法学論叢29巻1期（1999）22～25頁。

序　説

　外地法令に準ずる外国法令としては、旧韓国法律及び満洲国の教令・勅令のみを取り上げる（前者は訳文が統監府によって告示され、後者は日本語を正文の一つとしている。）。前者は少数である上、殆どが制令に切り換えられたため、過渡的な重要性しか有しない。これに対し、後者には内地の経済統制法令の先駆けとなったものが多い上、民刑事法典は、当時のわが国を代表する研究者・実務家が起草に携わっている[50]。例えば満洲国・民法（康徳4（昭12）勅130）732条[51]は、後の国家賠償法1条を先取りして、不法行為の権利侵害要件を違法性要件に代えているが、これは我妻東京帝大教授の学説[52]を実定化したものである（満洲国・民法は、ほぼそのままの形で、韓国・民法（1958法471）に継受されている。）。

　第二に、本書でいう私権形成的な「効果」には、各行為自体の効果として規定されている効果（以下「直接的効果」という。）のみならず、各行為がされたことを要件として法律上当然に生ずると規定されている効果[53]（以下「間接的効果」又は「法律要件的効果」という。）も含めておく。例えば、後見開始の審判（民法7条）及び禁錮以上の刑の確定裁判（いずれも国家公務員に対してされるものに限る。）の法律要件的効果は、失職である（国家公務員法76条）。

　本書が両者を区別しないのは、行政争訟法上も両者を区別しない場合が多い[54]ためである。即ち、行政処分の直接的効果がなくなっても、法律要件的効果がある場合には、抗告訴訟の利用が認められる（行政事件訴訟法9条1項括弧書）。それどころか、直接的効果が事実上の効果でしかない公証行為であっても、法律要件的効果に着目して、抗告訴訟の利用が認められる例がある[55]（権

---

50)　参照、前野茂『満洲国司法建設回想記』（日本教育研究センター・昭60）60〜62頁。
51)　「故意又ハ過失ニ因リテ違法ニ他人ニ損害ヲ加ヘタル者ハ其ノ損害ヲ賠償スル責ニ任ズ」。
52)　参照、我妻栄『債権法講義案』（昭11）171〜172頁・179頁。
53)　直接的効果・間接的効果は、田中教授のいう「法律行為的行政行為」「準法律行為的行政行為」（田中二郎『行政法』上巻全訂2版（弘文堂・昭49）116頁）が行為レヴェルの分類であるのに対し、効果レヴェルの分類である。ある行為の効果の全てが直接・間接的効果のいずれかであるときには、田中教授の分類でも足りるが、直接的効果と間接的効果の双方を持つ行為については、行為全体でなく各効果に着目する必要がある。また、「確認、公証、通知、受理」が「準法律行為的行政行為」であるという主張（同頁）は超実定法的な命題に見えるが、本書でいう法律要件的効果は、専ら制定法に準拠して判断される。
54)　行政不服審査法の立案に関わった加藤内閣法制局参事官も、「行政救済の対象としては、法律がある効果をその行為にかからしめている場合も含ましめるべき」と説明している（加藤泰守「訴願制度改善要綱について」自治研究37巻2号（昭36）60頁）。

利に関する登記（不動産登記法2条4号）、旅券の発給（旅券法5条1項）及び住民票の記載（住民基本台帳法8条）につきそれぞれ対抗力（民法177条）、出国時の旅券所持義務（出入国管理及び難民認定法60条1項）及び選挙人名簿の被登録資格（公職選挙法21条1項））。換地処分に至っては、全ての効果が法律要件的効果として規定されている（土地区画整理法104条1項等）が、抗告訴訟の利用は当然視されている[56]。

　第三に、諸法律のコンテクストを明らかにするという課題の性格上、本書では、法令の明文及び（法令解釈を終局的に定めた）最高裁の判例を与件とし、それらに反しない限りで、論旨を展開している。学説についても、法令・判例を前提としていないことが明らかなものには言及していないが、それらの純学問的な価値を否定する趣旨でないことは勿論である。

---

[55] これに対し、ある行政庁の決定があったことを要件として、私人等が何らかの行為をする際に許可を受けなければならなくなるという法律要件的効果は、抗告訴訟の利用を認める根拠にならない。例えば、事業計画の決定があった場合に必要となる建築行為等の許可（土地区画整理法76条1項）については、「道路管理者が……76条の許可を知事に申請してきた場合において、それを許可すると、明らかに土地区画整理事業の施行に支障があると認められるときにおいても、それを許可した方がより公益性が大であると認められるときには、76条の許可を認めなければならない」（土地区画整理法制研究会『土地区画整理法逐条討議』下巻（日本土地区画整理協会・昭49）195頁）とされ、決定と許可は完全に独立しているからである。

[56] 結局、行政処分の効果の全部又は一部を法律要件的効果として規定することの意義は、職権取消・撤回をし、又は附款を付す余地をなくす点にあると考えられる。この外、直接的効果の内容を選択する際に法律要件的効果を考慮すること（被告人が公務員であるために量刑を軽くすること等）は、他事考慮の問題を生じよう。

第1編　総　　則

第1章 人

第1節　自然人の権利能力を形成する国家作用

第1款　自然人の権利能力を発生させる国家作用

第1目　自然人の権利能力を発生させる立法作用
該当例は見当たらない。

第2目　自然人の権利能力を発生させる司法作用
①失踪の宣告（**民法30条1項・2項**。宣告を受けた者が失踪期間の満了〔現・危難失踪にあっては危難が去った時〕に先立って死亡していた場合に限る。）は、死者の権利能力をその死亡時に遡って再発生させると同時に①をした時点において消滅させる司法処分に当たる[1]（**同法31条**）。

とはいえ、①の目的は、権利能力の発生・消滅自体でなく、生死不明者の法律関係を整理するため①の時点で死亡を擬制する点にある。権利能力の変動は、死亡の時期を知り得ないことによる偶発的な効果に過ぎない。

第3目　自然人の権利能力を発生させる行政作用
該当例は見当たらない。

---

1)　参照、大谷美隆『失踪法論』（明大出版部・昭8）556頁。

第1編　総　則　第1章　人

第2款　自然人の権利能力を変更する国家作用

第1目　自然人の権利能力を変更する立法作用

（1）　これに該当する立法例は、外国人に関する類型（①～④）に限られる。

（2）　①**韓国併合ニ関スル条約**（明43条約4（−昭40条約25））1条・2条は、旧韓国を消滅させ、旧韓国人に日本国籍を取得させることにより[2]、外国人としての権利能力の制限[3]（**民法**2条（現**3条2項**）参照）を撤廃する措置法律に当たる。

（3）　②**外国人土地法**（大14法42−）**1条**に基づく勅令（未制定）は、日本人・法人の土地に関する権利能力を変更した外国に属する外国人・法人の土地に関する権利能力を変更する措置法律に当たる。

（4）　③**外国人土地法4条2項**に基づく外国人土地法施行令（大15勅334（−昭20勅598））1条・2条[4]は、国防上必要な土地における外国人・法人の土地に関する権利能力を制限する措置法律に当たる。

（5）　④**日本国との平和条約**（昭27条約5）**2条(a)項**[5]は、朝鮮の独立を承認し、朝鮮戸籍令（大12朝鮮総督府令154−1960韓国法律535（戸籍法））の適用を受けて朝鮮戸籍に登載されている者に日本国籍を離脱させることにより、外国人としての権利能力の制限[6]を課す措置法律に当たる[7]。

（6）　以上の立法例は、領土の変更に伴う国籍の変更（①④）、相互主義[8]に基づく対抗措置（②）及び安全保障上の措置（③）に再整理することが出来る。このうち、②③と同様の勅令（**日本国憲法施行の際現に効力を有する命令の規定の効力等に関する法律**（昭22法72−）**2条1項**により政令と読替え）を制定することは、それぞれ紛争解決に係る規則及び手続に関する了解（**世界貿易機関を設立す**

2）　参照、立作太郎「併合ト国籍」法学志林12巻10号（明43）47頁。
3）　戦前につき参照、越川純吉「日本に存在する非日本人の法律上の地位（特に共通法上の外地人について）」司法研究報告書2輯3号（昭24）186〜190頁。
4）　類例、外国人土地法施行令中改正ノ件（昭11勅471）及同題（昭15勅267）。
5）　類例、日本国と中華民国との間の平和条約（昭27条約10）2条。
6）　戦後につき参照、外務省条約局第四課編『日本における一般外国人の国内法上の地位』（同課・昭28）163〜186頁。
7）　参照、最大判昭30・10・12民集15巻4号657頁。
8）　参照、岩月直樹「現代国際法における対抗措置の法的性質」国際法外交雑誌107巻2号（平20）79〜84頁。

るマラケシュ協定（平6条約15）附属書2）22条1項に基づく対抗措置[9]）及びサービスの貿易に関する一般協定（**同協定**附属書1 B）14条・14条の2に基づく内国民待遇義務の例外[10]としてであれば、許容されよう。

第2目　自然人の権利能力を変更する司法作用

①失踪の宣告（**民法30条1項・2項**。宣告を受けた者が失踪期間の満了時〔現・危難失踪にあっては危難が去った時〕に生存していた場合に限る。）は、その者のその時における法律関係についてのみ権利能力を消滅させる司法処分に当たる[11]（**同法31条**）。失踪の宣告の取消（**同法32条1項**）は、これを回復させる司法処分に当たる。

第3目　自然人の権利能力を変更する行政作用

該当例は見当たらない。

第3款　自然人の権利能力を消滅させる国家作用

第1目　自然人の権利能力を消滅させる立法作用

該当例は見当たらない。

---

9) 参照、久野新「WTO紛争解決制度における対抗措置の法と経済分析」川瀬剛志＝荒木一郎『WTO紛争解決手続における履行制度』（三省堂・平17）68～74頁。**同協定**の対象外の分野（航空運送、海上運送等）では、一般国際法に基づく対抗措置も認められる。**航空法**（昭27法231 -）**126条1項**等、**外国等による本邦外航船舶運航事業者に対する不利益な取扱いに対する特別措置に関する法律**（昭52法60 -）**4条1項**及び**貨物運送取扱事業法**（平元法82 -。現・**貨物利用運送事業法**）**35条1項**等につきそれぞれ参照、山口真弘『航空法規解説』（航空振興財団・昭51）434～435頁、梶原景博「国旗差別対抗法制定の背景と概要」トランスポート27巻7号（昭52）6～8頁及び山口勝弘「陸・海・空の運送取扱事業が一つの法律に」時の法令1392号（平2）12～13頁。

10) 参照、宮家邦彦『解説WTOサービス貿易一般協定（GATS）』（外務省経済局・平6）131～146頁。

11) 「失踪期間満了時ニ於ケル法律関係ニ付キ其時ニ於ケル利害関係人ニ対シ又其者ノ為メニ死亡シタルモノトナスノ意味ニシテ……」（川名兼四郎『日本民法総論』（金刺芳流堂・明36）149頁）。これは、失踪宣告が外国人に対してされた場合に、日本にある財産及び日本の法律によるべき法律関係についてのみ死亡したものと看做される（法例（明31法10 - 平18法78）→**法の適用に関する通則法**（平18法78）**6条**）のと同様である（参照、大谷・前註（1）562頁）。

21

第1編　総　則　　第1章　人

第2目　自然人の権利能力を消滅させる司法作用

　①失踪の宣告（**民法30条1項・2項**。宣告を受けた者が失踪期間の満了〔現・危難失踪にあっては危難が去った時〕に先立って死亡していた場合に限る。）は、死者の権利能力をその死亡時に遡って再発生させると同時に①をした時点において消滅させる司法処分に当たる（本節第1款第2目参照）。

第3目　自然人の権利能力を消滅させる行政作用

(1)　該当例は見当たらない。

(2)　艦船の難破による死亡の報告（(旧々) 戸籍法（明31法12－大3法26）131条[12]）→水難等による死亡の報告（(旧) 戸籍法（大3法26－昭22法224）119条→**戸籍法**（昭22法224－）**89条**）の前提となる死亡の認定は、自然人の権利能力を消滅させる行政処分には当たらない。

　認定は死亡の事実を確認する事実行為に止まり[13]、報告に基づく戸籍の記載には「一般に戸籍に死亡の記載ある場合と同様の推定力」が認められるに過ぎない[14]からである。

(3)　昭和32年の「死亡したものと推定される未帰還者に関する措置（試案）[15]」（厚生省引揚援護局）は、昭和22年1月1日以後生存していたことに関する資料がない未帰還者等を死亡したものと推定すると共に、生存していたことが認められる最後の日から起算して3年を経過した日に死亡したものと看做す行政処分を盛り込んでいた。

　併しながら、この案は留守家族団体の反対により撤回され、**未帰還者に関する特別措置法**（昭34法7－）**2条1項**は、厚生大臣が失踪の宣告（**民法30条2**

---

12)　「艦船ノ難破ニ因リテ乗組員及ヒ乗客ノ全部又ハ一部カ死亡シタルトキハ其難破ノ取調ヲ為シタル官庁又ハ公署ハ死亡者ノ本籍地ノ戸籍吏ニ死亡ノ報告ヲ為スコトヲ要ス」。

13)　報告につき山内確三郎『戸籍法正義』（帝国地方行政学会・大3）239～240頁は、「同時ニ多数ノ死亡者アル場合ニ於テモ死亡届出義務者ヲシテ各別ニ死亡ノ届出ヲ為サシムルトキハ届出ノ欠漏アルヘキヲ虞カリ」設けたといい（「虞」は「慮」の誤記か。）、死亡の事実が生じたことは当然の前提とされている。昭和10年以降、戦争に起因する「事変」の先例が累積し（参照、青木義人＝大森政輔『戸籍法』全訂版（日本評論社・昭57）395～396頁）、その中には必ずしも死亡の蓋然性が高いといえないものもあるが、これによって報告の性格が変わった訳でもない。

14)　最判昭28・4・23民集7巻4号396頁につき谷口知平編『注釈民法』1巻（有斐閣・昭39）277頁〔谷口〕。

15)　参照、厚生省引揚援護局編『引揚援護の記録』続々編（同省・昭38）204頁。

項）を請求する途を拓くに止まった[16]。

(4) 本節で検討した通り、自然人の権利能力を形成する国家作用は、外国人の権利能力を変更するものに限られ、権利能力の消滅（及びその逆としての再発生）を本来の目的とするものは見当たらない。これは、近代法が奴隷及び民事死亡（bürgerlicher Tod）を認めないことの当然の帰結である。

第2節　自然人の行為能力を形成する国家作用

第1款　自然人の行為能力を発生させる国家作用

第1目　自然人の行為能力を発生させる立法作用
該当例は見当たらない。

第2目　自然人の行為能力を発生させる司法作用
① 民事禁治産の解禁（（旧）民法（明23法98－明31法9）人事編231条1項[17]）は、民事禁治産（本節第3款第2目参照）を受けた者の行為能力を再発生させる司法処分に当たる。

第3目　自然人の行為能力を発生させる行政作用
該当例は見当たらない。

第2款　自然人の行為能力を変更する国家作用

第1目　自然人の行為能力を変更する立法作用
該当例は見当たらない。

第2目　自然人の行為能力を変更する司法作用
(1) これに該当する立法例は、禁治産〔現・成年後見〕（①②）及び準禁治産

---

16) 尤も、ドイツ・失踪法（Verschollenheitsgesetz, vom 15. Januar 1951）16条2項1号が検察官による請求までしか認めていない点と比べれば、より強力なものといえよう。
17) 「禁治産ノ原因止ミタルトキハ本人、配偶者、親族、姻族、戸主、後見人又ハ検事ノ請求ニ因リテ其禁ヲ解ク可シ」。

〔現・保佐〕（③）に関する類型に大別される。

　(2)　①刑事禁治産（（旧）刑法10条（明13布告36－明31法11）3号[18]）は、重罪の刑に処せられた者の行為能力を遺言による財産処分能力のみに制限する司法処分に当たる（（旧）民法人事編236条[19]）。

　①は、民事禁治産（次款第2目参照）が本人の保護を目的とするのと異なり、刑罰の効力を鞏固にするための附加的制裁である[20]が、「刑デ以テ私権ニ迄這入リ込ム事ハ宜クナイ[21]」として廃止された。

　(3)　②禁治産の宣告（**民法7条**。現・後見開始の審判）は、禁治産者〔現・成年被後見人〕の行為（日常家事に関する行為（**同条**（平11法149－）**ただし書**）を除く。）につき、後見人の取消権に服する行為しかすることが出来ないものとする司法処分に当たる。禁治産の宣告の取消（**民法10条**。現・後見開始の審判の取消し）は、この制限を撤廃する司法処分に当たる。

　(4)　③准禁治産（（旧）民法人事編232条1項）→準禁治産の宣告（**民法11条**。現・保佐開始の審判）は、同編194条→**民法12条**（現**13条**）**1項各号**に掲げる准禁治産者→準禁治産者〔現・被保佐人〕の行為につき、保佐人の立会→取消権に服する行為しかすることが出来ないものとする司法処分に当たる。准禁治産→準禁治産の宣告の取消（同編235条→**民法13条**（現**14条1項**）。現・保佐開始の審判の取消し）は、この制限を撤廃する司法処分に当たる。

　(5)　破産宣告の決定（（旧）破産法126条1項）→破産手続開始の決定（**破産法30条1項**。次章第2節第2款参照）は、破産者の行為能力を変更する司法処分には当たらない[22]（（旧）破産法53条・54条→**破産法47条・48条**）。

　(6)　以上の立法例（①を除く。）は、いずれも「私的自治の補充[23]」のためにのみ認められている。

---

18)　「左ニ記載シタル者ヲ以テ附加刑ト為ス」「三禁治産」（10条柱書・3号）。
19)　「刑事上禁治産ヲ受ケタル者ハ其財産ヲ管理スルコトヲ得ス又遺言ヲ以テスル外ハ其財産ヲ処分スルコトヲ得ス」。
20)　参照、井上正一＝亀山貞義『民法正義』人事編巻2上（新法註釈会）262頁。
21)　法典調査会「民法主査会議事速記録」法務大臣官房司法法制調査部監修『日本近代立法資料叢書』13巻（商事法務研究会・昭63）284頁〔横田国臣〕。
22)　前法である（旧）商法978条（明23法32－大11法71）1項につき反対、大判明37・3・12民録10輯309頁。
23)　於保不二雄『民法総則講義』（有信堂・昭26）214頁。

第2節　自然人の行為能力を形成する国家作用

②は、(旧)民法が自然人の行為能力を消滅させる司法作用として構成していた（次款第2目参照）のを改めたものである。民法では、禁治産と準禁治産の差異は相対的なものとなり、成年後見と保佐の差異は更に縮まっている。

第3目　自然人の行為能力を変更する行政作用
①刑事禁治産の免除処分（(旧)刑法36条[24]）（明13布告36 − 明31法11））は、刑事禁治産（前目参照）を受けた者の行為能力の制限の一部を撤廃する行政処分に当たる。

第3款　自然人の行為能力を消滅させる国家作用

第1目　自然人の行為能力を消滅させる立法作用
該当例は見当たらない。

第2目　自然人の行為能力を消滅させる司法作用
①民事禁治産（(旧)民法人事編222条[25]）は、その裁判言渡を受けた者の行為能力を消滅させる司法処分に当たる[26]（同法230条1項[27]）。

第3目　自然人の行為能力を消滅させる行政作用
(1)　①ドイツ国等に属する財産の管理命令（(旧)独逸国等ニ属スル財産管理ノ件（大8緊勅304 − 大9勅47）4条1項[28]）は、管理に付された財産につき、同国等の行為能力を消滅させる行政処分に当たる[29]（同令9条[30]）。

---

[24]　「流刑ノ囚幽閉ヲ免セラレタル時ハ行政ノ処分ヲ以テ治産ノ禁ノ幾分ヲ免スルコトヲ得」。類例、同法55条（同前）。
[25]　「心神喪失ノ常況ニ在ル者ハ時時本心ニ復スルコト有ルモ其治産ヲ禁スルコトヲ得」。
[26]　禁治産者の行為の「銷除」訴権（同編230条2項）は、取消でなく無効確認という意味である（参照、井上＝亀山・前註(20)238〜239頁）。
[27]　「禁治産者ハ其裁判言渡ノ日ヨリ無能力者トス」。
[28]　「政府ハ独逸国、墺地利洪牙利国若ハ土耳其国ニ属シ、又ハ其ノ国人若ハ法人ニ属スル財産ヲ管理スルコトヲ得」（1条）。「第一条ノ財産ノ管理ハ当該官庁ノ管理命令ヲ以テ之ヲ開始ス」（4条1項）。類例、独逸国等ニ属スル財産管理ノ件（大9緊勅48 − 実効性喪失）4条1項及び敵産管理法（昭16法99 − 昭20大蔵省令101）1条1項。
[29]　敵産管理法4条1項につき参照、「本人ハ其ノ範囲ニ於テ行為能力ヲ奪ハルルノデアリマス」（78・衆・戦争保険臨時措置法案委1回（昭16・12・16）3頁〔谷口恒二政府委員〕）及び岸上康夫『敵産管理法に関する研究』司法研究報告書32輯19（昭18）87〜88頁。

第 1 編 総　則　第 1 章 人

①を行政処分としたのは、イギリス・対敵取引修正法[31]（Trading with the Enemy Act, 1914（c.87））1 条に倣ったものであろう。

（**2**）　本節で検討した通り、自然人の行為能力を形成する国家作用は、敵国人等に対する戦時措置を例外として、いずれも本人を保護するものであり、そこでは司法管轄留保事項の理論が妥当している。

---

30)　「第一条ノ国、国人又ハ法人ハ其ノ者ニ属スル管理財産ニ関シ処分其ノ他ノ行為ヲ為スコトヲ得ス」。

31)　参照、穂積重遠『戦争ト契約』（有斐閣・大 5）253～255 頁。

第2章 法　　人

第1節　法人の権利能力を発生させる国家作用

第1款　法人の権利能力を発生させる立法作用

(1) これに該当するかが問題となる立法例は、地方公共団体（①～③⑦）、宗教法人（④）及び特殊法人（⑤⑥）に関する類型に大別される。

(2) ①（旧）郡制[1]（明23法36。但し、東京府等五府県にあっては、郡制（明32法65）2条）は、郡を国の行政区画から法人たる地方公共団体とする措置法律に当たる。

(3) 日本勧業銀行法（明29法82）附則59条[2]（類例多数）は、同条自体によって同銀行を設立するのでなく、設立委員に同銀行の設立に必要な出資の募集等の行為を命ずる措置法律に止まる[3]（同銀行は「特別の法律により特別の設立行為をもって設立すべきものとされる法人」（行政管理庁設置法2条（昭38法106－昭58法80）4号の2（現・**総務省設置法**（平11法91－）**4条15号**）の先駆である。）。

住宅営団法（昭16法46）附則43条[4]（類例多数）及び持株会社整理委員会令

---

1) 類例、道府県制1条（昭21法27）。
2) 「政府ハ設立委員ヲ置キ日本勧業銀行設立ノ免許ヲ与フルマテ其ノ発起ニ関スル一切ノ事務ヲ処理セシム」（同条）。「設立委員ハ定款ヲ作リ政府ノ認可ヲ得タル後株主ヲ募集ス」（附則60条）。「設立委員ハ株主ノ募集ヲ終リタルトキハ株式申込簿ヲ政府ニ差出シ銀行設立ノ免許ヲ稟請スヘシ」（附則61条）。「設立委員前条ノ免許ヲ得タルトキハ其ノ事務ヲ日本勧業銀行総裁ニ引渡スヘシ」（附則62条）。
3) 同条は、日本興業銀行法案附則46条に由来する（日本勧業銀行調査部勧銀史研究会編『日本勧業銀行法草案関係資料』日本勧業銀行史資料1集（同部・昭26）265頁）。
4) 「主務大臣ハ設立委員ヲ命ジ住宅営団ノ設立ニ関スル事務ヲ処理セシム」（同条）。「設立委員ハ定款ヲ作成シ主務大臣ノ認可ヲ受クベシ」（44条）。「定款ニ付主務大臣ノ認可アリタルトキハ設

第1編 総　則　第2章 法　人

（昭21勅233）附則40条[5]）についても同様である（前者[6]）は政府全額出資法人、後者[7]）は資本金等の財産的基礎のない機能法人[8]）の嚆矢である。）。

(4)　②岡山県下郡廃置及郡界変更法律（明33法28）1条[9]）は、真島郡等を合併して真庭郡等を新設する措置法律に当たる。

府県を廃置分合する法律〔現・都道府県〕（（旧）府県制（明23法35－明32法64）1条1項→府県制（明32法64－昭22法67。道府県制（廃止時））3条1項→**地方自治法**（昭22法67－）**6条1項**参照）についても同様であるが、制定例はない。

(5)　③東京都制（昭18法89）1条・140条1項[10]）は、東京都及び区を設置する措置法律に当たる。

(6)　❹宗教法人令中改正ノ件（昭21ポ勅70）附則2項[11]）は、神宮等を法人と

　　　立委員ハ遅滞ナク出資ノ第一回ノ払込ヲ稟請スベシ」（45条）。「出資ノ第一回ノ払込アリタルトキハ設立委員ハ遅滞ナク其ノ事務ヲ住宅営団理事長ニ引継グベシ」（46条）。「住宅営団ハ主タル事務所ノ所在地ニ於テ設立ノ登記ヲ為スニ因リテ成立ス」（47条）。

5）　「内閣総理大臣ハ設立委員ヲ命ジ整理委員会ノ設立ニ関スル事務ヲ処理セシム」（同条）。「設立委員ハ定款ヲ作成シ内閣総理大臣ノ認可ヲ受クベシ」（附則41条）。「前条ノ認可アリタルトキハ設立委員ハ遅滞ナク其ノ事務ヲ整理委員会ニ引渡スベシ」「委員長前項ノ事務ヲ引渡ヲ受ケタルトキハ主タル事務所ノ所在地ニ於テ設立ノ登記ヲ為スベシ」「整理委員会ハ前項ノ登記ヲ為スニ因リテ成立ス」（附則42条1項・2項・3項）。類例、閉鎖機関整理委員会令（昭22勅75）附則2条、特別調達庁法（昭22法78）附則28条、連合国軍人等住宅公社法（昭25法82）附則2項、**放送法**（昭25法132）**附則6項**及び特別鉱害復旧臨時措置法（昭25法176）附則4項。

6）　立案過程につき参照、西山夘三記念すまい・まちづくり文庫住宅営団研究会編『形成過程（1）』戦時・戦後復興期住宅政策資料1巻住宅営団（日本経済評論社・平12）262～263頁。

7）　立案過程につき参照、大蔵省財政史室編『昭和財政史──終戦から講和まで』2巻（東洋経済新報社・昭57）218～228頁。

8）　類例につき参照、「従来の法人は……社団法人的（人の集合に権利能力が附与されたもの）か財団法人的（独立の財産に権利能力が附与されたもの）かのいずれかであつた。ところが……日本放送協会は……社団でも財団でもない。……権利能力が附与される対象物は何もないのである。……設立登記があることによつて、ただそれだけの事実で、『法人』が成立するというのである。法律万能もここにおいて極まれりというべく、従来の幾多の法人学説も──法人擬制説さえも──この種の法人の出現には戸まどいせざるを得ないであろう」（鮫島眞男「最近の法律の動き（その三）──新型の法人の出現」登記研究33号（昭25）3頁）。

9）　「岡山県下郡廃置及界変更ヲ為スコト左ノ如シ」「一　岡山県美作国真島郡及大庭郡ヲ廃シ其ノ区域ヲ以テ真庭郡ヲ置ク」（1条柱書・1号（2号以下略））。類例、愛知県下郡廃置法律（大2法5）本則。

10）　「東京都ハ法人トス」（1条本文）。「都ノ区域ハ従来ノ東京府ノ区域ニ依ル」（2条）。「区ハ法人トス」「区ノ区域及名称ハ従来ノ東京市ノ区区域及名称ニ依ル」（140条1項本文・2項）。

11）　「神宮、本令施行ノ際現ニ地方長官ノ保管ニ係ル神社明細帳ニ記載セラレタル神社及別格官幣社靖国神社ハ之ヲ宗教法人令（以下単ニ令ト称ス）ニ依ル法人（以下宗教法人ト称ス）ト看做ス」「前項ニ掲グル宗教法人ハ令第三条ノ例ニ準ジ其ノ規則ヲ作リヲ主管者ノ氏名及住所ト共

する措置法律に当たるか、必ずしも明瞭でない。

神宮等[12]が同令を待たずして法人であったとすれば、宗教団体法（昭14法77－昭20ポ勅718）2条2項（「寺院ハ之ヲ法人トス」）と同じく、法人の存在を確認する措置法律に止まるからである。

(7)　⑤（旧）国家公務員共済組合法（昭23法69）附則87条は、政府職員共済組合令（昭15勅827－昭23法69）1条等に基づいて組織された（法人でない）共済組合を同法1条に基づいて組織された（法人である）共済組合と看做す措置法律に当たる。

(8)　⑥日本国有鉄道法（昭23法256）1条[13]は、同条自体によって日本国有鉄道を設立する措置法律に当たる（同鉄道は、「法律により直接に設立される法人」（行政管理庁設置法2条（同前）4号の2（現・**総務省設置法4条15号**））の嚆矢である[14]。）。

日本国有鉄道の資本金は、国有鉄道事業特別会計の資産の価額に相当する額として、日本国有鉄道法5条及び日本国有鉄道法施行法（昭24法105）11条に直接基づき政府から全額出資され、現実の出資行為は行われない。

併しながら、農林漁業金融公庫法（昭27法355）附則2項を初めとする圧倒的多数の立法例は、観念的な出資行為しかない場合にも、設立委員を任命して設立手続を執らせ、設立の登記により法人が成立することとしている。これは、法人の組織に関する行為は要式行為でなければならないという思想に立脚するもの[15]であろう。

　　　　ニ本令施行ノ日ヨリ六月内ニ地方長官ニ届出ヅベシ」「前項ノ規定ニ依ル届出ヲ為サザルトキハ当該宗教法人ハ同項ノ期間満了ノ時ニ於テ解散シタルモノト看做ス」（附則2～4項）。

12)　少なくとも神社を当然法人とする見解として参照、吉田孝一他『宗教法人令の解説と運営』（新教出版社・昭22）226頁〔井上恵行〕。

13)　類例につき日本専売公社法施行法（昭24法62）1条、日本電信電話公社法（昭27法250）1条及び日本郵政公社法（平14法97）附則2条。

14)　参照、原岡幸吉「日本国有鉄道法逐条解説」下島留夫＝吉田敏郎『公共企業体日本国有鉄道』（日本交通文化協会・昭24）120頁及び山口真弘『日本国有鉄道法逐条解説』（交通協力会・昭36）5～6頁。類例につき同旨、日本専売公社総務部編『専売法規の解説』（同部・昭29）54頁、大泉周蔵『日本電信電話公社法国際電信電話株式会社法解説』（日信出版・昭27）63頁及び郵政公社法研究会編『詳解日本郵政公社法』（ぎょうせい・平16）215頁。

15)　但し、設立委員を任命して設立手続を執らせる場合にも、法律関係の継続性を確保する必要性が高い場合には、根拠法の切替えの時点で法人を成立させることとした立法例もある（会社につき沖縄振興開発特別措置法（昭46法131）附則19条11項等、会社を除く特殊法人につき新幹

29

第1編 総　則　第2章 法　人

⑥が上記のような構成を採った理由は、総司令部が有無をいわさず呈示した法案に設立手続が規定されておらず、それを応急的にしか修正することが許されなかったために過ぎない[16]。

(9)　⑦**小笠原諸島の復帰に伴う法令の適用の暫定措置等に関する法律**（昭43法83）**18条**は、小笠原諸島の区域をもって小笠原村を設置する措置法律に当たる。

⑦は、大村等五村を合併して小笠原村を新設するものでない（五村は、若干の外廓地域の行政分離に関する覚書（1946・1・29）により消滅した[17]。）。仮に⑦が設けられていなければ、**南方諸島及びその他の諸島に関する日本国とアメリカ合衆国との間の協定**（昭43条約8）の発効時に、**地方自治法5条1項**に基づき五村が自動的に復活すると見ることも出来たが、⑦は**同項**の適用を排除しているため、そう解する余地はない。

これに対し、**沖縄の復帰に伴う特別措置に関する法律**（昭46法129－）**3条**は、「潜在的に存在していた沖縄県が復帰によって当然に顕在化することを……確認するとの立場をとった[18]」。⑦との差異は、旧大村等五村の住民が本土に全員疎開した後、同覚書により生活の本拠を小笠原諸島に置くことが法的に不可能となった結果、同村が地方公共団体の三要素（区域、住民及び自治行政権）の一つを失ったのに対し、沖縄県についてはそのような事情がない点に求められる[19]。

(10)　以上のうち、地方公共団体に関する類型は、ある種の地方公共団体を一般的（①）及び個別的（②③⑦）に設置するものに再整理することが出来る。前者は、**憲法**上の地方公共団体[20]の一般的な廃止を伴わない限り、現在でも正

　　　線鉄道保有機構法（昭61法89）附則4条等）。
16)　原案1条は単なる目的規定であったが、昭和23年10月25日付け邦文法案から、「この法律によつて設立し、」の文言が加えられている（参照、国立公文書館蔵「日本国有鉄道法案」（請求記号：本館-4A-028-00・平14法制00164100））。
17)　参照、58・参・沖縄北方特委＝地方行政委連合審・1号（昭43・5・21）7頁〔荒井勇政府委員〕。但し、松本英昭「小笠原の復帰に伴う法律問題──地方自治特別法の問題を中心として」自治研究44巻2号（昭43）117頁は、反対説を示唆している。
18)　河合代悟「沖縄復帰関係法令の解説(一)総説」時の法令794号（昭47）3〜4頁。
19)　北方四島のうち歯舞村（昭和34年に根室市に編入）を除く薬取村等六村についても、自治行政権の行使が事実上妨げられているだけであり、当然消滅はしていない（参照、93・参・地方行政委1号（昭55・10・23）12頁〔砂子田隆政府委員〕）。ましてや、その区域の全部に警戒区域（**災害対策基本法**（昭36法223－）**63条1項**）が設定された市町村（三宅町、大熊町等）が当然消滅するものでないことは勿論である。

当化される。例えば、国のブロック単位の地方支分部局の管轄区域をもって道州を設置する措置法律は、府県制度の廃止を伴わない①のような場合だけでなく、それを伴う場合にも、許容されよう。一方、後者（②③）は、廃止される地方公共団体にとっては地方自治特別法（**憲法 95 条**）に当たるため、住民投票が必要となる。

特殊法人に関する類型については、今後⑥のような措置法律が制定される可能性は低い。**独立行政法人通則法**（平 11 法 103 −）も、独立行政法人の設立につき日本勧業銀行法附則 59 条（前述）と同様の構成を標準化している。日本郵政公社法（平 14 法 97）附則 2 条が例外的に⑥を踏襲した[21]のは、日本郵政公社が通常の特殊法人（「特別の法律により特別の設立行為をもつて設立される法人」）より国に近いという印象を与える政治的思惑ゆえであった。

第 2 款　法人の権利能力を発生させる司法作用

(1) 該当例は見当たらない。

(2) 寄附行為の補充（民法 40 条[22]（明 29 法 89 − 平 18 法 50））は、財団法人を設立する司法処分には当たらない。

これは、設立手続中の一行為を補充するものに止まり、設立自体は申請に基づく許可（同法 34 条（同前））によってされるからである。

一般社団法人及び一般財団法人に関する法律（平 18 法 48 −）152 条 2 項は、一般財団法人の名称等を遺言で定めない限り、設立者になれないこととしたため、補充制度は廃止された。

(3) 更生計画認可の決定（（旧）会社更生法（昭 27 法 172 − 平 14 法 154）233 条 1 項→**会社更生法**（平 14 法 154 −）199 条 1 項。株式振替のみによる新会社の設立を定めるもの（（旧）会社更生法 226 条 1 項→**会社更生法** 183 条 4 号）に限る。）は、株式会社を設立する司法処分には当たらない。

---

20) 憲法上の地方公共団体というためには、「事実上住民が経済的文化的に密接な共同生活を営み、共同体意識をもっているという社会的基盤」がなければならない（最大判昭 38・3・27 刑集 17 巻 2 号 121 頁〔特別区長選任制〕）。設置当初の小笠原村は、これには当たらない（参照、58・参・沖縄北方特委＝地方行政委連合審・1 号 15 頁〔高辻正己政府委員〕）。
21) この方針は、**中央省庁等改革基本法**（平 10 法 103 −）33 条 1 項 1 号により既定とされていた。
22) 「財団法人ノ設立者カ其名称、事務所又ハ理事任免ノ方法ヲ定メスシテ死亡シタルトキハ裁判所ハ利害関係人又ハ検事ノ請求ニ因リ之ヲ定ムルコトヲ要ス」。

定款の作成等の設立手続が、その後に予定されているからである（（旧）会社更生法259条1項→**会社更生法225条1～3項**）。

第3款　法人の権利能力を発生させる行政作用

（**1**）　これに該当する立法例は、地方公共団体（講学上の特別地方公共団体を含む。）（①～⑥⑬）及びその他の団体（⑦～⑫）に関する類型に大別される。

（**2**）　①区町村の分合[23]（郡区町村編制法8条[24]（明13布告14－明23法36））→②町村→市町村の廃置分合（（旧）町村制4条1項[25]→町村制3条1項[26]→地方自治法7条（昭22法67－昭22法169）1項）は、合体、分割又は分立[27]に伴い、区町村→町村→市町村を設置する行政処分に当たる。②にあっては、町村を市とする場合も同様である。

---

23)　区域の変更には分合も含まれると解されていた（明13・5・7内務省議定。内務省地理局編『例規類纂』2巻（明17）41頁）。母法国フランスでも、コミューンの合併（réunion）がコミューンの新設に当たるか既存のコミューンの区域変更に止まるかにつき、いまだ立法的な決着を見ていなかった。V., L. Morgand, "La loi municipale : commentaire de la loi du 5 avril 1884 sur l'organisation et les attributions des conseils municipaux" (Berger-Levrault, 1884) t. I, pp. 87～88。

24)　「地方ノ便益若クハ人民ノ請願ニ因リ止ムヲ得サル理由アルモノハ郡区町村ノ区域名称ヲ変更スルコトヲ得」（同条）。「……第八条ノ施行ヲ要スルトキハ府知事県令ヨリ内務卿ニ具状シ政府ノ裁可ヲ受クヘシ但町村区域名称ノ変更ハ内務卿ノ認可ヲ受クヘシ」（9条）。

25)　「町村ノ廃置分合ヲ要スルトキハ関係アル市町村会及郡参事会ノ意見ヲ聞キ府県参事会之ヲ議決シ内務大臣ノ許可ヲ受ク可シ」「町村ノ資力法律上ノ義務ヲ負担スルニ堪ヘス又ハ公益上ノ必要アルトキハ関係者ノ異議ニ拘ハラス町村ヲ合併シ其境界ヲ変更スルコトアル可シ」（同条1項・3項）。

26)　「町村ノ廃置分合又ハ境界変更ヲ為サムトスルトキハ府県知事ハ関係アル市町村会ノ意見ヲ徴シ府県参事会ノ議決ヲ経内務大臣ノ許可ヲ得テ之ヲ定ム」（同項前段）。類例、市制3条1項。

27)　合体とは、2市町村を廃止しその区域をもって市町村を新設することをいい、編入とは、1市町村を廃止しその区域を他の1市町村に併せることをいい、分割とは、1市町村を廃止しその区域をもって2市町村を新設することをいい、分立とは、1市町村の区域の一部を割きその区域をもって1市町村を新設することをいう（参照、清水澄他『市制町村制正義』（明治大学出版部・大3）129～130頁及び金丸三郎『地方自治法精義』上巻（春日出版社・昭23）72頁。前者は合体でなく合併の語を用いるが、町村合併促進法（昭28参法258－昭40法6）2条1項等が合併の語を合体と編入の総称として用いているため、これに従う。上記は2市町村のみが関係する場合であり、3以上の市町村が関係する場合については、同項の定義を参照）。内務省編『町村制覧要』（明21頃）16頁は、「分」「合」として分立・合体のみを挙げているが、例示と解される（田中知邦編『市制町村制実務要書』上巻改訂増補版（明29）19頁は、「廃」「置」を独立してする余地を認めるが、当時の政府見解であったかは定かでなく、町村制以降もそのような解釈は見られない。）。

①は、母法であるフランス・県参事会ニ関スル法律（Loi relative aux Conseils généraux du 10 août 1871）46条26号[28]と異なり、町村の同意を不要としており[29]、（旧）町村制の制定から施行までの間、②を先取りして明治の大合併を担った[30]。②も、母法であるプロイセン・東部六州町村制（Gesetz, betreffend die Landgemeinde-Verfassungen in den sechs östlichen Provinzen der Preußischen Monarchie, vom 14. April 1856）1条3項[31]等[32]と異なり、町村の同意を不要とした[33]。（旧）市制町村制理由曰く、

　「町村ノ力貧弱ニシテ其負担ニ堪ヘス自ラ独立シテ其本分ヲ尽スコト能ハサルモノアリ是其町村自己ノ不利タルノミナラス国ノ公益ニ非サルナリ〔。〕是ヲ以テ有力ノ町村ヲ造成シ維持スルハ国ノ利害ニ関スル所ニシテ町村ノ廃置分合……ニ付キ国ノ干渉ヲ要スルコト明ナリ」

即ち、国の委任事務を遂行する能力のない町村は、固有事務の遂行に必要な財産の所有すら認められなかったのである。②の存在は、地方公共団体を国の組織の一部と捉える発想と表裏一体をなすものであった。

②の廃止は、総司令部の指示でなく[34]衆議院修正によるものである。理論的には、わが法制が上記の発想から脱却する大きな一歩であったといえよう。

なお、①②に伴い、当然に国の行政区画も変更される。その際、農会等その

---

28) "Le Conseils général statue définitivement sur les objets ci-après désignés, savoir: …… 26° Changements à la circonscription des communes d'un même canton et à la désignation de leur chefs-lieux, lorsqu'il y a accord entre le conseils municipaux."

29) 原案では、「共有ノ財産」即ち「村中入会」の対象地（次編補章註(22)参照）の処分が問題化しないよう、①は専ら「人民ノ請願」（当時は町村と町村民とが概念上区別されていなかった（同章註(5)参照)。）に基づくものとされていた（参照、明治法制経済史研究所編『元老院会議筆記』8巻（元老院会議筆記刊行会・昭39）42頁〔今村和郎内閣委員〕）。府知事県令が認定すべき「地方ノ便益」が加えられたのは、元老院修正による。

30) 参照、亀卦川浩『明治地方制度成立史』（巌南堂書店・昭42）292～295頁。

31) "Die Vereinigung eines ländlichen Gemeindebezirks …… mit einem andern Bezirke kann nur unter Zustimmung der betheiligten Gemeinden ……, nach Anhörung des Kreistags, mit Unserer Genehmigung erfolgen."

32) バイエルン・ライン右岸部町村制（Gesetz vom 29 April 1869, die Gemeindeordnung für die Landestheile diesseits des Rheines btr.）4条1項。

33) その骨子は、明治20年に Mosse 内務省顧問が起草した「地方官政及共同行政組織ノ要領」第4款第2項に由来する（参照、山中永之佑他編『近代日本地方自治立法資料集成』2巻（弘文堂・平6）201頁）。明治19年の町村制ニ関スル法律草按までは、①を踏襲していた（参照、「リヨースレル氏意見（町村制ニ関スル法律草按ノ注意）」（同159頁））。

34) 参照、自治大学校研究部監修『戦後自治史』4巻（文生書院・昭52）1頁・7頁。

33

第1編　総　則　第2章　法　人

区域が国の行政区画による法人については、新たな行政区画を区域とするものが当然に設立されたと看做す（廃止される行政区画を区域とするものは当然に解散する。）立法例もあった[35]。

（4）　③水害予防組合関係者総会議の代決（水利組合条例（明23法46－明41法50）51条1項[36]）→④水害予防組合の組合規約の設定（水利組合法（明41法50－）13条2項（現・**水害予防組合法13条**））は、同組合を成立させる行政処分に当たる（同法**14条1項**）。

③に相当する行政処分は、プロイセンでは、水利組合ノ設立ニ関スル法律（Gesetz, betreffend die Bildung von Wassergenossenschaften, vom 1. April 1879）によって一旦廃止されていた[37]。③は、（旧）市制町村制の草案の一つである自治部落制草案149条[38]を基にしたものと見られる[39]。一方、④は、ドイツ・労働者ノ疾病保険ニ関スル法律（Gesetz, betreffend die Krankenversicherung der Arbeiter, vom 15. Juni 1883）23条1項[40]等を参考としたものであろう。

水害予防組合は、特別の事情により地方公共団体の事業とすることが出来ない水害防禦に関する事業ごとに設置される（水利組合条例1条→水利組合法（現・**水害予防組合法**）1条）。即ち、同組合は既存の普通地方公共団体の"隙間"に設置される講学上の特別地方公共団体である。③④は、同組合を"存在し遅れ

---

35)　農会令30条1項、医師会令28条1項等。逆に、外地の地方公共団体の区域は国の行政区画による（台湾市制（大9律令5－昭27条約5）1条等）ため、行政区画の変更（台湾総督府地方官官制（大9勅218－実効性喪失）32条1項等）は、地方公共団体を設置・廃止する行政処分でもあった。

36)　「水害予防組合関係者総会議又ハ水害予防組合会ニ於テ其議決スヘキ事項ヲ議決セサルカ為公益ニ害アリト認ムルトキハ府県知事ハ府県参事会若ハ郡参事会ニ付シ代テ決定セシムルコトヲ得関係者総会議ニ出席セス又ハ議員ヲ選挙セス若ハ議員ノ当選ヲ承諾セサル為総会議又ハ組合会成立ニ至ラサルトキ亦同シ」。

37)　その後、プロイセン・水法（Wassergesetz, vom 7. April 1913）245条として復活している。

38)　「部落会又ハ部落総会若クハ市参事会ニシテ委任ノ事件ニ関シ議決スルコトヲ肯セサルトキハ所轄監督官庁ノ参事会之ニ代テ議決ス可シ但シ代決スルコトハ監督官庁ヨリ予メ此旨ヲ公告シテ督促スルモ其効ナキ時ニ限ルモノトス」（山中他編・前註(33)282頁）。

39)　水利組合条例草案105条2項には「前項ノ外組合関係人ノ総集会（第二十九条）組合総会又ハ組合会ニ於テ其議決ス可キ事項ヲ議決セサルトキハ府県知事ニ於テ代テ之ヲ決定スルコトヲ得」とあり（市政専門図書館蔵「水利組合条例草案」『大森鍾一文書』（請求記号：125））、自治部落制草案149条に酷似している。

40)　"Für jede Orts-Krankenkasse ist von der Gemeindebehörde nach Anhörung der Betheiligten oder von Vertretern derselben ein Kassenstatut zu errichten."

第1節　法人の権利能力を発生させる国家作用

た地方公共団体"と位置付けることにより、それが存在しないことを許さない発想に立つものといえよう。

（5）　⑤北海道区制（明30勅158－大12勅20）附則112条[41]に基づく明治32年内務省令46号[42]は、（当然法人たる）若竹町等を合併して小樽区を新設する行政処分に当たる。

樺太における町村の名称及び区域の指定（樺太ノ地方制度ニ関スル法律（大10法47－昭4法2）1条2項[43]）についても同様である[44]。

（6）　⑥郡組合の設置処分（郡制（明32法65－大10法63）105条[45]前段）は、同組合を設置する行政処分に当たる。

市町村組合の設置処分（市制（明44法68－昭22法67）149条2項[46]）→市町村及び特別区の一部事務組合の設立処分（地方自治法284条（昭22法67－平6法48）4項）についても同様である[47]。

これらに先立つ、バイエルン・ライン右岸部町村制6条2項[48]に倣った、町

---

41)　「此ノ勅令ヲ施行スル場合ニ於テ初メテ区トナス地ハ内務大臣之ヲ指定ス」。
42)　（旧）北海道一級町村制（明30勅159－昭2勅269）附則106条（廃止時附則117条）→北海道一級町村制（昭2勅269－昭18勅443）16条に基づく類例、明治33年内務省令19号等。（旧々）北海道二級町村制（明30勅160－明35勅37）附則99条→（旧）北海道二級町村制（明35勅37－昭2勅270）附則65条→北海道二級町村制（昭2勅270－昭18勅443）附則156条に基づく類例、明治35年内務省令7号等。
43)　「樺太ニ地方ノ事務ヲ処理セシムル為町又ハ村ヲ置ク」「町又ハ村ノ名称及区域ハ樺太庁長官之ヲ定ム」（同条1項・2項）。「〔（旧）樺太〕町村制〔大11勅8－昭4勅195〕施行ノ際シ其ノ地域ニ属スル部落ニ於テ従来部落共同ノ費用ヲ以テ経営セル公共事業、共有財産及部落公共事業ノ為共同負担ニ係ル借入金並部落費ハ部落総代タリシ者ニ於テ〔（旧）樺太〕町村制施行ノ日ヨリ十日以内ニ之ヲ町村ニ引継クヘシ」（樺太町村制施行ニ関スル件（大11樺太庁令1）3条1項）。
44)　参照、樺太庁編『樺太庁施政三十年史』（同庁・昭11）195頁。
45)　「特定ノ事務ヲ共同処理セシムル必要アル場合ニ於テハ府県知事ハ関係アル郡参事会ノ意見ヲ徴シ府県参事会ノ議決ヲ経内務大臣ノ許可ヲ得テ郡組合ヲ設置スルコトヲ得郡組合ノ廃止若ハ変更ニ付テモ亦同シ」。
46)　「公益上必要アル場合ニ於テハ府県知事ハ関係アル市町村会ノ意見ヲ徴シ県参事会ノ議決ヲ経内務大臣ノ許可ヲ得テ前項ノ市町村組合ヲ設クルコトヲ得」（同項（制定時））。「公益上必要アル場合ニ於テハ府県知事ハ関係アル市町村会ノ意見ヲ徴シ県参事会ノ議決ヲ経内務大臣ノ許可ヲ得テ組合規約ヲ定メ又ハ変更スルコトヲ得」（151条3項（制定時））。類例、町村制129条2項及び府県制（道府県制（廃止時））126条ノ6（大3法35－昭22法67）。
47)　前註にいう「公益上必要アル場合」とは、「市町村ノ事務ニシテ市町村又ハ町村ノ組合ニ依リ処理セサルニ於テハ其ノ事務ノ完整ヲ期シ難キ為ニ其ノ地方民ノ福利ヲ増進シ或ハ不利ヲ防止スルコトヲ得サルカ如キ場合」を指す（清水他・前註(27)1213頁）。金丸三郎『地方自治法精義』下巻（春日出版社・昭24）381頁は、これに「財政上、又は行政事務処理能力から見て、組合の組織による方が結局関係市町村及び特別区の利益となる場合」を加えている。

村組合の設立処分[49]（（旧）町村制（明21法1－明44法69）116条2項[50]）では、組合は法人とされていなかった。

　市町村組合は、単位地方公共団体たる市町村の連合体である。国による同組合の設置、変更又は廃止は、市町村の自治権を直接侵害するものでないから、比較的容易に認めてよい筈である[51]。併しながら、内務省は、町村組合の設立処分を②に代わる次善の策として位置付けていた[52]ため、当初から組合費用を直接住民に賦課することを認めていた[53]。これにより同組合は、連合体でありながら単位地方公共団体でもあるという"鵺的存在"となったのである。

　市町村組合の単位地方公共団体としての側面を重視すると、設置処分は否応なく、②に漸近してしまう。これが設置の勧告（**地方自治法285条の2**（平6法48－）**第1項**）に改められたのは、この点に配慮した結果であろう。

　（7）⑦農会の設置処分（台湾農会規則（明41律令18－昭12律令23）3条1項[54]）は、同会を設置する行政処分に当たる[55]。

---

48) "Bei vorhandener Zustimmung der Gemeinde-Ausschüsse sämmtlicher betheiligter Gemeinden genügt für Bildung, Veränderung oder Wiederauflösung solcher Verbände die Genehmigung der Kreisverwaltungsstelle; in Ermangelung allseitiger Zustimmung kann hierüber nur nach Vernehmung der Betheiligten und des betreffenden Districtsrathsausschusses durch das Staatsministerium des Innern verfügt werden."

49) その骨子は明治32年頃に固まっている。参照、町村制改正法律案（明治33年施行予定。議会には提出されず。）131条3項（市制専門図書館蔵『大森鍾一文書』（請求番号：124））。

50) 「法律上ノ義務ヲ負担スルニ堪フ可キ資力ヲ有セサル町村ニシテ他ノ町村ト合併（第四条）スルノ協議整ハス又ハ其事情ニ依リ合併ヲ不便ト為ストキハ郡参事会ノ議決ヲ以テ数町村ノ組合ヲ設ケシムルコトヲ得」。

51) 一部事務組合の設置を一般的に義務付ける立法例として参照、町村職員恩給組合法（昭27法118－昭37法152）2条。

52) （旧）市制町村制理由には、「此ノ如キ〔＝「法律上ノ義務ヲ負担スルニ堪フ可キ資力ヲ有セサル」〕場合アルトキハ〔旧〕町村制第四条ニ於テ合併ス可キコトヲ規定スト雖モ……例ヘハ該市町村ノ互ニ相遠隔スルカ如キ又ハ古来ノ慣習ニ於テ調和ヲ得サルカ……如キニ至テハ其町村ノ異議アルニモ拘ラス事務共同ノ為メ組合ヲ成サシムル権力ナカル可カラス」とある。

53) 参照、（旧）市制町村制理由及び清水他・前註(27)1249頁。

54) 「農会ハ庁長ノ具申ニ依リ台湾総督之ヲ設置ス」（同項）。「農会ハ台湾総督ノ監督ヲ承ケ庁長之ヲ管理ス」（6条）。「農会ノ設置アリタルトキハ庁長ハ会員中ヨリ委員五名以上ヲ選任シ規約及経費ノ予算ヲ議定セシメ台湾総督ノ認可ヲ受クヘシ」「前項ノ認可アリタルトキハ庁長ハ遅滞ナク第一回ノ総会ヲ招集シ役員選挙ノ手続ヲ行フヘシ」（台湾農会規則施行規則（明41台湾総督府令70）1条1項・2項）。類例、台湾畜牛保健組合規則（大元律令3－大12律令3）3条1項。

55) 同規則の下での農会は当然加入制（3条2項）であり、会費は強制徴収制（7条2項）であったが、**民法施行法5条**（現1項）5号にいう「公署」でなく（参照、台湾総督府民政部殖産局編『台湾農会要覧』（同局・大7）72頁）、私法人と位置付けられていたようである。本書では指摘

第1節　法人の権利能力を発生させる国家作用

(8)　⑧医師会の会則の設定（医師会令（大8勅429－昭17勅634）9条[56]）→医師会及歯科医師会令（昭17勅634－昭22政231）10条）は、同会を設立する行政処分に当たる（医師会令6条2項→医師会及歯科医師会令8条）。

⑧は、プロイセン・医師名誉裁判所、会費賦課権及医師会金庫ニ関スル法律（Gesetz, betreffend die ärztlichen Ehrengerichte, das Umlagerecht und die Kassen der Aerztekammern, vom 25. November 1899）等には見られない。端的に、④に倣ったものであろう。

(9)　健康保険組合の設立命令[57]（**健康保険法**（大11法70－）31条（現**14条1項**[58]））は、同組合の設立に必要な行為を命ずる行政処分に止まる。

④⑧のような行政処分を後続させなかったのは、たとい健康保険組合が設立されなくとも、被用者は政府〔現・全国健康保険協会〕管掌健康保険の被保険者でいられるためであろう[59]。

(10)　⑨米穀統制組合の定款の作成（米穀自治管理法（昭11法22－昭17法40）9条3項[60]）は、同組合を設立する行政処分に当たる。

⑨のようなカルテル法人を強制的に設立する行政処分は、戦後姿を消した。

　　　に止めておく。
56)　「医師ハ勅令ノ定ムル所ニ依リ郡市区医師会ヲ設立スヘシ」（（旧）医師法8条（大8法57－昭17法70）1項）。「地方長官ハ医師会設立ノ義務ノ生シタル時ヨリ六月内ニ第四条、第五条又ハ第八条ノ規定ニ依ル医師会設立ノ議決ナキトキハ医師会ノ会員トナルヘキ者ニ対シ設立委員ヲ命シ、会則ノ設定ヲ為シ其ノ他設立ニ関シ必要ナル処分ヲ為スコトヲ得」（医師会令9条）。類例、（旧）薬剤師会令（大15勅17－昭18勅764）10条→薬剤師会令9条（昭18勅764－昭23法197）及び獣医師会令（昭2勅75－昭23政152）8条。
57)　同命令は、大正10年の健康保険法案要綱15項に由来する（社会局保険部『健康保険法施行経過記録』（昭10）8頁）。
58)　（旧）憲法下の類例多数。現**憲法**下の類例、農業災害補償法29条（昭22法185－昭38法120）1項。
59)　これに対し、政府でなく地区疾病金庫（Ortskrankenkasse）等が疾病保険事業を管掌するドイツでは、設立命令のみならず設立処分まで認められている（同国・保険法（Reichsversicherungsordnung, vom 19. Juli 1911）233条）。
60)　「設立ヲ命ゼラレタル者命令ノ定ムル期間内ニ設立ノ認可ヲ申請セザルトキハ行政官庁ハ定款ノ作成其ノ他設立ニ関シ必要ナル処分ヲ為スコトヲ得」。類例、重要肥料業統制法（昭11法30－昭22法134）4条2項、糸価安定施設法（昭12法16－昭19法23）4条2項、貿易組合法（昭12法74－昭22法123）45条2項、工業組合法28条ノ3（昭12法75－）第2項、（旧）百貨店法（昭12法76－昭22法212）8条2項、自動車交通事業法16条ノ13（昭15法106－昭22法191）第2項（廃止時第3項）、（旧々）塩専売法17条ノ4（昭18法32－昭24法112）第2項、塩業組合令（昭18勅402－昭22法112）6条等。

これに代わって登場したのが、加入命令（中小企業団体の組織に関する法律55条（昭32法185－平9法96）1項[61]）である[62]。それは中小企業者を商工組合の組合員とする形成的な行政処分であり（同条（同前）2項）、効果の面では⑨に優るとも劣らない。加入命令をするためには、取り敢えず行政指導に従う者だけで商工組合を設立させておけばよいからである。

　加入命令は、⑨と同じく、営業の自由のみならず結社の自由まで制約するものである[63]。この点は、「同法が、純粋の中小企業立法であり（しかも、加入命令の対象を中小企業者に限つている。）、一つの産業の中における中小企業という弱い立場の企業の健全な発達を図るという公益性が、営業という特殊な分野における結社の自由と営業の自由を保障する必要性という公益性を上回ると判断されたからである[64]」と説明されている。

　⑾　⑩農業保険組合の定款の作成（農業保険法（昭13法68－昭22法185）12条2項[65]）は、同組合を設立する行政処分に当たる。

　農業保険組合は共済事業（当初は任意制）を行う町村農会等の連合体であり、農業保険事業は共済事業を再保険するものである。⑩の正当化根拠は、農業保険事業の「社会保険的色彩[66]」に求められている。

---

61)　先例、農業保険法12条1項（後註(65)参照）。
62)　「〔中小企業〕団体〔の組織に関する〕法〔律〕の〔商工〕組合は共同施設と一緒に統制行為をやろうということなんで、つまり昔の工業組合法に戻そうということなん……だ」（産業政策史研究所編『戦時戦後の商工行政の一端』産業政策史研究資料（昭59）160頁〔岩武照彦〕）。
63)　参照、金沢良雄「中小企業団体組織法」ジュリスト144号（昭32）37頁。
64)　武石章『解説内航二法』（日本内航海運協議会・昭39）339頁。なお、加入命令がされた場合、その商工組合は公権力を行使する団体となる（商工組合が調整規程の実施のためにした行為に対しては、主務大臣に審査請求（削除時）をすることが出来る（中小企業団体の組織に関する法律70条2項（削除時70条ノ2））が、これは強制加入の結果であり、強制加入を正当化する理由にはならない。
65)　「主務大臣特ニ必要アリト認ムルトキハ命令ノ定ムル所ニ依リ農業保険組合ノ組合員タルベキ資格ヲ有スル者ニ組合ヲ設立スベキコトヲ命ジ又ハ組合ノ区域内ニ於テ組合員タル資格ヲ有スル者ヲシテ其ノ組合ノ組合員タラシムルコトヲ得」「前項ノ規定ニ依リ設立ヲ命ゼラレタル者命令ノ定ムル所ニ依リ設立ノ認可ヲ申請セザルトキハ主務大臣ノ定款ノ作成其ノ他設立ニ関シ必要ナル処分ヲ為スコトヲ得」（同条1項・2項）。類例、(旧)国民健康保険法11条ノ2（昭17法39－昭23法70）第3項。
66)　阿部光寛『農業保険制度解説』（帝国農会・昭15）14頁。「殊ニ本制度ニ於ては市町村農会及養蚕実行組合の共済事業又は共済施設は其の上に農業保険組合及農業保険組合聯合会を組織して所期の効果を上げることが出来る訳であるから本事業の事業組織を完全なるものたらしめる必要から見て組合の設立に強制的制度を採用したことは亦当然である」（同159頁）。「特ニ必

第1節　法人の権利能力を発生させる国家作用

　後法である**農業災害補償法**（昭22法185－）は、元受段階でも再保険段階でも当然加入制を採用することとした（農業共済組合につき**16条1項**、農業共済保険組合〔現・農業共済組合連合会〕につき**16条**2項（現**4項**））ため、⑩を設ける必要性自体が消滅した。

　⑿　⑪統制会の定款の作成（国家総動員法18条（昭16法19－昭20法44）3項[67]・重要産業団体令（昭16勅831－昭21勅446）10条1項[68]）は、同会を成立させる行政処分に当たる。

　統制会は総力戦体制の産物であり、⑪が平時の立法例でないことは勿論である。

　⒀　⑫水利組合の合併・分割処分（台湾水利組合令7条ノ2（昭18律令24－）第3項[69]）は、合体、分割又は分立に伴い、同組合を設置する行政処分に当たる。

　⑫は、④を合併・分割の場合に敷衍したものである[70]。

　⒁　寄附行為の補充（**私立学校法**（昭24法270－）**32条1項**[71]）は、学校法人を設立する行政処分には当たらない。

　財団法人の寄附行為の補充（民法40条（明29法89－平18法50）。前款参照）と同じく、生前の又は遺言による申請を前提としているからである[72]。

　　　要アリト認ムルトキ」とは、例えば「当該地方の災害状態より見て農業保険事業の確立実施を要する場合」「農業保険組合聯合会の設立に当り或る郡の農業保険組合の設立を強制してのみ聯合会の設立が可能なる場合」をいう（同175頁）。

67）　「第一項ノ規定ニ依リ設立ヲ命ゼラレタル者其ノ設立ヲ為サザルトキハ政府ハ定款ノ作成其ノ他設立ニ関シ必要ナル処分ヲ為スコトヲ得」。

68）　「統制会ハ第八条第二項ノ認可アリタル時ハ国家総動員法第十八条第三項ノ規定ニ依リ定款ノ作成アリタル時成立ス」。類例、馬事団体令（昭16勅1201－昭20法44）8条1項、戦時海運管理令（昭17勅235－昭20法44）35条、金融統制団体令（昭17勅440－昭20勅603）8条1項及び戦時建設団令（昭20勅152－昭21勅23）8条。国家総動員法18条3項によらない類例、商工経済会法（昭18法52－昭21法23）6条2項、商工組合法（昭18法53－昭21法51）12条3項等及び酒類業団体法4条ノ2（昭18法73－昭22法29）第3項。

69）　「前項ノ規定ニ依リ水利組合ノ設置ヲ命セラレタル者水利組合ノ設置ヲ為サザルトキハ台湾総督ハ組合規約ノ作成其ノ他設置ニ関シ必要ナル処分ヲ為スコトヲ得」「前項ノ規定ハ水利組合ノ合併、分割又ハ区域変更ノ命令アリタル場合ニ之ヲ準用ス」（同条2項・3項）。

70）　台湾の水利13巻1～6号（昭18）を見ても、⑫の立案過程は明らかでない。本書では指摘に止めておく。

71）　類例、社会福祉事業法（昭26法45－。現・**社会福祉法**）33条、職業能力開発促進法（昭44法64－）35条4項及び**更生保護事業法**（平7法86－）13条。

72）　財団法人と異なり行政庁の権限とした点につき立案関係者は、「この方が実情に即した寄附行

⒂ ⑬村の設置（**大規模な公有水面の埋立てに伴う村の設置に係る地方自治法等の特例に関する法律**（昭39法106－）2条1項）は、村を設置する行政処分に当たる。

⑬は、「在来の市町村を基盤としないところの新しい地方公共団体の創設であり、このような処分は国自らが判断すべき性質のものであるから〔未所属地域の編入（**地方自治法7条の2**（昭27法306－））に倣って〕行政権の主体である内閣が行うことにした[73]」という。

⒃ 独立行政法人の設立委員を命ずる処分（**独立行政法人通則法**（平11法103－）**15条1項**）は、同法人の設立に必要な行為を命ずる行政処分に止まる。

⒄ 以上の立法例のうち、地方公共団体以外の団体に関する類型の行政処分は、いずれも設立又は加入につき強制的契機のある団体に係るものである。

地方公共団体に関する立法例のうち、②のような行政処分を復活させることは、昭和の大合併を担った町村合併促進法（昭28参法258－昭40法6）及び新市町村建設促進法（昭31法164－昭40法6）すらこれを見送った点[74]及び地方分権の推進を図るための関係法律の整備等に関する法律（平11法87）が機関委任事務制度を廃止した点[75]に照らすと、もはや許容されないと考えるのが自然であろう。

⑥については、その廃止後、全ての市町村に広域連合の設置を命ずる立法例（**高齢者の医療の確保に関する法律48条**（平18法83－））が登場したこと[76]に注意しなければならない。広域連合は、一部事務組合の単位地方公共団体としての側面を強化したものである[77]。だとすれば、より連合体としての側面が強い一

　　為の補充ができると考えられた」と説明している（福田繁＝安嶋弥『私立学校法詳説』（玉川大学出版部・昭25）155頁）。
73)　柴田啓次「新村の設置特例法について」自治研究40巻9号（昭39）36頁・38頁註(16)。
74)　尤も、町村合併促進法案の提案者は、強制合併が違憲であるとまでは述べていない（参照、16・衆・地方行政委29号（昭28・8・4）10～11頁〔館哲二参議院議員〕）。なお、同法案は純粋な議員立法でなく、自治庁が立案を主導している（参照、林忠雄『町村合併の諸問題と町村合併促進法逐条解説』改訂版（柏林書房・昭29）120頁）。
75)　同法による改正後の**市町村合併特例法**（昭40法6－）が②を復活させなかったのは、当然である。
76)　参照、土佐和男『高齢者の医療の確保に関する法律の解説』（法研・平20）252頁。
77)　広域連合は、規約変更要請権を持つなど「構成団体に対して一定の独立性を有しているため、……住民による直接請求を認める」こととされた（参照、小暮純也「地方自治法の一部を改正する法律等の概要について」自治研究70巻10号（平6）93頁）。

部事務組合については、その設置を命ずるに止まらず、⑥のような行政上の義務の履行確保手段を置くことも許されると解する余地があろう。その場合、⑥が廃止された理由は、一部事務組合の設立命令を**地方自治法**のような一般法に規定するまでの必要性がなかったからに過ぎないと再解釈されることになる。

一方、設立・加入につき強制的契機のある団体に関する立法例のうち、⑧のような行政処分は、理論的には、本来的な行政主体（国及び地方公共団体）が代行するのに馴染まない職能自治行政を委任された団体については、あってもよい（寧ろなければならない）と考えられる。併しながら、そのような団体が全国的に設立済みである場合には、これを規定する実際上の必要性は存しない[78]。

⑩は、より強力な当然加入制に取って代わられている。再保険事業でなく単なる共同事業を行う連合体については、加入を命ずる行政処分（健康保険法42条ノ2（昭17法38 -）第4項（現**185条3項**[79]）に止められている。

第2節　法人の権利能力を変更する国家作用

第1款　法人の権利能力を変更する立法作用

（1）これに該当する立法例は、法人の組織[80]（①）及び目的[81]（②③）を変更する類型に大別される。後者は、法人の目的を他の目的（清算を除く。）に変

---

78) （旧）弁護士法→**弁護士法**及び優生保護法（昭23法156 -）12条1項（現・**母体保護法14条1項**）は、それぞれ弁護士会及び都道府県の区域を単位とする社団法人〔現・公益社団法人〕たる医師会が既に設立されていることを前提としている。それぞれ参照、金子要人『改正弁護士法精義』（立興社・昭9）259～260頁及び高橋勝好『詳解改正優生保護法』（中外医学社・昭和27）66～69頁。

79) 類似、厚生年金保険法152条（昭40法104 -）4項及び**国民年金法137条の14**（平元法86 -）**第2項**。

80) 本書では、「組織変更」の語を、出資組合・非出資組合（**中小企業団体の組織に関する法律45条1項・46条1項**）間、学校法人・準学校法人（**私立学校法64条6項**）間の相互移行等、法人が種類を異にする法人となるという意味（参照、**組合等登記令**（昭39政29 -）10条（現9条））で用いる。

81) 本書では、法典調査会「民法総会議事速記録」法務大臣官房司法法制調査部監修『日本近代立法資料叢書』12巻（商事法務研究会・昭63）299頁〔穂積陳重〕及び最判平14・4・25判時1785号31頁〔群馬司書士会〕に従い、民法43条（明29法89 - 平18法50）は法人の権利能力に関する規定であると解しておく。

更する類型（②）及び清算目的に限定する類型（③）に細分される。

(2) ①重要物産同業組合法（明33法35）附則22条[82]（類例多数）は、同法施行の際現に存する重要輸出品同業組合法（明30法47－明33法35）に基づく同業組合を重要物産同業組合法（－昭18法53）に基づく同業組合と看做す措置法律に当たる。

数を限られた法人の立法例としては、日本国有鉄道法57条2項[83]があり、地方公共団体に関する立法例としては、**沖縄の復帰に伴う特別措置に関する法律**（昭46法129）**7条**がある[84]。

(3) ②産業設備営団法中改正法律（昭17法85。類例多数）は、同営団の目的（産業設備営団法1条1項）及び業務の範囲（同法17条）を変更する措置法律に当たる。

(4) ③商工経済会法（昭18法52）附則45条[85]（類例多数[86]）は、日本商工会議所の目的を清算目的に限定する措置法律に当たる[87]。

このように、「特別の法律により特別の設立行為をもつて設立すべきものと

---

82) 「重要輸出品同業組合法ニ依リテ設立シタル組合及連合会ハ本法施行ノ日ヨリ之ヲ本法ニ依リ設立シタルモノト看做ス」。

83) 類例、日本電信電話公社法（昭27法250）80条2項、公共企業体職員等共済組合法（昭31法134）附則2条、**国家公務員共済組合法**（昭33法128）**附則3条1項**、**地方公務員共済組合法**（昭37法152）**附則3条1項**、下水道事業センター法の一部を改正する法律（昭50法41）附則2条、**技術士法**（昭58法25）**附則10条**、国家公務員及び公共企業体職員に係る共済組合制度の統合等を図るための国家公務員共済組合法等の一部を改正する法律（昭58法82）附則3条1項、日本育英会法（昭59法64）附則2条、たばこ事業法等の施行に伴う関係法律の整備等に関する法律（昭59法71）14条1項、日本電信電話株式会社法及び電気通信事業法の施行に伴う関係法律の整備等に関する法律（昭59法87）附則9条1項、日本国有鉄道清算事業団法（昭61法90）附則2条、**日本国有鉄道改革法等施行法**（昭61法93）**附則15条1項**、**日本銀行法**（平9法89）**附則2条**、**中央省庁等改革関係法施行法**（平11法160）**1324条1項**、**弁理士法**（平12法49）**附則9条1項**、**農林中央金庫法**（平13法93）**附則2条**及び日本郵政公社法施行法（平14法98）附則28条1項。

84) 参照、河合・前註(18)5頁。

85) 「〔旧々〕商工会議所法ニ依ル日本商工会議所ハ本法施行ノ日ニ於テ解散ス此ノ場合ニ於ケル清算ニ付テハ〔旧々〕商工会議所法中清算ニ関スル規定ヲ適用ス」。

86) 数を限られた法人に関する戦後の立法例として、交易営団解散令（昭21勅330）1条、日本証券取引所の解散等に関する法律（昭22法21）3条1項等多数。数を限られない法人に関する戦後の立法例として、医師会、歯科医師会及び日本医療団の解散等に関する法律（昭22法128）3条、木船保険組合の解散に関する法律（昭23法106）1条、獣医師会及び装蹄師会の解散に関する法律（昭23法116）3条等。

87) 参照、猪谷善一『商工経済会の本質と使命』（経済図書・昭18）100～103頁。

第 2 節　法人の権利能力を変更する国家作用

される法人」（現・**総務省設置法 4 条 15 号**）の解散については、別に法律で定めるのが通例である[88]。解散命令によって解散する構成を採るのは、行政処分によって法律を廃止するのを認めるに等しいからである。

(5)　以上の立法例のうち、①は、旧法に基づく法人を新法に基づく法人と擬制する経過措置に過ぎない。②③も、国が設立し、又は設立することが出来る法人に限られている。

第 2 款　法人の権利能力を変更する司法作用

(1)　これに該当する立法例は、法人の目的を清算（破産手続による清算を含む。）目的に限定する類型（①～⑧）に限られる。

(2)　①会社の解散を命ずる決定（（旧）商法 67 条（明 23 法 32 − 明 32 法 48）2 項）→商法 47 条・48 条（いずれも明 32 法 48 − 昭 13 法 72）→同法 58 条（昭 13 法 72 − 昭 25 法 167）1 項・2 項→同法 58 条（昭 25 法 167 − 平 17 法 87）1 項→**会社法**（平 17 法 86 −）**824 条 1 項**[89]）及び②会社の解散を命ずる判決（（旧）商法 127 条（明 23 法 32 − 明 32 法 48）1 項→商法 83 条（昭 32 法 48 − 平 17 法 87。削除時 112 条[90]）→**会社法 833 条**）は、いずれも会社の目的を清算目的に限定する司法処分に当たる。

両者の差異は、①が「公益維持のための制度で非訟事件手続による決定でなされる」のに対し、②は「会社が自治的能力を喪失し已むを得ない場合に、社員の利益保護の見地から認められた制度で訴訟事件として判決でなされる」点にある[91]。

(3)　③破産宣告の決定（（旧）商法 978 条（明 23 法 32 − 大 11 法 71）1 項→（旧）破産法（大 11 法 71 − 平 16 法 75）126 条 1 項）→**破産手続開始の決定**（**破産法**（平 16 法 75 −）**30 条 1 項**）は、法人（破産能力あるものに限る[92]。）の目的を破産手続

---

[88]　横浜正金銀行の解散命令（横浜正金銀行条例（明 20 勅 29 − 実効性喪失）21 条 1 項）は、立法技術が未熟であった時代の例外である。
[89]　類例、**一般社団法人及び一般財団法人に関する法律**（平 18 法 48 −）**261 条 1 項**。
[90]　類例、中間法人法（平 13 法 49 − 平 18 法 50）83 条 1 項・110 条 1 項及び**一般社団法人及び一般財団法人に関する法律 268 条**。
[91]　大森忠夫＝矢沢惇編『注釈会社法』1 巻（有斐閣・昭 46）423 頁〔島十四郎〕。
[92]　宗教団体（宗教団体法 1 条）→宗教法人（宗教法人令（昭 20 ポ勅 719 − 昭 26 法 126）1 条 2 項）及び労働組合（**労働組合法**（昭 24 法 174 −）**2 条**）は、破産によっても解散しない（宗教団体法 5 条 2 項・11 条 2 項及び**労働組合法 10 条**。前者は貴族院修正、後者は総司令部の指示によるものである（後者につき参照、竹前栄治『**戦後労働改革**』（東大出版会・昭 57）269 頁）。

による清算の目的に限定する司法処分に当たる（民法68条（明29法89－平18法50）1項3号・(旧)破産法4条→**破産法35条**）。

(4) ④⑤宗教法人の解散を命ずる決定（④宗教法人令（昭20ポ勅719－昭26法126）13条1項[93]→⑤**宗教法人法**（昭26法126－）**81条1項**）は、宗教法人の目的を清算目的に限定する司法処分に当たる（宗教法人令17条→**宗教法人法**51条（現**48条の2**））。

総司令部の指示により宗教団体法が廃止される際、法人格の根拠が失われる事態を避けるべく、急遽、設立につき準則主義を採る宗教法人令が制定された[94]。④は、同主義の帰結として[95]、宗教団体の設立の認可の取消等（宗教団体法16条等。次款参照）を司法処分化したものである。

⑤は、宗教法人となった団体が宗教団体でなかったことを要件に加えた（**宗教法人法81条1項5号**。次款参照）外、④を概ね踏襲した。⑤は、法令違反等（**同項1号・2号前段**）を理由とする場合には、①とその趣旨を同じくする[96]。

(5) ⑥労働組合の解散処分（(旧)労働組合法（昭20法51－昭24法174）15条1項[97]。法人である労働組合（同法16条1項）に対するものに限る。）は、労働組合の目的を清算目的に限定する司法処分に当たる（同法14条5号・17条）。

⑥は、第一次的には事実上の団体を解散させる司法処分であり、当該団体が法人格を有する場合には、副次的にそれを剥奪するに過ぎない。昭和6年の労働組合法案では行政処分とされていた[98]が、そのモデルたる結社の禁止処分（治安警察法（明33法36－昭20勅638）8条2項[99]）の廃止が決まったため、司

---

93) 「宗教法人法令ニ違反シ若ハ公益ヲ害スベキ行為ヲ為シタルトキ又ハ神社、寺院若ハ教会左ノ各号ノ一ニ該当スルトキハ裁判所ハ検事ノ請求ニ因リ又ハ職権ヲ以テ其ノ解散ヲ命ズルコトヲ得」「一　社殿、堂宇又ハ会堂ノ滅失後五年内ニ其ノ施設ヲ為サザルトキ」「二　主管者及代務者ヲ欠クコト三年以上ニ及ブトキ」。類例、中小企業等協同組合法69条（昭24法181－昭30法121）及び塩業組合法（昭28法107－昭59法71）70条。

94) 宗教法人令の立案過程の梗概につき参照、吉田他・前註(12)13～16頁〔吉田〕。

95) 参照、吉田他・前註155頁〔井上〕。類例につき参照、稲川宮雄『中小企業等協同組合法の解説』初版（日本経済新聞社・昭24）206頁及び日本専売公社総務部編『専売法規の解説』（同部・昭29）792頁。

96) 参照、最決平8・1・30民集50巻1号199頁〔オウム真理教〕。

97) 「労働組合屢法令ニ違反シ安寧秩序ヲ紊リタルトキハ労働委員会ノ申立ニ依リ裁判所ハ労働組合ノ解散ヲ為スコトヲ得」。

98) 「労働組合ノ行為安寧秩序ヲ紊ルトキハ主務大臣ハ労働組合ノ解散ヲ命ズルコトヲ得」（18条。59・衆・18号449頁）。

第 2 節　法人の権利能力を変更する国家作用

法処分化されたのであろう[100]）(尤も、資格要件を事後的に満たさなくなった労働組合については、⑥とは別に資格否認の決定（（旧）労働組合法 6 条 2 項。次款参照）という行政処分が用意された。）。

⑥は、事実上の団体の解散（法的には、構成員が当該団体のためにする行為の禁止[101]）を伴っていたため、強権的であるとして総司令部の指示により廃止された[102]。併しながら、理論的には、事実上の団体と法人を峻別した上、後者の解散処分を存置すべきであった。さもなければ、①との不均衡を正当化し得なくなるからである。

(6)　⑦事業者団体の解散の宣告（事業者団体法（昭 23 法 191 – 昭 28 法 259）15 条 1 項→**私的独占の禁止及び公正取引の確保に関する法律** 95 条の 3（昭 28 法 259 –。現 **95 条の 4**）**第 1 項**。法人である事業者団体に対してされるものに限る。）は、事業者団体の目的を清算目的に限定する司法処分に当たる（事業者団体法 15 条 2 項→**私的独占の禁止及び公正取引の確保に関する法律** 95 条の 3（同前。現 **95 条の 4**）第 2 項）。

⑦は、行政処分である事業者団体の解散の命令（事業者団体法 8 条→**私的独占の禁止及び公正取引の確保に関する法律 8 条の 2**（昭 28 法 259 –）**第 1 項**。次款参照）と並立されている。事業者団体法は、前者に「附加制裁」、後者に「排除措置」の見出しを附しており、前者が禁止行為違反等の罪による刑の言渡を前提とするのに対し、後者は行為者の故意・過失を要しない。このため、前者が形成的作用とされるのに対し、後者は命令的作用に止められている。

併しながら、両者はいずれも最終手段とされ[103]、前者も確定審決違反の罪

---

99)　「結社ニシテ前項〔＝「安寧秩序ヲ保持スル為必要ナル場合」〕ニ該当スルトキハ内務大臣ハ之ヲ禁止スルコトヲ得」（同項前段）。
100)　⑥は、労務法制審議会に提出された草案 14 条 1 項に由来する。同条 2 項には「前項ノ事件ハ……刑事事件ニ準ジテ之ヲ処理ス」とあった（参照、労働省編『資料労働運動史昭和二〇・二一年』（労務行政研究所・昭 26）719 頁）。
101)　事実上の団体を解散させる行政処分の法的効果を明示した立法例である**破壊活動防止法**（昭 27 法 240 –）**8 条**につき参照、関之＝佐藤功『破壊活動防止法の解釈』（学陽書房・昭 27）117〜119 頁。
102)　参照、竹中・前註(92)252 頁・254 頁・259 頁及遠藤公嗣『日本占領と労使関係政策の成立』（東大出版会・平元）286〜287 頁。
103)　参照、公正取引委員会事務局編『事業者団体法解説』（海口書店・昭 23）252 頁・298 頁〔西田隆〕及び今村成和『条解事業者団体法』（弘文堂・昭 25）314 頁・340 頁。

によって履行確保が図られているため、両者を併存させたことに合理性があったかは疑問である。加えて、(旧)労働組合法→**労働組合法**と同じく事実上の団体と法人を区別することなく[104]、その解散を「いはば団体の死刑[105]」と見て司法管轄留保事項とした点は、洗練された法律構成というには程遠い[106]。

結局、⑦の正当化根拠としては、設立につき認可主義・準則主義が採られているかに拘わらず法人を解散させるという点に求める外ない。この意味において、①の要件である「会社ノ存立ヲ許スベカラザル事由アルトキ」(商法58条(昭13法72 - 昭25法167) 2項)は、⑦にとっても「有力な指針[107]」となる。

(**7**) ⑧土地改良区の解散を命ずる裁判(土地改良法135条(昭24法195 - 昭32法69) 1項[108])は、土地改良区の目的を清算目的に限定する司法処分に当たる(**同法67条1項2号・76条(現67条の2)**)。

⑧は、恐らくは総司令部の意嚮により[109]、耕地整理組合の解散命令(耕地整理法83条。次款参照)を司法処分化したものである。

土地改良区の設立については認可主義が採られているため、⑧は準則主義の帰結でない。法人の解散は自然人の死亡に相当するから、たとい行政処分によって設立された法人であっても、行政処分によって解散させるべきでないという思想に立脚するものである[110]。ここでの行政庁は、⑤〜⑦と同じく、刑事

---

104) 「米国の産業団体〔trade association〕は、反トラスト法との関係においては、自然人や会社などと同様に、同法の適用を受ける『者』(persons)の一種に過ぎないのであつて、……法律的に厳密な概念構成の必要はな」い(今村・前註14頁(原註略))。禁止行為違反等の罪については法人でない団体も処罰される(事業者団体法14条3項→**私的独占の禁止及び公正取引の確保に関する法律95条**(昭24法214 -) 2項)が、この処罰が講学上の刑罰に当たるかは疑わしい。
105) 公正取引委員会事務局編・前註(102)297頁〔西田〕。
106) 事業者団体法の立案過程の梗概につき参照、国立国会図書館調査立法考査局『事業者団体法の成立と改正問題の経緯』(昭26) 14〜19頁、公正取引委員会事務局編『独占禁止政策三十年史』(同局・昭52) 46〜48頁及び高瀬恒一他監修『独占禁止法制定時の回顧録』(公正取引協会・平9) 323〜325頁。
107) 参照、公正取引委員会事務局編・前註(103)298頁〔西田〕。
108) 類例、森林法182条(昭26法-昭49法39) 1項。林野庁経済課編・序説註(8)354頁に挙げる設立の認可の拒否事由は定款の認証の拒否事由と同様であるが、同353頁は「森林組合の設立は準則主義によらず、認可主義をとつた」と強調しており、前者の事由は例示に過ぎないと考えられることから、ここに分類する。
109) 立案過程の終盤に入るまで、行政庁が解散命令をすることとされていた(参照、土地改良制度資料編纂委員会編『土地改良制度資料集成』1巻(全国土地改良事業団体連合会・昭55) 591頁)。
110) 類例につき参照、「組合の解散というような重要な権利関係の変動を行政庁において判断する

第2節　法人の権利能力を変更する国家作用

訴訟手続における検察官のような役割を果たすに過ぎない[111]。

(8) 以上の立法例は、法人格の濫用に対処する類型（①④〜⑧）、構成員を保護する類型（②）及び債権者を保護する類型（③）に再整理することが出来る。

⑧のような設立につき認可主義が採られている法人の解散を司法管轄留保事項とする立法スタイルは、結局わが国に定着することはなかった。**農業協同組合法**（昭22法132−）は、ごく限られた場合とはいえ、制定時から行政庁による解散命令を用意していた（95条2項（現**95条の2第1項**。次款参照））し、**中小企業等協同組合法**は、講和後間もなく、同組合の設立につき認可主義に転ずる（**27条の2**（昭30法121−）**第1項**）と共に、その帰結として行政庁による解散命令（**106条**（同前）**2項**。次款参照）を手当し[112]、**土地改良法**等もこれに倣ったからである。

かくして現行法制では、行政処分によって発生した法人は行政処分によって消滅させられるという思想が支配的となっている（次款参照）。

第3款　法人の権利能力を変更する行政作用

(1) これに該当する立法例は、法人の目的（①〜⑳㉒〜㉘）及び組織（㉑㉙）を変更する類型に大別される。前者は、法人の目的を清算（財産処分及び特殊整理→特殊清算（後述）を含む。）目的に限定する類型（①〜⑦⑨〜⑯⑱〜⑳㉒〜㉘）及び清算以外の目的に変更する類型（⑧⑰）に細分される。

(2) ①寺院の再興の許可の停止（明15内務省達乙59[113]）→寺院・教会（教会にあっては法人であるものに限る。）の設立の認可の取消（宗教団体法11条2項[114]）及び②宗教団体（法人であるものに限る。）の設立の認可の取消（同法16条[115]）

ことはその公正を期する所以でもない」（林野庁経済課編・序説註（8）393頁）。
111) ⑤につき参照、「所轄庁は宗教法人に関し一般的にいつて公共性確保の視察のための責任機関でもある」（篠原義雄『宗教法人法の解説』（中央法規出版・昭26）125頁）。
112) 参照、遠山長雄「中小企業協組の中央会制度を創設──組合の管理および監督の改善強化」時の法令176号（昭30）11頁。
113) 「……在来ノ社寺ニシテ変災ニ遭ヒ建物悉皆烏有ニ帰スル者ハ満五年ニ再建セシメ……若シ右期限ヲ過キ建設セサル者ハ一面許可ヲ停メ一面社寺明細帳ヨリ削除……候義ト可心得此旨相達候事」（同達本文）。
114) 「寺院又ハ教会左ノ各号ノ一ニ該当スルトキハ地方長官ハ其ノ設立ノ認可ヲ取消スコトヲ得」「一　堂宇又ハ会堂ノ滅失後五年内ニ其ノ施設ヲ為サザルトキ」「二　住職又ハ教会主管者及其ノ代務者ヲ欠クコト三年以上ニ及ブトキ」（同項本文・1号・2号）。

は、それぞれ寺院[116]・教会及び宗教団体の目的を清算目的に限定する行政処分に当たる（同法11条3項・15条）。

①（寺院に対してされるものに限る。）は、寺院明細帳等に空名を止める"青天井の寺"に対してされるものであり、休眠会社の整理（商法406条の3（昭49法21－。現・**会社法472条**）。次節第1款参照）とその性質を同じくする。

②は、第一次的には「宗教団体」性（保護・監督行政の単位たる資格）を剥奪する行政処分であり[117]、宗教団体が法人である場合には、併せて上記のような行政処分ともなる。②がされても事実上の団体たる「宗教結社[118]」は存続するから、結社の禁止処分（前款参照）とは異なる。故に、宗教団体法→宗教法人令→**宗教法人法**を通じて「法人たる宗教団体も法人でない宗教団体も、その実質は同じで、両者の相異はただ法人格の有無のみ、という考え方には変わりはない[119]」。この点は、（旧）労働組合法（後述）と対照的である。

宗教団体法の後法である宗教団体令は、①②を司法処分化した（前款参照）が、同令の後法である**宗教法人法**は、ごく一部分ながら行政処分を復活させた。即ち、宗教法人が宗教団体でなかった場合における③規則の認証の取消（**同法80条1項**）である。

宗教法人令が宗教法人の設立につき準則主義を採る（前款参照）と、間もなくその濫用が社会問題化した。宗務局は当初、認可主義の復活を試みたが、総司令部により斥けられてしまった。このため、準則主義を採る会社ですら公証人による定款の認証（商法167条（昭13法72－平17法87。現・**会社法30条1項**））が要求されている点との均衡上、設立の登記に先立ち所轄庁による規則の認証を受けさせること（**宗教法人法12条1項**）で、妥協が成立した[120]。

---

115) 「宗教団体又ハ教師ノ行フ宗教ノ教義ノ宣布若ハ儀式ノ執行又ハ宗教上ノ行事ガ安寧秩序ヲ妨ゲ又ハ臣民タルノ義務ニ背クトキハ主務大臣ハ之ヲ制限シ若ハ禁止シ、教師ノ業務ヲ停止シ又ハ宗教団体ノ設立ノ認可ヲ取消スコトヲ得」。

116) 「社寺用地は古来独立の財団として取扱はれ、……徳川時代には御朱印地・黒印地と称して財産権の主体として存在し、……民法施行法〔19条（明31法11－平18法50）1項〕に於て又判例に於て法人としての取扱ひを受け」ていた（政府解説纂輯『宗教団体法解説』（中央社・昭14）46～47頁）。

117) 参照、根本松男『宗教団体法論』（巌松堂・昭16）234頁。

118) 「宗教団体ニ非ズシテ宗教ノ教義ノ宣布及儀式ノ執行ヲ為ス結社」（宗教団体法23条1項）。

119) 井上恵行『宗教法人法の基礎的研究』改訂再版（第一書房・昭47）345頁。

120) 立案過程につき参照、龍谷大学宗教法研究会編「宗教法人法成立過程に関する資料（一）」『宗

第 2 節　法人の権利能力を変更する国家作用

併しながら、**同法**にいう「規則の認証」は、規則及び設立手続の法令適合性（**14 条 1 項 2 号・3 号**）のみならず、「当該団体が宗教団体であること[121]」（**同項1 号**）にも及ぶ上、抗告訴訟の提起も認められている。外見上は定款の認証[122]に擬えられている[123]が、両者は全く別物である[124]。即ち、不認証の決定（**同項**）により宗教法人を設立する途は閉ざされるのであり、それは輸入禁制品該当の通知（現・**関税法 69 条の 11 第 3 項**）により貨物を輸入する途が閉ざされる[125]のと同様である。設立につき認可主義を採らないという建前と裏腹に、宗教団体でないことを理由とする不認証の決定は設立認可の拒否と変わらず、③は設立認可の取消しと変わらない[126]。

③をすることが出来るのは、1 年以内に限られている（それ以降は、宗教法人の解散を命ずる決定（**宗教法人法 81 条 1 項**。前款参照）による外ない。）。総司令部がこれを事前手続の延長と理解して[127]立法化を指示した[128]のに対し、日本側はこれを行政行為の取消しの制限に関する一般理論を実定化したものと説明している[129]。

教法研究』10 輯（法律文化社・平 2）12 頁・13 頁・15 頁。「準則主義ヲトル商事会社等ノ法人ニ於テモ、法上一定ノ物的人的ノ制約ノ下ニ其ノ成立ガ許サレテ居ル〔、〕而モ保護ハ宗教法人ニ比シ比較スベクモナク少ナイ」（同 12 頁）。

121)　当初の案では、「その団体が宗教法人としての適格性を有するかどうか」となっていた（龍谷大学宗教法研究会編・前註 31 頁）。

122)　定款の認証等につき岩本信正『条解公証人法』（朋文社・昭 56）122 頁は、公証人が認証したときは「異議〔**公証人法 78 条 1 項**〕によって変更することはできない。当事者間の民事訴訟により解決する外はあるまい」という。異議によらない職権変更もすることが出来ないと解される。

123)　井上・前註(119)347 頁は、「法人の成立は、法律（〔宗教〕法人法 15 条）によって与えられた効果であって、認証そのものから生ずる効果ではない。認証は、法人格取得の原因たる登記の前提条件にすぎない」といい、総司令部もこの説明に満足している（See, W. Woodard, "Study on Religious Juridical Persons Law" in: 龍谷大学宗教法研究会編「宗教法人法成立過程に関する資料（二）」『宗教法研究』11 輯（法律文化社・平 4）p.32)。

124)　中小企業等協同組合法は、**宗教法人法**に倣って、定款の認証主体を公証人（33 条（昭 24 法 181 – 昭 26 法 138）3 項）から行政庁（27 条の 2（昭 26 法 138 – 昭 30 法 121）第 1 項。類例、塩業組合法 26 条 1 項）に改めた後も、準則主義を採るものと説明されている（参照、稲川宮雄『中小企業等協同組合法の解説』最新版（日本経済新聞社・昭 27）234 頁）が、疑問である。

125)　参照、最判昭 54・12・25 民集 33 巻 7 号 753 頁。

126)　井手成三「信教の自由とその限界」愛知学院大学論叢法学研究 1 号（昭 33）118 頁も、規則の認証を設立の認可に改めても違憲でないという。

127)　See, Woodard, ibid., pp.53〜54.

128)　立案過程につき参照、龍谷大学宗教法研究会編・前註(120)56 頁・69 頁・82 頁。

129)　参照、篠原・前註(111)120 頁及び井上・前註(119)412〜413 頁。

49

とはいえ、一律に1年で区切るのは画一的に過ぎ、他の立法例と比べても突出している。このため、昭和33年の宗教法人法改正要綱は、期間制限の撤廃を盛り込んだ[130]が、いまだ実現を見ていない。

（3）④私設鉄道会社の免許状の返納命令[131]（私設鉄道条例（明20勅12－明33法64）37条[132]）は、同会社の目的を清算目的に限定する行政処分に当たる。

④は、私設鉄道会社の設立につき認可主義が採られていること（私設鉄道条例4条[133]）の帰結である。

（4）⑤取引所（商品取引所（廃止時））の解散処分（取引所法（明26法5－昭25法239。（旧）商品取引所法（廃止時））27条1号[134]）→商品取引所の登録の取消（商品取引所法（昭25法239－）121条1項1号。現・会員商品取引所の設立の許可・株式会社商品取引所の許可の取消し（**商品先物取引法159条1項1号**））は、取引所→商品取引所（いずれも株式会社組織の場合には営利法人、会員組織の場合には中間法人にそれぞれ相当する。）の目的を清算目的に限定する行政処分に当たる。

⑤は、前法である取引所条例（明20勅11－明26法5）に基づく取引所の決議の取消処分（7条。〈本編第4章第1節第3款第3目〉参照）等の監督処分を一歩進めたものである[135]。ここに至ってわが法制は、同条例の母法であり、取引所を商人の自治団体と位置付けるプロイセン法（同目参照）とは似て非なるものとなった[136]。

⑤を受けた株式会社組織の取引所〔現・株式会社商品取引所〕が目的を変更し

---

130) 参照、文化庁文化部宗務課『明治以降宗教制度百年史』（同庁・昭45）365頁〔井上恵行〕。
131) 明治17年の大阪堺間鉄道築造並営業許可ニ付命令書7条（鉄道省編『日本鉄道史』上篇（同省・大10）764頁）を修正したものであろう。なお、④に先立つ国立銀行の鎖店命令（国立銀行条例93条（明16布告14－昭29法121））は、店舗の閉鎖を命ずる行政処分に止まるのか定かでない。
132) 「免許状下付ノ日ヨリ三箇月以内ニ鉄道布設工事ニ着手セス又ハ予定期限及延期内ニ竣功セサルトキハ免許状ノ返納ヲ命スヘシ」（同条本文）。
133) 「政府ニ於テ前条ノ図面書類ヲ審査シ妥当ナリト認ムルトキハ裁可ヲ経テ会社設立及鉄道布設ノ免許状ヲ下付スヘシ」。
134) 「農商務大臣ハ取引所ノ行為法律命令ニ違反シ又ハ公益ヲ害シ若ハ公衆ノ安寧ニ妨害アリト認ムルトキハ左ノ処分ヲ為スコトヲ得」「一　取引所ノ解散」（同条本文・1号（制定時）。2～5号略）。
135) ⑤は、明治25年の農商務省案27条1号に由来する（国立公文書館蔵「取引所法ヲ定ム」（請求記号：本館-2A-011-00・類00664100））。
136) ⑤と異なり、朝鮮取引令（昭6制令5－昭18制令39（実効性喪失？））42条は、取引所の解散命令を会員の著しい減少等により存続の必要性がなくなったときに限っている。

第 2 節　法人の権利能力を変更する国家作用

て存続することすら許されない点については、⑪⑫と同様に正当化する外ない。

（5）　⑥公益法人の設立の許可の取消（民法 71 条[137]（明 29 法 89 − 平 18 法 50））は、公益法人の目的を清算目的に限定する行政処分に当たる（同法 73 条（同前））。

学校法人の解散命令（**私立学校法**（昭 24 法 270 −）**62 条 1 項**[138]）についても同様である[139]（**同法 50 条 1 項 6 号**）。

⑥は、ドイツ・民法典 43 条 1 項・87 条 1 項に倣ったものである。**私立学校法**等では、これが監督の最終手段である点が明示され、民法もそれに倣うに至った（71 条（昭 54 法 68 − 平 18 法 50））。

⑥は、**一般社団法人及び一般財団法人に関する法律**（平 18 法 48 −）が一般社団法人等の設立につき準則主義に転じたのに伴い、廃止された。

（6）　⑦重要輸出品同業組合→重要物産同業組合の解散処分（重要輸出品同業組合法[140]（明 30 法 47 − 明 33 法 35）15 条 1 号→重要物産同業組合法（明 33 法 35 − 昭 18 法 53）15 条 1 号[141]）は、同業組合の目的を清算目的に限定する行政処分に当たる[142]。

---

[137]　「法人カ其目的以外ノ事業ヲ為シ又ハ設立ノ許可ヲ得タル条件ニ違反シ其他公益ヲ害スヘキ行為ヲ為シタルトキハ主務官庁ハ其許可ヲ取消スコトヲ得」（制定時）。類例、民法施行法 23 条（明 31 法 11 − 平 18 法 50）、（旧）牧野法（昭 6 法 37 − 昭 25 法 194）21 条及び**特定非営利活動促進法**（平 10 衆法 7 −）**43 条 1 項**。

[138]　類例、**医療法 66 条**（昭 25 法 122 −。現 **1 項**）及び社会福祉事業法 54 条 2 項（現・**社会福祉法 56 条 4 項**）。

[139]　設立の認可の取消でなく解散命令としたのは、行政行為の撤回として将来効しかないことを明確化するためという（参照、福田＝安嶋・前註(72)217〜218 頁）。

[140]　同法の規定は重要物産同業組合法とほぼ同文のため、掲載を省略する。

[141]　「同業組合若クハ同業組合連合会ノ決議又ハ其ノ役員ノ行為ニシテ法律命令ニ違背シ又ハ公益ヲ害シ又ハ其ノ目的ニ違背シ又ハ監督官庁ノ命シタル事項ヲ執行セサルトキハ農商務大臣ハ左ノ処分ヲ為スコトヲ得」「一　同業組合若ハ同業組合連合会ノ解散又ハ其ノ業務ノ停止」「二　役員ノ解職」「三　決議ノ取消」（同条柱書・1〜3 号）。類例、酒造組合法（明 38 法 8 − 昭 23 法 107。酒類組合法（廃止時））10 条、畜産組合法（大 4 法 1 − 昭 23 法 166。馬匹組合法（廃止時））37 条、蚕糸業組合法（昭 6 法 24 − 昭 22 法 133）13 条、輸出組合法 28 条ノ 2（昭 6 法 44 − 昭 12 法 74）第 4 号→貿易組合法（昭 12 法 74 − 昭 22 法 123）44 条 4 号、工業組合法 28 条ノ 2（昭 6 法 62 − 昭 18 法 53）第 4 号、商業組合法（昭 7 法 25 − 昭 18 法 53）27 条 4 号、米穀自治管理法 26 条、重要肥料業統制法 16 条 4 号、糸価安定施設法 26 条、（旧）百貨店法 19 条 4 号、酪農業調整法（昭 14 法 27 − 昭 24 法 180）16 条 4 号、造船事業法（昭 14 法 70 − 昭 22 法 177）32 条 4 号、塩業組合令 56 条 2 項等。

[142]　参照、（旧）重要物産同業組合法施行規則（明 33 農商務省令 7 − 大 5 同令 8）21 条→重要物産同業組合法施行規則（大 5 農商務省令 8 − 昭 18 法 53（失効））21 条。

第1編　総　則　　第2章　法　人

　両法に基づく同業組合は、徳川時代の株仲間と連続性を有する同業組合[143]を法制化したものであり[144]、その設置・加入には強制的要素を伴う（重要物産同業組合法4条・14条1項[145]）。とはいえ、これらの強制的要素と⑦の間には、必然的な連関がある訳でない。同組合が全くの任意で（地区内の同業者全員の同意を得た申請に基づき）設置された場合にも、⑦をすることは可能だからである[146]。

　調整組合→商工組合の解散命令（特定中小企業の安定に関する臨時措置法（昭27法294 − 昭32法185。中小企業安定法（廃止時））14条1項[147]→**中小企業団体の組織に関する法律**（昭32法185 −）**69条1項**）についても同様である[148]。

　(7)　⑧郡組合の変更処分（郡制105条後段[149]）は、郡組合の目的（事務の範囲）を変更する行政処分に当たる。

　設置処分（同条前段。前節第3款参照）が認められる以上、⑧が認められることに異論はない。工業組合の定款の変更処分（工業組合法28条（昭14法65 − 昭

---

143)　参照、小池金之助『同業組合及準則組合』（昭和図書・昭14）46〜62頁及び藤田貞一郎『近代日本同業組合史論』（清文堂・平7）第1章。

144)　奇しくも、強制同業組合（Zwangsinnung）を本格的に復活させたドイツ・営業法中改正法律（Gesetz, btr. die Abänderung der Gewerbeordnung für das Deutsche Reich, vom 26. Juli 1897）と同年に当たる（100c条・97条1項が⑦に相当する。）。

145)　「同業組合設置ノ地区内ニ於テ組合員ト同一ノ業ヲ営ム者ハ其ノ組合ニ加入スヘシ但シ営業上特別ノ情況ニ依リ農商務大臣ニ於テ加入ノ必要ナシト認ムル者ハ此ノ限ニ在ラス」（4条）。「農商務大臣ハ必要ト認ムルトキハ同業組合及同業組合連合会ヲ設ケシムルコトヲ得」（14条1項）。

146)　小野武夫＝飯田勘一『最新重要物産同業組合法精義』（清水書店・大7）199頁も、「此等の場合〔＝⑦の要件を満たす場合〕に事重大と認むるときは組合を存置するも却て害があつて益がない」というに止まり、設置に強制性があるかで区別していない。

147)　類例（一部改正により強制的要素がなくなった時期があるものも含む。）、輸出取引法（昭27法299 −）18条（現・輸出入取引法18条1項）、酒税の保全及び酒類業組合等に関する法律（昭28法7 −）90条1項（**現90条**）、輸出水産業の振興に関する法律（昭29法154 −）16条1項（**現16条**）、小型船海運組合法（昭32法162 −。現・**内航海運組合法**）64条1項、環境衛生関係営業の運営の適正化に関する法律（昭32法164 −。現・**生活衛生関係営業の運営の適正化及び振興に関する法律**）62条（現52条の3）及び漁業生産調整組合法（昭36法128 − 平9法96）67条1項。

148)　「組合がその設立要件を欠くに至つた場合等組合制度本来の目的に背反するに至つたと認めるときは、その存立自体の意義が失われるのみならず、これを放置するときは経済的、社会的に著しい悪影響を及ぼすおそれがある」（中小企業庁編『中小企業団体組織法逐条解説』（中小企業出版局・昭34）457頁）。

149)　前註(45)参照。類例、市制151条2項、町村制131条3項及び府県制（道府県制（廃止時））126条ノ6（大3法35 − 昭22法67）。

第 2 節　法人の権利能力を変更する国家作用

18 法 53) 2 項[150]) についても同様である。

(**8**)　⑨商業会議所→商工会議所の解散命令（商業会議所法（明 35 法 31 – 昭 2 法 49）45 条 1 項→（旧々）商工会議所法（昭 2 法 49 – 昭 18 法 52）51 条 4 号）及び商工会議所の設立認可の取消（**商工会議所法**（昭 28 法 143 –）**59 条 1 項 2 号**[151]）は、それらの目的を清算目的に限定する行政処分に当たる（商業会議所法 38 条→（旧々）商業会議所法 43 条及び**商工会議所法** 63 条（現 **60 条の 9**））。

商業会議所法の前法である商業会議所条例（明 23 法 81 – 明 35 法 31）21 条は、役員又は会員の全部の改選命令に止まっていた[152]。⑨が設けられたのは、農会[153]の解散命令（（旧）農会令（明 33 勅 30 – 明 38 勅 225）20 条 1 項 4 号[154]→農会令（明 38 勅 225 – 大 11 勅 358）27 条 1 項 4 号[155]→農会法（大 11 法 40 – 昭 18 法 46）34 条）と平仄を合わせるためであろう。これにより商業会議所を商人の自治団体と位置付ける基盤が失われた点は、⑤と同様である。

商業会議所→商工会議所及び農会の設立・加入には強制的要素を伴う[156]が、⑦と同じく、それらと⑨との間に必然的な連関はない[157]。

(**9**)　⑩産業組合の解散処分（産業組合法（明 33 法 34 – 昭 23 法 200）61 条[158]）

---

150)　「特別ノ事情アル場合ニ於テハ行政官庁ハ第三条第一項第一号ノ事業経営ニ対スル制限〔＝「組合員ノ……事業経営ニ対スル制限」〕ヲ行フ工業組合ノ定款又ハ第六条ノ二ノ規程〔＝「組合員ノ事業経営ニ対スル制限……ニ関スル規程」〕ノ変更ヲ為スコトヲ得」。

151)　類例、商工会の組織等に関する法律（昭 35 法 89 – 。現・**商工会法**）51 条 1 項 2 号及び労働災害防止団体等に関する法律（昭 39 法 118 – 。現・**労働災害防止団体法**）53 条 1 項 2 号・2 項。

152)　プロイセン・商業会議所法（Gesetz über die Handelskammern, vom 19. August 1897）43 条 2 項を母法とする。明治 24 年の農会法案 16 条もこれに倣っていた。

153)　農会の系統組織は地方自治制度と競合するため、政府は（旧）農会法の制定に消極的であった（参照、松田忍『系統農会と近代日本』（勁草書房・平 24）42～44 頁）。農会の法人格は、（旧）農会令 1 条ノ 2（明 35 勅 129）第 1 項によって初めて認められた。

154)　「農会ニ関スル規程ハ命令ヲ以テ之ヲ定ム」（（旧）農会法（明 32 衆法 103 – 大 11 法 40）2 条）。「農会ノ決議又ハ其ノ役員ノ行為カ法令若ハ会則ニ違背スルトキ又ハ公益ヲ害スルノ虞アリト認ムルトキハ北海道農会及府県農会ニ在リテハ農商務大臣、其ノ他ノ農会ニ在リテハ地方長官ニ於テ左ノ処分ヲ為スコトヲ得」「一　決議ノ取消」「二　役員ノ解職」「三　事業ノ停止」「四　解散」（（旧）農会令 20 条 1 項柱書・1 ～ 4 号）。

155)　類例、水産会法（大 10 法 60 – 昭 18 法 47）29 条。

156)　**商工会議所法**も、**26 条**等に「公法人的色彩」の名残りが見られる（参照、通商産業省企業局企業第一課編『商工会議所法の解説』（日本商工会議所・昭 29）41～42 頁）。

157)　川崎力三『農会法正義』（良書普及会・大 14）223 頁も、「公益ヲ害シタルトキ」とは「国家行政事務の一部を担当せる農会として国家の目的と反対の行動を為すが如き場合」を指すというに止まり、設立に強制性があるかで区別していない。

158)　「組合ノ事業又ハ組合財産ノ状況ニ依リ其ノ事業ノ継続ヲ困難ナリト認ムルトキ又ハ組合ノ行

は、同組合の目的を清算目的に限定する行政処分に当たる（同法75条）。

⑩は、ドイツ・生産及経済協同組合ニ関スル法律（Gesetz, betreffend die Erwerbs- und Wirtschaftsgenossenschaften, vom 1. Mai 1889）79条1項[159]に倣ったものである。尤も、同国では、この処分は行政裁判手続（行政裁判所未設置のラントでは訴願手続）によることとなっていた[160]。わが国では、行政裁判所が非訟事件を扱う前例がなかったためか、明治30年の産業組合法案[161]では、地方裁判所が解散命令をすることとされていた[162]（59条[163]）。もしこれが成立していれば、中間法人法制における先例となっていたかも知れない。

とはいえ、産業組合法[164]は、⑩を行政処分とし、かつ、何らの事前手続も置かなかった。これは、公益法人を解散させる⑥すら、手続保障を用意していなかったためであろう。

農業協同組合の解散命令[165]（**農業協同組合法**（昭22法132－）95条2項（現95

為カ定款若ハ法令ニ違背シ其ノ他公益ヲ害スルノ虞アルトキハ主務大臣又ハ地方長官ハ総会ノ決議ヲ取消シ、理事、監事若ハ清算人ノ改選ヲ命シ、組合ノ事業ヲ停止シ又ハ組合ヲ解散スルコトヲ得」。類例、漁業組合規則（明35農商務省令8－明43法58（失効））63条1項→（旧）漁業法48条（明43法58－昭18法47）3号、医師会規則（明39内務省令33－大8勅429）15条1項、貸家組合法（昭16法47－昭53法54）37条4号、商工協同組合法（昭21法51－昭24法182）51条等。

159）"Wenn eine Genossenschaft sich gesetzwidriger Handlungen oder Unterlassungen schuldig macht, durch welche das Gemeinwohl gefährdet wird, oder wenn sie andere als die in diesem Gesetze (§1) bezeichneten geschäftlichen Zwecke verfolgt, so kann sie aufgelöst werden, ohne daß deshalb ein Anspruch auf "Entschädigung stattfindet."

160）Vgl., L. Parisius u. H. Crüger, "Das Reichsgesetz betreffend die Erwerbs- und Wirthschafts-genossenschaften: Kommentar zum praktischen Gebrauch für Juristen und Genossenschaften" 5 Aufl. (J. Guttentag, 1906), S.460～461.

161）渡辺朔農事課長及び織田一農商務省参事官が立案したという（参照、産業組合史編纂会編『産業組合発達史』1巻（産業組合史刊行会・昭40）283～284頁）。

162）因みに、1889年法の前法である北ドイツ連邦・生産及経済協同組合ノ私法上ノ地位ニ関スル法律（Gesetz, betreffend die privatrechtliche Stellung der Erwerbs- und Wirtschafts-Genossenschaften, vom 4. Juli 1868）35条2項は、組合の解散命令を司法管轄留保事項としていた。

163）「組合ノ行為ニシテ法律命令若クハ定款ニ違背シ又ハ公益ヲ害シ又ハ組合ノ安固ヲ欠クノ理由ヲ以テ一人又ハ数人ノ組合員ヨリ組合ノ解散ヲ申立ツルトキハ組合ノ所在地ヲ管轄スル地方裁判所ハ其ノ命令ヲ以テ之ヲ解散セシムルコトヲ得」（10・貴・9号（明30・2・18）43頁）。

164）産業組合法は、岡野敬次郎・織田一・加納友之助農商務省参事官及び月田藤三郎農商務技師が起草審査委員として立案したという（参照、蓮池公咲『産業組合法通義』（高陽書院・昭9）19頁。岡野敬次郎「組合法制定当時の思出」産業組合174号（大9）4頁では、杉本貞次郎農商務省参事官の名も挙げている。）。

第 2 節　法人の権利能力を変更する国家作用

条の 2 第 1 号)・95 条の 2　(昭 29 法 184 －) 第 2 号・第 3 号[166])についても同様である(同法 73 条 (現 72 条の 2 の 2))。

⑽　⑪保険業の免許の取消((旧々)保険業法(明 33 法 69 －昭 14 法 41) 12 条[167]→(旧)保険業法(昭 14 法 41 －平 7 法 105) 12 条[168] (全改時 1 項)→**保険業法**(平 7 法 105 －) **133 条**[169])及び⑫銀行の免許の取消[170]((旧)銀行法(昭 2 法 21 －昭 56 法 59) 24 条[171]→**銀行法**(昭 56 法 59 －) **28 条**)は、それぞれ保険会社(株式会社の場合には営利法人、相互会社の場合には中間法人にそれぞれ相当する。)及び銀行の目的を清算目的に限定する行政処分に当たる[172]((旧々)保険業法 21 条・72 条 6 号・82 条→(旧)保険業法 108 条 1 項 6 号・77 条→**保険業法 152 条 3 項 2 号**及び(旧)銀行法 27 条[173]→**銀行法 40 条**)。

⑪は、ドイツ・私保険事業ニ関スル法律 (Gesetz über die privaten Versicherungsunternehmungen, vom 12. Mai 1901) 67 条 3 項[174]を参考としたものであ

---

165)　立案過程につき参照、小倉武一＝打越顕太郎監修『農協法の成立過程』(協同組合経営研究所・昭 36) 300 頁・327 頁。
166)　類例、**消費生活協同組合法**(昭 23 法 200 －) **95 条 3 項**、**水産業協同組合法**(昭 23 法 242 －) **124 条 2 項 (現 124 条の 2)**、**中小企業等協同組合法 106 条** (昭 30 法 121 －) **2 項**、**たばこ耕作組合法** (昭 33 法 135 －) **59 条**、**森林組合法** (昭 53 法 36 －) **114 条**、**農住組合法** (昭 55 法 86 －) **84 条**及び**密集市街地における防災街区の整備の促進に関する法律** (平 9 法 49 －) **108 条**。
167)　「保険会社カ主務官庁ノ命令ニ違反シタルトキハ主務官庁ハ事業ノ停止若クハ取締役ノ改選ヲ命シ又ハ免許ヲ取消スコトヲ得」(制定時)。類例、外国ニ於テ鉄道ヲ敷設スル帝国会社ニ関スル法律(明 33 法 87 －昭 57 法 69)・外国ニ於テ鉄道ヲ敷設スル帝国会社ニ関スル件(明 33 勅 366 －実効性喪失) 10 条、担保附社債信託法(明 38 法 52 －。現・**担保付社債信託法**) **12 条** (専業会社に対するものに限る。)、(旧々)保険業法 105 条(明 45 法 18 －昭 14 法 41)、(旧)銀行令(大元制令 5 －昭 3 制令 6) 10 条→銀行令(昭 3 制令 6 － 1950 韓国法律 139 (銀行法)) 25 条、(旧)銀行法(昭 2 法 21 －昭 56 法 59) 23 条→**銀行法**(昭 56 法 59 －) **27 条**及び**無尽業法**(昭 6 法 42 －) **25 条**。
168)　類例、**船主相互保険組合法**(昭 25 法 177 －) **53 条 1 項 (現 53 条)**及び**労働金庫法**(昭 28 法 227 －) **95 条 1 項**。
169)　類例、**保険業法 272 条の 26** (平 17 法 38 －) **第 1 項**。
170)　参照、笹原正志『銀行法通釈』(啓明社・昭 4) 316 頁及び小川郷太郎『新銀行法理由』(日本評論社・昭 5) 307〜308 頁。
171)　「主務大臣ハ業務ノ停止ヲ命ゼラレタル銀行ニ対シ其ノ整理ノ状況ニ依リ必要ト認ムルトキハ営業ノ免許ヲ取消スコトヲ得」。類例、**無尽業法 26 条**、**労働金庫法 95 条 2 項**、**保険業法 134 条**及び**同法 272 条の 27** (平 17 法 38 －)。
172)　保険契約の移転の決定((旧)保険業法 124 条 1 項。〈第 3 編第 2 章補節〉参照)についても同様である(同法 108 条 1 項 4 号)。
173)　「銀行ガ営業ノ免許ヲ取消サレタルトキハ之ニ因リテ解散ス」。
174)　正確にはその草案 (Vgl. Reichsanzeiger vom 26. November 1898 Nr. 280 Beil. I und II. 未見)。

ろう。

⑪につき起草者は、設立につき認可主義を採ったこと（（旧々）保険業法1条[175]）の帰結という[176]が、必ずしも十分な説明とはいえない。会社のみが行うことが出来る営業の免許が取り消された場合に、当該会社が解散しないものとする立法例もある[177]からである。これに対し銀行局は、⑪の類例及び⑫につき、「本法が免許の取消の効果として私法上の法人格をも否定する強い態度に出たのは、これらの場合には……当該銀行の業態がいちじるしく不良なことを前提としているものであるから、特に預金者等の保護のためには速かにこれを清算に移して債権債務の整理をはかるべきであるという趣旨に基づくものと解される[178]」と説く。後者を是とすべきであろう。

(11) ⑬耕地整理組合の解散命令（耕地整理法（明42法30－昭24法196）83条[179]）は、同組合の目的を清算目的に限定する行政処分に当たる（同法60条2項）。

⑬は、同法が同組合の法人格を認めることとした[180]のに伴い、⑥に倣って設けられたものであろう。同法の後法である**土地改良法**は、⑬を司法処分化した後、再び行政処分化した（前款参照）。

同法67条3項は、事業の禁止命令を受けた相互会社は解散すると規定している。

175）「保険事業ハ主務官庁ノ免許ヲ受クルニ非サレハ之ヲ営ムコトヲ得ス」（同条）。「保険事業ハ株式会社又ハ相互会社ニ非サレハ之ヲ営ムコトヲ得ス」（2条）。
176）参照、法典調査会「保険業法議事筆記」法務大臣官房司法法制調査部監修『日本近代立法資料叢書』27巻（商事法務研究会・昭61）14頁〔岡野敬次郎〕。つまり（旧々）保険業法21条は、株式会社である保険会社が「会社ノ目的タル事業ノ……成功ノ不能」（商法74条（明32法48－昭13法72）2号）により当然解散することを確認した規定でない。
177）参照、担保附社債信託法（現・**担保付社債信託法**）12条（専業会社に対するものを除く。）、（旧）無尽業法（大4法24－昭6法42）22条及び（旧）信託業法（大11法65－平16法154）19条→**信託業法**（平16法154）44条1項。
178）大蔵省銀行局編『金融関係法』1巻（日本評論新社・昭28）135頁。
179）「主務大臣又ハ地方長官ニ於テ会議ノ表決又ハ整理施行者ノ行為カ設計書、規約又ハ法令ニ違反シ其ノ他ノ公益ヲ害スルノ虞アリト認ムルトキハ会議ノ表決ヲ取消シ、組合長若ハ組合副長ヲ解任シ、評議員若ハ組合会議員ノ改選、事業ノ停止若ハ組合ノ解散ヲ命シ又ハ整理施行ノ認可ヲ取消スコトヲ得」（制定時）。類例、（旧）森林法（明40法43－昭26法249）72条3号、**土地区画整理法**（昭29法119－）125条4項、**土地改良法**135条（昭32法69－）1項、**都市再開発法**（昭44法38－）125条4項、密集市街地における防災街区の整備の促進に関する法律（平9法49－）270条4項及びマンションの建替えの円滑化等に関する法律（平14法78－）98条4項。
180）ドイツでは、耕地整理組合の法人格は、1922年のバイエルン法によって初めて認められたという（参照、田山輝明『西ドイツ農地整備法制の研究』（成文堂・昭63）367頁）。

第2節　法人の権利能力を変更する国家作用

⑿　⑭会社→保険業（等）を目的とする会社の解散命令（会社令（明43制令13 - 大9制令7）5条[181]→会社令廃止ニ関スル件（大9制令7 - 1962韓国法律973（保険業法））附則4項[182]）は、それらの目的を清算目的に限定する行政処分に当たる。

⑭は、朝鮮の発展段階に鑑み、それらの設立につき認可主義が採られたこと[183]（会社令1条[184]）の帰結である。

⒀　⑮郡市等の区域によらない郡市医師会等の区域の指定（医師会令27条[185]）は、郡市等の区域による郡市医師会等の目的を財産処分目的に限定する行政処分に当たる（同令29条2項[186]）。

⑮は、町村の廃置分合（町村制3条1項。次節第3款参照）と同じく、地域団体である医師会を新設合併させるものである[187]。

⒁　⑯家畜保険組合→農業共済団体の解散命令（家畜保険法（昭4法19 - 昭22法185）89条[188]→**農業災害補償法**80条2項（現 **142条の6第3項**））は、それら

---

181)　「会社カ本令若ハ本令ニ基キテ発スル命令、許可ノ条件ニ違反シ又ハ公ノ秩序若ハ善良ノ風俗ニ反スル行為ヲ為シタルトキハ朝鮮総督ハ……会社ノ解散ヲ命スルコトヲ得」。類例、同令6条。

182)　「保険業、無尽業又ハ有価証券ノ売買若ハ仲立ノ営業ヲ目的トスル会社及会社組織ノ取引所ニ付テハ当分ノ内仍従前ノ例ニ依ル」（制定時）。

183)　参照、萩原彦三『日本統治下における朝鮮の法制』（友邦協会・昭44）6〜7頁及び小林英夫編『植民地への企業進出：朝鮮会社令の分析』（柏書房・平6）30〜31頁。なお、認可主義が過渡的政策でしかないのは、次のような派生的問題を生ずるからである。「先づ官庁の免許の許否決定期間の無制限なる点より生ずる法人の成否未定の長き期間に於ける法律関係を如何に規律するか。株式申込の取消を為さしめ得べき一定の時期を如何にして定むるか（商126条2項5号参照）。不免許に因る会社不成立の場合に於ける発起人の責任を準則主義下に於けるそれよりも如何に緩和するか（商142条ノ3参照）。既設会社が其の目的を変更して設立免許を要する会社の業務を営まんとするとき其の法人格の関係は如何。株金額第一回払込の時期は如何」（西原寛一「株式会社法の範囲内に於ける特殊法規の研究」京城帝大法文学会第一部論集（刀江書院・昭5）27頁）。

184)　「会社ノ設立ハ朝鮮総督ノ許可ヲ受クヘシ」。

185)　「地方長官必要ト認ムルトキハ郡市又ハ北海道若ハ沖縄県ノ区ノ区域ニ依ラス郡市区医師会ノ区域ヲ定ムルコトヲ得」。

186)　「医師会ノ区域ニ変更ヲ生シタル為消滅シタル旧医師会ハ前項ノ目的〔＝「財産処分」〕ノ範囲内ニ於テハ仍之ヲ存続スルモノト看做ス」。

187)　参照、池田清志『改正医師歯科医師法令釈義』（日本医事衛生通信社・昭8）406頁。

188)　「組合ノ事業若ハ組合財産ノ状況ニ依リ其ノ事業ノ継続ヲ困難ナリト認ムルトキ又ハ組合ノ行為若ハ決議カ法令若ハ定款ニ違反シ其ノ他公益ヲ害スルノ虞アルトキハ行政官庁ハ決議ヲ取消シ、理事、監事若ハ清算人ヲ解任シ、組合ノ事業ヲ停止シ又ハ組合ノ解散ヲ命ズルコトヲ得」。類例、漁船保険法（昭12法23 - 昭27法29）27条→漁船損害補償法（昭27法28 -）111条2項（現・**漁船損害等補償法86条2項**）及び農業保険法（昭13法68 - 昭22法185）58条。

の目的を清算目的に限定する行政処分に当たる（同法80条）。

　家畜保険事業→農業共済保険事業は政府の再保険事業により助成される（家畜保険法90条→**農業災害補償法133条**）が、⑯はそれだけを理由として設けられた訳でない[189]。

　漁業信用基金協会の解散命令（**中小漁業融資保証法**（昭27法346 −）**67条2項**[190]）についても同様である（**同法64条（現59条の3）**。協会の保証事業は政府〔現・独立行政法人農林漁業信用基金〕の保険事業により助成される（**同法70条（現69条）1項**）。）。

　(15)　⑰財団法人の定款の変更（満洲国・民法（康徳4勅130）43条[191]）は、財団法人の目的を変更する行政処分に当たる。

　⑰は、ドイツ・民法典87条1項等に倣い、わが民法の欠を補ったものである[192]。

　一般社団法人及び一般財団法人に関する法律は、一般財団法人の設立につき許可主義から訣別した。このため**同法**は、⑰を継受する代わりに、新たに必置機関とされた評議員会が裁判所の許可を得て目的を変更する途を拓くこととした（**200条3項**）。

　(16)　⑱統制会の解散命令（重要産業団体令36条1項[193]）は、統制会の目的を清算目的に限定する行政処分に当たる（重要産業団体令施行規則（昭16閣令19 −

---

189)　船主相互保険組合の設立の認可の取消（**船主相互保険組合法**（昭25法177 −）53条1項（制定時））は、政府の再保険制度（木船再保険法（昭28法65 − 昭49法10）2条）がある木船相互保険組合と同制度がない船主責任相互保険組合とを等しくその対象としている。

190)　類例、開拓融資保証法（昭28法91 − 昭48法49）63条2項、**信用保証協会法**（昭28法196 −）**36条2項**及び農業信用基金協会法（昭36法204 −。現・**農業信用保証保険法**）**57条2項**。

191)　「事情ノ変更ニ因リ財団法人ノ目的ヲ達スルコト能ハザルニ至リタル場合ニ於テ必要アルトキハ主管官署ハ設立者ノ意思ヲ斟酌シ目的其ノ他定款ノ規定ヲ変更スルコトヲ得」

192)　柚木新京法政大学・建国大学教授曰く、「財団法人は他律的なる法人であつて、社団法人の如く自治を有せぬから、其の定款は定款に其の変更の方法を定めたるときに非ざれば之を変更することを得ざることは理の当然である……。併し乍ら、若し此の理を貫くときは、関係者は法人の為に妥当と認むべき些少の変更（例へば事務所の移転）すら之を為すことを得ず、又主管官署も事情の変更に応ずる監督を為し得ざることとなるから、独逸・瑞西・中華民国等の民法は一定の条件の下に主管官署に種々なる干渉を為すの途を認めてゐる。然るに日本民法には此の種の規定なく非難が多かつたが故に、満洲国民法は上述諸国の制度を採つて二箇の新たなる規定を設くることとした」（柚木馨『満洲国民法総論』1巻（有斐閣・昭15）159～160頁、原註略）。

193)　いわゆる統制団体に関する類例、農業団体法47条、水産業団体法47条、商工経済会法36条及び商工組合法50条。

第 2 節　法人の権利能力を変更する国家作用

昭 21 勅 446）10 条）。

　(17)　⑲労働組合の資格否認の決定（（旧）労働組合法 6 条 2 項[194]。法人たる労働組合（同法 16 条 1 項）に対するものに限る。）は、資格要件を満たさなくなった労働組合の目的を清算目的に限定する行政処分に当たる（同法 14 条 4 号・17 条）。

　同法 2 条[195]但書にいう、労働組合に類似するが労働組合でない団体に該当するかは、労働組合の設立時（同法 6 条 1 項）のみならず、設立後にも⑲により審査[196]される。⑲は、法人格の有無を問わず事実上の団体を解散させる結社の禁止処分（前款参照）に代わるものであった。

　労働組合法は、⑲を総司令部の指示により廃止し[197]、労働組合は資格要件を満たさないと判断された場合[198]（**5 条 1 項**）にも解散しないこととした（**10 条**）。

　同法は、旧法と同じく事実上の団体と法人を区別しないばかりか、両者の混同を一層深刻化させている。労働組合の資格要件として、旧法とほぼ同様の定義の外、規約に必要的記載事項が記載されていることが加えられた（**5 条 1 項**

194）「前条第一項ノ届出〔＝労働組合ノ設立ノ届出〕アリタル場合ニ於テ当該組合第二条〔次註参照〕ニ該当セザルトキハ命令ノ定ムル所ニ依リ労働委員会ノ決議ニ依リ行政官庁之ヲ決定ス」「前項ノ規定ハ労働組合トシテ設立シタルモノ第二条ニ該当セザルニ至リタル場合ニ之ヲ準用ス」（同条 1 項・2 項）。

195）「本法ニ於テ労働組合トハ労働者ガ主体トナリテ自主的ニ労働条件ノ維持改善其ノ他経済的地位ノ向上ヲ図ルコトヲ主タル目的トシテ組織スル団体又ハ其ノ聯合団体ヲ謂フ但シ左ノ各号ノ一ニ該当スルモノハ此ノ限ニ在ラズ」「一　使用者又ハ其ノ利益ヲ代表スト認ムベキ者ノ参加ヲ許スモノ」「四　主トシテ政治運動又ハ社会運動ヲ目的トスルモノ」（同条柱書・1 号・4 号。2 号・3 号略）。

196）これは、富樫総一幹事が労務法制審議会に提出した草案に由来する（労働省編・前註(100) 718〜719 頁）。これに先立つ末弘厳太郎委員の意見は、イギリス・労働争議及労働組合法（Trade Disputes and Trade Unions Act 1927 (c.22)）に倣い、団体としての労働組合の設立を自由とする一方、それが法人格を取得するためには登録を必要としていた（前706 頁・709 頁）。併しながら、登録の要件は、およそ社団全般に通ずるような、社団に法人格を付与してもよいとされる要件でなく、労働協約の一般的拘束力を認めるための特殊な要件として構想されていた。

197）参照、竹前・前註(92)272 頁。労働組合法改正労働省試案（昭 24・2）では、使用者等の申請に基づく処分に改めた上で存置することとされていた（7 条 4 項。労働省労政局労働法規課編『労働組合法・労働関係調整法』改訂版（労務行政研究所・昭 39）69 頁）が、総司令部の容れるところとならなかった（参照、遠藤・前註(102)303 頁）。

198）**労働組合法**では、資格要件については、労働組合が法人格を取得しようとする際、その申請に基づき独立の行政処分として判断される（**11 条 1 項**）外、不当労働行為に対する救済手続のように対立当事者が存する場合にも、専ら職権により判断される（参照、白石健三〔判解民昭 32〕301 頁）。

59

が、それは内部的意思決定手続が透明化されていることであり、事実上の団体の要件というより事実上の団体に法人格を認めるための要件に外ならない。これにより労働組合は、一旦法人格を取得すれば、その内部的意思決定手続が透明でなくなった場合にも、法人格を剥奪されることはなくなった。法人としての保護の否定が団体としての保護の否定に直結するため、法人としての保護自体を過剰にせざるを得なくなったのである。これは、取引の相手方等の保護を欠くばかりか、法人格の濫用を不問に付すものであり、疑問が多い。

⑱　⑳特別経理株式会社等の解散命令（**企業再建整備法**（昭21法40－）**17条1項**）は、それらの目的を清算目的に限定する行政処分に当たる（**同条2項（現3項）**）。

⑳は、再建整備の積極的意思のない会社を淘汰することにより再建整備を促進するための[199]、措置法律に基づく一回限りの行政処分である。

⑲　㉑市町村の廃置分合（**地方自治法**7条（昭22法67－昭22法169）1項。町村を市とし、又は市を町村とする場合（**同法8条3項**）に限る。）は、町村又は市をそれぞれ市又は町村とする行政処分に当たる。

㉑は、市町村が同一の法律で規定されるようになったのに伴い、町村及び市の廃置分合（（旧）町村制4条1項→町村制3条1項等。次節第3款参照）のような廃止・新設構成でなく、組織変更構成を採ったものである[200]。

⑳　㉒閉鎖機関の指定（**閉鎖機関令**（昭22ポ政74－）**1条**[201]）は、法人（外国法人を除く。）の目的を特殊整理（同令8条（昭22ポ政74－昭23ポ政251）1項）→特殊清算（同令8条の2（昭23ポ政251－）**第1項**）目的に限定する行政処分に当たる。

同令は、わが国の経済を非軍事化・民主化すべく、在外活動関係機関及び経済統制関係機関[202]を「除去」（ポツダム宣言6項・10項中段）する措置法律である。これらの機関を消滅させるには在内・在外を通じた資産及び負債の清算を不可欠とするが、総司令部の管轄が日本国外に及ばないため、渉外債権債務を

---

199)　参照、商工省産業復興局監修『企業再建整備法解説』（新産業連盟・昭21）44頁及び福田赳夫＝三木秋義『金融機関再建整備法・企業再建整備法の解説』（日本経済新聞社・昭21）31頁。
200)　参照、金丸・前註(27)80頁。
201)　類例、**農業協同組合法の制定に伴う農業団体の整理等に関する法律**（昭22法133－）**1条3項**及び**ドイツ財産管理令16条の2**（昭26ポ政328－）**第1項**。
202)　閉鎖機関整理委員会編『閉鎖機関とその特殊清算』（同会・昭29）目次の分類による。

第2節　法人の権利能力を変更する国家作用

棚上げした、特殊整理→特殊清算手続が行われることとなった[203]。前者では閉鎖機関の法人格が存続するのに対し、残余財産の分配まで踏み込む後者では、閉鎖機関は㉒によって解散する（同令8条（昭23ポ政251 - ）1項）。

とはいえ、後者の手続終了後も、閉鎖機関は在外財産に対する関係ではなお存続するものと看做される（特定在外活動閉鎖機関等の引当財産の管理に関する政令（昭25政369 - 。現・**閉鎖機関の引当財産の管理に関する政令**）9条）ため、両者の差異は相対的である。

㉑　㉓法人の解散命令（過度経済力集中排除法[204]（昭22法207 - 昭30法87）7条2項6号）は、法人の目的を清算目的に限定する行政処分に当たる（同条3項）。

㉓は、**私的独占の禁止及び公正取引の確保に関する法律**による「恒久的措置」が所期の効果を発揮するよう「目前に堆積した経済力の集中を排除する」一回限りの措置である[205]。

㉒　事業者団体の解散の命令（事業者団体法8条→私的独占の禁止及び公正取引の確保に関する法律8条の2（昭28法259 - ）**第1項**。法人である事業者団体に対してされるものに限る。）は、同団体の解散を命ずる行政処分に止まる（前款参照）。

㉓　㉔損害保険料率算出団体の設立の認可の取消し（**損害保険料率算出団体に関する法律**（昭23法193 - ）14条1項（現14条））は、同団体の目的を清算目的に限定する行政処分に当たる（**同法23条**（現14条の5））。

㉔の要件は⑥と同じく広汎であり、会員に料率遵守義務[206]（同法10条の7（削除時10条の5。昭26法305 - 平10法107））が課された時期を含め、改正する

---

203)　参照、大蔵省財政史室編『昭和財政史——終戦から講話まで』1巻（東洋経済新報社・昭59）635～636頁・654～655頁及び鈴木祥枝他「閉鎖機関保管人委員会閉鎖機関整理委員会史座談会」閉鎖機関整理委員会編・前註269～270頁〔鈴木祥枝〕。
204)　同法の立案過程につき参照、公正取引委員会独占禁止政策二十年史編集委員会編『独占禁止政策二十年史』（大蔵省印刷局・昭43）31～34頁、大蔵省財政史室編・前註（7）456～479頁及び高瀬他監修・前註(106)325～326頁掲載の各発言。
205)　参照、1・衆・財政及び金融・商業・鉱工業委員会連合審査会3号（昭22・10・28）3頁〔佐多忠隆政府委員〕。一部反対、石井良三『独占禁止法』（海口書店・昭22）388～391頁。
206)　コネティカット州・保険法（1945）に倣った規定であるが、総司令部内の不一致により、制定時の同法に盛り込むことは出来なかった（参照、橋本保他「終戦から損保再建までの道（中）」損保企画8号（昭52）4～5頁〔長崎正造、橋本〕及び大蔵省財政史室編『昭和財政史——終戦から講和まで』14巻（東洋経済新報社・昭54）106～109頁）。

必要がなかった点は注目される。

⑷　㉕登録を受けた職員団体の登録の取消（**地方公務員法**（昭25法261－）**53条**4項（現**6項**）[207]）。法人たる職員団体（同法54条（昭25法261－昭40法71）1項→同条（昭40法71－平18法50）→**職員団体等に対する法人格の付与に関する法律3条**（平18法50－）**1項3号**）に対するものに限る。）は、当該職員団体の目的を清算目的に限定する行政処分に当たる（地方公務員法54条（昭25法261－昭40法71）3項[208]→**職員団体等に対する法人格の付与に関する法律27条**（平18法50－）**3号・29条**（同前））。

地方公務員法は、（旧）労働組合法→**労働組合法**と異なり、事実上の団体と法人を区別している[209]。即ち、前者の存在自体には干渉しない（52条1項（現**3項**）・**56条**）一方、前者が内部的意思決定手続を透明化した場合には、登録[210]により後者たる地位を認め（53条1項・3項・54条（制定時）2項）、そうでなくなった場合には、㉕により後者たる地位を剥奪することとしている。

㉕は、労働者団体の解散を司法管轄留保事項とする**結社の自由及び団結権の保護に関する条約**（昭40条約7）**4条**に違反する疑いがあった[211]ため、国家公務員法及び地方公務員法の一部を改正する法律（昭53法79）により、取消訴訟の出訴期間内及び係属中は効力を生じないこととされた（**地方公務員法53条**7項（現**8項**[212]））。行政処分により設立された法人は行政処分により解散されるという原則（前款参照）が条約の国内法化のため修正された一例であるが、職員団体の登録制度が準則主義に近いからという説明も可能である。

---

207) 類例、**国家公務員法108条の3**（昭40法69－）**第6項**及び**職員団体等に対する法人格の付与に関する法律8条1項**。
208) 地方公務員法の一部を改正する法律（昭40法71）による改正後の解釈につき参照、鹿児島重治『逐条地方公務員法』初版（学陽書房・昭55）810頁。
209) 「未登録の職員団体は……単に職員の集りとしての事実上の団体に過ぎない」（角田礼次郎『地方公務員法講義』（学陽書房・昭30）373頁（傍点引用者））。「法人格を取得したことによつて前団体が直ちに消滅したものと考えることはできない」（同384頁）。
210) その先例は、国家公務員法の一部を改正する法律（昭23法222）附則4条1項である。これは、アメリカ法（参照、鹿児島・前註(208)787頁）を参考としたものであろう。
211) 同条約の批准時には、㉕のように「法令違反や団体自身の規約違反を理由としている場合には、その法令自体が条約に違反する点がなく、また、取消し等に対する裁判所の出訴権が認められていれば」よいという解釈が採られていたようである（中村博『国家公務員法』（第一法規・昭51）661頁）。
212) 類例、**国家公務員法108条の3**（昭53法79－）第7項（現**第8項**）。

第 2 節　法人の権利能力を変更する国家作用

㉕は、勤務条件に関する交渉が給与条例主義(**地方自治法 204 条** 2 項(現 3 項))を補完するものでしかないこと又は「全体の奉仕者」性(**憲法 15 条**)に基づく、公務員特有の制約でない[213]。権利能力を認める前提を失った団体に交渉能力を認めるのは背理であり、寧ろ**労働組合法**が㉕のような処分を欠くこと自体が不合理というべきだからである。

㉕　㉖解散の指定(**破壊活動防止法**(昭 27 法 240 –) **7 条**。法人である団体に対するものに限る。)は、団体の目的を清算目的に限定する行政処分に当たる[214] (**同法 10 条 1 項**)。

㉖が効力を生ずるのは、取消訴訟等の棄却判決等の確定時とされている(**同項**)。設立につき認可主義が採られているかに拘わらず、行政処分により法人を解散させるものだからであろう。

とはいえ、㉖には裁量性(裁判所が行政のした判断を代置し得ないこと)があるため、行政庁の判断は一定程度尊重される。この点は、司法管轄留保事項の理論を採って司法処分化した場合とは異なっている。

㉖　㉗地方住宅供給公社の設立の認可の取消(**地方住宅供給公社法**(昭 40 法 124 –) **42 条 2 項**)は、同公社の目的を清算目的に限定する行政処分に当たる[215](**同法 36 条**(現 1 項) **2 号・39 条**(現 36 条の 2)))。

これに対し、地方道路公社及び土地開発公社については、監督命令止まりとされている(**地方道路公社法**(昭 45 法 82 –) **39 条**及び**公有地の拡大の推進に関する法律**(昭 47 法 66 –) **19 条 1 項**[216])。前者は道路管理者の権限を代行する法人であり(**道路整備特別措置法 7 条の 19**(昭 45 法 82 –。現 17 条 1 項))、後者は設立団体の長等が役員となることが出来(**公有地の拡大の推進に関する法律 26 条 2 項**)、設立団体の「分身」どころかこれと「一体」をなす[217]からというのが、その

---

213)　但し、地方公務員法の一部を改正する法律(昭 40 法 71)による改正前の 54 条では、人事委員会を置かない地方公共団体にあっては長が㉕をすることとなっていたため、この点が明瞭でなかった。
214)　「本条〔＝ 10 条〕第一項の解散というのは、法人が清算手続に入るという意味の解散のことです」(関＝佐藤・前註(101)122 頁〔関之〕)。
215)　福地稔『地方住宅供給公社法逐条精義』(全国加除法令出版・昭 40) 181 頁は、設立の認可にはカテゴリカルに高度の法的安定性が要求されるため、講学上の取消しでなく、㉗(講学上の撤回)しか認められないという。なお、債務超過や民営化の必要性が生じただけで㉗の要件が満たされるものでない点は勿論である。
216)　類例、**地方独立行政法人法**(平 15 法 118 –) **89 条 1 項**。

理由のようである。

併しながら、両公社が監督命令に従わず、設立の認可を撤回しなければ公益を確保することが出来ない場合には、明文の規定がなくとも、撤回は可能と解される[218]。高度の法的安定性が要求される同認可については、撤回の制限に関する判例法理を更に限定する必要があるが、それは㉗をするに際しても同じであり、およそ法人を設立する行政処分の撤回がカテゴリカルに許されないとまではいえないからである。地方道路公社については、同認可が撤回されれば本来の道路管理者がその権限を行使するだけであるし、土地開発公社については、長が役員を兼任すれば法人格の濫用がなくなるともいえないため、上記の理由はいずれも撤回を認めないとするには不十分である[219]。

⑵⑺　㉘監査法人の設立の認可の取消（**公認会計士法**34条の20（昭41法85－平15法67）・34条の21（同前）第1項）→解散の命令（**同法34条の21**（平15法67－）**第2項**[220]）は、監査法人の目的を清算目的に限定する行政処分に当たる（**同法34条の18**（昭41法85－）**第1項**5号（現6号）・34条の22（同前）第6項（現**第2項**））。

㉘は、それまで自然人たる公認会計士のみが行うこととされていた監査証明の業務を法人自体の業務とする途を拓いたこと[221]に伴い、設けられた。監査法人は、その性格が合名会社に類似している[222]ことから、解散を命ずる判決

---

217) 参照、横手正『公有地拡大推進法詳解』（帝国地方行政学会・昭47）87頁。
218) 反対、末吉興一「地方道路公社法」自治研究46巻9号（昭45）84頁。
219) 両公社の解散原因に認可の撤回が明示されていない点（**地方道路公社34条1項及び公有地の拡大の推進に関する法律22条1項**）は、本文のように解する妨げとならない。最高裁は撤回の根拠規定を原処分の根拠規定に求めており（参照、最判昭63・6・27判時681号99頁〔菊田医師〕）、明示するまでもないと解されるからである。これに対し、破産手続開始の決定を解散原因とするには、準則主義の法人（現・**会社法471条5号**）との均衡上、明示を要すると考えられる。よって、両公社には一応破産能力がないと解さざるを得ない。
220) 類似、税理士法48条の20（平13法38－）第1項、司法書士法48条（平14法33－）1項3号、土地家屋調査士法43条1項3号（平14法33－）、社会保険労務士法25条の24（平14法116－）第1項及び行政書士法14条の2（平15法131－）第1項3号。
221) 「従来、資格者制度をとり、資格者である自然人のみの業務とされていた業務を法人自体の業務とする法制は、わが国においては初めての試みである。したがつて、この立法化にあたつては、監査証明業務を法人の業務とすることの可能性、資格者制度との結びつきおよび監査証明に関する責任等が問題の中心となり、検討が加えられた」（大迫勝「大規模監査に監査法人──公認会計士法の一部改正」法律のひろば19巻6号（昭41）6頁）。
222) 参照、大迫・前註7頁。

第2節　法人の権利能力を変更する国家作用

（公認会計士法34条の22（平15法67－）第2項（現**第4項**）・商法58条（削除時。現・**会社法**824条）。前款参照）の対象ともなるが、両者はそれぞれ別個の観点に基づいて発動される。

㉘　㉙地方独立行政法人の設立の認可（**地方独立行政法人法**（平15法118－）64条1項。移行型特定地方独立行政法人に対するものに限る。）は、職員団体（**地方公務員法**52条1項。法人であるものに限る。）を労働組合とする行政処分に当たる。解散・設立手続を執る事務負担を省くと共に、移行直後の団体交渉を円滑に行うための法律構成である[223]。

㉙　以上の立法例のうち、法人の目的を清算目的に限定する行政処分は、設立につき認可（許可）主義（①〜⑦⑨⑩⑬〜⑯⑱〜⑳㉒㉔㉕㉗㉘）及び準則主義（⑪⑫㉓㉖）が採られている法人に関する類型に再整理することが出来る。

設立につき認可主義が採られている法人のうち、認可の取消し又は解散命令が規定されていない法人は、地方道路公社及び土地開発公社を除けば、弁護士会（（旧）弁護士法（昭8法53－昭24法205）29条1項）、都道府県農業会議（**農業委員会等に関する法律36条**（昭29衆法185－））、司法書士会（**司法書士法52条**（昭42衆法66－）3項[224]）等に止まる。

弁護士会の解散命令（（旧）弁護士法案44条[225]）は、衆議院修正により削除されたが、私法人にも⑥がある以上、公法人たる弁護士会に解散命令がなければ首尾一貫しないというのが政府の立場であった[226]（**弁護士法**（昭24法205－）は認可主義を廃止したため、この問題は解消している。）。

司法書士法はなぜか（旧）弁護士法に擬えて立法されている[227]が、司法書士会だけ法人格の濫用を不問に付してよい理由は見出されない。両公社と同じく、明文の規定がなくとも設立の認可の撤回が可能と解すべきであろう。

---

223)　参照、地方自治制度研究会編『逐条解説地方独立行政法人法』（ぎょうせい・平18）208頁。
224)　類例、**土地家屋調査士法**14条（昭42法66－。現**47条**）**3項**。
225)　「弁護士会ノ会議法令若ハ会則ニ違反シ又ハ公益ヲ害スルトキハ司法大臣ハ其ノ決議ヲ取消シ、其ノ議事ヲ停止シ又ハ弁護士会ノ解散ヲ命ズルコトヲ得」（64・衆・23号497頁）。
226)　「公益法人ノ場合ニ於テモ民法ノ規定デ解散ガ出来ルガ、弁護士会ガ公法人デアッテドンナコトヲヤッテモ解散ガ出来ナイト云フコトニナレバ、理論上統一セヌヤウニナル」（64・衆・弁護士法改正法律案外一件委4回（昭8・3・13）13頁〔木村尚達政府委員〕）。
227)　司法書士会を法人としたのは、「法人化をとおして法律の所期する責務——会員の指導・育成を将来とも十分に責任をもって果し得るようにする」ためという（内野芳富「司法書士法及び土地家屋調査士法の一部を改正する法律について」民事月報22巻10号（昭42）16頁）。

第1編　総　　則　　第2章　法　人

以上に対し、都道府県農業会議は、都道府県農業委員会に代わる存在であり、構成員が充て職[228]（**農業委員会等に関する法律41条**（同前）**1項・2項**）であるという特殊性がある。

設立の認可の廃止又は解散命令の主眼は法人格の濫用一般を防止する点にあり、設立・加入に強制の要素があるか否かとは直接の関係がない。⑥の廃止後も、⑥に倣って設けられた数多くの立法例により、この考え方が維持されている。

一方、設立につき準則主義が採られている法人につき、解散命令を設けるためには、⑪⑫㉓㉖のような特別の理由又は手続が必要となろう。

第3節　法人の権利能力を消滅させる国家作用

第1款　法人の権利能力を消滅させる立法作用

(1)　これに該当する立法例は、地方公共団体を廃止する類型（①②）、特殊法人を解散させる類型（③〜⑦）及び休眠会社を解散したものと看做す類型（⑧）に大別される。このうち第一類型は、個別的な廃止（①）及びある種の地方公共団体の一般的な廃止（②）に細分され、第二類型は、業務を他の特殊法人（③⑥）、国（④⑤）及び公益法人等（⑦）に移管させる類型に細分される。

(2)　①岡山県下郡廃置及郡界変更法律（明33法28）1条（本章第1節第1款参照）は、真島郡等を廃止する措置法律に当たる。

東京都制（昭18法89）附則180条[229]についても同様であり、東京府、東京市及び東京市の区を廃止する措置法律に当たる。

(3)　②郡制廃止ニ関スル法律（大10法63）1条[230]は、郡及び郡組合の根拠法を廃止することにより、これらを消滅させる措置法律に当たる（同法2条2項[231]参照）。

---

228)　参照、古西一郎『改正農業委員会法の解説』（全国農業委員会協議会・昭29）147頁。
229)　「東京府、東京市及東京市ノ区ハ之ヲ廃ス」（同条）。「本法施行ノ際東京府及東京市ニ属スル財産、営造物、事業及権利義務ハ都之ヲ承継ス」（附則181条）。「本法施行ノ際東京市ノ区ニ属スル財産、営造物、事業及権利義務ハ各其ノ区域ヲ以テ区域トスル区之ヲ承継ス」（附則186条）。類例、府県制の一部を改正する法律（昭21法27）附則8項。
230)　「郡制ハ之ヲ廃止ス」。

第 3 節　法人の権利能力を消滅させる国家作用

　地方自治法（昭 22 法 67）についても同様であり、京都市及び大阪市の区をいわゆる法人区（市制 6 条 1 項[232]）から行政区（**地方自治法** 155 条 2 項（現 **252 条の 20 第 2 項**））とする措置法律に当たる[233]。

　(4)　③商工経済会法（昭 18 法 52）附則 44 条[234]は、同法施行の際現に存する商工会議所の権利義務を商工経済会に承継させる（次編第 3 章第 3 節第 1 款参照）と同時に、それらの商工会議所を解散させる措置法律に当たる。

　(5)　④特別調達庁設置法（昭 24 法 129）附則 4 項は、特別調達庁法（昭 22 法 78 − 昭 24 法 129）1 条 1 項に基づく法人である特別調達庁（以下「旧庁」という。）の権利義務を国に承継させる（特別調達庁設置法附則 5 項。次編第 3 章第 3 節第 1 款参照）と同時に、旧庁の法人格を消滅させる措置法律に当たる。

　特別調達庁設置法は、旧庁を解散させることなく、同名の総理府の外局を設置するものである（2 条 1 項）。現在の眼からは奇異に映るが、制定時の国家行政組織法では、公団すら「国家行政組織の一部をなすもの」とされており[235]（22 条（昭 23 法 120 − 昭 27 法 253）1 項）、国の行政組織であることと独立した法人格を有することとは必ずしも矛盾するものでなかった。このような"行政組織法における法人格否認の法理"は、その後の判例にも散見される[236]。

　(6)　⑤お年玉つき郵便葉書及び寄附金つき郵便葉書等の発売並びに寄附金の処理に関する法律の一部を改正する法律（昭 43 法 71）附則 2 項[237]は、郵便募

---

231)　「本法ニ依リ郡又ハ郡組合消滅スル場合ニ於テハ……」。
232)　「勅令ヲ以テ指定スル市ノ区ハ之ヲ法人トス」。前法、市制中東京市京都市大阪市ニ特例ヲ設クルノ件（明 22 法 12 − 明 31 法 19）4 条→（旧）市制 3 条（明 31 法 20 − 明 44 法 68）2 項。
233)　参照、金丸・前註(27)598 頁。
234)　「前条第一項ノ商工会議所〔＝「〔旧々〕商工会議所法ニ依リ設立セラレ本法施行ノ際現ニ存スル商工会議所」〕ハ其ノ地区ノ属スル道府県ニ於テ商工経済会成立シタル時解散スルモノトシ其ノ権利義務ハ当該商工経済会之ヲ承継ス此ノ場合ニ於テハ〔旧々〕商工会議所法中清算ニ関スル規定ハ之ヲ適用セズ」。措置法律に基づく行政処分の類例、農業団体法（昭 18 法 46）附則 78 条 1 項。
235)　総司令部の指示に基づく閣議決定「公団の性質に関する件」（昭 23・1・27。参照、大蔵省財政史室編『昭和財政史——終戦から講和まで』6 巻（東洋経済新報社・昭 59）283〜286 頁）を立法化したものである。
236)　例えば参照、最判昭 53・12・8 民集 32 巻 9 号 1617 頁〔成田新幹線〕及び最決平 17・6・24 判時 1904 号 69 頁〔指定確認検査機関〕。
237)　類例、日本てん菜振興会の解散に関する法律（昭 48 法 33）1 項、オリンピック記念青少年総合センターの解散に関する法律（昭 55 法 54）1 項、社会保障研究所の解散に関する法律（平 8 法 40）1 項、国立教育会館の解散に関する法律（平 11 法 62）1 項、独立行政法人消防研究所の

金管理会の資産及び債務を郵政事業特別会計に承継させる（次編第3章第3節第1款参照）と同時に、同会を解散させる措置法律に当たる[238]。

(7) ⑥水資源開発公団法の一部を改正する法律（昭43法73）附則2条1項（類例多数[239]）は、愛知用水公団の権利義務を水資源開発公団に承継させる（次編第3章第3節第1款参照）と同時に、前者を解散させる措置法律に当たる。

⑥は、愛知用水公団を水資源開発公団に吸収合併し、その効果として包括承継を生じさせるという構成を採っていない。「特殊法人は、一種類一法人（単独法人）であつて、合併ということがない[240]」ためである。特定業種退職金共済組合のように同種の特殊法人（中小企業退職金共済法64条（昭39法107－昭56法38））を統合する場合も同様であり、新設される特殊法人が別種の法人とされる以上、新設合併構成は採られていない（中小企業退職金共済法の一部を改正する法律（昭56法38）附則5条1項[241]）。

(8) ⑦こどもの国協会の解散及び事業の承継に関する法律（昭55法91）1条1項[242]は、こどもの国協会の権利義務を厚生大臣が指定する社会福祉法人（但し、土地等については国（同条2項）に承継させる（同条3項。次編第3章第3節第1款参照）と同時に、同協会を解散させる措置法律に当たる。

解散に関する法律（平18法22）1項及び独立行政法人平和祈念事業特別基金等に関する法律の廃止等に関する法律（平18法119）附則2条。
238) 参照、吉田実「郵便募金管理会の解散に伴う取扱いの改正」時の法令655号（昭43）22～23頁。
239) なお、特殊法人が新たな特殊法人の設立時に当然解散することを規定した立法例として、雇用促進事業団法（昭36法116）附則10条1項等がある。
240) 田代有嗣＝条田富史「特殊法人登記令及び組合等登記令の解説」民事月報19巻7号（昭39）39頁。これに対し、単独法人以外の法人の合併を規定した立法例として、**医療法57条**（昭25法122－）**1項**、社会福祉事業法（昭26法45－）46条（現・**社会福祉法48条**）等がある。前者につき小山進次郎『社会保障関係法』2巻（日本評論新社・昭28）361頁は、「民法の公益法人にあつては、その目的が、個性を有し、その法人及び社員に対し重要な意義を有するから、他の公益法人との合併は認められないが、医療法人にあつては、その目的が本来病院又は診療所の経営に限られており、医療法人相互間では、特に個性の相違はないから、形態の同種のものについては合併ができることとした」と説明している。一方、後者につき木村忠二郎『社会福祉事業法の解説』（時事通信社・昭26）105頁は、民法が公益法人の合併について規定していなかったのを単なる法の不備と捉えている。
241) 類例、石炭鉱害賠償担保等臨時措置法の一部を改正する法律（昭43法51）附則4条1項及び公共用飛行場周辺における航空機騒音による障害の防止等に関する法律の一部を改正する法律（平14法184）附則2条1項。
242) 類例、外貿埠頭公団の解散及び業務の承継に関する法律（昭56法28）1条等。

(9)　⑧商法の一部を改正する法律（昭49法21）附則13条1項は、最後の登記から10年を経過している十年休眠会社を解散したものと看做す措置法律に当たる。

同法は、五年休眠会社につきイギリス・会社法（Companies Act 1948 (c.38)）353条に倣った看做し解散手続を新設した（商法406条の3。本節第3款参照）。⑧は、十年休眠会社については、この手続によるまでもないとしたものである[243]。

(10)　以上の立法例のうち、①では、廃止される郡の財産が施行時において新設される郡に包括承継され、②では、郡及び郡組合の財産が施行日までに関係府県等に特定承継され（郡制廃止ニ関スル法律2条1項）、③～⑦では、特殊法人の財産が施行時において包括承継される。商工経済会法（昭18法52）附則45条（前節第1款参照）と異なり、直ちに法人を消滅させられるのはこのためである。

これに対し、⑧は、十年休眠会社が既に私権の主体でなくなっていることを前提としている。尤も、この前提を如何なる場合にも貫くことは妥当でないため、解散後3年内に限り、会社継続の決議をすることが出来るとした（商法の一部を改正する法律附則13条3項）。

第2款　法人の権利能力を消滅させる司法作用

該当例は見当たらない。

第3款　法人の権利能力を消滅させる行政作用

(1)　これに該当する立法例は、地方公共団体（講学上の特別地方公共団体を含む。）を廃止する類型（①～④⑥⑦）、設立・加入に強制的要素を含む法人（地方公共団体を除く。）(⑤)及びその他の法人（⑧）を解散させる類型並びに休眠会社を解散したものと看做す類型（⑨）に大別される。

(2)　①区町村の分合（郡区町村編制法8条）→②町村の廃置分合（（旧）町村制

---

[243]　「このような長期間登記を行っていない会社は、営業を行っていない蓋然性がきわめて高いことと、法律にこのような規定がおかれれば、法律は公布されるのであるから、改めて公告する必要もないと考えられたことによる」（味村治＝加藤一昶『改正商法及び監査特例法等の解説』（法曹会・昭52）242頁）。

第1編 総　　則　第2章 法　　人

4条1項→町村制3条1項)→③市町村の廃置分合（地方自治法7条（昭22法67－昭22法169）1項）（いずれも本章第1節第3款参照）は、合体、編入又は分割に伴い、それらを廃止する行政処分に当たる。②にあっては、町村を市とする場合も同様である。

①～③は、合体等を伴わない単純廃止[244]を予定していない。有権者数が議員定数を下回った場合には、町村総会を設置すればよい（（旧）町村制31条→町村制38条1項→**地方自治法94条**）からである。

（3）　④郡組合の廃止処分（郡制105条後段[245]）は、同組合を解散させる行政処分に当たる。

④は、合体等を伴わない単純廃止であり、残余財産の分配についても併せて定められる（市制154条2項[246]）。それらの財産は、組合が自らの事務に関して所有していたものであり、純然たる私有財産と位置付けられるべきでない（次編第3章第3節第1款参照）。しかも、組合の事務が地方公共団体の単独事務に復する以上、それらの財産は原則として当該地方公共団体に分配されるべきである。④のような単純廃止は、行政処分によって残余財産の分配方法を決定するのが相応しい局面だからこそ可能となったといえよう。

なお、**地方自治法**では、一部事務組合の解散については、「全く組合市町村の自治に委ねられた[247]」。

（4）　⑤健康保険組合の解散命令（**健康保険法**（大11法70－）39条[248]（現**29条2項**）は、同組合の権利義務を国〔現・全国健康保険協会〕に承継させる（**同法40条**（現**26条4項**）。次編第3章第3節第3款参照）と同時に、同組合を解散させ

---

244) 例えば参照、フランス・市町村法典（Codes des communes du 28 mars 1977）法律編113－1条。
245) 前註(45)参照。類例、市制153条2項、町村制133条2項後段及び府県制（道府県制（廃止時)) 126条ノ6（大3法35－昭22法67)。
246) 「……前条第二項ノ場合ニ於テ財産ノ処分ニ関スル事項ハ関係アル市町村会ノ意見ヲ徴シ府県参事会ノ議決ヲ経内務大臣ノ許可ヲ得テ府県知事之ヲ定ム」。類例、町村制134条2項及び府県制126条ノ6（同前）。
247) 金丸・前註(47)372頁。
248) 「主務大臣ハ健康保険組合ノ決議若ハ役員ノ行為力法令、主務大臣ノ処分若ハ規約ニ違反シ、組合員ノ利益ヲ害シ者ハ害スル虞アリト認ムルトキ又ハ組合ノ事業若ハ財産ノ状況ニ依リ其ノ事業ノ継続ヲ困難ナリト認ムルトキハ決議ヲ取消シ、役員ヲ解職シ又ハ組合ノ解散ヲ命スルコトヲ得」(制定時)。

る行政処分に当たる。

⑤は、ドイツ・保険法282条2項（合併処分）を参考にしたものと見られる。同組合の破産を前提とする再保険制度の代案として採用されたものである[249]。

(5) ⑥学校組合の廃止処分（学校組合令4条ノ2（昭5制令14－1949韓国法律32（地方自治法。前法後法関係））第3項[250]）は、同組合の事務及び財産を府に承継させる（同令4条ノ3（同前）第1項）と同時に、同組合を廃止する行政処分に当たる。

⑥は、全権限的（allzuständig）な地方公共団体たる府（内地における市に相当）の設置（内地人の教育に関する事務を処理しない地方公共団体である邑面の府への編入を含む。）に伴い、府とその区域の大部分を重複するに至った既存の特別地方公共団体たる学校組合（内地人の教育に関する事務のみを処理する。）を廃止するものである。

なお、学校組合の区域の全部が府の区域となったときは、同組合は当然に消滅する（同令4条ノ2（同前）第1項）。

(6) 合併の条件に関する裁定（国家総動員法16条ノ3[251]（昭16法19－昭20法44）・配電統制令（昭16総勅832－昭21法22）26条2項[252]後段）は、電気供給事業を営む会社を配電株式会社に合併することにより前者を解散させるのでなく、裁定した条件により商法に基づく要式行為である合併手続を執るよう命ずる行

---

249) 「当局トシテハ法制上ハ組合ノ破産ナキコトニ致シ度シ〔。〕支払不能ノ場合ニ於テハ経過的ニハ政府ガ貸付ヲ為シ、見込ナキ時ハ解散セシメテ政府ガ之ヲ引受ケ被保険者ノ利益ヲ害セザル様ニ致シ度シ」（社会局保険部・前註(57)113頁〔謄桂之助幹事〕）。

250) 「学校組合ノ区域ノ全部ガ府ノ区域ト為リタルトキハ其ノ学校組合ハ消滅ス」「学校組合ノ区域ノ一部ガ府ノ区域ト為リタルトキハ其ノ区域ハ学校組合ノ区域ヨリ離脱ス」「学校組合ノ区域ノ大部分ガ府ノ区域ト為リタル為学校組合ヲ存続セシムルコト不適当ナリト認ムルトキハ朝鮮総督ハ学校組合会ノ意見ヲ徴シ其ノ学校組合ヲ廃止スルコトヲ得」（同条1～3項）。

251) 「政府ハ戦時ニ際シ国家総動員上必要アルトキハ勅令ノ定ムル所ニ依リ事業ノ開始、委託、共同経営、譲渡、廃止若ハ休止又ハ法人ノ目的変更、合併若ハ解散ニ関シ必要ナル命令ヲ為スコトヲ得」。

252) 「逓信大臣ハ電気供給事業ヲ営ム者ニ対シ配電株式会社ヘノ合併……ヲ命ズルコトヲ得此ノ場合ニ於テ逓信大臣ハ当該合併……ノ相手方タル配電株式会社ニ対シ必要ナル事項ヲ命ズルコトヲ得」「前項ノ場合ニ於ケル合併条件……其ノ他ノ事項ハ当事者間ノ協議ニ依リ協議調ハザルトキハ逓信大臣之ヲ裁定ス」（同条1項・2項）。類例、港湾運送業等統制令（昭16総勅860－実効性喪失）4条2項、陸運統制令（昭16総勅970－昭20勅601）15条1項、企業整備令（昭17総勅503－昭20勅601）19条2項・6条3項、海運統制令（昭17総勅504－昭20法44）15条2項及び軍需会社法施行令（昭18勅928－昭21勅19）11条4項。

政処分に止まる[253]。類例につき福田工政課長曰く、

「会社の合併と言ひ、出資といひ、増資と言ふも、凡て此等は商法上の用語であつて、商法に定められてある合併の手続、増資の手続、出資の手続を踏んだものが合併であり、出資であり、増資である訳である。……但し此等一連の手続行為中その一個乃至二個のみは法規を以て之を除くといふことはあり得る。……若し商法所定の一連の事実行為を伴はず命令のみを以て万事可能なりと解釈するならば、会社合併後の取締役の任命、株式の名義書換、其他各種の登記迄命令によりてなすことを要する事となる[254]」。

配電統制令は戦時立法であるため、株式比率等について争う訴訟はないが、平時立法ではこれを用意する必要がある。**陸上交通事業調整法**（昭13法71 - ）**2条2項**が合併の命令でなく勧告止まりとしたのは、そのような立法が極めて困難だったためである[255]。

(7) ⑦水利組合の合併・分割処分（台湾水利組合令7条ノ2（昭18律令24 - ）第3項。本章第1節第3款参照）は、合体、編入又は分割に伴い、同組合を廃止する行政処分に当たる（同款参照）。

(8) ⑧解散団体の指定（団体等規正令（昭24ポ政64 - 昭27法240）4条1項。法人である団体[256]に対するものに限り、同令附則2項により⑧と看做された指定も含む。）は、団体の財産の所有権を国に移転させる（解散団体の財産の管理及び処分等に関する政令（昭23政238 - 昭27法240）3条。次編第3章第2節第3款参照）と同時に、当該団体を解散させる行政処分に当たる。

団体等規正令は、占領軍の日本管理のために制定された法令であり、**憲法29条及び各法人法の枠外に立っている**。⑧が解散の指定（**破壊活動防止法**（昭27法240 - ）**7条**。前節第3款参照）に踏襲されなかったことは勿論である。

(9) ⑨休眠会社に対する事業を廃止していない旨の届出をすべき旨の公告をした旨の通知（商法406条ノ3（昭49法21 - 平17法87）第2項→**会社法472条2項**[257]）は、期間内に届出をしない同会社を解散したものと看做す行政処分に

---

253) 参照、76・貴・国家総動員法中改正法律案特委2号（昭16・2・14）14頁〔竹内徳治政府委員〕。なお、分割を命ずる行政処分としては、農業団体法附則92条がある。
254) 福田喜東「企業整備令詳解」（高山書院・昭17）67〜68頁。
255) 参照、壺田修「陸上交通事業調整法解説」鉄道軌道経営資料21巻4号（昭13）64〜66頁。
256) 参照、解散団体の財産の管理及び処分等に関する政令8条及び吉橋敏雄『団体等規正令解説』（みのり書房・昭26）118頁。

当たる（**同条 1 項**）。

⑨は、商法の一部を改正する法律（昭 49 法 21）附則 13 条 1 項（本節第 1 款参照）と同時に設けられたものである。**会社法**が五年休眠会社でなく十二年休眠会社としたのは、取締役の任期に関する規定が改められたことによる[258]。

⑽　以上の立法例（⑧を除く。）のうち、④⑥のような単純廃止は、残余財産の分配方法が当然に定まるか、行政行為によって決定するのが相応しい局面に限り、正当化されよう。

これに対し、法人を合併又は分割する行政処分が認められる余地は、現行法制では殆どない。そもそも商法〔現・**会社法**〕及び**一般社団法人及び一般財団法人に関する法律**に基づく法人については、多数人の参加によって成り立つ要式行為である合併手続を、一片の行政行為に置き換えるのは困難である。

政府が全額出資し、総裁を任命する特殊法人については、債権者保護の手当を講じた上で行政処分によって合併させることは理論的に不可能でないが、**独立行政法人通則法**は原則として単独法人しか認めない方針のようである。自転車競技会（自転車競技法 13 条の 2（昭 37 法 84 − 平 19 法 82））等の認可法人についても、事情は異ならない。

唯一考えられるのは、国の機関の管轄区域ごとに設立を強制される司法書士会等の法人（**司法書士法 52 条**（昭 31 衆法 18 −）**1 項**[259]）につき、管轄区域の統合があった場合であろう。

この点、衆議院修正により追加された**税理士法 49 条の 13**（昭 31 法 165 −）**第 1 項**は、国税局の管轄区域が統合された場合、従前の管轄区域を地区とする税理士会に合併手続を執るよう義務付けている。**同法**は、税理士会の設立についてはそれを命ずる（**49 条**（同前）**1 項**）のみで設立処分までは用意していないため、合併についてもそれを命ずるのみで合併処分までは用意しなかったのであろう[260]。逆に、行政処分により設立される法人であれば、行政処分による

---

257)　類例、**一般社団法人及び一般財団法人に関する法律 203 条 2 項**。
258)　参照、相澤哲編『一問一答新会社法』改訂版（商事法務・平 21）161 頁。
259)　類例、**土地家屋調査士法 47 条**（昭 31 法 19 −）**1 項**及び**税理士法 49 条**（昭 31 法 165 −）**1 項**。なお、地方裁判所の区域ごとに設立すべきものとする立法例として、**弁護士法**（昭 24 法 205 −）**32 条**があり、都道府県の区域ごとに設立すべきものとする立法例として、**行政書士法 15 条**（昭 46 法 101 −）**1 項**及び**社会保険労務士法 25 条の 26**（昭 53 法 52 −）**第 1 項**がある。
260)　設立につき強制的契機のない法人であって地方公共団体の区域を地区とするものについては、

第1編　総　則　第2章　法　人

合併も許容されよう。但し、そこまで国の機関の管轄区域と不即不離の地域性を備えた職能団体が現実に想定されるかは別問題である。

合併を命ずるのでなく、間接強制付きの勧告に止められている。即ち、町村が合併したにも拘わらず、従前の町村の区域を地区とする商工会が地区の変更等の勧告に従わない場合には、設立の認可を取り消すことが出来る（商工会の組織等に関する法律（昭35法89－。現・**商工会法**）**51条3項・4項**。類例、**商工会議所法59条**（昭35法89－）**2項・3項**）。そこでは、商工会の地区を合併後の町村の区域に一致させるのは、「新市町村建設促進法第九条（公共的団体等の統合）の趣旨と当該市町村における商工行政の円滑な実施に資するため」とされている（参照、中小企業庁振興部振興課編『商工会法の解説』（中小企業調査協会・昭35）232頁）。

第3章　物

第1節　物を発生させる国家作用

第1款　物を発生させる立法作用

（1）これに該当するかが問題となる立法例は、土地（水面下の土地を含む。）に関する類型（❶〜❹）に限られる。水面下の土地については、別稿[1]を予定しているため、大略に止めておく。

（2）❶明治4年大蔵省達39号（−明6（布）257。別稿参照）は、「荒蕪不毛之地所」（水面下の土地を含む。）を私所有権の客体たる土地とする措置法律に当たるか、必ずしも明瞭でない[2]。

（3）❷（旧）地所名称区別（明6布告114（−明7布告120））は、「皇宮地[3]」「神地[4]」「官有地[5]」「公有地[6]」「除税地[7]」を私所有権の客体たる土地とする措置法律に当たるか、必ずしも明瞭でない。

❷は、「地所」を八種に分類しており、このうち「官庁地」「官用地」「私有

---

1) 拙稿「公物と私所有権」（近刊）。
2) 地所規則（明5開拓使布達12）及び官有林野取締規則（明28台湾総督府日令26）1条についても同様である（別稿参照）。
3) 「皇居及ヒ各所ノ離宮皇族ノ邸宅等ヲ云」。
4) 「宗廟山陵及ヒ官国幣社府県社ノ在ル所ヲ云」。
5) 「各所公園地山林野沢湖沼ノ類旧来無税ノ地ニシテ官簿ニ記載セル地ヲ云」。
6) 「野方秣場ノ類郡村市坊一般公有ノ税地又ハ無税地ヲ云」。
7) 「市街郡村ニ属スル埋葬地制札場行刑場道路堤塘及ヒ郷社寺院ノ類分此部ニ入ル」。これは、徳川時代の「見捨地」即ち「墓地、火葬場、斃牛捨場、仕置場、（行刑場）の如き土地」、「無年貢地」即ち「道路、堤塘、高札場……の類公共の所用に係る土地」及び社寺境内を併せたものに相当する（参照、安藤博編『徳川幕府県治要略』（柏書房・昭40）145頁）。

地」が私所有権の客体たる土地であることは疑いない[8]。

佐藤前東京営林局長は、「皇宮地」「神地」「除税地」については、地券が発行されないため明確でないが、「官有地」については、売買が認められるため私所有権の客体であるという[9]。残る「公有地」（現在の用語法でいう「地方公共団体の所有地」という意味ではない。）は、郡村市坊の「公有」であり、官有にも私有にも見えるがそのいずれでもないという、矛盾に満ちた存在であった[10]。

(4) ③地所名称区別（明7布告120（-昭6法28））は、「官有地第一種（「皇宮地」「神地」）」「官有地第二種（「官用地」を除く。）」「官有地第三種[11]」「官有地第四種[12]」を私所有権の客体たる土地とする措置法律に当たる。

これらの「地所」は、❷において私所有権の客体であるか不明瞭であったものに相当するが、③はこれらを「官用地」と統合した上、「民有地」と対置したからである[13]。

このような国家と個人の二元論は、フランス革命を彷彿させる。併しながら、同国・地租ノ配賦、標準及徴収ニ関スル法律（Loi relative à la répartition, à l'assiette et au recouvrement de la contribution foncière du 3 frimaire an VII) 103

---

8) 「官庁地」「官用地」は、旧藩からの上地（明治3年布告451号等）と私人から買い上げた土地（明治7年達173号2条前段）から成り、大蔵省租税寮原案では「御用地」の語が用いられていた（参照、福島正夫『地租改正の研究』増訂版（有斐閣・昭45）561頁註25）。この「御用地」となった「私有地」が「私有地」から除外される点を明示することが、❷の制定理由の一つであった（同557頁）。

9) 参照、佐藤百喜「公物観念ノ批判」『入会権公権論』（常磐書房・昭8）附録30頁。「官有地払下主義はこの布告の上にも反映されている」（福島・前註559頁）。

10) 参照、福島・前註(8)559～562頁。③が制定されたのは、「公有地」の性格の曖昧さを払拭するためであった（参照、同593～597頁）。

11) 「山岳丘陵林藪原野河海湖沼池沢溝渠堤塘道路田畑屋敷等其他民有地ニアラサルモノ」等。

12) 「寺院大中小学校説教場病院貧院等民有地ニアラサルモノ」。

13) 佐藤前局長曰く「第二種皇族賜邸官用地ハ地券ヲ発スルモノト定ムルニ依リ其私所有権ニ属スルコト疑ヒナク第三種中河海、湖沼、池沢、溝渠、堤塘、道路、鉄道線略敷地、電信架線中敷地、灯明台敷地、各所ノ旧跡名区及ビ公園堂宇敷地、墳墓地、行刑場等ハ地券ヲ発セザルモノト定ムルモ而モ私所有権ヲ明確ナル田畑宅地山岳丘陵ト同位ニ列シ且ソノ私法的貸渡シヲ認ムルニ依リ其ノ私所有権ヲ認メタルモノト解スルヲ妥当トスベシ。第一種皇宮地、神地、第四種寺院、大中小学校、説教場、病院、貧院等ハ明確ニ私所有権ヲ認ムル規定無キモ第四種ニツイテハ区入費ヲ課スルノ観念ヲ採用スルニヨリ寧ロソノ私所有権ヲ認メタルモノト解スルヲ妥当トスベクサスレバ皇宮地、神地独リ其私所有権ヲ禁ズルノ理無キニ依リ之又国ノ私所有権ヲ認メラレタルモノト断ズルノ外ナカルベシ」（佐藤（百）・前註(9)附録31頁）。尤も、福島・前註(8)602頁は、「貸渡」の狙いは従前の「公有地」の使用・収益を保障する点にあったと見る。

第1節　物を発生させる国家作用

条[14]に掲げられている公産 (domaine public) と異なり[15]、「官有地第三種」中の「河海湖……堤塘道路」は国の私所有権の客体とされている。このように、③の主眼は、公所有権 (propriété publique) と私所有権でなく、国と私人の私所有権を峻別する点にあった[16]。

これらの「地所」のうち「河海湖」については、登記法が地所の「亡失」〔現・滅失[17]〕を規定したこと（1条（明20法1－明32法46）2項[18]）に伴い、③は私所有権でなく公所有権の客体を発生させ、又は確認したという再解釈が施されることとなった。（旧）河川法（明29法71－昭39法168）は、より明快に、河川の敷地は私所有権の客体でないと宣言した（3条[19]）。但し、同法にいう河川の範囲は、亡失した土地に限られていない（本章第3節第3款参照）。

ところで、③については、行政処分たる官民有査定（本節第3款参照）の基準に過ぎず、上記の土地が発生するのは同査定によってであるという見解もあり得よう[20]。併しながら、誤って官有と査定された土地の下戻手続が官民有査定

---

14) "Les rues, les places publiques servant aux foires et marchés, les grandes routes, les chemins publics vicinaux et les rivières, ne sont point cotisables."
15) 公産が無租地とされたのは、収益を生じないからである（V., A. Batbie, "Traité théorique et pratique de droit public et administratif" (Cotillon, 1867) tom.VIe, p.102)。
16) 嘗て租税頭として地租改正を主導した陸奥農商務大臣曰く、「旧幕時代……ノ官林、御留山トカ或ハ御山トカ称シタモノ……ハ、其地方ノ人民ハ誠ニ聊カナル冥加金ヲ払フカ或ハ無代価デ其副産物ヲ採リ若クハ下草ヲ苅ルコトヲ許サレテ居ル、中々今日ノ如ク入林券ヲ持タナケレバ一歩モ官林ニ入レナイト云フ様ナコトハ無ツタ、其所ハ大変寛大デアルガ又他ノ一方カラ見ルト、或ル種類即檜若クハ樟其他必要ノ樹木ニ至テハ仮令民林ニ生ズルモノデモ官許無クシテ之ヲ伐ルコトハ出来ン、或ハ全ク伐ルコトガ出来ナイ、殆ド其所ヘ偶然ニ檜若クハ樟ガ生ヘタラ仮令自分ノ土地ニ在テモ総テ官ノモノニナル」「立憲時代ノ今日ニ在テハ、……官ニ属スルモノハ一歩タリトモ民ノ侵スヲ得ザルガ如ク、其民ニ属スルモノハ官モ亦一歩モ侵スコト無ク、両々相並ンデ各其堵ニ安ズルノ主眼ヲ立テナケレバナラナイ」（陸奥宗光「森林ノ需要ト供給ヲ論シテ森林制度ニ及フ」大日本山林会報告112号（明25）7～8頁・10頁。徳川時代の法制につき参照、安藤編・前註(7)134～135頁及び司法省蔵『全国民事慣例類集』（青史社・昭51）385～386頁等）。「従来は人民が官地を侵して、之を横領して居ると云ふやうな所もある、又民地が官地に使はれて居るやうな所もある、さう云ふやうな曖昧なものは孰れも一方に属する様に確然と区別を定めて地租を課するものと課せざるものとの別を明かにしなければならぬ」（有尾敬重「本邦地租の沿革」有尾敬重（福島正夫解題）『本邦地租の沿革』（御茶の水書房・昭52）55～56頁）。
17) （旧）不動産登記法（明32法24－平16法123）79条→**不動産登記法**（平16法123－）**42条**。
18) 「已ニ登記ヲ受ケタル地所……亡失……シタルトキハ其物件ノ所有者ヨリ登記ノ……取消ヲ請フ可シ」（同項）。「登記ヲ受タル物件ノ全部……流亡等ニ依リテ消滅シタルトキハ其物件ノ所有者ヨリ登記ヲ為シタル登記所ニ書面ヲ以テ其旨ヲ届出ツ可シ」（登記法取扱規則（明23司法省令7－明32法46）22条1項本文）。
19) 「河川並其ノ敷地若ハ流水ハ私権ノ目的トナルコトヲ得ス」。

77

を受けなかった土地にも準用されたこと（国有土地森林原野下戻法（明32法99－実効性喪失）1条1項・3項[21]）は、③を措置法律と見ない限り、説明が付かないと思われる。

（5）　④**河川法施行法**（昭39法168）**1条**は、（旧）河川法を廃止することにより、同法が施行[22]されていた河川の敷地（滅失しているものを除く。）を私所有権の客体たる土地とする措置法律に当たる。

（6）　以上のうち、③④は、いずれも物を発生させるだけでなく、それに対する国の私所有権を発生させる措置法律にも当たる（次編第3章第1節第1款参照）。③④の正当化根拠については、同款で検討する。

第2款　物を発生させる司法作用

（1）　該当例は見当たらない。

（2）　界限[23]確定判決（（旧）民法財産編243条2項[24]）→境界確定判決（根拠規定なし[25]）。現・筆界確定判決（**不動産登記法132条**（平17法29－）**1項6号**等参照））

---

20)　必ずしも明瞭でないが参照、大判大3・12・19民録20輯号外1121頁（「同布告ハ租税ノ賦課ニ便セン為メ地所ノ名称区別ヲ明カニシタルニ過キス」）。

21)　「地租改正又ハ社寺上地処分ニ依リ官有ニ編入セラレ現ニ国有ニ属スル土地森林原野……ハ其ノ処分ノ当時之ニ付キ所有……ノ事実アリタル者ハ此ノ法律ニ依リ明治三十三年六月三十日迄ニ主務大臣ニ下戻ノ申請ヲ為スコトヲ得」「……地租改正処分既済地方ニ於ケル未定地脱落地ニ付テハ此ノ法律ノ規定ヲ準用ス」。

22)　現在の法令用語では「適用」というべきであるが、明治29年内務省告示45号等に従っておく。

23)　（旧）民法にいう「界限」は境界、「経界」は境界確定を意味している（裁判所構成法（明23法6－昭22法59）14条2号（ロ）及び（旧）民事訴訟法22条（明23法29－大15法61）1項にいう「経界」の独語原文も同じ。参照、小柳春一郎「フランス法における境界確定訴訟と土地所有権（二・完）」民商法雑誌139巻1号（平20）29～31頁・35頁註161）。これに対し、明治4年1月14日達及び（旧）刑法（明13布告36－明40法45）420条では、「経界」を境界の意味で用いていた。（旧）民法の廃止後は、裁判所構成法及び（旧）民事訴訟法にいう「経界」も、（旧）刑法と同様に解されるようである。

24)　「当事者ノ議協ハサルトキハ判決ヲ以テ坪数及ヒ界限ヲ定メ其判決書ニ図面ヲ添フ此図面ニハ界標ヲ指示シ且各界標ノ距離及ヒ其近傍ノ移動ナキ目標ト各界標トノ距離ヲ記載ス」（同項前段）。

25)　界限確定訴訟は本権の訴えとされていた（V., G. Boissonade, "Projet de Code Civil pour l'Empire du Japon : accompagné d'un commentaire" t.I nouvelle éd.（Tokio, 1890), p.528）ため、**民法**起草委員はこれを規定する必要を認めなかった（参照、「経界ト云フモノハ所有権ガ定ツテ後……其処ニ標ヲ立ルト言フ言葉デアリマス、其標ヲ立ルニ付テ若シ其権利ガ分リマセヌ時ハ……所有権ノ訴ヲシナケレバナラヌケレドモ其事ヲ経界ノ所ニ持テ来テ規定スルノハ当然デハナイ」（法典調査会「民法議事速記録一」法務大臣官房司法法制調査部監修『日本近代立法資料叢書』1巻（商事法務研究会・昭58）911頁〔梅謙次郎〕））。

は、一筆の土地の筆界[26]の全部につき原告の主張と異なる判断がされた場合であっても、土地を発生させる司法処分には当たらない。

境界確定判決では、裁判所は客観的な筆界を知り得ない場合にも、これを確定しなければならない[27]。最高裁は、「当事者相互の相接する各所有土地間の境界……を現地に即し具体的に定める創設的判決[28]」「隣接する土地の境界が事実上不明なため争いがある場合に、裁判によつて新たにその境界を確定することを求める訴[29]」（いずれも傍点引用者）──講学上の形式的形成訴訟[30]──と表現している。これによると、裁判所が客観的な筆界を知り得た場合の確定と知り得ない場合の確定（以下それぞれ「一次的確定」「二次的確定」という。）は、全く別次元の作用であるかに見える。

とはいえ、そもそも筆界の位置を巡る紛争が生ずるのは、現地再現性のある地図が整備されていないからである。境界確定訴訟という証明責任の原則を排除した特別の訴訟類型が判例法上創造されたのは、そのことによる不利益を私人に転嫁しないために外ならない[31]。そこでは、一次的・二次的確定いずれに

---

26) 界限確定判決→境界確定判決は、いずれも原則として筆界を対象とする。界限確定訴訟の被告が係争地の全部又は一部を時効取得していた場合、界限は同訴訟でなく所有権回復訴訟の原告敗訴判決によって確定される（（旧）民法財産編241条2項）。このため、未分筆の土地間の界限確定が求められる場合（それが許されたかは明らかでない。）を度外視すると、界限確定判決において確定されるのは所有権界たる筆界ということになる。それは地券を始めとする「所有権ノ証書ニ記載シタル坪数及ヒ界限ニ従ヒテ」（同編242条1項）確定すべきものとされる（参照、法律取調委員会「民法草案財産編物権ノ部議事筆記」法務大臣官房司法法制調査部監修『日本近代立法資料叢書』8巻（商事法務研究会・昭62）56頁・57頁〔栗塚省吾報告委員〕）。境界確定判決の中には、所有権界を確定したと見られるものもある（大判昭9・8・10民集13巻19号1617頁）が、請求の趣旨は筆界の確定にあったため、「経界確定の訴は……双方の土地所有権の範囲の確認を目的とするのではなく、権利の客体となるべき物同志を区別することを目的とする」（兼子一『判例民事訴訟法』（弘文堂・昭25）77頁）という批判を浴びた。

27) 「境界確定ノ訴ニ於テ境界ノ何処ニ存スルヤヲ裁判所カ始ヨリ確定シ得タル場合ハ論無シ其ノ爾ラサル場合ニ於テ客観的ニハ存スルニ相違無キト共ニ主観的ニハ知ルニ由無キ境界ヲ発見スルコトモ亦裁判所トシテ之ヲ辞スへキニ非ス……之ヲ如何ニセハ可ナラム他無シ之ヲ常識ニ訴ヘ最モ妥当ナリト認メラルルトコロニ遵ヒテ境界ヲ見出スコト即是ノミ」（大判昭11・3・10民集15巻695頁）。同旨、最判昭38・10・15民集17巻9号1220頁。

28) 最判昭41・5・20集民83号579頁。

29) 最判昭43・2・22民集22巻2号270頁。

30) 参照、山田正三『民事訴訟法』1巻（弘文堂書房・大10）116頁。

31) 境界確定訴訟は「国が明示すべき境界線が不明のために、当事者間で紛争が生じているために認められる訴訟である」（奈良次郎「境界紛争に関する訴えについての若干の考察(中)」判例時報1224号（昭62）158頁（判例評論339号12頁註53）。「証明責任原則の不適用は、所有権

おいても同一の諸要素[32]が考慮される[33]ばかりか、ノンリケットか否かすら不明でよいのである。そうだとすれば、一次的・二次的確定を区別することに理論的意味はなく、両者は連続的性質を有すると見なければならない[34]。

　要するに、境界確定判決は、「『裁判所が「筆界」として定めた線が、客観的に存在はしてきたはずだが位置が不明確であった〈筆界〉の位置であった』という事実上の事項について既判力を生じさせる[35]」司法処分に当たる。

　筆界特定（**不動産登記法123条**（同前）2号。次款参照）の立案に関わった清水民事局参事官も、形式的形成判決の形成力が不当な確認判決の既判力と性質を同じくする場合がある点を示唆している。

　「境界確定訴訟においては、真偽不明の場合には、裁判所が筆界を形成することができる……。すなわち、境界確定訴訟の判決は、……裁判所の認定した筆界が真実の筆界と一致していた場合はもちろん、一致していなかったときも、

の不明確性が筆界の不明確性に起因している場合にのみ正当化され得る……。……筆界の位置を明確にしておく責任は一義的には行政にあり、私人にはないとも言い得る」（八田卓也「境界確定訴訟の意義について」新堂古稀『民事訴訟法理論の新たな構築』下巻（有斐閣・平13）118頁）。尤も、現地再現性のある地図の備付け義務が法定された（（旧）不動産登記法17条（昭35法14－平16法123）・18条（同前）→**不動産登記法14条1項・2項**）のは、土地台帳と登記簿が一元化され、不動産登記制度が土地を特定する機能を担うようになってからである（参照、枇杷田泰助「地図のはなし」法務通信367号（昭57）3～5頁。しかも、現地再現性のある地図の（即時）作成義務があるのは、一定地域に限られている（**国土調査法6条の2**（昭32法113－）**第1項**）。但し、枇杷田判事のように、土地を分割する権能が国家にしかないという見解（次節第3款参照）を採ると、筆界の位置を明確化することはこれらの規定を俟つまでもなく国の責務となる（同10頁）。

32)　それらは、筆界特定（**不動産登記法123条**（平17法29－）**2号**。次款参照）の考慮要素（「登記記録、……地図に準ずる図面及び登記簿の附属書類の内容、対象土地及び関係土地の地形、地目、面積及び形状並びに工作物、囲障又は境界標の有無その他の状況及びこれらの設置の経緯その他の事情」、**同法143条**（同前）**1項**）として明文化されるに至った。

33)　最判前註(27)は「不利益変更禁止の原則が適用されないという結論を導くために、判文のような説示をしたということである。」「客観的に存在すべき真実の境界線自体は、もともと、……占有状況、実測面積と地積との比較、公図その他の関係地図との類似、周辺土地の境界標識その他の諸基準に基づいて探求さるべきものであり、境界線が不明なときに改めて裁判所が裁量で創設すべき境界線を定めるための合理的な基準だけではないはずのものである」（奈良次郎「境界紛争に関する訴えについての若干の考察（上）」判例時報1221号（昭62）149頁・156頁（判例評論338号3頁・10頁））。

34)　「筆界確定訴訟は、過去の筆界を探求し、これを特定するという側面と、過去の筆界の特定に至らなかったときは、新たな筆界を形成するという側面が不可分に結びついた制度です」（清水響編著『Q&A不動産登記法』（商事法務・平19）362頁（傍点引用者））。

35)　八田・前註(31)115頁註21。

第1節　物を発生させる国家作用

判決が確定した後は、裁判所により形成された筆界が法的な筆界となる。こ̇の̇意̇味̇で̇、境界確定訴訟の判決には、筆界を新たに形成する効力が認められる[36]」（傍点引用者）。

ところで、筆界確定訴訟を「公法上の法律関係に関する訴訟」（**行政事件訴訟法4条**）に分類する学説がある[37]。その論拠を筆者なりに敷衍すれば、筆界が（イ）国家（地租改正事務局等）によって確定され[38]、（ロ）公示の単位として当事者が任意に処分することが出来ず[39]、（ハ）国家の構成要素たる領土を区画する[40]という三重の意味において、"公法上の境界"であることが挙げられよう[41]。

併しながら、（イ）地券の発行（次款参照）は既存の所有権界を確認したに止まるし、（ロ）対抗力は本来所有権界であった筆界に登記法6条→**民法177条**が事後的に附与した効果に過ぎないし、（ハ）筆界でない所有権界も経界物件毀壊罪（（旧）刑法（明13布告36－明40法45）420条）→境界毀損罪（**刑法262条ノ2**（昭35法83－））の保護法益に含まれている[42]。このように、筆界と（「公法上の

---

36) 清水響「不動産登記法等の一部を改正する法律の概要」民事月報60巻5号（平17）30頁。なお、寶金敏明『境界の理論と実務』（日本加除出版・平21）46頁は、「判決で示された筆界が、仮に旧来の筆界と異なることが判明したとしても、判決が示す新たな筆界が真の筆界として取り扱われることになる」というが、場合によっては再審事由（**民事訴訟法338条1項9号**）に当たるとされよう。

37) 参照、山本和彦「境界確定訴訟」（平11）『民事訴訟法の基本問題』（判例タイムズ社・平14）63頁。

38) 参照、瀬戸正二〔判解民昭42〕660頁。

39) 山本（和）・前註(37)63頁は、「争いの対象が公簿上の境界という公法上のものである」点を論拠としている。なお、東京高判平12・3・14訟務月報47巻4号706頁は、筆界は課税及び地方公共団体の管轄の単位であるともいう。併しながら、地租〔現・固定資産税〕の課税標準は地目及び地積であって筆界の位置でないし、市町村界が筆界と一致するのは、地租改正時に区町村界を跨ぐ土地が分割された結果に過ぎない。

40) 参照、奈良次郎「『形式的形成訴訟』の特色についての考察」判例タイムズ908号（平8）6頁。

41) 加えて、寶金・前註(36)480頁は、釈明処分の特則（**不動産登記法147条**（平17法29－））をもって筆界確定訴訟が公法上の当事者訴訟であることの傍証とするが、同条はそのような趣旨で立案された訳でない（参照、清水・前註(36)64～65頁及び鎌田薫他「平成16年・17年不動産登記法改正（下）」ジュリスト1298号（平17）160～161頁〔始関正光、清水響〕）。

42) Boissonade 司法省顧問は、自らが起草した（旧）刑法420条に言及し（Boissonade, ibid., p.524）つつ、所有権の「公益」性（pp.522 et 525）を強調している。**刑法262条ノ2**につき同旨、高橋勝好「不動産侵奪罪と境界毀損罪—刑法の一部を改正する法律」法曹時報12巻6号（昭35）22頁。

81

法律関係」の典型とされて来た）国籍、選挙権及び公務員たる地位との間には、大きな性質上の隔たりがある点に注意しなければならない。

（3）　土地所有権の認定の裁判（Land Titles（土地所有権。1951 琉球列島米国民政府布告 8 – 昭 47 条約 2）1 条[43]）は、土地所有権の認定（次款参照）から漏れた土地及び争いのある土地を対象とするものであり、土地を発生させるのでなく確認する行為に止まる[44]。

（4）　以上の通り、わが法制では、土地を発生させるどころか、土地の境界を発生させる司法処分すら認められていない。このことは、筆界が地番の附された土地即ち地券の発行（次款参照）によりその存在を確認された土地（及びそれらが分筆・合筆された土地）の境界であるという、歴史的経緯に由来する[45]。

尤も、土地の境界は純然たる事実でなく半ば法的な、観念的存在であり、だからこそ確認訴訟の対象ともなるのである[46]。そうだとすれば、筆界を一旦消去した後これを新たに引き直すことも、法律をもってすれば不可能でないかに見える。併しながら、そのような立法は官民有査定及び地券の発行（いずれも次款参照）をやり直すものに外ならず、如何に局所的なものであれ、既存の所

---

43)　"On or after 1 April 1951, all claims to land ownership will be prosecuted in the forms of legal action in the appropriate district of the Circuit Court of Okinawa Gunto"（月刊沖縄社編『アメリカの沖縄統治関係法規総覧』英文編 1 巻（池宮商会・昭 58）95 頁）．

44)　「一九五九年一二月当時の琉球上訴裁判所首席判事回答によりますと、この土地所有権の認定の裁判は一種の非訟事件手続による決定である……。」「対物訴訟としては観念されていないわけですから、……その認定に基づいて登記をしてやるというだけにとどまり、既判力などは認められない」（久貝良順他「沖縄の法制および戸籍・土地問題等の変遷（中）」ジュリスト 459 号（昭 45）136 頁〔宮脇幸彦〕）。

45)　「筆界は現地上に存在するのであり、地図、測量図上にあるわけではありません。そういったものは、現地上の筆界を明示する一資料に過ぎません」（有馬厚彦「法第十七条地図と表示登記をめぐる諸問題（下）」登記研究 505 号（平 2）87 頁）。「『地番』が登記図簿……上存在する以上、その記載が無効でない限り、たとえ地図が作成されていなくとも、あるいは地図混乱地域内であっても、地番境としての筆界は地上のどこかに必ず存続するといえる」（寶金・前註(36)14 頁）。

46)　筆界については、本文に述べた点に加え、少なくともそれが原始的に確認された時点では所有権界であった点及び筆界の確定が所有権界に関する紛争の解決に資する点が、対象性を肯定する理由となろう。後者の点につき参照、「地番と地番との境界が不明である場合に、境界確定訴訟によって境界が確定されるときは、その直接的効果として、隣接する各地番の土地の範囲が確定されると同一の結果が生じ、確定された境界を越えて相手方の地番の土地に自己の所有権を主張する者は、取得時効等物権変動によってその所有権の取得を理由づけなければならなくなる」（柴田保幸〔判解民昭 46〕412 頁）。これは、証書真否確認訴訟（（旧）民事訴訟法 351 条（明 23 法 29 – 大 15 法 61）1 項→同法 225 条（大 15 法 61 – 平 8 法 109）→**民事訴訟法 134 条**）が認められる理由と共通している。

第1節　物を発生させる国家作用

有権秩序を根柢から不安定化させる"パンドラの匣"となるため、今後も正当化されることはないであろう。

第3款　物を発生させる行政作用

（1）これに該当するか問題となる立法例は、土地と水の統合体（❶）及び土地のみ（❷）に関する類型に大別される。

（2）地券の発行（壬申地券（市街地券）につき地券発行地租収納規則（明5大蔵省達無号）8則[47]、壬申地券（郡村地券）につき地所売買譲渡ニ付地券渡方規則（明5大蔵省達25－明19法1）1条[48]及び明治5年大蔵省達83号[49]。改正地券につき地租改正条例（明6布告272－明17布告7）布告文[50]）は、土地を発生させる行政処分には当たらない。

それは、既存の所有権界を確認し（耕地につき地券渡方規則23条[51]（明5大蔵省達126－明19法1）。宅地につき明5・11・23租税寮改正局指令[52]。山林につき地券渡方規則37条[53]（同前））、公証する行為に止まり、行政処分ですらない[54]。

---

47)「従来ノ沽券地ハ区号町名番号所持主名面並ニ地所坪数沽券高等巨細ニ為申立更ニ実地ノ当ノ地券金高取極メ可相渡事」（同則本文）。

48)「地所売買譲渡ノ節地券相渡候ニ付テハ於府県元帳ヲ製シ地券申受ノ儀願出候節ハ別紙雛形ノ通地券本紙並控共二枚ヲ書シ押切印ノ上本紙ハ地主ヘ与ヘ控ハ右元帳ヘ綴込置可申事」。

49)「……即今已ニ売買ノ者ヘ地券相渡従来所持ノ者ヘハ不相渡候ハテハ不都合ニ付管下人民地所所持ノ者ヘ最前相達候規則ニ準シ都テ地券相渡候様可致……」。

50)「今般地租改正ニ付旧来田畑貢納ノ法ハ悉皆相廃シ更ニ地券調査相済次第土地ノ代価ニ随ヒ百分ノ三ヲ以テ地租ト可相定旨被仰出候条……」。

51)「一　従前切畝歩〔後註(186)参照〕致シ検地帳名寄帳小拾帳等ニ突合サルトモ現地ノ景況ニ随ヒ総テ地引絵図可差出旨説示可致事」。類例、「……持主村役人隣田所持ノ者共立会境界ヲ正シ持主限リ有ノ儘ノ形チヲ画キ……」（和歌山県地租改正人民心得書5条。福島・前註(8)332頁註29)。

52)「……高内引之地市街亦は士族邸地ハ一区郭を為し境界判然之場所ハ申出之通券状施行之積取調可申出……」（地租改正資料刊行会編『明治初年地租改正基礎資料』上巻改訂版（有斐閣・昭46）112頁）。

53)「一　総テ右種類〔＝山林原野之類〕ハ地界ヲ券状ニ記載ス可シ譬ヘハ東耕地西字何山南某川北某村字何原ト如斯詳カニ記注ス可キ事」。類例、「山林原野池沼等ノ広漠タル地ニシテ実測ナリカタキモノハ四至ノ境界ヲ明白ニ記注セシメ凡ソ反別ヲ記載スヘキコト」（地租改正条例細目（明8・7・8地租改正事務局議定）2章5条）及び「深山幽谷或ハ柴草山等ノ曠漠タル地ニシテ容易ニ丈量ナリ難キ地ハ差向四至ノ境界ヲ詳記シ周囲ノ里程ヲ量リ凡ソ反別ヲ取調フヘキモノトス」（山林原野調査法細目（明9・3・10地租改正事務局達）1条4節）。

54)但し、争いのある民々境界であってその位置を証拠に基づいて認定することが出来ないものは、行政処分によって確定されている（明8・8・20内務省指令及び明9・1・19同省指令。それ

第1編 総 則 第3章 物

　これにより確認された所有権界即ち原始筆界の位置は、地租の課税標準でなかったことから、現地再現性のある地図は作成されなかった。当時作成された公図（改租図及び更正図[55]）──後の土地台帳附属地図（地租ニ関スル諸帳簿管理其他取扱心得（明22大蔵省訓令44）1項→土地台帳法施行細則（昭25法務府令88－昭35法務省令10）2条）→地図に準ずる図面（（旧）不動産登記法24条ノ3（平5法22－平16法123）第1項→**不動産登記法14条4項**）──は、土地の相対的位置関係を局地的に示すものに過ぎない[56]。登記法が筆界に対抗力を附与した（前款参照）後も、スイス・民法典（Schweizerisches Zivilgesetzbuch, vom 10. Dezember 1907）950条1項[57]と異なり、筆界の位置を明確化する国の責務が法定されないという状況が続いた[58]。

　(3)　地租改正[59]における官民有査定[60]（根拠規定なし[61]）は、土地を発生さ

　　　ぞれ内務省編『明治初期内務省日誌』（国書刊行会・昭50）上巻845～846頁・下巻1583～1584頁）。
55)　改租図につき参照、「野取図ハ土地ノ形状ヲ画キ丈量線ヲ引キ間数ヲ記入……セルナリ」「字限リ絵図ハ一字ヲ一図トナシ道路溝渠ハ勿論字内毎筆ノ境界ヲ画シ之ニ地番地目田数等ヲ記入シ以テ土地ノ位置ヲ明カニスルモノナリ」（主税局「地租便覧」（明19）新井克美『公図と境界』（テイハン・平17）558～559頁）。更正図につき参照、地図更正ノ件（明20・6・20大蔵大臣内訓3890。同627頁）。
56)　参照、126・参・法務委4号（平5・4・15）11頁〔清水湛政府委員〕。「これらの地図〔＝公図〕は、三角点＝基準点に結びつけられて土地の所在を明らかにしたものでなく、土地の位置及び形状は、単に相隣関係が図示されたに止ると言つても過言でない。従つて土地が一度大きな水害や火災を蒙ると、元形に復する根拠もない」（小船清「国土調査のねらい」国土1巻3号（昭26）14頁）。但し、作成目的及び表現主題を踏まえれば、公図にも一定の価値はある（参照、塚田利和『地租改正と地籍調査の研究』（御茶の水書房・昭61）175～176頁及び佐藤甚次郎『公図読図の基礎』（古今書院・平8）69～70頁・85～86頁）。
57)　"Die Aufnahme und Beschreibung der einzelnen Grundstücke im Grundbuch erfolgt auf Grund eines Planes, der in der Regel auf einer amtlichen Vermessung beruht."
58)　前註(31)参照。
59)　地租改正事務局の閉鎖（明14・6）後の未定地処分及び明治18～22年の地押調査における再処分も含む。前者は、山林原野が農商務省山林局、その他の土地が内務省地理局の所管とされた（明17・12地理局・山林局長通牒。三枝茂「林野地籍のあゆみ」三枝茂＝飯島浩編『林野地籍の沿革』続巻（林野弘済会・昭50）195頁）。山林局による「官民有未定地から官有山林への編入は、〔明治〕24年度24町、……25年度でも513町計上されている」（萩野敏雄『日本近代林政の基礎構造』（日本林業調査会・昭59）36頁）。
60)　明治7年達143号（次編補章註(88)参照）は「編入」といい、国有土地森林原野下戻法1条3項（前註(21)参照）は「地租改正処分」という。
61)　虚偽の申告に基づく民有査定が地租改正条例の廃止後に官有査定に変更された事例につき、行政裁判所は政府が当然にその権限を有するとした。参照、「山林原野ハ農商務省官制〔明19勅2－大14勅38〕ニ拠リ農商務大臣ノ主管ニ帰シタルヲ以テ山林原野ノ官民有査定モ亦同大臣ノ管

せる行政処分には当たらない（これが行政処分であること自体は、「土地ノ官民有区分」（訴願法（明23法105－昭37法160）1条5号）及び「土地ノ官民有区分ノ査定」（明治23年法律106号（－昭22法60）第5号）として、それぞれ訴願事項及び行政訴訟事項に列記された点[62]から明らかである。）。

官民有査定といっても、官有査定又は民有査定が各土地につき独立してされる訳でない。官有査定は、個々の官有地の存在及び境界を確認する作用であり[63]、民有査定は、当該官有地に隣接する一団の民有地の存在を確認する作用である。両者は官民境界を挟んで彼此相補の関係にあり、一個の処分として観念される。

地所名称区別の下での官民有査定[64]は、次の三つに大別される。

第一は、講学上の公物即ち「官有地第三種」中の「河海湖……溝渠堤塘道路……等其他民有地ニアラサルモノ」の官有査定である。「川縁湖水付等ノ葭茅生地ニテ水理枢要ノ箇所[65]」及び「道路堤塘」の「定マリタル幅員[66]」内は、

掌ニ帰シタルコトナレハ被告大林区署及県庁カ同大臣ノ指揮ヲ受ケテ官民所属ヲ査定シタルハ越権ノ処置ニアラス」（行判明24・5・9行録1巻96丁）。

62) これが出訴事件に加えられたのは、当時たまたま件数が多かったからに過ぎない。「以前太政官ノ認許ヲ受ケテ司法裁判所ニ行政上ノ事項ニ付テ出訴ヲ致シテ居ツタモノノ内デ最モ頻繁ニ割合ニ事件ノ数ノ多カツタヤウナモノヲ拾ヒ挙ゲテ是ダケニ付テハ行政訴訟ヲ許サウト云フコトニ為ツタノガ此明治二十三年ノ法律第百六号ノ規程デアリマス」（一木喜徳郎『行政法講義筆記』（陸軍経理学校・明42）384～385頁）。

63) 官有地は、地引絵図中に色分け（地所処分仮規則（明8・7・8地租改正事務局議定）1章8条。地租改正資料刊行会編・前註(52)563頁）して表示されることになっていたが、そのみを絶対視すべきではない（参照、佐藤（甚）・前註(56)108～114頁）。

64) 単に"官民有区分"というと、一旦「公有地」（（旧）地所名称区別）として地券の発行（前述）を受けた土地が「官有地第三種」「民有地第二種」（地所名称区別）に区分されたことを指す場合が多い。併しながら、（旧）地所名称区別の下でも「官有地」査定はあったし、地所名称区別の下でも、一旦「皇宮地」「神地」「除税地」（（旧）地所名称区別）に査定された地所が「官有地第一種」「官有地第三種」に再査定される場合も、（旧）地所名称区別による査定を受けなかった地所が初めて「官有地」に査定される場合もあり得た。本書では、これら全てを含めて官民有査定と呼んでおく。

65) 明9・11・6地租改正事務局指令（地租改正資料刊行会編『明治初期地租改正基礎資料』中巻（有斐閣・昭31）890頁）。

66) 「道路堤塘ハ各地凡ソ定リタル幅員アルヘシ若シ耕地ヨリ其幅員内ヲ犯シ切開タルカ又ハ宅地ニ取囲ヒアルモノアルトキハ其歩数ハ旧道敷堤塘ニ復シ耕地宅地ノ方ハ差除キ取調ヘキ事」（地所処分仮規則4章3条。地租改正資料刊行会編・前註(52)564頁）。先例、明8・2・7内務省指令（内務省編・前註(54)上巻12～13頁）。既定の幅員につき参照、明8・6・23地租改正事務局指令（地租改正資料刊行会編・前註(52)540頁）、明8・8・20内務省指令（内務省編・前註(54)上巻847～848頁）及び司法省蔵・前註(16)434～436頁。

85

いずれも官有と査定され、耕地・宅地化された部分がある場合には、原状回復が命じられた[67]。つまり、自然公物・人工公物を問わず、本来あるべき公物界が観念されており[68]、その内部における私人の占有には法的レレヴァンスが否認された。

　このように、公物の官有査定は、本来あるべき公物界を境界とする土地を確認する作用である。これと対をなす民有査定は、公物界たる官民境界を所与としている。つまり官有査定が自律的であるのに対し、民有査定は他律的である。

　なお、私設公物については、私人が租税を負担して来た場合に限り、民有地とすることも認められた[69]。併しながら、これは既存の私設公物についての経過措置であり[70]、新設の私設公物は官有と査定された[71]。既存の私設公物のために追加された地種[72]を除けば、「民有地」中には、公物に対応すべき地種は見当たらない。つまり、ここでいう「民有地ニアラサルモノ」とは、本来民有地たり得ない土地を意味している。

　第二は、講学上の公用物即ち「官有地第二種」中の「官用地」の官有査定である。ここでの官民境界は官民有地の所有権界であり、官有査定と民有査定と

---

67) 自然公物につき参照、「流作場……に就ては……どうしても民有としては差支があると云ふやうな場所は、縦令永年の間之を開いて作付をして居つても、総て作付を撤廃させて官有地に恢復すると云ふやうなことに致しました」（有尾・前註(16)63〜64頁）。「流作場」とは「河川の堤外、或は池、沼、湖、の沿岸等へ播種するも、年々早潦常なく収穫の定量を、天候に委する土地」（安藤編・前註(7)132頁）をいい、**河川法6条1項3号**にいう「堤外の土地」に含まれる。人工公物につき参照、地所処分仮規則4章3条（前註参照）。

68) 地租改正条例細目2章6条には、「道路河川堤塘及ヒ畦畔溝渠等ハ実測ヲ要セスト雖モ経界ヲ判然調査シ従前道敷幅等ノ記録有之分ハ其旨記シ置ヘキコト」（傍点引用者）とあり、従前の幅員が記録されていない場合にも、公物界を観念している。なお、（旧）府藩県交渉訴訟准判規程（明3布告878－明4布告302）15条には「隄防用悪水ハ……境界論地ニ至リテハ極テ詳裁審断ニ必ス対談熟議ヲ許スヘカラス」とあり、公物界が職権調査事項とされていた（参照、塚田・前註(56)68〜69頁）。

69) 参照、古館清吾「登記簿等に所有者の記載のない溜井の帰属について」青山正明編『民事法務行政の歴史と今後の課題』下巻（テイハン・平5）298〜300頁。

70) 「公衆ノ用ニ供スル道路」（後註(72)参照）につき参照、「該道路ハ布告当日既設ノ道路ニシテ地種未決定ノ分ヲ専ラ指シタル義ニ付……」（明14・4・11内務省指令。内務省地理局編・前章註(23)294頁）。

71) 用水路及び道路につきそれぞれ参照、明8・3・7内務省指令及び明8・5・9同省指令（内務省編・前註(54)上巻179〜180頁・453〜455頁）。

72) 「民有地第三種〔民有地第二種（明9布告88－）〕」中の「民有ノ用悪水路溜池式堤敷及井溝敷地」（明8布告154－）及び「民有地第二種」中の「公衆ノ用ニ供スル道路」（明13布告43－）。

は互いに対等である。

　第三は、無主物即ち「官有地第三種」中の「山岳丘陵林藪原野……其他民有地ニアラサルモノ」等の官有査定である。これは、一団の民有地の外にある非民有地[73]を確認する行政処分であり、ここでいう「民有地ニアラサルモノ」とは、現に民有地でない土地を意味している。無主物の官有査定は、第一の場合と逆に、一団の民有地の所有権界たる官民境界を所与としている。つまり民有査定が自律的であるのに対し、官有査定は他律的である。

　(4)　官林[74]の境界査定（根拠規定なし[75]）。官林境界調査心得（明17農商務省達340－明23農商務省達136）2条1項→官有林野境界調査心得（明23農商務省達136－明23農商務省訓令371）2条→官林境界踏査内規（明23農商務省訓令371－明33農商務省訓令33）4条参照）→国有林野の境界査定（（旧）国有林野法4条（明32法85－大10法43（失効）－昭23法73（削除））1項[76]）→営林財産の境界査定（（旧）国有財産法（大10法43－昭23法73）10条1項[77]）は、一筆の土地の境界の全部を査定する場合であっても、土地を発生させる行政処分には当たらない。

　官林→国有林野は、従前官林即ち旧藩有林（「官有地」（（旧）地所名称区別）中の「山林野……ニシテ官簿[78]ニ記載セル地」→「官有地第三種」（地所名称区別）中の

---

73)　「明治になって林野が……一応不完全ながらも幕藩時代の面目を一新して一筆、二筆という個数の観念をつよく持つようになった」（三枝・前註(59)117頁）。尤も、国有林野は大字単位で一筆とされる場合が多かった（参照、同43頁）。

74)　（旧々）森林法（明30法46）施行後は、国有林（1条）及び国有原野山岳等（2条）。

75)　公文式（明19勅1－明40勅6）の施行後、法律事項は法律の形式で定めることとなったが、官有林野境界調査心得は達の形式で定められた（立案経緯につき参照、江崎政忠「東京山林学校の思出」大日本山林会編『明治林業逸史』続編（同会・同頁）289〜290頁）。行判明25・4・4行録3巻106丁毛、大林区署長に境界査定の権限があることを当然の前提としている。明治29年の（旧々）森林法案も明治30年の（旧）国有林野法案も、境界査定を規定していない。国有林野法3条（昭26法246－昭32法107）4項→**国有財産法31条の3**（昭和32法107－）**第4項**が、境界確定の協議が調わない場合には「境界を確定するためにいかなる行政上の処分も行われてはならない」と規定したのは、境界確定処分には根拠規範を不要とする見解を踏まえたものであろう。

76)　「国有林野ノ境界査定ハ当該官庁ニ於テ予メ期日ヲ定メ隣接地所有者ニ通告シテ其ノ立会ヲ求メ施行スヘシ」「隣接地所有者予定期日ニ於テ立会ハサルコトアルモ当該官庁ハ境界査定ヲ施行スルコトヲ得」（同条1項・2項）。「国有林野ノ境界査定ヲ終ヘタルトキハ当該官庁ハ直ニ隣接地所有者ニ通告スヘシ」（5条）。

77)　「国有財産ニ付界査定ヲ施行セムトスルトキハ予メ期日ヲ定メテ隣接地所有者ニ之ヲ通知シ其ノ立会ヲ求ムヘシ」「隣接地所有者期日ニ於テ立会ハサルコトアルモ境界査定ヲ施行スルコトヲ得」（同条1項・2項）。「境界査定ヲ了シタルトキハ隣接地所有者ニ之ヲ通知スヘシ」（11条）。

「山岳丘陵林藪原野」であって「一旦官林帳[79]ニ組入タル分」（山林原野等官民所有区別派出官員心得書（明9地租改正事務局別報11号達）1条但書））と「公有地」（（旧）地所名称区別）から「官有地第三種」に査定された林野（官林調査仮条例（明9・3・5内務省決議）13条[80]）に大別される。

　このうち従前官林は、旧藩から録上された官簿によりその存在が確認されていたため、地租改正事務局による官民有査定はされず、内務省地理寮（最終的には農商務省山林局）による境界査定しか受けていない[81]。それは、既存の土地の境界を確認する行政処分に止まる。

　一方、「公有地」であった官林は、官民有査定を受けた際、一旦は境界が確認された筈であるが、現地再現性のある地図が作成されなかったため、それらの境界は程なくして不明確化した[82]。故に、その境界査定は、官民有査定により確認された筆界を再確認する行政処分に止まる。

　要するに、従前官林の境界査定は官民有査定の一部をする処分に、「公有地」であった官林の境界査定は官民有査定の一部を繰り返す処分に、それぞれ相当する。官民有査定すら根拠規範を要しない以上、境界査定に根拠規範を要しないとされたのは当然であった。それにも拘わらず、（旧）国有林野法がこれを法定したのは、侵害留保説によるものでない。単に、国有林野特別経営事業のための特別会計の設置（森林資金特別会計法（明32法86－大11法7）1条[83]）に

---

78)　御林帳（明治3年民部省達254号（－明5大蔵省19）→明治5年大蔵省19号）を指す。
79)　存置官林箇所取調帳（明治6年大蔵省134号。→官林帳（官林調査仮条例（明9・3・5内務省決議）4条））を指す。
80)　「明治八年地租改正局乙第三号並第十一号達ニ依リ公有地調査ノ上官有ニ属スル山林ハ普通官林ノ如ク実地ノ景況ニ応シ相当ノ等級ニ編入スヘシ」。
81)　参照、飯島浩編『林野地籍の沿革』（林野弘済会・昭47）271頁及び丹羽邦男＝福島正夫「土地に関する民事法令の形成」福島正夫編『日本近代法体制の形成』下巻（日本評論社・昭57）55頁。
82)　「林野について地籍編成の際に筆界が現地で標識等により明示され、かつ、地図だけでなく測量野帳等により境界の復元資料が後世に保存される仕組がとられていたならば、すくなくとも土地の所有者が自己の責任において境界を管理することもなかったと思われる。しかし、現実は右のようでなかったから改租のさいの地籍設定後十年もたたないうちに林野についてほとんどの筆界は不明確になっている」（三枝・前註(59)104頁）。尤も、実際の官民有査定において境界がどれだけ精密に確認されたかは疑わしい。例えば次の叙述も、従前官林と「公有地」であった官林を特に区別していない。「官林台帳はあつても頗る不備で、一例を挙げれば利根官林の面積は三十六万町歩とあつて、利根郡の全面積よりも遙に大きい様な類であつた」（志賀泰山「国有林施業案編成の創始」大日本山林会編『明治林業逸史』正編（同会・昭6）82～84頁）。

第1節　物を発生させる国家作用

呼応して、同事業の対象を法定する必要が生じたからに過ぎない。

　従前官林であれ「公有地」であった官林であれ、現地再現性のある地図がないのが通常であるため、境界査定は林相等の占有状況を考慮して行われる[84]。それが真実の境界と一致していない場合にも、査定が確定した後は、何人もそれが真実の境界であったことを争い得なくなる[85]。これらの点は、境界確定判決（前款参照）と全く同様である。

　以上の例外として、官有地を過小に査定した処分を訂正するために境界査定の形式を用いた例があり[86]、それが中止されたのは明治36年になってからであった[87]。このような境界査定は、その名称に拘らず、官民有査定の一部変更に外ならない。

　なお、明治15年の森林法草案は、国有森林の境界確定を司法管轄留保事項とするフランス・森林法典（Code Forestier du 21 mai 1827）に倣った、詳細な手続規定を設けていた[88]。即ち経界画定は、隣地所有者等に通知した上で実施

---

83)　「国有林野ノ処分、国有林ノ実測、施業案編製、造林及森林買上ニ係ル特別経営ノ為森林資金ヲ置キ其ノ歳入歳出ハ一般会計ト区分シ特別会計ヲ設置ス」（傍点引用者）。

84)　「境界調査ナド、云フモノハ、悉ク証拠ニ依ルト云フコトハ、ドウシテモ出来ナイノデゴザイマス、……地租改正当時ノ図面ト云フモノハ、極ク漠然タルモノデゴザイマスカラ、実地ニ当嵌ラヌタメニ、実際ノ林相デゴザイマストカ、或ハ地形ナリニ依ッテ、分ッタモノガアルノデゴザイマス」（13・衆・国有林野法案外3件審査特別委6号（明32・2・23）62頁〔村田重治農商務技師〕）。「国有林ハ……藩有林ヲ継承セルモノニシテ、沿革上民有地ト種々錯雑ナル関係ヲ有スルモノニシテ、而シテ其ノ所有権ノ起源遠キ昔ニ在リ、且ツ昔時図面等証拠物件ノ不正確等ニ基キ、其ノ境界ハ甚ダ曖昧タルヲ免レザルヲ以テ、一々遠キ所有権ノ起源ニ迄遡リテ之ヲ確定スルハ殆ンド不可能事ニ属ス」（高山三平『国有財産法及国有林野法』（法制時報社・昭2）107頁）。

85)　参照、高山・前註107頁。

86)　「地租改正の際に民有地と認定したものでも本来官有たるべき性質の森林原野の引き上げは、官林境界調査に拠って行なわれた」（三枝・前註(59)313頁）。その一例につき参照、大判大6・10・12民録23輯1395頁。

87)　「……地押調査ノ際相当ノ手続ヲ経テ民有ニ帰シ土地台帳及納租等ニ徴証シ爾来正当其所有ヲ公認セラレタル箇所ニ対シテハ仮令従前官有タリシ証憑アルモノヲ官有ニ査定スルハ穏当ナラザル儀ニ付今般右等ノ箇所ニ対シテハ……其儘民有タルヲ認ムルコトニ内定相成候……」（国有林野境界査定方針ノ件（明36・2内牒）。松波秀実『明治林業史要』（大日本山林会・大8）697頁）。

88)　フランス法では、隣地所有者も境界確定を求めることが出来る（9条）。これは、対審手続等と並んで、国有森林の境界確定が普通法（droit commun）即ち民法に属することの表れとされる（V., M. Block, "Dictionnaire de l'administration française" 4e éd. (Berger-Levrault, 1898), p. 1193）が、明治15年草案には継受されなかった。行政裁判所すら未設置であった当時、フランス法制の全体的な脈絡を掴むことは困難だったのであろう。これに相当する規定が加えられたのは、(旧)国有財産法が境界査定を雑種財産〔現・普通財産〕にも拡張した際であった（同法施

され[89]、それらの者から一定期間内に不服申立がなかった場合に確定[90]し、訴訟が提起された場合には停止すべきものとされていた[91]。

これに対し、官林境界調査心得は、同草案のうち、経界画定は隣地所有者等の立会の下に実施する点[92]のみを採用したに過ぎない。このため、境界査定は通常の行政処分として位置付けられ、行政裁判所が設置されると、「土地ノ官民有区分ノ査定」(前述)に含まれると解されるに至った。

(5) 官有地(官林→国有林野[93]を除く。)の境界査定(根拠規定なし)→国有財産(営林財産を除く。)の境界査定((旧)国有財産法(大10法43－昭23法73)10条1項)は、一筆の土地の境界の全部を査定する場合であっても、土地を発生させる行政処分には当たらない。

それらは、官有地→国有財産が地租改正時から官有地である場合には、官民有査定により確認された筆界を再確認する行政処分に止まり、地租改正時に民有地であった場合には、筆界を確認(地租改正時に官有地と隣接していた境界については、再確認)する行政処分に止まる。

官有地の境界査定は、フランス・地方道ニ関スル法律(Loi sur les chemins vicinaux du 21 mai 1836)15条1項[94]等の継受でなく、官民有査定(前述)のコロラリーとして認められたものである[95]。(旧)国有財産法が境界査定を法定

　　行令(大11勅15－昭23政246)14条)。
89)　「森林官吏経界画定ニ従事セントスル時ハ少クモ二ヶ月以前府県庁ニ通知スヘシ」「府県庁ハ其通知ヲ得タル日ヨリ五日以内ニ其経界画定ニ関スル地元戸長隣接地所有主ニ達スヘシ」(23条1項・2項。林業発達史調査会編『森林法草案・森林法草案参考書』林業発達史資料50号(同会・昭31)48頁)。
90)　「経界画定ヲ終リタル時ハ府県庁ヨリ其旨ヲ地元町村ニ公告シ且隣接地所有主又ハ関係人ニ達スヘシ」「其達ノ日ヨリ六ヶ月以内ニ隣接地所有主又ハ関係人ニ於テ故障ヲ申述スルコトヲ得」(25条1項・2項)。「前条ノ期限内ニ……隣接地所有主又ハ関係人ニ於テ故障ヲ申述セサル時ハ其画定ヲ以テ確実ナル者ト為ス」(26条。それぞれ林業発達史調査会編・前註49頁・50頁)。
91)　「経界画定ニ付争ノ生シタル時ハ裁判所ニ訴フ可シ其裁決アルマテハ経界画定ノ事業ヲ中止ス可シ」(30条。林業発達史調査会編・前註51頁)。
92)　「官有森林ト民有地トノ経界画定及ヒ界標建設ハ地方官吏監守人地元戸長隣接地所有主立会ノ下森林官吏之ヲ行フ可シ」(22条。林業発達史調査会編・前註47頁)。
93)　高山・前註(84)108頁が「境界査定ハ唯国有林野ニ付行ハレタルノミ」というのは誤りである(例えば参照、判例明25・5・7行録3巻158丁)。
94)　"Les arrêtés du préfet portant reconnaissance et fixation de la largeur d'un chemin vicinal attribuent définitivement au chemin le sol compris dans les limites qu'ils déterminent".
95)　「官民有其所有権其モノヽ決定ノ事サヘモ、我国ノ法制ニ於テハ行政処分トナッテ居ルノデアリマス、況ヤ其些細ナ境界査定ノ如キモノハ、此行政処分ヲ認メルト云フコトハ是ハ已ムヲ得ヌ

第1節　物を発生させる国家作用

したのは、同法の特別法として位置付けられることとなった（旧）国有林野法が境界査定を法定していたからに過ぎない。

　西野主計局長は、国有財産の境界査定の正当化根拠として、無主の不動産の国庫帰属（**民法239条2項**）に見られる通り、わが法制が国に帰属すべき土地（公物を含む広義の無主物）と私人に帰属すべき土地を別異に取り扱うことを許容している点を挙げている。

　「抑々国有財産ノ境界査定ハ其ノ目的国有地ノ疆界ヲ決定スルニ在ルヲ以テ其ノ性質上之ヲ司法裁判所ノ判決ニ俟タシムルモ亦法理上不可トスル所ナシ〔。〕只国家ト其ノ国土トノ間ニ於テハ特殊ノ関係ノ存スルモノアリ〔。〕例ヘハ民法第二百三十九条ニ於テ無主ノ不動産ハ国庫ノ所有ニ属スト規定セルカ如キ凡ソ国内ニ存スル不動産ハ其ノ他人ノ所有ニ属セサル限リ原則トシテ国有ニ属スト称スルモ敢テ過言ニ非ス〔。〕所有権ノ限界効力等ニ付テハ国家モ亦私人ト対等ノ地位ニ立ツヘキハ言ヲ俟タスト雖其ノ所有権ノ所在ヲ決定スルノ一点ニ於テハ国家ハ必シモ私人ト同一ノ地位ニ立ツコトヲ要セス〔。〕其ノ公権ノ作用ニ依リテ一方的ニ之ヲ審査決定スルノ権力ヲ与フルモ亦妨クル所ナシ[96]」。

　この説明は、地租改正時から官有地である公物については、極めてよく妥当する。その筆界は、官民有査定という行政処分により確認された本来あるべき公物界であり（前述）、境界査定という行政処分による再確認に馴染むからである。その反面、この説明だけに依拠すると、地租改正時に公物であった雑種財産〔現・普通財産〕の方が、地租改正時に民有地であった公共用財産よりも、境界査定を正当化し易くなるという背理が生じてしまう。

　そこで河本主計局書記官は、今一つの正当化根拠として、公物管理上の必要性[97]を持ち出している。

　「国有財産ノ主タルモノハ、……公共用財産、公用財産ト云フヤウナ公ナ性質ヲ持ッテ居ルモノデゴザイマス、営林財産モ見方ニ依ッテハ公ノ性質ヲ持ッテ居ル者デアルト云フカラ、此境界ニ就テ争ガアル時ニハ、普通ノ民有地ト民有

　　ノデアリマス」（44・衆・18号（大10・2・24）407頁〔田中隆三政府委員〕）。徳川時代にも、類似の法制があったという（参照、石井紫郎『日本国制史研究Ⅰ権力と土地所有』（東大出版会・昭41）142頁註60）。
96)　西野元『会計制度要論』後巻（朝陽会・大11）153頁。
97)　公物管理上確保すべき土地を確保する必要性という意味ではない。それは、土地収用手続によって満たされるべきだからである。

地トノ境界ノ場合ト違ッテ、是ハ隣接地ノ人ノ言フコトヲ能ク聞キマシテ、サウシテ国家ガ査定スベキ性質ノモノト考ヘマシ〔タ[98]〕」。

　この説明は、現況のみに着目する点では合理的であるが、より公共性の低い営林財産及び雑種財産にはそのまま妥当しない。これらの境界査定を正当化するには、財産管理上の必要性、予備的公物としての性格等[99]を持ち出す外なくなってしまう。それでは如何にも説得力に欠けるためか、昭和３年の行政裁判法及訴願法改正綱領（臨時法制審議会答申）は、「公用又ハ公共用ノ土地……ノ区域ノ査定」のみを行政裁判所の管轄に残すべきであるとした[100]。

　尤も、同答申は遂に実現を迎えることのないまま、国有財産の境界査定自体が、(旧)国有財産法の廃止と共に姿を消すこととなった。これが**国有財産法**に受け継がれなかった理由は、雑種財産まで含めた境界査定を一般的に正当化する根拠が見出されなかったためであり、およそ如何なる種類の国有財産の境界査定も全て違憲であると判断されたためでない[101]。

---

[98]　44・衆・国有財産法案委３回（大10・1・31）11～12頁〔河本文一政府委員〕。「国有地に於ては或は道路河川等の公共用財産のやうなものもありますし、或は演習場であるとか、国防的のものもあります。……故に其境界の事柄に付て若し何等の規定が無かつたならば隣地者との間に紛争が起つた場合には司法裁判所に訴へ出て其の判決に依る外はないのであります。併しながら……急速に決まらないで遷延している中には斯の如き重要なる任務を帯びて居る土地に付ては境界が判らぬ為に各種の支障が生ずることもあります」（太田嘉太郎『国有財産法講話』（大蔵省営繕管財局・昭３）119頁）。

[99]　「国有財産は非常に沢山ありまして全国に亘り……ます。」「雑種財産と認むるものでも、各省に於ては公共用財産、公用財産又は営林財産と主張し見解の定まらぬものがあるのみならず、雑種財産が公共用財産になつたり公共用財産又は公用財産が雑種財産になつたりすることも尠なくありませぬから実際上に於て其間に区別を設けることは不便と思ふ」（太田（嘉）・前註119頁・121～122頁）。この外、武藤栄治郎『改訂会計法規通論』訂正再版（宝文館・大11）735～736頁は、国有林野につき境界査定が認められて来たという沿革に訴えている。

[100]　参照、美濃部達吉『行政裁判法』（千倉書房・昭４）附録２頁。この部分は、大正15年の小委員会決議に由来する（参照、「諮問第六号主査委員会速記録（第２回ノ２）」憲政資料室蔵『清水澄関係文書』〔118〕31丁）。

[101]　「旧規定は、強権的に過ぎること及び少くとも総ての国有財産を規律の対象とする国有財産法に規定するのは不適当、且つ、不必要で、特殊の国有財産に関しそのような制度が必要であるなら、その国有財産についての特別法において規定すべきであることという理由で削除された」（林野庁監修『国有林野法及び国有林野整備臨時措置法の解説』（日本林業協会・昭26）42頁）。その後、国有財産法の一部を改正する法律（昭32法107）の立案過程では、「旧国有財産法に規定されていたように、国有財産の境界の査定を国の一方的行為によつて行うことができることとしてはどうかという意見があつた」が、「憲法その他の一般法制との関係上慎重な考慮を必要とするという意見が提出された」ため、見送られている（国有財産中央審議会『国有財産中央審議会答申』（大蔵省印刷局・昭32）38頁）。これに対し、昭和38年の「公共物管理法案要旨（建設

第 1 節　物を発生させる国家作用

　西野局長の説明にも見られる通り、(旧) 国有財産法の下では、境界査定の対象を司法管轄留保事項たる所有権界[102]と捉えた上、その例外を正当化しようとする思考形式が支配的であった[103]。大審院が一筆の土地の一部の譲渡・時効取得を肯定し[104]、所有権界と筆界が乖離する可能性を認めたのは (旧) 国有財産法の制定後であり、両者の区別が一般に意識されるようになったのは、境界確定判決（前款参照）に関する判例法理[105]が確立する昭和 30 年代以降だったからである（公物については、そもそも時効取得自体が否定されていた[106]。）。

　現在では、上記の判例法理を踏まえ、民有地相互の境界確定判決を行政処分化することすら検討されている（後述）。故に、筆界を対象とする国有財産の境界査定を立法化することには、もはや"司法管轄留保事項の理論"からの制

省）」は、境界の決定を盛り込んでいた（4。小笠原憲一「法定外公共物の管理について」月刊用地 127 号（昭 53）22 頁）が、実現を見ていない。

102)　国有地の筆界を越えて公簿上民有とされる地番の土地上に境界を査定することを認めた行政裁判所の判例は見当たらないため、正確には所有権界たる筆界を指す。

103)　参照、「国有財産たる土地と雖もやはり民法上の所有権の物体たるものであるから、その土地所有権の範囲を定むること、即ちその土地の境界査定は性質上は民事事件に属し、司法裁判所に依つて為さるべきものである」（磯崎辰五郎『公物・営造物法』新法学全集 4 巻（日本評論社・昭 11）44 頁）。矢野誓治『朝鮮国有財産法詳解』（京城・朝鮮財務協会・昭 12）167〜169 頁も、境界査定には「公図上の線を実地に落すこと」（行判明 38・3・17 行録 16 輯 2 巻 147 丁等）と並んで「公図の如何に拘らず所有権の実体に基いて境界を査定する場合」があるという。唯一の例外は次の学説であるが、所有権界から区別される筆界の存在を意識したものかは定かでない。「公ノ営造物タル土地ト之ニ隣接スル私有地トノ境界ヲ定ムルハ……土地ノ境界ヲ明画スルニ過キサルナリ。然レトモ行政官府カ其ノ職権ニ因リ行政処分ヲ以テ之ヲ決定スルトキハ単ニ隣接私有地ノ間ニ於ケル私法上ノ権利ノ確定トシテ之ヲ争フコトヲ得ス行政処分ニ対スル方法ニ於テ其ノ救済ヲ求ムルノ外ナキナリ。例セハ河川道路等ノ幅員境界ヲ行政処分ヲ以テ定ムルノ権限ハ間接ニ隣接私有地ニ対スル制限ノ実アルコト多シ」（穂積八束『行政法大意』（八尾書店・明 29）211 頁（傍点略））。

104)　大聯判・後註(196)及び大聯判大 13・10・7 民集 3 巻 509 頁。

105)　「［最高裁判例の］根底には境界確定訴訟は公法上の地番と地番との境界線を確定する必要に応える訴訟であり、その訴訟類型は形式的形成訴訟に属するとの理論があるといってよいであろう」（柴田・前註(46)411 頁）。先駆として参照、「異筆の土地の間の境界……は……客観的に固有するものというべく、当事者の合意によって変更処分し得ないものであつて、境界の合意が存在したことは単に右客観的境界の判定のための一資料として意義を有するに止まり、証拠によつてこれと異なる客観的境界を判定することを妨げるものではない」（最判昭 31・12・28 民集 10 巻 12 号 1639 頁）。

106)　私人による時効取得を否定した判例として参照、大判大 8・2・24 民録 25 輯 336 頁。これに対し、東京高判昭 25・12・15 行録附録 96 頁は、国が国有財産に隣接する民有地の全部又は一部を時効取得する可能性を認めた。(旧) 国有財産法の廃止後、最判昭 42・6・9 訟務月報 13 巻 9 号 1035 頁は、現況道路敷地につき国による時効取得を認めている。

93

約があると解すべきでない。

(6) 台湾土地調査事業における土地の境界の査定（台湾土地調査規則（明31律令14－明37律令12）5条1項[107]）は、土地を発生させる行政処分には当たらない。

これは、既存の業主権[108]の客体となっている土地（台湾地籍規則（明31律令13－明37律令12）1条[109]）の存在及び境界を確認する[110]行政処分[111]に過ぎない。内地における官民有査定（前述）が個々の官有地を対象とするのに対し、台湾における査定は個々の民有地を対象とする。高等土地調査委員会による裁決（同規則5条2項）をもって終審とした点[112]は、プロイセン・物上負担ノ消除及領主農民関係ノ規制ニ関スル法律（Gesetz betreffend die Ablösung der Reallasten und die Regulirung der gutsherrlichen und bäuerlichen Verhältnisse, vom 2. März 1850）67条2項等を参考にしたものという[113]。

---

107) 「土地ノ業主及境界種目ハ地方土地調査委員会ニ於テ之ヲ査定ス」。類例、台湾林野調査規則（明43令律7－大12令律1）3条1項。

108) 参照、「林野調査中ノ山林ニ関シ……現ニ山林ノ占有者カ其地内ニ於テ他人ノ侵害行為ニ基ク損害賠償ヲ求ムルニ当リ法院カ其侵害地カ訴訟当事者双方ノ孰レニ属スルヤヲ判断スルコトハ何等支障ナキモノトス」（台湾覆審法院判大3・11・26。小森恵編『覆審・高等法院判例』1巻（文生書院・平7）104～105頁）及び「査定ヲ受ケサリシ土地ハ土地台帳未登録地トシテ従前ノ儘当該所有者ノ所有土地トシテ存続シ前叙ノ査定ヲ受ケサルカ為其ノ所有権ヲ失ヒタルモノニアラス」（台湾高等法院判昭7・3・5。同6巻59頁）。

109) 「土地ノ名称ヲ分チ左ノ種目トス」「一　田、畑、建物敷地、塩田、鉱泉地、養魚地」「二　山林、原野、池沼、牧場」（1条柱書・1号・2号。3～6号略）。

110) 但し、畦畔及び崖岸については、現実の所有権に拘わらず、それぞれ中央及び下端が境界とされた（台湾土地調査規則取扱心得（明31台湾総督府訓令245）7条・8条。臨時台湾土地調査局編『台湾土地調査法規全書』（明35）379頁）。この場合も、相隣接する民有地の存在を前提とする以上、土地を発生させる処分には当たらない。なお、内地及び朝鮮では、慣習がある場合には、それによるとされた（崖地処分規則（明10地租改正事務局別報達69）1条。地租改正資料刊行会編『明治初年地租改正基礎資料』中巻（有斐閣・昭31）935頁）及び臨時土地調査局調査規程（大2朝鮮総督府訓令33）24条本文）。

111) 「地方土地調査委員会ノ査定確定シタル土地ノ境界ハ一ノ確定事項トナリタルモノナルカ故ニ訴ヲ以テ之ヲ争フコトヲ得ス」（台湾覆審法院判明36・4・8。小森編・前註(108)1巻132頁）。なお、土地の申告（台湾土地調査規則1条）は義務的であり（同7条）、職権による査定を発動するための端緒に過ぎない（朝鮮土地調査事業についても同じ。）。

112) 後に、犯罪行為に基づいてされた査定・裁決に対しては、再審の申立が認められた（台湾土地調査規則5条ノ2（明36律令6－明37律令12）。立案過程につき参照、江丙坤『台湾地租改正の研究』（東大出版会・昭49）167～169頁）。

113) 「一々正式裁判を経て、決定するといふことでは、迚も土地調査の仕事といふものは、五年や六年で落著を告げるといふ訳に往かぬのみならず、大体の性質から申しましても、斯う云ふ風の

第1節 物を発生させる国家作用

（7） 朝鮮土地調査事業における土地の疆界の査定（土地調査法（隆熙4旧韓国法律7－大元制令2（前法後法関係））7条1項[114]→土地調査令（大元制令2－1948南朝鮮過渡政府法令173）9条1項[115]）は、土地を発生させる行政処分には当たらない。

これは、既存の所有権[116]の客体となっている土地（土地調査令2条1項[117]の存在及び境界を確認する行政処分に過ぎない[118]（同令15条[119]）。

同事業では、道路、河川等の公物については、特に私人からの申告がない限り、調査対象から除外された[120]。故に、同査定にいう「疆界」は、公物以外の土地（所有者を同じくするものを除く。）相互間の所有権界に限られる[121]（公物

事柄を、一時に処理するに当りましては、特別の機関がなくてはならぬので、……独逸で、年金銀行〔Rentenbank〕を設けて、地上負担の解除を行ひました時にも、其年金の確定や、年金銀行が権利者に与へまする補償金に関する裁決だとか、年金銀行に対する指図に対する、当事者間の商議の裁決といふ様なものは、土地整理局の職務になつて居つた」（中村是公「土地調査に就て」臨時台湾土地調査局編『台湾土地調査事業概要』（同局・明38）63〜64頁）。

114） 「地主及土地ノ疆界ニ地方土地調査委員会에諮問하야土地調査局総裁가此를査定함」。
115） 「臨時土地調査局長ハ地方土地調査委員会ニ諮問シ土地ノ所有者及其ノ疆界ヲ査定ス」。類例、林野調査令（大7制5－1948南朝鮮過渡政府法令173）8条1項。
116） 「〔臨時〕土地調査局で所有権を創設するとかその人にやるわけにはいかん。これは在来あった所有権をそのまま認めるんですね」（藤本修三他「土地調査事業の実態」（昭35）東洋文化研究8号（平18）264頁〔藤本〕。不調査地につき参照、「土地調査ヲ行ハサル未登記ノ土地ノ所有権ノ登記ハ府尹又ハ郡守ノ認証ニ依リ其ノ所有権ヲ証スル者ヨリ之ヲ申請スルコトヲ得」（朝鮮不動産登記令2条ノ3（大3制令15－））及び土地調査未施行地認証ニ関スル件（大5官通牒42。早川保次『朝鮮不動産登記ノ沿革』（京城・大成印刷社・大10）113〜115頁）。
117） 「土地ハ其ノ種類ニ従ヒ左ノ地目ヲ定メ地盤ヲ測量シ一区域毎ニ地番ヲ附ス」「一　田、畓、垈、池沼、林野、雑種地」「二　社寺地、墳墓地、公園地、鉄道用地、水道用地」（同項柱書本文・1号・2号）。
118） 国有財産の境界査定（（旧）国有財産法ヲ朝鮮ニ施行スルノ件（昭11勅266－昭23法73（原法廃止））10条2項）は、土地の疆界の査定を受けていない境界のみが対象となる（参照、矢野・前註(103)169〜170頁）。
119） 「土地所有者ノ権利ハ査定ノ確定又ハ裁決ニ依リテ確定ス」。
120） 「但シ第三号ニ掲クル土地ニ付テハ地番ヲ附セサルコトヲ得」「三　道路、溝渠、堤防、城堞、鉄道線路、水道線路」（土地調査令2条1項柱書但書・3号）。「道路、溝渠、堤防、城堞、鉄道線路及水道線路ニシテ民有ノ申告ナキ土地及河川湖海ニ付テハ所有権ノ調査ヲ為スコトヲ要セス」（臨時土地調査局調査規程（大2朝鮮総督府訓令33）17条）。「地籍図上ニ道路、河川、溝渠トシテ描画セルモ地番ヲ附セス且ツ土地調査簿ニ其ノ所有者ヲ掲載セサル土地ハ土地調査令第二条但書ニ依リ地番ヲ附セス従テ臨時土地調査局長ハ其ノ権利ノ査定ヲ為ササリシモノニシテ其ノ所有者ノ権利ハ必スシモ否認セラレ国有ト決定セラレタル儀ニ無之候……」（大3・6・24局長通牒。臨時土地調査局『土地調査例規』（大5）1輯311頁）。
121） 「茲ニ疆界線ト云フハ地主ヲ異ニスル土地トノ限界線ヲ指シ、地域線ト称スルハ同一地主ノ所有ニ係ル一筆地ト一筆地トノ限界線、又ハ之ト地籍調査ニ於テ地主ノ調査ヲ為サザル土地トノ限

に囲繞された民有地については、その存在のみが確認されたことになる。）。

（8）　御料林野の疆界査定（皇室財産令（明43皇室令33 – 昭22皇室令12）87条1項[122]）は、土地を発生させる行政処分には当たらない。

これは、国有林野の境界査定（前述）に関する規定を準用[123]しているが、行政処分ですらない。フランス・森林法典12条1項[124]に倣い、定められた期間内に境界確定訴訟が提起されない場合に同意を擬制するに止まるからである。

（9）　①河川の認定（朝鮮河川令（昭2制令2 – 1961韓国法律892（河川法））1条1項[125]）は、敷地と流水の統合体[126]としての河川を私権の客体とすると共に、これに対する国の私所有権を発生させる行政処分に当たる（4条[127]）。

坂本朝鮮総督府事務官によると、①はプロイセン・水法7条[128]に倣ったものであり、「茲に国有とは法律上の河川として即ち公物として国の公有権に属すとの意味に非ずして実に私法的に国の所有権に属すとの意味なり[129]」という。

（10）　❷公有水面上に存する土砂の国庫帰属処分（**公有水面埋立法**（大10法57 –）**35条2項**。土砂が陸地状を呈している場合に限る。）は、当該土砂の所有者の所有権を消滅させると同時に国の所有権を発生させる（次編第3章第4節第3款参照）が、これに加えて、水面下にあった地盤を土地とする行政処分にも当たる

　　　　界線ヲ指スモノナリ」（和田一郎『朝鮮ノ土地制度及地税制度調査報告書』（京城・朝鮮総督府・大9）856頁）。
122)　「国有林野法第四条乃至第六条ノ規定ハ御料ニ属スル林野ニ之ヲ準用ス」「前項ノ規定ニ依リテ為シタル疆界査定ニ不服アル隣接地所有者疆界査定ノ通告ヲ受ケタル日ヨリ三箇月内ニ通常裁判所ニ訴訟ヲ提起セサルトキハ其ノ疆界査定ハ確定シタルモノト看做ス」（同条1項・2項）。
123)　明治37年の皇室財産令立案要旨では、準用でなく適用とされていた（12項。伊藤博文編『秘書類纂（雑纂）』3巻（秘書類纂刊行会・昭11）94頁）。
124)　"Si à l'expiration de ce délai, il n'y a été élevé aucune réclamation par les propriétaires riverains contre le procès-verbal de délimitation, et si le Gouvernement n'a pas déclaré son refus d'homologuer, l'opération sera définitive."
125)　「本令ニ於テ河川ト称スルハ朝鮮総督ニ於テ公共ノ利害関係上特ニ重要ナリト認定シタル河川ヲ謂フ」。
126)　「河川は……水流及其の敷地に依り構成せられたる綜合物にして其の一を欠くときは河川に非ず」（坂本嘉一『朝鮮河川令釈義』（京城・帝国地方行政学会朝鮮本部・昭2）13頁）。
127)　「河川ハ之ヲ国有トス」。
128)　"An den in der Anlage bezeichneten Wasserläufen erster Ordnung steht, vorbehaltlich der Bestimmungen des § 9 Abs.1, dem Staate das Eigentum zu".
129)　坂本・前註(126)11頁。

かは必ずしも明瞭でない。

❷は、文言上は動産を対象とするに止まり、埋立地の所有権の取得を定めた**同法 24 条 1 項**も準用されていない。このため、❷がされても公有水面が土地となる訳でなく、そのためには新たな埋立免許（**同法 2 条**）に基づく竣功認可（**同法 22 条**（現 **2 項**））を要するという解釈[130]も、十分成り立つ。

これに対し、公有水面が**民法 86 条 1 項**にいう「土地」となる指標を原状回復義務の有無に見出す近時の判例法理[131]に照らすと、❷は原状回復義務の免除（**公有水面埋立法 35 条 1 項**）と引換えにされるから、公用廃止の判断を含むと解することも不可能でない。それによると、❷は水面下にあった地盤を土地とすると同時に、当該土地及び土砂を国に帰属させる——それに伴い土砂は自動的に土地の構成部分となる[132]——行政処分に当たる。この場合、原状回復の免除をしつつ❷をしないことは許されない。さもなければ、無願埋立の追認（同法 36 条（大 10 法 57 －昭 48 法 84）2 項）を廃止した趣旨に悖るからである。

(11)　地籍調査（**国土調査法**（昭 26 法 180 －）**2 条 5 項**）は、筆界を確認する行為に過ぎず[133]、行政処分ですらない。

---

130)　土砂が陸地状を呈していない場合につき参照、山口＝住田・序説註(33)350 頁。土砂が陸地状を呈している場合には、山口内閣法制局参事官らは、埋立免許でなく追認（本文参照）によるべきであると主張する（同 352 頁）。併しながら、追認の規定が 35 条でなく 36 条に置かれている点に加え、干拓（1 条 2 項）の場合には公有水面がその事実状態を変ずることなく"冠水した陸地"と評価される点（参照、「公有水面ノ干拓ハ……堤防内部ノ海面又ハ水面ニハ何等埋立工事ヲ為サストスルモ竣功認可ト同時ニ所有権ヲ取得スル義ニ有之候」（大 12・5・17 土木局長回答。内務省河川課編『水ニ関スル法令並例規』（良書普及会・昭 2）525 頁）に照らすと、"冠土した水面"と陸地との差異は専ら観念的なものであり、陸地状を呈している土砂が存する公有水面に埋立免許をすることも、取り立てて異とするに足りないように思われる。

131)　参照、最判平 17・12・16 民集 59 巻 10 号 2931 頁。但し、同判決は公有水面がその「付近一帯」の無願埋立により池沼と変わらない状態に埋め殺された事案であり、「附近一帯」の無願埋立が追認されたことをもって明示的な公用廃止があったという評価も可能であった。

132)　松本判事が「土砂等を公有水面の地盤と附合させ、当該埋立地を新たに生じた土地として国有に帰せしめることを意図したもの」と説く（中野哲弘編『国有財産訴訟の実務』（新日本法規・平 6）491 頁〔松本清隆〕（傍点引用者））のは、淺生重機〔判解民昭 57〕482 頁括弧書の用語法に倣ったものと見られる。併しながら、**民法 242～244 条**にいう「附合」は、物が所有者を異にする場合のみを予定しているため、正確でない。淺生調査官は、竣功認可前における「附合」の成否についても検討している（同 479～482 頁）が、「物」が「物」でないものに附合することはあり得ないため、疑問である。この点につき同調査官は、山口＝住田・序説註(33)471 頁に依拠している。併しながら、山口参事官らは、**公有水面埋立法**にいう「公有水面とは、私法上の所有権の対象たり得ざるもの」であり、「国の所有に属する水面であるが、その所有とは、民法上の所有の意味ではない」と明言しており（同 310 頁）、この点を看過すべきでない。

第1編 総　則　第3章 物

　昭和24年の土地調査法案要綱（案）には、土地を発生させる行政処分として、境界の確定が盛り込まれていた[134]。それは、現地再現性のない筆界など虚構に等しいという認識の下、現況の所有権界を新たな筆界とする行政処分であった[135]。

　これに続く国土綜合調査に関する件（昭24・10・13閣議決定）も、「土地境界の確定と紛争の解決」の実施を掲げた[136]が、結局、「土地に関する境界紛争の裁定等を行いうる機関の設置」は、「・国・土・調・査・が・実・態・調・査・を・主・旨・と・す・る・こ・と・その他裁判権等との関係をも考慮して、法律には謳わないこととした[137]」（傍点引用者）。

　制定時の**同法**では、土地所有者間に争いがある場合[138]にも「仮の境界」を定めることが出来た（（旧）地籍調査作業規程準則（昭27 経済安定本部令15 — 昭32

133）　「今次の地籍調査は、地籍の創設を目的とするものではなく、土地は土地台帳と土地登記簿に登録されてはいるが、明確を欠くので、地籍調査の結果により、これを是正しようという、いわゆる地籍の修正主義によつて行われるのが基本的な考え方である。」「国土調査法では、地籍調査を行う者（都道府県、市町村又は土地改良区等）に境界の決定権を与えていない。一筆地の境界はすでに決定されているのであつて、それがどこからどこまでであるかを所有者等の立会の下に、現地で確認するのである」（経済審議庁国土調査課『国土調査——土地及び水の基礎構造』（奥村印刷・昭29）80頁・85頁）。「〔国土調査〕法第32条には、地籍調査を行うについて必要があるときは分割又は合併があったものとしての調査を行うことができる旨が規定され、また同法32条の2に代位登記に関する規定が置かれていることからすれば、地籍調査においては、既存の土地の表示に関する登記事項等を基点として調査の結果に基づき、この記載を修正するという方針がとられていることは明らかである。従って、一挙にかつ創設的に現地と合致させるとする手続構造はとられていない」（澤睦「地図混乱地域対策」田中康久編『不動産登記制度と実務上の諸問題』下巻（テイハン・昭63）693頁）。

134）　5条（経済安定本部資源委員会『土地調査』同委員会勧告3号（昭24）6頁（議会官庁資料室蔵「蝋山政道旧蔵審議会関係資料」53（国土調査1）））。

135）　「第一次案等を作った時には、境界の第一次の査定権というのは、市町村役場に市町村土地調査委員会を設けまして、その委員会が裁定する。」「それからもう一つの土地調査委員会を作りましてそこで再審をする、そこで解決しない場合は裁判へ持って行く、というようなことを当初は考えたのです。」「これが一番、当時の土地台帳と関係がありまして、すぐ後退を致しまして、それをやめた次第でございます」（沖縄開発庁「沖縄における境界不明土地問題の諸対策第二回シンポジウム速記録」沖縄県土地調査事務局編『沖縄の地籍——現状と対策』（同局・昭52）291頁〔大久保武彦〕）。

136）　経済安定本部総裁官房国土調査室『国土調査について』（昭26）23頁。

137）　経済審議庁国土調査課・前註（133）3頁・4頁。

138）　この場合の調査手続が下位法令に委ねられているのは、分筆又は合筆があったものとして行う調査手続（**同法32条**）が法定されていると比べ、如何にも不均衡である。恐らく、経済安定本部と法務府〔現・法務省〕との調整が着かなかったのであろう。

総理府令71）14条1項）。その反面、地籍調査の成果が自動的に反映されるのは土地台帳止まりとされ（国土調査法20条（昭26法180－昭35法14）2項）、登記簿（表題部の記載）への反映は当事者の申請に委ねられていた。

　その後、職権登記（国土調査法20条の2（昭32法113－昭35法14）第1項）が新設され、地籍調査の成果を職権により登記簿に反映する途が拓かれると、今度は逆に、およそ筆界は土地所有者等の「確認」を得て調査するものとされ[139]、「確認」が得られない場合には「筆界未定」として処理することとされた（**地籍調査作業規程準則**（昭32総理府令71－）**30条1項・2項**）。これは、登記簿に土地台帳以上の（純然たる事実上の効果に止まらない）公証力を見出すものと思われるが、疑問も残る[140]。

　なお、**不動産登記法**が筆界特定（**123条**（平17法29－）**2号**。後述）の手続構造を法定した現在、地籍調査の手続構造についても、命令に委ねるのでなく**国土調査法**自体で規定されるべきである[141]。

　⑿　土地所有権の認定（Certification of Land Title（土地所有権証明。1950琉球列島米国軍政本部特別布告36－昭47条約2）4条1項[142]）は、土地を発生させる行政処分には当たらない。

　これは、戦災により滅失した土地台帳及び地図の再製を目的として、土地の存在及び境界を確認する行為に止まり、行政処分ですらない[143]。併しながら、

---

139)　近時、**地籍調査作業規程準則30条**（平22国土交通省令48－）**3項**は、土地所有者等の所在が不明であり、かつ、客観的な資料が存在する場合に限り、確認を不要とした。

140)　そもそも、土地台帳の公証力自体がそれなりに強力である。同法制定時には、「地籍調査によつて調べました境界が、所有権の境界の大きな証拠の一つになつて使われるであろう」と説明されていた（10・衆・経済安定委17号（昭26・3・22）6頁〔河野通一政府委員〕）。より重大なのは、昭和35年に土地台帳と登記簿の一元化があり、台帳記載事項が表示に関する登記となつて権利に関する登記と並ぶ位置付けを得たことである。

141)　安本典夫「地籍調査の法的性格」月報司法書士381号（平15）18頁が「調査過程での利害関係人の主張・証拠提出の機会を明確にするべきである」と説くのは、**地籍調査作業規程準則30条**が必ずしも調査実施者を拘束するものでないと解しているためでないかと思われる。本書は、**同条**を義務的規定と解した上、法律に格上げすべきと考えている。

142)　"After public notice and inspection, the certificate, provided it is not opposed nor contested, will be approved, signed and sealed by the soncho of the mura and delivered to the claimant owner."（月刊沖縄社編・前註(43)86頁）.

143)　参照、久貝他・前註(44)134頁〔宮脇幸彦、久貝良順〕、時岡泰「沖縄復帰に伴う民事上の諸問題（三）」法曹時報24巻8号（昭47）47頁及び砂川恵伸他「土地法制の変遷」宮里政玄編『戦後沖縄の政治と法』（東大出版会・昭50）490～491頁。

戦災により土地の原形及び境界物件が破壊されたこと、米軍が占有している土地については現地確認が許されず、申告に基づく机上嵌込み処理がされたこと等[144]により、再製された土地台帳及び地図は極めて不精密なものとなった[145]。

(13) 国有林野→国有財産の境界決定（国有林野法4条（昭26法246 – 昭32法107）1項→**国有財産法31条の4**（昭32法107 – ）**第2項**）は、一筆の土地の境界の全部を決定する場合であっても、土地を発生させる行政処分には当たらない。

これは、国有財産の境界査定（前述）に代えて、御料林野の疆界査定（前述）を参考に設けられたものであり、行政処分ですらない[146]。一定期間内に隣接所有者から異議の通告がない場合に協議[147]の成立が擬制される（国有林野法6条（同前）1項→**国有財産法31条の5**（同前）**第2項**）に過ぎないからである[148]。

(14) 昭和51年の「沖縄県における境界不明地域に係る地籍明確化のための土地調査に関する法律（仮称）案要綱」（以下「沖縄県案」という。）及び昭和52年の「沖縄県の区域内における位置境界不明地域内の土地の位置境界及び地籍の明確化に関する特別措置法案」（以下「野党案」という。）は、それぞれ境界の決定（第24第3項[149]）及び位置境界の決定（35条1項[150]）を盛り込んでいたが、

---

144) 参照、沖縄開発庁「沖縄における境界不明土地問題の諸対策第1回シンポジウム速記録」沖縄県土地調査事務局編・前註(134)255〜256頁〔久貝良順〕。
145) 例えば具志川市字天願後原では、昭和46年6月の返還に際し、「土地所有権者等の協力のもとに、戦前の土地の配列を示した見取図を作成して、〔再製された〕現行の字限図上の土地の配列と比較検討したところ、戦前の土地の位置と字限図上の位置とが全く違っており、また小字界をとびこえて入れ替わっている土地もある」という有様であった（沖縄県土地調査事務局編『沖縄の地籍問題——経緯と現状』（同局・昭50）9頁）。
146) 田中二郎『行政法』中巻全訂2版（弘文堂・昭51）313頁は、「いわば解除条件附の境界確定処分」と表現している。併しながら、相手方の不同意を解除条件とする行政主体の意思表示には一方性がないから、行政行為とはいえない。
147) ここでいう「境界」は、協議（国有林野法3条（同前）1項→**国有財産法31条の3**（同前）**第1項**）に係らしめられているため、筆界でなく所有権界を指すという見解もある（参照、寶金・前註(36)350〜351頁）。併しながら、協議は必ずしも互譲を不可欠とする訳でないから、「境界」を筆界と解する妨げにはならない。とりわけ公用財産及び公共用財産については、黙示の公用廃止がない限り時効取得が認められない以上、国から呈示される協議案は筆界だけである。
148) 「旧〔法〕の境界査定が行政処分であったのと異なり全く私法上の合意として取り扱っているのである」（林野庁監修・前註(101)49頁）。「国と隣接地所有者との同意によつて境界線が決定されるということを前提としている」（三浦道義『国有財産法精説』（財務出版・昭35）350頁）。
149) 「沖縄開発庁長官は、前項の調査の結果、境界を決定して地籍の明確化を図ることが適正かつ妥当であると判断したときは、その調査に係る土地の境界を決定することができるものとし、この決定によって境界が確定する旨を規定すること」（沖縄県土地調査事務局編・前註(134)206頁）。

第1節　物を発生させる国家作用

いずれも土地を発生させる行政処分には当たらない。

位置境界不明地域には、「地主が自己の所有する土地を現地で確認しようとしても、その位置や境界が明らかでないため確認できない土地が、例えば字の区域のような広範な区域全体にわたって存在する[151]」。それは、戦災による土地の原形等の破壊及び再製された公図の不精密さ（前述）に加え、基地建設による土地の原形等の破壊が続いた結果として出現した。より小規模な地図混乱地域[152]は本土にも点在するが、位置境界不明地域では現地と公図即ち"被写体"と"写真"の双方に歪みがあるため、その解決は遙かに困難である。

両決定は、それぞれ（字等の区域を単位とする）土地所有者等による境界確定の協議及び位置境界の確認の協議が調わない場合にすることとされていた。いずれも同地域に存在する筆界を否定していない[153]以上、筆界を確認する行政処分の域を出るものでない。

これに対し、**沖縄県の区域内における位置境界不明地域内の各筆の土地の位置境界の明確化等に関する特別措置法**（昭52法40－。以下本款において「**特措法**」という。）――沖縄県の区域内の駐留軍用地等に関する特別措置法案（以下「政府

---

150)　「関係所有者は、前条第一項の協議によつても第二十六条第一項の区域内の各筆の土地の全部又は一部の位置境界が確認できなかつたときは、関係所有者の三分の二以上の同意を得て、総理府令で定めるところにより、沖縄開発庁長官に対し、同項の区域内の各筆の土地の全部又は一部の位置境界を決定すべきことを申請することができる」（34条1項）。「沖縄開発庁長官は、前条第一項の規定による申請があつたときは、審査調整会議の議を経て、同項の申請に係る土地の全部又は一部の位置境界を決定することができる」（35条1項）。「沖縄開発庁長官は、前条第一項の決定をしようとするときは、あらかじめ、第三十四条第一項の申請に係る関係所有者に対し、相当の期間をおいて予告をした上、公開による聴聞を行わなければならない」（36条1項。いずれも80・衆・内閣委12号（昭52・4・19）35頁）。

151)　原澤繁樹＝祢津正彦「沖縄県の地籍問題解決に資するために」時の法令982号（昭52）7頁。

152)　「公図等に表示された土地の位置及び区画と、現地の位置及び区画が著しく相違し、登記図簿（……）上の土地を現地で特定することができない地域」（寳金・前註(36)114頁）をいう。

153)　「現場の実務では『集団和解』と呼んでいるが、この作業の本質は、真実の境界の集団的な再発見の作業である」（小谷宏三「沖縄地籍法の成立と防衛施設用地の公用使用について」自治研究53巻8号（昭52）31頁）。「集団和解方式なんてことが言われますが、あれは別に筆界を和解で決めているわけではなくて、本来の筆界を当事者が確認し合っているんだというように理解すべきだと思います」（有馬・前註(45)86頁）。これに対し、本土の「地図混乱地域につきましては、……実際にその〔筆界を対象としない〕集団和解方式で地図が作成された地域もあるわけでありますけれども、……理論的には後日、集団和解による合意が覆ってしまうという可能性をはらんでいることになるわけです」（青山正明「境界紛争の予防とその解決のための諸方策について」登記研究517号（平3）44頁）。

101

案」という。）の全部を修正して成立——は、政府案と同じく位置境界の決定を採用せず、位置境界の確認の協議（**10条2項**）止まりとした。

　この協議が法律事項とされたのは、協議が調った場合には地籍調査に準ずる調査がされ（**特措法14条1項**）、地図が訂正される（**国土調査法20条2項**）からである。つまり位置境界の確認は、筆界の確認（**地籍調査作業規程準則30条1項**）の特別法に相当する。逆に野党案は、筆界の確認を任意的なものとする**国土調査法**の体系と整合しないのである。

　特措法案を提出した議員によると、境界に関する紛争を司法管轄留保事項とするのが、内閣法制局から得た感触だったようである[154]。沖縄県案に先立つ琉球政府案（未見）に対しても、法務省等が「登記簿の記載は、私権の公証力に関することであるから、本来、司法判断にゆだねるべきであって、行政権がその記載内容の変更に関与すべきではない」として難色を示したという[155]。

　筆界の確定は、固より所有権確認訴訟の訴訟物の基礎たる法律関係でないが、筆界と所有権界の一致につき当事者間に争いがない場合には、所有権の確認の論理的前提をなすため、所有権確認訴訟の先決問題たる法律関係に当たるという趣旨であろうか。併しながら、筆界は（確定訴訟の対象となるとはいえ）飽くまでも事実関係であるから、例えば要役地所有権の確認が地役権の確認の論理的前提をなすのと同視してよいかは疑問である。

　これとは別に、政府案及び**特措法**が位置境界の決定を採用しなかったより重大な理由として、境界確定判決（前款参照）を行政処分化しただけでは、ここでの紛争の解決にはならない点を挙げねばならない。位置境界不明地域では、字等の区域にある各土地の位置境界につき面的な紛争が存するため、隣接地間の境界という線的な紛争の解決を積み上げたところで、却って"合成の誤謬"を招くだけだからである[156]。

154）　「〔野党案のような〕行政決定の場合の問題点といいますのは、……法制局その他に当たってまいりますと、わが国の民法体系といいますか、私権体系では、この境界線の問題といいますのは、……両利害者……同士の争いという形で考えておる。したがいまして、その争いがある限りにおいて登記できない。またそれとともに最高裁判所への提訴の道をふさぐわけにいかない」（80・参・内閣委11号（昭52・5・14）9頁〔木野晴夫衆議院議員〕）。

155）　参照、宮里松正『復帰二十五年の回想』（沖縄タイムス社・平10）131頁。

156）　境界確定判決につき参照、「境界確定訴訟は、隣接地所有者間の紛争のみを対象とし、原則として、当事者から提出された証拠資料を基礎とするため、一定の範囲の地域全体について整合性

なお、位置境界の確認の協議は、隣接地間の境界に争いがある場合にも、その部分を保留した上で成立する（**特措法12条1項括弧書**[157]）。隣接地間の境界の全部に争いがある場合には、協議では各土地の相対的な位置関係が確認されるに止まる[158]。

(15) 不動産登記法等の一部を改正する法律（平17法29）の立案過程では、境界確定判決（前款参照）を行政処分化することが検討された[159]。

併しながら、実際に立法化された筆界特定（**不動産登記法123条**（平17法29－）2号）は、筆界を確認し[160]、公証する[161]行為に止まり、行政処分ですらない[162]。境界確定処分は、次の二点[163]において、境界確定判決に優るもので

をもった解決を期待することができない……。」「大規模な地図混乱地域内の境界紛争については、利害関係人が多数存在するため、そのうちの一部についてだけ境界を確定させることが……相当でない場合（例えば、一部の土地についてだけ境界を確定した結果、当該地域内の残りの土地の面積が著しく少なくなってしまう場合）もあり得る」（「裁判外境界紛争解決制度に関する調査・研究報告」民事月報56巻11号（平13）220頁・236頁）。地図混乱地域であることは、地図訂正の申出の却下事由ともされている（**不動産登記規則**（平17法務省令18－）**16条13項6号**）。筆界特定（後述）についても同様である。「およそ当該地域の土地の全部の位置及び区画が不明確になっているような地域では、すべての土地の区画や配列を特定しない限り、土地の隣接関係も確定することができない……。このような地域では、仮に筆界を特定してみたところで、筆界により区画される土地と現地の使用状況（したがって権利関係）とが大幅に異なっている可能性があるため、紛争の真の解決にはつながらない」（清水編著・前註(34)420～421頁）。

157) 政府案8条1項括弧書及び野党案31条1項括弧書（それぞれ80・衆・内閣委12号30頁及び34頁）も同じ。
158) 隣接地間の境界に争いがない場合には、境界が確認されることに伴い、自動的に相対的な位置関係も確認される。「位置境界」の語は、**措置法**・政府案・野党案いずれにおいても定義されていないが、このような含意が込められているようである。
159) 参照、七戸克彦「新不動産登記法に関する平成17年改正」市民と法34号（平17）35～42頁。
160) 「筆界の特定は、あくまでも過去に登記された土地の真実の筆界を特定することである。したがって、現地の占有状況や土地所有者による確認の有無等を考慮して筆界を特定したとしても、それは、新たに筆界を形成したわけではなく、当初から当該位置にあった筆界を確認しただけであり、地図を修正したとしても、正しい表示に直しただけで、筆界を変更したわけではない」（清水・前註(36)25頁）。
161) 「登記所が公に認定した筆界は、相応の証拠価値を有することにな……る」（清水・前註20頁）。
162) 尤も、清水民事局参事官は、将来の検討課題として、責任裁定の効力（**公害紛争処理法42条の20**（昭47法52－）**第1項**）に倣い、筆界特定後一定期間内に境界確定訴訟が提起されなかった場合には筆界特定と同一内容の合意が成立したものと看做すことを挙げている（清水・前註18頁）。これに対しては、「公法上の問題についてそもそも不起訴の合意という形で事実上当事者間の合意による処理を認めてしまうことになる疑問は残る（責任裁定は、そこで問題となる関係は完全に私法上のもので、その有効性に疑義はない）。そもそも職権探知（真実発見）が問題となる事件で不起訴の合意（事実上請求放棄に相当する効果を有する訴訟行為）が有効にできるのかという疑義である（ただ、この場合は行政庁の判断を前提とした不起訴の合意であり、その

103

ないと判断されたためである。

　第一は、取消訴訟では取消判決しか出せないため、取消判決後の再処分に対して更なる取消訴訟が提起された場合、筆界が永久に確定しない可能性が残るという点[164]である。第二は、「公定力という強い効力を与える以上、行政処分の段階でも、……担保権者、用益権者など……にも相応の手続保障を行う必要があると考えるならば、現在の境界確定訴訟よりも複雑な手続を……用意する必要がある[165]」という点である。

　併しながら、第一点については、本改正の直後、「納税者が、〔固定資産評価審査委員会の〕審査決定の全部の取消しを求めているか、その一部の取消しを求めているかにかかわらず」適正な時価等を超える部分のみを取り消せば足りるという判例[166]が現れた。これを踏まえると、**行政事件訴訟法**の特則として、行政庁が確認した筆界を裁判所が確認した筆界から乖離する限度で取り消す判決[167]を立法化することも許されよう。同判例の射程は相続税に及ぶと解されるところ、土地の区画が隣接地との筆界に連動している点は、共同相続人の税額が他の共同相続人の課税価格に連動している[168]のと同様だからである。

　第二点についても、紛争解決手段としての政策的な合理性（迂遠でないこと）は、行政・司法過程全体を通じて判断されるべきであるという反論が考えられよう。境界確定処分の段階における手続保障を境界確定訴訟より少々手厚くす

　　　ような観点からなお適法性を認める余地も理論的には残るように思われるが……、そうであれば、行政庁の判断に処分性を認める方がより直截的ではなかろうか）」という批判がある（山本和彦「筆界特定手続の意義と課題」ジュリスト1372号（平21）37頁）。
163) この外、境界確定処分が判決により取り消された場合に、その処分を前提としてされた所有権確認判決に対する再審事由（**民事訴訟法338条1項8号**）が成立するかという問題点も指摘されたという（鎌田他・前註(41)143頁〔清水響〕）。
164) 「行政処分ということになりますと、……問題があればその処分の取り消しということになるわけであります。そうすると再び、最初から線を引き直すという作業を、もう一度行政処分に立ち返ってやらなければならない、極端な場合にはぐるぐるぐるぐる回ってしまうというような危険があるのではないか」(162・衆・法務委6号（平17・3・22）2頁〔寺田逸郎政府参考人〕)。義務付け判決後の再処分に対しても、第三者が取消訴訟を提起する可能性が残る（参照、清水・前註(36)17頁）。
165) 清水・前註(36)17頁。山本（和）教授も、「確かに処分の段階では現在の筆界特定よりは手続保障を厚くすることを考える必要はあろう」という（山本（和）・前註(162)37頁）。
166) 最判平17・7・11民集59巻6号1197頁。
167) 山本（和）・前註(162)37頁は、このような判決を解釈上認めるもののようである。
168) 参照、東京地判昭47・11・20税資66号979頁。

る代わりに、処分取消訴訟の段階において判断代置審査を採らないこととすれば、紛争解決資源を全体として現在よりも節減することが出来るからである（筆界特定については、考慮要素が法定されており**不動産登記法143条**（同前）**1項**）、これを筆界確定処分の考慮要素として法定すれば、同処分の取消訴訟において行政庁の裁量を認める手掛りとなろう[169]。）。

要するに、境界確定判決を行政処分化することには、原理的（司法管轄留保事項との関係）にも、技術的（上記第一点）にも、政策的（上記第二点）にも、障碍はない。

最後に、筆界特定と地籍調査（前述）の共通点・相違点について整理しておきたい。筆界特定は行政処分でないとはいえ、その公証的効果に着目して、一定の手続保障が認められている[170]（**不動産登記法139～141条**（同前））。この点は地籍調査と同様であるが、筆界特定は紛争の存在を予定しているため、対立当事者構造が加味されている[171]。

筆界特定と地籍調査には、もう一つの差異がある。前者では、申請人及び関係人による「確認」を要しない反面、地図の訂正は義務付けられない。逆に後者では、筆界の調査は土地所有者等の「確認」を得て実施される反面、地図の訂正が義務付けられる。いずれも、「確認」なしに地図の訂正を義務付けると行政処分化してしまう[172]と判断されたためであろう[173]。

---

[169] 一般に、考慮事項の法定が裁量の存在を前提としている点につき参照、拙稿「公権力と公益」磯部力他編『行政法の新構想』1巻（有斐閣・平23）79～80頁。

[170] 参照、清水・前註(36)55頁。

[171] 調書等閲覧請求権（**不動産登記法141条**（平17法29－）**1項**）につき参照、「筆界特定の手続においても、利害が対立する申請人又は関係人が存在するという紛争性の要素があることは事実です。したがって、他の申請人又は関係人が提出した意見や資料を前提に、これに対する反論等を準備することもできるよう配慮したものです」（清水編著・前註(34)445～446頁）。

[172] 表示登記及び地図の職権訂正に処分性を認める見解として参照、「表示登記は、不動産自体の客観的な物理的状況を明確にすることを主たる機能とするものであるが、少なくとも、所有権に関する権利登記がなされた後は、登記された権利の範囲を画定表示するというもう一つの機能をも有するものと理解できないであろうか。そうとすれば、その限りで、更正登記も所有権等登記された物権の対抗力の範囲に変動を及ぼすことになるので（地積減少の登記は、実質的には土地の一部滅失登記に似ている）、権利登記の場合と同様行政処分性を有することになる。」「地図は、……登記簿と一体となって、その一部を構成するものといえる……から、表示登記が行政処分性を有するか否かと全く同じ問題になってくる」（樋口哲夫「登記官の行為に対する行政訴訟と国家賠償」登記先例解説集28巻1号（民事法情報センター・昭63）55～56頁・74頁）。

[173] 清水・前註(36)61頁は、地図の訂正を義務付けなかった理由として、「もともと、……地図の

(16)　以上の立法例のうち、①については、ともすれば統合体を実定化した点に目を奪われがちであるが、それが可能となったのは、河川の敷地では原則として土地の疆界の査定がされず、原始筆界を定める以前の状況にあったからに外ならない。換言すれば、①は、「河」を国の私所有権の客体とした地所名称区別（制定時の解釈による。本節第1款参照）を行政処分化したものに相当する。逆に、堤外地に数多くの地券が発行された（本章第3節第3款参照）内地では、採りたくても採りようのない構成であった。

　①を別とすれば、土地を発生させる行政処分は、新たに生じた陸地を土地とする類型（❷）に限られる。地図混乱地域の極致である位置境界不明地域にあっても、原始筆界を否定するという立法的選択は、それが所有権秩序全体の安定を脅かすものである点（前款参照）に鑑み、自制されている。

　筆界を確認する行政処分は、戦前には司法管轄留保事項に対する例外とされていたが、境界確定判決に関する判例法理（前款参照）が確立した現在、これを復活させることは十分に可能である。寧ろ問題は、紛争状況が線的でなく面的な場合である。

　この点、枇杷田判事は夙に、地図混乱地域の解決策として"合分筆の登記"——分合筆の登記（（旧）不動産登記法85条（昭35法14－平16法123）1項）を逆転させた中間省略登記——を提唱していた。

>　「道路やなんかで、数筆又は数十筆の土地の外周はわかるのだが、その中の各筆の所在や形がわからない場合がある。……所有者が違うとか、制限物権の登記がある場合には合筆できないことになっていますが、この原則を破ってしまう考えなのです。一定範囲内の土地の所有者全員の合同申請によって合筆して、同時にこれを分筆してしまう。」「登記簿上の所有名義人はみな合同申請人になり、制限物権者には全部、同意書を出して貰えばいい……。現状に即した合理的な処理であるなら所有者や抵当権者も同意するでしょう[174]」。

訂正は、登記官が職権で行うことができるものであるから、登記官の権限の問題としては、特に法的な手当をする必要はないと考えられること」等を挙げるが、"本音の理由"を述べたものとは思えない。地図等の訂正の申出の却下行為（**不動産登記規則**（平17法務省令18－）**16条13項**）のうち、地図に準ずる図面（公図）については、是木智美「公図訂正中止処理の行政処分性」民事研修584号（平17）38頁がその処分性を否定しているが、地図については、これを肯定する余地は十分にあろう。

[174]　枇杷田・前註(31)21～22頁。同旨、青山・前註(153)44～47頁。

これを一歩進めて、従前地の位置境界が不明のまま換地処分（次節第3款参照）をする立法が許されるかという問題も、考慮に値しよう[175]。従前地の位置及び地積は、他の項目と併せて換地と総合的に照応していればよい[176]から、必ずしも個々的に確定しておかねばならないものでない。最高裁は、実測地積でなく公簿地積のみを基準とすることを認めていない[177]が、これは公簿が現況から乖離している場合を念頭に置くものであり[178]、その射程は現況自体に争いがある場合には及ばないと解される。

尤も、施行地区に含まれる従前地の存在自体が確定されていない場合には、予めそれを確定する手続が必要となる。土地の存否が所有権の存否に直結する点に鑑みれば、これを純然たる行政手続とするのは妥当でなく、少なくとも裁判所の認可等による司法的関与が必要となろう。

第2節　物を変更する国家作用

第1款　物を変更する立法作用

該当例は見当たらない。

第2款　物を変更する司法作用

該当例は見当たらない。

第3款　物を変更する行政作用

(1)　これに該当する立法例は、その態様に着目すれば、物を合併・分割する類型（①〜⑥⑧）及び事実上の存在としては同一性のない物を法律上の存在と

[175)]　澤・前註(133)694〜695頁及び小林康行『地図訂正をめぐる諸問題』法務研究報告書74集4号（法務総合研究所・昭62）137頁は、換地処分を一つの解決策としつつ、その困難性に言及している。現行法では、地積に争いがある以上、全員の同意を要する個人施行によらねばならないためであろう。
[176)]　参照、最判昭63・11・17判時1299号60頁及び最判平元・10・3集民158号31頁。
[177)]　参照、最判昭40・3・2民集19巻2号177頁。
[178)]　自作農創設特別措置法10条→農地法86条（昭27法229−平21法57）についても同様であろう。

しては同一性のある物と看做す類型（⑦⑨）に大別され、その対象に着目すれば、土地のみ（①～⑦）、不動産（⑧）及び動産（⑨）に関する類型に大別される。

（2）　地租改正においては、地券の発行（前節第3款参照）に先立ち、①土地を分割・合併する行政処分（「小歩の土地の合筆整理」及び「従来一筆で中に溝や道のはさまっている」土地の「分筆」）がされたという[179]。

朝鮮土地調査事業における土地の疆界の査定（土地調査令9条1項。前節第3款参照）についても同様である[180]。

（3）　別地目となる土地等の②分割（（旧）地租条例施行規則（明32勅111－明43勅444）2条1号等[181]）→地租条例施行規則（明43勅444－昭6勅47）2条1号等[182]）→③④分筆（③地租法（昭6法28－昭22法29）30条1号等[183]）→④土地台帳法（昭22法30－昭35法14）27条1号等）→⑤分筆の登記（（旧）不動産登記法81条ノ2（昭35法14－平16法123）第3項→**不動産登記法**（平16法123－）**39条2・3項**）は、土地を分割する行政処分に当たる。

②～④が土地台帳に登録された土地、⑤が登記簿（表題部に限る。）に登記された土地をそれぞれ対象とするのは、④⑤の間に土地台帳と登記簿の一元化があったためである。⑤は、②～④とそれらに基づく分筆の登記（（旧）不動産登記法82条（明32法24－昭35法14）1項[184]）を統合したものに相当する点に留意されたい。

②③における土地台帳は、地籍台帳（Grundbuch）を兼ねた課税台帳

---

179)　参照、福島・前註(8)331頁・332頁註28。
180)　「（一）道路河川溝渠堤防城堞等に依り自然の区画を為したるもの（二）特に面積の広大なるもの（三）甚しく形状の彎曲し若は狭長なるもの（四）地力其の他の状況著しく異るもの（五）地盤の高低甚しく差違あるもの（六）紛争に係るもの（七）市街地にして煉瓦塀石垣其の他永久的建設物を以て区画せる地区等の如きは特に別筆と為したり」（朝鮮総督府臨時土地調査局『朝鮮土地調査事業報告書』（京城・同局・大7）94頁）。
181)　「一筆ノ土地中一部分左ノ事項ニ該当スルトキハ之ヲ分割ス」「一　別地目トナルトキ」（同条柱書・1号。2～5号略）。
182)　「一筆ノ土地ハ其ノ一部分左ノ各号ノ一ニ該当スル場合ニ於テ之ヲ分割ス」「一　別地目ト為ルトキ」（同条柱書・1号。2～7号略）。
183)　「一筆ノ土地ノ一部ガ左ノ各号ノ一ニ該当スルニ至リタルトキハ前条ノ申告ナキ場合ニ於テモ税務署長ハ其ノ土地ヲ分筆ス」「一　別地目ト為ルトキ」（同条柱書・1号。2～5号略）。
184)　「甲地ヲ分割シテ其一部ヲ乙地ト為シタル場合ニ於テ分筆ノ登記ヲ為ストキハ……」（制定時。傍点引用者）。

第 2 節 物を変更する国家作用

(Kataster) であったが、④では、課税台帳を兼ねた地籍台帳となり、⑤における登記簿（同前）は、純然たる地籍台帳となった。このため、②〜④は専ら課税上の必要性に基づく場合にもすることが出来たが、⑤は専ら地籍整理上の必要性に基づく場合に限定されている。

②〜⑤は、いずれも職権によるものであり、行政処分であることは疑いない。ところが、およそ分割→分筆→分筆の登記は、申請による場合であっても、私人による土地の分割を公証する行為でなく、土地を分割する行政処分に当たるという見解がある[185]ため、ここで検討を加えておく。

徳川時代には、切畝歩（きりせぶ）即ち私的な分割は無効とされていた[186]。地租改正後、土地分割取扱手続[187]（明15布達2 - 明19法1）→土地分合筆取扱手続[188]（明20大蔵省訓令25）等[189]は、地価配賦が公平であること[190]を分割の事前審査要

---

[185] この見解は「地割権説」と呼ばれ、「権利分割説」即ち所有者の意思のみを効力発生要件とする見解と対置されている（参照、山口和秀「分筆・合筆の登記」鎌田薫他編『新不動産登記講座』4巻（日本評論社・平12）3〜4頁）。尤も、「不動産をめぐる物理的状態の変化を要件とせずに、登記簿上一個の不動産とされるものの範囲を変更する……ような人為的処分は、所定の登記手続によってのみ、これをなしうる」（幾代通『不動産登記法』新版（有斐閣・昭46）302頁）という命題が「地割権説」を採るものかは、必ずしも明瞭でない（"国家行為は私人の行為でない"というトートロジーを述べたものという理解も可能かも知れない。）。

[186] 「水帳・名寄帳の面、仮令バ壱反歩と一筆に記しある田地を、五畝歩か三畝歩地主方に残し、其余の地面を買入いたすを切畝歩と唱へて法度なり」（大石久敬『地方凡例録』上巻（近藤出版社・昭44）220頁（振仮名略））。

[187] 「戸長ハ実地ヲ検シ……若シ反別地価ノ配分上不適当ノモノアリト認ル場合ニ於テハ其旨ヲ説諭シ願人承服セサル時ハ其意見ヲ付シ郡区役所ヲ経テ管轄庁ニ具申スヘシ」（2条）。「該庁ニ於テ前条ノ具申ヲ受ル時ハ更ニ実地ヲ審査シ分界ヲ検シ坪数地位ニ適スル地価ヲ定メ本人ニ申達シ奥書割印ヲ受クルノ手続ヲナサシムヘシ」（3条）。

[188] 「戸長ハ第一条〔分割・合併〕願書ヲ受領シタルトキハ奥書ヲナスヘシ若シ段別地価ノ配分ニ於テ不適当ト視認ムルコトアルトキハ実地臨検ノ上其旨ヲ示示シ承服セサルモノハ意見書ヲ作リ郡区役所ヲ経由シ地方庁ヘ具申セシムヘシ」（2条）。「地方庁ハ第二条ノ具申書ヲ受領シタルトキハ規定ノ手続ニヨリ更ニ実地審査シ適当ノ地価ヲ定メ之ヲ所有者ニ示達スヘシ」（3条）。「一筆ノ土地ニシテ之ヲ分合シ売買譲与スルモノハ明治二十年大蔵省訓令第二十五号ニ依リ行政庁ノ分合処分ヲ経タル上登記ヲ為スヘキモノトス」（明治22年司法省訓令13号。傍点引用者）。

[189] 「土地ノ分合筆ニ関スル願書ニシテ段別地価ノ分配合併相当ヲ得ル者ハ直ニ之ヲ許可シ土地台帳ヲ訂正スヘシ」（島庁郡役所地租事務取扱手続（明22大蔵省訓令15 - 明28大蔵省訓令4）2条前段（制定時））。

[190] 明治16年の地租法按（地租条例の大蔵省原案）は、土地分割取扱手続に倣った規定を置いていた（14条。「地租関係書類彙纂」大蔵省編『明治前期財政経済史料集成』7巻（明治文献資料刊行会・昭38）386頁）。「売買譲与等ノ為ニ一筆ノ土地ヲ分裂スルトキハ其地位ニ応シ全筆ノ地価ヲ公平ニ配賦スヘカラス。然ラサルトキハ軽重相偏シ改租ノ大旨ニ悖ルヘシ」と説明されている（同391頁）。併しながら、参事院は「地租ニ係ル者ハ地租法ヲ以テシ土地ニ関スル者ハ別ニ

109

件とした[191]。(旧) 不動産登記法の起草過程では、分割の登記と所有権移転の登記を同時にする案が大蔵省の反対により斥けられている[192]。同法を受けて制定された (旧) 地租条例施行規則は、土地台帳の変更登録が分割の効力発生要件であることを示すべく[193]、土地を「分割セムトスルトキ」は税務署長に届け出るべきものとした[194]。

　大審院も当初この理解に従っていた[195]が、大正13年に判例を変更し、所有者の意思のみが分割の効力発生要件であるとした[196]。

　これを受けて地租法は、価格配賦の公平性が分筆の事前審査要件でないことを明確化する (33条1項[197]) 一方、各土地に地番を附するという勅令[198]の規定を法律に格上げした (3条[199])。同条は、地番が附されていない土地の存在を認めない趣旨を間接的に表現している[200]。このように、課税上の必要性に

　　　土地規則ヲ制定シ売買譲与其他百般ノ事項ヲ提示……セント欲セリ」として、これを削除した (明治法制経済史研究所編『元老院会議筆記』19巻 (元老院会議筆記刊行会・昭50) 123～124頁 〔岩崎小二郎内閣委員〕)。なお、(旧) 民法財産編268条2項 (→**民法282条2項**) は土地の分割を規定しているが、法律取調委員会では特に議論されていない ((旧) 民法財産編223条 (→**民法213条1項**) は共有地の分割に関する規定である。)。

191)　これに先立つ地券渡方規則は、歩数が正確であることを切歩の事前審査要件としていた (5則)。

192)　参照、法典調査会「不動産登記法案議事筆記」法務大臣官房司法法制調査部監修『日本近代立法資料叢書』26巻 (商事法務研究会・昭61) 114～116頁 (66条・67条)・144頁 〔田部芳〕。

193)　地租法につき参照、「第二十九条には分筆又は合筆を為さんとするときは……とある。分筆又は合筆を為したときは……と書いてない」(柳義治『最新地租法要義』(森山書店・昭9) 121頁・(省略符原文))。

194)　(旧) 地租条例施行規則15条1項柱書・6号 (→地租条例施行規則14条→地租法29条→土地台帳法26条)。この時代には無論、「許認可等」と「届出」の区別 (**行政手続法2条3号・37条**) は厳然としていない。

195)　参照、大判大11・10・10民集1巻575頁。

196)　参照、大聯判大13・10・7民集3巻476頁。

197)　「分筆ヲ為シタルトキハ各筆ノ品位及情況ニ応ジ分筆前ノ賃貸価格ヲ配分シテ其ノ賃貸価格ヲ定ム」(傍点引用者)。

198)　「土地ニハ番号ヲ付シ毎筆其ノ時価ヲ定ム」((旧) 地租条例施行規則1条)→「土地ニハ番号ヲ附シ毎筆其ノ地価ヲ定ム」(地租条例施行規則1条)。

199)　「土地ニハ一筆毎ニ地番ヲ附シ其ノ地目、地積及賃貸価格 (……) ヲ定ム」(傍点引用者。→土地台帳法4条→ (旧) 不動産登記法79条 (昭35法14－平16法123) 1項→**不動産登記法35条**)。

200)　「本条〔=地租法3条〕の規定は、地租の課税客体たる土地の単位を明確ならしむると共に、地籍の整理を目的とする。蓋し土地制度の根柢をなす規定である」(唯野喜八他『地租法耕地整理法釈義』(日本法律研究会=自治館・昭6) 83頁)。

第2節　物を変更する国家作用

代えて地籍整理上の必要性を打ち出すことにより、少なくとも土地台帳に登録されている土地については、国家のみが分割権能を有するという理論を維持しようとしたのである。土地台帳法[201]→不動産登記法の一部を改正する等の法律[202]（昭35法14）も、この理論を受け継いでいる。

地租法3条は、ドイツ・土地台帳法（Grundbuchordnung, vom 24. März 1897）2条2項[203]に倣ったものである。上記の理論も、権利の客体は土地台帳によって特定されていなければならないとする特定性原則（Bestimmtheitsgrundsatz）に外ならない。併しながら、わが国の私法体系がこの原則に依拠していると言い切るだけの論証は、いまだ必ずしも十分でないように思われる[204]。

(4)　一筆の土地の一部の⑥収用裁決→権利取得裁決（いずれも次編第3章第4節第4款第1目参照）――いわゆる部分収用――は、土地を分割する行政処分に当たる。

これらは土地の所有権を消滅させる行政処分にも当たる（同款参照）ところ、所有権の一部のみが消滅することは観念し得ないからである。裁決申請書の記載事項、残地補償及び残地収用請求権に関する諸規定[205]にも、部分収用によ

---

201)　新谷正夫＝川島一郎『改訂土地家屋台帳法解説』（帝国判例法規出版・昭29）57頁は、分筆と「土地の事実上の区画変更」を対置しており、所有者の意思による分割を認めない。
202)　甲地を分割してその一部を乙地と「為ス場合」と規定した（（旧）不動産登記法82条（同前）1項）のは、「土地の分割がその分筆の登記をすることによつて効力を生ずること」を示すためである（香川保一「不動産登記法の一部を改正する等の法律逐条解説（八）」登記研究165号（昭36）2頁。引用箇所の後に脱落があるため、前後関係から文意を推測した。）。同旨、枇杷田泰助「社会経済の変動と地図問題」民事月報25巻11号（昭45）7～8頁。
203)　"Die Bezeichnung der Grundstücke erfolgt in den Büchern nach einem amtlichen Verzeichniß, in welchem die Grundstücke unter Nummern oder Buchstaben aufgeführt sind"（Abs.2. S.1.）.
204)　枇杷田・前註(31)23～24頁・25頁は、表示登記制度の安定性という政策上の必要性を挙げるに止まっている。換地処分（後述）については、民事局も、登記でなく同処分によって土地の異動が生ずるという見解を採っている（法務省民事局『土地改良登記詳解』民事月報号外（昭45）解説編132～137頁）。
205)　それぞれ、（旧々）土地収用法8条2項2号但書→（旧）土地収用法23条1項2号但書→土地収用法42条（昭26法219－昭42法73）1項2号ロ括弧書→**土地収用法40条（昭42法73－）1項2号ロ括弧書**、（旧々）土地収用法18条1項→（旧）土地収用法49条→**土地収用法74条**及び（旧々）土地収用法20条1項→（旧）土地収用法50条→**土地収用法76条1項**。なお参照、土地台帳法27条3号。但し、**土地収用法74条・76条1項**は「同一の土地所有者に属する一団の土地の一部」の収用に関する規定であるため、収用される土地の区域が筆界によって画されている場合、部分収用にはならない。

111

る土地の「分割」が予定されている。

　(5)　耕地整理→土地改良事業における⑦換地交付処分に関する決議の認可（(旧)耕地整理法（明32法82－明42法30）48条[206]）→換地交付処分の認可（耕地整理法（明42法30－昭24法196）30条2項[207]）→換地計画の認可（**土地改良法**52条（昭24法195－。現・換地処分（**54条**[208]））1項）――いわゆる換地処分――は、従前地を換地に変更する行政処分に当たる[209]。

　(旧)耕地整理法は、ヴュルテンベルク・土地整理法（Gesetz, betreffend die Feldbereinigung, vom 30. März 1886）48条1項[210]及びバイエルン・耕地整理法（Gesetz vom 29. Mai 1886, die Flurbereinigung betr.）8条1項[211]の各前段を参考に[212]、換地は従前地に対する権利の客体となるとしていた[213]（57条1項[214]）。

---

206)　「参加土地所有者ニハ従前ノ土地ノ地目、面積、等位等ヲ標準トシ換地ヲ交付スヘシ」（11条1項本文）。「整理工事完了シタルトキハ整理委員ハ第十一条ノ処分……ニ関シ整理総会ノ決議ヲ経ヘシ」（47条）。「前条ノ決議アリタルトキハ整理委員ハ地方長官ヲ経由シテ農商務大臣ノ認可ヲ受クヘシ」（48条）。

207)　「換地ハ従前ノ土地ノ地目、面積、等位等ヲ標準トシテ之ヲ交付スヘシ」「前二項ノ規定ニ依ル処分ハ地方長官ノ認可ヲ受クヘシ」「地方長官前項ノ認可ヲ与ヘタルトキハ之ヲ告示スヘシ」（30条1項本文・3項・4項）。

208)　先例、**土地区画整理法103条1項**。

209)　「換地処分は事業執行者が一旦土地の占有を取得してから再配分する手続ではなく、土地所有権の目的物を公権的に変更する観念的な手続に過ぎない」（最判昭34・9・23民集13巻11号1473頁）。換地計画は「工事完了後の従前の土地の地割り変え」である（最判昭44・1・28民集23巻1号32頁）。「換地処分は、物的には不動である土地が法的には可動であると観念します」（森田勝『要説土地改良換地』新訂増補版（ぎょうせい・平15）364頁）。なお、下出判事は「従前の土地に照応する換地の位置範囲は、……換地処分をまつまでもなく、……当然客観的には整理後の土地のいずれかに定まっている」と主張する（下出義明『換地処分の研究』改訂版（酒井書店・昭54）132頁）が、換地処分はいわゆる目白押しでなくともよく（参照、行判昭5・2・12行録41輯2巻235丁）、広汎な計画裁量が認められているため、賛同し難い（参照、下村康夫『土地区画整理事業の換地制度』（信山社・平13）55頁及び森田・386～387頁）。

210)　"Von dem durch die Centralstelle bestimmten Zeitpunkt an nimmt der durch die Feldbereinigung einem jeden Grundeigenthümer zugetheilte Grund und Boden in allen Beziehungen die rechtliche Natur seines früheren Grundbesitzes an und gehen Berechtigungen und Lasten, welche auf dem früheren Grundbesitz geruht haben － soweit sie übertragbar sind － auf den neu zugetheilten Grundbesitz über (……)."

211)　"Der Ersatz, welchen der einzelne betheiligte Grundeigenthümer in Grund und Boden erhält, tritt an die Stelle der dafür abgetretenen Grundstücke und überkommt in jeder rechtlichen Beziehung alle Eigenschaften derselben, soweit gegenwärtiges Gesetz nicht anders verfügt."

212)　今一つの母法とされる（参照、三松武夫『耕地整理法要義』（成美堂・明39）4頁）バーデン・土地整理法（Gesetz, die Verbesserung der Feldeinteilung (Feldbereinigung) betr., in der

第2節　物を変更する国家作用

耕地整理法は、寧ろこれらの各後段に倣い、換地を従前地と看做すこととした[215]（17条1項[216]）。→**土地改良法**54条[217]（昭24法195－昭39法94。現・54条の2）1項）。

これらの規定は、従前地を消滅させると同時に換地を発生させる趣旨でない[218]。従前地が消滅すれば従前地上の諸権利も当然に消滅するところ、かかる断絶を治癒する規定は見当たらないからである。

これらの規定は寧ろ、従前地は途中で消滅することなく分割・合併を経て換地へと変更されるが、その中間を省略して直接変更されたものと看做すという趣旨に解すべきである。ここで省略されているのは、各従前地の個々的な分割・合併を繰り返して各換地に至る手続でなく（その実施は不可能に近い[219]）、

Fassung des Gesetzes vom 21. Mai 1886) 20条1項は「交換された土地（umgetauschten Güterstücke）」という文言を用いているが、「新旧土地の持主は互いに何らの法律関係にも入らない。法現象としては寧ろ法律上の代位物（gesetzliche Subrogation）に当たる」と説明されている（A. Wiener, "Das badische Gesetz über die Verbesserung der Feldeinteilung (Feldbereinigung) nebst Vollzugsvorschriften" 2. Aufl. (J. Langs, 1906), S.65)）。

213)　明治31年の土地整理法要領第三項（一）には、「整理ニ付シタル土地ニ関シ権利ヲ有スル第三者ノ物権及債権ハ従前ノ土地ヨリ換地ノ上ニ移ル」とあり、「整理ノ為メ第三者ノ権利ヲ侵害セヌコト」と説明されていた（「第三回農商工高等会議議事速記録（Ⅱ）」『明治前期産業発達史資料』補巻30（明治文献資料刊行会・昭47）363頁・416頁〔酒匂常明書記官〕）。

214)　「換地ハ本法ニ別段ノ規定アル場合ヲ除ク外従前ノ土地ニ関スル物権又ハ債権ノ目的タルモノトス」。

215)　類例（準用）につき参照、「従前の土地に付き所有権を有した者が換地に付〔き〕之を保持するのは換地に付〔き〕其の所有権の交付を受けた為めではなく全く……換地が従前の土地と同様に看做さる、結果に外ならない。……仮りに所有権者甲某と表示すべきものを誤つて乙某と表示したからとて、甲が換地に付所有権を喪失する訳のものでもなく、又乙が新に所有権を取得すること、もならないのである」（復興局『土地区画整理法講義』（同局・昭4）84頁）。

216)　「換地ハ別ニ規定アル場合ヲ除クノ外第三十条第四項ノ告示ノ日ヨリ之ヲ従前ノ土地ト看做ス」。

217)　類例、**土地区画整理法104条1項**。

218)　反対、大栗丹波＝水谷一『耕地整理区画整理登記詳解』（大香堂・昭2）39頁及び法務省民事局・前註(204)解説編69頁・116頁。後者は、本来であれば換地と共に発生する換地上の諸権利の設定登記がされて然るべきという（同編154～155頁）が、そのような仕組みが採られていない理由を説明していない。また、公共施設の用に供する土地に関する登記手続（後述）こそ「原則型」であるともいう（同編124頁）が、通常の換地に「原則型」が採られていない理由を説明していない。なお、早田末吉『土地区画整理登記の実務』（都市計画協会・昭33）168頁は、「換地処分により従前の土地と異つた土地を換地として定められたために登記してある従前の土地は……その姿が失われ……る」というが、これは両土地の法律上でなく事実上の非同一性を述べたものであろう。

219)　「地租条例ノ規定ニ依リ、従前ノ土地ニ付分合筆ヲ為サザル限リ、整理後ノ区画ニ従ヒ土地ノ各筆ヲ定ムルコトヲ得……ザルモノトセムカ、繁雑窮リナク、到底整理施行ノ目的ヲ達スルコト

全ての従前地を一個の土地（eine Masse）に合併すると同時に全ての換地に分割する手続である。

このような法律構成は、枇杷田判事の提唱する"合分筆の登記"（前節第3款参照。同判事は、同登記自体により土地が合併・分割されると考えている。）を現実化したものに外ならない。このことは、次の四点から裏付けられる。

第一に、(旧)耕地整理法の立案に関わった三松農商務省参事官は、「整理施行中に在る財産の如き参加土地所有者全体の所有に属するが如き有様に在り[220]」と説明している。土地区画整理（(旧)都市計画法12条1項[221]）につき飯沼内務事務官も、「施行地区内の土地はすべて一旦之を統合して一団地としてしまふ[222]」という。ヴュルテンベルク法33条1項[223]及びザクセン・一般建築法（Allgemeines Baugesetz, vom 1. Juli 1900）58条1項[224]等では、このような構成が明示されており、日本法も同じ構成を前提としていると解するものであろう。

能ハザルベシ」（大石芳平『耕地整理法要論』（巌松堂・昭2）174～175頁）。「理屈では分筆と所有権移転と合筆を丹念に繰り返せばよいということになるのですが、実際には数筆の間でさえ収拾不能という事になってしまうでしょう」（森田・前註(209) 3頁）。逆に、各換地の所有権から各従前地の所有権を登記上復元することも容易でない。「換地処分による土地の区画等の変更は換地処分前の土地の区画を無視して行われるので、……抹消登記、移転登記いずれの方法によるにせよ完全な形で登記の回復を図るということは至難の技である」（最高裁判所事務総局編『公用負担関係事件執務資料』（法曹会・昭50）165頁〔行政局〕）。

220) 三松・前註(212) 12頁。

221) 「都市計画区域内ニ於ケル土地ニ付テハ其ノ宅地トシテノ利用ヲ増進スル為土地区画整理ヲ施行スルコトヲ得」「前項ノ土地区画整理ニ関シテハ本法ニ別段ノ定アル場合ヲ除クノ外耕地整理法ヲ準用ス」（同条1項・2項）。

222) 飯沼一省『都市計画の理論と法制』（良書普及会・昭2）419頁。同旨、下出・前註(209) 9頁。

223) "Bei einer neuen Feldeintheilung sind die in die Bereinigungsfläche fallenden Grundstücke sämmtlicher Theilnehmer nebst den gemäß Art. 24 erworbenen Grundstücken zu einer Masse zu vereinigen, aus welcher jedem Theilnehmer sein eingeworfenes Eigenthum zu ersetzen ist."

224) "Die Grundstücke aller Beteiligten sind hierbei in eine Masse zu vereinigen und die vorhandenen, nach dem Bebauungsplane entbehrlich werdenden öffentlichen Wege mit einzuweisen. Aus dieser Masse wird zunächst das nach dem Bebauungsplane zu den künftigen öffentlichen Verkehrsräumen bestimmte Gelände ausgeschieden und das hiernach übrigbleibende Bauland in der Weise verteilt, daß jeder Grundstückseigentümer an den Gesamtwert des letzteren in demselben Verhältnis teilnimmt, in welchem er vorher bei dem Gesamtwerte der nicht umgelegten Grundstücke beteiligt war. Der Gemeinde wird an Stelle der von ihr eingeworfenen öffentlichen Wege wieder öffentliche Verkehrsraumfläche zugewiesen" (Abs. 1. S.1～3).

第2節 物を変更する国家作用

　第二に、換地処分の登記（整理地登記規則（明33勅2－明42勅233）7条1項→耕地整理登記令（明42勅233－昭26政146）9条1項[225]→**土地改良登記令**11条（昭26政146－。現・**4条**等）1項）は、従前地の登記用紙を閉鎖してでなく、従前地の表示を変更してされることとなっている。

　第三に、廃止される道路等の用に供する土地（（旧）耕地整理法10条1項[226]→耕地整理法11条1項[227]→**土地改良法**50条（昭24法195－昭39法94）1項→**同法54条の2**（昭39法94－）**第7項**）は、⑦により消滅するとされている[228]（耕地整理登記令18条[229]→**土地改良登記令**28条（昭26政146－昭42政364）→同令18条の2（昭42政364－）第1項（現**8条1項**））。この点は、廃止される道路等に代わる道路等が開設される場合であっても変わるところはない。これは、新旧道路

---

225)「従前ノ土地一箇ニ対シ一箇ノ換地ヲ交付シタル場合ニ於テハ登記官吏ハ従前ノ土地ノ登記用紙中表示欄ニ換地ノ表示ヲ為シ耕地整理ニ因リテ登記ヲ為ス旨ヲ記載シ前ノ表示及其ノ番号ヲ朱抹スヘシ」。

226)「整理施行ノ為国有ニ属スル溝渠、堤塘、道路等ノ全部又ハ一部ヲ廃止シタル場合ニ於テ其ノ不用ニ帰シタル土地ハ無償ニテ之ヲ参加土地所有者ニ交付ス」「整理地区内ニ開設シタル溝渠、堤塘、道路等ニシテ前項ノ規定ニ依リテ廃止シタルモノニ代ヘキモノハ無償ニテ之ヲ国有地ニ編入ス」（10条1項・2項）。

227)「耕地整理ヲ施行スル為国有ニ属スル道路、堤塘、溝渠、溜池等ノ全部又ハ一部ヲ廃止シタルニ依リ不用ニ帰シタル土地ハ無償ニテ之ヲ整理施行地ノ所有者ニ交付ス」「耕地整理ノ施行ニ依リ開設シタル道路、堤塘、溝渠、溜池等ニシテ前項廃止シタルモノニ代ヘキモノハ無償ニテ之ヲ国有地ニ編入ス」（11条1項・2項）。類ィ、（旧）都市計画法15条ノ3（昭15法76－昭29法120）・（旧）都市計画法施行令20条ノ4（昭15勅938－昭30政47）第1号。

228)（旧）耕地整理法10条は、換地処分によらない道路及び河川の付替えに関する明16・6・19内務省指令（内務省地理局編『例規類纂』6巻（明20）119頁）に由来しており、「所有者ニ交付ス」という文言は、必ずしも耕地整理の手続構造と親和的でない。この文言は「一々に付交換若は授受を為す」のでなく「所有者全体」に「換地ト共ニ当然分配」する趣旨であると解されていた（それぞれ三松・前註(212)37頁、坂本家則『耕地整理法講義』（有隣堂・明40）87頁及び大石（芳）・前註(219)384頁）。「交付ト称スルモ事実之レカ形態ナキノミナラス……換地処分地トシテ清算ニ加入シアル関係上一般地ノ払下ノ如ク施行者ニ所有権移転ノ必要ヲ認メサルノミナラス不可能ナルカ故ニ直接関係官庁ヨリ抹消登記ヲ嘱託スルモノトス」（大栗＝水谷・前註(218)98頁）。**土地改良法54条の2第7項**は、**土地区画整理法105条2項**に倣ったものであるが、後者は耕地整理法10条1項と「同趣旨の規定であつて、説明を加える必要はない」（参照、都市計画研究会編『土地区画整理法精義』再版（都市計画協会・昭32）158～159頁）とされている。なお、**土地改良登記令8条**（平17政24－）1項は、土地でなく権利の消滅について規定しているが、登記識別情報制度の導入に伴って改正されたに過ぎない以上、改正前と同じく、土地の消滅を前提としていると解される。

229)「前二条ノ規定〔後註(325)参照〕ハ耕地整理ヲ施行スル為国有ニ属スル道路堤塘溝渠溜池等ノ全部又ハ一部ヲ廃止シタル場合ニ於テ其ノ不用ニ帰シタル既登記ノ土地ヲ整理施行地ノ所有者ニ交付シタル場合ニ之ヲ準用ス」（制定時）。

等の間には機能上の代替関係があっても、新旧道路等用地の間には財産上の照応関係がないこと[230]に由来している。これらの規定は、従前地及び換地が宅地である通常の換地処分では、消滅構成でなく変更構成が採られていることを裏付けるものといえる。

　第四に、耕地整理による土地の異動については、③④がされないこととなっていた[231]（耕地整理法12条（昭6法29－昭24法196）→土地台帳法36条）。「耕地整理の施行により地租法に規定する分筆又は合筆に該当する異動が生ずることは、当然のことであつて、……工事完了後換地処分を行はれるのであるから、一々分合筆の処分をなす必要がない[232]」ためである。

　最後に、特別の換地について付言しておく。工区間飛換地（**土地区画整理法95条2項**[233]）にあっては、従前地が換地に変更されるのは転入工区の換地処分時である[234]（**同法104条9項**）。従前地のない土地を換地計画に定める処分[235]は、全ての従前地から成る一団の土地を分割するものであるため、土地を変更する行政処分に含めて考えることが出来る。これに対し、換地不指定処分即ち換地を換地計画に定めない処分は、土地を消滅させる行政処分に当たる（本章

---

[230]　「財産的照応性よりも機能代替性に着目して構成された……仕組み」である（森田・前註(209) 167頁）。

[231]　申請によらない農地開発事業（農地開発法（昭16法65－昭24法196（失効））44条1号）についても同様である（同法61条・農地開発事業令（昭16勅853－昭24法196（消滅））21条）。

[232]　唯野他・前註(200)483頁。

[233]　類例、**土地改良法52条**（昭47法37－）**2項**。

[234]　転出工区の換地処分が転入工区の換地処分より先にされた場合、従前地に対する権利は消滅してしまうため、**土地区画整理登記令**はそのような時期選択を予定していない（参照、土地区画整理法制研究会『土地区画整理法逐条討議』上巻（日本土地区画整理協会・昭49）312～314頁及び下村・前註(209)194～195頁）。**土地改良法**は、両換地区の換地処分は同時にしなければならないと定めている（**54条**（昭47法37－）**6項**）。

[235]　その土地が換地と看做されないものとして、廃止される道路等に代わる道路等の編入処分（（旧）耕地整理法10条2項→耕地整理法11条2項→**土地改良法50条**（昭24法195－昭39法94）2項。類例を含め前註(225)(226)参照）→廃止される道路等に代わる道路等の用に供する土地の指定処分（**同法54条の2**（昭39法94－）**第6項**）、替費地に係る特別処分（耕地整理法30条2項）、保留地の指定処分（**土地区画整理法96条1項**）、廃止される道路等→公共施設に代わるものでない道路等→公共施設の用に供する土地の指定処分（（旧）都市計画法15条ノ3（昭15法76－昭29法120）・（旧）都市計画法施行令20条ノ4（昭15勅938－昭30政47）第2号→**土地区画整理法105条3項**）及び参加組合員に与える土地の指定処分（**同法95条の2**（昭63法63－））がある。その土地が換地と看做されるもの（創設換地）として、公益的施設の用に供する土地に係る看做し換地処分（**同法95条3項**及び**土地改良法53条の3**（昭39法94－）**第1項**）がある。

第2節　物を変更する国家作用

第3節第3款参照)[236]。

(6) 滞納処分手続における⑧不動産の分割（（旧）国税徴収法23条ノ2（明35法36－昭34法147. 全改時23条ノ3）第2項[237]）は、当該不動産を分割する行政処分に当たる。

②～④が専ら課税上の必要性に基づいても認められた時代には、⑧も比例原則に適うものとされた[238]が、**国税徴収法**の立案時には、職権による分割自体が比例原則に反すると考えられるに至った[239]。

(7) **鉄道抵当法**（明38法53－）の立案過程では、鉄道の敷地内にある全ての土地を合併する行政処分を設けることが検討された。

これは、鉄道財団の設定手続を迅速化するためであったが、そのような処分をするためには予め各筆の土地を特定しておく必要があり、却って迅速化の趣旨に背くことから、採用されなかった[240]。

(8) 土地区画整理事業におけるいわゆる立体換地処分（次節第3款参照）は、従前地を施行者が処分権限を有する建築物の一部及びその敷地の共有持分に変更する行政処分には当たらない。

建物を土地と看做すと、土地に対する権利と建物に対する権利を峻別する民事法体系と深刻な齟齬を来してしまうからである[241]。

---

236) 本文に掲げたものの外、既設の道路等が存続する場合に引き続きその用に供する土地も問題となる。**土地区画整理法105条**（前述）が適用されない（参照、松浦基之『土地区画整理法』（第一法規・平4）556～557頁）とすれば、ジグソーパズルの外枠のように換地処分の圏外に立つこととなろう。

237)「差押ノ為不動産ヲ分割シタルトキハ収税官吏ハ分割ノ登記ヲ所轄登記所ニ嘱託スヘシ其ノ抹消又ハ変更ノ登記ニ付テモ亦同シ」（制定時）。

238)「是れ一筆の土地又は一廉若は一棟の建物全部を公売せざるも其一部分を処分するを以て足る場合に於ては其必要以上の処分を避けんとするものにして畢竟滞納処分は財産の処分を目的とせず……税金の徴収を目的とするが故である」（岡田直策『国税徴収法精解』（森山書店・昭9）418頁）。

239) 参照、三ヶ月章＝加藤一郎監修『国税徴収法（昭和改正編）（3）』日本立法資料全集153巻（信山社・平14）213頁。

240)「縦シ法律ヲ出シタ所ガ、法律ニ言フ所ノ鉄道ノ敷地トナルモノハ、ドレダケカト云フコトハムヅカシイ」「敷地ハドレダケノモノデアルカト云フコトヲ証明スルノガ普通ノ登記簿ヨリ外ニ無イ、又現在一筆一筆ニ分レテ其一筆ガ差押ヘラレテ居ルモノモアリ、現ニ抵当ニナッテ居ルモノモアリ、ソレヲ一片ノ法律ヲ出シテ其区域モ何処ニアルカ分ラヌト云フモノヲ定メルコトハムヅカシカラウ」（21・貴・鉄道抵当法案特別委2号（明38・2・4）8頁〔一木喜徳郎政府委員〕）。

241)「立体換地の対象となる建築物は立体化された宅地であるから之に所有権を移し此の上に従来

117

立体換地処分は、換地不指定処分（同款参照）の一種であり[242]、従前地の所有者の希望により、金銭でなく現物によって清算するものに過ぎない。従前地が消滅する一方、施行者が処分権限を有する建築物の敷地は現地換地される[243]のであり、両者の間に照応関係は存しない。

（9）　⑨特定しない接収貴金属等の返還処分（**接収貴金属等の処理に関する法律**（昭34法135－）**9条1項**）は、返還請求があった接収貴金属等をこれと同価値の保管貴金属等に変更する行政処分に当たる（**同法15条1項**）。

占領軍によって占有を奪われた貴金属等（接収貴金属等）は、少数が接収時のままの状態、多くが溶解・混合された状態又は別種の貴金属等に入れ替えられた状態で、**日本国との平和条約**（昭27条約5）の発効に伴い、政府に引き渡された[244]（保管貴金属等。）。

返還請求があった接収貴金属等であると特定される保管貴金属等が存する場合（**同法8条**）には、それを返還すれば足りるが、残余の保管貴金属等については、一種の混和物（**民法245条**）になったと考えられる[245]ため、共有者全員を当事者とする[246]共有物分割判決によって分割する外ない。併しながら、接

　の借地権を移せばよいという議論も成立する。而し乍ら立体換地の対象となる建築物は土地区画整理法上は立体化された宅地と考えられても、従来の〔旧〕借地〔法及び（旧）〕借家法上はあく迄建築物と見做される。従って建築物の中に借地権を設立することは事実上不可能である」（石川允「都市の再開発と立体換地というもの」新都市12巻7号（昭33）22頁）。「従前の土地は、施行者から与えられる建築物の一部（土地つき建物）に変化する。その間には法律上の同一性が認められない」（中川澄人「都市再開発法案の構想について」地域開発33号（昭42）64頁）。

242)　「この措置を採り得る施行者を都道府県、市町村……に限定したのは、〔土地区画整理法〕第九十一条及び第九十二条に規定するように宅地又は借地の地積の適正化の措置を採り得る施行者が、これらの施行者に限定されていることによるのである」（都市計画研究会編・前註(228)135頁）。

243)　「建築物の一部と敷地の共有持分を権利者が取得するのは換地処分によってであるから……、建築物は、施行地区内にあることを要するものと考えられる。〔土地区画整理法〕2条2項に基づく付帯事業として施行者が建てたものであっても、施行者が第三者から購入したものであってもよい」（松浦・前註(236)442頁）が、立体換地処分がされる時点で存在していなければならない。

244)　参照、31・参・大蔵委7号（昭34・2・17）1頁〔賀屋正雄政府委員〕及び池中弘「ついにきまった接収貴金属等の処理──難航したこれまでのいきさつと問題点の概要」時の法令316号（昭34）33頁。

245)　賀屋管財局長は「共有物」と言い切っている（前註同頁〔賀屋政府委員〕）が、池中弘「接収貴金属等の処理に関する法律の解説（四）」予算10巻6号（昭34）20頁は「広義……の共有物」という留保付きの表現を用いている。確かに、残余の保管貴金属等が単一物でなく財団（集合物）であるならば、混和物でなく混和財団というべきかも知れない。

246)　参照、大判明41・9・25民録14輯931頁。

第2節　物を変更する国家作用

収貴金属等の数量は膨大である上、その所有者は全国に散在し、かつ、変動している[247]ため、確定判決に至る見込は皆無に近い。そこで、⑨を設けて、返還請求があった接収貴金属等と同じ価値の保管貴金属等を法律上の同一物として[248]返還することとしたのである。

⑩　市街地再開発事業〔現・第一種市街地再開発事業〕における権利変換処分(**都市再開発法86条1項**。同法111条によるもの（いわゆる"特則型"即ち地上権非設定方式）を含む。次編第3章第4節第3款第1目参照）は、施行地区内の各所有者が有する宅地を合併して一筆の施設建築敷地とする行政処分には当たらない。

所有者を異にする土地が合併され、共有とされるのであれば、所有権行使の制約に対する補償が必須となるところ、**同法**には、それに関する規定が見当たらない[249]からである。

同処分では、合併に先立ち、各宅地に対する既存の所有権が消滅すると同時に施行者の所有権が発生しており（同目参照）、宅地の合併は施行者が有する一団の土地をその申請に基づき合併するものに過ぎない（**同法87条1項・75条**も、そのように解することが出来る。）。

⑪　以上のように、物を合併するだけの行政処分は、原始筆界（前節第2・3款参照）を確定するに際し、所有者を同じくする土地を合併する類型（①）に限られる。

一方、物を分割するだけの行政処分は、分割自体を目的とする類型（①〜⑤）並びに分割自体は手段に過ぎず、所有権の消滅（⑥）及移転（⑧）を目的とする類型に再整理することが出来る。

前者には、初めは課税物件たる土地を整理する行政処分（①〜④）も広く見られたが、やがて私権の客体たる土地を整理する行政処分（⑤）に限られるようになった。ここには、土地の滅失の概念[250]と同じく、私法の租税法からの

---

247)　参照、前註(244) 1頁〔賀屋政府委員〕。
248)　参照、池中弘「接収貴金属等の処理に関する法律の解説(五)」予算10巻8号（昭34）38頁。
249)　これは、共有者が分割請求（**民法256条1項**）をすることが禁じられていないためでない。共有者が分割請求権を行使して単独所有者となったところで、権利変換処分によって設定された施設建築物の所有を目的とする地上権（**都市再開発法75条2項**）の更新を拒絶するには正当の事由が必要であり（借地法4条（昭16法55→平3法90）1項但書→**借地借家法6条**）、かつ、施設建築物を買い取らねばならない（借地法4条2項→**借地借家法13条1項**）点は、共有者であったときと異ならない。そうだとすれば、元々分割を請求する意味もないからである。

119

独立過程が表れている。土地を分割すること自体が行政目的となるのは、土地が、物理的存在たる地表を観念的に区画して存在するに至る、特殊な物だからであろう。

後者のうち、⑥は、超過収用が原則として許されないことに対応している。一方、滞納税額を上回る価額の土地・建物を公売することは当然に予定されており[251]、⑧は必須という訳でなかった。分割によって残地に生ずべき損失を巡る紛争を回避するためにも、⑧を廃止した選択は賢明だったかも知れない。

以上に対し、⑦⑨は、外見上は物を合併・分割する行政処分に見えないが、全ての従前の物を合併した上、全ての新たな物に分割する行政処分として捉えられるべきである。整理地区→整理施行地区→施行に係る地域は、耕地整理→土地改良事業の施行前は従前地によって、施行後は換地によってそれぞれ組成されている。従前の物と新たな物の総和は一致し、かつ、前者と後者が同時に存在することはない[252]。

事実上の存在としては同一性のない物を法律上の存在としては同一性のある物と看做すという法律構成が成り立つのは、このような空間的・時間的条件を満たし得る物に限られる。⑦が地表の一区画たる土地、⑧が形状に拘わらず没個性的に価値を体現する貴金属等という、いずれも物理的存在であると同時に観念的存在である物を対象としているのは、決して偶然でない[253]。

---

250) 参照、拙稿・前註(1)。
251) 「財産が不可分物の場合には、……超過差押には該当しない。超過差押の禁止〔**国税徴収法48条1項**〕とは、例えば、二以上の財産があり、一の財産の差押で十分国税を満足させることができるにもかかわらず、他の財産まで差し押さえることを禁止するものである」(吉国二郎他編『新国税徴収法精解』(大蔵財務協会・昭35) 340頁)。
252) このような公用換地法制の古典モデルは、換地不指定処分(次節第3款参照)や幹線通過道路の用地を捻出するための減歩(参照、拙稿「行政過程による〈統合〉の瑕疵」藤田退職『行政法の思考様式』(青林書院・平20) 116〜119頁)といった公用収用法制の要素が加味されるにつれて、次第に不透明なものとなっている。
253) 白松復興局書記官は、夙に土地を種類物に擬えて土地区画整理を説明していた。参照、「換地処分は各人が玄米を出し合ひ、之を混合して精白した後、元の出し高に応じて更に之を各人に分配するやうなものである」(復興局・前註(215)82頁)。

第 3 節　物を消滅させる国家作用

第 1 款　物を消滅させる立法作用

（**1**）　これに該当する立法例は、いわゆる追加鉱物（①②）に限られる。

（**2**）　日本坑法（明 6 布告 259（－明 23 法 87））2 款[254]は、「坑物」を私権の客体でなくする措置法律には当たらない。

同布告は、「坑物」を「有鉱質」「無鉱質」に概括的に分類した上、それらを「政府ノ所有」とした。この表現は、Godfrey 鉱山師長及び吉井鉱山頭がスペイン[255]・鉱山法（Ley de minas de 6 Julio de 1859, reformada por la de 4 de Marzo de 1868）2 条[256]に倣って立案した[257]日本坑法草按 2 条[258]に由来する[259]。

同款につき和田鉱山局長は、「日本坑法ノ所謂政府ノ所有トハ政府カ収益上其ノ専有権ヲ掌握スルコトヲ示シタルモノニシテ彼ノ専売即チ Monopol 又ハ Regale ノ主義ニ出ツルモノナリ[260]」と理解している。欧州では、君主・国家

---

[254]　「正理ヲ以テ論スルトキハ凡無機物タル者ハ（生活ノ機ナキ諸物品）都テ坑業ノ部分ニ属ス此無機物品質二類ニ分ル即第一類ハ有鉱質第二類ハ無鉱質タリ凡諸金属ノ天然本質ヲ以テ出ル者或ハ他ノ物質ト合化シテ出ル者ハ右第一類ニ属ス燃質物山塩燐酸石灰美石及玉璞ノ類ハ右第二類ニ属ス（本条挙ル所ノ有鉱質無鉱質トモ総テ是ヲ坑物ト称ス……）」（1 款（括弧原文割註））。「前ニ掲記セシ物類凡日本国中ニ於テ発見スル者ハ都テ日本政府ノ所有ニシテ独政府ノミコレヲ採用スル分義アリ」（2 款）。先例、鉱山心得（明 5 布告 100 － 明 23 農商務省令 16）1 款。

[255]　スペイン法に“鉱業専有主義”（後述）の色彩が強い点につき参照、石井陽一「スペイン鉱業法の一考察」神奈川法学 17 巻 2・3 号（昭 56）193 頁以下。

[256]　"La propriedad de las sustancias designadas en el artículo anterior corresponde al Estado, y nadie podrá disponer e ellas sin concesión del Gobierno, otorgada en su nombre por los Gobernadores de las provincias."

[257]　参照、田中隆三「鉱業行政ニ就テ」日本鉱業史料集刊行委員会編『日本鉱業史料集』15 期明治篇（前）中巻（白亜書房・平 4）9～10 頁。なお、日本坑法は全体としてオーストラリア法に類似しているとされる（同 10～11 頁）が、最も代表的なヴィクトリア植民地・鉱業法（Mining Statute 1865）は、Crown land における鉱業に適用され（3 条）、適法に鉱区を占有する鉱業人に金の所有権が与えられる（5 条）と規定しているに過ぎない。

[258]　参照、田中・前註 38 頁。

[259]　吉井元鉱山頭は、「段々評議の上で……地上の権は地主が有つて居つても地下は政府のものとせねばなるまいと云ふことに決しました」と回顧している（吉井亨「鉱業に関する懐旧談」日本鉱業会誌 327 号（明 45）451 頁）が、国の坑物に対する私所有権を排斥する趣旨か定かでない。

[260]　和田維四郎『帝国鉱山法』（博文館・明 24）164～165 頁。

が鉱物に対する直接的支配権を留保する"鉱業専有主義"（私人の鉱業は恩恵的許容に基づくに過ぎない。）から、国家の鉱業も私人と同じ規律に服する"鉱業自由主義"への発展が見られる[261]。日本坑法は、徳川時代[262]の"鉱業専有主義"を維持したものというのである。これによると、日本坑法2款は、「坑物」が公法・私法未分化の上級所有権（Obereigentum）の客体であることを確認する措置法律に止まる。

（3）　鉱業条例（明23法87（－明38法45））は、未採掘の鉱物を私権の客体でなくする措置法律には当たらない。

鉱業条例[263]は「鉱物」を限定的に列挙した上、未採掘の鉱物を「国ノ所有」とした（2条1項[264]）が、同条例の農商務省案[265]は、これを採掘の許可前は「国ノ所有」、許可後は「鉱業人ノ所有」としていた[266]。フランス・鉱床、浅鉱床及露天鉱床ニ関スル法律（Loi concernant les mines, les minières et les carrières du 21 avril 1810）7条1項1文[267]に倣ったものであろう。加えて同案は、

---

261) 「鉱物ノ所有ヲ主権者ノ専有トシ自ラ之ヲ稼行スルカ或ハ稼行料ヲ徴収シテ其採掘ヲ許可スルモノ……ヲ鉱業ノ専有（独語 Bergregale）ト称ス〔。〕之ニ反シ鉱物ノ所有ハ第一ノ占領者ニ帰セシメ何人ニテモ鉱物ヲ発見シ法律ニ依テ其所有ヲ得ルノ資格アルモノ、所有ニ属セシムルモノ之ヲ鉱業ノ自由（独語 Bergbaufreiheit）ト云フ〔。〕現今各文明国ニ於テハ皆鉱業自由ノ主義ヲ執リ或ハ法律ニ依テ所有権ヲ得ルマテハ之ヲ政府ノ所有トスルモノアレトモ政府敢テ鉱物ノ利用ニ就テ特権ヲ有セス君主又ハ政府ト雖モ臣民ト均シク法律ニ依テノミ使用権ヲ得ルモノナリ」（和田維四郎『坑法論』（博文館・明23）20～21頁）。

262) 「幕府時代ニ至リ金銀ハ幕府之ヲ専有シ其他ノ鉱物ハ之ヲ封建諸侯ノ専有ニ属セリ」（和田・前註(260)19頁）。参照、小葉田淳『日本鉱山史の研究』（岩波書店・昭43）8～16頁。

263) 同条例は、「鉱物ノ所有権及ヒ其試掘若クハ開坑ハ特別法ヲ以テ之ヲ規定ス」（(旧)民法財産編35条）にいう「特別法」に外ならない。その立案過程の梗概につき参照、石村善助『鉱業権の研究』（勁草書房・昭35）162～163頁。

264) 「鉱物ノ未タ採掘セサルモノハ国ノ所有トス」。

265) 「予鉱山局長トシテ其原按ヲ起草シ奥田義人氏〔農商務省〕参事官トシテ専ラ之ヲ調査シ該法文ニ主トシテ同氏ノ手ニナレルモノナリ」（和田維四郎「鉱業法ノ論評」日本鉱業史料集刊行委員会編『日本鉱業史料集』15期明治篇（前）中巻（白亜書房・平4）53頁）。原嘉道「鉱業条例施行前後の回顧(一)」石炭時報3巻1号（昭3）67頁は、田中隆三鉱山局次長及び中橋徳五郎農商務省参事官の名を加えている。

266) 「凡鉱物ノ未タ採掘ヲ許可セサルモノハ国ノ所有トス」（1条1項）。「此ノ条例ニ依リ採掘ノ許可ヲ受ケタル鉱区内ノ鉱物ハ鉱業人ノ所有トス」（14条）（いずれも国立公文書館蔵「鉱業条例ヲ定ム」（請求記号：本館-2A-011-00・類00526100））。

267) "Il〔= un acte de concession〕donne la propriété perpétuelle de la mine, laquelle est dès lors disponible et transmissible comme tous autres biens, et dont on ne peut être exproprié que dans les cas et selon les formes prescrits pour les autres propriétés, conformément au Code Napoléon et au Code de procédure civile."

第3節　物を消滅させる国家作用

　プロイセン諸邦一般鉱山法（Allgemeines Berggesetz für die Preußischen Staaten, vom 24. Juni 1865）2条1項[268]に倣い、同条例が国の鉱業にも適用されるとしていた[269]。

　これに対し、井上（毅）法制局長官は、鉱業権は「狭義ノ所有権」でなく「物上的財産権」（dingliches Vermögensrecht）であるという Roesler 内閣顧問の答議[270]を踏まえ、鉱業権を所有権とすれば所有権不可侵の原則上許可の取消が制約されるとして反対した[271]。かくして、未採掘の鉱物を採掘の特許後も国の所有とし、国の鉱業に対する適用の規定を削除する修正が行われた。

　それにも拘わらず、和田局長は、「国ノ所有」とは「土地所有者ノ所有ニアラス又鉱業人ノ所有ニアラス即チ国家ノ財産ニシテ何人ニモ属セサルノ意義ヲ示スモノナリ」と説明している[272]。これによると、同条例は鉱物が私権の客体でないことを確認する措置法律に止まる。

　尤も、上記の修正により、そのような理解は必ずしも自明でなくなっていた[273]。この問題は、（旧）鉱業法（明38法45－昭25法289）が国の鉱業にも適用がある旨明示したこと（14条[274]）によって、漸く解決を見た[275]。

---

268)　"Der Erwerb und Betrieb von Bergwerken für Rechnung des Staats ist den Bestimmungen des gegenwärtigen Gesetzes ebenfalls unterworfen."
269)　「凡鉱業ヲ為シ又ハ鉱物ノ試掘ヲ為ス者ハ総テ此ノ条例ニ拠ルヘシ其ノ官業ニ属スルモノ亦同シ」（2条1項。国立公文書館蔵・前註(266)）。
270)　「ロエスレル氏鉱業権ニ関スル答議」（国学院大学日本文化研究所編『近代日本法制史料集』6巻（同大学・昭58) 209 頁。
271)　「若シ本案ノ如ク人民ニ鉱区ノ所有ヲ与フルトセハ斯ノ如キ制裁ヲ設クルハ法理ノ許サヽル所ナルヘシ〔。〕何トナレハ人民所有ノ権利ハ単純ナル行政官ノ認定ニ依リ又ハ期限内ニ施行案ヲ出サス又ハ休業廃業ニ因リ之ヲ奪フヲ得ヘカラサレハナリ〔。〕故ニ所有権ヲ与ヘント欲セハ監督上必要ナル制裁ノ大半ヲ失フコトヲ免レス」（国立公文書館蔵・前註(266)）。実際には、来るべき条約改正交渉において鉱業人の国籍要件の撤廃を迫られる虞があるという政策論が、法律論を上回る決定的な理由であった（同文書参照）。
272)　和田・前註(260)165 頁。「敢テ政府ニ与フルニ鉱物採堀ノ全権ヲ以テスルノ意ニアラスシテ政府ヲシテ鉱物ノ保護者タラシメ其採堀ノ許否ニ就テ公平ナル裁決者トナスノ目的ニ出ルモノナリ」（同 95～96 頁）。
273)　法制局修正意見（前註(271)参照）にも「日本坑法ノ主義ヲ存続シ」とあり、各省も鉱業条例によらない鉱業を行うに至った。参照、「内閣ニ於テ其条文ヲ削除セラレタリト雖モ敢テ法律以外ニ立タシムルノ趣旨ニアラサリシヲ以テ主務大臣ノ発議ニ依リ閣議ニ於テ帝室及官行鉱業モ此法律ニ拠ルヘキモノト決定シタリ〔。〕然レトモ其実施上種々ノ故障ヲ生シ遂ニ之ヲ実行スルニ至ラサリシ……」（和田・前註(265)54 頁）。
274)　「本法ハ第八章〔罰則〕ノ規定ヲ除クノ外国ノ鉱業ニ之ヲ適用ス」。
275)　鉱業条例2条を受け継いだ（旧）鉱業法3条につき参照、「民法上ニ所謂其ノ所有物ヲ使用、

123

(4) 明治23年宮内省告示27号は、世伝御料（（旧）皇室典範（明22皇室典範－昭22皇室典範）45条[276]）に編入される土地物件を私権の客体でなくする措置法律には当たらない。

世伝御料の構成物件は、不融通物となるに止まる[277]からである[278]。皇室財産令[279]（明43皇室令33－昭22皇室令12）は、編入の公告をもって登記に代える[280]と共に、制限物権の設定が許されることを明示した[281]。

(5) ①鉱業条例中改正法律[282]（明33法74）は、蒼鉛鉱、格魯謨鉄鋼（クロム）、燐鉱、亜炭及び土瀝青（いずれも未採掘のものに限る。）を鉱物（同条例2条2項）に追加することにより、それらを私権の客体でなくする措置法律に当たる。

同法は、それらを土地所有権に基づいて現に採取している者を保護すべく、優先的に採掘の特許を与えることとした（同条例附則93条（同前）1項[283]）。一

収益及処分スルヲ得ル権利ノ義ニアラスシテ単ニ鉱物所有権ヲ土地所有権ヨリ分離シ且ツ鉱物掘採権ノ設定ヲ以テ国家ノ権利トスルノ主旨ヲ明ニスルカ為ニ本条ノ規定ヲ設ケタルニ過キサルナリ」（宮部準次『鉱業法釈義』（三光堂・明39）23頁）。

276) 「土地物件ノ世伝御料ト定メタルモノハ分割譲与スルコトヲ得ス」（45条）。

277) 参照、村上恭一「皇室制度の大意(六)」自治研究5巻6号（昭4）16頁。

278) 明治23年の世伝御料法案も、賃借権の設定を認めていた。（参照、小林宏＝島義高編『明治皇室典範(上)』日本立法資料全集16巻（信山社・平8）140頁）。これに先立つ皇室典範の枢密院審議では、「普通民法ヲ措テ別ニ皇室民法ヲ設クルコトハ能ハサルモノナラン」という質疑に対し、「身代限ノ時ノ如キモ其原物ヲ差押ユルコト能ハス単ニ其土地物件ヨリ生スル利子ノミニ止ルノ意ナリ」「常産〔＝世伝御料〕ニ係ル凡テノ事皆ナ民法ノ外ニ於テ処分スルト云フノ意ニアラス」という説明があったに止まる（国立公文書館蔵『枢密院会議議事録』1巻（東大出版会・昭59）112頁〔山田顕義司法大臣、井上毅枢密院書記官長〕）。

279) 次註及び次々註の規定は、明治37年の皇室財産令立案要旨に由来する（14項・7項。伊藤編・前註(123)94頁・93頁）。同令の立案過程の梗概につき参照、川田敬一『近代日本の国家形成と皇室財産』（原書房・平13）230〜245頁。

280) 「前条ニ規定シタルモノヲ除クノ外世伝御料ニ編入シタル不動産ニ関スル権利ハ登記ヲ為サスシテ第三者ニ対抗スルコトヲ得」「登記シタル不動産ヲ世伝御料ニ編入シタル場合ニ於テハ宮内大臣ハ遅滞ナク其ノ登記ノ抹消ヲ登記所ニ嘱託スヘシ」（同条1・2項）。「既登記不動産ヲ世伝御料ニ編入シタル場合ニ於テハ登記ノ抹消ノ嘱託アリタルトキハ登記用紙中表示欄ニ世伝御料ニ編入シタル旨ヲ記載シ不動産ノ表示、表示番号及ヒ登記番号ヲ朱抹シ其ノ登記用紙ヲ閉鎖スルコトヲ要ス」（（旧）不動産登記法102条ノ2（明44法12－昭22法14）本文）。

281) 「世伝御料ニ属スル土地ノ上ニ新ニ物権ヲ設定スルハ公用又ハ公益事業ノ為ニ必要ナル場合ニ限ル」（15条1項）。「世伝御料ニ属スル土地ノ上ニ物権ヲ設定シタルトキハ宮内大臣之ヲ公告ス」「前項ノ公告ハ登記ト同一ノ効力ヲ有ス」（16条1項本文・2項）。

282) 類例、（旧）鉱業法（2条）、鉱業法中改正法律（昭9法37）及び鉱業法中改正法律（昭15法102）。

283) 「明治三十二年十一月三十日以前ヨリ引続キ蒼鉛鉱、格魯謨鉄鋼、燐鉱、亜炭又ハ土瀝青ヲ採取スル者ニシテ明治三十三年六月三十日迄ニ其ノ鉱物採掘ノ特許ヲ出願スルトキハ其ノ採取区域

第3節　物を消滅させる国家作用

方、その他の土地所有者に対しては、損失補償をする必要はないと判断された。

　同法の立案過程では、地表近くに賦存する鉱種を鉱物に追加する場合には、現にそれらを採取していない土地所有者に対しても損失補償をする必要が生ずると考えられた模様である[284]。

　(6)　②**鉱業法3条1項**は、石灰石、ドロマイト、けい石、長石、ろう石、滑石及び耐火粘土（いずれも未掘採のものに限る。）を鉱物に追加することにより、それらを私権の客体[285]でなくする措置法律に当たる。

　それらは地表近くに賦存し、従来から土地所有権の客体をなすと考えられて来た鉱種であるため、それらを鉱物に追加する案は、農林省等から強い反対を受けた[286]。このため**鉱業法**は、鉱業条例→（旧）鉱業法のように鉱種を限定列挙して鉱物を定義するのでなく、日本坑法のように鉱物を包括的概念とした（2条）上、鉱種を例示列挙する主義を採用した（3条）。この点、讃岐鉱政課長は、鉱業条例→（旧）鉱業法も例示列挙主義を採っていたという[287]が、①の立案経緯から見て、首肯し難い。

　(7)　追加鉱物の主眼は、鉱業人→鉱業権者が土地所有者に対価を支払うこと

　ニ限リ……特許ヲ与フヘシ」。

284)　「ドウモ地表等ニ関係ナシニ鉱層ト云フヤウナモノヲナシテ坑ノ仕事〔デ〕掘リ得ルモノハ是レニ入レテモ宜イケレドモ、サウデナシニ地表カラ掘崩スヤウナモノハドウモ面白クナイト云フヤウナコトデ止メマシタ」（16・貴・鉱業法案特別委2号（明35・2・26）23頁〔田中隆三政府委員〕）。

285)　**鉱業法**は、国が未掘採の鉱物につき、これを取得する権利を賦与する権能を有するとし（2条）、これが「物」でないことをより明確にした。立案過程では、R. Duncan 総司令部顧問から「すべての鉱物を国有とする」よう助言があったが、鉱業法令改正審議会の我妻博士らが「わが国の事情に即しない」として謝絶した（讃岐喜八「鉱業法改正の経過とその要点（承前）」通産時報6巻3号（昭26）34〜35頁）。助言の趣旨は鉱物を国の私所有権の客体とする点にあったと推測されるが、「国に属するとは公共の享有物であるとの再確認を意味する」との紹介もあり（芹川正之『新鉱業法精義』（白亜書房・昭26）10頁）、必ずしも定かでない。なお、**同法**は国の鉱業にも適用がある旨明示していないが、適用があるのは当然と解されている（参照、加藤悌次他『鉱業関係法』（日本評論新社・昭28）54頁）。

286)　昭和22年の鉱業法改正草案に対し、同省は「地表に近く存在する鉱物であつて、広汎な地域に分布する石灰石のような……ものを、何等の補償もなく法定鉱物として土地の所有権の範囲から除くことは穏当でない。」「土地の所有者に単に一定期間鉱業権取得の機会を与えるのみでは、その補償として万全の策ではない。」「追加鉱物等の生産確保のためには、強制的公用徴収等の規定を設ける他の法体系によるべきである。」との見解を表明した（芹川・前註5頁）。斯界の権威である平田慶吉弁護士も、違憲説を主張した（参照、加藤悌次「鉱業法改正の憶い出」法律学大系月報〔コンメンタール篇〕9号36頁）。

287)　参照、9・衆・通商産業委3号（昭25・11・29）3頁〔讃岐喜八説明員〕。

なく鉱物を「物」として取得することが出来るよう、鉱物を「物」でなくする（土地所有権の客体から外す）点にある。かかる政策は、当然ながら土地所有者の利益を害しない限りで許容される。この点、①は、土地所有者がそれに対する支配可能性を認識し得ない鉱物、②は、認識し得るがいまだ現実に支配していない鉱物を、それぞれ対象としている。②を正当化するには、我妻教授のようにもはや所有権概念自体が変容したと説く外ないであろう[288]）。

第2款　物を消滅させる司法作用

該当例は見当たらない。

第3款　物を消滅させる行政作用

(1)　これに該当するかが問題となる立法例は、土地に関する類型（❶〜❻）に限られる。

(2)　華族世襲財産の創設認可（（旧）華族世襲財産法（明19勅34－大5法45）19条[289]）→設定認可（華族世襲財産法（大5法45－昭22法14）4条[290]）は、華族世襲財産の構成物件を私権の客体でなくする行政処分には当たらない。

地上権等の設定が予定されている（（旧）華族世襲財産法4条[291]→華族世襲財産法17条[292]）通り、それらは不融通物となるに止まるからである。

---

288)　「近代における土地所有権というものは、十九世紀の初めに考えられたように神聖不可侵とは考えませんので、地表の利用が十分にできればそれでいいというのが所有権の本体だと私は考えております」（9・参・通商産業委3号（昭25・11・28）7頁〔我妻栄公述人〕）。なお、我妻教授が立案に関わった満洲国・民法は、「土地ノ所有権ハ其ノ行使ニ付利益ヲ有スル範囲ニ於テ土地ノ上下ニ及ブ」と規定していた（206条。傍点引用者）。

289)　「世襲財産ヲ創設増加更換又ハ補充セントスル者ハ其願書ニ財産目録ヲ添ヘ宮内大臣ニ差出シ其認可ヲ受クヘシ」（同条前段）。「宮内大臣ハ前条ノ願書目録ヲ審査シ……世襲財産トナスヘキ旨ヲ官報及ヒ其地方一定ノ新聞紙ニ掲ケ一週日間之ヲ公告セシムヘシ」（20条1項）。「前条公告ヲ了リタル後三十日ヲ経テ該財産ニ関シ故障ヲ申出ル者ナキトキハ宮内大臣ハ世襲財産台帳ニ記入セシ……ムヘシ」（21条1項）。

290)　「世襲財産ヲ設定セムトスルトキハ其ノ財産ノ目録ヲ添ヘ宮内大臣ニ認可ヲ申請スヘシ」（4条）。「宮内大臣ハ世襲財産設定ノ認可ノ申請ヲ相当ナリト認ムルトキハ其ノ申請アリタル旨ヲ一週間公告スヘシ」（7条1項）。「前条ノ規定ニ依リ公告シタル財産ニ関シ権利ヲ有スル者及債権者ハ前条第1項ノ公告期間内又ハ其ノ期間満了後二月内ニ之ヲ宮内大臣ニ申出ツヘシ」「世襲財産設定ノ認可ハ前項ニ定メタル期間満了ノ後ニ非サレハ之ヲ為スコトヲ得ス」（8条1項・2項）。

291)　「世襲財産ハ……其総額毎年金五百円ニ下ラサル純収益ヲ生スル財産タルヘシ」（同条本文）。

292)　「土地カ世襲財産タル場合ニ於テ地上権又ハ永小作権ノ設定又ハ変更ハ宮内大臣ノ認可ヲ受ク

第3節　物を消滅させる国家作用

（3）　❶河川の認定（（旧）河川法1条[293]）及び❷河川区域の認定（同法2条1項[294]）は、土地を消滅させる行政処分に当たるか、必ずしも明瞭でない。

❶❷は、（旧）河川法が施行される河川（以下「施行河川」という。本章第1節第1款参照）のそれぞれ縦及び横の限界を定めるものである。この問題は、適用河川の限界が客観的に定まっているといえるかに係っている。

❶の参考とされたフランス・1808年1月22日デクレ1条[295]及びオーストリア・水法中帝国立法ニ留保スル規定ニ関スル法律（Gesetz betr. die der Reichsgesetzgebung vorbehaltenen Bestimmungen des Wasserrechtes, vom 30. Mai 1869）6条[296]は、いずれも通航可能性のみを基準としている。❷の参考とされた学説彙纂（Digesta）43巻12章[297]及びフランス・1882年5月5日国務院判決[298]は、高水位主義を採っている。このような法制では、河川という私権の客体でないものの限界は社会通念上すでに定まっているため、河川及び河川区域の認定は、確認的行政行為として位置付けられる。

これに対し、❶は、わが国の河川の水文学的特性（平均勾配等）に鑑み、通航可能性のみを基準とする立法的選択を避けている[299]。その代わり、「公共ノ利害」即ち治水及び利水[300]に関係があり、しかもその関係が「重大」である

ルニ非サレハ其ノ効力ヲ生セス」。
293)　「此ノ法律ニ於テ河川ト称スルハ主務大臣ニ於テ公共ノ利害ニ重大ノ関係アリト認定シタル河川ヲ謂フ」。
294)　「河川ノ区域ハ地方行政庁ノ認定スル所ニ依ル」。
295)　"Les dispositions de l'article 7, titre XXVIII de l'ordonnance de 1669, sont applicable à toutes les rivières navigables de l'Empire, soit que la navigation y fût établie à cette époque, soit que la Gouvernement se soit déterminé depuis , ou se détermine aujourd'hui et à l'avenir, à les rendere navigable".
296)　"Flüsse und Ströme sind von der Stelle an, wo deren Benutzung zur Fahrt mit Schiffen oder gebundenen Flößen beginnt, mit ihren Seitenarmen öffentliches Gut, ..." (§ 2). "Die Regierung kann fließende Privatgewässer, welche sich zur Befahrung mit Schiffen oder gebundenen Flößen eignen, zu diesem Zwecke unter Anwendung der Vorschrift des § 365 a.b.GB. als öffentliches Gut erklären" (§ 6).
297)　"Ripa ea putatur esse, quae plenissimum flumen continent" (D. 43, 12, 3).
298)　後に、フランス・水制度ニ関スル法律（Loi sur le régime des eaux du 8 avril 1898）36条1項として実定化された。
299)　「欧羅巴大陸抔ノ河ト違ッテ日本ノハ舟筏ノ通ゼヌ河デモ公共ノ利害ノ関係ハ大変大キイモノモゴザリマスカラ舟筏ノ通ズルト否トニ依ッテ河ノ大小ヲ区別スルコトハ出来マセヌ」（9・貴・37号（明29・3・17）427頁〔古市公威政府委員〕）。市村・序説註(11)72頁は、通航可能性のみを基準とするのは時代遅れであるとまでいう。

という、二重に限定された基準を採用した。松岡内務次官は、「天下ノ川ノ中デモ指ヲ屈シテ数ヘル大河」は「五十カ七十カ」に限られると答弁している[301]。

一方、❷は、わが国では堤防と堤防の間の土地（以下「広義の堤外地」といい、「広義の堤外地」から「河川の敷地」を除いた土地を「狭義の堤外地[302]」という。）に民有地が広汎に分布している点[303]に鑑み、高水位主義を明示しなかった。高水位主義を機械的に当て嵌めると、治水上必要でない土地まで河川区域に取り込まれてしまうからである[304]。

---

300) 松岡内務次官は、通航可能性及び「田地ノ灌漑等」という利水上の観点にも言及している（9・衆・34号（明29・3・10）504頁〔松岡康毅政府委員〕）。これに対し、岡田文秀『水法論』（常磐書房・昭6）51頁は、「河川法適用河川と河川法準用河川との法律上の地位に於ける根本的差違は、河川改修工事の執行に供する規定の適用の有無に係る」点を指摘し、❶は専ら治水上の観点に立脚しているという。

301) 9・衆・34号504頁〔松岡政府委員〕。このような二重限定主義は、**河川法**においても、基本的に踏襲されている。**同法**が適用される河川（以下「適用河川」という。）は「公共の水流及び水面」（**同法4条1項**）から準用河川及び普通河川を除いたものだからである。適用河川につき鮎川元河川局次長が、「公共用水、公水として当然の性格、内容を認定以前にすでに客観的に有して」いると説く（鮎川幸雄『新河川法論』（港出版社・昭42）122頁）のは、その趣旨である。**同法**の立案過程では、公水を一級河川、二級河川及び三級河川に余さず分類する案が検討されたが、公水と私水を区別する具体的基準が立てられなかったため、断念されている（同121～122頁）。

302) （旧）河川法39条1項にいう堤外地（「河川ニ関スル工事ノ為メ必要ナルトキハ地方行政庁ハ其ノ堤外地ニ立入リ又ハ其ノ土地ヲ材料置場等ニ供……スルコトヲ得」（傍点引用者））がこれに当たる。

303) 「管下各川前条ノ地所〔＝「無代価ノ券状ヲ附与シタル堤外荒地」〕多少有之就中天竜川ノ如キハ全川民有ニアラサルノ希ナル程ニテ……」（明14・12・20静岡県伺。内務省地理局編・前章註(23)532頁）。「河川ノ敷地ハ私有権ガナイト云フ御話ハ事実ニ遠ザカッテ居ルノデ、現ニ筑後川ノ如キハ両方〔＝両岸〕カラ二重ニ地券ノ発シテアルヤウナ所モアル」（14・貴・3号（明32・11・29）35頁〔都築馨六〕）。（旧）河川法の立案過程では、わが国に類似するベルギーの事例が調査されている（参照、内務省土木局「水路行政」（明29）同局編『水法参考資料』5輯（昭4）8～9頁）。

304) 因みに、**河川法**の立案過程では、「堤外の土地の区域のすべてを認定等の行為を要せず法律上当然に河川の区域となるものとし、河川管理上必要のない区域は、河川管理者に、これを指定し、河川区域から除外すべき義務を負わせることとすべきであるとする説も存在した。本法がこの説をとらなかった理由は、近代的工法による河川工事が行なわれ、堤外の土地が計画高水流量の洪水を流下させるものとして設定されている場合はこの説は妥当するが、現状は、徳川時代以来の旧堤の存する河川には広大な堤外地が存し、また地形等により、堤外地が必ずしも目的上必要最小限の区域として設定されていないものも少なくなく、これらの区域についても河川管理者が積極的に除外しない限り法律上当然に河川区域となるものとすることは、当を得ないものと判断されたことによるものである」（建設省新河川法研究会編『逐条河川法』（港出版・昭41）50～51

第 3 節　物を消滅させる国家作用

　古市土木局長が挙げる❷の基準は、流水が永期に渉ること[305]（（旧）河川法 2 条 2 項[306]参照）である[307]。これにより河川の敷地とされるのは、流水の不断性ある部分と反覆性ある部分[308]である[309]。それらの区域は、たとい地券が発行されていたとしても、私権の客体とは認められない[310]。これに対し、狭義の堤外地にある民有地が治水上必要な場合には、これを収用して改修工事を施した上、新たな河川の敷地（（旧）河川法 48 条[311]参照）とすべきであるという[312]。

頁）。
305)　これは、自然の流路変更があった場合の基準として規定されているが、一般的基準としても妥当する。「河川区域トハ……単ニ現在河川状態ヲ呈スルニ止マラス永ク其ノ状態ヲ持続スヘシト認メラルル区域ヲ指スノ法意ナルコトハ河川法第二条第二項ノ規定……ニ依リ之ヲ推知スルニ難カラサルモノトス」（行判昭 2・1・18 行録 38 輯 1 巻 32 頁）。
306)　「流水河川ノ区域外ニ出テテ永期ニ渉ルヘキモノト認ムルトキハ地方行政庁ハ其ノ河川ノ区域ヲ変更スヘシ」。先例、明 19・12・23 地理局通知（内務省地理局編『例規類纂』9 巻（明 20）625〜626 頁）。
307)　「川敷ト称ヘテ居ルノハ純然タル河身、即チ水ノ流レル処若クハ荒地ノ部分……永遠河水ノ通ル処ト認メラレル処ハ此法律ニ依ッテ私権ノ目的トナルコトヲ得ズトシテ第三条ノ範囲ニ属シテ仕舞フデス」（9・貴・37 号 427 頁〔古市公威政府委員〕）（省略符原文・傍点引用者））。
308)　古市局長は、流水の反覆性ある部分を「荒地」と総称していた（前註参照）が、河川法施行規程（明 29 勅 236 −昭 40 政 14）9 条（後註(319)参照）では、これが狭義の「荒地」即ち荒蕪地と「荒地ニアラサルモノ」に区分されている。
309)　尤も、河川の敷地と狭義の堤外地の区別は、必ずしも容易でない。「高水の達する区域は、それが汎濫水なりや、河川の流水なりやの区別についても疑問を生ずるのであるが、流水の及ぶ範囲に止むるも仍田畑等にして年々数度に渉り、一時的に流水の通路となるものが少くない」（安田正鷹『河川法論』（松山房・昭 10）83 頁。同旨、岡田（文）・前註(300)60 頁及び建設省河川研究会編『河川法』（港出版合作社・昭 32）39 頁）。行判大 14・5・14 行録 36 輯 5 巻 342 頁は、時に流水面となる耕地も河川区域たるを妨げないとした（同旨、岡田・67 頁）。これに対し、安田・84 頁は「田、畑等として利用し得る程度のもの」は河川の敷地でないとする。その論拠は「堤外地ハ……決シテ川敷トハ見ナイ、……耕作シテ居ル土地……ハ堤外地トシテ一ノ民有地トシテ存スル積デス」という古市局長の発言（9・貴・37 号 427 頁〔古市政府委員〕）であるが、これは天竜川を念頭に置いた答弁であり、一般論でない。
310)　但し、河川の敷地につき地券を発行されていた者は、自然の流路変更（（旧）河川法 2 条 2 項。前註(306)参照）に伴い廃用となった場合には、優先的に下付を受けられる（同法 44 条但書）。
311)　「河川若ハ河川附近ノ土地ニ関シテ規定シタル事項ハ命令ノ定ムル所ニ従ヒ河川ニ関スル工事ニ因リ新ニ河川トナルヘキ区域……ニ之ヲ準用スルコトヲ得」（傍点引用者）。
312)　「現ニ誰ガ見テモ川敷……トハ言ヘヌケレドモ……川ノ利益ノタメニ川敷ニ編入シテ仕舞ハナケレバナラヌ……時ニハ其部分ハ買上ゲテモ川敷ニ編入スルカモ知レヌ」（9・貴・37 号 427 頁〔古市政府委員〕）。「買上」には収用を含む（同頁〔同政府委員〕）。同旨、「河川区域トハ治水上河川ト為スヲ必要トスル区域ノ謂ニ非スシテ現ニ河川タル区域ヲ謂フモノナルハ勿論……」（行判・前註(305)）。国が収用した狭義の堤外地は、改修後に通水された時点で河川の敷地となる。「計画洪水量全部を疏通せしむる為に河川管理庁が取得したる土地は通水以後に於ては之を全部河川区域として認定するのが至当である」（岡田（文）・前註(300)61 頁）。

第1編 総　則　第3章 物

　(旧) 河川法理由書には、「既ニ認定ト謂フ以上ハ現在セル或ル事実ヲ確認スルニ外ナラズ[313]」とあり、流水が永期に渉るかは社会通念上決せられているという立場[314]であった。このように、施行河川の縦の限界が定められると、横の限界は自動的に定まるため、❶に続けて❷を悉皆的にすることは予定されていない。同法の政府案が争議の決定[315]という河川区域の範囲に関する始審的争訟（抗告訴訟型でなく当事者訴訟型の行政上の不服申立て）を盛り込んでいたこと[316]は、この点を裏付ける。

　要するに、❶❷は、フランス法等に修正を加えたとはいえ、飽くまでも私権の客体でないものを確認する行政処分として立案された。併しながら、この建前を掘り崩す契機は、外ならぬ❶❷自体に内包されていたのである。

　❶は、(旧) 河川法の制定に続いて一度にされた訳でなく、治水予算の拡充に伴い、五月雨式にされている。施行河川の数が増えれば増える程、その範囲が予め定まっているという主張は、説得力を失っていった。

　❷は、争いのない区域ではする必要がなかったから、寧ろ誤って地券が発行された例外的な区域でするのが原則となった[317]。これらの区域では、所有権は当初から不存在であった筈であるが、取引の安全に鑑み、❷による確認的効力は認定以前に遡及しないこととされた[318]。それに伴い、旧所有者にこれらの区域（荒蕪地を除く。）の占用を許可しない場合の補償（河川法施行規程9条・

---

313) 内務省土木局「河川法理由書」同局編『水法参考資料』2輯（昭4）2頁。
314) 同旨、「河川区域ノ認定ハ土地ト流水トノ関係ニ依リ客観的ニ河川区域ヲ確定スルモノニシテ地方行政庁ノ見ル所ニ依リ自由ニ之ヲ認定シ得ルノ法意ニ非ス」（行判・前註(305)）。
315) 「此ノ法律若クハ此ノ法律ニ基キテ発スル命令ニ規定シタル事項ニ関シテ争議ヲ生スルトキハ主務大臣ニ於テ之ヲ決定ス」（59条前段。9・衆・34号（明29・3・10）503頁）。
316) 参照、9・貴・河川法特別委3回（明29・3・25）臨書店版865頁〔南部光臣政府委員〕。これは、河川区域でないことの確認訴訟（参照、最判平元・7・4判時1336号86頁〔横川川〕）を行政化したものに当たるが、始審的争訟の観念に通じない貴族院議員の反対により削除されてしまった（同回865〜866頁〔箕作麟祥、村田保、馬屋原彰〕）。
317) 「河川ノ区域ハ従来河川トシテ取扱ヲ為シ行為ノ上ニ於テ其意思ヲ表示セルモノハ殊更ニ認定ノ告知ヲ為ササルモ其ノ効力ヲ生スヘシト雖モ認定ノ為或ル特定ノ土地ニ対シ所有権ノ消滅ニ帰スルカ如キモノ又ハ法第二条第二項ニ依ル区域変更ノ如キハ之ヲ表示スルニ非サレハ効力ヲ生スルモノトハ言フヲ得サルヘク存候」（明33・1・13土木局長回答。内務省土木局河川課編『河川法関係法規類集』（常磐書房・昭11）61頁）。
318) 「従前私人ノ所有権ヲ認メタル河川ノ敷地ハ〔旧〕河川法第三条ニ依リ私権ノ目的ト為ルコトヲ得サル筋合……ナルモ……河川敷地ノ不確定ナル当時ニ於テセル売買譲与ハ有効ノモノトシ……」（明31・6・28土木局長回答。内務省土木局河川課編・前註121頁）。

第3節　物を消滅させる国家作用

10条1項[319]）は、権利対価補償であると考えられた[320]。

　その結果、❷は、地券が発行されていた区域が爾後私権の客体とならないことを確認する行政処分に変質し、土地を消滅させる行政処分と区別することが出来なくなった[321]。これに対応して、河川の敷地となった土地の登記は、将来に向かって抹消する扱いとされた（（旧）不動産登記法102条ノ3[322]（大2法18－昭39法168））。

　現憲法が施行されると、國宗水政課長らは、❷がされた場合の補償が荒蕪地でない土地に限定され、文言上も権利対価補償でなく不許可補償となっている点には、違憲の疑いがあると説くに至った[323]。

　河川法は、❷を廃止し、河川区域に私権の存在を認めるという立法主義の大転換に踏み切った。そして、河川工事のため所有権を消滅させる必要が生じた土地については、専ら土地の収用裁決→権利取得裁決（次編第3章第4節第4款第1目参照）によることとした。

　(4)　耕地整理→土地改良事業における③いわゆる換地処分（前節第3款参照。廃止される道路等の用に供する土地に対してされる部分に限る。）は、当該土地を消

---

319)　「河川法施行前ニ私人ノ所有権ヲ認メタル河川ノ敷地ニシテ荒地ニアラサルモノハ従前ノ所有者若ハ其ノ相続人ノ請求ニ因リ府県知事ハ公益ヲ妨ケサル限ニ於テ其ノ占用ヲ許可スヘシ」（9条）。「府県知事ニ於テ従前ノ所有者若ハ其ノ相続人ニ前条ノ占用ヲ許可セサルトキ又ハ之ヲ禁止スルトキハ府県ハ内務大臣ノ認可ヲ得テ相当ノ補償金ヲ下付スヘシ」（10条1項）。

320)　「〔河川法施行規程〕第十条ニ所謂補償金ハ地上ニ現存スル物件ノミナラズ土地相当ノ価格ヲモ補償スルノ主旨ニ有之候」（明35・3・28土木局長回答。内務省土木局河川課編・前註(317)122～123頁）。朝鮮河川令は、一歩進んで河川区域の認定（11条）による損害を補償することとした（43条）が、これも「土地の実価」を意味するという（坂本・前註(126)174頁）。

321)　「〔旧〕河川法施行前私人ノ所有権ヲ認メアリシ河川敷地ハ……認定ヲ以テ直ニ其ノ私有権ヲ消滅スル義ニ有之……候」（明31・9・13土木局長回答。内務省土木局河川課編・前註(317)61頁）。「一定の土地を河川の区域に認定したるときは、其の土地は河川敷地となり、敷地は私権の目的となることを得ざるを以て、其の土地の所有権は法律上当然消滅する結果を生ずる」（武井群嗣『土木行政要義』（良書普及会・昭4）278～279頁）。なお、土地でなく所有権を消滅させる行政処分であるが、台湾における官設埤圳の区域の指定（官設埤圳規則（明41律令4－昭27条約5）2条）は、土木局長回答の考え方に沿ったものとなっている。立案過程では、収用構成を明示することも検討されたという（参照、森田明「旧台湾における水利組織の植民地的再編政策──『公共埤圳規則』とその制定過程」福岡大学研究所報22巻（昭49）139頁）。

322)　「既登記ノ土地カ河川ノ敷地ト為リタル場合ニ於テハ当該官庁ハ遅滞ナク其登記ノ抹消ヲ登記所ニ嘱託スルコトヲ要ス」「第一項ノ嘱託ヲ受ケタル登記所ハ登記用紙中表示欄ニ河川ノ敷地ト為リタル旨ヲ記載シ土地ノ表示、表示番号及ヒ登記番号ヲ朱抹シ其登記用紙ヲ閉鎖スルコトヲ要ス」（同条1項・3項本文）。

323)　参照、建設省河川研究会編・前註(309)41頁。

滅させる行政処分に当たる（同款参照）。

(5) 耕地整理における特別処分（耕地整理法30条2項）たる④換地不交付処分は、従前地を消滅させる行政処分に当たる[324]（耕地整理登記令（明42勅233－昭26政146）16条[325]）。

④は、当初、従前地所有者の同意を要するとされていた[326]が、大正期には、規約に基づくものであれば認められるに至った[327]。これに対し、**土地改良法**は、換地不交付処分を認めない方針を採った[328]（**53条1項**）。

(6) 土地区画整理事業における⑤換地不交付処分（特別都市計画法（昭21法19－昭29法120）7条1項[329]）→⑥換地不指定処分（**土地区画整理法91条**3項（**現4項**））は、従前地を消滅させる行政処分に当たる[330]。

⑤は、ザクセン・一般建築法59条[331]及びドイツ・耕地整理令（Reichsumlegungsordnung, vom 16. Juni 1937）53条1項[332]を参考としたものであろう。これは、戦災復興院が立案した戦災地復興計画基本方針（昭20・12・30閣議決定）に由来し[333]、④と異なり、規約又は施行規程に定めがなくともすることが出

---

[324] 昭26・9・14農地局管理部長通知は、④によってでなく単に誤って換地が交付されなかった従前地についても、滅失に準じて処理すべきものとしている（毛塚五郎編『近代土地所有権』（日本加除出版・昭59）333頁）。

[325] 「従前ノ土地ニ対シ換地ヲ交付セサル場合ニ於テハ登記官吏ハ土地ノ滅失ト看做シ……其ノ登記用紙ヲ閉鎖スヘシ」。

[326] 参照、副島千八『新編耕地整理綱要』（警眼社・明44）87頁。

[327] 参照、宮田勘三『改正耕地整理法解説』（元真社・大9）258頁、大栗丹波『耕地整理換地処分詳解』（清文社・大13）第3編75頁び大石（芳）・前註(219)134頁。

[328] 参照、所秀雄他『土地改良法解説』（二光堂・昭24）138頁。

[329] 「第五条第一項の土地区画整理について、宅地地積の規模を適正ならしめるために必要があるときは、土地区画整理委員会の意見を聞いて、過小宅地に対し……換地を交付しないで金銭で清算することができる」。

[330] ⑤につき参照、「換価〔＝換地不交付〕処分の場合は、換地を交付しない……ことにより、間接的結果として権利の消滅を来すのであつて、……直接所有権……を対象とするものではないのである」（鬼丸勝之『特別都市計画法解義』（巌松堂・昭22）95頁）。

[331] "Grundstücke, deren Flächeninhalt für eine Baustelle zu gering ist, sind, dafern nicht durch freiwillige Einigung der Beteiligten ein geeignetes Ankommen erzielt werden kann, gegen Entschädigung an die Gemeinde abzutreten, welche sie gegen Rückerstattung der Abtretungssumme unter die übrigen Eigentümer verteilt."

[332] "Würde ein Grundbesitz wegen seiner Geringfügigkeit auch nach der Umlegung für einen Teilnehmer nur unerhebliche wirtschaftliche Bedeutung haben, so kann dafür Geld gegeben werden" (Abs.1. S.1.).

[333] 参照、鬼丸・前註(330)参考70頁。

第3節　物を消滅させる国家作用

来る[334]）（⑤では土地区画整理委員会の意見を聞けば足りたが、⑥では土地区画整理審議会の同意を要することとなった）。

土地区画整理事業におけるいわゆる立体換地処分（**土地区画整理法93条1項**[335]・**103条1項**）についても同様である[336]。

（**7**）以上の立法例のうち、❷は、❶と相俟って公物を"物でないもの"とするフランス法を継受しようと試みたものである。併しながら、大量の堤外地地券の存在という歴史的現実を前に、土地を消滅させる行政処分への変質を余儀なくされた。

③は、廃止される道路等の用に供する土地と財産的に対応する換地が存在しないため、土地を消滅させる構成が採られたものである。

④～⑥は、土地の収用裁決→権利取得裁決と目的を同じくするが、（手続全体としては公用収用法制でなく公用換地法制である）耕地整理・土地区画整理事業に組み込むため、便宜上、所有権でなく土地を消滅させる構成が採られたに過ぎない。❷は、実際に土地の収用裁決→権利取得裁決に取って代わられたが、④～⑥についても、所有権を消滅させる行政処分（同款参照）と併せて考察する必要がある。

このように、土地を消滅させる行政処分は、公共施設の用に供される土地に関する類型（③）を除けば、公用換地法制に加味された公用収用法制の要素（④～⑥）に限られる。④～⑥については、公用収用法制に準じた手続保障が採られているかが問題となる。公用収用法制に要する手続保障を省略するため、土地を消滅させる構成へと逃避することは許されないからである。

334）「従来の区画整理で、いはゆる標準割地を設定し、これに達しない小宅地を整理することが行はれた……が、これは、組合規約や規約に代るべき施行規程の定めるところによつて行はれた」（鬼丸・前註（330）64頁）。
335）類例、**同条**（昭34法90－）**2項**。
336）立体換地処分は、長らく実例を見なかった。「従前の権利関係を害することなくそのままの形で移行する（したがってその権利関係の調整に関する規定を必要としない）ことを前提とする土地区画整理の体系の中に、従前の権利関係のすべてを破壊する（したがってその権利関係の調整に関する規定を必要とする）宅地の立体化に関する規定を挿入して、うまく働くはずがないのである」（中川・前註（241）63頁）。

第 5 章　時　　効

第 1 節　時効を進行させる国家作用

第 1 款　時効を進行させる立法作用

該当例は見当たらない。

第 2 款　時効を進行させる司法作用

(1)　これに該当する立法例は、消滅時効を遡って中断しなかったものとする類型（①②）に限られる。

(2)　①却下判決・決定[1]）は、訴えの提起によって中断された消滅時効を遡って中断しなかったものとする司法処分に当たる（**民法 149 条**）。

(3)　②執行処分の取消（（旧）民事訴訟法 551 条[2]）（明 23 法 29 − 昭 54 法 4））→取消しの決定（**民事執行法 40 条 1 項**。いずれも差押を取り消すものに限り、立担保を証する書面→文書が提出された場合（（旧）民事訴訟法 550 条（同前）3 号→**民事執行法 39 条 1 項 5 号**）を除く[3]）。）は、差押の申立てにより中断された消滅時効を遡

1）　類例、(旧)民事訴訟法 192 条 1 項後段（明 23 法 29 − 平 8 法 109。削除時 228 条 2 項）→**民事訴訟法 137 条 2 項**及び商法 386 条（昭 13 法 72 − 平 17 法 87）8 号（異議の訴（同法 394 条（同前）1 項）が提起されなかった場合に限る。）。

2）　類例、(旧)民事訴訟法（明 23 法 29 − 昭 54 法 4）653 条等→**民事執行法 53 条**等、(旧)民事訴訟法 747 条（明 23 法 29 − 平元法 91）1 項（保証の提供による場合を除く。）等→**民事保全法（平元法 91 −）38 条 1 項**（保全すべき権利の消滅による場合を除く。）等及び**執行官法**（昭 41 法 111 −）**15 条 3 項**等。

3）　「担保の供与は承認（**民法 147 条 3 号**）に該当する」からである（川島武宜編『**注釈民法**』5 巻（有斐閣・昭 42）115 頁〔川井健〕）。

って中断しなかったものとする司法処分に当たる[4]（**民法 154 条**）。

(4)　以上の立法例は、いずれも中断効を認めるべきでなかったことが判明した結果自動的にされる事後処理に止まる。いわば、訴えの提起及差押の申立てに織込み済みの効果に過ぎない。

第3款　時効を進行させる行政作用

(1)　該当例は見当たらない。

(2)　審査の請求[5]（審査の申立て（廃止時。以下同じ）。(旧) 簡易生命保険法（大 5 法 42 – 昭 24 法 68）29 条[6]→簡易生命保険法（昭 24 法 68 – 平 17 法 102）55 条（廃止時 88 条）1 項）を却下し、又は棄却する裁決は、保険金額等→保険金等を受け取るべき権利の消滅時効を遡って中断しなかったものとする行政処分には当たらない。

審査の請求は裁判上の請求と看做される（(旧) 簡易生命保険法 30 条→簡易生命保険法 89 条）ため、仮に**民法 149 条**が準用されるならば、積極に解すべきこととなる。併しながら、看做し規定の主眼は、審査の請求手続中に上記の権利が時効消滅することを防ぐ点にある。引き続く民事訴訟において認容判決がされる可能性が残る以上、やはり**同条の準用を肯定すべきでない**。

上記の権利は保険契約に基づくものであり、その存否及び範囲は専ら民事訴訟において確定される。審査の請求手続は、後見主義的な観点から経由を強制

---

4)　参照、最判昭 59・4・24 民集 38 巻 6 号 687 頁。
5)　大正 3 年の簡易保険法案 26 条に由来している（簡易保険局『簡易生命保険郵便年金事業史』（同局・昭 11）93 頁）。
6)　「保険契約者又ハ保険金額ヲ受取ルヘキ者カ簡易生命保険ニ関スル事項ニ付政府ニ対シテ民事訴訟ヲ提起スルニハ簡易生命保険審査会ノ審査ヲ経ルコトヲ要ス」。類例、(旧) 郵便年金法（大 15 法 39 – 昭 24 法 69）24 条、労働者災害扶助責任保険法（昭 6 法 55 – 昭 22 法 50）9 条、退職積立金及退職手当法（昭 11 法 42 – 昭 19 法 21）31 条 1 項及び**森林国営保険法**（昭 12 法 25 –）22 条 1 項及び**中小企業退職金共済法**（昭 34 法 160 –）**84 条 1 項**。災害補償に関する類例、**労働基準法**（昭 22 法 49 –）**85 条 1 項**、**船員法**（昭 22 法 100 –）**96 条 1 項**、**国家公務員災害補償法**（昭 26 法 191 –）**24 条 1 項**、地方公務員法 45 条（昭 27 法 175 – 昭 42 法 121）2 項→**地方公務員災害補償法**（昭 42 法 121）**51 条 1 項・2 項・70 条 1 項**及び公立学校の学校医の公務災害補償に関する法律（昭 32 法 143 –。現・**公立学校の学校医、学校歯科医及び学校薬剤師の公務災害補償に関する法律**）8 条 1 項（現 5 条 3 項）。再保険契約に関する類例、**漁業災害補償法** 147 条の 12（昭 42 法 124 –。現 **147 条の 13**）**第 1 項**。不法行為に関する類例、石炭鉱害賠償等臨時措置法 11 条の 2（昭 43 法 51 – 平 12 法 16）及び**公害紛争処理法 42 条の 12**（昭 47 法 52 –）**第 1 項**。

された、民事訴訟の前審たる代替的紛争解決手段に過ぎない[7]）。審査の請求に対する裁決は、和解契約の締結を勧奨する行政指導に止まる[8]）。

審査の請求（現・審査請求。健康保険法（健康保険法中改正法律（昭14法74による改正後のもの）80条（大11法70－昭22法45）1項[9]）→同条（昭22法45－。現189条）1項[10]））を却下し、又は棄却する裁決[11]）（健康保険法の一部を改正する等の法律（昭22法45）による改正後は、民事訴訟[12]）でなく行政訴訟[13]）の前審とされてい

---

7) 参照、松本烝治「簡易保険法案解説」（大4）『私法論文集』改訂新版（有斐閣・大15）879頁。ドイツ・保険法1636条の審査会（Spruchausschuss）等を参考にしたものという（同頁）が、わが国の簡易保険審査会は特別裁判所でなく、全く異なっている。

8) 類例（**労働基準法85条1項**）につき参照、最判昭45・3・24集民98号461頁。

9) 「保険給付ニ関スル決定ニ不服アル者ハ第一次健康保険審査会ニ審査ヲ請求シ其ノ決定ニ不服アル者ハ第二次健康保険審査会ニ審査ヲ請求シ其ノ決定ニ不服アル者ハ通常裁判所ニ訴ヲ提起スルコトヲ得」（制定時。傍点引用者）。類例、（旧）国民健康保険法48条（昭13法60－昭23法70）1項、職員健康保険法（昭14法72－昭17法38）81条1項、船員保険法63条（昭14法73－昭28法206）1項及び労働者年金保険法（（旧）厚生年金保険法（全改時））62条（昭16法60－昭22法45）1項。

10) 類例、（旧）厚生年金保険法62条（昭22法45－昭29法115）1項→**厚生年金保険法**（昭29法115－）**90条1項**、**労働者災害補償保険法**（昭22法50－）**35条（現38条）1項**、失業保険法（昭22法146－昭49法116）40条1項→**雇用保険法**（昭49法116－）**69条1項**等、**農業災害補償法**（昭22法185－）**131条1項**、（旧）国家公務員共済組合法（昭23法69－昭33法128）71条1項→**国家公務員共済組合法**（昭33法128）103条1項、（旧）国民健康保険法48条（昭23法70－昭33法192）1項→**国民健康保険法**（昭33法192－）**91条1項**、漁船損害補償法123条1項（昭27法28－。現・**漁船損害等補償法138条の22第1項**）、船員保険法63条（昭28法206－。現**138条**）**1項**、日雇労働者健康保険法（昭28法207－昭59法77）39条1項、市町村職員共済組合法（昭29法204－昭37法152）81条1項→**地方公務員共済組合法**（昭37法152－。現・**地方公務員等共済組合法**）**117条1項**、公共企業体職員等共済組合法（昭31法134－昭58法82）70条1項、農林漁業団体職員共済組合法（昭33法99－平13法101）66条1項、**国民年金法**（昭34法141－）**101条1項**、農業者年金基金法（昭45法78－平14法127）70条1項→**独立行政法人農業者年金基金法**（平14法127－）**52条1項**、老人保健法（昭57法80－。現・**高齢者の医療の確保に関する法律**）**128条1項**及び**介護保険法**（平9法123－）**183条1項**。再保険関係に関する類例、自動車損害賠償保障法51条（昭30法97－平13法83）1項、木船再保険法（昭28法65－昭49法10）18条1項及び**地震保険に関する法律**（昭41法73－）**6条1項**。

11) 類例につき木代一男『逐条解説国民健康保険法』（帝国地方行政学会・昭34）242頁は**民法149条の準用を肯定する**（同旨、小池欣一＝首尾木一『戦傷病者戦没者遺族等援護法の解説と運用』（中央法規・昭27）229頁）が、この説明は厚生省保険局国民健康保険課『逐条詳解国民健康保険法』（中央法規・昭58）386頁では削除されている。

12) 労働保険調査会では行政訴訟とされており（参照、社会局保険部・本編第2章註(57)147頁）、これが最終的に修正された理由は定かでない。一応の説明として参照、熊谷憲一『健康保険法詳解』（厳松堂・大15）460頁。

13) 健康保険法の一部を改正する等の法律（昭22法45）は、健康保険法80条及び（旧）厚生年

第2節　時効を停止する国家作用

る。）及び審査の請求（失業手当法（昭22法145－昭24法87）17条1項[14]）を却下し、又は棄却する裁決[15]についても同様である。

(3)　以上のように、わが法制では、消滅時効を遡って中断しなかったものとする行政処分すら認められていない。ましてや、事実としての時の経過に拘わらず時効を進行させるような行政処分を立法化することは考えられない。

第2節　時効を停止する国家作用

第1款　時効を停止する立法作用

(1)　これに該当する立法例は、消滅時効の完成（①②⑧）及び進行を停止す

　金保険法62条1項中「通常裁判所」を「裁判所」に改め、国民健康保険法の一部を改正する法律（昭23法70）は、（旧）国民健康保険法48条1項中「民事訴訟」を「訴」に改めた。前者は行政裁判所の廃止に伴う字句整理とも見られるが、後者には保険給付に関する争いを行政事件（後者は、行政事件訴訟特例法（昭23法81）と同じ会期に提出されている。）とする狙いがあり（参照、小山進次郎編『社会保障関係法』1巻（日本評論新社・昭28）168頁）、前者も後者と同様に解されるに至った（尤も、健康保険法80条に基づく審査の請求につき同168頁は、「訴願制度よりも、準司法裁判の制度としてみるのが妥当であろう」としており、なお混乱が見られる。）。この解釈は、行政不服審査法の施行に伴う関係法律の整理等に関する法律（昭37法161）がこれらの「審査の請求」を「審査の申立て」でなく「審査請求」としたことにより、法定された。

[14]　類例、**戦傷病者戦没者遺族等援護法**（昭27法127－）40条1項（現42条）、けい肺及び外傷性せき髄障害に関する特別保護法（昭30法91－昭35法29）32条1項、**引揚者給付金等支給法**（昭32法109－）16条1項（現16条）、**連合国財産の返還等に伴う損失の処理等に関する法律**（昭34法165－）6条1項（現6条）、**連合国占領軍等の行為等による被害者等に対する給付金の支給に関する法律**（昭36法215－）16条1項（現16条）、**児童扶養手当法**（昭36法238－）18条1項（現17条等）、炭鉱離職者臨時措置法42条（昭38法33－平12法16）1項、戦没者等の妻に対する特別給付金支給法（昭38法61－）7条、重度精神薄弱児扶養手当法17条（昭39法134－。現・**特別児童手当等の支給に関する法律**27条等）、港湾労働法（昭40法120－昭63法40）65条1項、戦没者等の遺族に対する特別弔慰金支給法（昭40法100－）9条、戦傷病者等の妻に対する特別給付金支給法（昭41法109－）7条、勲章年金受給者に関する特別措置法（昭42法1－平11法160）7条1項、**戦没者の父母に対する特別給付金支給法**（昭42法57－）9条、児童手当法（昭46法73－）23条2項、公害健康被害補償法（昭48法111－。現・**公害健康被害の補償等に関する法律**）168条3項、障害者自立支援法（平17法123－）97条1項、平成二十二年度における子ども手当の支給に関する法律（平22法19）24条2項及び平成二十三年度における子ども手当の支給等に関する特別措置法（平23法107－）28条2項。

[15]　不破寛昭『失業保険法・失業手当法解説と手続』（泰流社・昭23）223頁にいう「民事訴訟」とは、「行政庁の違法な処分の取消又は変更を求める訴」（日本国憲法の施行に伴う民事訴訟法の応急措置に関する法律8条（昭22法75－昭23法149））を指す趣旨であろう。

137

る類型（③〜⑤）並びに取得時効の援用権（⑥）及び完成（⑦）を停止する類型に大別される。

(2)　（旧）私法上ノ金銭債務ノ支払延期及手形等ノ権利保存行為ノ期間延長ニ関スル件（大 12 緊勅 404）1 条 1 項[16]——いわゆるモラトリアム——は、同項に規定する債権の消滅時効の進行を停止する措置法律には当たらない[17]。

同項は弁済拒絶権を発生させるに止まり（〈前章第 3 節第 1 款第 1 目〉参照）、しかも拒絶期間が 30 日に過ぎないため、債権者は期間内に催告をした後、期間満了後に裁判上の請求をすれば、完全な時効中断効を得られる[18]からである。

(3)　①金融緊急措置令[19]（昭 21 緊勅 83）1 条 1 項[20]は、封鎖預金等の消滅時効の完成を支払禁止の解除後 1 月を経過する日まで停止する措置法律に当たる（同令 9 条 3 項[21]）。

①は、同項が履行の請求（**民法 412 条 3 項**）をする権利を停止し、債権者が期間内に時効を中断することが出来ないために設けられたものである[22]。

---

16)　「大正十二年九月一日以前ニ発生シ同日ヨリ同年同月三十日迄ノ間ニ於テ支払ヲ為スヘキ私法上ノ金銭債務ニシテ債務者カ東京府、神奈川県、静岡県、埼玉県、千葉県及〔関東大〕震災ノ影響ニ依リ経済上ノ不安ヲ生スル虞アル勅令ヲ以テ指定スル地区ニ住所又ハ営業所ヲ有スルモノニ付テハ三十日間其ノ支払ヲ延期ス」（同項本文）。類例、私法上ノ金銭債務ノ支払延期及手形等ノ権利保存行為ノ期間延長ニ関スル件（昭 2 緊勅 96）1 条 1 項。

17)　参照、大決昭 3・3・31 民集 7 巻 3 号 180 頁。

18)　既に催告がされ、弁済猶予期間内に裁判上の請求をしなければ時効中断効を生じない債権については、将来の給付の訴えの利益（（旧）民事訴訟法 226 条（現・**民事訴訟法 135 条**））が認められよう（恐らく同旨、勝本正晃「経済再建諸法令と債権の運命」（昭 22）『終戦と債権関係』（有斐閣・昭 23）61 頁）。

19)　同令及び日本銀行券預入令（昭 21 緊勅 84 − 昭 29 法 66）は、ベルギー・通貨交換ニ関スル準法律的命令（Arrêté-loi du 6 octobre 1944 relatif au contrôle des change）に倣ったものである。金融緊急措置令 9 条 3 項の立案過程につき参照、大蔵省財政史室編『資料・金融緊急措置』（霞出版社・昭 62）420 頁。

20)　「金融機関ハ本令施行ノ際ニ存スル預金其ノ他金融業務上ノ債務ニシテ命令ヲ以テ定ムルモノ（以下封鎖預金等ト称ス）ニ付テハ第三条第二項ノ規定ニ依ルノ外其ノ支払ヲ為スコトヲ得ズ」「日本銀行券預入令第四条第二項ノ規定ニ依リ生ジタル預金、貯金及金銭信託ハ之ヲ封鎖預金等ト看做ス」（同条 1 項・2 項）。

21)　「支払禁止ノ解除前ニ於テ時効期間ノ満了スル封鎖預金等ニ付テハ支払禁止ノ解除後一月以内ハ時効完成セズ」。

22)　「封鎖預金等は原則として其の支払を禁止せられるのであるから、其の支払禁止の解除前に時効期間が満了した場合に於て、其の儘時効が完成するものとすることは封鎖預金等の債権者に対し酷に失すること、なる」（愛知揆一＝河野通一『金融緊急措置の解説』（大蔵財務協会・昭 21）22 頁）。

第2節　時効を停止する国家作用

(4)　②閉鎖機関に関する債権の時効等の特例に関する勅令（昭21 ポ勅 329）1条[23]は、閉鎖機関に関する債権の消滅時効の完成を停止すると共に、既に消滅時効が完成した債権についても、その完成を遡って停止する措置法律に当たる（後法につき本節第3款参照）。

②は、閉鎖機関の債権も対象としているため、時効の利益を制裁的に剥奪するものでない[24]。その主眼は寧ろ、ポツダム宣言6項等の履行として行われる閉鎖機関の特殊整理→特殊清算手続（本編第2章第3節第3款参照）をわが民商法上の時効制度の埒外に置く点にある。

(5)　③**ドイツ財産管理令**（昭25 ポ政 252）**13条**は、ドイツ財産（同令2条12項）についての時効を停止する措置法律に当たる。

ドイツ財産は、ドイツ人財産（**同令2条5項**。ドイツ法人及び好ましくない（objectionable）ドイツ人の財産）、ドイツ系法人財産（**同条7項**。ドイツ法人及び好ましくないドイツ人が支配する日本法人の財産）及び準ドイツ人財産（**同条6項**。帰国した好ましいドイツ人が持帰り荷物の制限により残置した財産）から成る。

このうちドイツ人財産については、③は、ドイツ国及びドイツ人の日本にある財産をドイツに対する平和条約が締結されるまで保全する義務[25]（SCAPIN 26. 13. Sept. 1945→**日本国との平和条約**（昭27条約5）**20条**）を履行するものに外ならない。ドイツ系法人財産についても、ドイツ人財産たる株主の権利（残余財産分配請求権）の客体をなすことから、同様に考えられる。これに対し「準ドイツ人財産」については、③は、不在者となることを余儀なくされた者を保護するものとして位置付けられる[26]。

---

23)　「別表に掲げる銀行その他の機関（以下閉鎖機関といふ。）の債権又は閉鎖機関に対する債権で、その履行期が昭和六年一月一日以後のもののうち、この勅令施行の際、いまだ時効の完成しないものについては、命令の定める日から二月内は、時効は完成せず、又、この勅令施行前すでに時効の完成したものについては、その時効は、完成しなかつたものとする」。

24)　See, Article 2 of SCAPIN 940 (Memorandum concerning Closed Institutions and Time Limits on Legal Action for Recourse, 9 May 1946).

25)　参照、竹内道雄「連合国・ドイツ財産関係の処理——平和条約発効に伴う義務の履行」時の法令61号（昭27）16～17頁。

26)　「準ドイツ人財産の管理処分は、一種の不在者のための財産管理的な色彩を持つ」（竹内道雄「ドイツ財産管理令について」財政経済弘報205号（昭25）7頁）。尤も、**日本国との平和条約**の発効後は、もはや持帰り荷物の制限の効果を維持すべき理由はないから、準ドイツ人財産の所有者にはドイツ財産からの除外（**ドイツ財産管理令3条1項**）の申請が認められるべきであった。そのような改正がされなかった点に照らすと、アメリカ等三国が準ドイツ人財産の処分権を黙示

(6) ④旧令による共済組合等からの年金受給者のための特別措置法（昭25法256）23条1項1号は、陸軍共済組合の年金受給権の消滅時効の進行を終戦の日から権利の申出期間の終了日まで遡って停止する措置法律に当たる。

陸軍共済組合の年金受給権が一時金の支給（陸軍共済組合令及海軍共済組合令廃止ノ件（昭20勅688）附則2項）によって消滅したのに対し、海軍共済組合の年金受給権は同組合の権利義務が財団法人に承継されたため消滅しなかった。これは「たまたま終戦の混乱にまぎれてとられた処理方式の相違[27]」に過ぎないことから、**同法**により、前者は消滅しなかったものと看做された（3条2項）。④は、このようにして遡及的に復活した権利が時効消滅していたという事態を防ぐために設けられたものである。

(7) ⑤**元南西諸島官公署職員等の身分、恩給等の特別措置に関する法律**（昭28法156）**12条**（現1項）は、恩給等の受給権の消滅時効の進行を遡って停止する措置法律に当たる（停止期間は、「南西諸島官公署の機能が混乱におちいつた[28]」日（昭20・3・1）から再び恩給の支給体制が調う[29]日（施行日）の前日までとされている。）。

恩給受給権の消滅時効は、恩給の請求によってのみ中断される（**恩給法5条**）。「天災其ノ他避クヘカラサル事変」のため請求をすることが出来ない場合にも、消滅時効の完成が事変終結後20日間停止されるに過ぎない（**同法7条1項**）。

⑤が設けられたのは、「事変」の終結自体が**元南西諸島官公署職員等の身分、恩給等の特別措置に関する法律**によって初めて確認されるためであろう。**日本国との平和条約**はわが国の沖縄に対する潜在主権を認めた（3条）が、その具体的内容は必ずしも明らかでなく、**恩給法**が沖縄に直接適用されるかについても、日米間の協議を待たねば判明しなかったからである[30]。

これに対し、私人間の債権及び私人の国に対する契約等に基づく債権については、時効中断手段が限られておらず、**民法161条**の想定する範囲内である。

(8) ⑥土地所有権の取得時効の特例に関する立法（1961立法11）2条[31]は、

　に留保していると判断されたのかも知れない。
27) 植松守雄「元陸海軍・外地・日鉄八幡関係者に年金」時の法令9号（昭26）14頁。
28) 渡辺光太郎「元南西諸島の公務員に共済組合の長期給付支給」時の法令141号（昭29）45頁。
29) 参照、渡辺光太郎「元南西諸島の公務員に福音──本土の公務員に準じて恩給等を支給」時の法令113号（昭28）13頁。
30) 参照、南方同胞援護会編『沖縄復帰の記録』（同会・昭47）103頁。

沖縄群島内の土地についての所有権の短期取得時効（**民法162条2項**）の援用権を当分の間停止する措置法律に当たる。

同立法は、戦災による滅失後に再製された公図が極めて不十分なものであった（本編第3章第1節第3款参照）ことに伴う土地所有者の失権を防止するために制定された[32]。併しながら、⑥は取得時効の進行を停止するものと解することは出来ない。同立法は長期取得時効（**民法162条1項**）の適用を排除していないため、その期間が進行している以上、短期取得時効の期間も進行していると解さざるを得ないからである[33]。

(9)　⑦**沖縄の復帰に伴う特別措置に関する法律**（昭46法129）**66条**は、沖縄群島内の土地についての所有権の取得時効の完成を6月間停止する措置法律に当たる。

⑦は、**琉球諸島及び大東諸島に関する日本国とアメリカ合衆国との間の協定**（昭47条約2）――いわゆる沖縄返還協定――による⑥の失効と同時に取得時効が完成する場合に備え、土地所有者に時効を中断する機会を与えたものである。期間を6月としたのは、一般に権利を保存するためには6月で十分とされている（**民法158条**（現1項）等）からである[34]。

(10)　⑧**特定住宅金融専門会社が有する債権の時効の停止等に関する特別措置法**（平8衆法98）**1条**は、特定住宅金融専門会社――いわゆる住専――の貸付債権等の消滅時効の完成を債権処理会社（**特定住宅金融専門会社の債権債務の処理の促進等に関する特別措置法**（平8法93－）**3条1項2号**）の設立後2年を経過する日まで停止する措置法律に当たる。

債権処理会社は特定住宅金融専門会社から譲り受けた貸付債権等の回収を行うことを目的とし（**同項1号**）、その回収につき損失を生じた場合には、預金保険機構から助成金を交付される（**同法8条**）。⑧は、これらの債権等が20万件を超え、適時に裁判上の請求等をするのが困難であるため設けられたものとい

---

31)　「前条の土地〔＝沖縄群島内の土地〕については、当分の間、民法（明治二十九年法律第八十九号）第百六十二条第二項の規定は、適用しない」。
32)　参照、砂川恵伸他「土地法制の変遷」宮里・序説註(39)536頁。
33)　参照、時岡泰「沖縄復帰に伴う民事上の諸問題（四）」法曹時報24巻9号（昭47）86頁。結論同旨、福岡高判昭50・8・4判時802号89頁。
34)　参照、時岡・前註86頁。

う[35]。

⑧については、「債権……が短期間に大量に……譲渡されることから……時効中断を困難ならしめる事情がないとまではいえないこと」「国の財政上の措置が予定されているように、私法上の債権とはいえ、その十分な回収が強力に要請されている極めて公益性の高い債権といえなくもないこと」等を挙げて正当化しようとする見解もある[36]。

併しながら、前者の理由については、大量の債権の譲受けを強制された私人を保護するためであれば一般法たる**民法158条**等とも整合的であるが、債権処理会社は預金保険機構の100％子会社である上、特定住宅金融専門会社の債権譲渡及び解散は単なる行政指導に基づくものに過ぎない。後者の理由についても、大量かつ公益性ある国の債権すら納入の告知（次節第3款参照）という個々的な中断手段しか認められていない以上、説得的といい難い。

⑾　**厚生年金保険の保険給付及び国民年金の給付に係る時効の特例等に関する法律**（平19衆法111）**1条**[37]は、保険給付を受ける権利の消滅時効の完成を遡って停止する措置法律には当たらない。

同条は、「消滅時効が完成した場合においても、当該権利〔＝いわゆる支分権〕に基づく保険給付を支払う」と規定している。支分権は消滅時効の完成により援用を要することなく実体的に消滅している[38]が、**同条**にはその完成を遡って停止するまでの意図はなさそうである。結局、「当該権利に基づく保険給付」とは「当該権利に基づいて支給されるべき保険給付の額と同額の給付」を指すと解する外なく、**同法**は何ら時効の特例を定めていないこととなる。

⑿　以上の立法例のうち、②③は、それぞれ降伏文書及び講和条約に基づくものであり、国内法体系の外にある。⑧も、十分な正当化は困難である。

---

35)　参照、136・参・金融問題等に関する特別委6号（平8・6・14）3頁〔永井哲男衆議院議員〕。同頁によると、提出者は、アメリカの整理信託公社（RTC）が有する損害賠償請求権の時効の取扱い（参照、岸毅「アメリカ合衆国における破綻金融機関の旧経営者等に対する責任追及活動の歴史と現状——我が国との比較」預金保険研究6号（平18）45〜47頁）を参考としたようである。

36)　佐藤哲治「『特定住宅金融専門会社が有する債権の時効の停止等に関する特別措置法』の概要」ジュリスト1096号（平8）22頁。

37)　類例、**同法2条**。

38)　参照、吉田尚弘「年金記録問題への対応の一環として、時効の特例措置を設ける」時の法令1799号（平19）41〜42頁。

①は、預金封鎖という一回限りの措置に伴う失権を回避するための附随的手当であり、その適用範囲は事前に明確化されている。

④〜⑦は、いずれも今次の戦争に関連しているが、およそ戦争に起因する不利益を防止するためであれば、直ちにこのような措置法律が正当化される訳でない。④⑤及び⑥⑦の主眼は、それぞれ公的年金の受給者間の不平等及び公証制度の未整備に対処する点にあり、それらがたまたま戦争に起因していたに過ぎない。

第2款　時効を停止する司法作用

(1)　これに該当する立法例は、消滅時効の完成（①②）及び進行（③〜⑤）を停止する類型に大別される。

(2)　①相続財産に対する破産宣告の決定（（旧）破産法129条）→相続財産についての破産手続開始の決定（**破産法30条1項**）及び相続財産の管理人の選任（**民法1021条（現918条）2項**等。〈前章第2節第1款第2目〉参照）は、相続財産に関する債権の消滅時効の完成を6月間停止する司法処分に当たる（**民法160条**）。

この効果は、破産管財人及び相続財産の管理人が被相続人の権利を知る前にそれらの権利の消滅時効が完成してしまうことを防ぐためのものである[39]。

(3)　②特別清算開始の命令（商法431条（昭13法72－平17法87）1項[40]→**会社法510条**）は、会社に対する債権の消滅時効の完成を特別清算手続の終結後2月間停止する司法処分に当たる（商法433条・385条（いずれも同前）→**会社法515条3項**）。

特別清算手続は破産、強制執行等の手続を排除して進められる（商法433条・383条（いずれも同前）2項→**会社法515条1項**）一方、その簡易な手続としての性格上、債権の届出（（旧）破産法228条1項→**破産法111条1項**）のような時効中断制度を設けることも出来ないことから、このような効果が認められたのである[41]。

---

39)　参照、梅謙次郎『民法要義』1巻訂正増補版（有斐閣・明44）404頁。
40)　類例、商法381条（昭13法72－平17法86）1項・2項。
41)　類例（整理手続）につき参照、奥野健一他『株式会社法釈義』（厳松堂・昭14）383頁。**会社法**の立案過程でも、「特別清算を通常の清算手続を厳格化した特殊な清算手続として位置づけるのであれば、特別清算開始後も、通常清算の枠組みをそのまま引き継ざるを得ず、特別清算固有の債権の届出、調査および確定の手続を導入することは不適当であると考えられ」た（萩本修

包括的禁止命令[42]（**民事再生法 27 条 1 項**[43]）、強制執行等禁止命令[44]（**外国倒産処理手続の承認援助に関する法律**（平 12 法 129 −）28 条 1 項）及び免責許可の申立の決定等[45]（**破産法 252 条 1 項**）についても同様である（それぞれ**民事再生法 27 条 7 項、外国倒産処理手続の承認援助に関する法律 28 条 7 項及び破産法 249 条 3 項**）。

（4）　③更生手続開始の決定（（旧）会社更生法 2 条→**会社更生法 41 条 1 項**）は、国税等の徴収権（次款参照）の消滅時効の進行を 1 年間停止させる司法処分に当たる（（旧）会社更生法 67 条 1 項・5 項→**会社更生法 50 条 10 項**）。

更生手続は既開始の滞納処分手続等を中止し、未開始の滞納処分手続等の開始を禁止して進められるが、徴収権の消滅時効は、前者では差押（次節第 3 款参照）により中断されているのに対し、後者では他に中段手段がないことから、このような効果が認められたのである。

納税担保物の処分[46]の中止の決定（（旧）会社更生法 37 条 2 項（制定時。差押を経ないものに限る。））についても同様である[47]（同法 37 条 4 項）。

（5）　④更生計画認可の決定（（旧）会社更生法 233 条 1 項→**会社更生法 199 条 1 項**。2 年（現 3 年）以下の期間の納税の猶予又は換価の猶予（（旧）会社更生法 122 条 1 項→**会社更生法 169 条 1 項ただし書**）を定めるものに限る。）は、国税等の徴収権（次款参照）の消滅時効の進行をその期間停止させる司法処分に当たる（（旧）会社更生法 122 条 3 項（全改時 4 項）→**会社更生法 207 条**）。

（6）　⑤執行停止の決定（行政事件訴訟特例法（昭 23 法 81 − 昭 37 法 139）10 条 2 項→**行政事件訴訟法 25 条 2 項**。滞納処分手続の続行を停止するものに限る。）は、国

編・菅家忠行＝世森亮次『逐条解説新しい特別清算』（商事法務・平 18）85 頁）。
42)　参照、花村良一『民事再生法要説』（商事法務研究会・平 12）99～100 頁。
43)　類例、**会社更生法 25 条 1 項及び破産法 25 条 1 項**。
44)　参照、深山卓也『新しい国際倒産法制』（金融財政事情研究会・平 13）196～197 頁。
45)　参照、小川秀樹『一問一答新しい破産法』（商事法務・平 16）336 頁。
46)　（旧）国税徴収法 7 条ノ 4（昭 26 法 78 − 昭 34 法 147）第 1 項→国税徴収法 160 条（昭 34 法 147 − 昭 37 法 67）1 項→**国税通則法 52 条 1 項**。
47)　位野木法制意見参事官は、通常の滞納処分手続にあっては差押により時効が中断されるが、納税担保物の処分にあっては「疑があるから時効が進行しないことを明らかにした」と説明している（位野木益雄『会社更生法要説』（学陽書房・昭 27）86 頁）。その後、納税担保物の処分は差押を経てされることとなったらしく（旧来の扱いを示した最後の文献として参照、杉山宗六『国税徴収法精解』（森山書店・昭 27）196 頁）、国税滞納処分の中止の命令（**会社更生法 24 条 2 項**）には、上記の効果は認められていない（参照、深山卓也編『一問一答新会社更生法』（商事法務・平 16）55 頁）。包括的禁止命令（**同法 25 条 1 項**）についても同様である。

第2節　時効を停止する国家作用

税の徴収権（次款参照）の消滅時効の進行を停止させる司法処分に当たる（国税徴収法 175 条（昭 34 法 147 – 昭 37 法 67）3 項→**国税通則法 73 条 4 項**）。

(7)　以上の立法例は、相続人等を保護する類型（①）及び手続間調整に伴う類型（②～⑤）に再整理することが出来る。

第 3 款　時効を停止する行政作用

(1)　これに該当する立法例は、消滅時効の完成（①⑥）及び進行（②～⑤）を停止する類型に大別される。

(2)　①閉鎖機関の指定（本編第 2 章第 3 節第 3 款参照）は、閉鎖機関に関する債権の消滅時効の完成を特殊清算手続の結了まで停止すると共に、既に消滅時効が完成した債権についても、その完成を遡及的に停止する行政処分に当たる（**閉鎖機関に関する債権の時効等の特例に関する政令**（昭 23 ポ政 264 –）1 条。その前法につき本節第 1 款参照）。

①は、件数の急増に対処すべく、閉鎖機関に関する債権の時効等の特例に関する勅令 1 条（本節第 1 款参照）を行政処分化したものである。

(3)　②特殊清算の結了の承認（**閉鎖機関令 19 条の 3**（昭 23 ポ政 251 –）**第 1 項**）は、閉鎖機関の在外店舗に係る負債の引当としての在内店舗に係る資産[48]（**同令 19 条**（昭 23 ポ政 251 – 昭 28 法 133）2 項→同条（昭 28 法 133 –）1 項）に関する消滅時効の進行を政令で指定する日まで停止する行政処分に当たる（特定在外活動閉鎖機関等の引当財産の管理に関する政令（昭 25 政 369 –。現・**閉鎖機関の引当財産の管理に関する政令**）**10 条**[49]）。

閉鎖機関の在外店舗に係る負債の取扱いは、在外店舗に係る資産の取扱いがその所在国との平和条約により最終的に決定されるまで未決定としておくことが、対外交渉上望ましい[50]。上記の効果は、この見地から設けられたものである。

(4)　滞納処分手続における③執行の猶予（（旧）国税徴収法 12 条ノ 2（昭 26 法

---

48)　外地銀行等にあっては、在内店舗に係る負債を弁済した残余の在内店舗に係る資産（**同令 19 条**（昭 23 ポ政 251 – 昭 28 法 133）1 項）。
49)　類例、旧日本占領地域に本店を有する会社の本邦内にある財産の整理に関する政令 28 条の 7（昭 31 法 111 –）。
50)　類例につき参照、阪上行雄「在外会社等の特殊清算を促進——外地従業員債務等の支払のみちを開く」時の法令 209 号（昭 31）23 頁。

78－昭34法147)第1項)→換価の猶予(**国税徴収法151条1項**)は、国税の徴収権[51]の消滅時効の進行を猶予期間中停止する行政処分に当たる((旧)国税徴収法12条ノ2(同前)第4項→国税徴収法(昭34法147－昭37法67)175条3項→**国税通則法**(昭37法66－)**73条3項(現4項)**)。

猶予は免除でないため、徴収権が行使されない間に時効消滅することを避ける必要がある。上記の効果は、この見地からもうけられたものである。

徴収の猶予(**国税徴収法148条**(昭34法147－昭37法67)1項[52])→納税の猶予(**国税通則法46条2項**[53])についても同様である[54](国税徴収法(同前)175条3項→**国税通則法73条4項**[55])。

(5) ④国家公務員共済組合連合会が年金を支給する外地関係共済組合の指定(**旧令による共済組合等からの年金受給者のための特別措置法4条1項**)は、同組合の年金受給権の消滅時効の進行を終戦の日から権利の申出期間の終了日まで停止する行政処分に当たる(**同法23条1項3号**。同法につき本節第1款参照)。

(6) ⑤年金給付の支給の停止(**国民年金法**(昭34法141－)**72条**[56]等。その全部の支給を停止するものに限る。)は、年金受給権の消滅時効の進行を停止させる

---

51) 国税徴収法174条(昭34法147－昭37法67)1項にいう「徴収権」は、賦課権即ち「更正、決定その他税務官庁が租税債権を確定する処分をすることができる権利」(国税通則法の制定に関する答申。ジュリスト251号(昭37)34～35頁))から区別されていなかった(参照、吉国他編・本編第3章註(251)766頁)。**国税通則法**は、賦課権の除斥期間を別途規定し(**70条1項**。先例、所得税法46条の2(昭32法27－昭37法66)第1項等)、**72条1項**にいう「徴収権」とは明示的に区別した(参照、志場喜徳郎他編『国税通則法精解』初版(大蔵財務協会・昭38)546～547頁)。本書では、**同法制定前**についても、後者の意味で用いる。

52) 類例、同条(同前)2項、同法166条(同前)3項ただし書、災害被害者に対する租税の減免、徴収猶予等に関する法律9条(昭22法175－昭37法67)等。

53) 類例、**同条1項・3項、同法84条(現105条)**2項、**地方税法15条**(昭34法149－)**1項、証券取引法(現・金融商品取引法)185条の8**(平16法97－)**第1項・第2項(現第3項)**及び**同条**(平17法76－)**第2項**。

54) これらは③と異なり申請に基づく処分であるため、(旧)国税徴収法では、徴収の猶予(7条(昭26法78－昭34法147)1項)の申請は**民法147条3号**にいう「承認」に当たり、時効を中断すると解されていた(参照、桃井直蔵編『条解国税徴収法』(白桃書房・昭32)248頁)。併しながら、猶予期間中は徴収権を行使することが出来ない点(国税徴収法149条(昭34法147－昭37法67)1項→**国税通則法48条1項**))に鑑み、昭和33年の租税徴収制度調査会答申において、③と統一することとされたものである(参照、ジュリスト171号(昭34)59頁(時効の中断及び停止))。

55) 類例、**地方税法18条の2**(昭34法149－)**第4項及び証券取引法(現・金融商品取引法)185条の8**(平16法97－)**第9項(現第11項)**。

56) 類例、**厚生年金保険法**(昭29法115－)**77条**。

行政処分に当たる（**同法102条**（昭36法167－）**2項**[57]）。

類例につき山本前年金局長らは、「厚生年金保険の取り扱いとしては権利が発生した上で支給停止という建前になつているのであるが、全額支給停止の場合に時効を進行させることは酷である[58]」からと説明している。

（**7**）⑥資産の買取りに係る資金援助を行う旨の決定（**金融機能の再生のための緊急措置に関する法律**（平10衆法132－）**72条2項・預金保険法64条**（昭61法72－）**1項**）は、特別公的管理銀行の資産の買取りにより取得した債権の消滅時効の完成を債権取得後2年間停止する行政処分に当たる（**金融機能の再生のための緊急措置に関する法律75条2項**）。

⑥は、政府案（本章第1節第1款第2目参照）になかったものであり、**特定住宅金融専門会社が有する債権の時効の停止等に関する特別措置法**（平8衆法98－）**1条**（本節第1款参照）と趣旨を同じくする。

（**8**）以上の立法例は、降伏文書及び講和条約と関わる例外的な存在である①②を除けば、国・私人間の債権の行使を停止する行政処分に伴う失権を回避するための附随的手当（③⑤）及び公的年金の受給者間の不平等に対処するための類型（④）に再整理することが出来る。⑥については、やはり正当化することは困難である（本節第1款参照）。

第3節　時効を中断する国家作用

第1款　時効を中断する立法作用

該当例は見当たらない。

第2款　時効を中断する司法作用

（**1**）特別清算手続における①職権による査定手続の開始（商法454条（昭13

---

57) 類例、**厚生年金保険法92条**（昭40法104－）**2項・170条**（同前）**2項**。
58) 山本正淑＝船後正道編『厚生年金保険法精解』（財務出版・昭41）169頁。「基本権たる受給権が発生した場合には、すべて消滅時効が進行することは酷に失するので、年金給付の実質的利益を受けることができる場合にだけこれが進行するものとした」（竹内嘉巳＝高橋三男『国民年金法逐条略解』（全社連広報出版部・昭37）343頁）。

法72－平17法87）1項5号[59]）→役員等責任査定決定の手続の開始の決定（**会社法545条2項**）は、発起人等→対象役員等の損害賠償請求権の消滅時効を査定手続の終了まで中断する司法処分に当たる（商法454条2項・396条（いずれも同前）→**会社法545条3項**）。

①の時効中断効は、裁判上の請求との均衡から認められたものである。

第3款　時効を中断する行政作用

(1)　これに該当するかが問題となる立法例は、消滅時効を中断する類型（❶❷）に限られる。

(2)　上納の告知[60]（（旧々）会計法（明22法4－大10法42）19条[61]）→納入の告知（（旧）会計法（大10法42－昭22法35）34条[62]→**会計法**（昭22法35－）**6条**[63]。❷を除く[64]。）は、政府→国の金銭債権の消滅時効を中断する行政処分には当たらない。

これらの実体要件は当該債権が存在することであり、手続要件は所定の要式を備えていることである。実体要件については、これらの対象となる債権は契約等私法上の原因に基づいており（国税滞納処分の例により徴収される債権は、❶❷の対象となる。）、その存否の判断は司法管轄留保事項に属する。手続要件についても、その定型性に照らすと、取り消し得べき瑕疵、無効の瑕疵及び不存在という三分法でなく、債権を特定するに足れば存在、足りなければ不存在と

---

[59]　類例、商法396条（昭13法72－平17法87）、（旧）会社更生法73条2項→**会社更生法100条3項、民事再生法143条4項**及び**破産法178条3項**。

[60]　これは、明治20年の会計原法案64条に由来する（参照、小柳春一郎編『会計法〔明治二二年〕』日本立法資料全集4巻（信山社・平3）215頁）。「特別ノ法律」としては、地租条例25条（次編第3章註(10)参照）但書（明17布告7－明22法30。「但地租改正ノ初年以前ニ遡ルコトヲ得ス」）が例示されている（同351～352頁）。

[61]　「政府ニ納ムヘキ金額ニシテ其ノ納ムヘキ年度経過後満五箇年内ニ上納ノ告知ヲ受ケサルモノハ其ノ義務ヲ免レ、モノトス但シ特別ノ法律ヲ以テ期満免除ノ期限ヲ定メタルモノハ各々其ノ定ムル所ニ依ル」。

[62]　「法令ノ規定ニ依リ政府ノ為ス納入ノ告知ハ民法第百五十三条ノ規定ニ拘ラス時効中断ノ効力ヲ有ス」。

[63]　類例、**国の債権の管理等に関する法律**（昭31法114－）**13条1項**（歳入金として収納されるものを除く。）及び**地方自治法231条**（昭38法99－）。

[64]　❷は、納入の告知の特別法でなく、納入の告知そのものである（参照、岡田直策『国税徴収法精解』（森山書店・昭9）172頁）。地方税の督促についても同様である（参照、行判大7・6・3行録29輯505丁）。

第3節　時効を中断する国家作用

いう二分法で十分である。実体要件が欠ける場合にはカテゴリカルに無効、手続要件が欠ける場合には不存在と評価されるのであれば、これらを独立した行政行為ということは出来ない。

　時効中断効を認めた理由につき西野主計局長は、その明確性において裁判上の請求（**民法149条**）に匹敵する点を挙げている[65]。この見解は、**民法**の準用を認めた点（（旧）会計法33条→**会計法31条2項**）とも整合的である。

　(3)　❶徴税令書（（旧々）国税徴収法（明22法9－明30法21）17条[66]）→❷納税の告知（（旧）国税徴収法6条[67]→国税徴収法42条（昭34法147－昭37法67）→**国税通則法36条1項**[68]）は、国税の徴収権（前節第3款参照）の消滅時効を中断する[69]行政処分に当たるか、必ずしも明瞭でない。

　❶は、上納の告知（前述）の特別法であり、フランス・地租ノ配賦、標準及徴収ニ関スル法律149条[70]等を参考としたものである[71]。

---

65)　「政府ノ為ス請求ハ一私人ノ為ス非形式ノ請求ト異ナリ其ノ形式ハ一々法規ニ準拠シ公ノ手続ニ従フヘキヲ以テ請求者ノ意思ハ明確的実ナルノミナラス政府トシテハ法規上永久之ヲ未決ノ儘ニ放任スルコトヲ得ス其ノ請求ニシテ効果ナカラムカ必スヤ相当ノ期間ニ相当ノ処置ヲ採ルヘキヲ以テ之ニ次クニ司法上ノ請求ヲ履行セシムルヲ要セス」（西野・本編第3章註(96)65頁）。同旨、最判昭53・3・17民集32巻2号240頁。

66)　「徴税令書若クハ徴収伝令書ヲ発セスシテ納期限ノ翌日ヨリ起算シ満三年ヲ経過スルトキハ納税人ハ其義務ヲ免ル、モノトス」（17条）。「国税期満免除ノ期限内ニ於テ徴税令書若クハ徴収伝令書ヲ発シタルトキハ期限ノ経過ヲ中断スルモノトス」（19条1項）。

67)　「国税ヲ徴収セムトスルトキハ収税官吏又ハ市町村ハ納税人ニ対シ其ノ納金額、納期日及納付場所ヲ指定シ之ヲ告知スヘシ」。類例、（旧）関税法9条→関税法14条3項（現9条の3第1項）。

68)　類例、**国税通則法24条・25条・65条1項**等。

69)　参照、国税徴収法175条（昭34法147－昭37法67）1項1号→**国税通則法73条1項1号**。

70)　"Les percepteurs de commune ou de canton qui n'auraient fait aucune poursuite contre un ou plusieurs contribuables en retard, pendant trois années consécutives, à compter du jour où le rôle leur aura été remis, perdront leurs recours, et seront déchus de tous droits et de toute action contre eux."

71)　大蔵省曰く、「期満免除ナルモノハ時日ノ経過トノ政府ノ納期ニ至ルモ其徴税権ヲ行ハサルニ由リ生スル処ノ推測トニ基クモノニシテ之ヲ要スルニ法律上ノ思料ニ出ルモノトス抑々徴税上本条〔＝19条〕ノ規定ヲ必要トスル所以ノモノハ凡ソ事物ハ時日ヲ経ルニ従ヒ遂ニ其証憑ヲ堙滅スルモノ然ルニ若シ数年ヲ経過スルモ猶之ヲ追徴スルモノトナストキハ納税人ニ在テハ或ハ徴税官吏ノ領収証ヲ亡失シ其義務ヲ既ニ解除トナリタルヲ証明シ能ハサルノ恐レナキヲ保タサルノミナラス政府ニ於テモ亦義務整理上常ニ紛雑ノ煩ヲ取ラサルヲ得ス即チ一般ノ利益ニ非サレハナリ然リ而シテ其期限ノ満三年ト定メタルハ欧米各国ノ例ヲ斟酌シタルモノトス」（内閣記録局編『法規分類大全』2編巻10租税門徴収諸規帳簿附（明26）9頁）。これに倣って、地租条例25条但書も「但発覚ノ日ヨリ三年以前ニ遡ルコトヲ得ス」と改正されている（明22法30。参照、『元老院会議筆記』35巻（元老院会議筆記刊行会・平2）272～273頁〔蜂須賀茂韶〕）。

自動確定の租税については、❶❷は、上納の告知→納入の告知（前述）と同様に解することが出来る。❶❷の実体要件である徴収権の存在は、専ら租税債務確認訴訟によって判断される[72]からである。

一方、賦課課税方式の国税については、❶❷の実体要件は、専ら取消訴訟において判断される。ここで時効中断効が問題となるのは、❶❷が法定納期限後にされた場合に限られる（徴収権の消滅時効は法定納期限の翌日から起算される（国税徴収法174条（同前）1項→**国税通則法72条1項**）からである。）。この場合、❶❷を徴収権の消滅時効を中断する行政処分と見ることは、一応可能である[73]（但し、納税者は全部取消判決を得ない限り、時効中断効を取り除くことは出来ない）。

(4) 滞納処分手続における差押（国税滞納処分法（明22法32－明30法21）12条[74]→（旧）国税徴収法10条[75]→**国税徴収法56条1項**）は、国税の徴収権の消滅時効を中断する行政処分には当たらない。

自動確定の租税については、❶❷と同様に考えられるし、賦課課税方式の国税についても、実体要件たる徴収権の存在は専ら税務署長等の処分の取消訴訟において判断されるため、時効中断効（**民法147条2号**[76]）を差押の効果と見るのは適当でないからである。

督促（（旧）国税徴収法9条1項→国税徴収法45条（昭34法147－昭37法67）1項→**国税通則法**（昭37法66－）**37条1項**）についても同様である。

(5) 以上のように、時効を中断する行政処分と一応見ることが出来る立法例は、法律上当然に発生する国の私人に対する債権をその本来の履行期限後に確認する行政処分に限られている。後者の処分に時効中断効を結び付けることは、当該私人が本来の期限までに履行すべき債務の内容を予測することが出来た場合には、期限の利益が十分に保障されていたといえるため、正当化されよう。

---

72) 参照、可部恒雄〔判解民昭45下〕1110～1111頁。
73) 申告納税方式の国税における更正・決定についても同様である（**国税通則法73条1項1号**）。
74) 次編第3章註(139)参照。
75) 次編第3章註(140)参照。
76) 督促につき参照、(旧)国税徴収法9条（昭26法78－昭34法147）10項（全改時12項）→国税徴収法175条（昭34法147－昭37法67）1項2号→**国税通則法73条1項4号**。

第4節　時効を形成するその他の国家作用

第1款　時効を形成するその他の立法作用

①**接収貴金属等の処理に関する法律**（昭34法135）5条1～4項[77]は、接収貴金属等の所有権に基づく返還請求権に除斥期間を設ける措置法律に当たる[78]。

接収貴金属等については、その多くが占領軍によって溶解・混合されたため、まず保管貴金属等のうち返還請求があった接収貴金属等であると特定されたもの（以下「特定物」という。）を返還した上、特定されなかった保管貴金属等（以下「未特定物」という。）の総体を一種の混和物と捉えて、返還請求があった接収貴金属等と同じ価値の保管貴金属等を法律上の同一物として返還する方法による外ない（本編第3章第2節第3款参照）。即ち、特定物を各返還請求者に返還した後、未特定物を残余の返還請求者の間で分配・分割するのである。

仮に返還請求を無期限に認めるならば、当初の返還手続が終了した後に接収貴金属等の所有権を主張する者が現れると、当該接収貴金属等が特定物とされていた場合にはその返還を受けた者を被告とする所有権確認訴訟、不特定物とされていた場合には不特定物の返還を受けた者全員を被告とする所有権確認・不当利得返還請求訴訟が、それぞれ提起されることとなる。後者の場合には、際限なく手続をやり直さざるを得ないし、前者の場合にも、特定物の範囲が明らかになって初めて不特定物の範囲も明らかになる[79]以上、失権的効果を課してでも一回の手続で解決する必要がある。

尤も、所有者による返還請求を被接収者による返還請求を補充する限度でしか認めていない点[80]（**同法5条4項**）は、第三者没収手続において参加人が被

---

77) 類例、**接収刀剣類の処理に関する法律**（平7法133）**3条**及び**アイヌ文化の振興並びにアイヌの伝統等に関する知識の普及及び啓発に関する法律**（平9法52）附則3条3項。
78) 立案関係者は、**同法3条**により民法の適用を除外した上、除斥期間付きの返還請求権を創設したという（池中弘「接収貴金属等の処理に関する法律の解説（2）」予算10巻4号（昭34）38頁）が、本文のように解する方が簡明である。
79) 「特定、不特定というのは結果的にわかることでございま」す（31・衆・大蔵委7号（昭34・2・6）5頁〔賀屋正雄政府委員〕）。
80) 立案関係者によると、「占有者が留置権、質権等を持つていた場合に、その権利を不当に消滅

告人と同一の手続的権利を与えられた点(**刑事事件における第三者所有物の没収手続に関する応急措置法**(昭38法138－)**4条1項**)との均衡に照らし、疑問が残る[81]。

第2款　時効を形成するその他の司法作用

①確定判決等は、時効の期間を延長する司法処分に当たる(((旧)民法証拠編163条[82]→**民法174条ノ2**(昭13法18－)**第1項**)。

これらに相当する規定は、制定時の民法では一旦削られたが、ドイツ・民法典218条1項に倣って復活した。

第3款　時効を形成するその他の行政作用

該当例は見当たらない。

させることを避けた」「所有者より被接収者に証拠資料がととのつている事情を勘案した」「被接収者であることの確認に比して、所有者であることの確認は、困難な場合が多い点を考慮した」ためという(池中・前註(78)36頁)。
81) 接収刀剣類の処理に関する法律3条は、被接収者以外の所有者による返還請求を認めておらず、違憲の疑いがある。
82) 「本章ニ規定シタル時効ハ当事者ノ間ニ明確ナル計算書、数額ヲ記載シタル債務ノ追認書又ハ債務者ニ対スル判決書アルトキハ之ヲ適用スルコトヲ得ス此場合ニ於テハ時効ハ三十ケ年トス」。

第2編 物　権

第1章 総　則

第1節　占有及び占有権

　占有権（民法180条）とは、占有の保護に関する諸権利（同法162条・188条・189条1項・197条）の総称である（法典調査会では、「唯ダ『占有』ト書イテハ差支ヘマスカ、夫レトモ権ノ字ガ是非入ルト云フノデアリマスカ」と問われた穂積起草委員が「人ガ物ヲ占有シマスル〔。〕然ウスルト其占有ト云フ事実ニ法律ガ或ル結果ヲ附ケ加ヘル〔。〕其事実ヨリシテ出マシタ結果ヲ即チ物権ト看マシタ」と説明している[1]）。故に、占有それ自体は物権でないが、上記の保護を認められるが故に純然たる事実でもない[2]。

　占有は、体素（「所持」）と心素（「自己ノ為メニスル意思」）を要素とする。穂積起草委員が心素を広く解して受寄者にも占有を認めたのに対し、梅起草委員は、心素を物の上に権利を行使する意思に限った。占有を受寄者に認めるならば占有補助者にも認めざるを得ず、占有者と占有補助者の区別が失われてしまうからという[3]。その結果、民法の代理占有に関する規定（181条・183〜185条・204

1）　法典調査会「民法総会議事速記録」法務大臣官房司法法制調査部監修『日本近代立法資料叢書』12巻（商事法務研究会・昭63）43頁〔穂積八束、穂積陳重〕。同旨、「占有権ト謂ヘルハ法律ヵ占有ヲ保護スル為メニ与フル所ノ一切ノ権利ヲ総括シタルモノナリ〔。〕而シテ之ヲ物権トシタルハ有体物ノ上ニ直接ニ行ハルヘキ権利ナレハナリ」（梅謙次郎『民法要義』2巻（私立法政大学他・明44）29頁（傍丸略））。これと微妙に異なった説明として参照、「法律ハ……其事実〔＝占有〕アルヤ更ニ占有ヲ為ス権利（jus possidendi）ノ存在ヲ証明スルコトヲ要セスシテ何人ヨリモ之ヲ侵サレサル独立ノ権利（jus possessionis）ヲ生ス〔。〕故ニ……占有者ハ一般ノ人ニ対シ其事実状態ヲ保持スル権利ヲ有スルモノトス〔。〕民法ニ所謂占有権トハ即チ是ナリ」（富井政章「占有権ノ性質」法学協会雑誌32巻1号（大3）7〜8頁）。
2）　参照、梅・前註28〜29頁。
3）　参照、法典調査会・前編第3章註(25)594〜596頁〔穂積陳重、梅謙次郎〕・601〜602頁〔梅〕。

155

条）は、（間接占有に対する）直接占有と（直接占有に対する）占有補助者による所持の双方を含んだものとなっている。混乱を避けるため、本書では「代理占有」の語は用いない。

第2節　所有権及び所有権類似の物権

(1)　近代法上の土地所有権は、前近代法上の"所持"に内在していた公法・私法未分化の物上負担や団体法的な拘束が解消されたことに伴い、成立した。

徳川時代には、「一般的に、幕府・藩など領主層の耕地や屋敷地に対する権利を『領知』、百姓の田畑に対する諸権利を『所持』という語で表したが、一つの土地に対する排他的・独占的所有は、少なくとも建前上は存在しえず、……諸権利……が重層的に存在した[4]」。そして「個別的な百姓土地所持権の背後に、村内の土地は村の共有財産とする観念も存在しており」、「村の承認がなければ土地を売買・質入しえなかった[5]」。

本書では一応、地所永代売買を許した明治5年（布）50号[6]及び地所質入書入規則（明6布告18－明31法11）により、近代法上の所有権が析出された[7]と捉えておく。

それらは、地券（本編第3章第3款参照。但し、土地売買譲渡規則（明13布告52－明19法1）施行後に売買・譲渡された土地については、同規則に基づく奥書割印[8]）により公証された[9]後、登記法（明19法1－明32法46）の施行に伴い、登記に

4）　浅古弘他編『日本法制史』（青林書院・平22）193頁。
5）　水林彪他編『法社会史』（山川出版社・平13）307頁〔大藤修〕。
6）　司法省は、永代売買が許される以前の売買も私法上有効とした（明7・8・10司法省指令。司法省編『司法省日誌』9巻（橘書院・昭58）90～91頁）が、これは明治5年（布）50号を遡及的に適用しただけであり、徳川時代における永代売買の禁止が現在の用語でいう"取締法規"に過ぎなかった訳でない。
7）　内務省は、明治8年に「退転ノ田畑一村総作ニ致シ荒地ニ至ラシメス……等ノ廉ヲ以一村ヘ無代下渡スヘキ筈ハ無之候」と指令し、田畑に対する村の潜在的所有権を否定している（明8・5・13内務省指令。内務省編・前編第3章註(54)上巻467～468頁）。
8）　明治19年の登記条例説明書には、「従来地所建物船舶所有権ノ移転質入書入ハ戸長ノ公証ヲ受クルノ規則タリ」（傍点引用者）とある（清水誠比『福島正夫筆写・旧登記法制定に関する司法省資料・紹介(一)』神奈川法学32巻2号（平10）181頁）。
9）　「右地券ハ地所持主タル確証ニ付……」（地所売買譲渡ニ付地券渡方規則（明5大蔵省達25－明19法1）6則）。「地所売買ノ節代金領取ノ証文アルモ地券ヲ受ケサレハ買主ニ其地所々有ノ

第 2 節　所有権及び所有権類似の物権

より公証され[10]、**民法**の施行に伴い、「民法施行前ニ発生シタル」所有権として位置付けられた[11]（**民法施行法**（明 31 法 11 –）**36 条**）。登記法に基づく登記は、(旧)不動産登記法の施行に伴い、同法に基づく登記と看做されている（163 条）。

　(2)　建物の区分所有権（民法 208 条（明 29 法 89 – 昭 37 法 69）1 項→**建物の区分所有等に関する法律**（昭 37 法 69 –）**2 条 1 項**）については、共同の利益に反する行為をした区分所有者に対し、他の区分所有者の全員又は管理組合法人がその区分所有権の競売を請求することが認められるに至っている（**同法 59 条**（昭 58 法 51 –）**1 項**）。これは、区分所有権に団体法的な拘束を内在させるものにも見える[12]が、個人主義原理に則って正当化することも可能である[13]。

　(3)　共有（**民法 249 条**以下）については、単一の所有権が分有された状態と捉える説[14]と各所有権が互いに制約された状態と捉える説[15]が対立している。と

権ナキヲ以テ地券規則ニ遵ヒ地券書換ヲ請願スヘシ」（明治 7 年布告 104 号（– 明 8 布告 106。傍点引用者））。「第 1 条ノ〔奥書割印〕手続ヲ以テ其土地所有権ヲ移転スルコトヲ得……」（土地売買譲渡規則 4 条（同前））。

10)　「地所ニ付キ初テ登記ヲ請フ者ハ地券ヲ登記所ニ示スヘシ」（登記法手続（明 19 司法省令甲 5 – 明 23 司法省令甲 7）4 条 1 項本文。但し、制定時の登記法は、「戸長ノ証書」も要求していた（附則 40 条（– 明 23 法 78）)。土地売買譲渡規則施行後に売買・譲渡された土地についても同様である。奥書割印帳は戸長役場から登記所に移管された（参照、登記所ニ於テ郡区役所ヨリ帳簿受取期限（明 19 司法省訓令 38））が、奥書割印は登記法に基づく登記とは看做されなかった。

11)　「所有権ハ永久ノモノナルカ故ニ若シ今日ノ〔＝**民法**施行ノ際現ニ存スル〕土地所有権カ従来ノ儘ナリトセハ民法ノ規定ハ永久適用ヲ見サルノ奇観ヲ呈スヘシ」（法典調査会「民法施行法議事要録」法務大臣官房司法法制調査部監修『日本近代立法資料叢書』14 巻（商事法務研究会・昭 63）46 頁〔梅謙次郎〕)。

12)　「〔**同法 3 条**（昭 58 法 51 –）は〕区分所有者である以上は、建物等の共同管理のために本法が定める団体的拘束に当然に服する……ことを確認的に宣言したもの」である（濱崎恭生「建物の区分所有等に関する法律の改正について(二)」法曹時報 37 巻 3 号（昭 60）100 頁)。平成 14 年改正につき同旨、吉田徹「建物区分所有法の改正」細川清編『進展する民事立法と民事法務行政』（テイハン・平 17）79 頁以下。

13)　「区分所有者の共同生活を維持するために共有関係の解消手段に代わる紛争解決手段が必要であるが、共有持分権を区分所有権と分離して処分することができないことにより、区分所有権そのものの競売請求が認められる」（伊藤栄寿『所有法と団体法の交錯：区分所有者に対する団体的拘束の根拠と限界』（成文堂・平 23）172 頁)。

14)　共有とは「所有権ヲ分量的ニ分割……シ、其各部ヲ数人ニ専属セシムルモノナリ（tenants in common, Gemeinschaft bei Bruchtheile）……其各部分カ処分権使用権収益権等ノ一切ノ権能ヲ一部ツヽ包容スルナリ……持分ハ所有権ニ非スシテ所有権ノ一部ニシテ其各部ヲ合シタルモノカ完全ナル所有権ナリ」（中島玉吉『民法釈義』巻 2 上（金刺芳流堂・大 3）436 頁)。

15)　「共有とは数人が一個の物に付き各一個づゝの所有権を有し、而して其各所有権は一定の割合に応じて互に相節制し相共同するの結果、其内容の総和が独立一個の所有権の内容に均しき状

はいえ、共有関係を形成する国家作用を分析するに当たって、両説の差異が本質的に影響することはない。

(4) 所有権類似の物権のうち、永代借地権、業主権及び大租権については、便宜上、所有権と併せて取り上げる。

永代借地権とは、日本国米利堅合衆国修好通商条約（安政5・6・19調印）3条2項[16]等に基づき、政府が外国人のために設定した権利である。日英通商航海条約（明27・7・16調印）18条4項[17]等により再確認され[18]、永代借地権ニ関スル法律（明34法39 – 昭18法74）1条1項[19]により物権とされた後、永代借地制度解消ニ関スル交換公文[20]（昭12条約2）1項[21]等に基づく永代借地権ノ整理ニ関スル件（昭17勅272 – 実効性喪失）1項[22]により所有権に変更された（本編第3章第2節第1款参照）。

業主権とは、台湾における旧慣による土地に関する権利（台湾民事令（明41律令11 – 大11律令6）2条[23]）の一つであり、台湾ニ施行スル法律ノ特例ニ関スル件（大11勅407 – 実効性喪失）6条1号[24]により、**民法**上の所有権とされた。

大租権とは、台湾における大租戸の権利[25]をいい、大租権整理ニ関スル件

態を謂ふ」（末弘厳太郎『物権法』上巻（有斐閣・大10）408頁）。
16) 「……居留の者は一箇の地を価を出して借り又其所に建物あれは之を買ふ事妨なく且住宅倉庫を建る事をも許すへし……」（外務省編『日本外交年表並主要文書』（原書房・昭40）文書編17頁）。
17) 「尤前記外国人居留地ヲ日本国市区ニ編入ノ場合ニハ該居留地内ニテ現ニ因テ以テ財産ヲ所持スル所ノ現在永代借地券ハ有効ノモノト確認セラルヘシ」（同条本文前段。外務省編・前註文書編148頁）。
18) その経緯につき参照、谷口寿太郎「永代借地制度の解消問題に就て」地方行政45巻5号（昭12）108～109頁及び神木哲男「神戸外国人居留地と永代借地権問題」国民経済雑誌171巻2号（平7）56～58頁。
19) 「政府ノ永代借地券ヲ以テ外国人又ハ外国法人ノ為ニ設定シタル永代借地権ハ之ヲ物権トシ民法中所有権ニ関スル規定ヲ準用ス」。
20) 交渉過程につき参照、『枢密院会議議事録』86巻（東大出版会・平7）122～124頁。
21) 「前記永代借地制度ハ昭和十七年四月一日即チ千九百四十二年四月一日ニ終止スベク其ノ際永代借地権ハ何等ノ補償ナク日本国法令ノ規定ニ従ヒ所有権ニ転換セラルベシ」（同項前段）。
22) 「明治三十四年法律第三十九号第一条第一項ニ規定スル永代借地権ヲ有スル者ハ昭和十七年四月一日其ノ権利ノ目的タル土地ノ所有権ヲ取得ス」。
23) 「土地ニ関スル権利ニ付テハ民法第二編物権ノ規定ニ依ラス旧慣ニ依ル」（同条本文）。
24) 「本令施行前ニ発生シタル左ニ掲クル権利ニハ本令施行ノ日ヨリ左ノ例ニ依リ各民法ノ規定ヲ適用ス」「一 業主権 所有権」（同条本文・1号。2～6号略）。
25) 「『大租』とは清朝より開墾許可を受けた『大租戸』が、『小租戸』を招いて当該土地を開墾し、『大租戸』は収穫の一部を『大租』として『小租戸』から受け取る（通常はその中から納税する）

(明37律令6) 1条1項により、虚有権 (nuda proprietas) として補償と引換えに消滅させられた (本編第3章第4節第1款参照)。

(5) 所有権類似の物権のうち、鉱業権 ((旧) 鉱業法15条) 及び砂鉱権 (砂鉱法 (明42法13－昭25法289) 23条) 並びに使用権 (重要鉱物増産法17条ノ22 (昭18法34－昭23.6.10) →石炭鉱業権等臨時措置法 (昭23法154－昭25.5.20) 33条) については、それぞれ準物権 (物権と看做される権利) たる鉱業権 (**鉱業法12条**) 及び租鉱権 (**同法72条**) に再整理されたため、本書では取り上げない。「著述者、技術者及ヒ発明者ノ権利」(((旧) 民法財産編6条3項3号) についても同様である。

第3節 用益物権

第1款 地上権、永小作権及び地役権

(1) 地上権 (**民法265条**) は、ベルギー・地上権ニ関スル法律 (Loi du 10 janvier 1824 concernant le droit de superficie) 1条[26]及びオランダ・民法典 (Burgerlijk Wetboek van 1838) 758条[27]に倣い、地上権[28] ((旧) 民法財産編171

関係を形成したものを言う。長年この関係が継続する中で『小租戸』は当初相対的に弱い (小作人に類する如き) 『権利』しか持たなかったものが、その後『権利』を拡大し土地の『所有者』とも見える立場を獲得するに至ったものとされる」(西英昭『「台湾私法」の成立過程』(九大出版会・平21) 10頁)。

26) "Le droit de superficie est un droit réel, qui consiste à avoir des bâtiments, ouvrages ou plantations sur un fonds appartenant à autrui."

27) "Het regt van opstal is een zakelijk regt om gebouwen, werken of beplantingen op eens anders grond te hebben."

28) (旧) 民法制定以前に用益物権が存したかについては、ここで立ち入ることは出来ない。伊東忍＝綴鹿実彰『登記提要』上編 (明治印刷・明23) 85~86頁は、登記法7条が「用益権、賃貸借、地役等ノ設定又ハ移転」を登記事項としていないのは、「該法制定ノ当時ハ此等ノ権利ヲ物上権ト為ス慣行ノ存セサルニ由ルモノナ〔リ〕」という。尤も、「登記条例創定ノ儀ニ付請議」(明19・1) には、「本邦ニ於テハ土地ニ付着スル権利義務概ネ分明ナラス」とあるに止まる (高橋良彰『不動産登記法制定前史──旧登記法をめぐる編纂史』東京司法書士会史編纂室『東京司法書士会史』下巻 (東京司法書士会・平10) 34頁)。同旨、「不動産の用益物権が登記されなかったのは、登記法が単に公証制度を改革したまでで、実体的不動産法に触れなかったためである」(福島正夫「旧登記法の制定とその意義」(昭14) 日本司法書士会連合会編『不動産登記制度の歴史と展望』(有斐閣・昭61) 63頁)。

条[29]）を建物所有権構成から土地使用権構成に改めたものである（法典調査会に提出された案では最長50年の存続期間が定められていたが、所有権との差異が曖昧化するという梅起草委員の反対にも拘わらず、削除された[30]。）。

　穂積起草委員は、"地役権を縦にしたもの"と説明した[31]が、地役権の附従性（**民法281条**）に相当する規定は見られない。そこで磯部委員は、建物所有権には当然に土地使用権が附随するという解釈論を展開したが、明文の根拠を要するとして、斥けられている[32]。尤も、磯部委員のような発想は、建物の登記に地上権の対抗力を附与した建物保護ニ関スル法律[33]（明42衆法40 - 平3法90）1条1項（→**借地借家法**（平3法90 - ）**10条1項**）により、わが国の私法体系に付け加えられた。建物抵当権の効力が借地権に及ぶとした判例[34]も、その流れを汲むものといえよう。

　借地法（大10法49 - 平3法90）は、建物所有目的の土地賃借権に地上権と同等の効力を認め、両者を借地権と総称した（1条[35]）（→**借地借家法**（平3法90 - ）**2条1号**）。昭和35年の借地借家法案要綱は、両者を「借地権」という名の物権に統合しようとした[36]が、実現しなかった[37]。

　(2)　永小作権（**民法270条**）は、永借権（（旧）民法財産編155条1項[38]）を慣習上の永小作（本編第3章第1節第3款参照）に合わせて修正したものである。

---

29)　「地上権トハ他人ノ所有ニ属スル土地ノ上ニ於テ建物又ハ竹木ヲ完全ノ所有権ヲ以テ占有スル権利ヲ謂フ」。
30)　「所有権ノ支分権……ハ余リ力ガ強クナッテ所有権ト紛ラハシクナッテ仕舞ウト是レハ経済上甚ダ宜シクナイ」（法典調査会「民法議事速記録二」法務大臣官房司法法制調査部監修『日本近代立法資料叢書』2巻（商事法務研究会・昭59）182頁〔梅謙次郎〕）。「削除ニナリマシテ力ガ落チマシタ」（同185頁〔梅〕）。
31)　法典調査会・前註160頁〔穂積陳重〕。
32)　法典調査会・前註(30)166頁〔磯部四郎〕・172頁〔穂積陳重〕。
33)　磯部委員の影響につき参照、52・衆・不良住宅地区改良法案委6回（昭2・3・17）5頁〔高木益太郎〕。三潴信三『借家法及借地法』（有斐閣・大11）68頁は、「法理上ノ当否ハ殆ト論外ナリ」と酷評している。
34)　最判昭40・5・4民集19巻4号811頁。
35)　「本法ニ於テ借地権ト称スルハ建物ノ所有ヲ目的トスル地上権及賃借権ヲ謂フ」。
36)　「借地権と称する物権を創設し、借地権者は、建物その他の工作物を所有するため、他人の土地を使用する権利を有するものとすること」（第一第一項。香川保一＝井口牧郎『借地法等改正関係法規の解説』改訂版（法曹会・昭49）6頁）。
37)　参照、小柳春一郎『震災と借地借家』（成文堂・平15）335～336頁。
38)　「永貸借トハ期間三十ヶ年ヲ超ユル不動産ノ賃貸借ヲ謂フ」。

(3) 地役権（**民法280条**）は、(旧)民法にいう約定地益即ち「人為ヲ以テ設定シタル地役」（財産編266条）を修正したものである。

一方、同法にいう法定地益即ち「法律ヲ以テ設定シタル地役」（同編215〜265条）は、修正の上、「所有権ノ限界」（**民法206〜238条**）として整理された。

第2款　採石権

採石権（**採石法**（昭25法291 -）**4条1項**）は、岩石〔現・岩石及び砂利〕の採取を内容とする用益物権である。

採石権は、それまで土地賃貸借契約に基づく外なかった採石業者の地位の安定を図るべく、採石権の設定の決定（**同法12条**。本編第4章第1節第3款参照）と併せて法定されたものである。即ち、**同法**の制定趣旨は、鉱物を土地所有権の客体から除く**鉱業法**と、砂利を土地所有権の客体に含めつつ契約自由の原則を採る**民法**との間に、第三の領域を確保する点にあった[39]。併しながら、その後、議員立法である(旧)砂利採取法（昭31衆法1 - 昭43法74）の制定に伴い、砂利も対象に含まれるに至った。

立案過程では、岩石を鉱物に追加する案に加え、借家法1条1項（→**借地借家法31条1項**）、農地調整法（昭13法67 - 昭27法230）8条1項（→**農地法**（昭27法229 -）**16条1項**）等に倣い、採石のための土地賃貸借契約に対抗力を与える案も検討された。併しながら、前者の案については、日本坑法以来、岩石を採取する権能は土地所有権に含まれると考えられていること、後者の案については、採石権者の保護は借家人、小作農等の社会政策的な保護と異なることから、いずれも斥けられた[40]。

---

39) 「今度の鉱業法と採石法という構想は、地下資源……を利用する場合を凡そ三種類に分けているわけであります。第一種は重要性のある鉱物、これは鉱業法による。第二種は建築石材及び重要性の少い鉱物、これは採石法による。砂利とか、土砂とか、普通の粘土というようなものは、これは民法の所有権その他一般法による。」「建築石材や重要性の少い鉱物……はそれらの石を土地所有権から外しませんで、土地所有者のものとして置く立場をとつているわけであります。従つてこれを採取する者は、原則として土地所有者から権利を取得しなければならない。但し自由契約で権利の設定ができないときには、或る程度の強制的な設定をして貰うことができる。併しその場合でも石の代金は払わなくちやならないというのが第二の採石法の観念であります」（前編第3章註(288) 6頁〔我妻公述人〕）。

40) 参照、資源庁鉱山局鉱政課編『採石法の解説』（石材振興会・昭26）13〜14頁。なお、採石権が公法上の使用権として構成されなかったのは、土石砂礫の収用（(旧)土地収用法8条（→**土**

第2編 物　権　第1章 総　則

採石権には地上権に関する規定が準用される（**採石法4条3項**）ため、本書では地上権と併せて取り上げる。

第4節　担　保　物　権

第1款　留　置　権

(**1**)　留置権は、発生史的には、民事留置権と商事留置権に分かたれる。

両者の相違点を重視すると、「民事留置権は当事者間の公平維持を目的とし、商事留置権は商人たる債権者の保護を目的とし夫れ夫れ独自の使命を有する[41]」こととなる。これに対し、両者の共通点を重視すると、「商事留置権も民事留置権と同様に公平の観念に基づき認められるものであるが、その公平の観念が両者において異なり、商事留置権においては、公平の観念は商取引における信用の維持と安全確実なる取引関係の持続という点にあらわれる[42]」。

(**2**)　民事留置権（**民法295条1項**）は、(旧)民法（明23法28－明29法89）債権担保編92条1項[43]に由来する。Boissonade司法省顧問がフランス・民法典中の関連規定を一般化し[44]、物権の一種に加えた[45]（(旧)民法財産編2条3項2号[46]）ものである。

地収用法7条）。その本質は、土石砂礫の採取のための土地の使用である（本編第3章第4節第4款第4目参照)。）が収用適格事業の用に供されるのでない限り、認められないからであろう。

41)　薬師寺志光『留置権論』（三省堂・昭10）173頁。

42)　林良平編『注釈民法』8巻（有斐閣・昭40）19頁〔田中整爾〕。

43)　「留置権ハ財産編及ヒ財産取得編ニ於テ特別ニ之ヲ規定シタル場合ノ外債権者カ既ニ正当ノ原因ニ由リテ其債務者ノ動産又ハ不動産ヲ占有シ且其債権カ其物ノ譲渡ニ因リ或ハ其物ノ保存ノ費用ニ因リ或ハ其物ヨリ生シタル損害賠償ニ因リテ其物ニ関シ又ハ其占有ニ牽連シテ生シタルトキハ其占有シタル物ニ付キ債権者ニ属ス」。

44)　V., G. Boissonade, "Projet de Code Civil pour l'Empire du Japon : accompagné d'un commentaire" tom.IV. nouvelle éd. (Tokio, 1891), p.200.

45)　Boissonade顧問は留置権が物権の二要件（「物権ハ直チニ物ノ上ニ行ハレ且総テノ人ニ対抗スルコトヲ得ヘキモノニシテ……」((旧)民法財産編2条1項））を満たすと判断して、これを物権に加えたのであろう。これに対しては、留置権は第一要件を満たさず、また第二要件は物権の要件でないという批判もある（参照、中島玉吉『民法釈義』巻2下（金刺芳流堂・大5）592～595頁）。

46)　「従タル物権ハ之ヲ左ニ掲ク」「第二　留置権」「……留置権以下ハ人権〔＝債権〕ノ担保ヲ為ス従タル物権ナリ」（同条3項柱書・2号・同条4項）。

第 4 節　担 保 物 権

　その特徴は、対世的な留置的権能を持つ点（同法債権担保編 95 条 2 項[47]）では質権よりも強力であるが、優先弁済権能を持たない点（同編 94 条 1 項[48]）では質権よりも弱いという二面性にある[49]。

　法典調査会では、(旧) 商法 392 条[50]（明 23 法 32 − 明 32 法 48）及びスイス・債務法（Bundesgesetz vom 14. Juni 1881 über das Obligationenrecht）228 条に倣い、留置が長期間に及んでもなお弁済の見込がない場合には換価・優先弁済権能を認める案[51]が、起草委員から提出された。これに対しては、留置権の枠を超えており、質権の章に規定すべきであるという批判が磯部委員から提起された[52]（同委員らは、(旧) 商法 392 条は優先弁済権能を認めたものでないと解していた[53]。）。最終的には、留置権の成立要件が極めて緩やかな点も踏まえ、起草委員自ら当初の案を撤回している[54]。

　注目すべきことに、その際、留置権による競売（後の競売法（明 31 法 15 − 昭 54 法 4）3 条 1 項・22 条 1 項[55]→民事執行法 195 条）を設けることが予告されてい

---

47)　「留置権ハ債務者カ留置物ヲ譲渡……〔ス〕ル妨ト為ラス」「然レトモ……取得者ハ留置権者ニ全ク弁済セスシテ其物ヲ占有スルコトヲ得ス」（同条 1 項・2 項）。
48)　「留置権ハ留置物ノ価額ニ付キ債権者ニ先取特権ヲ付与セス」。
49)　「今迄ノ法律〔＝ (旧) 民法〕デハ留置権ト云フモノ丈ケデハ決シテ競売スルコトハ出来ヌ〔。〕品ガ欲シケレバ金ヲ持ツテ来イト云フ丈ケデアッタ」（法典調査会・前註(30)363 頁〔磯部四郎〕）。
50)　「留置権ノ行使ヲ債務者ニ通知シタルモ仍ホ相当ノ期間ニ弁済又ハ担保ヲ得サル者ハ留置シタル物ヲ第三百七十一条〔＝「裁判所ノ命令ヲ得タル後質物ノ売却ニ着手スルコト」〕及ヒ第三百七十三条〔＝競売等〕ノ規定ニ従ヒテ売却シ其売得金ヲ以テ弁済ニ充ツルコトヲ得」。
51)　「留置権者ハ留置権ノ行使ヲ債務者ニ通知シテ弁済ノ催告ヲ為シタル後相当ノ期間内ニ弁済又ハ担保ヲ受ケサルトキハ質権ニ関スル規定ニ従ヒ留置物ノ競売ヲ請求シ其代金ヲ以テ弁済ニ充ツルコトヲ得」（法典調査会・前註(30)360 頁）。優先順位については、梅起草委員は少なくとも質権と同等にしたいと述べている（参照、同 363〜364 頁〔梅謙次郎〕）。但し、穂積起草委員は他の担保権より後れると述べるに止まり（参照、同 363 頁〔穂積陳重〕）、一般債権に先立つ趣旨かすら判然としない。
52)　参照、法典調査会・前註 364 頁〔磯部四郎〕。
53)　留置権者は競売代金を留置すべきであるという（参照、法典調査会・前註 365〜366 頁〔磯部四郎、長谷川喬〕）。尤も、債務者が留置物の所有者である場合には、法律上の相殺（(旧) 民法財産編 519 条 1 項）が生じよう。
54)　「何ウモ此留置権者ト云フト随分此案デハ広ク当ル主義ヲ採ツテ居ツテ或ル理由ニ因テ他人ノ物ヲ占有シテ居ル者ガ夫レ牽連シタ債権ヲ持ツト留置権ガアルト云フ位デアリマスカラ……売ツテ其代価ノ内カラ優先ヲ以テ取ルト云フヤウナ必要ハナカラウト云フコトニ遂ニ吾々三人デ協議ヲ纒メマシタ」（法典調査会『民法整理会議事速記録』法務大臣官房司法法制調査部監修『日本近代立法資料叢書』14 巻（商事法務研究会・昭 63）79 頁〔梅謙次郎〕）。
55)　「動産ノ競売ハ留置権者、先取特権者、質権者其他民法又ハ商法ノ規定ニ依リテ其競売ヲ為サ

163

た[56]）。留置権に優先弁済権能を認めない以上、全ての債権に内在する"一般債権としての弁済を受けるための換価権能"を実体法に規定する意味はなく、仮に留置権付債権の強制執行手続を通常より簡易化したいのであれば、手続法で規定すれば足りるという趣旨であろう。かくして制定された競売法は、留置権による競売の要件を規定しなかったが、それは実体法上自ずと定まっていると考えられたためと見られる。即ち、当事者間の公平を目的とする留置権が却って当事者間の公平を損なう場合である[57]）。

民事執行法は、「留置権による競売」を「担保権の実行としての競売」に分類しなかった。尤も、これをもって前者を換価のための競売と同視する[58]）のは早計である。競売法の立案過程に照らすと、前者は簡易化された強制執行手続に外ならない[59]）からである[60]）。

ントスル者ノ委任ニ因リ競売ヲ為スヘキ地ノ区裁判所所属ノ執達吏之ヲ為ス」（3条1項（制定時。傍点引用者））。「不動産ノ競売ハ留置権者、先取特権者、質権者、抵当権者其他民法ノ規定ニ依リテ競売ヲ為サントスル者ノ申立ニ因リ不動産所在地ノ区裁判所之ヲ為ス」（22条1項（傍点引用者））。

56）「質権ノ実行ニ付テハ何レ競売法トカ質権実行法トカ云フヤウナモノガ出来ルデアラウト思ヒマスガ夫レニ或ハ動産抔ニ付テハ強制執行ノ普通ノ規則ノ適用シナイト云フヤウナ規定ガ出来ルカモ知レマセヌ」「留置権者ニモ多少簡便ナル競売法ニ依ラシメル方ガ宜シイト云フコトデアリマスレバ其処ヘ留置権者ト云フモノヲ加ヘレバ宜シイ」（法典調査会・前註(54)79頁〔梅〕）。ここでいう「強制執行」は、債務名義を要する担保権実行手続も含んでいる。故に梅委員の想定する"競売法"は、後のドイツ・民法典1234条〜1240条に規定する質物売却手続（債務名義を要しない。）に相当するものであったことが分かる。併しながら、実際に制定された競売法は、不動産も対象とする担保権実行手続の一般法（しかも債務名義を要しない。）となってしまった。

57）富井政章『民法原論』2巻（有斐閣・大12）325頁は、「留置権者ヲシテ其債権ノ弁済ナキニ際限ナク留置物ヲ保管スルノ煩累ヲ免レシメンカ為メ」に換価権能を認める。薬師寺・前註(41)24頁は、仮差押物の競売に関する（旧）民事訴訟法750条（明23法29－平元法91）4項（「著シキ価額ノ減少ヲ生スル恐アルトキ又ハ其貯蔵ニ付キ不相応ナル費用ヲ生ス可キトキ」。→**民事保全法**（平元法91－）49条3項））と同様の場合に限り、換価を認める。

58）三ヶ月章『「任意競売」概念の終焉』（昭50）『民事訴訟法研究』7巻（有斐閣・昭53）185頁は、留置権による競売を「自助売却」と捉え、換価代金は競売法15条により供託されるべきと説き、田中康久『新民事執行法の解説』増補改訂版（金融財政事情研究会・昭55）468頁は、「物で留置するのは大変なので、換価してその代金を保管し、その上で留置権者が、その保管金と留置権者の持っていた債権とを対等額で相殺する」と説く。後説に対しては、「留置権は優先弁済を伴うものではないという、実体法上の建前に牴触する」との批判がある（石渡哲「留置権による競売の売却条件と換価金の処遇」白川古稀『民事紛争をめぐる法的諸問題』（信山社・平11）461頁）。

59）三ヶ月・前註185頁は、優先弁済権能なき留置権のための換価を「それなら強制執行にほかならず、債務名義なくしてなしうるのは何故かの根拠が問題となろう」と評する。併しながら、債務名義を要しない（留置権以外の）担保権実行手続に債務名義を要しない留置権付債権の強制執

第 4 節　担保物権

　(3)　商事留置権（**商法** 284 条（**現 521 条**）等）は、Roesler 草案 444 条[61]を基にした（旧）商法 387 条[62]に由来する。ドイツ・一般商法典（Allgemeines Deutsches Handelsgesetzbuch, vom 24. Juni 1861) 313 条 1 項を参考としつつ[63]も、これと異なって物と債権との間の牽連性を要求すると共に、フランス・商法典（Code de Commerce, modifié par la loi du 23 mai 1863) 93 条 1 項・2 項に倣って[64]動産質権実行のための簡易な換価手続を準用した（(旧）商法 392 条（前述)）点[65]に特色がある。加えて同法は、代弁人〔現・代理商〕、仲買人〔現・問屋〕及び運送取扱人の有する一定の債権につき、387 条の留置権が発生する旨を入念的に確認した（それぞれ 418 条[66]、476 条 2 項[67]及び 489 条 2 項[68]）。

　Roesler 司法省顧問は、「留置権 (Retentionsrecht)」が物権の一種であるかに

　　　行手続を便乗させたのが、わが競売法なのではなかろうか。
60)　これによれば、先取特権者等の配当参加は肯定されるべきことになる。売得金が先取特権者等に交付され尽くした場合、被担保債権が消滅しないため留置権は存続し、留置権者は競買人→買受人に対して留置権を行使することが出来る（競売法 2 条 3 項→**民事執行法 188 条・59 条 4 項**）が、それでも弁済を得られない場合には、弁済を得られるまで競売を繰り返す外なかろう。
61)　"Wer aus Anlass eines Handelsgeschäftes oder als Finder in den Besitz fremden Eigenthums gekommen ist und für darauf verwandte Arbeit, Kosten, Vorschüsse und andere Auslagen oder Gebühren eine fällige Forderung erlangt hat, ist berechtigt, die Sache oder den Erlös daraus in seinem Besitz zurückzubehalten, bis er für seine daran entstandene Forderung vollständige Zahlung oder sonstige Befriedigung oder Sicherung erhalten hat." Vgl., H. Roesler, "Entwurf eines Handel-Gesetzbuches für Japan mit Commentar" Bd. II (Tokio, 1884), S.22.
62)　「商取引ニ因リテ他人ノ物ヲ占有シ其物ニ付キ労力、費用、前貸金、立替金、手数料又ハ利息ニ関シテ満期トナリタル債権ヲ有スル者ハ其債権ノ完全ナル弁済又ハ担保ヲ得ルマテハ其物又ハ其売得金ヲ留置スル権利アリ」。
63)　この外、同法はドイツ・一般商法典 314 条 1 項を継受した緊急留置権（388 条）を規定していたが、**商法**には受け継がれていない。
64)　参照、磯部四郎『大日本新典商法釈義』（長島書房・明 23) 1444〜1446 頁。
65)　岸本辰雄『商法正義』3 巻（新法註釈会) 516〜519 頁は、Roesler 顧問の説明を補足する形で、(旧）商法 392 条は商事留置権が「質権ト殆ント其性質ヲ同フスル」（同 518 頁）点を示すものであり、当然ながら優先弁済権能が認められるという。
66)　「代弁人ノ自己ノ受取ル可キ手数料、前貸金、立替金、費用及ヒ利息ノ為メ第三百八十七条及ヒ第三百八十八条ノ規定ニ従ヒ委任者ニ対シテ留置権ヲ有ス」（同条前段）。
67)　「仲買人ハ右〔＝「必要又ハ有益ニシテ商慣習ニ適スルモノニ限リ現ニ支払ヒタル費用及ヒ立替金ノ弁償」等〕ノ債権ニ付キ第三百八十七条及ヒ第三百八十八条ノ規定ニ従ヒテ留置権ヲ有ス」。
68)　「運送取扱人ハ右〔＝「運送取扱人ニヨリ運送品ニ対シテ為シタル前貸及ヒ其立替ヘタル運送賃ノ償還」等〕ノ債権ニ付テハ第三百八十七条及ヒ第三百八十八条ノ規定ニ従ヒ運送品ニ対シテ留置権ヲ有ス」。運送人ニ準用、（旧）商法 507 条。

ついては、何ら触れていない。寧ろ注目されるのは、「留置権」はフランスにも存すると説き、質権である同国・商法典93条及び先取特権である同法典190条・271条・307条以下を例示した点である[69]。このように Roesler 顧問は、商事留置権を質権及び先取特権と連続的に捉えていた。

商法は、ドイツ・一般商法典313条1項→同国・商法典（Handelsgesetzbuch, vom 10. Mai 1897）369条（草案340条）1項に倣い、(旧)商法上の留置権を商人間の留置権に改めた（284条（現 **521条**））。継続的取引を保護すべく、商人間の双方的商行為から生じた債権に限定して、牽連性を不要としたものである。その結果、法律関係が三者間に亘るためこの限定に馴染まない代理商の留置権（**商法**41条[70]（現 **31条**））及び運送品が個性を有するため牽連性をなお必要とする運送取扱人の留置権（**同法**324条[71]（現 **562条**））については、別建てに規定せざるを得なくなった。

代理商及び運送取扱人の留置権は、(旧)商法の入念規定（前述）の流れを汲むものであり、旅客運送人及び倉庫業者にはこれが認められなかった。この点が不均衡でないかについては、法典調査会では論じられていない。よって、両者にそれぞれ運輸の先取特権（**民法**311条3号）及び動産保存の先取特権（**同条5号**（現 **4号**））が認められるため、留置権を認める必要がないと判断されたのかも定かでない（そもそも運輸の先取特権は物品運送人にも認められている[72]。）。

より重要なのは、**商法**が商事留置権の換価・優先弁済権能を否定するに至った点である。法典調査会では、富谷委員から(旧)商法を踏襲すべきとの意見が出されたが、梅起草委員は「若シ如斯センカ留置権ナルモノハ却テ質権ヨリ強クナルヲ以テ不可ナリ」とし、「民法ノ留置権ニ関スル起草上ノ理由ト当時議事ノ成行キトヲ引証シ」、これを斥けている[73]。

---

69) Vgl., Roesler, ibid., S.227. 但し、最も近い筈の同法典95条1項（問屋等の先取特権）は挙げられていない。なお、磯部・前註(64)1505頁も、フランス・商法典53条・190条を挙げつつ、「惟フニ本条〔=387条〕ノ規定ハ仏国商法上ノ法理ニ基クモノタルヲ知ルヘキナリ」と論じている。
70) 問屋に準用（319条（現 557条））。類例、**会社法**（平17法86－）**20条**。
71) 物品運送人に準用、**商法**349条（現 **589条**）。
72) 小町谷東北帝大教授は、運輸の先取特権が認められる物品運送人に留置権を認めたことが寧ろ余計であったと説く（小町谷操三「商事留置権に関する二三の疑点」（昭9）『海商法研究』5巻（有斐閣・昭12）232～233頁註2）が、「物品運送と旅客運送とを強く区別するのは、外国法上一般に認められる」という指摘（田中誠二他『コンメンタール商行為法』（勁草書房・昭48）506頁）もある。

第4節 担保物権

要するに、(旧)商法上の留置権に倣い(旧)民法上の留置権に優先弁済権能を加えるという**民法起草委員**の構想が頓挫した後、一転して**民法**上の留置権に倣い**商法**上の留置権から優先弁済権能が剥奪されたのである。

この論争の翌年、両委員らによって起草された競売法は、商事留置権による競売を認めた（3条1項（前述））。梅委員はこれを民事留置権による競売と同様に解し、富谷委員は商事留置権に当然内在する優先弁済権能に基づくものと解したであろうことは、想像に難くない。

(4) 以上の外、特別法上の民事留置権として、前受託者の留置権（(旧)信託法54条（大11法62 – 平18法109）2項→**信託法**（平18法108 –）**75条9項**）があり、特別法上の商事留置権として、鉄道の留置権（**鉄道営業法13条ノ3**（大8法54 –）**第4項**）がある。

第2款　先取特権、質権及び抵当権

(1) 先取特権（**民法303条**）は、フランス・民法典2095条[74]を継受した(旧)民法債権担保編131条1項[75]に由来する[76]。

法典調査会では、法定担保たる先取特権は他の債権者を害する危険性を内包しているため、「之ニ優先権ヲ与ヘナイトキニハ其者ガ外ノ者ノ犠牲トナルト云フ……場合」（共益費用、物の保存等）及び「公益上ノ理由実ニ已ムヲ得ナイモノデアツテ……優先権ヲ与ヘマセヌト云フト社会ノ風儀上或ハ経済上等ノコトカラシテ害ヲ生スルノ恐ガアルト云フ場合」（葬式費用、日用品供給等）に限って存置したと説明されている[77]。

民法303条は、広く特別法上の先取特権を予定した規定となっている。この特別法には、船舶先取特権（**商法**680条（現**842条**））、立木先取特権（**立木ノ先取**

---

73) 参照、法典調査会「商法委員会議事要録」法務大臣官房司法法制調査部監修『日本近代立法資料叢書』19巻（商事法務研究会・昭60）338頁〔富谷鉎太郎、梅謙次郎〕。

74) "Le privilège est un droit que la qualité de la créance donne à un créancier d'être préféré aux autres créanciers, même hypotécaires."

75) 「先取特権ハ合意ナキモ法律カ或ル債権ノ原因ニ附著セシメタル優先権ナリ」（同項本文）。

76) 先取特権は、徳川時代の法制には見られなかったようである。「梅君ノ説明ニ曰ク……先取特権ハ従来之レ無シ〔。〕只タ賠償ニ付テ之レ有リト雖モ純然タル先取特権ナルヤ否ヤ大ニ疑ハシ」（法典調査会・前註(11)44～45頁）。

77) 法典調査会・前註(30)2巻369頁〔穂積陳重〕。

特権ニ関スル法律（明43法56 –）1項）、救助者の先取特権（**商法**652条ノ12（明44法73 –。現**810条**）1項）及び会社使用人の先取特権（商法295条（昭13法72 – 平17法87）1項）のように先取特権と明示されているものもあれば、文言上判然としないものもある[78]。

後者について見るに、最初期の立法例のうち、行旅死亡人取扱費用の優先権（**行旅病人及行旅死亡人取扱法**（明32法93 –）13条2項）は、一般の先取特権たる葬式費用の先取特権（**民法306条**2号（現**3号**））を動産の先取特権としたものといえるが、市町村（**行旅病人及行旅死亡人取扱法7条1項・9条・10条**により、行旅死亡人取扱を義務付けられている。）にのみ認められる点は、**民法**に例を見ない。

これに対し、保険契約者等の優先権（（旧々）保険業法（明33法69 – 昭14法41）96条[79]）は、雇人給料の先取特権（**民法306条**3号（現**2号**））と同様の社会政策に立脚するものであり[80]、後に先取特権と明示されるに至った（（旧）保険業法（昭14法41 – 平7法105）32条1項[81]→**保険業法117条の2**（平12法92 –）第1項）。とはいえ、この優先権→先取特権は、他方において保険会社を助成する経済政策にも立脚している。その点では、東洋拓殖債券の所有者の権利（東洋拓殖株式会社法（明41法63 – 実効性喪失）27条[82]）を嚆矢とする特殊会社・特殊法人等[83]の一般担保（General Mortgage）とも連続的であるといえよう。

(2) **質権**（**民法342条**）は、（旧）民法にいう動産質（債権担保編97条[84]）と不動産質（同編116条1項・2項[85]）を併せたものである（同法では、権利質は動産

---

78) それらを含め、昭和39年時点の立法例の通覧として参照、甲斐道太郎「特別法上の先取特権一覧表」林編・前註(42)167〜177頁。

79) 「生命保険ニ在リテハ保険契約者又ハ保険金額ヲ受取ルヘキ者ハ被保険者ノ為メニ積立テタル金額ニ付キ会社財産ノ上ニ優先権ヲ有ス」。

80) 「此積立金ハ法律上ハ会社ノ財産ナレドモ実際ハ被保険者ノ保険料ノ一部ヲ積ミタルモノニテ即チ各保険者ガ貯金セシト同一ノモノナリ〔。〕殊ニ契約期間モ長キモノ故優先権ヲ与ヘザレバ中流以下ニ位スル被保険者ヲシテ困難ノ度ヲタカメシムルヨリ外国ノ例ニ倣ヒ此条ヲ設ケタルナリ」（法典調査会・前編第2章註(176)41頁〔岡野敬次郎〕）。

81) 「生命保険ニ在リテハ保険契約者又ハ保険金額ヲ受取ルベキ者ハ被保険者ノ為ニ積立テタル金額ニ付会社ノ総財産ノ上ニ先取特権ヲ有ス」。類例、自動車損害賠償保障法60条（昭30法97 – 昭45法46）等。

82) 「東洋拓殖債券ノ所有者ハ東洋拓殖株式会社ノ財産ニ付他ノ債権者ニ先チテ自己ノ債権ノ弁済ヲ受クル権利ヲ有ス」。類例多数。

83) 普通会社については、(旧)電気事業法19条（昭21法22 – 昭25ポ政343）→**電気事業法40条**（現**37条**）を見るのみである。

84) 「動産質ハ債務者カ一箇又ハ数箇ノ動産ヲ特ニ其義務ノ担保ニ充ツル契約ナリ」。

第4節 担保物権

質に含まれていた。)。後者は、地所の質入（地所質入書入規則（明6布告18-明31法11）1条[86]）及び建物の書入質（建物書入質規則（明8布告148-明31法11）1条[87]）に由来する。

(3) 抵当権（**民法369条1項**）は、(旧)民法にいう抵当（債権担保編195条[88]）を修正したものである。抵当は、地所の書入（地所質入書入規則2条[89]）及び建物の書入質（建物書入質規則1条）に由来する。このうち前者は、フランス・民法典を参考としている[90]。

なお、平成20年の競売制度研究会報告書（民事局）では、非司法的な担保権実行手続を導入すべく、抵当権者と設定者との特約（設定登記中に登記されることを効力要件とする。）による売却権付抵当権が提案された[91]。併しながら、これが新たな物権を法定するものかは定かでない。

(4) 先取特権、質権及び抵当権（以下「基本担保権」という。）は、それらの目的物の価値変形物[92]に対しても行使され得る[93]が、その払渡し・引渡し前の差

---

85) 「不動産質契約ハ不動産質債権者ニ他ノ総債権者ヨリ先ニ其不動産ノ果実及ヒ入額ヲ収取スル権利ヲ付与ス」「債務ノ満期ニ至レハ債権者ハ抵当権アル債権者ノ権利ヲ行フ」（同条1項・2項）。
86) 「金穀ノ借主（地主）ヨリ返済スヘキ証拠トシテ貸主（金主）ニ地所ト証文トヲ渡シ貸主其作徳米ヲ以テ貸高ノ利息ニ充候ヲ地所ノ質入ト云フ」（括弧書原文割註）。
87) 「金穀ノ借主又ハ預リ主ヨリ返済スヘキ証拠トシテ（貸主預ケ主）ニ対シ引当ト為ス所ノ建物ノ図面ト証文トニ戸長ノ公証ヲ受ケタル者ヲ（貸主預ケ主）ニ渡シ置キタルヲ建物ノ書入質ト云フ」（括弧書原文割註）。
88) 「抵当ハ法律又ハ人意ニ因リテ或ル義務ヲ他ノ義務ニ先タチテ弁償スル為メニ充テタル不動産ノ上ノ物権ナリ」。
89) 「金穀ノ借主（地主）ヨリ返済スヘキ証拠トシテ貸主（金主）ニ地所引当ノ証文ノミヲ渡シ借主ノ作徳米ノ全部又ハ一部ヲ貸主ニ渡シ利息ニ充候ヲ書入ト云フ」（括弧書原文割註）。
90) 参照、伊藤孝夫「明治初期担保法に関する一考察」法学論叢128巻4・5・6号（平3）350～351頁。
91) 参照、同報告書別紙6【新B案】(http://www.moj.go.jp/content/000011278.pdf)。
92) 価値変形物には、目的物に交替して生ずる場合と追加して生ずる場合がある（参照、富井・前註(57)356頁（目的物の「交替」と「膨脹」））。
93) 目的物の「売却」の対価として得られる価値変形物（「売却」は、金銭の場合には売買、有体物の場合には交換となる。）に対しては、抵当権のような追及効のある担保権が物上代位することは予定されていないという有力説がある（参照、中島・前註(45)1067～1068頁、近藤英吉『物権総論』改訂版（弘文堂書房・昭12）206～207頁、鈴木禄弥「物上代位制度について」（昭24）『抵当制度の研究』（一粒社・昭43）118～119頁、柚木馨他編『注釈民法』9巻（有斐閣・昭40）54頁〔柚木＝西沢修〕及び道垣内弘人「抵当不動産の売却代金への物上代位」神戸法学雑誌40巻2号（平2）409頁）。

押えが要件とされている（**民法304条1項・350条・372条**（物上代位）。以下この権能を「物上代位権」という。）。差押えの対象は、価値変形物それ自体でなく、その払渡・引渡請求権とされている[94]（**民事執行法193条2項**は、物上代位権の行使につき、債権執行に関する規定を準用することとした。）。

　物上代位権については、これを価値変形に伴い当然に発生する、基本担保権とは別個の実体法上の権利（価値変形物の払渡・引渡請求権上に存する質権）として位置付ける見解もある[95]。併しながら、そのような見解は、**仮登記担保契約に関する法律**（昭53法78－）及び**民事執行法**がそれぞれ清算期間（**6条1項**）及び配当要求の終期（**193条1項・2項・165条**）を定め、期間内に差押えをしなければ物上代位権を行使することが出来ないとした点と、必ずしも整合的でない[96]。

　現在の判例理論によれば、「物上代位権は被差押債権に付着した質権のような実体法上の権利ではなく、差押えという手続によって担保権を主張し得る地位」即ち「基本担保権の目的物から派生した目的債権に対し、民事執行法に規定する差押えをすることを条件として、基本担保権に基づく優先弁済を請求し得る地位」とされる[97]。それは手続法から独立した存在でなく、基本担保権の

---

94)　参照、梅・前註(1)327頁及び富井・前註(57)348頁。
95)　「代位物タル債権ノ上ニ法律ノ規定ニ因リ優先権者カ有シタル優先権ト同順位ノ債権質カ成立スルナリト解スルヲ以テ正当ト為ササルヲ得ス」（曄道文芸〔判批〕京都法学会雑誌11巻11号（大5）72～73頁）。「物の上の担保物権が代位物たる請求権の上の法定債権質権に類似した優先権となる」（我妻栄『担保物権法』新訂版（岩波書店・昭43）290頁）。なお、「担保物の価値が他の形態に変じた場合には、本来の担保権は同一性を保ちつつ其変形物の上に及ぶ」という見解（石田文次郎『担保物権法論』上巻（有斐閣・昭10）63頁）もこれに類似するが、価値変形物は当然に基本担保権の目的物に加わるという趣旨であれば、差押えの対象が債権とされていることと矛盾しよう。
96)　仮登記担保契約に関する法律の立案に関わった吉野官房審議官は、**民事執行法**の制定により、前註のような見解は立法的に否定されたとすら主張している（参照、吉野衛「物上代位に関する基礎的考察（中）」金融法務事情971号（昭56）8～10頁）。
97)　それぞれ三村晶子〔判解民平14〕288頁・282～283頁。「抵当権者は、抵当不動産の差押えをする前であっても抵当不動産につき優先弁済権という実体法上の権利を有しているが、代位の目的となる債権の差押えをする前には右債権の上に優先弁済権という実体法上の権利を有しているとはいえない」（野山宏〔判解民平10〕35頁（傍点引用者））。なお、物上代位権とは「自ら差押えをすることにより、抵当権設定登記時に設定され、かつ、対抗要件を備えた質権となるような権利」であるという説明もある（杉原則彦〔判解民平13〕264～265頁）が、差押え後の物上代位権の「効果は質権に類似する」（同264頁）というだけであり、差押え前から質権が存在すると見る趣旨ではなかろう。

第 4 節 担保物権

一権能であるに過ぎない。

　より重要なのは、**民法 304 条 1 項**にいう目的物の「滅失又ハ毀損」には、目的物又はその所有権の消滅が国家作用による場合——例えば換地不交付処分による従前地の消滅（前編第 3 章第 3 節第 3 款参照）又はいわゆる"取得収用"（土地の収用裁決→権利取得裁決）による土地所有権の消滅[98]（本編第 3 章第 4 節第 4 款第 1 目参照））——も含まれる点[99]（**民事執行法 193 条 1 項**参照）である。

　これに対し、目的物又はその所有権でなく、担保権そのものが国家作用により消滅させられる場合——例えばいわゆる"消滅収用"（先取特権、質権又は抵当権を消滅させるための収用裁決→権利取得裁決（本編第 10 章第 4 節第 3 款参照））——は、**民法 304 条 1 項**の文言に含めて解することは出来ない。実際には、この場合にも物上代位が規定されている例が多いが、それらは確認的でなく創設的な、特別法上の物上代位として位置付けられる。

　国家作用により目的物が「滅失又ハ毀損」する場合には、担保権者による差押えでなく[100]、行政庁等による価値変形物（清算金等）の供託をもって足りるとする立法例[101]が少なくない（（旧）耕地整理法 58 条 1 項・2 項[102]）→耕地整理

---

98)　いわゆる部分収用（前編第 3 章第 2 節第 3 款参照）の場合には、「滅失」でなく「毀損」となる。

99)　先駆的な判例として参照、「〔旧〕土地収用法第六十五条……ハ民法第三百四条ニ規定スル物上代位ノ原則ノ適用ヲ示シタルモノニ外ナラス」（大判大 4・6・30 民録 21 輯 1157 頁）。公共施設の整備に関連する市街地の改造に関する法律（昭 36 法 109 －昭 44 法 38）32 条 1 項（現行類例、**公共用地の取得に関する特別措置法**（昭 36 法 150 －）**35 条**）は、見出しに「物上代位」の語を用いている。

100)　参照、最判昭 58・12・8 民集 37 巻 10 号 1517 頁（大判昭 5・9・23 民集 9 巻 918 頁を判例変更）。

101)　（旧）耕地整理法 58 条の立案過程の詳細は定かでない。水野錬太郎内務省参事官が立案した明治 30 年の（旧々）土地収用法案 28 条 3 号（市政専門図書館蔵「土地収用法改正理由」（請求記号：OI-855））がその先駆であるが、これが内務省限りの案であったとすれば、岡野敬次郎農商務省参事官が独自に着想したのであろう（参照、酒匂常明「耕地整理法要義序」三松・前編第 3 章註(212)序 3〜4 頁）。

102)　「整理地区ニ編入シタル土地ニシテ先取特権、質権又ハ抵当権ノ目的タル場合ニ於テ其ノ所有者第十一条ノ規定ニ依リ補償トシテ金銭ヲ受取ルヘキトキハ整理委員ハ其ノ金額ヲ供託スヘシ」「先取特権者、質権者又ハ抵当権者ハ前項ノ規定ニ依リテ供託シタル金銭ニ対シテモ其ノ権利ヲ行フコトヲ得」（同条 1 項・2 項）。類例、重要鉱物増産法 9 条 1 項 3 号・2 項→**鉱業法 98 条 1 項 3 号・2 項**等、自作農創設特別措置法 13 条 1 項・2 項→**農地法 12 条 2 項・13 条 2 項**（現 10 条 2 項・11 条 2 項）等、漁業法施行法（昭 24 法 268 －）14 条 1 項・2 項、漁業法 39 条（現 11 項・12 項）、採石法 25 条 1 項・2 項、水産資源保護法 24 条 7 項・8 項、土地区画整理法 78 条 5 項・6 項等、特定多目的ダム法 28 条 2 項・3 項、都市再開発法 92 条 4 項・93 条等、マンシ

法25条1項・2項→**土地改良法123条1項・2項**)。この場合の物上代位権の行使手続としては、供託物取戻請求権の上に存する質権の実行と同様に考える見解と、より直截に、供託物の還付を請求すればよいという見解が対立している[103]。更に、価値代替物が特定物の引渡請求権である場合には、差押えを要しないとした立法例もある[104]（公共施設の整備に関連する市街地の改造に関する法律（昭36法109－昭44法38）32条1項）。

　(5)　以上の外、特別法上の担保権として、企業担保権（**企業担保法**（昭33法106－）**1条2項**）がある[105]。

ョンの建替えの円滑化等に関する法律76条3項・77条等及び**民間資金等の活用による公共施設等の整備等の促進に関する法律10条の17**（平23法57－）**第6項・第7項**。
103)　参照、水田耕一＝中川蔵雄『全訂供託法精義』（帝国判例法規・昭38）74～75頁。
104)　「譲受け権は特定的存在を保持し、譲受け予定者の一般財産に混入するおそれがないことによる」（吉兼三郎『解説市街地改造法』（全国加除法令出版・昭37）159頁）。「譲受け権が〔第三者に〕譲渡されるとこの譲受け権に対する物上代位権は消滅すると解されるので、そのおそれがあり債権保全のため必要があると認める場合には、被担保債権の履行期前においても譲受け権の仮差押えをすべきものと解される」（同159～160頁）とも説明されているが、その後、債権譲渡は**民法304条1項**にいう「払渡又ハ引渡」には含まれないと判断されるに至っている（参照、最判平10・1・30民集52巻1号1頁。なお、譲受け権は金銭債権でないため、転付命令は問題とならない。)。
105)　参照、香川保一「企業担保法の逐条解説(一)」金融法務事情172号（昭33）281～282頁。

第3章 所 有 権

第1節 所有権を発生させる国家作用

第1款 所有権を発生させる立法作用

（1）これに該当するかが問題となる立法例は、土地（水面下の土地を含む。）に関する類型（❶～⑦）に限られる。公物については、別稿[1]を予定しているため、大略に止めておく。

（2）❶明治4年大蔵省達39号（前編第3章第1節第1款参照）は、「荒蕪不毛之地所」に対する国の所有権を発生させる措置法律に当たるか、必ずしも明瞭でない[2]（同款参照）。

（3）❷（旧）地所名称区別（明6布告114。前編第3章第1節第1款参照）は、「皇宮地」「神地」「官有地」「公有地」「除税地」に対する国等の私所有権を発生させる措置法律に当たるか、必ずしも明瞭でない（同款参照）。

（4）③地所名称区別（明7布告120。前編第3章第1節第1款参照）は、「官有地第一種」「官有地第二種（「官用地」を除く。）」「官有地第三種」「官有地第四種」を私所有権の客体たる土地とする（同款参照）と共に、これらに対する国（皇室[3]及び府県[4]を含む。）の私所有権を発生させる措置法律に当たる。

1） 拙稿・前編第3章註(1)。
2） 地所規則（明5開拓使布達12）及官有林野取締規則（明28台湾総督府日令26）1条についても同様である（別稿参照）。
3） 明治15年の御有地布告案は、「官有地」と「御有地」を区別しようとしたが、家産国家論者の反対により廃案となった（多田好問『岩倉公実記』下巻再版（岩倉公旧蹟保存会・昭2）825～829頁）。官有財産と皇室財産の分離が実現したのは、（旧）皇室典範によってである。
4） 府県の法人格が国から分化したのは、早くとも（旧）地方税規則（明11布告19－明13布告

第2編 物　　権　　第3章 所有権

「官有地第三種」のうち、「河海湖……溝渠堤塘道路……等其他民有地ニアラサルモノ」は公物に、「山岳丘陵林藪原野……等其他民有地ニアラサルモノ」等は無主物に、それぞれ相当する（同節第3款参照）。③の画期的意義は、"公物・無主物国有の原則"を樹立した点にある。（旧）国有財産法の立案関係者も、国有財産は私人の所有権の不存在（私人の所有権が存在し得ない公物と現に存在しない無主物という二つの場合がある。）を前提として消去法的に取得されたと説明している[5]。

大蔵省→財務省も、「国有財産」の定義中の「法令の規定により……国有となつた財産」(**国有財産法2条1項柱書**)にいう「法令」には、地所名称区別も含まれると主張している[6]。尤も、**同法**の立案過程では、このような修飾を定義に加えることに同省は消極的であった[7]。上記の主張は、制定時の**同法**が行

16) 制定後である。明治21年の地籍条例原案は「府県有土地」を「国有土地」から区別し、「〔地〕所名称区別ノ布告ハ、地方税ノ制度ナキ時ニ於テ定メラレタレトモ、其後地方税ノ経済ニ属スル物件ヲ生シタルヲ以テ、是等ハ宜ク国有ト区別セサルヘカラス」と説明している（税務大学校租税資料館編『地租条例から宅地地価修正まで』地租関係史料集1巻（大蔵財務協会・平19）179頁）。府県の法人格を推知させる立法例として、徴発令（明15布告43）4条1号、市街私設水道条例案（明20。後註(577)参照）及び航路標識条例（明21勅67）2条1項・4項がある。なお、人見剛「明治初期の土地の官民有区分における『官有地』概念について」兼子古稀『分権時代と自治体法学』（勁草書房・平19）147〜148頁は、国有土地森林原野下戻法1条1項（前編第3章註(21)参照）が「官有」と「国有」を書き分けた点に着目しているが、前者は御料林を含み、後者はこれを含まない趣旨であり（参照、13・衆・国有林野法案外三件審査特別委5号（明32・2・21）56〜57頁〔中村弥六〕）、府県の法人格とは関係ない。
5) 神野大蔵次官は、公物も含めた文脈で、「無主物ハ国ノ有トナルト云フ原則」に論及している（42・衆・国有財産法案委2回（大9・2・26）7頁〔神野勝之助政府委員〕）。花井卓蔵議員の質疑に対する答弁）。官有地第四種についても参照、「現在官有地トナッテ居リマス寺院ノ境内地ト云フモノハ、此区分ノ当時ニ於テハ、民有デアルト云フ事実ノナイモノヲ官有トセラレタモノニ外ナリマセヌ」（44・衆・国有財産法案委3回（大10・1・31）1頁〔河本文一政府委員〕）。
6) 参照、三浦・前編第3章註(148)60頁。地所名称区別は「確認的意義しか有しないもの」でなく、「当時まで不明瞭であつた土地の所有関係を……明確にして、今日の国有財産制度の基礎を形成したものといえる」（同60〜61頁）。
7) そもそも「このような財産の取得原因は……それが国有財産法上の国有財産たるべきか、どうかについては必ずしも直接的な実益はない……。所有権そのものの問題については、国有財産法といえども民法によつているのであつて、契約そのものの効力とか、所有権の効果等の詳細を規定していない国有財産法においてこの条項を挿入することは、単に通俗的なわかり易さを増すことになる以外の実益はなかろう。これもその挿入を必要とするという〔総司令部の〕強い主張によつて加えられるに至つたわけで特に重大なる意味があるわけではない」（小林英二『国有財産実務精義』1巻（大蔵財務協会・昭28）25頁）。（旧）国有財産法につき同旨、「国有財産ヲ取得スルト云フコトハ、別ニ此処ニハアリマセヌガ、是ハ国有財産法デアリマスカラ、国有財産ニナッタモノニ就テノ規定デアリマス」「取得スルト云フ場合ニハ、寧ロ〔旧々〕会計法〔明22法4

第1節　所有権を発生させる国家作用

政財産から除外した道路等（「公用物」）はもはや私所有権の客体でなくなったとする学説[8]を牽制すべく、道路等（「公共用財産」）を再び行政財産に含めた国有財産法等の一部を改正する法律（昭28法194）の立案関係者によって初めて唱道された。

(5)　(旧)民法財産編23条2項[9]（公物即ち「公有」の物（同編22条）には適用されない。）は、無主の土地に対する国の所有権を発生させる措置法律には当たらない。

同項はフランス・民法典713条を継受したものであるが、上記の所有権は、③によって既に発生しているからである。立案に関わった今村前法制局参事官らも、隠田に関する「地租条例〔明17布告7－昭6法28〕第二十五条[10]ニ依レハ凡ソ日本ノ国土ハ私有ニ非サレハ必ス国有ナリ〔。〕故ニ土地ニ付テハ既ニ〔旧〕民法ニ先タツテ無主物ナキコトヲ定メタリ[11]」と説明している[12]。

民法239条2項（公物にも適用される。）についても同様である。

(6)　沖縄県土地整理法[13]（明32法59）2条1項[14]は、百姓地等につき、現に地割を受けている者等の所有権を発生させるのでなく、それらの者の占有を所有権に基づく占有と看做す措置法律に止まる。

「……ノ所有トス」という文言は、仕明請地等に関する同法11条（後述）と共通しているが、その意味は全く異なっている。沖縄本島の大半を占める百姓

　　－大10法42〕ノ問題デナイカト思フ」（42・衆・前註(5)6頁〔神野政府委員〕）。
8)　参照、田中二郎「公物とその所有権」（昭24）『公法と私法』（有斐閣・昭30）173頁。
9)　「所有者ナキ不動産……ハ当然国ニ属ス」。
10)　「土地ヲ欺隠シ地租ヲ逋脱スル者ハ四円以上四十円以下ノ罰金ニ処シ現地目ニ依リ地価ヲ定メ欺隠年間ノ地租ヲ追徴ス」（同条本文）。
11)　今村和郎＝亀山貞義『民法正義（財産編第一部）』1巻（新法註釈会・明24）224頁。
12)　地租条例25条及びその前法である脱税ノ為メニ土地ヲ欺隠スル者罰金及租税追徴方（明15布告34－明17布告7）1項本文は、民有地内の隠田に関する規定である（参照、内務省地理局編・前編第3章註(228)583～584頁及び同局編『例規類纂』7巻（明20）395頁）。故に、今村前参事官が挙げるべきは、正確には隠田切開地添地等処分方更定（後註(48)参照）4条後段であった（地租条例施行後における同布告の効力につき参照、同8巻（明20）393～394頁）。
13)　「〔目賀田〕先生の立案に基きて、初に祝辰巳氏其の案文の骨子を作り、次に内国税課長若槻礼次郎氏之を法律文に書き改め……た」ものという（故目賀田男爵伝記編纂会編『男爵目賀田種太郎』（同会・昭13）249頁）。
14)　「村ノ百姓地、地頭地、『オエカ』地、『ノロクモイ』地、上納田、『キナワ』畑ニシテ其ノ村ニ於テ地割セル土地ハ地割ニ依リ其ノ配当ヲ受ケタル者又ハ其ノ権利ヲ承継シタル者ノ所有トス」（同条本文）。類例、同条2項、同法4条1項・2項、5条、7条、8条1項、9条及び10条。

175

地は村単位で定期的に再分配され、村民は使用・収益権能を有するに過ぎなかった[15]のに対し、仕明請地等は処分権能まで認められていた[16]からである。

両者の差異は、明治28年の沖縄県地租改正法案（当初は沖縄県土地処分地租改正法案）の段階から認識されていた。目賀田主税局長及び有尾内国税課長曰く、

「現在ノ儘ヲ見認メテ人民ノ所有ト為スコトヲ得ルモノハ仕明地請地等県下一部ノ土地ニ止リ其以外百姓地上納田ノ如キ大部ノ土地ニ自今各自ノ所有ヲ定ムルノ必要アルモノトス〔。〕之ヲ定ムルコトハ法ノ規定ヲ要ス」「故ニ所有権ヲ付与スルト云フコトハ避クルトスルモ所有ヲ定ムト云フコト丈ハ明言シ置クノ必要アリ[17]」（傍点引用者）。

百姓地等の所有権の確定は、仕明請地等の所有権の確定と異なり、純然たる確認的作用でない[18]が、かといって零から所有権を発生させるものでもない。同法は、百姓地等については占有を所有権に基づくものと看做し、仕明請地等については所有権を確認するものである。

「第二条ノ土地ハ、殆ド人民ノ占有ヲ長ク致シテ、所有ノ如クデハゴザイマスケレドモ、売買ヲ許シテナイ、……第十一条ニゴザイマス土地……ハ各々請地状……即チ地券ニデモ当ルベキモノヲ得テ、ソレデ、自由ニ之ヲ所有シ、……売買ノ如キコトヲ致シテ居ル、……今日ニ於キマシテハ、先ヅ此法律ニ依ッテ現在ノ姿ヲ見マシテ、ソレデ、占有ノ永キモノ、又従来ノ慣習ニ依ッテ所有シタルモノ、如キハ、ソレデ、区別ヲ附ケテ、先ヅ土地ノ所有ヲ認定スル[19]」

---

15) 明治30年の沖縄県土地種類調には、「寛延三年ノ頃……竿入帳ニ掲記セラレタル田畑及山野ニシテ各村ニ於テ之力耕耘納税ノ義務ヲ負ヒ六・七年乃至二〔・〕三十年ノ年期ニ於テ其ノ地割ヲナシ各村民ノ耕耘分担高ヲ定ムルモノニシテ同地ハ之ヲ売買譲与抵当質入〔ト〕ナスヲ許サス」とある（多嘉良憲編「沖縄土地整理法案及土地整理施行法書類」新垣清輝編『沖縄法制史』（荒木書店・昭8）附録1頁）。
16) 仕明地につき沖縄県土地種類調には、「旧藩ノ頃ハ藩ノ、置県後ハ官ノ許可ヲ受ケ百姓地以外ノ土地ヲ開墾シ若クハ埋立ヲナシ請地帳〔・〕差出〔・〕請地状ヲ受ケ〔タ〕地ニシテ其開墾埋立者ノ所持ニ係リ売買譲与質入抵当トナスヲ得ルヘキモノナリ」とある（多嘉良・前註附録3頁）。
17) 沖縄農地制度資料集成編集委員会編『戦前期の沖縄農地制度資料（沖縄県土地整理事業関係）』（沖縄県農林水産部・平9）87頁・88頁〔目賀田種太郎、有尾敬重〕。
18) 一木内務書記官は、「仕明地即チ私有地」と復命している（一木喜徳郎「一木書記官取調書」（明27）琉球政府編『沖縄県史』14巻（同政府・1965）546頁）。沖縄県土地整理法の細目を立案した俵沖縄県参事官（参照、多嘉良編・前註(15)附録16頁）も、仕明請地等が「個人ノ所有ニ属スル土地」であるのに対し、百姓地等は「個人ノ所有ニ属セサル土地」であるという（俵孫一「沖縄県ノ土地制度」国家学会雑誌12巻137号（明31）700頁・695頁（いずれも傍点略））。
19) 13・衆・26号（明32・2・9）343頁〔目賀田種太郎政府委員〕。

第 1 節　所有権を発生させる国家作用

（傍点引用者）。

(8)　沖縄県土地整理法 11 条[20]は、仕明請地等につき、手形等を有すべき者の所有権を発生させるのでなく、確認する措置法律に止まる（前述）。

(9)　④沖縄県土地整理法 18 条 1 項[21]は、無主[22]の杣山[23]等（期限を定めることなく開墾を許可した杣山を除く。）に対する国の所有権を発生させる措置法律に当たる[24]。

④は、**民法 239 条 2 項**の特別法である。土地所有権に関する**同法**の規定が土地整理事業の終了まで沖縄県に施行されなかったこと（民法施行法 10 条[25]（明 31 法 11 − 明 39 法 13））から、特に規定されたのであろう。

(10)　⑤国有未墾地利用法[26]（光武 11 旧韓国法律 4 （− 1948 南朝鮮過渡政府法令 173）） 1 条[27]は、無主の未墾地に対する国の所有権を発生させる措置法律に当

---

20)　「仕明請地、仕明知行地、請地、払請地、拝領地及那覇、首里両区内ノ屋敷地ハ手形、差出等ヲ有スヘキ者ノ所有トス」。類ジ、同法 12 条。

21)　「杣山、川床、堤防敷、道路敷及其ノ余地其ノ他民有ト認ムヘキ事実ナキモノハ総テ官有トス」（同項）。「期限ヲ定メスシテ開墾ヲ許可シタル杣山ハ第十八条ノ規定ニ拘ハラス其ノ許可ヲ受ケタル者又ハ其ノ権利ヲ承継シタル者ノ所有トス」(15 条)。

22)　目賀田局長は、「事実トハ単ニ書類証拠ニ限ラス民法上ノ権利ヲ主張スルヲ得ルモノ時効ニ依リテ権利ヲ得タルモノ労力長ク其ノ他ニ用ヒタルモノ等斟酌ヲ為ス考ナリ」と説明している（「他」は「地」の誤り）。同時に「内地ノ山林ハ民有ニ為シ過キタル感アリ〔。〕可成ク内地ノ弊ニ陥ラサル様ナサムト欲スルカ故ニ永ク民有ノ形跡アルモノノミヲ民有トシ他ハ総テ官有ト為サント欲ス」とも述べており（13・貴・沖縄県土地整理法案特委 1 回（明 32・2・24）臨川書店版 1078 頁〔目賀田種太郎政府委員〕）、実際には殆どが官有地とされた。併しながら、その後、沖縄県国有林野特別処分ニ関スル件（明 39 勅 191 − 実効性喪失） 1 条 1 項により、その多くが地方公共団体等に売り払われている。

23)　沖縄県土地種類調には、「藩ヨリ間切ヘ保管セシメタルモノナリ、間切人民ニ於テ仕立木ノ外薪炭用ニ供スル樹木ハ間切役場ニ届出家材ハ他人ニ限リ山方筆者ノ許可ヲ得、船材若クハ公舎用ニ供スルモノハ郡長ノ許可ヲ受ケ無代価ニテ之ヲ伐採スル事ヲ得」とある（多嘉良編・前註(15) 7 頁。「他人」は「地人」の誤り）。

24)　反対、藤令三郎＝森千五郎「沖縄県森林視察復命書」（農商務省山林局・明 37）琉球政府編『沖縄県史』21 巻（同政府・1968） 762 頁。旧藩時代「開墾ノ為杣山ヲ貸付セシコト」「間切、島、村ノ杣山担当区域ヲ変更セシコト」「杣山ト他ノ土地トノ交換ヲ許可セシコト」「私ニ開墾スルヲ禁セシコト」「侵墾ヲ禁セシコト」「杣山ヲ他ノ地種ニ変更シテ其担当間切、島、村ニ下付セシコト」「杣山ノ一部分ニ家畜ノ放牧ヲ許セシコト」「開墾ノ為杣山ヲ下付セシコト」を根拠に、当時から「官有」であったという（同頁）が、そこでいう「官有」とは、私所有権というより公法・私法未分化の上級所有権（参照、「空地にても海川にても、地主なき場所ハすべて地頭の物なれバ……」（大石（久）前編第 3 章註(186)106 頁））を指す趣旨のように思われる。

25)　「民法中不動産上ノ権利ニ関スル規定ハ当分ノ内之ヲ沖縄県ニ施行セス」。

26)　制定経緯につき参照、和田（一）・前編第 3 章註(121)630〜631 頁。

27)　「国有未墾地トハ民有ニ非サル原野、荒蕪地、草生地、沼沢地及干潟ヲ謂フ」。民有未墾地の解

177

第2編 物　権　第3章 所 有 権

たる[28]）。

　(11)　⑥森林法[29]）（隆熙2旧韓国法律1）附則19条[30]）は、期限内に届出のない森林山野に対する国の所有権を発生させる措置法律に当たる。

　⑥は、③④と同じく無主の森林山野を対象に予定していたが、③④と異なり民有地の悉皆調査（官民有査定、百姓地・仕明請地以外の土地の処分（いずれも本節第3款参照）等）を前提としていないため、民有であるにも拘わらず届出のない森林山野まで対象に含まれる事態となった[31]）（これらの森林山野については、⑥は所有者の所有権を消滅させる措置法律にも当たる[32]）（本章第4節第1款参照）。）。

　これらの所有権は、後の特別譲与（森林令（明44制令10 − 1961韓国法律881（山林法））7条[33]））及び林野の所有者の査定（朝鮮林野調査令（大7制令5 − 1948南朝鮮過渡政府法令173）8条1項[34]））によって恢復された[35]）。

　(12)　Land Ownership in the Daito Island（南北両大東島の土地所有権について。1964琉球列島米国民政府布告22）1項[36]）は、同項に規定されている者の土地所有

　　　釈基準につき、森林山野及未墾地国有私有区分標準（明45朝鮮総督府訓令4）1項（後の朝鮮土地調査事業では、より緩やかな基準が用いられた（本節第3款参照）。）。
28)　「朝鮮ニ於テ国有未墾地利用法施行以前ハ民有ニ非サル荒蕪地ニ対シテハ何人ト雖之ヲ開墾終了スルニ因リテ所有権ヲ取得シタル慣習アリ」（朝高判大5・3・10朝録3巻434頁）。
29)　立案過程の梗概につき参照、道家充之「韓国時代の林業に関する思出話」朝鮮山林会編『朝鮮林業逸誌』（京城・同会・昭8）12〜14頁及び和田（一）・前編第3章註(121)625〜630頁。
30)　「森林山野의所有者는本法施行日로부터三個年以内에森林山野의地積及面積의略図를添附하여農商工部大臣에게申告하되期間内에申告치아니한者는総히国有로見做함」。
31)　同法の後法である森林令を立案した斎藤朝鮮総督府技師は、⑥を「実情に適合せず且無理なる規定」と考えていた（斎藤音作「朝鮮森林令及附属法令制定の事情」朝鮮山林会編・前註(29)197頁）。
32)　「森林山野ノ所有者カ隆熙二年法律第一号森林法第十九条ニ依リ申告ヲ為ササルトキハ当然其所有ヲ失ヒ国有ト看做サルヘキモノトス」（朝高判明44・6・17朝録1巻298頁）。
33)　「朝鮮総督ハ造林ヲ為国有森林ノ貸付ヲ受ケタル者ニ対シ事業成功シタル場合ニ於テ特ニ其ノ森林ヲ譲与スルコトヲ得」（7条）。「本令施行前永年禁養シタル国有森林ハ第七条ノ貸付ヲ為シタルモノト看做ス」（附則29条）。
34)　「道長官ハ林野ノ所有者及其ノ境界ヲ査定ス」（同項）。「隆熙二年法律第一号森林法附則第十九条ノ規定ニ依リ地籍ノ届出ヲ為ササリシ為国有ニ帰属シタル林野ハ其ノ旧所有者又ハ其ノ相続人ノ所有トシテ之ヲ査定スヘシ」（10条）。
35)　森林令が⑥を事実上死文化した点につき参照、李宇衍「朝鮮総督府の林野所有権整理と林政」東洋文化研究11号（平21）253〜258頁。
36)　"The persons named in the document marked "petitioners' Exhibit No. 2," filed with the Land Advisory Committee during its hearings in 1963 concerning the ownership of lands in the Daito Islands, and now held by the Ryukyuan Property Custodian, are hereby vested with the ownership and full legal title to the lands respectively claimed by them in said document"

第1節 所有権を発生させる国家作用

権を発生させるのでなく、確認する措置法律に止まる。

これは、土地所有権確認訴訟の非常再審手続に外ならないからである[37]。尤も、その主眼は、上級所有権（Obereigentum）化した大日本製糖株式会社の所有権に代えて耕作者の下級所有権（Untereigentum）を所有権とする点にあり、本土における農地改革（本章第4節第3款参照）と変わらない[38]。

⒀　⑦河川法施行法（昭39法168）4条は、（旧）河川法が施行されていた河川の敷地（前編第3章第1節第1款参照）に対する国の所有権を発生させる措置法律に当たる。

⒁　以上の立法例は、いずれも土地が発生する（前編第3章第1節第1款参照）のと同時に、それらに対する国の私所有権を発生させる措置法律に当たる。このうち③〜⑥は、近代的な土地・所有権制度を確立させるべく、原始的な無主地を解消するものである（後発的な無主地には、民法239条2項が適用される。）。⑦も、公物を"物でないもの"とする立法主義（同章第3節第3款参照）から物とする立法主義への転換であり、③〜⑥に準ずる土地・所有権制度の再編に伴うものといえよう。

③〜⑦については、私人による先占や時効取得と異なり、現実の占有を要求することなく国の所有権を発生させるものであり、公法・私法未分化の上級所有権の残滓でないかという批判もあり得よう。併しながら、かかる特権は専ら無主物（③⑦にあっては公物を含む広義の無主物）を対象としているため、外ならぬ民法239条2項と同じく、無主地の存在自体が土地・所有権制度にとって危険である点[39]をもって正当化することが出来よう。

とはいえ、③〜⑦（とりわけ③〜⑥）が国庫のみならず私人全体にとっても利益となるというためには、公物を含む広義の無主物の定義が恣意的に操作され

（月刊沖縄社編・前編第3章註(43)168頁）.
37）参照、沖縄開発庁・前編第3章註(144)257〜260頁〔久貝良順〕。
38）参照、沖縄開発庁・前註305頁〔久貝、山口特盛那覇地方法務局長〕。
39）「先占ニ因リテ不動産ヲモ取得スルコトヲ得ルモノトセハ為メニ争闘ヲ惹起シ大ニ安寧ヲ害スルノ虞アリ」（梅・本編第1章註(1)164頁）。「不動産（殊ニ土地）ハ……其占有ヲ確認スルコト困難ナルカ為メ紛争ヲ惹起スルノ虞アルカ故ナリ」（富井・本編第1章註(56)125頁）。なお、ドイツ・民法典928条2項は、抛棄された不動産については、国庫に所有権でなく先占権（Recht zur Aneignung）を賦与するに止まる。併しながら、原始的な無主地については、普通法（gemeines Recht）に基づき当然に国庫の私所有権が発生したと解されているようである。

ないことが必須の条件である。裏返していえば、如何なる態様の占有があれば私人の所有権が認められるかが重要なのであり、この点については本節第3款において検討する。

第2款　所有権を発生させる司法作用

土地所有権の認定の裁判（Land Titles 1条。前編第3章第1節第2款参照）は、当該土地所有権を発生させる司法処分には当たらない。

これは、土地所有権の認定（次款参照）から漏れた土地及び争いのある土地の所有権を確認する行為に止まるからである。

第3款　所有権を発生させる行政作用

(1)　これに該当するかが問題となる立法例は、土地（①❷）及び土地と水の統合体（③）に関する類型に大別される。

(2)　地券の発行（前編第2章第1節第3款参照）は、所有権を発生させる行政処分には当たらない。

これは、既存の所有権を確認し、公証する行為に止まり[40]、行政処分ですらない[41]からである（但し、開墾永小作[42]を始めとする分割所有権（geteiltes Eigentum）的な土地[43]、定期的に再分配される割地[44]——沖縄県の百姓地（本節第1款参

---

40)　「地券は、土地の所持（排他的総括支配権）関係を証明する証明文書であって、……権利を設定する設権文書ではない」（最判昭61・12・16民集40巻7号1236頁）。

41)　「縦令一旦地券下付セラルルモ之ヲ受ケタル者真正ノ所有者ニアラサルトキハ真正ノ所有者ハ其誤謬ヲ証明シテ地券ノ更正ヲ請求スルコトヲ得ヘ……キモノトス」（大判大7・5・24民録24輯1010頁）。（旧）民法財産編242条2項の起草過程でも、「否ヤ其地券ハ虚ダト云フソレデハ〔司法〕裁判所ヘ行カナケレバナラン」と説明されている（法律取調委員会・前編第3章註(26) 57頁〔栗塚報告委員〕）。

42)　「開墾永小作は町人大地主等の有力者が幕府領主の許可を受けて、荒野を開墾する場合に、農民と契約して、これをしてその一部を開墾せしめる時、その報償として、彼等のために開墾地上に設定した永小作であり、永小作の中にあつても、最も権利の強いものである」（石井良助『日本法制史概説』改版（創文社・昭35）518頁）。

43)　「永小作人は小作地を永年且つ勝手次第支配し進退し得、且つ又多くの場合に於て、年貢を直納したこととて、時に、永小作人が小作地を所持すると云はれたこともあり……、その権利は殆んど所有権（下級所有権）に準ずべきものもあつた」（石井・前註517～518頁〔傍点原文〕）。

44)　「上中下水腐のなき場処と、年々水腐する場処と割合せ、百姓の持高に応じ年季を立て地処を割替るなり、……依て銘々の持高に極リハありといへども、此場処は此者の地所と定りたる儀なし」（大石（久）・前編第3章註(186)124頁〔振仮名略〕）。

180

照）に相当する——については、前者では永小作人でなく地主に、後者では現に配分を受けている者（但し協議が調った場合にはそれ以外の者）に、地券が発行された[45]。これらは、それぞれの者の占有を所有権に基づく占有と看做し、公証する行為に当たる[46]。）

（3）　地租改正における官民有査定（前編第3章第1節第3款参照）は、国及び私人の所有権を発生させる行政処分には当たらない。

官有査定は国の所有権を確認し、民有査定は一団の非官有地の存在を確認するものに止まり（同款参照）、所有権の個数も主体も特定しないからである。

これに対し訟務局は、官有査定は国の所有権を発生させる行政処分に当たると主張している[47]。その論拠としては、（一）民有の申告がなかった土地が官有と査定され、（二）隠田が取上→官入され[48]、（三）査定困難な土地は官民折半とする方針が掲げられ[49]、（四）林野の民有査定及び誤って官有と査定された土地

---

45)　参照、丹羽邦男『形成期の明治地主制』（塙書房・昭39）207〜236頁及び福島正夫『地租改正』（吉川弘文館・昭43）104〜109頁。なお、割地の再分配は、明治5年大蔵省布達118号により、既に禁止されていた。

46)　「（一）割地制度の行はれた土地（二）二重所有権の観念のあつた土地……等に対しては改租事業中の土地所有権査定は実に土地法制の根本的革命の意義を有するものであつた。」「〔前者では〕有期の耕作権が一躍、無期の所有権となつたものであつて、一大変革と云はねばならぬ」（樋田豊太郎『日本農業法制』上巻（市谷書院・昭3）59頁）。なお、特に永小作人の「所持」が強い地域では、土地を分割して地主・永小作人双方に地券を発行した例もある（参照、有尾・前編第3章註(16)72頁及び小野武夫『永小作論』（巌松堂・大13）104〜115頁）。これは、両者の占有を共有に基づく占有と看做した上で当該共有地を分割し、公証する行為に当たる。

47)　「官民有区分、下戻処分〔国有土地森林原野下戻法1条1項〕等は、近代的土地所有権創設のための形成的効力を有する処分である」（寳金敏明『里道・水路・海浜——長狭物の所有と管理』四訂版（ぎょうせい・平21）22頁）。同30頁は、割地等に関する福島正夫「財産法（法体制準備期）」鵜飼信成他編『日本近代法発達史』1巻（勁草書房・昭33）35頁を援用しているが、割地の一種である沖縄県の百姓地につき所有権を発生させる構成が意識的に避けられた点（本節第1款参照）に鑑みれば、疑問といわざるを得ない。

48)　「一　地券相渡シ候後ニ於テ隠田等有之候節ハ……密売買ノ例ヲ以テ処置可致事」「但隠田ハ……地所ノミ取上可申……」（地券渡方規則22条（明5大蔵省達159－明6布告315）本文・但書）→「……今般地租改正被仰出候ニ付テハ……精細調査ヲ遂廉落残歩等有之候ハ、誠実可申立万一地租改正ノ後ニ至リ露顕イタスニ於テハ欺隠田糧律ニ準シ所刑可申付候……」（明治6年布告315号（－明9布告67））→「隠田切開切添地ノ此布告以前ニ係ルモノ該府県地租改正済迄ニ申出ル時ハ其罪ヲ問ハス其者所有ニ可相定若シ之ヲ申出スシテ改正済後ニ至リ発覚スルモノハ律ニ照シ処分スヘシ」（隠田切開地添地等処分方更定1条（明9布告67－明17布告7）本文）。「凡田糧ヲ欺隠シテ、版籍ニ脱漏スル者ハ……其田ハ官ニ入レ……」（新律綱領（明3・12・20－明13布告36）欺隠田糧律）。

49)　明治7年達143号は、土地取調雛形として、「何々ノ廉ニ拠レハ官有地トナスヘキカ如クニ候

の下戻[50]の基準が一定しておらず[51]、(五)民有査定の基準が緩和された場合にも既に官有と査定された土地が第三者に払い下げられていた場合には下戻が認められず[52]、(六)未定地・脱落地についても下戻手続が準用され[53]、及び(七)下戻が国有地の承継取得として構成されたこと[54]が挙げられている[55]。

併しながら、(一)処分の手続要件は当該処分が確認的か形成的かとは無関係であり、(二)隠田の取上→官入は私所有権が存在するからこそ可能なのであり、(三)土地を官民折半した実例は挙げられておらず、(四)最も厳格な民有査定の基準も現在の時効取得要件と概ね同等である[56]し、下戻の基準が民有査定の基準よりも厳格なのは時の経過による立証の困難化を考慮したためであり[57]、(五)第三者保護の観点から原状回復を制限することは処分が確認的か形成的か

ヘトモ何々ノ廉ニ拠レハ民有地トナスヘキカ如ク到底区分難致尤官民ノ便宜ヲ斟酌致候得ハ之ヲ折半シ官地民地ト御定相成可然候」とする上申書の書式を示している。内務省原案では、官民折半でなく官民共有となっていた(参照、福島・前編第3章註(8)597頁)。同省は、明治8年の仮山林規則にも「官民共有林」を盛り込んでいた(参照、同634頁及び萩野・前編第3章註(59)23頁)が、明治15年の森林法草案には採用されなかった。

50) 国有土地森林原野下戻法1条1項(前編第3章註(21)参照)。同法の制定前は、引戻(官有森林原野及立木竹引戻ノ件(明23農商務省訓令23)→官有森林原野ヲ民有ニ引戻請求手続(明30農商務省令13 − 明32農商務省8))即ち私人の申出を端緒とする職権取消がされていた(実例は明治16年に遡るという(三枝・前編第3章註(59)196頁)。)。このような行政慣行に終止符を打つには法律が必要であると判断されたため、同法が制定されたのである。参照、「地租改正ノ当時官民ノ誤謬ノアリマシタモノヲ、訂正シテ民有ニ帰セシムルト云フコトニナッテ居リマスノデゴザイマスガ、之ガ何時マデ経ッテモ際限ナク出テ来ルコトニナリマシテハ、……森林ノ経営等ニ附キマシテモ……限リノナキ煩累ヲ来ス次第デゴザイマス……普通ノ民事ノ法律ニ依リマシテモ、財産ノ異動等ニ附キマシテ年限〔＝取得時効〕モアル通デゴザイマス」(13・衆・国有林野法案外3件審査特委1号(明32・2・4)1頁〔藤田四郎政府委員〕)。

51) 民有査定の基準のうちでは、明治8年地租改正事務局達乙3号よりも、同年同局達乙11号の方が厳格化されている。下戻の基準である国有土地森林原野下戻法適用心得(明35農商務省訓令12) 4項は、民有査定の基準よりも更に厳格化されている。

52) 「但一旦官地ニ定リ還禄士族其他ノ人民ヘ払下処分済ノ分者此限ニ無之候事」(明治8年地租改正事務局達乙11号公布文但書)。

53) 国有土地森林原野下戻法1条3項(前編第3章註(21)参照)。

54) 「下戻ヲ受ケタル者ハ其ノ下戻ニ因リテ所有又ハ分収ノ権利ヲ取得ス」(国有土地森林原野下戻法4条1項)。

55) 参照、寶金・前註(47)48〜50頁〔古館清吾「近代的土地所有権の形成と帰属について」訟務月報15巻3号(昭44) 117〜127頁を再整理したもの〕。

56) **民法**施行後も、単なる採草の事実のみによって林野所有権の時効取得を認めた判例は見当たらない(最判昭46・3・30判時628号52頁は、造林の事実を要求している。)。

57) 参照、13・衆・国有林野法案外3件審査特別委4号(明32・2・13) 43〜44頁〔村田重治農商務技師〕。

第1節　所有権を発生させる国家作用

とは無関係であり、(六)下戻手続の準用は処分が確認的か形成的かとは無関係であり[58]、(七)下戻が出訴期間[59]の経過により確定した官有査定に対する特別の救済手続である以上、対象地が国に属していることを前提とするのは当然である（違法な官有査定が確定したことにより国の所有権の存在を否定出来なくなるという効果は、抗告訴訟制度それ自体の効果であり[60]、官有査定それ自体に、民有と査定されるべき土地につき国の所有権を発生させる効果がある訳でない[61]。）ため、いずれも首肯し難い。

尤も、公物及び無主物については、官有査定により確認される国の所有権は地所名称区別により発生している（本節第1款参照）から、行政過程全体として形成的性質を有している点は否めない。このため、同布告が公物及び無主物の範囲（それぞれ私人の占有の法的レヴァンスが否認される範囲及び私人の占有が所有権に基づくものでないとされる範囲）を恣意的に操作したとすれば、本来認められて然るべき私人の所有権に代えて国の所有権を発生させたこととなろう。

併しながら、公物については、徳川時代にも管理上支障ある態様の占有は認められなかった[62]し、「官有地第三種」中の「堤塘道路」の幅員は検地の際の

---

58) 寶金・前註(47)53頁は、準用の結果、下戻の申請期限を経過した時点で「一括して官有地編入処分が擬制され……た」と主張する。併しながら、まずもって検討されるべきは、法律が予定する通り期限内に申請がされ、下戻がされる場合における同法4条1項（前註(54)参照）の準用のされ方の筈である。ここで、同項が読替えなしに準用されるとすれば、未定地・脱落地は下戻以前に官有地となっていなければならないが、幾ら地所名称区別が国の所有権を発生させる措置法律である（本節第1款参照）としても、民有地たるべき未定地・脱落地まで官有地とすることは出来ない（参照、最判昭44・12・18訟月15巻12号1401頁〔三田用水〕）。故に、準用後の「下戻」手続は、「未定地・脱落地が官民有いずれか争われている場合における行政上の確認」手続という趣旨に読み替えられるべきである。そうすると、申請期限後における同法1条2項の準用についても、「期限経過後はこの簡易な手続を利用することは出来ず、専ら司法手続によらねばならない。」という趣旨に読み替えれば足りよう。

59) 行政裁判法施行前にされた行政処分の出訴期間は、同法施行時から起算される（参照、行判明24・3・11行録1巻62丁）。なお、出訴期間経過後に職権取消をしない旨の通知に処分性を認めた判例もある（行判明25・5・16行録3巻163丁）。

60) 大判明37・4・20民録10輯485頁及び最判平10・1・22訟月45巻2号267頁は、この趣旨を述べたものに止まる。

61) 寶金・前註(47)50頁、小柳春一郎「明治時代の土地所有権」山内進編『混沌のなかの所有』（国際書院・平12）119～120頁・122～123頁及び橋本誠一「地租改正と土地所有権」牛尾洋也他『近代日本における社会変動と法』（晃洋書房・平18）83頁・86頁が、いずれもこの点を区別していない点は、不思議という外ない。

62) 「川筋・堤外・河原附寄・葭場等の内を、多分の手間を入れ築建て屋敷になせバ……舟稼等の勝手になるゆへ、見取屋敷に代官地頭へ願ひ出る節ハ、篤と見分し吟味の上村中隣村とも差障り、

幅員[63]を踏襲したものである。無主物については、旧公簿に記載のある林野（それに準ずる林野を含む。山林原野等官民所有区別派出官員心得書1条[64]）及び裁許状のある林野（同4条[65]）に加え、村が造林し「其村所有地ノ如ク進退致来ル分」（同2条[66]）が民有地第一種中の山林に査定されているが、後者は**民法**施行後における時効取得の要件と同じ水準である（前述）。このように、公物の範囲は徳川時代と比べて特に拡張した訳でなく、無主物の範囲も現在と大差がある訳でない。

(4) 台湾土地調査事業における土地の業主の査定（台湾土地調査規則5条1項。前編第3章第1節第3款参照）は、業主権を発生させるのでなく、確認する行政処分に止まる（但し、建物敷地については、厝主（建物所有者）が業主に査定された地域が多い[67]。その場合には、厝主の占有を所有権に基づく占有と看做す行政処分に当たる。）。

査定は、地券の発行（前述）と異なり、行政処分として構成されている。このため、第三者が査定確定後に査定以前の原因に基づく業主権確認訴訟を提起することは許されない[68]。このようにして確定された業主権の移転等の登記に

　　並に川筋水行等の障りの有無を巨細に糺し、差支へなくバ屋敷見取年貢上納に相極め申付るなり」（大石（久）・前編第3章註(186)121頁（傍点引用者））。

63)　参照、「新道堀敷、及び在来道堀にて狭めたる分も、竿除きとし直に改修の上向後狭めざるべき旨を命令し請書を徴す、但野道は巾三尺牛馬道は巾壱間とす」（安藤編・前編第3章註（7）181頁（傍点引用者））。

64)　「旧領主地頭ニ於テ既ニ某村持ト相定メ官簿亦ハ村簿ノ内公証トス可キ書類ニ記載有之分ハ勿論口碑ト雖トモ樹木草茅等其村ニテ自由致シ何村持ト唱来リタルコトヲ比隣郡村ニ於テモ度知シ遺証ニ代ツテ保証スルカ如ク山野ノ類ハ旧慣ノ通其村持ト相定メ民有地第二種ニ編入スルモノトス」（同条本文。地租改正資料刊行会編・前編第3章註(65)581頁）。

65)　「尤裁許状ニ甲村ノ地ニシテ乙丙入会三ヶ村進退或ハ三ヶ村持ト明文有之類ハ其証跡顕然タルニヨツテ納税ノ有無ニ不拘従前ノ通之レヲ村持入会地ト定メ民有地第二種ニ編入スルモノトス」（同条後段本文。地租改正資料刊行会編・前註582頁）。

66)　「従来村山村林ト唱ヘ樹木植付及ヒ焼払等夫々ノ手入ヲ加ヘ其村所有地ノ如ク進退致来ル分ハ他ノ普通其地ヲ所用シテ天生ノ草木等伐苅致シ来ルモノトハ判然異ナル類ハ従前租税ノ有無ト簿冊ノ記否トニ拘ハラス前顕ノ成跡ヲ視認候上ハ民有地ト定ムルモノトス」（同条本文。地租改正資料刊行会編・前註581頁）。

67)　宅地業主権ニ関スル件（明32臨時台湾土地調査局訓令3。臨時台湾土地調査局『台湾土地調査法規全書』（明35）552頁）。参照、江・前編第3章註(112)196～198頁及び西・本編第1章註(25)92～104頁。

68)　「地方土地調査委員会ノ査定ニ不服アルモノハ高等土地調査委員会ニ不服ヲ申立テ救済ヲ求ムル外司法裁判所ニ向テ訴訟スルヲ得ス」（台湾覆審法院判明34・12・16。小森編・前編第3章註(108)132頁）。

第1節　所有権を発生させる国家作用

は、公信力が認められた（台湾土地登記規則（明38律令3）1条[69]）。

官民有査定（前述）において問題となった公物及び無主物の範囲のうち、前者は内地と概ね同様である。即ち臨時台湾土地調査局は、申告のあった土地が公物である場合には、次のような方針を採る旨決定した。

「内地地租改正ノ例ヲ観ルニ、其改正ノ当時ハ、〔台湾〕本島ト均シク〔徳川時代ノ〕地租ノ有無、又ハ有証無証ニ論ナク、墾成ノ地ハ、加工者ニ附与シ、山林原野ト雖、人民ノ生活ニ必要ナル部分ハ、旧記ニ記載シアル官林等ヲ除キ、四至隣村ノ認ムル処ニ従ヒテ、部落人民ノ有ニ帰シタリ。因テ風潮防禦、水源涵養土砂扦止等ニシテ、国土保安ニ関スル土地、若ハ水利、土工、道路、堤防等ノ如キ、公益ニ関スル土地ヲ除クノ外、苟モ其已ニ労力ト資本トヲ投シ墾成シタル田園、山林又ハ建物敷地等ハ、他人ノ権利ヲ侵害セサル以上ハ、此際永遠ノ業主権ヲ公認スルニ局議決定ス[70]」。

一方、無主物の範囲は、内地よりも狭く解されていた可能性すらある。上記の局議決定は、林野の所有権を認めるために造林の事実を要求した内地法令[71]を参照条文から除いているからである。

(5)　百姓地等・仕明請地等（本節第1款参照）以外の土地の処分（沖縄県土地整理法17条[72]）は、百姓地に準ずる土地にあっては、その占有を所有権に基づく占有と看做す行政処分、仕明請地に準ずる土地にあっては、その所有権を確認する行政処分に当たる[73]。

(6)　耕地整理→土地改良事業における①廃止される道路等に代わる道路等の編入処分（（旧）耕地整理法10条2項[74]→耕地整理法11条2項[75]→**土地改良法**50条

---

69)　「土地台帳ニ登録セラレタル土地ニ関シ左ニ掲ケタル権利ノ設定、移転、変更、処分ノ制限又ハ消滅ハ相続又ハ遺言ニ因ル場合ヲ除クノ外此ノ規則ニ依リ登記ヲ為スニアラサレハ其ノ効力ヲ生セス但シ相続又ハ遺言ニ因ル場合ト雖登記ヲ為スニアラサレハ第三者ニ対抗スルコトヲ得ス」「一　業主権」（同条本文及び1号。2〜3号略）。

70)　明33・3・26局議決定（江・前編第3章註(112)196頁による。）。これによると、保安林たるべき土地は、私人に属し得ないとされたかにも見える。併しながら、台湾保安林規則（明34律令10－大8律令10）が保安林国有主義を採らなかった点に鑑みると、それらの土地についても、現況が森林である限り、他の民有林と同じ基準によって私人の業主権が認められたようである。

71)　明治8年地租改正事務局達乙11号及び山林原野等官民所有区別派出官員心得書3条（江・前編第3章註(112)200頁による。）。

72)　「前各条ニ該当セサル土地ニシテ民有ト認ムヘキ事実アルモノハ第二条以下ノ規定ニ準シ処分ス」。

73)　詳細につき参照、「沖縄県土地整理法正条ノ施行ニ関スル協議決定事項」多嘉良編・前註(15)51〜54頁。

（昭24法195－昭39法94）2項）→廃止される道路等に代わる道路等の用に供する土地指定処分（**同法54条の2**（昭39法94－）**第6項**[76]）は、それらに対する国→国等の所有権を発生させる行政処分に当たる。

　当該土地は、全ての従前地を合併した一個の土地から全ての換地を分割して（前編第3章第2節第3款参照）残った土地であり、従前地の所有者全員の共有とされても不思議はない筈である。①は、従前の道路等との間に機能上の代替関係がある道路等の用に供する土地を確保すべく、これを国等に取得させるものである。各従前地に存した負担が余さず各換地に移行している点に鑑みると、国等による取得は原始取得であると解する外ない。

　同処分以外の、従前地のない土地（保留地等）を換地計画に定める処分[77]についても同様である[78]。

　（7）　朝鮮土地調査事業における地主の査定（土地調査法7条1項）→土地の所有者の査定（土地調査令9条1項）（いずれも前編第2章第1節第3款参照）は、土地所有権を発生させるのでなく[79]、確認する行政処分に止まる（但し、駅屯土と総称される国有か私有か曖昧な農地については、旧公簿の記載に基づいて国有と査定された場合がある[80]。それらは、国の観念化された占有を所有権に基づく占有と看做す行政処分に当たる。）。

　両査定は、台湾土地調査事業における査定（前述）と同じく行政処分として構成されている[81]が、その効力を訴訟によって争うことが明文上禁じられてい

---

74)　前編第3章註(226)参照。
75)　類例を含め、前編第3章註(227)参照。
76)　先例、**土地区画整理法105条1項**。
77)　前編第3章註(236)参照。
78)　「替費地の所有権は、本換地処分の確定によって創設され……る」（南博方「土地区画整理における替費地をめぐる法律問題」ジュリスト293号（昭39）59頁）。
79)　早川・前編第3章註(116)56頁は、「査定ト査定前ニ於ケル所有権ノ連絡関係ハ毫モ問フ所ニアラス前所有権ヲ消滅セシメテ新タニ所有権ヲ取得スヘキ所謂原始取得ナリ」と主張するが、これは、違法な査定であっても一旦確定すれば査定を受けた者の所有権の存在を否認することが出来ないという、行政争訟制度自体の効果を適法な査定本来の効果と混同するものである（前註(61)参照）。
80)　参照、宮嶋博史『朝鮮土地調査事業史の研究』（汲古書院・平3）483～486頁。駅屯土の全体的な処理方針はいまだ明らかでないという（参照、同「現在をも規定する土地調査事業」東洋文化研究8号（平18）248頁）。
81)　「二人以上おれのものだというと、……どちらかに決めて載せなければいかん。たまたま裁判になっているのがあれば裁判の判決を待って載せる……。しかし、査定するまでに裁判が確定し

第1節　所有権を発生させる国家作用

るのは、前者のみである（土地調査法8条2項[82]）。そこで朝鮮高等法院は、後者は査定を受けた者の所有権の完全性までも確認するものでない[83]として、第三者による所有権確認訴訟の提起を認めた[84]。判決により第三者の所有権が確認された場合にも、査定が確定している以上、査定を受けた者の所有権の存在自体を否定することは出来ないため、両所有権は互いに侵害し合うことなく行使すべき不完全なものと位置付けられた[85]。

官民有査定（前述）において問題となった公物[86]（臨時土地調査局調査規程（大2朝鮮総督府訓令33）23条[87]）及び無主物（森林山野[88]及び未墾地[89]）の範囲は、

ないというと、……台帳に所有者空欄とか裁判中というわけにいかんから……どうしても土地調査を行政処分として決めなければいかん。行政処分でやるにしても、権利に重大な関係のある事項ですから、……両方の……言い分を聞いていろいろの調査をして、……判決と同じほどの慎重な態度で決めた」（藤本修三他「土地調査事業の実態」（昭35）東洋文化研究8号（平18）264～265頁〔藤本〕）。

82)　「土地調査局総裁의査定을経한事項에対하야는前項에依하야裁決을求하는外訴訟을提起함을得지못함」。

83)　「査定ハ所有者ノ所有権カ完全ナリヤ不完全ナリヤ即其土地ハ他人ノ権利ノ目的トナレルモノナリヤ否ヤノ如キコトヲ調査決定スルモノニ非ラス単ニ土地所有者ヲ確定スル効力アルニ過キス」（朝高判大7・11・19朝録5巻873頁）。

84)　参照、朝高判大8・11・29朝録6巻602号。

85)　「同一土地ノ所有権ニ関シ土地調査令ニ依ル査定又ハ裁決ト司法裁判所ノ確定判決トノ間ニ互ニ牴触シテ相容ルルコト能ハサル結果ヲ生シタルトキト雖二者全然其系統ヲ異ニスル国家機関ノ行為ニシテ各独立シテ其効力ヲ有スルモノナルヲ以テ斯ル場合ニハ……其当事者間ニ在リテハ両々相対立シタル当時ノ現在ノ状態ヲ維持シ互ニ他ノ一方ノ権利ヲ侵害スルコトナクシテ其権利ヲ行使スルヲ得ヘキモノト為スヲ妥当トス」（朝高判大8・3・14朝録6巻96頁）。この轍を踏まないよう、朝鮮林野調査事業では、道知事・裁判所間の連絡調整の密接化が図られた（参照、朝鮮総督府農林局編『朝鮮林野調査事業報告』（京城・同局・昭13）77～79頁）。

86)　人工公物につき参照、「堤堰の如き多くは国有たるの沿革を有するに拘らす民有として一部を冒耕するもの多き土地に対しては現在の地目の如何に関らす之を堰堤と看做し民有を認めざることと……せり」（朝鮮総督府臨時土地調査局・前編第3章註(180)85～86頁）。自然公物についても、未墾地が「河川又は湖海に接近し国有私有の区分は単純なる文言〔＝売買契約書等〕以ては占有の事実のみにて判定することも容易ならさるとき」は、当然には民有とされなかった（同89頁）。

87)　「道路、河川、溝渠、堤防及城堞ニ属スル地域内ト認ムル土地ハ現ニ之ヲ耕作シ又ハ建物ヲ建設セル者アル場合ト雖道路、河川、溝渠、堤防又ハ城堞トシテ調査スヘシ但シ所有権取得ノ原因正確ナルモノハ此ノ限ニ在ラス」。

88)　「一団の面積三千坪以内にして民有地に包囲せられ旧森林法施行以前より民有たりしことの確実にして且地主より申告したるものに付ては〔同法附則19条（本節第1款参照）に基づく〕地籍届の有無に拘らす其の事実に基き民有を認め」たり（朝鮮総督府臨時土地調査局・前編第3章註(180)88頁）。朝鮮土地調査事業では、林野は他の調査地間に介在するものに限り調査地とされた（土地調査令2条2項）。

89)　「未墾地に付ては〔森林山野及未墾地〕国有私有区分標準にのみ依り難き事情あるを認め売買

187

内地及び台湾と概ね同様である。

(8)　❷公有水面上に存する土砂の国庫帰属処分（**公有水面埋立法35条2項**。土砂が陸地状を呈している場合に限る。前編第3章第2節第3款参照）は、水面下にあった地盤を土地とすると同時に、当該土地に対する国の所有権を発生させる行政処分に当たると解することも出来る（同款参照）。

(9)　③河川の認定（朝鮮河川令1条1項。前編第3章第1節第3款参照）は、敷地と流水の統合体としての河川を私権の客体とすると共に、これに対する国の所有権を発生させる行政処分に当たる（同款参照）。

(10)　土地所有権の認定（Land Titles 1条。前編第3章第1節第3款参照）は、土地所有権を発生させる行政処分でなく、確認する行為に止まる（同款参照）。

(11)　本節に見た通り、私人（耕地整理・土地区画整理事業の施行者を含まない。）の所有権を発生させる国家作用は、結局のところ一例も存しない。このことは、所有権の既得権性を何よりも雄弁に物語っている。

　国の所有権を発生させる措置法律は、近代的な土地・所有権制度の確立に伴うものであった（本節第1款参照）。国等の所有権を発生させる行政処分のうち、③も、近代的な土地・所有権制度を確立させた朝鮮土地調査事業を補完する位置付けにある（前編第3章第1節第3款参照）。

　近代的な土地・所有権制度が確立し、**民法239条2項**により既存の土地が無主となることもなくなった後、国等の所有権を発生させる行政処分は、僅かに①❷を見るに過ぎない。私人の所有権を発生させる行政処分が今後設けられる余地もなさそうである。

　私人の所有権が存する土地については、それらを第三者に原始取得させる行政処分は講学上の公用収用に限られるところ、それは「当該事業を遂行する充分な意思と能力を有する者」（現・**土地収用法20条2項**）が対審手続の当事者となって初めて正当化される（本編第3章第4節第4款第1目参照）ため、その者の申請に基づく処分と構成せざるを得ないからである。一方、私人が公有水面を

　譲与其の他私有を認むへき正当の文記ある土地又は他人の採草採土採石伐木起墾其の他の使用を禁じ国有未墾地利用法の施行以前より相当の養護を為し私有の事実明確なる土地若は従来鍬入を為したることなきも自己の耕地又は垈〔＝宅地〕に接続し其の所有権に疑なき土地及其の所有者より売買贈与等に因り権利を継承したる事実の明なる土地は民有を認め」たり（朝鮮総督府臨時土地調査局・前註88頁）。

第1節　所有権を発生させる国家作用

埋め立てて造成した事実上の土地については、公物の廃止を私人の意思に委ねるべきでないため竣功認可によって法律上の土地となる[90]ところ、これをその瞬間に第三者に原始取得させる行政処分は講学上の公用収用に外ならず、やはり申請に基づく処分と構成せざるを得ないからである。

❷は、後者の場合に、法が通常予定する手続によらずに事実上の土地が造成され、その原状回復を命ずることが出来ない場合のいわば後始末として、国の所有権を発生させるものに止まる。

これに対し、①及びその類例から成る、従前地のない土地を換地計画に定める処分は、法が通常予定する手続に組み込まれている。

このうち、①にあっては、指定される土地に設置される公共施設と機能的に対応する従前の公共施設が存在する。後者の用に供されていた土地は、換地処分により消滅させられる（前編第3章第2・3節第3款参照）が、指定される土地との間には一応の連続性が認められる。従って、①により発生する所有権は、従前の公共施設の用に供されていた土地の消滅に伴い当然に消滅する所有権に取って代わるものといえ、零から生じた訳でない。

一方、①の類例にあっては、指定される土地との間に一応の連続性が認められる従前地すら存在しない。指定される土地は、既存の土地から分割されたものに過ぎないが、その所有権は、何かに取って代わったのでなく、零から生じている。これらの処分は、整理施行地区→施行に係る地域（**土地区画整理法**にあっては施行地区）という限られた区域における所有権の数を純増させるものであり、それだけで従前地の所有者を害する危険がある。これらの処分をするか否かは、組合施行にあっては、一応組合の自律に委ねればよい[91]が、公共団体等施行にあっては、より厳格な制限が必要である。とりわけ保留地の指定処分については、その目的が事業費の調達にあるため、換地の総価額が従前地の総価額を上回る範囲でのみ正当化される[92]（**同法96条2項**）。

---

90)　公有水面の埋立免許・竣功認可（**公有水面埋立法2条・22条1項**）及びその前法・特別法につき参照、拙稿・前編第3章註(1)。

91)　尤も、現行法では、土地区画整理組合の自律は必ずしも十分に保障されていない（参照、拙稿・前編第3章註(252)114〜116頁）。

92)　この外、公共施設の用に供する土地の指定処分については、換地の総価額が従前地の総価額を下回る場合には、減価補償金を交付してのみ許容される（特別都市計画法16条（昭24法71－昭29法120）1項→**土地区画整理法109条1項**）。この点は、①にあっても同様である。なお、

第2編 物　権　第3章 所有権

第2節　所有権を変更する国家作用（狭義）

第1款　所有権を変更する立法作用（狭義）

(1)　これに該当する立法例は、所有権に類似する権利（①）及び所有権に含まれる権能（②③）を変更する類型に大別される。

(2)　①永代借地権ノ整理ニ関スル件1項（本編第1章第2節第2款参照）は、永代借地権を所有権に変更する措置法律に当たる。

このような構成を採ることが出来たのは、個々の永代借地権の存在が永代借地券及び永代借地登記簿（明治34年勅令178（－昭18法74））によって把握されており、確認的行政行為を後続させる必要がなかったためである。

(3)　②**日本国との平和条約**（昭27条約5）**19条(a)項**[93]は、戦争状態が存在したために連合国又はその国民によって占有を奪われた物等に対する日本国民の所有権に基づく返還請求権等[94]につき裁判上訴求する権能を失わせること[95]により、それらの所有権の内容を変更する措置法律に当たる[96]。

(4)　③**財産及び請求権に関する問題の解決並びに経済協力に関する日本国と大韓民国との間の協定**（昭40条約27）**2条3**は、署名日以前に生じた事由に基づく日本国及び日本国民の物の所有権に基づく返還請求権等につき裁判上訴求する権能を失わせることにより、それらの所有権の内容を変更する措置法律に当たる。

　　　減価補償金の前身である減歩補償金（（旧）特別都市計画法（大12法53－昭16法35）8条1項→特別都市計画法16条（昭21法19－昭24法71）1項）は、耕地整理法の無償減歩原則と（旧）土地収用法の完全補償原則を折衷したわが国独自の制度であった（参照、47・貴・帝都復興計画法案外2件特別1号（大12・12・22）17～19頁〔池田宏政府委員〕）が、法務府調査意見局長勧告により、違憲とされた（参照、法務総裁意見年報1巻（昭24）134頁）。

93)　類例につき参照、最判・後註(95)。
94)　高島益郎「平和条約の逐条解説」時の法令36号（昭27）24頁は、日本国民でなく日本国の請求権であるが、戦時国際法に基づき適法に没収された船舶が占領軍によって奪われた例を挙げている。
95)　参照、最判平19・4・27民集61巻3号1188頁及び匿名〔判解〕判例時報1969号（平19）30頁。
96)　国内法上の措置を要しない点につき参照、浅田正彦〔判批〕判例評論590号（平20）171頁。

第2節　所有権を変更する国家作用（狭義）

(5)　以上のうち、①は、既に存在意義を失った所有権類似の権利を所有権に変更するものであり[97]、②は、**日本国との平和条約14条(a)項2(1)**に基づく在外財産の賠償への充当と同じく「一種の戦争損害[98]」であるため、いずれも補償を要しない。

これに対し、③及びそれに基づく両国の国内法上の措置は、いわば国家レヴェルの相殺である。従って、同措置により利益を受けた日本国及び日本国民（次節第1款・本編第10章第4節第1款参照）の負担において、それらにより生じた損失を補償するのが妥当と考えられるが、費用倒れに終わるためか、そのような手当は講じられなかった模様である。

第2款　所有権を変更する司法作用（狭義）

(1)　これに該当するかが問題となる立法例（制限物権を発生させることにより所有権の内容を変更するもの（次章～本編第10章各第1節第2款参照）を除く。序説参照）は、物の処分（①②❹）及び収益（③）をする権利（**民法206条**）を発生させることにより、所有権の内容を変更する類型に大別される。

(2)　強制執行手続における①動産の差押（(旧)民事訴訟法564条（明23法29－昭54法4）1項→**民事執行法**（昭54法4－）**122条1項**）及び②不動産の競売手続→強制競売の開始決定（(旧)民事訴訟法644条（同前）1項→**民事執行法45条1項**）は、当該動産及び不動産を処分する権利を国に発生させること[99]により、所有権の内容を変更する司法処分に当たる。

ドイツ・民事訴訟法典が動産に対する強制執行手続を（差押により発生する）債権者の差押質権（Pfändungspfandrecht）の実行手続と構成していた（本編第9章第1節第2款参照）のに対し、(旧)民事訴訟法は、差押質権を採用しなかったにも拘わらず、後続する手続をそのまま継受した。この点に鑑みると、①は、差押質権に相当する権利を債権者でなく国に発生させる司法処分として、②と

---

97)　「永代借地権ハモト旧条約ノ遺物ニシテ外国人ニ土地所有権ノ享有ヲ許与セル以後ニ在リテハ存続セシムルノ要ナキモノ」である（本編第1章註(20)123頁）。

98)　最大判昭43・11・27民集22巻12号2808頁。

99)　「差押とは執行債権の満足に充てるが為に、債務者の特定財産に付て、其の処分権を奪つて、之を国家に収納する執行機関の権力的行為である」（兼子一『強制執行法』新法学全集22巻（日本評論社・昭13）204頁）。但し、差押の効力は相対的であり（大決大4・12・14民録21巻2106頁）、所有者の処分権能の全部を奪うものでない。

統一的に構成されていると解するのが素直だからである[100]。
　①②については、非顕名の代理権（狭義の財産管理権。自己の名による意思表示の効果を他者に帰属させる権能をいう。〈前編第3章第2節〉参照）を国に発生させる司法処分という把握も可能である[101]。併しながら、強制執行手続において処分される物は、①②がされる時点で特定しているから、人に対する行為でなく物に対する行為と見るのが正鵠を射たものといえよう。
　①②に後続する手続は、①②によって設定された換価権能を行使する手続である。即ち、競売日時→競り売りの公告（（旧）民事訴訟法576条（同前）2項→**民事執行法134条・民事執行規則**（昭54最高裁規則5-）**115条**）及び競売期日→売却方法等の公告（（旧）民事訴訟法657条（同前）→**民事執行法64条5項**）は、いずれも売買契約の申込に当たる[102]。
　強制競売の法的性質については、私法説の一種たる執行機関売主説と公法・私法折衷説が有力とされる[103]が、両説の異同は必ずしも明瞭でない[104]。本書

100）「換価についての個々の規定は国家に処分権のあることを前提としてそれからの流出であると解するに如かないと思われる。殊に差押質権の認められないわが民事訴訟法のもとにおいては一層然りである」（鈴木忠一他編『注解強制執行法』2巻（第一法規・昭51）21頁〔鈴木〕）。

101）ドイツにおける法定代理説につき参照、小野木常「換価たる競売の本質」（昭15）『訴訟法の諸問題』（有信堂・昭27）231～232頁。滞納処分手続につき同旨、「国家が滞納者たる権利者に代つて売却の意思表示を為し、競落人との合意に依つて売買契約が成立し、それが直接に滞納者に対して効力を生ずるのである。即ち一種の法定代理であり、唯其の代理権が国家の権力に基づき一方的に成立したものであることに於いて私法上の代理と異つて居る」（美濃部達吉『公法と私法』（日本評論社・昭10）208頁）。

102）前者にあっては、3回呼び上げられた価額が競落価額となり（（旧）民事訴訟法577条（明23法29－昭54法4）1項→**民事執行規則116条1項**）、後者にあっては、最低競売価額（（旧）民事訴訟法658条（同前）6項）→最低売却価額（現・売却基準価額（**民事執行法64条5項**））が公告される。入札の公告（**民事執行法134条・民事執行規則120条3項**）についても、**会計法29条の3**（昭36法236－）**第1項**（参照、米田一男「国の契約制度の改正について(一)」自治研究38巻10号（昭37）153～154頁）との対比上、申込の誘引でなく申込と解すべきであろう。

103）私法説、公法説及び折衷説につき参照、中野貞一郎「換価としての競売の法的性質」（昭42）『強制執行・破産の研究』（有斐閣・昭46）128頁・132頁。私法説のうち、債務者売主説は、強制競売を債権者代位権（**民法423条**）の行使と捉えるものであるが、一般債権を一般の先取特権と同列に扱う点で妥当でなく、債権者売主説は、債権者も競売人→買受人となれること（（旧）民事訴訟法699条→**民事執行法78条4項**参照）に反する（参照、同138頁註5）。公法説は、**民法568条1項**（強制競売における担保責任）が契約の介在を予定していることに反する（参照、同145頁）。

104）例えば、執行機関売主説を採る加藤正治〔判批〕（大9）『破産法研究』5巻（有斐閣・大12）315頁は、執行機関は「私法上ノ代理人」でなく「公ノ機関」であると説くが、そこでいう「代理人」には、法定代理説（前註(101)参照）にいう法定代理人は含まれていない（参照、同313

の見解は、所有権の移転が売買契約による点では私法説、手続中に司法処分が介在する点では折衷説に分類されると思われるが、このような相互排他的でない分類学が生産的といえるかは疑わしい。「契約の承諾の決定」が「補助金等の交付の決定」に含まれている[105]（**補助金等に係る予算の執行の適正化に関する法律**（昭30法179 –）**6条1項**）如く、契約締結過程における意思表示をする旨の決定を切り出して行政処分・司法処分として構成することは何ら奇異でない[106]からである。

（3）担保権の実行手続における動産の差押（**民事執行法192条・122条1項**）及び不動産の競売手続→不動産担保権の実行の開始決定（競売法25条1項→**民事執行法188条・45条1項**）は、それらの所有権の内容を変更する司法処分には当たらない。

同手続は、債務名義を要しない[107]以上、担保物権に内在する換価権能の行使と解する外ない[108]からである（とりわけ動産の差押は、「手続の安定を図るため[109]」のものに過ぎず、競売法には規定すらされていなかった。）。

いわゆる形式的競売[110]（競売法3条・22条→**民事執行法195条**）についても同

頁）。

105) 利子補給契約及び損失補償契約を念頭に置くものという（参照、村上孝太郎『補助金等適正化法の解説』（大蔵財務協会・昭30）79頁）。

106) 現に、競落許否→売却拒否の決定（（旧）民事訴訟法677条（同前）1項→**民事執行法69条**）は、売買契約の申込に対する承諾を決定する司法処分——即時抗告→執行抗告（（旧）民事訴訟法680条1項→**民事執行法74条1項**）が認められる——として構成されている。

107) 競売法の立案過程についての仮説として参照、園尾隆司『民事訴訟・執行・破産の近現代史』（弘文堂・平21）247～248頁。**民事執行法**の立案過程につき参照、宇佐見隆男他『民事執行セミナー』（有斐閣・昭56）58～59頁・65頁〔浦野雄幸〕。

108) 「抵当権ノ本質ハ抵当物ノ売却権ナルコトニ存シ……」「裁判所ハ之〔＝競売〕ヲ為スト云フモ只競売ノ成立ニ助力ヲ為スニ過キスシテ競売ハ抵当権者之ヲ為スニ外ナラス（取消訴権ノ場合ノ如シ）」（川名兼四郎『物権法要論』（金刺芳流堂・大4）267頁・300頁）。ただ、「公平なる換価を為すがために強制執行を担当する機関を利用すべきこととして居る」（兼子・前註(99)11頁註2）。「新法〔＝**民事執行法**〕においては、担保権の実行としての競売における債務者又は所有者の財産の換価の権限は、担保権に内在する換価権に基づくという前提で立法されたわけです」（田中（康）・本編第1章註(58)401頁。同旨、中野貞一郎「担保執行の基礎」民商法雑誌93巻臨時増刊2号（昭61）211頁・218頁）。学説史研究として参照、古積健三郎『換価権としての抵当権』（弘文堂・平成25）第1部第1・2章。

109) 田中（康）・前註457頁。

110) 近藤行政局第一・三課長は、これを「清算型」と「換価型」、即ち「当該財産から弁済を受け得る各債権者に対して一括して弁済することを目的として行う競売（**民法932条**等）」と「それ以外の競売」に大別した上、後者を共有物分割のための競売（**民法258条2項**等）、いわゆる自

様である。

　(4)　強制執行手続における③不動産の強制管理の開始決定（(旧)民事訴訟法706条（同前）1項・644条（同前）1項→**民事執行法93条1項**）は、当該不動産を収益する権利を国に発生させること[111]により、所有権の内容を変更する司法処分に当たる（(旧)民事訴訟法711条3項→**民事執行法95条1項**）。

　(5)　刑事訴訟手続における❹没収すべき物と思料するものの押収（(旧)刑事訴訟法（大11法75－昭23法131）140条1項・142条→**刑事訴訟法**（昭23法131－）**99条1項・101条**）は、押収物を処分する権利を国に発生させることにより、その所有権の内容を変更する司法処分に当たるか、必ずしも明瞭でない。

　滅失等の虞ある押収物・保管に不便な押収物の売却[112]（(旧)刑事訴訟法165条→**刑事訴訟法122条**）は、保存行為であるかに見えるが、国が強制的に占有を取得し、保持している物を対象とするため、純然たる保存行為と言い切れるか疑問だからである（これに対し、保管に不便な押収物の売却（(旧)刑事訴訟法560条3項→**刑事訴訟法499条**3項（現**4項**[113]））は、還付を受けるべき者が所在不明である押収物等のみを対象とするため、遺失物の売却（次款参照）と同じく、私法上の保存行為と位置付けられる。）。

　(6)　以上の立法例のうち、①～③は、強制執行が金銭債権の内容を実現すべく責任財産の市場価値を現実化する手続であることにより、正当化される。

　　　助売却（**民法497条**等。端株の競売（商法293条ノ2第2項（現・**会社法234条1項**）等）を含む。）及び「他人の権利を喪失させるための競売」（船舶の共有持分の売却（**商法555条**（現**702条**）1項）及び区分所有権の競売（建物の区分所有等に関する法律59条（昭58法51－）1項））に細分している（参照、鈴木忠一＝三ヶ月章編『注解民事執行法』5巻（第一法規・昭60）360～366頁〔近藤崇晴〕）。

111)　「国家が不動産に付ての債務者の収益権能を徴収して、管理人をして収益を生ずる用法で之を行使せしめ、得たる利益を（或は換価した上で）債権者へ引渡すのである」（兼子・前註(99)311頁）。

112)　「没収スルコトヲ得ヘキ物ハ国家ニ帰属シ結局公売ニ付スヘキモノナルヲ以テ本条ノ如ク処分スルヲ妨ケサルモ単ニ拠拠トシテ押収スル物ニ付テハ此ノ如キ処分ヲ為スコトヲ許サス若シ公売シテ代価ヲ保管スルコトトセハ全ク押収ノ意義ヲ失ヒ始メヨリ押収セサルカ又ハ速ニ還付スルヲ相当トスヘシ本条ノ処分ヲ没収物ニ限リタルハ此ノ理由ニ因ル」（『刑事訴訟法案理由書』（日本法政学会・大11）97頁。「拠拠」は「証拠」の誤り）。

113)　行政作用における類例、**破壊活動防止法**（昭27法240－）**33条4項**。

第2節　所有権を変更する国家作用（狭義）

第3款　所有権を変更する行政作用（狭義）

(1)　これに該当するかが問題となる立法例（制限物権を発生させることにより所有権の内容を変更するもの（次章〜本編第10章各第1節第3款参照）を除く。序説参照）は、物の処分をする権利（**民法206条**）を発生させることにより、所有権の内容を変更する類型（❶〜❹）に限られる[114]。

(2)　遺失物の差出→提出（遺失物取扱規則（明9布告56－明32法87）7条[115]→（旧）遺失物法（明32法87－平18法73）1条1項[116]→**遺失物法**（平18法73－）**4条1項**）を受ける行為は、当該遺失物を処分する権利を国→都道府県に発生させることにより、所有権の内容を変更する行政処分には当たらない。

（当該行為に続く）耐久し難い遺失物の公売（遺失物取扱規則7条）→滅失等の虞ある遺失物・不相当な保管費用等を要する遺失物の売却（（旧）遺失物法2条1項[117]）は、遺失物についての（同規則→同法により直接国→都道府県に附与された）狭義の財産管理権（自己の名による意思表示の効果を他者に帰属させる権能をいう。〈前編第3章第2節〉参照）に基づく私法上の保存行為[118]と位置付けられるからである（売却の公告は行政処分として構成されている[119]が、これは「契約の承諾の決定」（前款参照）と同じく、何ら奇異でない。）。また、（その後身である）滅失等

---

[114]　所有権を証券に化体させる行政処分は、これには当たらない。昭和21年の市街地整理法案（戦災復興院）では、その様な処分を設ける案も検討されていた（参照、建設省編『戦災復興誌』1巻（都市計画協会・昭32）44〜50頁）。

[115]　「凡遺失ノ物ヲ得ルニ若シ其物耐久シ難クシテ其主分明ナラサル時ハ迅速ニ之ヲ官ニ送ルヘシ官之ヲ公告シ其代価ヲ領置シ榜示シテ処分スルコト第二条〔＝「……一年内其主ナキ時ハ之ヲ得者ニ給ス」〕ノ如シ」。

[116]　「他人ノ遺失シタル物件ヲ拾得シタル者ハ速ニ……警察官署ニ之ヲ差出スヘシ」（同項本文（制定時））。

[117]　「警察官署ハ其ノ保管ノ物件滅失又ハ毀損ノ虞アルトキ又ハ其ノ保管ニ不相当ノ費用若ハ手数ヲ要スルトキハ命令ノ定ムル方法ニ従ヒ之ヲ売却スルコトヲ得」「売却費用ヲ控除シタル売却代金ノ残額ハ拾得物ト看做シテ之ヲ保管ス」（2条1項（制定時）・3項）。

[118]　保管費用を理由とする遺失物の売却は、拾得者だけでなく、保管費用を償還するまで留置権（後述）の行使を受ける遺失者の保護にもなる。

[119]　この点は、（旧）遺失物法2条（明32法87－昭26法157）4項（「売却処分ニ対シテハ出訴スルコトヲ得ス」）によって裏付けられる（行政処分でなければ、このような規定を置くまでもない。田中八郎「『遺失物法の一部を改正する法律』の制定について」警察学論集23号（昭26）37頁は、同項は専ら国家賠償請求訴訟を禁ずるものというが、同法制定時には国家・官吏無答責理論が政府見解であった点に鑑みると、賛同し難い。）。裁判例（未見）につき参照、福永英男『遺失物法注解』（立花書房・昭48）57頁。

のおそれある遺失物等・過大な保管費用等を要する遺失物等の売却（**遺失物法9条1項**。以下「一項売却」という。）は、私法上の売却権に基づく保存行為と位置付けられるからである。

わが国では、得遺失物律（新律綱領（明3）雑犯律）以来、遺失物を行政作用として処理する主義（以下「遺失物行政主義」という。）が採られており、遺失物取扱規則の民事実体法としての性格は稀薄であった[120]。民法も、遺失物行政主義を改めるどころか、遺失物に関する民事実体法そのものを特別法に一任した[121]（240条（制定時））。

このため（旧）遺失物法は、遺失物行政主義を維持しつつ民事実体法を創設するという、二律背反的な要請に応えねばならなかった。結局、同法は遺失物を私人間関係として処理するドイツ法の大枠を摸倣しながら[122]も、拾得者に競売権を認める同国・民法典966条2項1・2文[123]だけは継受することが出来なかった。かくして、遺失物行政は全体として留置権（（旧）遺失物法3条（現・**遺失物法27条2項**））すら発生させる私法上の事務管理[124]となり、売却を警察官署〔全改時・警察署長〕に独占させたのは専ら政策的な理由に基づくと解する外なくなった[125]（漂流品及び沈没品の公売（それぞれ**水難救護法**（明32法95

---

[120] 同規則は遺失物の取得原因に関する「何等の法律理論をも構成し得なかつた」ため、「官が遺失物を届出たものには、賞としてこれを与えるという感じを懐かしめる」ものとなった（服藤弘司「明治九年の遺失物法成立の過程」法政研究18巻1号（昭25）66頁・71頁註77）。明治27年の遺失物取扱規則中改正法律案も、「拾得ノ日ヨリ六箇月間ニ遺失物ノ本附ヲ出願スル者ナキトキハ之ヲ得者ニ引渡スヘシ」（16条。6・貴・4号（明27・5・19）48頁）として、本権に触れていない。

[121] 「遺失物ノ取扱ト云フモノハ行政警察ニ関係シタコトデ余程煩ハシイモノデアル」「イツソノコト特別法ニ任カセテ仕舞ツタ方ガ宜カラウ」（法典調査会・本編第1章註(28)25頁・26頁〔富井政章〕）。

[122] 立案過程につき参照、「遺失物法案草稿」憲政資料室蔵『有松英義関係文書』。

[123] "Ist der Verderb der Sache zu besorgen oder ist die Aufbewahrung mit unverhältnismässigen Kosten verbunden, so hat der Finder die Sache öffentlich versteigern zu lassen. Vor der Versteigerung ist der Polizeibehörde Anzeige zu machen. Der Erlös tritt an die Stelle der Sache."

[124] 「警察署長のする保管行為は、遺失者と拾得者との間における法律関係と同様に、一時的な預り行為であつて、その行為の実質は、民法上の事務管理に相当する行為と認めるのが相当であり……」（浦和地判昭55・10・1判タ430号85頁）。

[125] 事務管理者が第三者との間に法律行為をしても、その効果が本人に及ぶためには、別途代理権が存在しなければならない（参照、大判大7・7・10民録24輯1432頁及び最判昭36・11・30民集15巻10号2629頁）。故に、本文に述べた通り、（旧）遺失物法自体によって狭義の財産管

第2節　所有権を変更する国家作用（狭義）

－）26条・11条1項及び**同法29条2項・11条1項**）についても、沿革は異なる[126]が、遺失物と同じ占有離脱物であるため、同様に解されよう[127]）。

これに対し、**遺失物法**は、私人[128]たる特例施設占有者（**17条**）にも一項売却を認めることとした（**20条1項**）。その結果、警察署長による一項売却も、私権たる売却権の行使と見ることが可能になった[129]。日常生活用品・類型的に不相当な保管費用等を要する遺失物等の売却（**9条2項1号・2号**。以下「二項売却」という。）についても同様である[130]。

（3）　会社設立・鉄道布設の免許（私設鉄道条例（明20勅12－明33法64）4条[131]）→私設鉄道の本免許（私設鉄道法（明33法64－大8法52）13条1項[132]）は、鉄道及び附属物件を処分する権利を国に発生させることにより、所有権の内容を変更する行政処分には当たらない。

免許状返納の場合における鉄道及び附属物件の公売（私設鉄道条例37条[133]但

理権が与えられていると解する必要がある。
126)　それぞれイギリス・商船法（Merchant Shipping Act 1894 (c.60)）528条及び同法530条に倣ったものと見られる（参照、小町谷操三「海難救助法と水難救護法との関係に就て」（昭13）『海商法研究』6巻（有斐閣・昭18）111～112頁）。
127)　工作物等の売却（**災害対策基本法**（昭36法223－）**64条4項**）についても同様である（参照、今井實「災害対策基本法について(二・完)」自治研究38巻4号（昭37）112頁）。
128)　特例施設占有者は、違法な手続で一項売却をした場合には、刑罰に処せられる（**遺失物法42条2号・43条**）。これは、指定法人（(旧)遺失物法10条ノ2（昭33法5－平18法73）第6項）には見られなかった点であり、行政主体性を否定する証左となる。
129)　藤山信『注解遺失物法』（東京法令出版・平22）274頁・276頁は、「本条〔＝9条〕の規定が設けられたのは、『物件の回復によって遺失者が得る利益』と『物件の保管に伴う社会的負担』とを比較衡量した場合において、後者が前者を上回っているときは、遺失者一人の利益よりも、社会全体の負担の軽減を優先すべきであると判断されたためとみられる」とした上、売却は「一般個人には認められない、国の統治権に基づく優越的な意思の発動」であるという。この説明は、特例施設占有者を私人とする**同法**の建前と両立しない。
130)　二項売却は一項売却と異なり、保管費用の過大性を個々の遺失物等ごとでなく類型的に判断する点において、民法的というより商法的であるが、なお保存行為であることを失わない。日常生活用品については、その大量性に着目すれば、売却を行政処分化することも、立法論としては可能であるが、最大判昭45・7・15民集24巻7号771頁〔供託物取戻請求却下処分〕のような不服申立て規定等が見当たらない以上、解釈論としては同意し難い。
131)　「政府ニ於テ前条ノ図面書類〔＝「線路図面工事方法書予算書及会社ノ定款」〕ヲ審査シ妥当ナリト認ムルトキハ裁可ヲ経テ会社設立及鉄道布設ノ免許状ヲ下付スヘシ」
132)　「主務大臣ハ第十条ノ書類図面ヲ審査シ妥当ト認ムルトキハ本免許状ヲ下付スヘシ」。
133)　「免許状下付ノ日ヨリ三箇月以内ニ鉄道布設工事ニ着手セス又ハ予定期限及延期内ニ竣功セサルトキハ免許状ノ返納ヲ命スヘシ但事宜ニ由リ其既設ノ鉄道及附属物件ヲ公売ニ附シ其買受者ヲシテ之ヲ竣功セシムルコトアルヘシ」。

書）→免許失効・取消の場合における鉄道及び附属物件の公売（私設鉄道法81条1項[134]）——前者はプロイセン・鉄道企業ニ関スル法律（Gesetz über die Eisenbahn-Unternehmungen, vom 3. November 1838）21条[135]に倣ったものである[136]——は、清算人たる地位に基づく売却権の行使と位置付けられるからである。

同条例→同法は会社の設立につき特許主義を採っていたため、免許→本免許の効力が消滅した場合には、会社は当然に解散した[137]。公売は、設立特許者としての主務大臣が自ら清算人となって公益事業を構成する財産の解体を防ぐためのものである（後法である地方鉄道法（→**鉄道事業法**）は、会社の設立につき準則主義を採ったため、これを踏襲しなかった。）。

(4)　滞納処分手続における財産（動産及び不動産に限る。）の差押[138]（国税滞納処分法（明22法32－明30法21）12条[139]→（旧）国税徴収法（明30法21－昭34法147）10条・22条（明35法36－昭34法147）1項[140]→**国税徴収法**（昭34法147－）**56条1項**）は、当該財産を処分する権利を国に発生させることにより、所有権

---

134) 「免許ノ失効又ハ取消ノ場合ニ於テ主務大臣ハ其ノ鉄道及附属物件ヲ公売ニ付シ買受人ヲシテ之ヲ竣功セシムルコトヲ得」。
135) "Das Handelsministerium wird nach vorgängiger Vernehmung der Gesellschaft die Fristen bestimmen, in welchen die Anlage fortschreiten und vollendet werden soll, und kann für deren Einhaltung sich Bürgschaften stellen lassen. Im Falle der Nichtvollendung binnen der bestimmten Zeit bleibt vorbehalten, die Anlage, so wie sie liegt, für Rechnung der Gesellschaft unter der Bedingung zur öffentlichen Versteigerung zu bringen, daß dieselbe von den Ankäufern ausgeführt werde" (§21. S.1 u. 2.).
136) 後者は、前者を開業後にも拡張したものである。私設鉄道条例では、開業後の条例違反等に対しては、ベルギー・鉄道特許ノ譲渡ニ関スル法律（Loi relative aux cessions de concessions du chemin de fer du 23 février 1869）2条に倣い、免許状の返納でなく強制管理等をもって臨むこととなっていた（40条）。
137) 私設鉄道法83条は、この点を明文化した（参照、内海安太郎『鉄道法令汎論』（鉄道時報局・明35）481～482頁）。
138) プロイセン・ライン州ニ於ケル直間税其他公租公課ノ行政上ノ強制徴収ノ為ノ勅令（Verordnung wegen exekutivischer Beitreibung der direkten und indirekten Steuern und anderer öffentlicher Abgaben und Gefälle in der Rheinprovinz, vom 24. November 1843）10条1項を不動産に拡張したものである。
139) 「財産差押ヲ為ストキハ地方長官ヨリ差押命令書ヲ発シ収入官吏ヲシテ之ヲ執行セシムヘシ」。
140) 「滞納者督促ヲ受ケ其ノ指定ノ期限内ニ督促手数料及税金ヲ完納セサルトキハ其ノ財産ヲ差押フヘシ」（（旧）国税徴収法10条（－明35法36））→「左ノ場合ニ於テハ収税官吏ハ納税者ノ財産ヲ差押フヘシ」（同条（明35法36－）柱書。1・2号略）。「動産及有価証券ノ差押ハ収税官吏占有シテ之ヲ為ス」（22条（明35法36－）1項本文）。

第2節 所有権を変更する国家作用（狭義）

の内容を変更する行政処分には当たらない[141]。

国税の優先権は一般の先取特権であり（本編第8章第1節第3款参照）、滞納処分手続はその実行手続に外ならないからである。

公売公告[142]（現・**国税徴収法95条1項**[143]）は売買契約の申込であり、かつ、行政処分とされている[144]（**同法171条1項3号**）が、「契約の承諾の決定」（前款参照）と同じく、このこと自体は何ら奇異でない。担保権の実行手続と異なり自力執行主義が採られているため、より早期に争訟機会を与えて手続の公正さを確保する趣旨であろう。

（5）貨物整理手続における貨物の収容（（旧）関税法（明32法61－昭29法61）46条[145]→**関税法**（昭29法61－）79条（現**80条**）1項）は、当該貨物を処分する権利を国に発生させることにより、所有権の内容を変更する行政処分には当たらない（外国貨物の蔵置場所は税関構内（→指定保税地域[146]）及び保税倉庫等から成る保税地域[147]に限られ[148]、蔵置期間にも制限があるため、期間経過後も輸入・積戻し

---

141) 反対、杉山・前編第5章註(47)243頁及び租税法研究会編『租税徴収法研究』下巻（有斐閣・昭35）510頁〔忠佐市〕。

142) その先駆である売却公告（次註参照）は、大蔵省原案では勅令に譲られていた（参照、内閣記録局編・前編第5章註(74)155頁）が、恐らくプロイセン・金員徴収ノ為ノ行政強制手続ニ関スル勅令（Verordnung btr. das Verwaltungszwangsverfahren wegen Beitreibung von Geldbeträgen, vom 7. September 1879）33条2項に倣い、法制局修正により、法律に格上げされた（参照、同163頁）。

143) 前法、売却公告（国税滞納処分法30条1項）→公売公告（（旧々）国税徴収法施行規則（明30勅221－明35勅135）26条1項→（旧）国税徴収法施行規則（明35勅135－昭34政329）19条）。

144) 行判大4・3・10行録26輯2巻193丁（「公売公告ハ指定ノ期日ニ於テ滞納者ノ財産公売ヲ決行スヘキ効果ヲ生スル行政処分ナルヲ以テ自己ノ財産ヲ公売スヘキ旨公告セラレタル者其ノ公売ヲ不当トスルトキハ必スシモ公売処分ノ結了ヲ待ツコトヲ要セス右処分ニ対シ行政訴訟ヲ提起シ得ルモノト謂ハサルヘカラス」）を立法化したものである。

145) 「船積ノ為税関ニ送致シ若ハ陸揚シタル貨物ハ其ノ送致若ハ陸揚ノ時ヨリ七十二時以内ニ引取、船積、発送又ハ保税倉庫ニ庫入ヲ為ササルトキハ税関ハ利害関係者ノ費用及危険ノ負担ヲ以テ之ヲ収容スルコトヲ得」。類例、保税倉庫法16条（明40法20－昭2法44）1項→同法9条ノ2（昭2法44－昭29法61）。

146) 港湾法（昭25法218－）の制定に伴い、税関構内を指定保税地域（（旧）関税法29条ノ2（昭27法198－昭29法61）→**関税法29条**）に改めた経緯につき参照、稲益繁他「税関今昔（上）」かすとむす税関広報20巻11号（昭47）60頁〔木村秀弘〕及び大蔵省財政史室編『昭和財政史・終戦から講和まで』6巻（東洋経済新報社・昭59）672〜673頁。

147) 「本法ニ於テ保税地域ト称スルハ税関構内、保税倉庫、税関仮置場其ノ他法令ニ依リ外国貨物ヲ蔵置シ得ル地域ヲ謂フ」（（旧）関税法29条ノ2（明44法44－昭29法61）→**関税法29条**））。

199

がされない場合には、保税地域の利用の妨げとなる。同手続は、そのような貨物を整理すべく、イタリア・関税法典（Testo Unico delle leggi doganali approvato con Regio Decreto dell' 8 settembre 1889）41条1項[149]を参考として[150]設けられたものである。）。

収容は、(旧)関税法の下では、搬出を促すため高額の敷料を課す行政処分に過ぎず[151]、関税法の下では、滞納処分手続における動産の差押（前述）に相当するものとなった[152]が、関税の優先権は上級所有権（Obereigentum）であり（本編第8章第1節第3款参照）、貨物整理手続はこれに基づく換価権能を行使する手続に外ならないからである。

競売→公売[153]の公告（(旧)関税法50条1項[154]→関税法84条1項）は売買契約

---

148) 「外国貨物ハ保税地域ニ非サル場所ニ蔵置スルコトヲ得ス」（(旧)関税法24条（大9法49－昭29法61。→**関税法30条**）。大正9年以前も同様に解されていたという（参照、太田正孝『関税行政之研究』（巌松堂・大7）203頁）。

149) "In caso di rifiuto o di ritardo, oltre i termini stabiliti, ad esibire la dichiarazione e gli altri documenti prescritti, la dogana è in diritto di fare scaricare le merci e di custodirle nei magazzini doganali o in altri, a rischio e spese del vettore o del proprietario" (41.I.). "Decorsi due mesi senza che sia presentata la dichiarazione o senza che la dichiarazione sia stata seguita dalla visita, le merci saranno ritenute come abbandonate e a disposizione dell'Amministrazione per il soddisfacimento dei diritti di confine" (41.II.). "Decorso un altro mese, la dogana procederà alla vendita delle merci nei modi determinati da regolamento speciale" (41.III). "Le merci sotto la diretta custodia della dogana potranno di regola rimanere in deposito due anni, non computando nè i mesi nè i giorni dell'anno in corso. Sulla domanda del deponente l'intendente di finanza potrà prorogare il termine sino ad altre due anni. Passati questi termini, si procederà secondo il disposto degli articoli 41 e 42" (57.I.).

150) (旧)関税法の立案過程では、「伊太利の制度は……欧州諸国の関税制度を調査し、其の長を採つて短を捨て、他の一般法令と共に改正を施し、秩序整然たる……こと。又伊次利に次ぎて独逸及び白耳義の制度が、比較的整頓せるを以て」重点的に調査された（故日賀田男爵伝記編纂会編・前註(13) 256〜257頁）。

151) 「収容ハ其ノ貨物ヲ差押フルニ非ス。没収スルニモ非ス。又責任ヲ以テ保管スルニモ非ズ。只貨物整理ノ都合ニ依リ、搬出ヲ促サシムル行為ナリ」「之レヲ別箇ノ地域ニ蔵置スルヲ要セズ。……現在貨物蔵置ノ儘ニテ収容処分ヲ為スモ、何等妨グル所アルナシ」（太田（正）・前註(148) 563頁・565〜566頁）。同旨、藤崎鋭樹＝谷口恒二『関税法講義・関税定率法講義』（神戸税関・昭8）124頁。

152) 収容は、税関が貨物を占有して行う（**関税法80条1項（現80条の2第1項）**）。

153) 関税法中改正法律（明44法44）が競売を公売に改めたのは、入札を可能にするためである（参照、27・衆・関税法中改正法律案外2件委2回（明44・3・10）6頁〔桜井鉄太郎政府委員〕）。

154) 「貨物ヲ収容シタルトキハ三日以内ニ其ノ旨ヲ掲示スヘシ」（47条）。「貨物収容ノ日ヨリ六箇月以内ニ第四十八条ノ〔収容解除ノ〕申告ヲ為ス者ナキトキハ税関ハ其ノ記号、番号、種類、箇数ヲ公告スヘシ」「前項公告ノ日ヨリ一箇月以内ニ仍第四十八条ノ申告ヲ為ス者ナキトキハ貨物ヲ競売ニ付シ関税、敷料其ノ他其ノ貨物ニ関スル一切ノ費用ニ充テ残金アルトキハ之ヲ供託スヘ

第2節 所有権を変更する国家作用(狭義)

の申込であり、かつ、行政処分と解することも出来るが、「契約の締結の決定」(前款参照)と同じく、このこと自体は何ら奇異でない。

なお、官設保税倉庫蔵置貨物の競売[155]→公売[156](保税倉庫法16条(明30法15－明40法20)2項[157])については、蔵置を公法人の商行為と解すれば[158]、倉庫営業者のための競売(**商法**381条(**現**624条1項))を自力執行する行政処分と捉えることも可能である。併しながら、貨物整理手続は各国ともほぼ共通しているところ、発生史的には、税関構内の方が保税倉庫よりも先行している[159]。この点を勘案すると、たまたま後者を先に継受したわが国でも、前者を原型として同手続を把握するのが適当であろう。

(6) 遭難物件の保管(**水難救護法9条1項**)は、当該遭難物件を処分する権利を市町村に発生させることにより、所有権の内容を変更する行政処分には当たらない。

救助者は救助した積荷の上に先取特権を有する(**商法**652条ノ12(明44法73－。**現**810条)1項)ため、(保管に続く)久に耐え難い物件等の公売[160](**水難救護法11条1項**)は、腐敗又は価格減少の虞ある質物を売却する質権者の権利(ドイツ・民法典1219条1項)に類する私法上の売却権に基づく保存行為と位置付けられるからである。

シ」(50条1項・2項(制定時))。類例、税関仮置場法(明33法82－明45法24)7条→仮置場法(明45法24－昭2法45)15条→保税工場法(昭2法45－昭29法61)11条。
[155] イギリス人「シール」らが起草した(参照、横浜税関『横浜税関沿革』(同税関・明35)269～272頁)借庫預置荷物の売払(借庫規則(慶2・5・19決定)14条。大蔵省税関部編『日本関税・税関史資料Ⅰ法令』(昭35)249頁(→借庫貯蔵貨物の公売(改正借庫規則(明2・正・19決定)14条。同252頁))の後身に当たる。
[156] 保税倉庫法中改正法律(明40法20)は、保税倉庫蔵置貨物についても、税関構内蔵置貨物と同じ性質である点に鑑み、(旧)関税法上の競売手続を適用することとした(参照、23・衆・保税倉庫法中改正法律案委2回(明40・2・19)4頁〔桜井鉄太郎政府委員〕)。
[157] 「蔵置期限ヲ経過シテ貨主貨物ヲ引取ラサルトキハ無請求品トシ当該官庁ハ其ノ貨物ノ記号、番号、品名、箇数等ヲ公告スヘシ」「前項公告ノ日ヨリ満六箇月ヲ経テ之ヲ引取ル者ナキトキハ当該官庁ハ其ノ貨物ヲ競売ニ付シ輸入税、公告料、競売手数料、庫敷料其ノ他一切ノ費用ニ充テ残金アルトキハ貨主ニ還付ス」(同条1項・2項)。
[158] 参照、太田(正)・前註(148)218頁。
[159] 前者はフランス・共和国ノ海商及関ニ関スル法律(Loi relative au commerce maritime et aux douanes de la République du 4 germinal an II) 2章9条、後者はイギリス・貨物蔵置法(Warehousing of Goods Act 1803 (c.132)) 29条をそれぞれ嚆矢とする。
[160] イギリス・商船法522条に倣ったものと見られる(前註(126)参照)。

(7) ❶犯則事実を証明すべき物件等の差押（間接国税犯則者処分法1条（明33法67－昭22法29））→物件の差押（同法〔現・**国税犯則取締法**〕**2条**（昭22法29－）**1項**）は、それらを処分する権利を国に発生させることにより、所有権の内容を変更する行政処分に当たるか、必ずしも明瞭でない。

（差押に続く）損傷の虞ある差押物件等の公売[161]（同法**7条3項**）は、押収物の売却（前款参照）と同じく、保存行為であるかに見えるが、国が強制的に占有を取得し、保持している物を対象とするからである。

犯罪捜査手続における押収（（旧）刑事訴訟法255条1項→日本国憲法の施行に伴う刑事訴訟法の応急措置に関する法律（昭22法76－昭24・1・1）7条2項→**刑事訴訟法218条1項**）及び北朝鮮特定貨物の提出を受ける行為（**国際連合安全保障理事会決議第千八百七十四号等を踏まえ我が国が実施する貨物検査等に関する特別措置法**（平22法43－）**4条1項・2項**）についても同様である。

(8) 強制管理開始の決定（**鉄道抵当法**（明38法53－）**78条・45条1項**）は、鉄道財団を処分する権利を国に発生させることにより、所有権の内容を変更する行政処分には当たらない。

同決定は鉄道抵当権の実行に外ならないからである。

(9) ❷旅客等の携帯品の保管→留置（正確にはそれらの提出を受ける行為。（旧）関税法31条ノ4（昭25法117－昭29法61）第1項→**関税法86条1項**）は、それらを処分する権利を国に発生させることにより、所有権の内容を変更する行政処分に当たる。

（保管→留置に続く）携帯品の公売（（旧）関税法52条ノ2（昭25法117－昭29法61）第1項→**関税法88条・84条1項**）は、関税の優先権の実行手続[162]でも保存行為でもない上、国が間接的な強制によって占有を取得し、保持している物件を対象とするからである。

❷は、他の法令による許可、承認等を受けたことの証明[163]がされない携帯

---

161) 同法の前法である（旧）間接国税犯則者処分法（明23法86－明33法67）17条1項では、法制局が大蔵・司法両省案を修正した結果、公売には本人の承諾を要するとされていた（参照、国立公文書館蔵「間接国税犯則者処分法ヲ定ム」（請求番号：本館-2A-011-00・類00538100））。間接国税犯則者処分法は、両省案を復活させたものに当たる。

162) 「〔貨物の〕収容が保税地域の利用と関税の確保を目的としているに対し、留置は輸出入の制限禁止等貿易管理の確保の見地から設けられた制度である」（大蔵省税関部業務課編『関税法・関税定率法精解』（大蔵財務協会・昭30）526頁）。

第2節　所有権を変更する国家作用（狭義）

品（（旧）関税法31条ノ3（昭24法65－昭29法61）第3項→**関税法70条3項**）を対象としており、所有権の剥奪を目的とする点において、輸入禁制品〔現・輸入してはならない貨物〕の没収（本章第4節第3款参照）とその機能を同じくしている。

原産地虚偽表示貨物の保管→留置[164]（（旧）関税法52条ノ3（昭27法198－昭29法61）第3項→**関税法88条**）についても同様である[165]。

(10)　③銃砲等の仮領置（**銃砲刀剣類所持等取締法**（昭33法6－）**11条2項（現7項**[166]**））**は、それらを処分する権利を都道府県に発生させることにより、所有権の内容を変更する行政処分に当たる。

③は、銃砲等の没取（銃砲等所持禁止令2条→銃砲刀剣類等所持取締令24条。本章第4節第3款参照）を改めたものであり、仮領置された銃砲等の売却（**銃砲刀剣類所持等取締法11条**5項（現**11条・8条9項**））は、保存行為でない上、都道府県が提出命令（**同法11条**2項（規7項））に基づいて占有を取得し、保持している物件を対象とするからである。

③は、占有を取得し、継続する事実行為である[167]（但し、戎器等の仮領置（行政執行法1条1項[168]）と異なり、強制的な占有の取得ではない[169]。）と同時に、提出

---

163)　立案過程につき参照、大蔵省財政史室編・前註(146)534頁及び稲益繁他・同註61頁〔木村〕。
164)　「原産地虚偽表示の防止に関するマドリッド協定〔昭28条約8〕の実施を確保し、原産地虚偽表示貨物の国内への流入を防止することを目的とするものである」（大蔵省税関部業務課編・前註(162)529頁）。
165)　これに対し、本法に上陸しようとする者の所持する銃砲等の仮領置（**銃砲刀剣類所持等取締法**（昭33法6－）**25条1項**）では、売却を後続させるのでなく、国に当然帰属する構成が採られている（**同条**5項）。「国内において所持が禁止されており、輸入が不可能」だからである（中島治康『銃刀法概説』（警察時報社・昭52）195頁）。
166)　類例、**同法27条1項**（提出を受ける行為）、**同法24条の2**（昭37法72－）**第2項**（一時保管）、**同法8条**（昭53法56－）**7項**、**同法9条の8**（昭55法55－）**第3項**及び**同法8条の2**（平3法52－）**第2項**・**9条の12**（同前）**第2項**・**11条の2**（同前）**第1項**。
167)　「警察取締上に障害のある物を一時所持者の占有を解いて警察機関に保管すること」（中島（治）・前註(165)）175頁。同旨、大塚尚（辻義之監修）『注釈銃砲刀剣類所持等取締法』（立花書房・平23）245頁）。
168)　「当該行政官庁ハ泥酔者、瘋癲者自殺ヲ企ツル者其ノ他救護ヲ要スト認ムル者ニ対シ必要ナル検束ヲ加ヘ戎器、兇器其ノ他危険ノ虞アル物件ノ仮領置ヲ為スコトヲ得暴行、闘争其ノ他公安ヲ害スルノ虞アル者ニ対シ之ヲ予防スル為必要ナルトキ亦同シ」（同電）。「認可又ハ許可ヲ受クルニ非サレハ所有スルコトヲ得サル物件行政庁ノ保管ニ帰シタル場合ニ於テ其ノ所有ヲ認許スヘカラサルトキハ其ノ所有権国庫ニ帰属ス仮領置ヲ為シタル物件ニシテ一箇年以内ニ交付ヲ請求スル者ナキトキ亦同シ」（7条）。

命令に基づく引渡しを受けることを発効要件とする行政処分でもある。

③と銃砲等の没取との差異は、提出命令に従って引渡しがされた銃砲等のみを対象とする点、所持許可の取消処分から6月間の猶予を置いて所有者たる第三者が返還を申請する機会を確保している点（**銃砲刀剣類所持等取締法**11条4項（現**8条8項**））及び売却代金が被処分者に交付される点（**同法11条6項**（現**8条10項**））にある。このような手続を整備することにより、所持者でない所有者を保護すると共に、所有権剥奪の対価を買受人に負担させることが可能となった。その反面、相手方が提出命令に従わず、かつ、逮捕権の濫用となるなどの場合には、銃砲等の占有を奪うことは出来なくなっている。

⑪　工作物等の保管（**道路交通法**（昭35法105－）**81条2項**）は、違法に設置された工作物等を処分する権利を発生させることにより、所有権の内容を変更する行政処分には当たらない。

保管は警察違反状態に対する即時強制であり[170]、留置権が発生するとも規定されていない[171]が、（保管に続く）滅失等のおそれある工作物等・不相当な保管費用等を要する工作物等[172]の売却（**同法81条4項**）は保存行為に止まる上、所有権の当然帰属に関する**民法240条**と同様の規定（**道路交通法81条6項**（現**12項**））が置かれている[173]からである。

ここでの売却は、遺失物の売却（（旧）遺失物法2条1項。前述）と同じく、工作物等に対する（**道路交通法**により直接都道府県に附与された）狭義の財産管理権

---

[169]　類例である銃砲等の一時保管（**銃砲刀剣類所持等取締法24条の2**（昭37法72－）**第2項**）にあっては、占有の継続すら強制的でない（参照、中島（治）・前註(165)190頁）。
[170]　この点は、漂流品・沈没品の除去（**水難救護法29条1項**）と同様であるが、工作物等には「準遺失物」である「他人の置き去った物」（**遺失物法2条1項**）を含む点が異なる。なお、工作物等が遺失物・準遺失物と認められる場合、警察署長は**道路交通法81条2項**に基づいてそれらを保管しなければならず、遺失物の処理に切り換えることは予定されていない。
[171]　保管費用の占有者等負担は、「一種の原因者負担」として説明されている（宮崎清文『注解道路交通法』（立花書房・昭41）375頁）。
[172]　制定時には前者のみであったが、道路交通法の一部を改正する法律（平2法73）により後者が加えられた。
[173]　類例（車両の売却（後述））につき参照、「所有権移転の時期を公示後六月を経過した日としたのは、〔旧〕遺失物法や他法令との均衡を図ったものである。……所有権移転の規定を設けたのは、……いつまでも権利関係をあいまいにしておくのは法的安定性の観点から好ましくないと考えられたからである」（池田克彦「道路交通法の一部改正について（一）」警察学論集38巻8号（昭60）18頁）。その後、**民法240条の期間**は**遺失物法**の制定に伴い3月に短縮されたが、工作物等（車両（後述）を除く。）については、なお6月とされている。

第2節　所有権を変更する国家作用（狭義）

に基づく私法上の保存行為と位置付けられる（物件の売却[174]（**道路法44条の2**（平3法60－）**第4項**[175]）についても、同様に解される。）。

⑿　❹車両の保管（**道路交通法51条**（昭60法87－）5項（現6項））は、違法に駐車された車両を処分する権利を都道府県に発生させることにより、所有権の内容を変更する行政処分に当たるか、必ずしも明瞭でない。

（保管に続く）車両の売却[176]（**同法51条**（同前）11項（現12項））は、それ自体としては保存行為に止まり、占有も強制的に取得・保持されたものでないが、物自体の性質でなく専ら保管施設との関係から保管費用の不相当性が判断され、かつ、所有者等が公売を受けるまでの猶予期間が極めて短い[177]からである。

⒀　以上のうち、②③は、いずれも行政上の没収（本章第4節第3款参照）を洗練させたものに相当する。物の処分をする権利を発生させる構成は、所有権を消滅させる構成と比べ、第三者の権利等との関係上、より穏健だからである。❶❹についても、②③との連続性を完全に否定することは出来ないため、所有権を消滅させる行政処分と一括して考察される必要がある。

なお、（旧）遺失物法のような狭義の財産管理権を国→都道府県に直接附与する構成（前述）は、売却が保存行為に止まり、かつ、強制的な占有の取得・保持がない限りで、即ち当事者（売却する側とされる側）間の衡平が保たれている限りでのみ、正当化されよう。

---

174)　立案過程につき参照、加藤利男＝内田要「駐車場の整備とスムーズで安全な道路交通の確保をめざして」時の法令1417号（平4）14〜17頁。

175)　類例、**自転車の安全利用の促進及び自転車駐車場の整備に関する法律6条**（平5法97－）3項、河川法75条（平9法69－）6項、海岸法12条（平11法54－）6項、港湾法56条の4（平12法33－）**第5項**、漁港漁場整備法39条の2（平12法78－）**第7項**、都市公園法27条（平16法109－）6項、屋外広告物法8条（平16法111－）3項及び津波防災地域づくりに関する法律（平23法123－）27条6項。

176)　道路交通法の一部を改正する法律（平16法90）により、所有者又は占有者が知れている場合にも、売却をする途が拓かれた。昭和60年の時点では、「所有者等の氏名及び住所が明らかであるにもかかわらず当該車両をいわば強権的に売却処分に付すことは立法政策としてとり難い」と考えられていた（池田（克）・前註(173)16〜17頁）ところであるが、平成16年改正の立案関係者は、単に実際上の必要性を挙げるに止まっている（参照、直江利克他「違法駐車対策の推進を図るための規定の整備」警察学論集57巻9号（平16）114頁）。

177)　道路交通法の一部を改正する法律（平16法90）により、3月から1月に短縮されている。但し、昭和60年・平成16年改正の立案関係者は、それぞれの期間内に99.9％の車両が返還されており、このような期間設定により所有権が害されることはないと説明している（それぞれ参照、池田（克）・前註(173)17頁及び直江他・前註113頁）。

第2編 物　権　第3章 所有権

第3節　所有権を変更する国家作用（広義）

第1款　所有権を変更する立法作用（広義）

（1）　これに該当する立法例は、特定承継（①②⑥⑦）及び包括承継（③〜⑤⑧〜⑩）に大別される。前者は、物一般（①⑦）、土地（②）及び船舶（⑥）に関する類型に細分される。

（2）　①（旧）郡制（明23法36）83条[178]は、郡内総町村の「共有」（主として総有を指す[179]。）に属する財産及び営造物（小学校を除く。）の所有権を郡に移転させる措置法律に当たる。

①は、広域自治体制度が創設される際、広域自治体に包括される狭域自治体の総有・共有物を前者の単独所有物とする措置法律であり、制度創設の目的に適ったものといえよう[180]。

（3）　②出典地業主権ニ関スル律令[181]（明37律令10）は、申告がなかったために国有と査定された出典地（台湾における質権類似の物権である典権の存する土地）の所有権を典主に移転させる措置法律に当たる[182]。

（4）　③商工経済会法（昭18法52）附則44条（前編第2章第3節第1款参照）は、同法施行の際現に存する商工会議所を解散させる（同款参照）と同時に、当該商工会議所の権利義務を新たに設立される商工経済会に承継させる措置法律に当たる。

---

178)　「郡内総町村ノ共有ニ属スル財産及営造物ハ郡内総町村ノ聯合又ハ組合ヲ以テ設立セル小学校ヲ除クノ外此法律施行ノ日ヨリ郡ノ所有ニ帰シ其権利義務トモ同時ニ郡ニ移ルモノトス」。
179)　本編補章註（22）参照。
180)　山脇法制局参事官らは、「此等総町村ノ共有物ハ取リモ直サス郡ノ所有ト同一ナルヲ以テ」であるという（山脇玄＝中根重一『府県制郡制釈義』（八尾新助・明23）550頁）。小学校を除いたのは、「町村ノ義務トシテ設立スヘキモノニシテ町村ニ関クヘカラサルノ営造物タレハナリ」と説明されている（同550〜551頁）。
181)　「台湾土地調査規則〔7条。後註（280）参照〕ニ依リ国庫ニ帰属シタル土地ニシテ出典地ニ係ルモノハ土地台帳ニ登録シタル典主ヲ以テ其ノ業主トス」。
182)　旧業主を業主としなかったのは、典権が帰属質であることによる（参照、江・前編第3章註（112）199頁）。また、措置法律の形式を採ることが出来たのは、台湾土地調査事業により全ての典主が把握されていたからである。

第3節　所有権を変更する国家作用（広義）

③には、債権者保護手続（会社の合併につき商法78条2項・79条1項・2項（削除時100条1～3項。現・**会社法789条2項・4項・5項**））が設けられていない[183]。強制設立・当然加入制を採る商工経済会は国の分身であり、破産能力がないという思想に立脚するものと見られる（⑨も同じ。）。この思想には国の場合（⑤⑧）を含め疑問もあるが、本書では立ち入らない。

（5）　④町内会部落会又はその連合会等に関する解散、就職禁止その他の行為の制限に関する政令（昭22ポ政15）2条2項は、2月以内に処分されない町内会等の財産の所有権を市区町村に移転させる措置法律に当たる[184]。

④は、地方公共団体に準ずる団体[185]の廃止に伴う措置である。郡の廃止時[186]と異なり、一律に市区町村を移転先とした点は、町内会が占領軍の日本管理にとって危険であり直ちに廃止する必要があったからに外ならない。

（6）　⑤特別調達庁設置法（昭24法129）附則4項（前編第2章第3節第1款参照）は、特別調達庁法1条1項に基づく法人である特別調達庁の法人格を消滅させる（同款参照）と同時に、同庁の有する権利義務を国に承継させる措置法律に当たる。

（7）　⑥国の船舶と朝鮮郵船株式会社の船舶との交換に関する政令（昭25ポ政25）2条1項[187]は、国の船舶である宇品丸等と同会社の船舶である金泉丸等を交換する措置法律に当たる。

⑥は、傭船契約に基づき船舶を返還する国の債務が履行不能となったことによる損害を現物賠償するものである[188]。同会社は現物賠償に同意していたと

---

183)　商工会議所の地区が市等の区域による（（旧々）商工会議所法（昭2法49－昭18法52）3条1項本文）のに対し、商工経済会の地区は道府県の区域による（商工経済会法3条）。このため、③には、各商工会議所の資産状態を問わずにそれらの権利義務を一つの商工経済会に承継してしまうという難点があった（参照、猪谷・前編第2章註(87)99～100頁）。
184)　立案過程につき参照、自治大学校研究部監修＝地方自治研究資料センター編『戦後自治史』1巻（文生書院・昭52）98頁。
185)　町内会は、市町村長の許可を得た場合には自己の名をもって財産を所有することが出来た（市制88条ノ2（昭18法80－昭22法67）第2項及び町村制72条ノ3（昭18法81－昭22法67）第2項）。
186)　参照、郡制廃止ニ関スル法律（大10法63）2条1項。
187)　類例、同令3条1項。
188)　「終戦の際、朝鮮郵船の在韓船舶を米軍の要請で貸与していたが、米軍は不要となるとそのまま韓国に残して引揚げてしまった。」「このため同社は、船腹の返還を日本政府を通じて韓国に交渉したが返還されず、政府は責任上、国有船舶から代船を同社に返還することになった」（日本

第2編 物　　権　　第3章 所有権

見られるが、その点は条文に表れていないため、本款に分類しておく（⑥が法律事項とされたのは、**国有財産法**（昭23法73－）**18条**（現1項）の特例だからでもある。）。

(8)　⑦**財産及び請求権に関する問題の解決並びに経済協力に関する日本国と大韓民国との間の協定第二条の実施に伴う大韓民国等の財産権に対する措置に関する法律**（昭40法144）**2項**は、日本国又は日本国民が保管する物に対する韓国又は韓国民（いわゆる在日韓国人を除く。）の所有権をその保管者に移転させる措置法律に当たる。

⑦は、韓国にある日本国又は日本国民の物の所有権を剥奪した韓国側の措置[189]と対応している[190]が、用益権者等の利益に配慮し、日本国又は日本国民が現に保管している物のみを対象としている[191]。このような第三者保護の法意に照らすと、⑦は原始取得構成でなく承継取得構成を採るものと解される。

(9)　⑧**お年玉つき郵便葉書及び寄附金つき郵便葉書等の発売並びに寄附金の処理に関する法律の一部を改正する法律**（昭43法71）**附則2項**（前編第2章第3節第1款参照）は、郵便募金管理会を解散させる（同款参照）と同時に、同会の資産及び債務を郵政事業特別会計に承継させる措置法律に当たる。

　　　国有鉄道広島鉄道管理局編『関釜連絡船史』（昭54）121頁）。より詳細な経緯につき参照、吉澤清次郎監修『講和後の外交1対列国関係（上）』日本外交史28巻（鹿島研究所出版会・昭48）28頁。
189)　朝鮮内所在日本人財産権取得에関한件（1945 在朝鮮美国陸軍司令部軍政庁法令33）2条1項に基づいてアメリカ軍政庁が管理した日本資産は、「アメリカ合衆国政府と大韓民国政府との間の財政及び財産に関する最初の取極」（1948.9 .20発効）により、韓国に移転された（参照、山下康雄「請求権及び財産」国際法学会編『平和条約の綜合研究』下巻（有斐閣・昭27）77〜78頁）。韓国政府の主張（参照、太田修『日韓交渉──請求権問題の研究』（クレイン・平15）93頁）は、同令に基づくコモンロー上の受託者としての所有権（山下・同78頁）を大陸法にいう所有権と同視するものであった。
190)　「財産及び請求権に関する問題の解決並びに経済協力に関する協定は、その第二条3において、一方の国及びその国民の財産、権利及び利益であってこの協定の署名の日に他方の締約国の管轄のもとにあるものに対する措置について、今後いかなる主張もなされ得ないことを規定しておりますが、協定の対象となるこれらの実体的権利について具体的にいかなる国内措置をとるかにつきましては、当該締約国の決定にゆだねられております。したがいまして、わが国については、大韓民国及びその国民の実体的権利をどのように処理するかについて国内法を制定して、同条3に言う措置をとることが必要となったわけで、これがこの法律案を作成した理由であります」（50・参・日韓条約等特別委2号（昭40・11・22）4頁〔藤崎萬里政府委員〕）。
191)　参照、50・衆・日本国と大韓民国との間の条約及び協定等に関する特別委7号（昭40・10・30）17頁〔藤崎萬里政府委員〕。

⑽　⑨水資源開発公団法の一部を改正する法律（昭43法73）附則2条1項（前編第2章第3節第1款参照）は、愛知用水公団を解散させる（同款参照）と同時に、前者の一切の権利義務を水資源開発公団に承継させる措置法律に当たる。

⑾　⑩こどもの国協会の解散及び事業の承継に関する法律（昭55法91）1条1項（前編第2章第3節第1款参照）は、こどもの国協会を解散させる（同款参照）と同時に、同協会の一切の権利義務を厚生大臣が指定する社会福祉法人（但し、土地等については国[192]（同条2項））に承継させる措置法律に当たる（同条3項）。

社会福祉法人には破産能力があるにも拘わらず、債権者保護手続が設けられなかったのは、たまたま同協会の債権者に異議がなかったためであろうが、一般に、これを設けないことは許されないと解される。

⑾　以上の立法例のうち、②は、近代的な土地・所有権制度の確立に伴うものであり、⑥は、特殊事情を背景としており、⑦は、わが国とわが国から分離した国家との間の在外財産の処理を目的としており、いずれも例外的な立法例といえよう（⑦が無償でされる点は、国家レヴェルの相殺（前節第1款参照）であることによって正当化される。）。

残る立法例（①③～⑤⑧～⑩）のうち、①③④は、地域団体・準地域団体の制度的改編に、⑧～⑩は、特殊法人の統廃合にそれぞれ伴うものである（⑤は、総司令部の指示により法人格を与えられていた行政庁に係るものであり、⑧の特例に当たる。）。

前三者のうち、③④にあっては、団体の制度自体が廃止されるため、各団体の財産を広域団体に移転させることは、制度的改編自体が正当化され、かつ、債権者保護手続が用意されている限り、正当化されよう。これに対し、①は、存続する町村の財産を無償で移転する点が問題となるが、当該財産が広域行政に相応しい行政財産であることによって正当化される。

このような無償移転は、地域団体の制度的改編でなく、国と地方公共団体との間又は広域・狭域地方公共団体間の垂直的な権限再分配に伴っても、生じ得る問題である。国家地方警察に必要な都道府県所有の警察用財産・物品等の国

---

192)　立案過程につき参照、矢野朝水「こどもの国の民営化——国有財産は無償貸付けで活用」時の法令1103号（昭56）15～16頁。

第2編 物　　権　　第3章 所有権

への譲渡及び警察庁・都道府県警察に必要な市町村有の警察用財産等の都道府県・国への譲渡を命じた措置法律（それぞれ都道府県の所有に属する警察用財産等の処理に関する法律（昭24法75－昭29法163）1条1項及び警察法（昭29法162－）附則11項）がその典型である。

後者につき町田内閣法制局参事官は、「一定の行政目的のための使用に供されている財産は、憲法第二九条にいう私有財産というべきものではなく、その行政目的の遂行の主体がかわれば、そのかわつた主体にその財産が移転すべきものであつて、それが無償であることも当然であ」る[193]と説明している。

第2款　所有権を変更する司法作用（広義）

該当例は見当たらない。

第3款　所有権を変更する行政作用（広義）

(1)　これに該当するかが問題となる立法例は、特定承継（①❸～⑥⑧～⑬）及び包括承継（②⑦）に大別される。前者は、事業を構成する動産・不動産（①❸～⑤⑫⑬）、不動産（⑥）、土地（⑧～⑩）及び森林等（⑪）に関する類型に細分される。このうち、⑥は措置法律に基づく一回限りの行政処分である。

(2)　薬用阿片の買上（薬用阿片売買並製造規則（明11布告21－明30法27）2条[194]）→阿片の納付[195]（阿片法（明30法27－昭23法123）2条1項[196]）→あへ

---

[193]　町田充『新警察法逐条解説』（近代警察社・昭29）255頁。「従来都道府県の経済において行つておつた警察機能が、国家と市町村とに移るということから、その当然の結果として、従来そのために与えられておつた財源によつてつくられた財産を、それぞれの新しく機能を営むものに移そうということでありま」す（5・衆・地方行政委19号（昭24・5・11）4頁〔柏村信雄政府委員〕）。

[194]　「薬用阿片ハ其内国産若クハ外国産ヲ論セス総テ内務省ニ於テ其品位ヲ定メテ之ヲ買上ケ……」（同条（制定時））。「阿片製造人ハ其製造シタル阿片ノ量目ヲ記シ署名調印シタル願書ヲ以テ地方庁ヲ経由シ内務省ノ買上ケヲ願フヘシ右買上ケヲ受クルノ外決シテ内外人民ニ販売スルコトヲ許サス」(13条（同前））。

[195]　これは、明治29年の中央衛生会諮詢案2条1項に由来する（『中央衛生会第十七次年報』4頁）。同会では、同規則は阿片の製造・販売を「政府ノ独専事業」としたと説明されている（同12頁）。

[196]　「阿片製造人ハ毎年十二月二十日迄ニ其ノ製造シタル阿片ヲ政府ニ納付スヘシ」「前項ノ阿片ハ政府ニ於テ試験ヲ施シ其ノ莫児比涅〔＝モルヒネ〕含量所定ノ度ニ適スルモノニハ賠償金ヲ交付シ其ノ不適品ハ無償ニテ焼却ス」（同条1項・2項）。

第3節　所有権を変更する国家作用（広義）

んの収納（**あへん法**（昭29法71 −）**29条**）は、それらの所有権を国に移転させる行政処分には当たらない。

同規則は薬用阿片の売渡義務を課すに止まり、阿片法→あへん法は、葉煙草→葉たばこの収納（後述）と同じく、阿片→あへんの引渡義務を課した上、引渡を要件として当然に所有権が移転する構成を採っている[197]からである。いずれも財政目的でなく警察目的（保健衛生上の危害防止）に基づいているが、そのことは法律構成とは中立的である。

(3)　葉煙草→葉たばこの収納（葉煙草専売法（明29法35 − 明37法14）2条[198]→煙草専売法（明37法14 − 昭24法111）4条[199]→たばこ専売法（昭24法111 − 昭59法68）5条1項）は、それらの所有権を国に移転させる行政処分には当たらない。

明治18年の煙草条例案では、「収納」の語は用いられていなかった。同案は、フランス・財政ニ関スル法律（Loi sur les finances du 28 avril 1816）172条[200]・182条[201]に倣い[202]、政府の一手買取り権能及び耕作人の送致義務のみを規定していた[203]。

---

197)　但し、法務省刑事課編「あへん法の解説」最高裁事務局『第19回国会において成立した刑事法関係資料』刑事裁判資料集101号（昭30）140頁は、**あへん法**も同規制と同じ構成を採るものと解しているようである

198)　「葉煙草ハ政府之ヲ収納シ総テ定価ヲ以テ之ヲ売渡スヘシ」（2条1項（制定時））。類例、(旧)台湾食塩専売規則（明32律令7 − 大15律令5）2条1項→台湾食塩専売規則（大15律令5 −）5条、台湾樟脳及樟脳油専売規則（明32律令15 − 明36法5）3条1項→粗製樟脳、樟脳油専売法（明36法5 − 昭24法113）→しょう脳専売法（昭24法113 − 昭37法19）5条1項。

199)　「煙草耕作者ノ収穫シタル葉煙草ハ政府之ヲ収納ス」。類例、(旧々) 塩専売法（明38法11 − 昭24法112）7条→ (旧) 塩専売法（昭24法112 − 昭59法70）5条1項、紅蔘専売令（大9制令24 − 1956韓国法律383（紅蔘専売法））5条、満洲国・石油類専売法（康徳元勅令149）4条（購入）、アルコール専売法（昭12法32 − 平12法36）13条1項、石油専売法（昭18法50 − 昭20法49）5条、煙草専売法33条の2（昭19法19 − 昭24法111）→たばこ専売法54条1項。

200)　"L'achat, la fabrication et la vente des tabacs continueront à avoir lieu par la régie des contributions indirectes dans toute l'étendue du Royaume, exclusivement au profit de l' État."

201)　"Les cultivateurs seront tenus de représenter, en totalité, le produit de leur récolte calculé sur les bases qui seront déterminées ci-après, à peine de payer, pour les quantités manquantes, le prix du tabac fabriqué de cantine."

202)　参照、故目賀田男爵伝記編纂会編・前註(13)320〜321頁。

203)　「葉煙草ハ大蔵省主税局ニ於テ臨時便宜ノ地ヘ買集所ヲ設置シ総テ之ヲ買上ルモノトス」（13条本文）。「煙草耕作人ハ収穫煙草乾製ノ上買上期月中之ヲ買集所ニ送致シ買上方ヲ願出ツヘシ」（15条本文）（いずれも専売局編『煙草専売史』1巻（同局・大4）55頁）。

211

第2編 物　権　第3章 所有権

　専売制導入当初、専売局は収納を徴発（本章第4節第4款第3目参照）と類比させるに止まり[204]、美濃部東京帝大教授も、それが行政行為であるとまでは明言しなかった[205]。ところが、同局はその後、美濃部説を独自に敷衍して行政行為説を採るに至り[206]、この見解が日本専売公社に受け継がれた[207]。

　併しながら、徴発では、取得の要否が個々の事例ごとに判断されるのに対し、収納では、専売外の流通を防遏する必要上、専売品を取得しないという選択肢は与えられていない[208]。そこには事例に即した公益判断という行政行為の本質的要素が欠けているため、寧ろ納付（葉煙草専売法3条[209]）即ち引渡しを要件として所有権が当然に移転する（収納とは事実行為としての受領を指す。）構成が採られていると解すべきであろう[210]（生産者が収納前の専売品に質権を設定する行為は強行法規違反として無効である[211]ため、承継取得でなく原始取得構成を採るまでの必要性もない[212]。）。このような法律構成は、専売が財政目的であるか否

---

[204]　収納は、「耕作者ニ納付スルト否トノ自由意思」がない点では徴発に類似するが、「財政上国家ノ利益ヲ計ル目的ニ基クモノ」である点で異なっている（高美実五郎『葉煙草専売法註解』（高美書店・明32）3頁）。

[205]　「収納権ハ法律ニ依リ特定物ノ上ニ存スル一種ノ公法上ノ物権ニシテ、一定ノ補償金額ヲ以テ其ノ物ノ所有権ヲ取得シ得ベキコトヲ其内容トス。公用徴収権ニ類似スト雖モ、新ナル権利ノ侵害ニ非ズシテ法律ニ依リ初ヨリ其物ノ上ニ存スル権利ナルコトニ於テ之ト性質ヲ異ニス」（美濃部達吉『行政法撮要』（有斐閣・大13）386〜387頁）。

[206]　「政府が一方的に特定の財貨に対する所有権を有償的に取得する点に於て所謂公用徴収に類似する行政処分であつて……」（浜田幸雄『専売法講義』（専売協会・昭11）111〜112頁）。同年の杉村章三郎『専売法』新法学全集6巻（日本評論社・昭11）19頁には、「法律の規定に基く一方処分」とあるが、行政行為とする趣旨かは必ずしも定かでない。

[207]　参照、日本専売公社総務部編・前編第2章註(95)225頁。

[208]　「専売は已に葉煙草の自由存在を許さす随て其収穫の総ては之を収納せさるへからす……政府耕作者と双方に取捨の余地を存せさるは是を以てなり〔。〕故に耕作者より云ふ時は納付の義務あると共に収納を申請するの権利ありとすへく政府より見るときは収納の権利あると同時に納付を拒絶せさるの義務ありとせさるへからす〔。〕是れ売買又は動産徴収より説明すへからさる一種の特質を為すものにして……本条〔＝煙草専売法4条〕は此特質を表現したるものなり」（手塚千代三郎『煙草専売法理由』（中央税務研究舎・明40）34頁）。

[209]　「葉煙草ヲ耕作スル者ハ乾燥ノ後総テ其ノ葉煙草ヲ政府ニ納付スヘシ」（同条前段（→煙草専売法15条1項→たばこ専売法18条1項））。

[210]　収納がされず、又はされたこと自体に対する不服は、現在であれば実質的当事者訴訟（**行政事件訴訟法4条**）によって争われるべき問題である。なお、品位等級の鑑定に対する不服は、衆議院修正により追加された再鑑定（葉煙草専売法4条2項後段→煙草専売法16条1項前段・2項→たばこ専売法19条1項前段・2項）によって争われる。

[211]　台湾樟脳及樟脳油専売規則2条2項は、この旨を明示している。

[212]　川崎延寿『煙草専売法規解説』（京城・帝国地方行政学会朝鮮本部・昭12）139頁は、特に理

第3節　所有権を変更する国家作用（広義）

かとは中立的である[213]。

　たばこ事業法（昭59法68－）は、葉たばこの収納を買入れ契約に改めた（3条1項）。ここでは、葉たばこ市場が製造独占（**同法8条**）を背景とした買手市場であり続けることが前提とされている[214]。

　(4)　①軌道財団組成物件の無償引渡処分（軌道の布設特許（軌道条例（明23法71－大10法76）1条[215]）に付される条件（講学上の附款）としてされる。**軌道ノ抵当ニ関スル法律**（明42法28－）3条2項[216]（現3条）参照）は、当該物件の所有権を道路管理者たる国又は公共団体に無償で移転させる行政処分に当たる。

　軌道条例3条[217]は、軌道経営者が新設し、又は既存の道路敷地を拡幅した軌道敷地については、当然に官有道路敷に編入することとしていた[218]。併しながら、新設の場合には、敷地は必要最小限の幅員しかなく、軌道専用とされるのが通例であった[219]ため、同条の適用は、拡幅の場合に限られると解されるに至った[220]。①は、軌道経営者が新設した軌道敷地を道路管理者が拡幅する場合にされるものであったと見られる。

　　由を示すことなく原始取得説を主張しているが、疑問である。
213)　粗製樟脳、樟脳油専売法は、台湾の樟脳については財政収入の確保、内地の樟脳については需給調整を通じた産業保護を目的とするが、それぞれの法律構成に差異はない。（旧々）塩専売法も、大正7年に財政専売から保護専売へと政策転換がされた際、特に改正されていない。
214)　「買手独占」の弊害を防止するため、葉たばこ審議会が設置されている（参照、畠山孝智「たばこ専売制度の廃止と日本たばこ産業株式会社の発足」時の法令1241号（昭60）13頁）。
215)　「一般運輸交通ノ便ニ供スル馬車鉄道及其他之ニ準スヘキ軌道ハ起業者ニ於テ内務大臣ノ特許ヲ受ケ之ヲ公共道路上ニ布設スルコトヲ得」。
216)　「特許ニ附シタル条件ニ依リ軌道財団ニ属スルモノヲ無償ニテ国又ハ公共団体ニ引渡スヘキトキハ其ノ財団ヲ目的トスル抵当権ハ消滅ス」。
217)　「在来ノ道路ヲ取拡メ又ハ更正シタル部分及新設シタル軌道敷ハ倶ニ道路敷ニ編入ス」。
218)　軌道条例の主眼は、軌道経営者の負担をもって道路の改築・新設を進める点にあった。軌道が道路上に布設される（1条）以上、軌道敷を設けることは道路敷を設けることに外ならず、だからこそ収用権が認められた（2条）のである。法制局も、「其収用シタル土地ハ元来公共道路狭隘ナルカ又ハ迂曲シテ軌道布設ニ不便ナルニ依リ先ツ以テ其道路ヲ取拡メ又ハ更正シ然ル後其上ニ布設スルモノナレハ即チ其土地ハ当然道路敷ニ編入シ永ク公共ノ用ニ供セラルヘキモノトス」と説明している（参照、国立公文書館蔵「軌道条例ヲ定ム」（請求記号：本館-2A-011-00・類00510100））。なお、明治10年代には、私設公物は当然に官有地に編入される扱いであった（前編第3章第1節第3款参照）。
219)　参照、池田宏「軌道ノ特許ニ就テ（一）」京都法学会雑誌10巻1号（大4）69頁。
220)　明治33年の内務省省議決定（池田宏「軌道ノ特許ニ就テ（二）」京都法学会雑誌10巻4号（大4）24頁）。美濃部達吉「市街地鉄道法概論（三）」国民経済雑誌16巻5号（大3）46〜47頁は、同条を新設の場合に適用するのは不合理であるが、文言上、肯定せざるを得ないという。

213

その後、(旧)道路法(大8法58－昭27法181)が私有公物の存在を認める(6条但書[221])(→**道路法**(昭27法180－)**3条但書**))と、①は、軌道敷地の道路敷地化処分(**軌道法**(大10法76－)**9条**[222])に改められ、所有権の移転を伴わないものとなった[223](ここには、所有権から公物管理権が純化される過程がよく表れている。)。法制局も、道路敷地化は「軌道事業が、他の公益目的との調整上、事業の継続を妨げられることなしに、その本来の態様に立ちかえることに外ならない[224]」ため、補償を要しないという。

なお、①→軌道敷地の道路敷地化処分は、国又は公共団体が道路管理者としての立場で行う処分である。これに対し、軌道の買上→買収(本章第4節第4款第4目参照)は、国又は公共団体が軌道経営者たらんとする立場で行う処分である。前二者が無償なのに対し、後二者が有償なのはそのためである。

(5) ②健康保険組合の解散命令(**健康保険法**(大11法70－)39条(現**29条2項**))は、同組合を解散させる(前編第2章第3節第3款参照)と同時に、同組合の権利義務を国〔現・全国健康保険協会〕に承継させる行政処分に当たる(**同法40条**(現**26条4項**))。

このような法律構成は、ドイツ・保険法288条1項[225]に倣ったものである(同組合の破産を前提とする再保険制度の代案として採用された点につき、同款参照)。

(6) ❸瓦斯事業の買収の裁定(瓦斯事業法(大12法46－昭25ポ政343)17条2項[226])は、瓦斯事業を構成する動産・不動産に対する瓦斯事業者の所有権を市町村に移転させる行政処分に当たるか、必ずしも明瞭でない。

---

221) 「道路ヲ構成スル敷地其ノ他ノ物件ニ付テハ私権ヲ行使スルコトヲ得ス但シ所有権ノ移転又ハ抵当権ノ設定若ハ移転ヲ為スハ此ノ限ニ在ラス」(傍点引用者)。
222) 「道路管理者道路ノ新設又ハ改築ノ為必要アリト認ムルトキハ軌道経営者ノ新設シタル軌道敷地ヲ無償ニテ道路敷地トハスコトヲ得」。
223) 「新設軌道敷ヲ道路ノ用ニ供スル場合ニ在リテハ軌道敷地ノ所有権者ニ異動ヲ来サナイ。唯〔旧〕道路法第六条ノ規定ニ依リ私権ノ行使ヲ制限セラルルニ過ギズシテ所有権ノ移転ハ勿論、軌道抵当法ニヨル抵当権ノ設定ヲ禁止スルモノデハナイ」(大山秀雄＝壺田修『鉄道監督法規論』(春秋社・昭10) 119頁)。同旨、山口真弘『鉄道法制概論』(鉄道研究社・昭49) 183頁。
224) 前田正道編『法制意見百選』(ぎょうせい・昭61) 305頁。
225) "Auf die aufnehmende Kasse gehen die Rechte und Pflichten der aufgenommenen über, soweit die §§289 bis 296 nichts anderes vorschreiben."
226) 「市町村カ瓦斯事業ヲ営マムトスルトキハ勅令ノ定ムル所ニ依リ主務大臣ノ認可ヲ受ケ其ノ管轄区域内ノ瓦斯事業ヲ買収スルコトヲ得」「前項ノ規定ニ依リ買収ノ価格其ノ他買収ノ条件ニ関シ協議調ハス又ハ協議ヲ為スコト能ハサルトキハ主務大臣之ヲ裁定ス」(同条1項・2項)。

第 3 節　所有権を変更する国家作用（広義）

❸は、水道等の買収（水道条例 18 条（大 2 法 15 − 昭 32 法 177）1 項・17 条（同前）1 項。本章第 4 節第 4 款第 4 目参照）に倣った大正 10 年の内務省案に由来する[227]。ところが、貴族院修正により、既存の報償契約中に買収をしない期間の定めがある場合[228]には、❸をすることが出来ない（瓦斯事業法附則 3 項[229]）とされた[230]ため、同契約中に買収条項のある既存の瓦斯事業については、それを法律化しただけの意味しか持たなくなってしまった。

その結果、❸については、ガス事業公営主義に立脚しているという見解と単なる経過措置に止まるという見解が対立することとなった[231]このうち前者の見解は、原始取得構成に親和的である（同目参照）。併しながら、瓦斯事業法は水道条例のように原則公営主義（同目参照）を謳った上で買収規定を設けている訳でないため、❸の存在をもって公有主義を根拠付ける前者の見解は、循環論法といわざるを得ない。一方、後者の見解も、新規の電気事業及び報償契約中に買収条項のない既存の電気事業については、❸は飽くまでも恒久措置であるため、受け入れ難い。

結局、**ガス事業法**（昭 29 法 51 −）は、後者の見解を採り[232]、❸を踏襲しなかった。

（7）　④電気事業の買収の裁定（（旧）電気事業法（昭 6 法 61 − 昭 25 ポ政 343）29

---

227)　参照、小石川裕介「瓦斯事業法の成立と市町村ガス報償契約（一）」法学論叢 168 巻 5 号（平 23）59〜63 頁。
228)　報償契約中の買収条項の実例につき参照、小石川裕介「戦前期における公益事業の公営化：都市ガス事業を中心として」都市問題 103 巻 8 号（平 24）108〜109 頁。
229)　「第十七条ノ規定ハ本法施行ノ際市町村ト瓦斯事業者トノ間ニ瓦斯事業ノ買収ニ関シ期間ノ定アルトキハ其ノ期間之ヲ適用セス」。
230)　修正経緯につき参照、小石川裕介「瓦斯事業法の成立と市町村ガス報償契約（二）」法学論叢 168 巻 6 号（平 23）46〜47 頁・49 頁。
231)　それぞれ参照、「瓦斯事業は其の事業の性質独占的にして其の経営の地域が都市を中心とするが故に、公共団体の経営を以て一般経営に比し便宜多しとの理由に依り、公営主義を認めたるものである」（水越致和『瓦斯事業法概論』（永全社・昭 5）156 頁）及び「従来の報償契約を完全に否認するかわりにおかれた経過的規定とみるべきである」（通商産業省公益事業局ガス課編『ガス事業法』（日本瓦斯協会・昭 29）10 頁）。
232)　前註参照。別の説明として参照、「瓦斯事業が家庭用瓦斯の供給者に過ぎなかつた当時にあつては一応容認せられたとしても、今日乾溜工業としての瓦斯事業の他の一面を考えるならば、本条は削除せられて然るべきものと考えられる。」「乾溜工業としての国家公共性を有する瓦斯事業が都市民の利益を一応代表すると考えられる市町村によつて全面的に拘束せられることは……極めて不合理である」（「瓦斯事業法改訂案について」日本瓦斯協会誌 2 巻 8・9 号（昭 24）14 頁）。

条 4 項[233]）は、電気事業を構成する動産・不動産に対する電気事業者の所有権を国又は公共団体に移転させる行政処分に当たる。

④については、電気事業者が同法に基づく義務に違反したことを要すると解されていた[234]ところ、仮に原始取得構成が採られているとすれば、所有者の義務違反によって第三者が制限物権を失うこととなり、行過ぎだからである[235]。

富安電気局長は、水道条例及び瓦斯事業法との権衡に鑑みて④を設けたが、これを発動するためには対価等を定める別の法律が必要となると説明していた[236]。実際には、④による電気事業の国有化の代わりに、⑥による電力国家管理が選択された。④は、国家管理を経て九社体制に再編成された後の電気事業には、もはや無用の存在となり、公益事業令（昭25ポ政343 – 昭27法81。→電気に関する臨時措置に関する法律（昭27法341 – 昭39法170）→**電気事業法**（昭39法170 – ））には受け継がれなかった[237]。

（8）⑤事業設備の譲渡の裁定・決定（重要鉱物増産法（昭13法35 – 失効（昭23・6・10））12条1項[238]）は、その所有権を鉱業権の譲渡又は鉱区の増区を受

---

233) 「国ハ公益上ノ必要ニ因リ第一条第一号〔＝「一般ノ需用ニ応ジ電気ヲ供給スル事業」〕又ハ第三号〔＝「第一号又ハ前号ノ事業ニ電気ヲ供給スル事業」〕ノ事業ヲ買収スルコトヲ得」「公共団体ハ公益上ノ必要ニ因リ主務大臣ノ許可ヲ受ケテ前項ノ事業ノ買収ヲ為スコトヲ得」「前三項ノ規定ニ依ル買収価格、買収範囲其ノ他買収ノ条件ハ当事者間ノ協議ニ依ル協議調ハズ又ハ協議ヲ為スコト能ハザルトキハ主務大臣之ヲ裁定ス」（同条1項・2項・4項）。

234) 「電気事業者が其の公共的使命を完うせざる場合に於て、〔強制管理（(旧)電気事業法28条2項）等〕買収以外の手段を以てしては其の使命を全うせしむることを得ざるか、又は之を不適当とするときの如き」「国家自ら電気事業を経営するを適当とする場合……に於て其の事業が既に事業設備を施設せるものなるときは二重設備を避くる為に其の設備を取得する必要あり」（電気協会編『電気事業法規解説』（同会・昭8）107頁、106頁）。

235) 第三者の行為を理由とする本人に対する不利益取扱いは、わが法制上、例外中の例外に属する。被扶養者が故意に保険事故を生じさせた場合における被保険者に対する保険給付の制限（**健康保険法**69条ノ2（昭14法74 –。現**122条**））は、世帯単位原則に基づくものである（**銃砲刀剣類所持等取締法5条**（昭37法72 –）3項（現**5項**）も、これに近い。）。

236) 参照、59・衆・電気事業法改正法律案委6回（昭6・3・13）26頁〔富安謙次政府委員〕。

237) 昭和25年の公益事業委員会及び公益事業に関する法律案要項（電力政策研究会編『電気事業法制史』（電力新報社・昭40）279～286頁）にも、電気事業の買収は見当たらない。

238) 「第四条乃至第十条ノ規定〔後註(242)(243)参照〕ハ鉱業権ノ譲渡又ハ隣接鉱区トノ間ノ鉱区ノ増減ニ伴ヒ必要ナル事業設備ノ譲渡ニ之ヲ準用ス」（同項（制定時）本文）→「第四条乃至第十条ノ規定ハ重要鉱物ノ増産ヲ図ル為必要トスル事業設備ノ譲渡ニ之ヲ準用ス」（同項（昭18法34 –）本文）。

第3節　所有権を変更する国家作用（広義）

ける者に移転させる行政処分に当たる（同法12条2項[239]）。

　重要鉱物増産法は、（旧）鉱業法の公益事業法たる性格[240]を時限的に強化した特別法であり、先願主義に基づき初期配分された鉱業権を能力主義に基づき再配分すべく、鉱業権の譲渡及び鉱区の増減の裁定[241]・決定（重要鉱物増産法4条2項[242]・5条2項[243]。以下本款において「両裁定等」という。）を新設した。⑤は、両裁定等により再配分される鉱業権のいわば"従物"に当たる事業設備を再配分するものである。制定時には、両裁定等に附随してのみすることが出来たが、その後、独立してする途も拓かれた。

　(9)　⑥電力設備等の出資処分（日本発送電株式会社法（昭13法77－昭25ポ政342）4条[244]）は、それらを構成する不動産を出資の目的とすることにより、それらに対する電気事業者の所有権を日本発送電株式会社に移転させる行政処分に当たる（同法12条[245]）。

---

[239]　「事業設備ヲ譲渡スル旨ノ裁定又ハ決定アリタルトキハ其ノ権利ハ裁定又ハ決定ニ依ル対価ノ全部ノ支払又ハ供託アリタル時移転ス」。

[240]　出願地の訂正命令（25条1項）及び鉱区の訂正命令（37条1項。それぞれの前法につき後註(406)参照）の外、転願命令（24条1項）及び掘進訂正（36条）。

[241]　利害関係人の請求による特許の取消（（旧）特許法41条（大7法96－昭34法122）1項）を参考としたものであろう。その沿革及び廃止の理由につきそれぞれ参照、清瀬一郎『特許法原理』（中央書店・大11）212～214頁及び特許庁編『新工業所有権法逐条解説』（発明協会・昭34）155頁。

[242]　「重要鉱物ノ増産ヲ図ラントスル者ハ之ガ為必要トスル鉱業権ノ譲渡又ハ隣接鉱区トノ間ノ鉱区ノ増減ニ付当該鉱業権者ニ対シ命令ノ定ムル所ニ依リ協議ヲスコトヲ得」「前項ノ協議ヲ為スコト能ハズ又ハ協議調ハザルトキハ重要鉱物ノ増産ヲ図ラントスル者ハ当該事項ニ付政府ノ裁定ヲ申請スルコトヲ得」（同法4条1項・2項）。「重要鉱物増産法第四条第一項ノ規定ニ依ル協議ハ左ノ各号ノ一ニ該当スル場合ニ限リ之ヲ為スコトヲ得」「一　当該鉱業権者ガ事業ニ着手セズ又ハ休業中ナルトキ」「二　鉱利保護上必要アルトキ」「三　合併施業其ノ他操業ノ合理化ノ為必要アルトキ」（重要鉱物増産法施行令（昭13勅410－昭23・6・10）2条1～3号）。

[243]　「政府重要鉱物ノ増産ヲ図ル為必要アリト認ムルトキハ鉱業権ノ譲渡又ハ隣接鉱区トノ間ノ鉱区ノ増減ニ付当該鉱業権者ニ対シ重要鉱物ノ増産ヲ図ラントスル者ト協議ヲスベキコトヲ命ズルコトヲ得」「鉱業権者前項ノ協議ヲ為サズ若ハスコト能ハズ又ハ協議調ハザルトキハ政府ハ当該事項ニ付必要ナル決定ヲ為スコトヲ得」（同条1項・2項）。

[244]　「政府ハ電力管理法第二条ノ規定ニ依リ勅令ノ定ムル電力設備及其ノ附属設備ヲ本章ノ規定ニ依リ日本発送電株式会社ニ対シ出資セシムルコトヲ得」（4条）。「政府ハ前条ノ電力設備及其ノ附属設備ヲ日本発送電株式会社ニ出資セシメントスルトキハ出資セシムベキ設備及出資ノ期日ヲ公告スベシ」「前項ノ場合ニ於テハ政府ハ日本発送電株式会社及当該設備ノ所有者ニ其ノ旨ヲ通知スベシ」（5条1項・2項）。「日本発送電株式会社ハ出資ノ目的タル設備ノ所有者ニ対シ第九条ノ規定ニ依リ決定シタル価格ニ相当スル株式金額ノ全額払込済株式ヲ割当ツベシ」（11条1項本文）。

第2編 物　権　第3章 所有権

⑥は、ドイツ・電気事業ノ社会化ニ関スル法律（Gesetz betreffend die Sozialisierung der Elektrizitätswirtschaft, vom 31. Dezember 1919）12条[246]及びイギリス・倫敦旅客運輸法（London Passenger Transport Act 1933（c.14））5条1項[247]を参考にしたものと見られるが、そのいずれとも異なっている[248]。⑥の主眼は、株式会社の設立という法形式を借りることにより、地方鉄道の買収（本章第4節第4款第4目参照）におけるような公債発行を回避する点にあった[249]。

これに対し、岩田・松本両貴族院議員は、株主たることを強制するのは株主自治に立脚する会社法制と相容れない企てであり[250]、せめて株式か社債かの選択を許すべきである[251]と批判した。併しながら、日本発送電株式会社法は、

245）「出資ノ目的タル設備ハ日本発送電株式会社ノ設立又ハ増資ノ登記ノ時ニ於テ日本発送電株式会社ニ出資セラレタルモノト看做ス」。

246）"Kommt eine vertragliche Vereinbarung nicht zustande, so wird in einem Schiedsverfahren festgesetzt, welche Anlagen und Rechte auf das Reich zu übernehmen oder in die Gesellschaft einzubringen sind und unter welchen Bedingungen die Übernahme und Einbringung zu erfolgen hat"（§10 Abs.2）. "Mit Zustellung des Schiedsspruchs（§11 Abs.1）an die Beteiligten gehen das Eigentum an den Anlagen und die Rechte gemäß dieser Entscheidung auf das Reich oder die Gesellschaft über"（§12）.

247）"Subject to the provisions of this Act, the undertakings specified in the Second Schedule to this Act shall on the appointed day, by virtue of this Act, be transferred to and vest in the Board."

248）⑥は、昭和10年の奥村喜和男内閣調査局調査官の私案に由来する（参照、電気庁編『電力国家管理の顛末』（日本発送電株式会社・昭17）9～10頁）。逓信省電気局『臨時電力調査会総会議事録』（昭12）及び同局『臨時電力調査会小委員会議事録』（昭12）を見ても、理論的に掘り下げた検討はされていない。なお、対価（日本発送電株式会社法9条）については、日本製鉄株式会社法（昭8法47～昭25法240）12条に基づく製鉄事業評価審査委員会が採用した評価方法（参照、日本製鉄株式会社史編集委員会『日本製鉄株式会社史』（同会・昭34）45～46頁・51～54頁）に倣っている。

249）「無償デハナイ、金銭ヲ支払ッタト同ジヤウナ結果ヲ財産ヲ〔出〕シタ方ニモ与ヘルヤウナ……方法トシテ、此ノ途ヲ採ッタモノト考ヘテ居リマス」（73・貴・電力管理法案特別委6号（昭13・3・15）16頁〔樋貝詮三政府委員〕）。

250）「同業組合等ニ於テ……組合員タルコトヲ強制スルヤウナ規定ハ……アリマスケレドモ、ソレハ其ノ職業ナリ……営業ヲ継続シテ行ク上ノ条件デアリマスカラ……理由ハアルヤウニ考ヘラレマス、是〔＝日本発送電株式会社法〕ノ場合ニハ、モウ其ノ設備ヲ此ノ会社へ出シテシマヘバ……只ノ裸ノ人間ト同ジ立場ニナルノデアリマス……ノミナラズ……出シタ後ニ株ヲ売ッテ逃ゲルコトモ出来ルノデアリマス」（前註6号15頁〔岩田宙造〕）。「商法ノ原則ノ株主総会ガ会社ノ主権者デアルト云フ建前ヲ、有ラユル例外規定ヲ設ケテ、之ヲ杜絶シテ行カナケレバ……イケナイ……ケレドモ、ソレハ出来ナイト思フ」「一遍是非トモ籠ノ中ニ入レテ置イテ、サウシテ会社ガ出来レバ、直グト放シテヤルノナラバ、最初カラ籠ノ中ニ入レナイデ宜イノデハナイカ」（同9号（昭13・3・18）17頁・19頁〔松本烝治〕）。

251）「最初カラ株ガ欲シイト云フ者ニハ株ヲヤル、サウデナイ者ニハ、若シ〔政府ガ〕金デ困ラレ

第3節 所有権を変更する国家作用（広義）

株式買入請求権を無制限に認める応急的修正（15条）のみを経て成立し、この権利が全て行使されれば同会社の基礎が失われる[252]という、矛盾に満ちたものとなった。

(10) ⑦解散団体の指定（団体等規正令（昭24ポ政64－昭27法240）4条1項。法人である団体に対するものに限り、同令附則2項により⑦と看做された指定も含む。前編第2章第3節第3款参照）は、当該団体を解散させる（同款参照）と同時に、その財産の所有権を国に移転させる行政処分に当たる（解散団体の財産の管理及び処分等に関する政令（昭23ポ政238－昭27法240）3条）。

⑦は、占領軍の日本管理にとって危険である団体を対象としており、重罪人の一般財産の没収（forfeiture of estate）とその思想を同じくする[253]。それにも拘わらず、没収と異なる承継取得構成が採られたのは、農地改革の実施を妨げないという外在的な理由からに過ぎない。即ち、当該財産が永小作地であった場合には、農地の売渡（自作農創設特別措置法16条1項）がされるまでの間、永小作権を存続させる必要があるためである。

(11) ⑧農地〔現・農用地[254]〕の所有権についての交換分合計画の認可（**土地改良法**（昭24法195－）**98条7項**（現**8項**[255]））は、農地の所有権を多数当事者間で[256]交換的に移転させる行政処分に当たる（**同法106条1項**）。

ルナラ社債デモ宜イカラ、社債ノ方ニスルト云フヤウナコトニナスッテハドウダ」（前註9号17頁〔松本烝治〕）。
252) 参照、73・衆・電力管理法案外三件委10回（昭13・2・12）18頁〔賀屋興宣国務大臣〕。
253) これに対し、占領軍の日本管理にとって危険である個々の物を没収する立法例として、銃砲等の没取（本章第4節第3款参照）がある。
254) 「農地」を「農用地」に改めた（**土地改良法97条**（昭39法94－）**1項**）のは、農地対草地の交換を可能とするためである。「異種目間においては通常両者の価格差が相当大きいと考えられるから、この地積及び価格において二割以内という制限〔＝**同法102条3項**〕を緩和する方向で考えるか、またはむしろ地積の広狭ということに対する農民心理を尊重する立前から、現行どおりの制限を残し、結果的には異種目間交換分合の多くは関係権利者の同意を必要とするという方向で考えるかが議論されたのであるが、結局、後者の考え方で整理されることとなった」（石川弘「土地改良法を大幅に改正」時の法令507号（昭39）6頁）。
255) 類例、**同法99条1項、同法100条の2**（昭39法94－）**第1項**、農用地開発公団法（昭49法43－平11法70）24条1項→森林開発公団法22条の5（平11法70－平14法130）第1項→独立行政法人緑資源機構法（平14法130－）17条1項、農業振興地域の整備に関する法律13条の2（昭50法39－）第2項（現**第3項**）、農住組合法（昭55法86－）11条、集落地域整備法（昭62法63－）11条2項及び**市民農園整備促進法**（平2法44－）5条2項。開発して農用地とすべき土地に関するものとして、**小笠原諸島振興開発特別措置法**（昭44法79－）10条3項。
256) 「交換分合というけれども、交換分合計画においては、二以上の権利者間での所有権の交換関

第2編 物　　権　　第3章 所有権

⑧の目的は、農地の集団化にある。それは、交換契約を発生させる行政処分（小作地と買収農地等との交換の裁定（自作農創設特別措置法23条4項。〈次編第2章第4節第1款第3目〉参照。但し、自作地は対象となっていない。）によっても、物を変更する行政処分（農地の集団化を目的とする換地処分。前編第3章第2節第3款参照）によっても、達成することは出来そうである。

⑧が交換契約を発生させる行政処分とされなかった理由は、引渡債務等の不履行があった場合における法律関係の複雑化を避けるためであろう。

⑧が物を発生させる行政処分とされなかった理由は、換地処分では、従前地と換地との間に属地的な照応関係がなければならない（**土地改良法53条**2項（現1項2号））のに対し、⑧では、属人的な照応関係で足りる（**同法102条2項**）からと説明されている[257]。

併しながら、換地処分でも、農地の集団化を目的とする場合には、属地的な照応関係が総合的即ち全筆対全筆において判断されるのであり[258]、⑧との差異がある訳でない。⑧は、工事を前提としない点で、工事を前提とする換地処分から区別されている[259]（**土地改良法**52条（昭24法195－昭39法94）1項→**54**

係が定められるのではなく、交換の結果としての所有者が取得すべき農用地と失うべき農用地が定められる……。」「誰とどの農用地を交換したかということは交換分合の成立要件ではないので、交換分合は個々の交換契約の集合体又は交換契約の束というよりも、……所有関係を一括して再編成する行政処分というべきであろうか」（森田勝「土地改良法による交換分合の法構造」農政調査時報（平5）442号22頁）。

[257] 「実体的に換地処分においては、従前の土地と換地の照応が、所有者が同一人なると異れるとにかかわらず、箇々の土地の照応であるに反して、交換分合は、所有者が取得すべき農地のすべてと失うべき農地のすべてとの照応であつて箇々の土地の対比にはこだわらない点より生ずる法律技術的相違である」（所他・前編第3章註(328)203頁）。

[258] 参照、最判昭63・11・17前編第3章註(176)。

[259] 前法たる耕地整理法の下でも（参照、大場民男『土地改良法換地』下巻新版（一粒社・平2）467～468頁）、土地の区画形質の変更を伴わない交換分合は、土地所有者全員の同意がなければすることが出来なかった。参照、「工事ヲ伴ハサル土地ノ交換ト雖モ之ニ依リテ土地ノ農業上ノ利用ヲ客観的ニ増進スル場合例令ハ耕地力数多ノ所有者ニ分属混在スルトキ之ヲ整理シテ集団的耕地タラシムル場合等ニ於テハ耕地整理ニ依リテ之ヲ行フコトヲ得ル義ニ有之候〔。〕尤モ……往々名ヲ耕地整理ニ藉リテ之ヲ脱税其ノ他ノ具ニ供シ弊害ヲ生スル虞無キヲ保シ難キヲ以テ……左記要件ヲ具備スルモノニ限リ認可相成候様致度」「一　交換ノ目的タル土地ハ価額ニ於テ其ノ差著シカラサルコト」「二　事業ノ主体カ耕地整理組合ナル場合ハ其ノ組合ハ全員同意ニ依リ設立セラルヘキモノタルコト」「三　……現在小作人ノ便益ヲ損セス且其ノ意向ヲ徴シ支障ナシト認メタルモノタルコト」（大14・9・2農務局長通牒。帝国耕地協会編『耕地整理法規大全』30版（大日本農会・昭13）153頁）。

条（昭39法94 −）2項参照）が、工事を前提としない換地処分として位置付けることも十分可能であった[260]。

要するに、⑧と換地処分の法律構成上の相違に合理的な根拠はない。それにも拘わらず、同じコインを両面から見ること[261]によって両制度の棲分けが図られた背景には、開拓局と農政部の権限争議[262]があったものと推測される。

⑿　小作地等の⑨強制譲渡（自作農の創設に関する政令（昭25ポ政288 − 昭27政230。自作農創設特別措置法及び農地調整法の適用を受けるべき土地の譲渡に関する政令（廃止時））2条1項）→⑩買収（農地法9条（昭27法229 − 平21法57）1項[263]。現行類例、農業生産法人が農業生産法人でなくなった場合における買収（**同法15条の2**（昭37法126 −）第1項（現**7条1項**））は、それらの所有権を自作農として農業に精進する見込のある者等→国に移転させる行政処分に当たる。

⑨では「移転」の語が用いられている（自作農の創設に関する政令3条1項）上、⑨⑩がされても用益権は存続する（同項→**農地法**13条（現**11条**）**1項**）からである[264]。

原始取得構成を採っていた農地の買収（自作農創設特別措置法9条1項。本章第4節第3款参照）と異なり、⑨⑩が承継取得構成を採ったこと及び⑨が国を介在させない直接移転構成を採ったこと[265]に理論的な根拠はなく、単に農地改

---

260)　参照、森田・前註(256)21頁及び下村・前編第3章註(209)187〜188頁。
261)　「区画整理は、土地を本位とし、……交換分合は人（所有者または利用者）を本位とした概念であつて、たとえ両者が同時に行われても別個の事業である」（所他・前編第3章註(328)51頁）。
262)　参照、農地改革資料編纂委員会編『農地改革資料集成』3巻（農政調査会・昭50）607頁。
263)　類例、農地法9条（昭27法229 − 平21法57）2項・14条（同前）1項・15条（同前）1項・44条（同前）1項・72条（同前）1項及び同法15条の2（昭37法126 − 平21法57。削除時15条の3）第2項。
264)　それぞれ参照、農林省農地局農地課編『ポツダム政令にもとずく農地改革新法令とその解説』（農政調査会・昭25）286頁）並びに木村靖二『最新農地法精説』（高陽書院・昭27）144頁及び和田正明＝橘武夫『新農地法詳解』（学陽書房・昭27）167頁。農地法13条（同前）1項についても、「取得」でなく「移転」の語を用いた方が「一層正確であつたかもしれない」と説明されている（和田＝橘・同頁）。
265)　⑨は、譲渡の相手方が決まらない場合には、政府を相手方としてされていた（自作農の創設に関する政令2条1項柱書括弧書）。農地法が⑩と売渡（39条1項）から成る二段階構成に復したのも、実際上の理由に基づくものであろう（尤も、昭和26年の農業用地法案→農地法案までは、私人に対する譲渡を補完する形で政府に対する譲渡も規定されていた（参照、農地改革資料編纂委員会編『農地改革資料集成』12巻（農政調査会・昭55）540頁・579〜580頁））。

革との断絶を強調すべき政策的意図があったに過ぎない（用益物権が残り、担保物権が残らないという落し所は、三者同一である。）。

即ち、自作農の創設に関する政令は、農地の買収の対価を定める規定（自作農創設特別法6条3項）が（土地台帳法の一部を改正する法律（昭25法227）による）賃貸価格の廃止に伴い失効したため、急遽制定されたものであるが、当時の異常な物価上昇率を勘案して、農地価格を引き上げざるを得なかった（同令1条1項）。この新価格によって農地の買収を続行した場合、既に買収された農地との間に大きな不均衡が生じてしまう。そこで、同法に基づく農地の買収は、買収漏れ農地についてのみ、飽くまでも旧価格によって続行する（同令1条2項）と共に、新たに保有制限に該当するに至った農地については、別途⑨を設けて新価格によることとした（同令5条）のである。

原始取得構成から承継取得構成への変更は、我妻・田中（二）両教授の意見[266]を踏まえ、自作農創設特例措置法との外観上の差異を際立たせることによって二重価格制を正当化するという窮余の策に外ならなかった[267]。

(13) ⑪保安林の強制買取[268]（保安林整備臨時措置法（昭29法84 – 失効（平16・3・31））6条1項）は、保安林、保安林の土地又はその土地上の立木竹の所有権を国に移転させる行政処分に当たる（同条3項）。

承継取得構成が採られたのは、④と同じく、森林所有者が造林命令（森林法38条（昭26法249 – 昭37法68））に従わないこと等を要件としており、その義

---

266) 「今後価格を引上げて同じく農地改革の遂行なりとして、買収を続けるとすれば、逆に従来の価格が不当であつたとの印象を強くし、従来の買収に対する憲法違反の訴訟に有力な論拠を与える。」「農地改革の精神からいつて、たとえ一筆でも買収漏れのものは、今後といえども期間を限ることなく旧価格で買収すべきである。」「一時点を画しての改革と恒久的制度とを峻別する必要がある。例えば財閥解体と独占禁止の如し。」「この為にある時期以後買収条件に該当するに到つた農地の買収を自作農創設特別措置法をそのまゝ利用して行うことは不可能である。続けるとしても根拠法を異にし、構想を新にすべきである。」「買収洩れを旧価格で買収し、今後買収〔条件〕に該当するに到つたものを新価格で買収すること、即ち二重価格となることは不可能ではないが、二重価格を法律的にジヤステイフアイすることは至難であるから……司令部の強力なる意思が要請される」（参照、農地改革資料編纂委員会編『農地改革資料集成』5巻（農政調査会・昭51）32頁）。
267) 参照、木村・前註(264)167頁。
268) 同法の立案過程の梗概につき参照、兵藤節郎「保安林整備臨時措置法案の構想」林野時報2巻4号（昭29）3～4頁。因みに、(旧々)森林法案には「政府ニ於テ保安林ヲ買上ケムトスルトキハ之ヲ拒ムコトヲ得ス」という規定（25条）が盛り込まれていたが、衆議院修正により削除された（参照、柴田栄吉『森林法釈義』（有隣堂・明35）84～85頁）。

第3節　所有権を変更する国家作用（広義）

務違反により第三者の権利を消滅させるのは行過ぎだからである[269]。

⑪の本質は、行政上の義務の履行確保手段としての強制管理である[270]。それは、"重要河川の水源地帯に存する保安林については、所有権まで移転しなければ適切な管理が出来ない"という命題が満たされて初めて、正当化される。

⑭　⑫水道施設等の買収の裁定（**水道法**（昭32法177 −）**42条3項**）は、水道施設等を構成する動産・不動産に対する水道事業者の所有権を市町村に移転させる行政処分に当たる。

⑫は、水道事業者が施設の改善命令に従わないこと等義務違反を要件としており[271]、④⑪と同様に考えられるからである[272]。水道事業の原則公営主義[273]（**同法6条2項**）も、この点を覆す論拠にはならない。

⑫の効果は、「収用の効果の例による」（**同法42条4項**）。これは、⑫の性質に反しない限り**土地収用法**の規定を準用する趣旨であり、第三者の権利の消滅を定めた**同法101条1項**は準用されないと解される[274]（これに対し、⑫の前身である水道の買収（水道条例18条（明44法43−大2法15）→同条（大2法15−昭32法177）1項・17条（同前）1項。本章第4節第4款第4目参照）は、少なくとも制定時には、原始取得構成を採っていた（同款参照）。）。

⑮　⑬適正化事業実施機関の指定の取消し（**タクシー業務適正化**臨時〔現・**特**

---

[269] 「その保安林の所有権は国に移るが、違反行為に関係のない第三者の権利は消滅しない」（兵藤節郎「保安林整備臨時措置法のあらまし」国土開発3巻8号（昭29）31頁）。
[270] 「保安林はそのまま民有にしておいていても、森林計画に従つて経営されている限り、敢て国の所有に移す必要を認めない。……しかし、保安林が、その所有者又は利用者の手によつて森林計画通りに経営されず、山は荒廃の一途を辿るとき……このような所有者又は利用者は保安林の所有者又は利用者として適格性を有しないものとして国が直接管理して災害防止に役立てる必要があろう」（兵藤・前註31頁）。
[271] 参照、為藤隆弘『水道法の解説』（日本水道協会・昭33）167頁。
[272] 昭和29年の水道法案では、水道の買収は売買契約を発生させる行政処分とされていた（41条4項。19・参・厚生委44号（昭29・5・24）頁）。なお、対価につき⑫は、昭和27年の水道法案を立案した参議院法制局の考え方（参照、佐藤功「憲法における『正当な補償』の一問題——水道条例における強制買収規定」自治研究29巻10号（昭28）25頁）を踏まえ、時価を標準としている。
[273] 参照、為藤・前註(271)89〜90頁。水道法の一部を改正する法律（昭52衆法73）による改正後についても同様である（参照、池田登「水道法改正の概要」自治研究53巻10号（昭52）70頁）。
[274] 為藤・前註(271)170頁も、買収代金の払渡・供託、水道施設等の引渡し・移転及び権利取得の時期を挙げるに止まる。柳瀬・序説註(6)158頁は、**水道法42条4項**を根拠として⑫が原始取得構成を採っていると説くが、賛同し難い。

別）措置法（昭 45 法 75 -）40 条 1 項[275]）は、適正化業務に係る財産に対する同機関の所有権を、新たに指定を受けた適正化事業実施機関に移転させる行政処分に当たる（**同法 41 条 1 項**。同機関は、地域独占的に指定される財団法人〔現・一般財団法人〕であり、タクシー事業者から負担金を徴収して共同施設の設置等の業務を行う（**同法 34 条 1 項・35 条 1 項**）。）。

制定時の⑬は、財団法人を解散させないにも拘わらず、残余財産の処分（民法 72 条（明 29 法 89 -平 18 法 50）2 項[276]参照）を行政行為によって行うものであった。現在では、同機関が公益財団法人でないにも拘わらず、公益認定の取消し（**公益社団法人及び公益財団法人の認定等に関する法律**（平 18 法 49 -）**29 条 1 項・2 項**。取消しから 1 月以内に類似の事業を目的とする他の公益法人に対し公益目的事業に係る残余財産を贈与する契約が成立しない場合には、当該契約の成立が擬制される（**同法 30 条 1 項**）。）よりも強い規制を及ぼすものとなっている。

このような法律構成を採った理由は、多数の者に負担金を賦課し、それらを受け入れて管理する点に求められている[277]。即ち⑬は、受託会社の免許が取り消された場合における新受託会社に対する信託事務の承継命令（担保附社債信託法 100 条（明 38 法 52 -平 17 法 87）。〈次編補章 2 第 3 節第 3 款〉参照）及び生命保険契約の包括移転の認可（（旧々）保険業法 20 条ノ 4（明 45 法 18 -昭 14 法 41）第 1 項→（旧）保険業法 110 条 1 項→**保険業法 139 条 1 項**。〈次編補章 1 第 3 節第 3 款〉参照）に類するが、負担金が契約に基づくものでないため、金銭債権でなく金銭そのものを移転させる構成を採ったのである。

その結果、同機関は公益財団法人以上に国に近い存在となっている。公益法人法制との齟齬については、別途立法上の手当が必要であろう。

⒃　特定所有権の移転契約の締結の裁定（**森林法 10 条の 11 の 4**（平 23 法 20

---

275)　類例、**住宅の品質確保の促進等に関する法律**（平 11 法 81 -）84 条（現 **91 条**）**1 項**、**電気通信事業法** 72 条の 16・66 条（平 13 法 62 -）1 項・2 項（現 **116 条 1 項・84 条 1 項・2 項**）、**自転車競技法 36 条**（平 19 法 82 -）**1 項**、**小型自動車競走法 40 条**（平 19 法 82 -）**1 項**及び**水俣病被害者の救済及び水俣病問題の解決に関する特別措置法**（平 21 法 81 -）**29 条 1 項**。

276)　「解散シタル法人ノ財産ハ……寄附行為ヲ以テ指定シタル人ニ帰属ス」「……寄附行為ヲ以テ帰属権利者ヲ指定セス又ハ之ヲ指定スル方法ヲ定メサリシトキハ理事ハ主務官庁ノ許可ヲ得其法人ノ目的ニ類似セル目的ノ為メニ其財産ヲ処分スルコトヲ得」（同条 1 項・2 項本文）。

277)　類例につき参照、伊藤滋夫編『逐条解説住宅品質確保促進法』（有斐閣・平 11）222 頁及び多賀谷一照他編『電気通信事業法逐条解説』（電気通信振興会・平 20）411 頁。

第3節　所有権を変更する国家作用（広義）

－）**第1項**。〈次編第2章第3節第1款第3目〉参照）は、間伐木の所有権を移転させるのでなく、そのような内容の契約を成立させる行政処分に止まる（**同法10条の11の5**（同前）**第4項**）。

　これは、分収育林契約の締結の裁定（**同法10条の11の4**（平3法38－）**第1項**。本章第6節第1款第3目参照）の欠を補い、短期的な資本回収を実現するために設けられたものである（同目参照）。

　契約を介在させる構成が選ばれたのは、近隣の森林所有者等が営利目的で参入することが予定されており[278]、当事者間の利害調整を契約法により規律する（例えば解除につき**同法10条の11の8**（平23法20－）**第2項**）のが相応しいからであろう。原始取得構成が採られなかったのも、営利目的での参入が予定されているからである。故に、立木抵当権・先取特権者の同意（**同法10条の11の2**（同前）**第2項**）が得られない場合には、申請自体が許されない。

　(17)　以上の立法例のうち、①は、所有権と公物管理権が未分化であった時代の遺物である。⑥〜⑩は、公用収用（⑥⑨⑩）、没収（⑦）及び換地処分（⑧）と本質を同じくしており、承継取得構成が採られたのは、外在的な理由に過ぎない。即ち、金銭補償を回避すべく出資の形式を借りたこと（⑥）、農地改革法制との関係（⑦）、純然たる政策的理由（⑧〜⑩）である。

　結局、所有権を移転させる行政処分は、法人の解散・目的変更に伴うもの（②⑬）、いわゆる公企業の収用（本章第4節第4款第4目参照）を穏健化したもの（❸④⑫）及び（国家によって再分配される）準物権その他の地位に従たる物の再分配（⑤）の三類型に再整理することが出来る。

　第一類型は、国の分身に近い法人に、第二類型は、国が所有権を取得しなければ義務違反状態を解消し得ない場合に、それぞれ限られる。第三類型は、公益事業法たる性格に乏しい準物権たる漁業権（**漁業法23条1項**）に従たる漁具等より寧ろ、周波数に従たる無線設備（**電波法2条4号**）につき、許容する余地があろう。

---

278)　参照、黒井哲也「森林・林業の再生と森林法の一部改正」時の法令1887号（平23）32頁。

第2編 物 権　第3章 所 有 権

第4節　所有権を消滅させる国家作用

第1款　所有権を消滅させる立法作用

（**1**）　これに該当する立法例は、所有権（①③④）及び大租権（②）に関する類型に大別される。前者は、土地（①）及び動産（③④）に関する類型に細分される。

（**2**）　①森林法（旧韓国法律）附則19条（本章第1節第1款参照）は、期限内に届出のない森林山野（民有のものに限る。）に対する既存の所有権を消滅させると同時に国の所有権を発生させる措置法律に当たる（同款参照）。

これに対し、台湾土地調査規則7条[279]（明33律令9（－明37律令12））は、申告がなかった土地の業主権を消滅させる措置法律には当たらない。業主権が消滅すべき土地は、査定（同規則5条1項。本章第1節第3款参照）をして初めて特定されるからである（本節第3款参照）。

（**3**）　台湾土地調査事業における②大租権整理ニ関スル件（明37律令6）1条1項[280]は、大租権を消滅させる措置法律に当たる[281]。

②は、下級所有権（業主権）のために上級所有権（大租権）を消滅させるものであり、措置法律に基づく一回限りの行政処分である農地の買収（自作農創設特別措置法3条1項。本節第4款第1目参照）とその趣旨を同じくする。

（**4**）　**③接収貴金属等の処理に関する法律**（昭34法135）**11条**[282]は、返還請求のない接収貴金属等（前編第3章第2節第3款参照）に対する既存の所有権を消滅させると同時に国の所有権を発生させる措置法律に当たる。

---

279)　「申告ヲ為ササル土地ノ業主権ハ国庫ニ帰属ス」。類例、台湾林野調査規則（明43律令7－大正12律令1）6条。
280)　「明治三十六年律令第九号ニ依リ確定シタル大租権ハ消滅ス」（同項）。「政府ハ前条ニ依リ消滅シタル大租権ニ対シ大租権者又ハ其ノ相続人ニ補償金ヲ交付ス」（2条）。
281)　②に先立つ大租権確定ニ関スル件（明36律令9）13条及び政府ノ取得シタル土地ニ対スル大租権消滅ニ関スル律令（明36律令11）についても同様である。②と併せ参照、江・前編第3章註(112)222～223頁。
282)　類例、**接収刀剣類の処理に関する法律**（平7衆法133）**5条1項**及び**アイヌ文化の振興並びにアイヌの伝統等に関する知識の普及及び啓発に関する法律**（平9法52－）**附則3条5項**。

③は、接収貴金属等の返還請求権に除斥期間が定められたこと（前編第4章第4節第1款参照）を受けたものである。

(5) ④**接収貴金属等の処理に関する法律14条1項**[283]は、返還の通知から5年を経過しても受け取られない保管貴金属等（前編第3章第2節第3款参照）に対する既存の所有権を消滅させると同時に国の所有権を発生させる措置法律に当たる。

④は、保管貴金属等の受取りを促進し、③と相俟って、国が私人の所有物を保管し続けるという変則的状態に終止符を打つために設けられたものである。

(6) 以上の立法例のうち、①②は土地調査事業、③④は接収貴金属等の処理に伴うものであり、いずれも平時の立法例でない。このうち補償を要するのは、②だけである。①③④は、所有権が不確定であるという社会状態を脱するため半ば必然的に伴う所有権の喪失だからである。

第2款　所有権を消滅させる司法作用

(1) これに該当する立法例は、動産（①②④⑥）、全ての物（③⑦）及び土地（⑤）に関する類型に大別される。このうち、⑤は、措置法律に基づく一回限りの司法処分である。

(2) ①禁制物件の没収（（旧）刑法（明13布告36－明40法45）43条1号[284]）→②組成物件の没収（**刑法**（明40法45－）**19条1項1号**）は、それらに対する既存の所有権を消滅させると同時に国の所有権を発生させる司法処分に当たる。

没収により対象物の上に存する制限物権が消滅するのが原則であり、**国際的な協力の下に規制薬物に係る不正行為を助長する行為等の防止を図るための麻薬及び向精神薬取締法等の特例等に関する法律**（平3法94－）**16条2項**（現3項）は、その例外を定めたものと解されるからである。

供用物件・生成物件の没収（（旧）刑法43条2号→刑法19条1項2号・3号前段）についても同様である。

①は、Boissonade司法省顧問の草案では、「法律に反して製造、生産又は占有された物（Des objets fabriqués, produits ou possédés contrairement à la loi[285]）」

---

283) 類例、**接収刀剣類の処理に関する法律5条2項**。
284) 「左ニ記載シタル物件ハ宣告シテ官ニ没収ス」「一法律ニ於テ禁制シタル物件」（同条柱書本文・1号）。「法律ニ於テ禁制シタル物件ハ何人ノ所有ヲ問ハス之ヲ没収ス」（44条前段）。

227

の没収となっていた。それは、何人の所有に属するかを問わないため、純粋な保安処分である[286]。同顧問の意図は、そのような範疇の没収すら、訴訟手続によらねばならないことを示す点にあったと見られる（同顧問は、この原文を「法律ニ於テ禁制シタル物件」と縮約する訳文には批判的であった[287]。）。

　明治24年の刑法案は、①を附加刑に止めず、独立した保安処分へと拡張した[288]。翌年の刑法改正審査委員会も、この案こそ採らなかったが、①を「法律ニ於テ所有、占有ヲ禁シタル物件」の没収として存続させようとした[289]。同委員会では、被告人以外の者に附加刑を科すのは矛盾であるため①を行政処分に委ねるべきとする意見もあったが、所有権の無償剥奪は司法管轄留保事項に属するため①を維持すべきとする意見に決したという[290]。

　この流れを変えたのは、明治30年の刑法草案[291]であった。**刑法**も、②以外の禁制物件の没収については、行政処分に委ねることとした[292]。その背景には、所有権の無償剥奪を司法管轄留保事項とするフランスとは対照的に、わが国では行政上の没収が議員立法を通じて広く定着しつつあるという事情（次款参照）があった。

---

285)　西原春夫他編『日本立法資料全集(三一) 旧刑法〔明治一三年〕(二-Ⅱ)』（信山社・平7）453頁）。これは、フランス・刑法典（Code Pénal du 12 février 1810）11条にいう「罪体（corps du délit）」即ち組成物件より狭い概念である（V., G. Boissonade, "Projet révisé de Code Pénal pour l'Empire du Japon : accompagné d'un commentaire" (Tokio, 1886), p.189）。

286)　「それが存在し、又は〔私人に〕占有されること自体が公の危険（danger public）となる」（Boissonade, ibid., p.187）。

287)　参照、早稲田大学鶴田文書研究会編『日本刑法草案会議筆記』（早稲田大学出版部・昭51）153頁〔Boissonade顧問〕。

288)　「法律ニ於テ成立シ禁制シタル物件ハ受刑者ノ所有ニ属セサルトキト雖モ又刑ノ言渡ナキトキト雖モ特ニ宣告シテ之ヲ没収ス」（38条。田中正身『改正刑法釈義』上巻（西東書房・明40）197～198頁）。この案は、昭和15年の改正刑法仮案56条2項（「行為者ニ対シ有罪ノ裁判ヲ為ササル場合ニ於テモ没収ノ要件存スルトキハ之ヲ言渡スコトヲ得」（法曹会『改正刑法仮案』（同会・昭15）13頁））を先取りしたものとして注目される。

289)　参照、杉山晴康＝吉井蒼生夫編『刑法改正審査委員会決議録・刑法草案（明治28年・30年）』（平元）65頁。

290)　「吾人ノ所有権ハ裁判ヲ以テスルニアラサレハ之ヲ剥奪スルヲ得サルモノナリ〔。〕裁判ヲ以テ剥奪スヘキモノトセン乎刑法中本条ノ場合ヲ除キ他ニ又此事ヲ掲クヘキ適当ノ章節ナシ」（杉山＝吉井編・前註66～67頁）。

291)　「左ニ記載シタル物件ハ之ヲ没収スルコトヲ得但犯人ノ所有ニ係リ又ハ所有者ナキトキニ限ル」（25条柱書。司法省編『刑法草案』（東京通信社・明30）10頁）。

292)　参照、「刑法改正政府提出案理由書」高橋治俊＝小谷二郎編『刑法沿革綜覧』（清水書店・大12）2132頁。

第4節　所有権を消滅させる国家作用

　制定時の刑法は、第三者の所有物に対しては②をすることが出来ないものとしていた（19条2項）。ところが、漁具の没収[293]（（旧々）漁業法26条2項→（旧）漁業法59条（現**漁業法140条**））を皮切りに、第三者没収を定める特別刑法が漸増すると、**刑法**も、情を知って取得した第三者に限り、②を拡張することとした（**19条**（昭16法61－）**2項但書**）。

　最高裁は、特別法上の第三者没収についても、同様の限定解釈を施すべきものとした[294]。これにより、②は保安処分の性質を有するとはいえ、制裁としての性格を失わない限りで許容されるものとなっている[295]。

　(3)　③取得物件の没収（（旧）刑法43条3号→**刑法19条1項3号**）は、それに対する既存の所有権を消滅させると同時に国の所有権を発生させる司法処分に当たる。

　③の主眼は、②と異なり、不正利得の剥奪にある[296]。

　報酬物件・対価物件の没収（**刑法19条**（昭16法61－）**1項3号後段・4号**）、不法収益等〔現・薬物犯罪収益等〕の没収（**国際的な協力の下に規制薬物に係る不正行為を助長する行為等の防止を図るための麻薬及び向精神薬取締法等の特例等に関する法律**（平3法94－）14条（現**11条**）**1項・3項**[297]。債権の場合を除く。）及び犯罪被害財産の没収（**組織的な犯罪の処罰及び犯罪収益の規制等に関する法律13条**（平18法86－）**3項**）についても同様である。

　(4)　④無許可庫出貨物の没収（保税倉庫法（明30法15－昭29法61）31条1項[298]）は、それらに対する既存の所有権を消滅させると同時に国の所有権を発生させる司法処分に当たる。

---

293)　立案過程につき参照、「第三回農商工高等会議議事速記録(Ⅲ)」『明治前期産業発達史資料』補巻31（明治文献資料刊行会・昭47）574頁〔村田保、松崎寿三漁務課長〕。
294)　参照、最大判昭32・11・27刑集11巻12号3132頁。
295)　「没収は、それが情を知ってその物を取得したという有責行為を前提とする刑罰と解するにせよ、あるいは、そのような意思的行為を要件とする限定された保安処分と解するにせよ、当該犯罪行為に何らかの形態で加担した者に対する制裁と考えるべきであるように思われる」（山本輝之「刑法における没収・追徴」町野朔＝林幹人編『現代社会における没収・追徴』（信山社・平8）5頁）。
296)　報酬物件・対価物件の没収につき参照、大竹武七郎『改正刑法要義』（松華堂・昭16）36頁。
297)　類例、**組織的な犯罪の処罰及び犯罪収益の規制等に関する法律**（平11法136－）**13条1項・3項（現4項）**及び**同法14条**。
298)　「当該官庁ノ許可ヲ得ルニ非サレハ保税倉庫ヨリ貨物ヲ庫出スルコトヲ得ス犯ス者ハ其ノ貨物ヲ没収ス若既ニ譲渡シ又ハ消費シタルトキハ其ノ代金ヲ追徴ス」。

④は、イギリス・関税法典（Customs Consolidation Act 1876（c.36））83条[299]に倣ったものである。罰則の章に排列されているため、行政処分と解することは出来ず、附加刑とされていないため、主刑と見る外ない。①〜③のいずれにも分類されず、「とくに当該法律の規制目的の達成確保の観点から[300]」設けられたものである。

関税逋脱罪に係る貨物の没収（（旧）関税法（明32法61 – 昭29法61）75条[301]（制定時。全改時74条1項）→**関税法**（昭29法61 –）**118条1項**）、関税逋脱行為の用に供した船舶の没収（（旧）関税法83条（昭23法107 – 昭29法61）1項→**関税法118条1項**）等についても同様である（但し、いずれも附加刑である。）。

（5）⑤申告がなかった土地の業主権の没収（台湾土地調査規則7条[302]（明31律14 – 明33律9））は、当該土地に対する既存の業主権を消滅させると同時に国の業主権を発生させる司法処分に当たる。

⑤の主眼は、業主権に関する紛争の一回的解決にあり、司法上の没収として構成する必然性はなかった。このため、間もなく行政処分に改められた（次款参照）。

（6）⑥組成物件・⑦取得物件の没取（**少年法24条の2**（昭24法212 –）**第1項1号・3号**）は、それらに対する既存の所有権を消滅させると同時に国の所有権を発生させる司法処分に当たる。

⑥⑦は、実際上の必要から加えられたものであり[303]、刑罰でないものの、その機能は②③と共通している。

（7）以上のうち、①〜⑤は刑事事件の裁判（司法上の没収）であり、⑥⑦は

---

[299] "If any goods entered to be warehoused shall not be duly warehoused in pursuance of such entry, or being duly warehoused shall be in any way concealed in or removed from the warehouse, or abstracted from any package, or transferred from one package to another, or otherwise, for the purpose of illegal mixing, removal, or concealment, they shall be forfeited."

[300] **関税法118条1項**（後述）等につき山口厚「わが国における没収・追徴制度の現状」町野＝林編・前註（296）26頁。

[301] 「関税ヲ逋脱ヲ図リ又ハ関税ヲ逋脱シタル者ハ其ノ逋脱ヲ図リ又ハ逋脱シタル税金ノ三倍ニ相当スル罰金若ハ科料ニ処シ犯罪ニ係ル貨物ヲ没収ス」。

[302] 「土地ノ申告ヲ為ササル者ハ十円以上百円以下ノ罰金ニ処シ仍其土地ニ対シ業主タルノ権利ヲ没収ス」。

[303] 「押収物件の処理が困難であり、事件終局後これを少年本人に返還することが保護上有害と認められる場合の少なくない」ため設けられたという（団藤重光他『少年法』（有斐閣・昭31）253頁）。

少年の保護事件の裁判である。

とはいえ、③の方向性を徹底すると、もはや刑事手続だけでは完結しなくなる。例えば、追徴保全命令の執行は**民事保全法**等に従ってされる[304]（**国際的な協力の下に規制薬物に係る不正行為を助長する行為等の防止を図るための麻薬及び向精神薬取締法等の特例等に関する法律** 46 条（同前。現 20 条）3 項）し、犯罪被害財産の換価等によって得られた給付資金から犯罪被害者に被害回復給付金が支給されたときは、その者の損害賠償請求権はその限度で消滅する[305]（**犯罪被害財産等による被害回復給付金の支給に関する法律**（平 18 法 87 − ）29 条）。

更に、犯人が取得した不相当に高額な財産は、不法収益〔現・薬物犯罪収益〕と看做される（国際的な協力の下に規制薬物に係る不正行為を助長する行為等の防止を図るための麻薬及び向精神薬取締法等の特例等に関する法律 18 条（現 14 条））。その没収は、犯罪行為が原因であるかを厳密に問わない点で、行政上の没収（次款参照）に近似するものとなっている[306]。

第 3 款　所有権を無償で消滅させる行政作用

（1）これに該当する立法例は多数に上るため、本書では、現行法まで連なっている系統（①〜⑫）のみを取り上げる。それらは、動産（①〜⑥⑧〜⑫）及び土地（⑦）に関する類型に大別される。

（2）①銃砲弾薬類の取上（明治 5 年（布）282 号[307]（−明 32 法 106））及び②銃砲等の没取（銃砲等所持禁止令（昭 21 ポ勅 300 − 昭 25 ポ政 334）2 条→銃砲刀剣類等所持取締令（昭 25 ポ政 334 − 昭 33 法 6）24 条）は、それらに対する既存の所有権を消滅させると同時に国の所有権を発生させる行政処分に当たる（②につき同

---

304) 立案過程につき参照、古田佑紀他『麻薬特例法及び薬物四法改正法の解説』（法曹会・平 5）230〜232 頁。

305) 参照、飯島泰他「『組織的な犯罪の処罰及び犯罪収益の規制等に関する法律の一部を改正する法律（平成 18 年法律第 86 号）』及び『犯罪被害財産等による被害回復給付金の支給に関する法律（平成 18 年法律第 87 号）』の解説（三・完）」法曹時報 59 巻 10 号（平 19）101 頁。

306) 津田尊弘『犯罪収益規制と財産回復』（立花書房・平 22）93 頁・104 頁は、同条をマネーロンダリング対策の本質に合致するものと評価した上、有罪判決に基づかない没収（Non-Conviction-Based Confiscation）の導入も視野に入れた検討が今後の課題になるという。

307)「銃砲取締規則ニ違銃砲弾薬類ヲ窃ニ所持シ且致取扱候者有之節ハ各地方ニ於テ其品取上ケ更ニ五十銭ノ過料可申付候事」（本文）。類例、明治 7 年布告 132 号、明治 9 年布告 38 号及び戒厳令（明 15 太政官布告 36 − 昭 22 政 52）14 条 3 号。

令24条2項）。

　①は、徳川時代の法制[308]の流れを汲むものであり、②は、占領軍の日本管理のために設けられたものである[309]。いずれも銃砲等の所持が一般に禁止されていること（銃砲取締規則（明5布告28）5則及び銃砲等所持禁止令1条1項→銃砲刀剣類等所持取締令2条）を前提としている（①②の中間期には、猟銃等の所持自体は一般に禁止されておらず[310]、その携帯が一時的・局地的に禁止される場合にも、占有を奪うに止められていた（（旧）銃砲火薬類取締法（明32法106－明43法53）13条2項[311]→銃砲火薬類取締法（明43法53－昭25法149）13条）。）。②は、占領体制にとっては銃砲等それ自体が絶対的に危険な物であると見る以外に、説明の付かないものであった。

　銃砲刀剣類所持等取締法（昭33法6－）は、銃砲等を個々の所持者との関係において相対的に危険な物であると位置付け直す[312]と共に、②を仮領置（11条2項（現7項）。本章第2節第3款参照）及び売却（11条5項（現11項・8条9項））に改め、その代金を交付することとした。同法は、銃砲等が殺傷機能を有することに伴う危険の予防という観点から、それらの所持を一般に禁止している（3条1項）が、禁止が原則であり許可は例外であるという関係は必ずしも存しない点[313]に注意しなければならない。

　(3)　③隠匿貨物の没収（（旧）監獄則（明14達81－明22勅93）14条1項[314]但

---

308)　参照、高柳真三＝石井良助編『御触書寛保集成』（岩波書店・昭9）1181～1182頁〔2523〕。
309)　両令における一般犯罪予防の観点が附随的・副次的なものに止まる点につき参照、「同政令〔＝銃砲刀剣類等所持取締令〕が所謂ポツダム政令であることは疑の無い事実であるが、之を国内的に見るときは、同時に一種の警察的法規の性格を有する」（宮地直邦「序」小暮豊作『銃砲刀剣類等所持取締令の解説』（港出版合作社・昭26）1～2頁）。
310)　例外的に所有・所持が禁止される場合（（旧）刑法160条・刑法施行法25条（明41法29－明43法53）1号→銃砲火薬類取締法施行規則（明44勅16－昭25政323）22条1項・45条）には、司法上の没収によることとされていた。
311)　「内務大臣ハ公共ノ安寧ヲ保持スルニ必要ト認ムルトキハ期間及地域ヲ限リ銃砲、火薬類ノ授受運搬及携帯ヲ禁シ又ハ制限スルコトヲ得」「前項ノ場合ニ於テ警察官憲兵ハ必要ト認ムルトキハ……銃砲、火薬類ヲ置留スルコトヲ得」（同条1項・2項）。
312)　参照、西川清次＝加山文男『銃砲刀剣類等所持取締法の解説』（警察図書出版・昭33）14頁。
313)　「特に猟銃や空気銃ではほとんど無条件に許可が与えられていることに対応して、わりと広く取り消されうる余地が認められている」（新山一雄「秩序行政手続」磯部力＝小早川光郎編著『自治体行政手続法』改訂版（学陽書房・平7）72頁）。
314)　「総テ入監人ノ携有スル財貨物件ハ悉ク点撿シテ其名数ヲ簿冊ニ記載シ典獄一々証印シテ之ヲ置留シ釈放ノ時還付スヘシ但シ点撿ノ際隠匿セシ貨物ハ没収ス」。

書）→④私所持物の没入（監獄法（明41法28－平18法58。刑事施設ニ於ケル刑事被告人ノ収容等ニ関スル法律（廃止時））54条[315]）→⑤反則行為組成物件等の国庫帰属処分（刑事施設及び受刑者の処遇等に関する法律（平17法50－）108条（現・**刑事収容施設及び被収容者等の処遇に関する法律153条**））は、それらに対する既存の所有権を消滅させると同時に国の所有権を発生させる行政処分に当たる。

③は、わが国独自の立法例であり[316]、監獄則（明22勅93－明41法28）により一旦廃止された[317]が、実際上の必要から、④として復活した[318]。④の立案過程では、私所持物を換価した上、その代金を領置するという法律構成も検討されたようである[319]が、採用されなかった。

④は、在監者が私に物を所持すること自体が携有物の点検・領置手続（監獄法51条[320]）に危険を及ぼすという前提に立っており、排列上も、懲罰（同法59条[321]）から独立した保安処分として位置付けられている。これに対し、⑤は、懲罰（刑事施設及び受刑者の処遇等に関する法律105条1項（現・**刑事収容施設及び被収容者等の処遇に関する法律150条1項**））に附随する処分として、**刑法上の没収**（前款参照）とパラレルに位置付けられている。

とはいえ、懲罰はそもそも刑事施設の規律及び秩序を維持するために科されるから、④⑤間には、見掛け程の断絶はない。重要なのは寧ろ、無償剝奪であるため換価構成以上に比例原則の制約に服し[322]、その発動が限定されざるを

315）「在監者ノ私ニ所持スル物ハ之ヲ没入又ハ廃棄スルコトヲ得」。
316）　参照、小原重哉『監獄則註釈』（矯正協会・昭51覆刻）59〜60頁。
317）　監獄則の下では、隠匿貨物は領置される扱いであった（参照、小河滋次郎『日本監獄法講義』（磯村兌貞・明23）35頁）。
318）　参照、小河滋次郎『監獄法講義』（巌松堂・明45）539頁。なお、監獄法は、④の外、差入物の没入（53条2項）を規定していた。（旧）遺失物法の特例たる行政処分であったが、刑事施設及び受刑者の処遇等に関する法律23条3項（現・**刑事収容施設及び被収容者等の処遇に関する法律46条3項**）により、一般の遺失物と同じく、当然に国庫帰属する構成に改められた。
319）「墺国監獄則〔引用者未見〕ニハ所持スヘカラサル包蔵物件ヲ発見シタルトキハ其物ノ第三者ノ所有ニ属セサル限リ典獄ハ之ヲ出獄人保護費目ニ編入スルノ処分ヲ為スコトヲ得ノ明文アリ（第二六条第六号）」（小河・前註539頁（傍点略））。なお、同頁はオランダ・刑法典（Wetboek van Strafrecht van 3 maart 1881）33条も備考に掲げているが、同条1項前段は刑の言渡を受けた者の一般財産の没収であり、在監者の隠匿物件の没収と直接の関係はない。
320）「在監者ノ携有スル物ハ点検シテ之ヲ領置ス」「保存ニ価値ナク又ハ保存ニ不適当ト認ムル物ハ其領置ヲ止サス又ハ之ヲ解クコトヲ得」「領置ヲ止サス又ハ之ヲ解キタル物ニ付キ在監者相当ノ処分ヲ為ササルトキハ之ヲ廃棄スルコトヲ得」（51条1〜3項）。
321）「在監者紀律ニ違ヒタルトキハ懲罰ニ処ス」。

得ない点である。

　(4)　明治 27 年の紙幣模造取締法案は、模造紙幣の製造・販売を犯罪化すると共に、製造・販売者以外の者の所持する模造紙幣につき、行政上の没収を規定していた[323]。

　同案には、(旧) 刑法の立案に関わった村田貴族院議員から、没収を司法管轄留保事項とする同法の精神 (前款参照) に反するとの批判が突き付けられ[324]、あえなく審議未了に終わった。このため、続く**通貨及証券模造取締法** (明 28 法 28 −) は、模造通貨等につき司法上の没収がされない場合には、破毀した上で素材を返還することとした[325] (3 条)。これは、滅却 (Unbrauchbarmachung) で足りる場合には所有権の剥奪まで踏み込むべきでないという謙抑主義に立脚するものであり、注目される。

　(5)　⑥ (戦時国際法に基づく) 敵船等の捕獲→没収[326]は、敵船等に対する既存の所有権を消滅させると同時に国の所有権を発生させる行政処分に当たる[327] (捕獲審検令 (明 27 勅 149 − 昭 21 勅 261) 28 条[328])。

　⑥は、プロイセン・捕獲事件手続規程 (Bestimmungen über das Verfahren in Prisensachen, vom 20. Juni 1864) 4 条に倣い、司法官を長とする合議体たる捕獲審検所による行政処分とされている (捕獲審検令 2 条 2 項・3 項[329])。

---

322)　⑤につき参照、林眞琴他『逐条解説刑事収容施設法』(有斐閣・平 22) 785 頁。
323)　「第一条ニ掲ケタル物件 〔=「政府発行紙幣日本銀行兌換銀行券国立銀行発行紙幣ニ紛ハシキ外観ヲ有スルモノ」〕ニシテ製造者又ハ販売者以外ノ者ノ所有ニ属スルモノハ警察官ニ於テ之ヲ没収スルコトヲ得」(3 条。6・貴・8 号 (明 27・5・24) 87 頁)。
324)　参照、前註 88 頁〔村田伝〕。
325)　「本案ハ摸造品ノ流通スル害毒ヲ杜絶セムトスルニ出ルモノナレハ其ノ形状ノ破毀スルヲ以テ足ルヘク其ノ物料マデ強テ没収スルノ必要ナシ又没収スルト破毀スルト同ク一個人ノ所有権ニ公力ヲ及ホスモノナレトモ二者ノ間自ラ軽重アルヘキナリ」「既ニ摸造品タルヲ失ヒタル後ニ於テ其ノ物料ノ返付ヲ請求スル者アリトスレハ之ヲ返付スルニ差支ナカラム」(8・貴・通貨及証券摸造取締法案特別委 1 回 (明 28・3・1) 臨川書店版 805 頁〔添田寿一政府委員〕)。
326)　参照、捕獲規程 (明 27・9・7 大本営) 7 条 (高橋作衛『戦時国際法理先例論』(東京法学院大学・明 37) 895 頁) →海上捕獲規程 (明 37・3・7 大本営) 40 条 1 項・2 項 (高橋作衛『戦時国際法要論』4 版 (清水書店・明 44) 477 頁) →海戦法規 (大 3 軍令海 8 − 昭 20 軍令海 10) 29 条。
327)　参照、渋谷八州夫『捕獲審検に関する研究』司法研究報告書 32 輯 18 (司法研究所・昭 18) 184 頁。
328)　「捕獲ト検定セラレタル物件ハ国ノ所得トス」。
329)　「長官ハ控訴院ノ判事ヲ以テ之ニ補ス」「評定官ノ中……二人ハ判事……ヲ以テ之ニ補ス」(制定時)。

第4節 所有権を消滅させる国家作用

　これに対し、積荷の廃棄審決（**武力攻撃事態における外国軍用品等の海上輸送の規制に関する法律**（平16法116 -）**52条1項**）は、物を破壊する事実行為（所有権はそれに伴い当然に消滅する。）に過ぎない。しかも船舶については、航行停止の審決（**同条4項**）に止められている。戦時国際法上の交戦権でなく、**憲法上の自衛行動権**に立脚しているためという[330]が、こうした差異を付けることによって交戦権の行使という評価を免れ得るかについては、疑問も残る[331]。

　(6)　台湾土地調査事業における⑦土地の業主の査定（台湾土地調査規則5条1項。申告がなかった土地を対象とするものに限る。本章第1節第3款参照）は、当該土地に対する既存の業主権を消滅させると同時に国の業主権を発生させる行政処分に当たる（台湾土地調査規則7条[332]（明33律9 - 明37律12））。

　⑦は、所有権が確定しないことによる社会全体の不利益が所有権を喪失する個人の不利益を上回るという思想に立脚しており、**接収貴金属等の処理に関する法律**11条（本節第1款参照）と通底している。

　(7)　⑧旅券（等）の取上（（旧々々）外国旅券規則（明33外務省令2 - 明40外務省令1）16条1項[333]）→没収（（旧々）外国旅券規則（明40外務省令1 - 昭4外務省令4）19条[334]→（旧）外国旅券規則（昭4外務省令4 - 昭10外務省令8）15条→外国旅券規則（昭10外務省令8 - 昭26外務省令26）15条）→没取（連合国最高司令官の許可を得て海外に渡航する者に対して発給する旅券に関する政令（昭25ポ政11 - 昭26法267）21条→**旅券法**（昭26法267 -）**25条**）は、それらに対する既存の所有権を消滅させると同時に国の所有権を発生させる行政処分に当たる[335]（取上→

---

330)　参照、159・参・24号（平16・5・26）10頁〔石破茂国務大臣〕。
331)　「停船検査や回航措置が、軍隊による実力を背景に行われる点では、従来の臨検や引致と、その強制的要素を共有しているといえる」（森川幸一「武力攻撃事態海上輸送規制法と国際法」ジュリスト1279号（平16）17頁）。立案関係者も、外国軍用品審判所のような組織の設置は「国際的にも求められて」いるという（小泉秀充「有事関連法(五)海上輸送規制法の制定」時の法令1726号（平16）19頁）。
332)　前註(279)参照。
333)　「他人ノ氏名ヲ記載シタル旅券ヲ使用シ又ハ之ヲ使用セシメタル者ハ其ノ旅券ヲ取上ケ二十五円以下ノ罰金又ハ二十五日以下ノ重禁鋼ニ処ス」「本令ニ依リ返納スヘキ旅券ヲ返納セスシテ使用シタル者亦同シ」（同条1項・2項）。
334)　「左ノ各号ノ一ニ該当スル者ハ其ノ旅券ヲ没収シ百円以内ノ罰金若ハ科料又ハ三月以下ノ懲役若ハ拘留ニ処ス」（同条柱書。1～3号略）。(旧)外国旅券規則15条及び外国旅券規則15条もほぼ同じ。
335)　参照、旅券法研究会『逐条解説旅券法』（大蔵省印刷局・平11）254頁。

没収は罰則と同じ条項に規定されているが、附加刑にも見えないため、このように解しておく。)。

⑧は、旅券犯罪と関係のある旅券（等）を対象としており、司法上の没収（前款参照）と少なからず競合する。**旅券法**の提案理由説明では、行政上の没収を設けなければ国外逃亡を防止することが出来ず[336]、刑事訴訟手続の開始自体が妨げられる点が、正当化根拠とされている。

(8) 海賊の処分（軍艦外務令（明31海軍省達85）32条[337]）は、海賊船等の行政上の没収を予定していない[338]。

犯罪供用物件等については、司法上の没収（前款参照）をすることが出来るが、わが国において海賊行為それ自体が犯罪化されたのは**海賊行為の処罰及び海賊行為への対処に関する法律**（平21法55 -）によってであった。

(9) ⑨煙草等の没収（**未成年者喫煙禁止法**（明33衆法33 -）**2条**[339]）は、それらに対する既存の所有権を消滅させると同時に国の所有権を発生させる行政処分[340]に当たる。

刑事未成年者（（旧）刑法79条→**刑法41条**）については、司法上の没収（前款参照）をすることが出来ないため、⑨は、司法管轄留保事項を侵すものでなく、寧ろそれを補うものといえる。ところが、刑事未成年者でない民事未成年者（**民法3条（現4条）**）についても、煙草等の所持を犯罪化することなく、⑨が認められている。それにも拘わらず、議会では、もはや司法管轄留保事項の問題は言及すらされなかった[341]。

(10) ⑩偽造外国貨幣等の官没（**外国ニ於テ流通スル貨幣紙幣銀行券証券偽造変造**

---

336) 参照、12・衆・外務委7号（昭26・11・13）12頁〔島津久大政府委員〕。
337) 「指揮官海賊ヲ逮捕セハ之ヲ便宜ノ港ニ引致シテ海軍大臣ニ具申シ其ノ指令ニ依リテ之ヲ処分スヘシ但シ其ノ指令ヲ待ツ能ハサル場合ニ於テハ之ヲ其ノ地ノ相当ノ官庁ニ引渡スコトヲ得」。
338) 「海賊船及船中ノ財産ハ、総テ捕獲者ガ賞与トシテ之ヲ分配シタル例アルモ、現今ハ能フ限リ原所有者ニ返還スヘキモノトセラル（救助費用ヲ控除スル例アリ）（海賊行為ニ因リ所有権ニ変更ヲ来サザルノ原則）又犯罪ニ用ヒタル物件ノ如キハ、原所有者ノ判明セザルモノハ裁判ヲ行ヒタル国ニ没収スヘキモノトス」（榎本重治『軍艦外務令解説』（海軍大臣官房・昭13）404頁）。旧時代の国際慣習につき参照、飯田忠雄『海賊行為の法律的研究』（有信堂・昭42）339～343頁。
339) 類例、**未成年者飲酒禁止法**（大11衆法20 -）**2条**。
340) 「行政ノ処分ヲ以テ」という文言は、監視の仮免除処分（（旧）刑法41条）に倣ったものであろう。
341) この時点では、村田議員もその例外でなかった（参照、14・貴・28号（明33・2・19）640～641頁〔村田保〕）。

第4節 所有権を消滅させる国家作用

及模造ニ関スル法律（明38衆法66−）**10条1項**[342]）は、それらに対する既存の所有権を消滅させると同時に国の所有権を発生させる行政処分に当たる。

同法は、明治27年の紙幣模造取締法案の法律構成（前述）を復活させたものである。**同法**の成立後は、政府提出法案すら⑨⑩に倣うようになり、逆に、模造通貨等の破毀（前述）の方が孤立した立法例となるに至った。

行政上の没収は、⑨⑩により確立し、わが法制の著しい特徴をなすものとなった。ドイツでは、所有権の無償剥奪が警察官庁の刑事処分[343]（Strafverfügung der Polizeibehörde）によることはあっても、純粋な行政処分によることはない[344]からである。

⑾ ⑪公有水面上に存する土砂の国庫帰属処分（**公有水面埋立法**（大10法57−）**35条2項**）は、それに対する既存の所有権を消滅させると同時に国の所有権を発生させる行政処分に当たる（土砂が陸地状を呈している場合につき、前編第3章第1節第3款・本章第1節第3款参照）。

⑪は、埋立免許（**同法2条**）の効力が消滅した場合に、原状回復義務の免除（**同法35条1項**）と引換えにされるものである。免許取消の理由が詐取（**同法32条1項3号**）等であるか公有水面の状況の変更（**同項5号**）等であるか、即ち相手方に帰責事由があるか否かは、問われていない。また、土砂が陸地状を呈しているか否かも、問われていない。

これらの点に鑑みると、⑪の主眼は、公物たる公有水面が無権原の私人によって半永久的に占有される事態を否定する点にあると考えられる[345]。相手方

---

342) 官没の語を用いる類例、**紙幣類似証券取締法**（明39法51−）**4条**及び**印紙犯罪処罰法**（明42法39−）**5条1項**。没収の語を用いる類例、(旧) 蚕糸業法（明44法47−昭20法57）41条2項等多数。

343) ドイツ・刑事訴訟法典（Strafprozeßordnung, vom 1. Februar 1877）453〜457条（一定期間内に正式裁判を請求しなければ確定する。）。違警罪の即決処分（違警罪即決例（明18布告31−昭22法60）1条）の母法である（参照、明治法制経済史研究所編『元老院会議筆記』23巻（元老院会議筆記刊行会・昭54）1441頁〔鶴田皓内閣委員〕）。

344) 行政上の没収はイタリアにも見られるが、税関、専売、採石、狩猟等の領域（わが国でいう無許可庫出貨物の没収（前款参照）の類型）に限られている。V., P. Piscione, Confisca (dir. amm.), in: "Enciclopedia del diritto" vol. VIII (1961), pp.978〜980.

345) 公有水面埋立法案逐条理由に「本状は免許失効の場合に於て公有水面を整理するに付必要なる方法を規定するものなり」とある（三善政二『公有水面埋立法（問題点の考え方）』（日本港湾協会・昭45）288頁）のは、この趣旨を述べたものであろう。山口＝住田・序説註(33)201頁は、原状回復義務を免除された者が公有水面の占用許可（(旧) 河川法18条→**河川法24条**及び**港湾**

237

に帰責事由がない場合にも無償とされる点は、疑問の余地もなくはないが、一種の危険負担と捉えることは可能であろう。寧ろ問題は土砂が第三者に属する場合である（後述）。

⑪は、無願埋立の場合にも準用されている（**同法 36 条 1 項**（**現 36 条**））。この場合には、司法上の没収（前款参照）もあり得るが、⑪はそれと関係なく、専ら上記の趣旨から認められる。

(12) ⑫輸入禁制品〔現・輸入してはならない貨物〕の没収（関税定率法 21 条（昭 29 法 42 − 平 18 法 17）2 項→**関税法 69 条の 8**（平 18 法 17 −）**第 2 項**[346]）は、それに対する既存の所有権を消滅させると同時に国の所有権を発生させる行政処分に当たる[347]。

（旧）関税法の下では、輸入禁制品については積戻しを命ずる外なく、これに応じない場合には、貨物整理手続（本章第 2 節第 3 款参照）を執った上、買受人のない貨物として処分する（52 条）外なかった[348]。⑫は、これを迂遠として設けられたものである。

⑫は、①〜⑪と異なり、要件該当性が一見明白でないもの（知的財産権侵害物品等）も対象としている。それにも拘わらず、知的所有権の貿易関連の側面に関する協定[349]（**世界貿易機関を設立するマラケシュ協定**（平 6 条約 15）**附属書 1 c**）を国内法化すべく認定手続（関税定率法 21 条（平 6 法 118 −）4 項（現・**関税法 69 条の 12 第 1 項**））が整備されるまで、何らの事前手続も用意されていなかった。

この認定手続としては、職権によるものの外、権利者の申立（関税定率法 21 条の 2（同前。現・**関税法 69 条の 13**）**第 1 項**）に基づくものも並置された（申立に対する不受理通知（関税定率法 21 条の 2（同前。現・**関税法 69 条の 13**）**第 3 項**）には抗告訴訟対象性が認められる[350]。）。前者が「産業の健全な発展等といった公益保

　　法 37 条 1 項）を得た場合には、⑪をしなくともよいとする。
346)　類例、**関税法 69 条の 2**（平 18 法 17 −）**第 2 項**。
347)　芝野記行「行政上の没収に関する考察——関税法を中心として」税関研修所論集 39 号（平 20）31 頁は、第一次的には即時強制であるとしているが、占有を奪うことを発効要件とする行政処分と見れば足りよう。
348)　「犯則ニ依ルモノ及収容処分トナリタルモノハ格別トシ、一般ニハ積戻ヲ命ズルノ外ナキモノト解ス」（太田（正）・前註(148)368 頁）。
349)　同附属書 49 条が行政手続にも司法手続と同水準の手続保障を要求した点につき参照、尾島明『逐条解説 TRIPs 協定：WTO 知的財産権協定のコンメンタール』（日本機械輸出組合・平 11）222〜223 頁。

第4節 所有権を消滅させる国家作用

護[351]」を目的とするのに対し、後者は個々の知的財産権の保護を目的とする[352]と解されるが、このような異質の手続の競合は、他に例を見ない。その正当化理由としては、工業所有権については、行政処分（**商標法18条1項**等）により発生する私権であるという二重性を挙げることが出来るが、著作権については、同じ知的財産権である工業所有権との均衡に見出す外なかろう。

(13) 以上の立法例は、⑦⑪を除けば、いずれも物の危険性を理由とする行政上の没収に当たる。このうち、①②は、銃砲等を絶対的な危険物としており（この建前は今日では維持することが出来ない。）、⑩及び⑫の一部についても、同様に解する余地がある。併しながら、真に絶対的な危険物といい得るのは、目的を問わず所持を禁止された生物兵器等[353]だけである（それらは財産的価値がないと考えてよいから、敢えて国等に所有権を取得させるまでもなく、即時強制として廃棄すれば足りる。）。

それ以外の物は、一定の目的があれば所持が禁止されない以上、全て相対的な危険物でしかない[354]。その所持者が所有者でなく、所有者が適法に所持することが出来る場合には、所有者に返還されるべきであり[355]、その所持者が所有者である場合にも、その者との関係における危険性が一過的であるときには、一時的に占有を奪えば足りる[356]。

---

350) 参照、栗原毅「知的財産権侵害物品の水際取締りに関する法律改正の概要」NBL 562号（平7）11頁。
351) 栗原・前註同頁。
352) 参照、玉井克哉「関税定率法による知的財産権の保護」斉藤博＝牧野利秋編『知的財産関係訴訟法』裁判実務大系27巻（青林書院・平9）637頁。斎藤誠「水際規制による権利の執行——行政法の視点から」著作権研究22号（平7）12頁は、⑫を「私人間の権利に関する紛争を……裁判所にいわば代替して行政が解決する……手法」と捉えた上、「特許権のように、権利の設定自体に行政が関与する場合」には、「私権の範囲ないしはその存否の確定は司法権の権限」であるという「暗黙の前提」（本書のいう司法管轄留保事項の理論）は必ずしも妥当しないと論じている。
353) 参照、**細菌兵器（生物兵器）及び毒素兵器の開発、生産及び貯蔵の禁止並びに廃棄に関する条約等の実施に関する法律**（昭57法61-）4条2項及び化学兵器の禁止及び特定物質の規制等に関する法律（平7法65-）3条2項。
354) 「人を離れて物を考へ得ざる限り、物的〔保安〕処分は、間接には人的〔保安〕処分の中に入る」（安平政吉『保安処分法の理論』（巌松堂・昭11）334頁）。
355) 但し、**刑事事件における第三者所有物の没収手続に関する応急措置法**の立案関係者は、行政上の没収にあっては、行政訴訟による事後的な救済が可能であるため、必ずしも**同法**のような事前手続を要しないと説明していた（参照、臼井滋夫＝鈴木義男「刑事事件における第三者所有物の没収手続に関する応急措置法の解説」法曹時報15巻9号（昭38）21頁）。

第2編 物　権　第3章 所有権

　相対的な危険物の所有権の剥奪は、その所持者が所有者であり、かつ、その者との関係における危険性が継続的である場合に初めて問題化する。その際、財産的価値ある物の所有権を無償で剥奪することは許されないが、かといって国等が対価を負担するのも不合理である。故に、②と同じく、行政上の没収はすべからく売却構成に改められねばならない[357]。そのような穏健化は、フランス古法における無申告貨物の没収が公売——わが国の現**関税法84条1項**（本章第2節第3款参照）に相当する——に変革された[358]如く、近代法の発展の趨勢といえよう。

　なお、所持が犯罪化されている物については、行政上の没収を売却に改める際、**憲法35条**（住居の不可侵）との関係上、占有の取得自体は即時強制でなく提出命令（**銃砲刀剣類所持等取締法11条2項**につき本章第2節第3款参照）に基づくものとしなければならない。

第4款　所有権を有償で消滅させる行政作用

第1目　土地所有権を有償で消滅させる行政作用

（1）　これに該当する立法例は、講学上の公用収用（❶～⑮）に限られる（⑭⑮も、その外見に拘わらず、これに分類される。）。このうち、❶～❹が一般法であり、⑤～⑮は特別法である。⑬は、措置法律に基づく一回限りの行政処分である。

（2）　❶地所買上（市街地券につき**地券発行地租納規則22条**[359]（明5・1大蔵省－明8内務省達乙112）。郡村地券につき**地券渡方規則20条**[360]（明5大蔵省159－明8

---

356)　「没収という処分は、もともと危険防止の見地からその当人に所持させて置くことがいけないということで認められたものと考えられるのであるが、そうであれば当人から銃砲または刀剣類そのものの所持を奪うだけで十分なのであって、その経済的価値までも奪う必要はないはずである」（町田充「警察庁関係二法案のあらまし」時の法令273号（昭33）10頁）。

357)　⑨につき安西温『特別刑法』4巻（警察時報社・昭59）155頁は、「現憲法下においては当然に疑義のあるところである」という。⑧⑨は、実際にも発動されていない（参照、加藤暁子「模倣品・海賊版の個人輸入・所持等に関する調査研究」知財研紀要（平18）62頁）。

358)　V., G. Pallain, "Les douanes françaises : régime général organisation-fonctionnement" tom. I nouvelle éd. (Libr. administrative Paul Dupont, 1913), p.30.

359)　「地券ヲ申受ケ所持致シ候上ハ其地所ノ持主ニテ向後其地御用ニ候トモ必須地主承諾ノ上タルヘシ尤世上一般ノ利益ノ為ニ御用相成リ候節ハ券面通リノ代金及ヒ其建物ニ応シ相当ノ手当差遣シ上地可為致事」。

360)　「総テ人民所持ノ地所後来御用ノ節ハ地券ニ記セル代価ヲ以テ御買上可相成事」「但家作等有之地所上地ノ儀ハ必ス持主承諾ノ上タルヘシ尤世上一般利益ノ為ニ御用相成候節ハ券面通リノ代金

第 4 節　所有権を消滅させる国家作用

達132))→②土地買上（公用土地買上規則（明 8 達 132 − 明 22 法 19）1 則[361]）→③収用裁決（（旧々）土地収用法（明 22 法 19 − 明 33 法 29）8 条 2 項[362]→（旧）土地収用法（明 33 法 29 − 昭 26 法 220）22 条 2 項[363]→土地収用法 41 条（昭 26 法 219 − 昭 42 法 74））→④権利取得裁決（**土地収用法 47 条の 2**（昭 42 法 74 −）**第 2 項**）のうち、②〜④は、地所→土地に対する既存の所有権を消滅させると同時に国→起業者の所有権を発生させる行政処分に当たる。

②〜④がされると、当然に制限物権も消滅する（明 20・11・14 内務省指令[364]→（旧々）土地収用法 23 条 2 項[365]→（旧）土地収用法 63 条 1 項[366]→**土地収用法 101 条 1 項**）からである。これに対し、❶については、地所質入書入規則により制限物権の公示制度が導入された後も、所有権の主体を変更する行政処分（前節第 3 款参照）及び売買契約を発生させる行政処分（〈次編第 2 章第 3 節第 1 款第 3 目〉参照）との区別は、判然としない。

❶は、徳川時代の町屋敷に関する法制[367]を、地券制度の導入に伴い一般化

---

361)　「公用土地買上トハ国郡村市ノ保護便益ニ供スルタメ院省使庁府県ニ於テ人民所有ノ土地ヲ買上ルヲ云フ」「但国郡村市ノ保護便益ニ資スル為メ人民ニテ鉄道電線上水等ノ大土工ヲ起ス時ハ其ノ事業ニヨリ特別官許ノ上此規則ニ準スルヲ得ヘシ」（同則本文・但書）。「公用買上ハ必ス其地ヲ要セサルヲ得サルニアラサレハ之ヲ行ハサルモノトス故ニ人民之ヲ拒ムヲ得ス」（2 則本文）。

362)　「若シ協議調ハサルトキハ起業者ハ各市町村別ニ左ノ事項ヲ記載シ前項ニ掲ケタル書類〔＝「仕様書並図面及損失補償金額見積書」〕ト共ニ地方長官ニ差出シ土地収用審査委員会ノ裁決ヲ請フヘシ」（同項本文）。

363)　「前項ノ協議調ハサルトキ又ハ協議ヲ為スコト能ハサルトキハ起業者ハ収用審査会ノ裁決ヲ求ムルコトヲ得」。

364)　「書入質ハ自然消滅ニ帰ス」（内務省地理局編『例規類纂』10 巻（明 21）454 頁。「地代金ハ地主買取主協議相整ヲ俟テ下渡スヘシ」（明 20・9・28 内務省・司法省指令。同 451 頁）。

365)　「書入又ハ質入トナリタル土地建物ノ補償金ハ地方庁ニ預置カシメ所有者及債主連署シテ其下渡ヲ請求スルヲ俟チ払渡スヘシ」（同項）。「地役ハ左ノ諸件ニ因リテ消滅ス」「第三　承役地ノ公用徴収」（（旧）民法財産編 287 条 1 項柱書・3 号）。「第百三条ノ規定ニ従ヒ土地収用ニ因ル所有権移転ノ登記ノ申請又ハ嘱託アリタル場合ニ於テ其不動産ノ登記用紙中所有権又ハ所有権以外ノ権利ニ関スル登記アルトキハ其登記ヲ抹消スルコトヲ要ス」（（旧）不動産登記法 149 条本文（制定時））。

366)　「土地物件ヲ収用スルトキハ収用ノ時期ニ於テ所有権ハ起業者之ヲ取得シ其ノ他ノ権利ハ消滅ス」。

367)　「町屋敷ハ沽券証文の金高を以て取セ……」（大石（久）・前編第 3 章註(186)200 頁）。但し、田畑については、高内引（本年貢を村の田畑全体に転嫁する措置）がされるに止まる場合もあった（参照、福島・前編第 3 章註(8)211 頁註 9）。なお、明治政府は当初、「上地」を無償で行っていたようである（明治 4 年 8 月 15 日達参照）。

241

したもの[368)]である。②の立案過程では、民事裁判所が収用判決をする[369)]フランス・公用収用ニ関スル法律（Loi sur l'expropriation pour cause d'utilité publique du 3 mai 1841）を継受することも検討されたが、地券制度との整合性を確保するのが困難であったため、断念されている[370)]。

事業の公益性に関する判断と収用する土地の区域に関する判断は、②では、制度上分離されていなかった。とはいえ、鉄道事業等の場合には、実際上、二段階的に運用されていたという[371)]。

明治21年の土地収用令案（内務省）は、事業の公益性、収用する土地の区域及び損失補償に関する判断を三段階に分節するに止まらず、第二段階を予備的決定と確定的決定に再分節しようとした[372)]。これは、プロイセン・土地所有権ノ収用ニ関スル法律（Gesetz über die Enteignung von Grundeigenthum, vom 11. Juni 1874）の忠実な摸倣である[373)]。それに対し法制局は、"手続迅速化" のため[374)]、予備的・確定的決定を統合する[375)]のみならず、第二・第三段階をも統

---

368) 「地所永代売買ノ禁制ヲ解カレサル以前迄ハ全国ノ土地タル自カラ官有ノ姿ニ等シキヲ以テ当時旧幕府旧藩々ニ於テ用地潰地等申付候節ハ其地ノ作徳米代ヲ下渡シ或ハ高内引ニシ其後……地券発行被仰出候以来新規用地等申付候際ハ五ケ年分ノ作徳米価又ハ比隣相当代価ヲ以テ該地ヲ買上来候」（国立公文書館蔵「公用土地買上規則第四則但書増補附潰地作徳米下渡方」（請求記号：本館-2A-009-00・太00332100)。ここでいう「官有」とは、現在でいえば、収用がされる際、権利対価補償でなく固定資産税の特例措置（前註参照）がされるに止まる状態を指す。なお、「五ヵ年作徳ノ慣行」につき参照、内務省地理局編『例規類聚』3巻（明17）652頁。

369) 但し、この制度は、フランスの権力分立のあり方に照らしても、異例なものとされる（V., Ch. Durand, "La Régime Juridique de l'Expropriation pour Utilité Publique sous le Consulat et le Premier Empire" (Imprimerie d'Editions Provençales, 1948), p.83)。プロイセン法（後述）がこれに倣わなかった理由につき参照、角松生史「土地収用手続における『公益』の観念── 1874年プロイセン土地収用法を素材として」社会科学研究48巻3号（平8）190〜198頁。

370) 「本邦ノ儀ハ地券地租方法交錯相成居候ニ付……」（国立公文書館蔵「公用土地買上規則」（請求記号：本館-2A-009-00・太00332100)）。参照、橋本誠一「1875（明治8）年公用土地買上規則の成立と展開──近代公用収用法制研究序説」阪大法学149＝150号（平元）313〜314頁。司法制度が未確立であった点も、阻害要因として指摘されている（参照、國宗正義『土地法立法原理』（青林書院新社・昭55）23頁）。

371) 参照、井阪右三『日本行政法大意』下編（博聞社・明19）329〜330頁。

372) 同令2条柱書・8条1項・9条1項・16条本文・21条本文参照（国立公文書館蔵「土地収用法ヲ定ム」（請求記号：本館-2A-011-00・類00435100))。

373) 参照、橋本誠一「1889（明治22）年土地収用法の立法過程（二・完）」静岡大学法経研究40巻3・4号（平4）211〜212頁。田村達久「行政計画と取消訴訟（二）」早大院法研論集56号（平2）35頁は、同法に集中効（Konzentrationswirkung）を特質とする計画確定手続制度の起源を見出している。

374) 「呈按中手続ニ於テ稍々繁ニ過キ本邦現今ノ状勢ニ対シ実際ニ適応シ難キト思考スルモノアリ

第4節　所有権を消滅させる国家作用

合し、わが国独自の③を案出した。併せて、第一段階の判断を個別の勅令・省令[376]）によらしめていた同案を改め、行政処分——工事認定（（旧々）土地収用法2条[377]）。→事業認定（（旧）土地収用法12条[378]）→**土地収用法16条**））——化した。

（旧）土地収用法は、③と裁判判決の類似性を強く意識し[379]）、収用審査会委員の半数を法律に通じた高等文官とする[380]）（38条1項[381]））と共に、処分権主義・要式主義[382]）を導入した（41条・44条[383]）。→**土地収用法48条2項・3項・66条2項**）。立案過程では、捕獲審検所評定官（前款参照）と同じく、収用審査会委員に判事を加える案すら検討されたという[384]）。

〔。〕即チ収用法ヲ適用スルニ当テ一々勅令又ハ省令ヲ発セサルヘカラサルコト及計画決定ト損失賠償ト両度ニ其決定手続ヲ為サヽルヘカラサルコト是ナリ」（国立公文書館蔵・前註(372)）。法制局審査を担当したのは、平田東助部長及び山脇玄参事官であったと見られる（参照、明治法制経済史研究所編・前編第5章註(71)26頁）。

375）尤も、第二段階の再分節は、プロイセン法と異なる形で運用上行われ、後に土地細目の公告（（旧）土地収用法19条→土地収用法33条（昭26法219－昭42法73））として成文化された。

376）同案は、フランス法3条を参考に、省令による工事のみを限定列挙していた。これに対し法制局は、バイエルン・公共目的ノ為ニスル土地所有権ノ強制譲渡ニ関スル法律（Gesetz vom 17. November 1837, die Zwangsabtretung von Grundeigenthum für öffentliche Zwecke betr.）1条を参考に、全面的な限定列挙主義に改めた。

377）「左ノ種類ノ工事ニ要スル土地ハ内閣ニ於テ公共ノ利益ニシテ必要ナルコトヲ認定シタル後此法律ヲ適用スルコトヲ得」（同条柱書本文）。

378）「土地ヲ収用……スルコトヲ得ル事業ハ内閣之ヲ認定ス」（同条（－昭2法39）本文）→「土地ヲ収用……スルコトヲ得ル事業ハ内務大臣之ヲ認定ス」（同条（昭2法39－）本文）。

379）プロイセン法にも計画・補償確定の判決類似性を示す規定はある（21条・29条・39条・40条）が、（旧々）土地収用法には一切継受されていなかった。

380）「元来収用審査会ノ裁決ノ如キハ法律ノ問題ヲ決スル殆ド裁判同様ニ公平ヲ保タナケレバナラヌ」（14・貴・土地収用法案特別委1号（明33・2・9）2頁〔一木喜徳郎政府委員〕）。「本来、収用ノ裁決ハ茲ニ規定シテアリマスル通リ極メテ鄭重ニシテアリマシテ稍々一種ノ裁判ニ近イ位デアリマス、ソレヲ決スル所ノ問題ハ……事実ノ問題モ無論アリマスルケレドモ、先ヅ法律ノ適用デアリマス」（14・貴・23号（明33・2・13）464頁〔一木政府委員〕）。

381）「委員ハ高等文官及府県名誉職参事会員各三人ヲ以テ之ニ充ツ」

382）両主義は、明治30年の土地収用法案（本編第1章註(101)参照）52条・56条に由来する。56条の理由には「裁判所ノ裁判宣告ノ振合ニ照スモ皆当然ノ事ノミ」とある。「審査会ノ……手続ハ普通ノ行政処分ト違ッテ余ホド鄭重ニ致シテ居リマス、ソレデ先ヅ裁決ト云フモノハ矢張リ斯ウ云フ儀式ヲ用ヒタ方ガ宜カラウト思ヒマス」（14・貴・土地収用法案特別委5号（明33・2・19）11頁〔一木政府委員〕）。但し、（旧）土地収用法では、「不同意ノ者ハ署名ヲ拒ムコトガアリハシナイカ」（同条11頁〔村田保〕）という懸念から、会長のみが署名するよう修正された（**土地収用法66条2項**では、（旧）土地収用法案通りとなっている。）。

383）「収用審査会ノ裁決ハ起業者、土地所有者及関係人ノ申立テタル範囲ヲ超ユルコトヲ得ス」（41条）。「裁決ハ文書ヲ以テ之ヲ為シ其ノ理由ヲ附シ会長之ニ署名捺印スヘシ」（44条）。

384）参照、14・貴・土地収用法案特別委2号（明33・2・14）6頁〔一木政府委員〕）。

243

第 2 編 物　権　第 3 章 所有権

　このような発展経路は、（旧々）土地収用法が（大鉈を振るいつつも）プロイセン法を継受した時点から、半ば予測されていた。近代的な公用収用法制の出発点は、既得権の剥奪が刑事司法作用に比肩すべきものであるが故に、第二・第三段階の判断につき対審手続を用意した点にある[385]からである[386]。

　④は、③を再分節し、明渡裁決（**土地収用法 47 条の 2**（昭 42 法 74 −）**第 3 項**）に先行させたものである。補償額の算定基準時を事業認定時とした価格固定制（**同法 71 条**（同前））の導入に伴う改正であるが、論理必然的な要請であったとは思われない。価格固定制は、正当な補償（**憲法 29 条 3 項**）の問題と起業利益の享受に関する被収用者・近傍類地所有者間の平等[387]の問題を惹起するところ、両問題は、事業認定時に起業地を特定させ[388]（**土地収用法 18 条**（同前）**4 項**）、土地所有者に見積り補償金前払請求権（**同法 46 条の 2**（同前）**第 1 項**）を認める[389]と共に、起業者に（見積り補償金の不足・支払遅滞の場合の）加算金支払義務（**同法 90 条の 3**（同前）**第 1 項 3 号**）を課したことをもって、一応解決されているからである[390]。

　そうだとすれば、④の主眼は寧ろ、加算金の増嵩を避けると共に、移転料補償等の負担を明渡裁決時まで繰り延べる[391]ことにより、起業者を保護する点

---

[385]　「剥奪される権利が人的権利か財的権利かによつて相違があるにせよ、それに相応する適正な手続を経ることが、近代的法律制度の理想である。人的権利剥奪の手続の適例は、刑事訴訟手続であるが、収用は、物的権利剥奪の典型的事例である」（高田賢造＝國宗正義『土地収用法』（日本評論社・昭 28）30 頁）。

[386]　尤も、一木内務省参与官（東京帝大教授）は、司法裁判所でなく行政裁判所との類似性を念頭に置いていた。「公用徴収ノ裁決ハ権利ヲ設定スル行政処分ナル……ノミナラス土地ノ必要不必要ハ絶対ノモノニ非スシテ結局利害ノ大小ニ帰スルヲ以テ裁判所ノ判決ニ適当ナル問題ニ非ス」「賠償金額ノ決定ハ既存ノ権利ヲ認定スルモノニ非スシテ新ニ権利ヲ設定スル行政処分ナレハ本来ノ性質ヨリ論スルトキハ寧ロ行政官庁ニ属スヘキモノナリ」（一木喜徳郎「公用徴収法大意」法学協会雑誌 14 巻 10 号（明 29）898 頁・11 号 1007 頁）。

[387]　参照、柳瀬良幹「土地収用法の一部改正法案」（昭 41）『自治法と土地法』（有信堂・昭 44）91〜92 頁及び高田賢造「土地収用法改正案の問題点」公法研究 29 号（昭 42）166 頁。

[388]　改正前の運用を制度化したものという（参照、吉田泰夫「土地収用法の一部改正案について——改正の目的とその構成」土地住宅総合研究 7 号（昭 41）51 頁）。

[389]　立案過程の当初は、買取請求権構成も検討されていた（参照、川合宏之「土地収用法の大改正」自治研究 43 巻 10 号（昭 42）131〜137 頁）。

[390]　参照、最判平 14・6・11 民集 56 巻 5 号 958 頁（浦野雄幸「改正土地収用法の諸問題（二）」判例タイムズ 221 号（昭 43）4〜8 頁に依拠）。

[391]　参照、柳瀬・前註(387)87 頁。他方、被収用者を保護するため、起業者と並んで明渡裁決の申立権が認められている（**土地収用法 47 条の 2**（同前）**第 3 項**）。

にあると見られる[392]。「使用することのできない土地の権利を取得するということは起業者にとつては意味のないことであるから、この分離が権利取得の上の必要から来たものではなく、補償の上の都合から来たものであることは明か[393]」だからである。

価格固定制の導入を柱とする昭和42年改正は、第一・第二段階の判断を再統合しようとして果たせなかった。それは、そのような試み自体が近代的な公用収用法制の出発点（前述）に背馳するために外ならない。

（3） ⑤鉱業に必要な地面の買取裁決（日本坑法22条[394]（明6布告259－明23法55））、⑥鉱業に必要な土地の収用裁決（朝鮮鉱業令（大4制令8－1951韓国法律234（鉱業法））32条1項[395]）及び⑦鉱業に使用した土地の収用裁決（**鉱業法**（昭25法289－）**105条・107条1項**）は、それらに対する既存の土地所有権を消滅させると同時に借区人及び鉱業権者の所有権を発生させる行政処分に当たる（⑤については必ずしも明瞭でないが、②と同時期の立法であるため、同様に解しておく。）。

⑤は、母法であるスペイン・鉱山法72条[396]が同国・強制収用法（Ley de Expropiación forzosa de 17 de julio de 1836）によっており、そのまま継受することが出来なかったため、独自に案出されたものである[397]。このため、③が設けられると、これとの齟齬が問題視されるに至った[398]。そこで⑤は、プロイ

---

[392] 吉田泰夫「土地収用法の改正」ジュリスト379号（昭42）45頁は、「土地の対価補償については、価格を抑えているので、できるだけ速やかに裁決すべきであり、一方土地所有者等のその土地の利用については、強いて早められた裁決の時期に打切って立退かせるのは無用でもあり酷でもある」というが、この説明の前段部分には疑問がある。

[393] 柳瀬・前註(387)87頁。なお、裁決分離に伴って生ずる新たな問題点につき参照、小澤道一『逐条解説土地収用法』上巻（ぎょうせい・昭62）525頁。

[394] 「凡ソ借区人ハ区上ニ於テ蔵庫、詰所、作事場、洗礦所、鎔鉱所、通路等其他坑業ニ必要ナル地面ハ地主タル者ニ予メ償金ヲ弁ス可シ若シ異論決セスンハ鉱山寮或ハ地方官ニテ正価ヲ裁決シ其地ヲ買取ル可シ」（傍点略）。

[395] 「鉱業ノ為必要アルトキハ朝鮮総督ノ許可ヲ受ケ他人ノ土地ヲ使用又ハ収用スルコトヲ得」。

[396] "Cuando el fabricante no se aviniere con el dueño del terreno donde intente plantear su oficina de beneficio, acudirá al Gobernador, para que, instruído el expediente prescripto por la ley de Expropiación forzosa, recaiga la declaración de si es ó no de pública utilidad el establecimiento. De la declaración del Gobernador podrá reclamarse por el dueño del terreno ó por el industrial ante el Ministerio, y la resolución de éste será definitiva é inapelable."

[397] 立案過程につき参照、田中（隆）・前編第3章註(257)43〜44頁（日本坑法草按27条2項）。

[398] 参照、和田（維）・前編第3章註(261)119頁。

第2編 物 権　第3章 所有権

セン諸邦一般鉱山法138条[399)]に倣って改正された[400)]（鉱業条例（明23法87－明38法45）54条[401)]）後、新たに制定された（旧）土地収用法55条[402)]に倣って再改正された（（旧）鉱業法（明38法45－昭25法289）57条[403)]）。いずれも、いったん貸渡→使用を経由させた上、土地所有者から請求があった場合にのみ、買取→収用を認める主義（以下「請求主義」という。）を採っている[404)]。

　鉱業条例の農商務省案では、未採掘の鉱物も採掘の許可があった後は鉱業人の所有とされ（前編第3章第4節第1款参照）、鉱業法制は鉱物所有権と土地所有権の相隣関係法として把握されていた[405)]。わざわざ「使用」「収用」に代えて「貸渡」「買取」の語が用いられ、請求主義が採られた点は、この把握に由来している。これに対し法制局は、請求主義こそ是認したものの、未採掘の鉱物に

---

399) "Wenn feststeht, daß die Benutzung des Grundstücks länger als drei Jahre dauern wird, oder wenn die Benutzung nach Ablauf von drei Jahren noch fortdauert, so kann der Grundeigenthümer verlangen daß der Bergwerksbesitzer das Eigenthum des Grundstücks erwirbt."

400) これに先立ち、（旧々）土地収用法1条2項とプロイセン法138条を折衷して、応急的な改正が施されている（日本坑法22条（明23法55－明23法87）5項）。

401) 「鉱業人ニ於テ貸渡ヲ受ケタル土地ヲ三箇年以上使用スル目的アルカ又ハ三箇年以上之ヲ使用スルトキハ土地貸渡人ハ鉱業人ニ其ノ土地ノ買取ヲ請求スルコトヲ得此ノ場合ニ於テ鉱業人ハ其ノ買取ヲ拒ムコトヲ得ス」（同条）。「土地ノ所有者……ト……鉱業人トノ間ニ於テ土地貸渡、借地料、……又ハ土地売買代価ニ付協議調ハサルトキハ所轄鉱山監督署長ニ其ノ判定ヲ請求スルコトヲ得」（55条1項）。

402) 「土地ノ使用カ三箇年以上ニ亘ルトキ又ハ土地ノ形質ヲ変更スルトキ若ハ使用スヘキ土地ニ建物アルトキハ所有者ハ其ノ土地ノ収用ヲ請求スルコトヲ得」。

403) 「土地ノ使用三箇年以上ニ亘ルトキ又ハ土地ノ形質ヲ変更スルトキハ所有者ハ其ノ収用ヲ請求スルコトヲ得」（同条）。「土地ノ使用若ハ収用、補償金又ハ担保ニ付協議調ハサルトキ又ハ協議ヲ為スコト能ハサルトキハ鉱業権者ハ鉱山監督署長ノ裁決ヲ申請スルコトヲ得」（92条1項）。類似、（旧）森林法（明40法43－昭26法249）42条→森林法（昭26法249－）55条1項。

404) なお、鉱業条例は、初めから3年以上の使用を目的とする場合には、直ちに収用請求を認めていた（但しその限定解釈を主張するものとして参照、和田（維）・前編第3章註(260)235頁）が、（旧）鉱業法は、これを削っている。とはいえ、立案関係者によると、鉱業条例の下での取扱いを変更するものでないという（参照、宮部・前編第3章註(275)194～195頁。同旨、織田萬『鉱業法令講義』（宝文館・明39）119頁、阪本三郎『鉱業法釈義』（丸善・大3）185～186頁、塩田環『鉱業法通論』（厳松堂・大3）192頁、浅野兼助『日本鉱業法精義』増訂版（丸善・昭14）341頁及び平田慶吉『増訂鉱業法要義』（有斐閣・昭17）283頁。反対、水谷嘉吉『日本鉱業法論』（有斐閣・大11）302頁）。

405) 「元来鉱物ノ所有権ト土地ノ所有権トハ対等相譲ラサル権利ナリ〔。〕而シテ鉱物ヲ利用センニハ土地ノ表面ヲ使用スルコト必要ナルカ故ニ其必要ナル土地ニ就テ土地所有権ト鉱物所有権トハ牴触セサルヲ得ス〔。〕此牴触ヲ解除スルノ方法ハ即チ鉱業上必要ナル土地ノ収用法ニシテ鉱山法中ニ鉱業人ト地主トノ関係権利義務ヲ規定シテ其方法ヲ定ムヘキモノナリ」（和田（維）・前編第3章註(261)77～78頁）。

第4節　所有権を消滅させる国家作用

対する鉱業人の所有権を否認し（同款参照）、かつ、採掘出願地及び鉱区の訂正出願命令を加えた[406]ため、鉱業条例は公益事業法たる性格をも併有することとなった[407]。

　鉱業を公益事業として位置付ければ、必ずしも請求主義を採る論理的な要請は存しない。⑥は、この考え方に基づき、鉱業に必要な土地については、朝鮮総督がした収用の許可を事業認定と読み替えた上、③の類例である収用裁決（土地収用令（明44制令3－1962韓国法律965（土地収用法）9条）によることとした（朝鮮鉱業令32条3項[408]）。

　それにも拘わらず、鉱業条例の後法である（旧）鉱業法は、請求主義を踏襲した。その理由としては、次の三点が考えられる。第一は、相隣関係法たる性格を強調することにより、一般法たる（旧）土地収用法の適用を免れることである。第二は、事業認定を内閣→内務大臣の権限としていた[409]内地では、鉱山監督署長の許可を事業認定と看做すという立法的選択はあり得なかったことである。第三は、他の事業であれば直ちに収用する場合でも使用を経由させることにより、鉱業権者の補償負担を平準化することである。このうち第三点は、土地所有者が収用を請求しない限り、鉱業権者は使用補償を支払い続けなければならないという不合理をも内包するものであった[410]。

　そこで⑦は、請求主義からの訣別に踏み切った[411]が、それは一般法の適用

---

406) 「出願ニ係ル鉱区ノ位置形状、鉱床ノ位置形状ト相違シ鉱利ヲ損スヘキモノト認メタルトキハ所轄鉱業監督署長ハ之ヲ出願人ニ通知シ訂正セシムヘシ」（鉱業条例42条1項。→（旧）鉱業法25条→**鉱業法37条1項**）。「特許ヲ得タル鉱区ノ位置形状、鉱床ノ位置形状ト相違シ鉱利ヲ損スヘキモノト認メタルトキハ所轄鉱山監督署長ハ……六十日以内ノ期限ヲ定メ訂正セシムヘシ」（鉱業条例43条1項前段。→（旧）鉱業法37条1項→**鉱業法48条1項**）。

407) 尤も、1年以上の休業・1年以内の未着手の場合の特許の取消（鉱業条例29条。→（旧）鉱業法40条→**鉱業法55条**1号（現5号））のように、農商務省案の段階から公益事業法たる性格を示す規定もあった。

408) 「第一項ノ使用又ハ収用ニ付テハ土地収用令第七条乃至第二十六条ノ規定ニ依ル但シ同令中起業者トアルハ鉱業権者、同令中事業ノ認定又ハ朝鮮総督ノ認定トアルハ第一項ノ許可、同令第八条……中第四条ノ公告トアルハ第一項ノ許可……トス」。

409) 前註(378)参照。事業認定の権限が地方長官〔現・都道府県知事〕に委譲されるには、防空法5条ノ8（昭18法104－昭21法2）を待たねばならなかった。

410) 参照、鉱業法令改正委員会第3回総会小委員会委員長経過報告（昭23・5・27）東大法学部蔵「鉱業法関係綴」『我妻栄関係文書』（請求記号：［8］6－2）。

411) 立案過程につき参照、鉱業法改正に関する要綱（昭23・5・13）東大法学部蔵・前註及び鉱業法令改正委員会答申（昭24・3・30。公害等調整委員会事務局編『土地利用調整制度三十年

247

を不可避とする選択に外ならなかった[412]。だからこそ⑦は、使用を経由して初めて収用を認める枠組みを堅持したのであり、それによってなお特別法としての独自性を主張し、一般法の適用を部分的なものに止めることに成功したのである[413]。即ち⑦は、③④に吸収された（**鉱業法 107 条 1 項・2 項**）ものの、それに先立つ通商産業局長〔現・経済産業局長〕の許可（**同法 106 条 1 項**）が事業認定と看做され、かつ、⑦に対する不服申立ては土地調整委員会〔現・公害等調整委員会〕の管轄とされた[414]（**同法 187 条 1 項（現 133 条 14 号）**）。

　鉱業権の設定の許可につき先願主義が採られている限り、**同法**は基本的には相隣関係法であり、公益事業法たる性格は従たるものに止まるということが出来た。併しながら、近時の改正[415]により、公益事業法的な性格を持つ許可基準が追加され（**29 条（平 23 法 84 –）1 項**）、特定鉱物については先願主義が廃止される（**21 条（同前）**）に至っている。このため、⑦による収用が予想される局面[416]でも使用を経ることが強制される点は、**土地収用法**と権衡を失するも

の歩み』（同委員会・昭 56）8 頁）。

412)　通商産業局長が収用の決定をするという鉱山局案（新鉱業法案概要・新鉱業法施行法案概要（昭 24・8・30）東大法学部蔵・前註）に対し、建設省は（旧）土地収用法の全部改正時に新法に吸収するという条件付きで賛成した（参照、公害等調整委員会事務局編・前註 19 頁）。その直後、総司令部が「土地の収用は、〔旧〕土地収用法の手続によつて行われなければならない」というコメント（昭 25・3・23. 吉田法晴『新鉱業法概説』（御茶の水書房・昭 28）12 頁）を発したため、（旧）土地収用法の全部改正を待たずに、本文のような修正が行われた（参照、吉国一郎「土地調整委員会設置法案審査の憶い出」公害等調整委員会事務局編・前註 191 頁〔吉国〕及び小林健夫「土地調整委員会の設置と GHQ との折衝について」同 205 頁〔小林〕）。

413)　「建設省当局は、鉱業のための収用に対しては、パブリック・ユースの存否について若干の疑問を提出するとともに仮にこれを認めるとしても収用制度の一元化の必要を提唱した。しかし、更に精密に問題を検討すると、鉱業のための公用徴収制度は沿革上若干異なるところもあり、多少の条件が加わるならば必ずしもパブリック・ユースを否定すべきでなく、手続も、事業認定までは鉱業法独自の手続によるもやむをえずと考え、両法案相互間の調整・妥協点を見つけ……その線で建設省が鉱業法案に賛成した」（高田賢造「土地収用法改正の舞台裏」法律学体系月報〔コンメンタール篇〕14 号 3 頁）。

414)　鉱山局は、**鉱業法**に続く**土地収用法**の立案に際し、収用裁決を土地調整委員会に行わせるよう捲返しを図った（参照、芹川・前編第 3 章註(285)52 頁・213 頁）が、これは実現しなかった。「他方、鉱業法の改正に伴つて土地調整委員会制度の結実があり、これと収用委員会の一元化の問題が生じ一層問題は複雑となつた。とにかく纏める方向に努力し、若干のイキサツがあつたが、最後には、現行法のようなほぼ妥当な形で収まつたことは、我妻〔栄〕先生と佐藤〔達夫〕法制意見長官の尽力と、通産・建設両当局の妥当な協調的態度によるものであつた」（高田・前註 4 頁）。

415)　参照、矢島康徳「国内資源を適正に維持・管理し、適切な主体による合理的な資源開発を行う制度体系を構築」時の法令 1903 号（平 24）41 頁以下。

第4節　所有権を消滅させる国家作用

のとして、違憲の疑いが生ずる場合もあり得よう。
　(4)　東京市区改正事業における⑧民有地の買上（東京市区改正土地建物処分規則（明22勅5－大8法36）1条3項[417]）→都市計画事業における⑨収用裁定（(旧)都市計画法20条（大8法36－昭39法141）1項[418]）は、それらの土地に対する既存の所有権を消滅させると同時に事業執行者の統轄する市町村（事業執行者が私人である場合にはその者）の所有権を発生させる行政処分に当たる。
　⑧は、②が買上代価を地券記載額[419]としていたのを、元老院修正により、時価に改めたものである。同院としては、飽くまでも一般法を進歩させたつもりであり、特別法を設ける意図はなかった。併しながら、遙かに先進的な③がその直後に設けられたため、⑧は早くも時代遅れとなってしまった。
　それにも拘わらず⑧が存置されたことを正当化するため、水野内務次官は次の三点を挙げている[420]。第一は、市区改正事業の認可（東京市区改正条例2条[421]）において、③にいう第一・第二段階の判断（前述）が先取りされている点である。第二は、同事業が緊急性を有している点であり、第三は、起業者が東京市→三大市であって監督手段が調っている点である。
　⑨も、この枠組みを維持し、都市計画の認可（(旧)都市計画法3条[422]）を事業認定と看做す[423]（同法19条[424]）と共に、第二段階の判断に対する収用審査

---

416)　「一例をいえば……鉱さいの捨場は永久に捨場であ」る（芹川・前編第3章註(285)211頁）。
417)　「民有地及其地ニ属スル民有ノ建物植物又ハ官有地ニ在ル民有ノ建物植物等ハ東京府知事其所有者ト協議ノ上相当ノ代価又ハ移転料ヲ償却スヘシ」「若シ協議調ハサルトキハ双方ヨリ評価人各一人ヲ出シ評価セシメ東京府知事之ニ意見ヲ付シ内務大臣ノ決ヲ請ヒ之ヲ定ムヘシ」（1条2項・3項）。
418)　「道路、広場、河川、港湾、公園其ノ他勅令ヲ以テ指定スル施設ニ関スル都市計画事業ニシテ内閣ノ認可ヲ受ケタルモノニ必要ナル土地ヲ之ヲ収用……スルコトヲ得」（16条1項）。「[旧]土地収用法第二十二条第一項ノ協議調ハサル場合又ハ其ノ協議ヲ為スコト能ハサル場合ニ於テハ事業執行者ハ主務大臣ノ裁定ヲ求ムルコトヲ得」「前項ノ場合ニ於テハ収用審査会ノ裁決ヲ求ムルコトヲ得ス」「前二項ノ規定ハ損失ノ補償ノ協議ニ関シテハ之ヲ適用セス」（20条1～3項）。
419)　「公用ノタメ買上ル地価ハ券面ニ記シタル代価タルヘシ」（公用土地買上規則4則本文前段）。
420)　参照、40・貴・東京市区改正条例中改正法律案外一件特別委1号（大7・3・22）5頁〔水野錬太郎政府委員〕及び40・衆・東京市区改正条例中改正法律案外一件委3回（大7・3・16）23頁〔水野政府委員〕。
421)　「東京市区改正委員会ニ於テ市区改正ノ設計ヲ議定シタルトキハ内務大臣ニ具申スヘシ内務大臣ハ審査ノ上内閣ノ認可ヲ受ケ東京府知事ニ付シ之ヲ公告セシムヘシ」。
422)　「都市計画、都市計画事業及毎年度執行スヘキ都市計画事業ハ都市計画委員会ノ議ヲ経テ主務大臣之ヲ決定シ内閣ノ認可ヲ受クヘシ」。
423)　「都市計画ノ事業ノ如キハ、既ニ鄭重ナ手続ヲ経マシテ内閣ノ認可ヲ得テ初メテ決定スルヤウ

会の干与を拒み続けた（但し、第三段階の判断については、収用審査会の管轄とされた[425]）。この点につき池田都市計画課長は、次のように説明している。

「〔(旧) 土地〕収用法ニ依ル事業ノ如ク収用区域及収用時期カ原則トシテ起業者ノ意思ニ依リ協議セラルルモノニ在リテハ其ノ適否ニ付争アルトキハ公ノ機関ヲシテ裁決セシムルノ必要アリト雖モ都市計画事業ノ如ク事業計画及事業ノ執行ヲ要スル年度カ内閣ノ認可ヲ受ケ主務大臣ノ決定ヲ経タルモノニシテ行政庁ニ之カ執行ヲ命セラルルモノナル以上ハ其ノ事業用地ノ区域及収用時期ノ如キハ既ニ公ノ機関ニ依ル決定上ノ準拠ヲ得タルモノト謂ハサル可ラス[426]」（引用法令略）。

結局、⑨が廃止され、③④に統合されるには、建設大臣〔現・国土交通大臣〕による代行裁決（**公共用地の取得に関する特別措置法38条の3**（昭39法141 -）**第1項**）が創設され、収用委員会による審理そのものが"手続迅速化"されるのを待たねばならなかった[427]。

　　ナ仕事デアリマスルノデ、……更ニ収用法ニ依ル事業認定ノ手続ヲ経サセルノ必要ナシト認メマシ〔タ〕」（41・衆・都市計画法案外一件委1回（大8・3・10）4頁〔池田宏政府委員〕）。立案過程につき参照、市政専門図書館蔵「都市計画調査会調査要綱特別委員会議事録」内務大臣官房都市計画課『都市計画調査委員会議事速記録（附特別委員会々議録）』144〜145頁〔池田宏幹事〕。この規定は、フランス・都市ノ整備美化及ヒ拡張計画ニ関スル法律（Loi sur les plans d'aménagement, d'embellissement et d'extension des villes du 14 mars 1919）7条4項2文に酷似しているが、都市計画を地方自治制度の外に置く点において、全く異質のものである。

424）　「第十六条……ノ規定ニ依ル収用……ニ付テハ第三条ノ規定ニ依ル都市計画ノ認可ヲ以テ〔旧〕土地収用法ニ依ル事業ノ認定ト看做ス」。

425）　都市計画調査会の案では、これすらも否定されていた。「審査会ニ持ツテ行クト、何トカカントカ言ツテ中々意見ヲ極メナイ、色々ナ利害ノ関係ガアルカラ、本当ニヤラナイデ、延ビテ仕ヤウガアリマセヌカラ、決定機関トシナカツタノデス」（市政専門図書館蔵・前註（423）120頁〔池田幹事〕）。

426）　池田宏「都市計画ニ関スル法制」法学論叢2巻1号（大9）64〜65頁。「関係官衙又ハ市ノ当路者トシテ経験アリ、意見ノアル人モ這入ッテ居ルシ、又学術経験ノアル其途ノ市民モ加ッタル所ノ、都市計画委員会及地方ノ委員会ニ於キマシテ、ソレゾレ事業ノ必要ヲ認メ、事業執行ノ時期ヲ適当ナリトシテ認メル以上ハ、其事業ノ範囲、或ハ事業執行ノ時期ト云フコトマデモ……収用審査会ニ持ッテ行クノハ、事業執行……上障害ニナル」（41・貴・都市計画法案外一件特別委1号（大8・3・19）4頁〔小橋一太政府委員〕）。「収用物件の裁定を内務大臣の権限に属せしめて居るのは、都市計画事業の為めには特に地帯収用を為し得ることの定めが有るのみならず、其の事業の必要の程度が何れの区域に迄及ぶかの認定に付いても、自ら都市計画事業を決定した主務大臣がこれに当るのを適当と認めたが為めである」（美濃部達吉『公用収用法原理』（有斐閣・昭11）262〜263頁）。

427）　代行裁決が設けられた以上、⑨の廃止は、その創設時とは逆に、「収用事務の簡素、迅速化をはかる」ものとなった（佐土俠夫「土地収用法等改正法について──改正の経緯と内容」ジュリ

第4節　所有権を消滅させる国家作用

　以上の経緯は、わが国では、第二段階の判断が専ら実体法的に捉えられて来たことを反映している。一方、フランスでは、公用収用ニ関スル法律（Loi sur l'expropriation pour cause d'utilité publique du 8 mars 1810）以来、同判断は専ら手続法的に捉えられて来た[428]。近代的な公用収用法制が対審手続の要請から出発している点（前述）に鑑みると、わが国でも、今後もう少し同国のような方向性を採り入れて然るべきであろう。

　(5)　東京市区改正事業における⑩残地の買上（東京市区改正土地建物処分規則2条[429]）は、当該残地に対する既存の所有権を消滅させると同時に東京市→三大市の所有権を発生させる行政処分に当たる。

　⑩は、⑧によって生じた残地を対象としている。フランス・巴里ノ街路ニ関スル勅令（Décret relatif aux rues de Paris du 26 mars 1852）2条1項[430]に倣い、元老院修正によって追加されたものである[431]。接続地の所有者がこれを買い受けない場合には、当該接続地まで収用した[432]上、公売することとされていた（(同規則3条2項・1項[433])）。③が設けられると、⑩は、公共施設の整備に附随した私的公用収用のための特別法となった。

　併しながら、⑩には、例えば道路が拡幅された場合、当該道路に面していた営業者が転出を余儀なくされる反面、裏店の営業者が一朝にして表通りに登場するという不均衡が批判されていた[434]。そこで（旧）都市計画法は、前者の営

　　　スト304号（昭39）63頁）。
428)　V., Durand, ibid., p.67.
429)　「市区改正ノ為メ民有地買上ノ場合ニ於テ一宅地ヲ為スニ足ラサル残余ヲ生スルモノハ併セテ之ヲ買上クヘシ」。
430)　"Dans tout projet d'expropriation pour l'élargissement, le redressement ou la formation des rues de Paris, l'administration aura la faculté de comprendre la totalité des immeubles atteints, lorsqu'elle jugera que les parties restantes ne sont pas d'une étendue ou d'une forme qui permette d'y élever des constructions salubres".
431)　参照、明治法制経済史研究所編『元老院会議筆記』30巻（元老院会議筆記刊行会・昭60）80頁〔綿貫吉直〕・34巻（平元）110～111頁〔楠本正隆〕及び鈴木栄基＝石田頼房「東京市区改正土地建物処分規則の成立について」建築学会論文集376号（昭62）90頁。
432)　フランス・沼沢地ノ干拓等ニ関スル法律（Loi relative au desséchement des marais, etc. du 16 septembre 1807）53条2項に倣い、元老院によって追加されたものである。
433)　「市区改正ニ関シ不用ニ帰シタル土地一宅地ヲ為スニ足ルモノニシテ曩ニ……本則第一条ニ依リ買上タルモノハ……公売ニ付スヘシ」「前項ノ土地一宅地ヲ為スニ足ラサルモノハ其接続地ノ所有者之ヲ買受クヘキモノトス若シ其所有者之ヲ買受ルコトヲ欲セサルトキハ東京府知事ハ第一条ニ依リ其接続地及建物植物等ヲ買上クヘシ」（同条1項・2項）。

業継続を可能とすべく、後者にも応分の用地供出負担を課すため、いわゆる附近地収用（超過収用）を新設した[435]（16条（大8法36－昭39法141）2項[436]）。これに伴い、⑩は⑨に吸収されている。

（6）　⑪標石敷地の買上[437]（陸地測量標条例（明23法23－昭24法188）3条[438]）は、それに対する既存の所有権を消滅させると同時に国の所有権を発生させる行政処分に当たる。

⑪は、対象面積の狭小さを理由とする③の特別法であったが、**測量法**（昭24法188－）では、公用収用法制の一元化を図るため、③④に吸収された[439]。

（7）　⑫収用令書の送達（土地工作物管理使用収用令（昭14総勅902－昭20勅601）3条1項[440]）は、総動員業務に必要な土地に対する既存の所有権を消滅さ

---

434)　参照、市政専門図書館蔵・前註(423)123〜124頁〔堀田貢委員〕。
435)　「市区改正条例ノ如キハ……苟モ地番ガ違フトカ、筆ガ違フト云フト其ノ分マデハ及ボセナカッタ、是ハ道路ヲ造リマス所カラ五間幅トカ或ヰ十間幅ヲ限ツテ、其処マデハ及ボセルト云フ意味デアリマス、無論残地ハ含ム積リデアリマス」（市政専門図書館蔵『都市計画調査会議事速記録』内務大臣官房都市計画課『都市計画調査委員会議事速記録（附特別委員会々議録）』179〜180頁〔中西清一委員長〕）。都市計画調査会案は、1918年法（Loi du 6 novembre 1918）による改正後のフランス・公用収用ニ関スル法律2条1項と同じく、都市計画事業に必要な土地附近の都市計画に必要な土地を広く対象としていた（同182〜183頁〔中西委員長〕）。これに対し、(旧)都市計画法は、附近地を収用して行う事業自体を都市計画事業として位置付けた。
436)　「前項土地〔=「道路、広場、河川、港湾、公園其ノ他勅令ヲ以テ指定スル施設ニ関スル都市計画事業ニシテ内閣ノ認可ヲ受ケタルモノ〕ニ必要ナル土地」附近ノ土地ニシテ都市計画事業トシテノ建築敷地造成ニ必要ナルモノハ勅令ノ定ムル所ニ依リ之ヲ収用……スルコトヲ得」。
437)　その前身である標石敷地の買上（測量標規則（明21勅58－実効性喪失）1条2項）は、②によっていた（参照、明治法制経済史研究所編『元老院会議筆記』31巻（元老院会議筆記刊行会・昭61）188頁〔大島邦太郎内閣委員〕）。
438)　「民有地ニ標石ヲ設置スルトキハ其敷地ヲ買上クヘシ」（同条本文）。「第三条ノ敷地買上料……ニ付所有者ト協議調ハサルトキハ市町村長ヲシテ之ヲ評定セシム」（8条1項）。
439)　制定時の**同法**は、基本測量の実施の公示（**14条3項**）を事業認定と看做した（参照、大久保武彦『測量法と測量』（オーム社・昭26）57頁）が、土地収用法の一部を改正する法律（昭42法74）は、この構成すら廃止した。
440)　「政府ハ戦時ニ際シ国家総動員上必要アルトキハ勅令ノ定ムル所ニ依リ総動員業務ニ必要ナル土地又ハ家屋其ノ他ノ工作物ヲ……収用スルコトヲ得」（国家総動員法13条3項（制定時））。「主務大臣ハ土地又ハ工作物ヲ……収用セントスルトキハ当該土地又ハ工作物ノ所有者ニ対シ収用令書ヲ送達スベシ」（同令3条1項本文）。「主務大臣前条ノ送達……ヲ為シタルトキハ遅滞ナク当該土地若ハ工作物又ハ当該土地ニ在ル工作物其ノ他ノ物件ノ所有者及此等ニ付所有権以外ノ権利ヲ有スル者（……）ニシテ知レタルモノ（……）ニ対シ之ヲ通知シ……且之ヲ官報ニ公告スベシ」（同令4条）。「令書ニハ左ノ事項ヲ記載スベシ」「三　……収用スベキ土地又ハ工作物ノ種類、範囲及所在ノ場所」「五　……収用ノ時期」（同令5条柱書・3号・5号。1号・2号・4号・6号・7号略）。「……収用スベキ土地又ハ工作物ノ所有者及占有者ハ……収用ノ時期ニ当該

第4節　所有権を消滅させる国家作用

せると同時に国の所有権を発生させる行政処分に当たる（同令11条2項[441]）。

⑫は、③における第一・第二段階の判断を事前手続のない行政処分に統合し、第三段階の判断を被収用者の事後的な請求に待つ点で、"手続迅速化"の極致である。それは、総力戦体制の下、私有財産制度を凍結するものに外ならない。その正当化根拠としては、凍結が暫定的であること（⑫によって収用された土地等が不用に帰した場合に発生する旧所有者の買受権は、同令より上位の国家総動員法自体に規定されている（15条）。）を挙げる外なかろう。

（8）　第二次農地改革における⑬農地の買収（自作農創設特別措置法（昭21法43－昭27法230）3条1項）は、地主の所有権を消滅させると同時に国の所有権を発生させる行政処分に当たる[442]（同法12条1項）。

第一次農地改革における土地の譲渡等の裁定（農地調整法4条ノ3（昭20法64－昭21法42）第2項。〈次編第2章第3節第1款第3目〉参照）は、地主・小作人間の売買契約を発生させる行政処分とされていた。併しながら、これが遅々として進まなかった[443]ため、国を介在させ、⑬と農地の売渡（自作農創設特別措置法16条1項。本編第5章第4節第3款参照）の二段階から成る手続に改められたのである（但し、実際には国有財産の管理負担を省くため、⑬と農地の売渡を同時にする「瞬間売買」形式が採られた[444]。）。

⑬は、公用収用というには余りに、③にいう第一段階の判断が概括的・類型

土地又ハ工作物ヲ主務大臣ニ引渡スベシ」（同令8条1項）。「主務大臣ハ当該官吏ヲシテ……収用スベキ土地又ハ工作物ノ引渡ヲ受ケシムルモノトス」（同令9条）。「損失ノ補償ヲ請求セントスル者ハ……収用ノ場合ニ在リテハ収用アリタル後……六月以内ニ……損失補償請求書ヲ主務大臣ニ提出スベシ」（土地工作物管理使用収用令施行規則（昭15閣令2－昭20閣令54）4条1項）。

441)　「土地又ハ工作物ヲ収用スル場合ニ於テハ収用ノ時期ニ於テ政府其ノ所有権ヲ取得シ其ノ他ノ権利ハ消滅ス」。
442)　「〔旧〕土地収用法上の収用と本法の買収とは法律上同一性質であるが、『収用』というのは、余りに強く響き過ぎるという考慮から『買収』という字句がとられた」（農林省監修＝農地改革記録委員会編『農地改革顛末概要』（農政調査会・昭26）129頁）。
443)　⑬により「農地の所有権移転の中間項として国家が介入し、一定面積以上の小作地を機械的に買収することとしたのは、事業の進捗をより確実なものとすることとなつた。第一次改革の致命的な欠陥は、小作人が買取の意思を申出ない限り強制譲渡の権力が発動しえないことにあつた。こゝから土地を手離したくない地主が、小作人を強圧し説得する機会が生ずるばかりでなく、自作農の創設が行われる場合でも闇価格が発生する危険が大きかつたのである」（農林省監修＝農地改革記録委員会編・前註129頁）。
444)　参照、農林省監修＝農地改革記録委員会編・前註188～189頁・214～215頁。

的である[445]。その本質は寧ろ、上級所有権（Obereigentum）と化した地主の所有権を消滅させる代わりに下級所有権（Untereigentum）と化した小作人の賃借権等を所有権とする点にある。この意味において、⑬は大租権整理ニ関スル件１条１項（本章第４節第１款参照）と類比されるべきである。

 (9)　市街地再開発事業〔現・第一種市街地再開発事業〕における⑭**権利変換処分**（**都市再開発法**（昭44法38 -）**86条１項**[446]。**同法111条**によるもの（後述）を除く。いわゆる"本則型"即ち地上権設定方式）は、施行地区内の各宅地に対する既存の所有権を消滅させると同時に施行者の所有権を発生させる（各宅地は合併されて一筆の施設建築敷地となる（前編第３章第２節第３款参照）。）と同時に、当該損失を（更地たる）施設建築敷地の共有持分をもって現物補償すると共に、施設建築敷地の上に施設建築物の所有を目的とする地上権を設定する（次章第１節第３款参照）と同時に、それにより上記の共有持分を与えられる者が蒙る損失を当該地上権の準共有持分をもって現物補償する行政処分に当たる（建物所有権の扱いについては次目参照）。

 施設建築敷地の共有持分による第一次補償と地上権の準共有持分による第二次補償は、同時化されているとはいえ、飽くまでも別物であり、宅地所有権の対価として共有持分及び準共有持分が一挙に補償される訳でない。替地補償は更地によってされねばならないからである。

 「宅地の所有者である者に対しては、その者に与えられる施設建築敷地に……地上権が設定されることによる損失の補償として施設建築物の一部等が与えられる」（**同法77条３項**）という文言は、第一次・第二次補償が同時化された結果を端的に表現したものといえよう[447]。

 仮に地上権が設定されず、第一次補償のみで終わるとすれば、施設建築敷地

---

445) ⑬の源流である自作農創設維持に要する土地の収用（農地調整法４条（昭13法67 - 昭20法64）２項）は、私的公用収用として位置付けられ、「〔旧〕土地収用法を適用し得るが為にはその自作農創設維持の事業の計画が農村の経済更生に役立ち得る極めて適切なる計画がある場合に限る」とされていた（吉澤萬二「農地調整法の細則」地方行政46巻９号（昭13）109頁）。未墾地の買収（自作農創設特別措置法30条１項１号・３号→農地法44条（昭27法229 - 平21法57）１項１号）も、私的公用収用として把握すれば足りよう。

446) 類例、密集市街地における防災街区の整備の促進に関する法律219条（平15法101 -）**１項**。

447) 「権利変換では、従来の権利が、価値が同じとはいえ、また、法律上不連続するというフィクションがとられているとはいえ、違う性格・内容の権利に変えられる」（安本典夫「都市再開発法の問題点」自由と正義39巻５号（昭63）13頁）。

の共有持分が施行者の手に余る場合も起こり得よう。併しながら、⑭により設定される地上権は、容積率を最大限に活用するものであるため、底地に対する地上権割合は、従前の宅地で最も高かった地上権割合よりも高いものとなる[448]。このため共有持分は、第二次補償を経て、従前の宅地所有者だけで配分され尽くす訳である。

⑽　市街地再開発事業〔現・第一種市街地再開発事業〕における⑮権利変換処分（**都市再開発法111条・86条1項**。いわゆる"特則型"即ち地上権非設定方式）は、施行地区内の各宅地に対する既存の所有権を消滅させると同時に施行者の所有権を発生させる（各宅地は合併されて一筆の施設建築敷地となる（前編第3章第2節第3款参照）。）と同時に、当該損失を施設建築敷地の共有持分をもって現物補償する行政処分に当たる。

施設建築敷地の共有持分は、地上権の設定によって減殺されない代わりに、従前の宅地所有者のみならず、従前の借地権者及び参加組合員（**同法21条**）にも配分される。従前の借地権者は宅地所有権の消滅に伴い当然消滅した借地権に対する現物補償として、参加組合員は分担金（**同法40条1項**）の対償として、それぞれ施設建築敷地の共有持分を得るのである。これにより、地上権を設定することなく、後二者を施設建築物の共有者に加えることが可能となっている。

その結果、施設建築敷地の土地所有者は、地上権に基づく地代を得ることが出来ず、自己の土地上に自己の建物を所有しているだけとなる。制定時の同法が、⑮を地方公共団体及び日本住宅公団に限って認めた（111条（昭44法38－昭55法62））のは、この点を意識したためである。即ち竹内都市局長曰く、

> 「土地の利用権自体について制約を加えることができるけれども、所有権そのものを奪うということを民間の組合にやらせることは適当ではないという判断で、強制的に地上権を設定するというところまでは〔市街地再開発〕組合でもやれることにしたが、進んで所有権までも取上げて床にかえてしまうということは組合ではやり得ないんだという法制的な考え方に基づくものです[449]」。

---

448)　参照、竹内藤男『都市再開発法』改訂版（大成出版・昭48）215頁。
449)　竹内藤男『都市再開発法の要点』（住宅新報社・昭44）68頁。「従前の宅地の所有者は一旦権利変換期日においてその宅地に関する所有権を失い、同時に宅地に対応する建築施設の部分を取得することとなり、実質上土地の収用に近い状態になる」（竹内・前註(448)288頁）。同旨、安

ところが、上記のような施行者要件の限定は、都市再開発法の一部を改正する法律（昭55法62）によって撤廃されるに至った。⑮が⑭との均衡を保持するためには、⑭において保障されるのと同価値の共有持分を従前の宅地所有者に配分すること及び従前の宅地所有者の持分割合の合計が二分の一以上であることが必要となる筈である。そのような歯止めが用意されなかったことの合理的な説明は、管見の限り見当たらない[450]。

(11) 一般法の系統（❶～④）において、近代的な公用収用法制（③）を確立したのは、(旧々)土地収用法である。同法は、対審手続の要請に応えると共に、母法国に先んじて"手続迅速化"の要請にも応えようとした。だからこそ、⑫に行き着かない範囲で更なる"手続迅速化"を図る余地は、当初から大して残っていなかったのである。

⑫では、第一段階の判断は法律で決せられており、第二段階の判断には何らの事前手続もない。⑬では、農地買収計画に対する異議の申立て（自作農創設特別措置法7条1項）こそ用意されているものの、第一段階から第三段階までの判断はいずれも原則として法律で決せられている。ここに至ると、もはや私有財産制度を凍結し（⑫）、変革するもの（⑬）という評価を免れない。

特別法の系統は、鉱業（⑤～⑦）、都市計画（⑧～⑩）及び測量（⑪）に関するものに大別される。このうち⑤⑧は、③に先立つものである。③が設けられると、⑤は、それに吸収されまいとして請求主義という便法に訴えた。原始的であるが故に"手続迅速化"に資するとして温存された⑧は、第一段階の判断に第二段階の判断が先取りされているとして⑨に受け継がれ、③が更なる"手続迅速化"を達成するまで独立性を主張し続けた。このように、公用収用法制の一元化は、"手続迅速化"を巡る攻防でもあった。

本典夫「都市再開発法の構造」日本土地法学会編『都市再開発・不動産取引と法』（有斐閣・昭54）18頁。

450) 立案関係者は、個人及び住宅街区整備組合が住宅街区整備事業の施行者とされていること（**大都市地域における住宅地等〔現・住宅及び住宅地〕の供給の促進に関する特別措置法**（昭50法67-）**29条1項・2項**）「をも勘案した」と説明している（松井邦彦「都市再開発の新たな推進――都市再開発法の一部改正」自治研究56巻7号（昭55）84頁）。同事業における立体換地処分（**同法74条1項・83条・土地区画整理法93条1項・103条1項**）は、農地を共同住宅の敷地に転用するものであり、持分割合の減殺分を償って余りある開発利益が見込まれる。⑮にはこのような過剰補償的状況が存しないから、この説明だけでは十分でない。

⑭⑮は、一般には公用権利変換と呼ばれているが、少なくとも土地所有権に関する限り、公用収用法制と本質を同じくしている。"変換"後の権利は、ただ空間的・時間的な断絶がないだけであって、現物補償以外の何物でもない。

第2目　建物所有権を有償で消滅させる行政作用

(1)　これに該当する立法例は、全ての建物等（①②④⑤⑦）、一定の種類の建物等のみ（③⑥）及び建物の部分（⑧）に関する類型に大別される。このうち⑥は、措置法律に基づく一回限りの行政処分である。

(2)　①植物建造物等の買上（公用土地買上規則5則[451]）→建物木石等の収用（（旧々）土地収用法21条[452]）→②物件の収用（（旧）土地収用法52条[453]）→**土地収用法79条**）は、それらに対する既存の所有権を消滅させると同時に国→起業者の所有権を発生させる行政処分（民有地の買上→収用裁決→権利取得裁決（いずれも前款参照）の形式によってされる。）に当たる。

①は、収用を原則とする立法主義を採った[454]が、公共の用に供しない物件をわざわざ取得させるのは不合理との批判があった[455]。そこで②は、移転を原則とする立法主義を採り、移転料が価格を超える場合に限って収用を認めることとした[456]。尤も、建築様式が変容した現在、前者の立法主義に回帰すべ

---

451)　「買上ヘキ土地ニ属シタル植物建造物等ヲ併セテ買上ルトキハ地価ノ外別ニ植物建造物等ノ代価ヲ渡スヘシ」（5則1文）。「買上ヘキ土地ニ属シタル植物建造物等ヲ買上ケサルトキハ地価ノ外別ニ植物建造物等ノ移転料ヲ渡スヘシ」（6則1文）。「土地ヲ買上ヘキ該庁ハ植物建造物等ヲ買上クルコトヲ要セスト雖トモ人民植物建造物等ヲ併セテ買上ンコトヲ求ルトキハ第五則ノ通タルヘシ」（7則）。

452)　「収用……ノ土地ニ附属スル建物木石等ハ併セテ之ヲ収用……スヘシ但所有者ニ於テ其移転ヲ請求スルトキハ移転料ヲ補償スヘシ」。

453)　「前条ノ移転料〔=「収用……スヘキ土地ニ在ル物件」の移転料〕ニシテ其ノ物件ノ相当価格ヲ超ユル場合ニ於テハ起業者ハ其ノ収用ヲ請求スルコトヲ得」。

454)　（旧々）土地収用法の立案過程では、移転を原則とする立法主義の採用も検討されたという（参照、國宗・前註(370)92～94頁）。

455)　「元来土地収用トハ其名称ノ指示スルカ如ク工事ニ必要ナル土地ヲ強要スルノ謂ニシテ必要ナキ其他ノ物件モ併テ之ヲ強要スルノ理ナシ」（明治30年の土地収用法案36条〔改正ノ要領〕。本編第1章註(101)参照）。

456)　例外的に、基本測量の実施のための建物等の収用（測量法19条1項）は、収用裁決→権利取得裁決の形式によりつつ、測量標の設置等のため必要であることを理由に、前者の主義を採っている（参照、川口京村編『測量法解説』（全国加除法令出版・昭38）81～82頁）。なお、面的な収用では、移転が一般に困難であるため、収用請求が無条件で認められている（首都圏市街地開発区域整備法15条（昭37法137－）2項（現・**首都圏の近郊整備地帯及び都市開発区域の整備**

きとの提言もある[457]。

(3) ③航路標識の買上（航路標識条例（明21勅67－昭24法99）2条4項[458]）→収用（**航路標識法**（昭24法99－）**4条2項**）は、それら（浮標のように動産の場合もある。）に対する既存の所有権を消滅させると同時に国の所有権を発生させる行政処分に当たる。

③は、対象物を除却しない点では⑤と同様であるが、対象物の用途を変更しない点で⑤と異なっている。鉄道国有法1条（本款第4目参照）と同じく、国有主義が掲げられており[459]（航路標識条例1条→航路標識法2条本文）、いわゆる公企業の収用（同目参照）として位置付けられる。

(4) ④工作物の収用（（旧）都市計画法17条[460]。建築物の整理のためのものに限る。）は、それに対する既存の所有権を消滅させると同時に事業執行者の統轄する公共団体の所有権を発生させる行政処分（収用裁定→収用裁決→権利取得裁決（いずれも前款参照）の形式によってされる。）に当たる。

④は、スラムクリアランスを目的としており、移転の困難性を問うことなく除却のための収用を認めている[461]。

不良住宅の収用（不良住宅地区改良法（昭2法14－昭35法84）10条[462]→**住宅地区改良法**（昭35法84－）**11条1項**）は、④を一歩進めて[463]、土地の収用も併せ

に関する法律26条の4第1項）等。類例につき参照、建設省住宅局宅地開発課『解説新住宅市街地開発法』（大成出版・昭39）137～138頁）。
457) 参照、平岡久『行政法解釈の諸問題』（勁草書房・平19）240頁。
458) 「航路標識ハ航路ノ安寧ヲ保護スル為メ政府ニ於テ之ヲ設置スルモノトス」（1条）。「土地ノ形状又ハ情況ニ由リテハ地方税又ハ区町村費ヲ以テ航路標識ヲ設置スルコトヲ得」「従来私設ノ航路標識ハ免許年限間之ヲ継続スルコトヲ得」「政府ニ於テ直接管理ヲ必要トスルトキハ相当ノ価格ヲ以テ第一項第二項ノ航路標識ヲ買上ルコトヲ得」（2条1項前段・2項・4項）。
459) その正当化根拠としては、受益範囲が一地方公共団体に止まらない点及び他の航路標識と一体的に運営されねばならない点に加え、収益事業でないため地方公共団体レヴェルでは国際規格に適合した維持管理を期待し難い点が挙げられる。
460) 「土地区画整理ノ為又ハ衛生上若ハ保安上ノ必要ニ依リ建築物ノ整理ノ為必要アルトキハ建築物其ノ他ノ工作物ヲ収用スルコトヲ得」（制定時）。
461) 立案過程につき参照、市政専門図書館蔵・前註(423)139～140頁〔中西委員長〕及び市政専門図書館蔵・前註(435)150～151頁〔中西委員〕。なお、土地区画整理のための④につき参照、小栗忠七『土地区画整理の歴史と法制』（巌松堂・昭10）367～370頁。
462) 「公共団体前項ノ規定ニ依リ改良事業ヲ行ハントスルトキハ主務大臣ニ申請シテ地区ノ指定ヲ受クベシ」（1条2項）。「本法ニ依リ改良事業施行ノ為必要アルトキハ事業施行者ハ地区内ノ土地又ハ建物其ノ他ノ工作物ヲ収用……スルコトヲ得」（10条）。
463) ④には、「たとひ建築物は之を収用し除去し得たりとするも、再び新なる不衛生地区の発生す

第 4 節 所有権を消滅させる国家作用

行うこととした。ベルギー・地方公共団体ノ公共事業ノ為ノ地帯収用ニ関スル法律（Lois sur l'expropriation par zones, pour travaux d'utilité communale, réunis et coordonnées du 1 julliet 1858 et du 15 novembre 1867）1 条[464]に倣ったものである[465]。

(5) ⑤事業の用に供すべき土地定着物件の収用（（旧）土地収用法 7 条ノ 2[466]（昭 2 法 39 – 昭 26 法 220）→**土地収用法 6 条**）は、それに対する既存の所有権を消滅させると同時に起業者の所有権を発生させる行政処分（収用裁決→権利取得裁決（前款参照）の形式によってされる。）に当たる。

⑤は、対象物を除却しない点では③と同様であるが、対象物の用途を変更する点で③と異なっている[467]。

(6) 第二次農地改革における⑥附帯施設の買収（自作農創設特別措置法 15 条 1 項）は、それに対する既存の所有権を消滅させると同時に国の所有権を発生させる行政処分に当たる。

⑥は、附帯施設の売渡（同法 29 条 1 項）と相俟って、対象物を売渡の相手方にそのまま用いさせることを目的としている。

(7) 市街地再開発事業〔現・第一種市街地再開発事業〕における⑦権利変換処分（**都市再開発法 86 条 1 項**。前目参照）は、施行地区内の建物に対する既存の所有権を消滅させると同時に施行者の所有権を発生させる行政処分に当たる[468]（**同法 87 条 2 項**）。

る惧れがある」という難点があった（飯沼・前編第 3 章註(222)319 頁）。
464) "Lorsqu'il s'agit d'un ensemble de travaux ayant pour objet d'assainir ou d'améliorer, en totalité ou en partie, un ancien quartier, ou de construire un quartier nouveau, le gouvernement peut, à la demande du conseil communal, autoriser, conformément aux lois du 8 mars 1810 et du 17 avril 1835, l'expropriation de tous les terrains destinés aux voies de communication et à d'autres usages ou services publics, ainsi qu'aux constructions comprise dans le plan général des travaux projetés."
465) 立案過程につき参照、社会局『社会事業調査会報告（第一回）』（同局・昭 2) 63 頁。
466) 「本法ハ第二条ニ規定スル事業ノ用ニ供スヘキ土地ニ定着スル物件又ハ之ニ関スル権利ヲ其ノ事業ノ用ニ供スル為ニ収用……スル場合ニ之ヲ準用ス」。
467) 「愛知県ニ非常ニ良イ森林ガアルノデ、其処ニ肺結核療養所ヲ設ケヤウト云フ積リデ其ノ土地ヲ買ヒマシタ、所ガ其ノ土地ノ所有者ニ非ザル〔立木ノ所有〕者ニ依テ……其ノ立木ヲスッカリ伐ラナケレバナラヌト云フコトニナッタ、……サウ云フ場合ニハ……立木ヲモ収用スルヤウニ致シタイ」（52・衆・土地収用法中改正法律案委 3 回（昭 2・3・18）11 頁〔次田大三郎政府委員〕）。
468) 参照、飛沢隆志「都市再開発法による不動産登記に関する政令逐条解説」登記研究 275 号（昭 45) 49 頁。

⑦は、④と同じく除却を目的としている。その対価は、施設建築物の所有を目的とする地上権の共有持分の形で、即座に現物補償される（**同法77条1項**）。

　(8)　マンション建替事業における⑧**権利変換処分**（**マンションの建替えの円滑化等に関する法律**（平14法78－）**68条**）は、施行マンションの既存の区分所有権を消滅させると同時にマンション建替組合の区分所有権を発生させる行政処分に当たる（**同法71条1項**）。

　⑧は、④⑦と同じく除却を目的とするが、対価たる施行再建マンションの区分所有権（**同条2項**）が与えられるのは、その完成後であり、事後補償となっている。尤も、建替え決議（**建物の区分所有等に関する法律62条1項**）に反対したため組合員とならなかった者（建替え合意者（**マンションの建て替えの円滑化等に関する法律16条1項・9条1項**）以外の区分所有者）は権利変換を希望しない旨の申出[469]（**同法56条1項**）、権利変換計画に関する総会の議決に賛成しなかった組合員は区分所有権の買取請求権[470]（**同法64条3項**。講学上の形成権）をそれぞれ行使することにより、事前補償を受けることが出来る（故に、⑧が名宛人の意に反する処分となるのは、実際には稀であろう。）。

　(9)　以上のうち、①②は、移転・除却を巡る起業者・建物所有者間の費用負担の問題に尽きるため、その時代の建築様式に適合した利益調整が図られていれば、正当化されよう。③⑤⑥も、土地の収用裁決→権利取得裁決（前目参照）に準じて考えればよい。

　これに対し、④⑦は、連檐した建築物群が除却されること自体に公益性を見出すものである。その正当化根拠は、スラムクリアランス（④）から消極・積極両目的の"合せ技一本[471]"（⑦）へと、漸次緩和されて来た。

---

469)　国土交通省住宅局住宅政策課・市街地建築課監修＝マンション建替え円滑化法研究会編『マンション建替え円滑化法の解説』（大成出版社・平15）91頁は、この申出をする区分所有者として専ら建替え合意者を予定している。これは、組合が区分所有権の売渡請求権（同法15条1項。講学上の形成権）の行使を義務付けられるという解釈を前提としているようであるが、そのように解する根拠はなく、賛同し難い。

470)　都道府県知事は、同請求権の行使期間（**マンションの建替えの円滑化等に関する法律64条3号**）が経過するまで、権利変換計画の認可（**同法65条1号**）をすることが出来ないと解される。

471)　遠藤教授は、「単なる警察制限や公用負担を越える計画制限」と評している（遠藤博也「都市再開発法の位置づけ」ジュリスト430号（昭44）25頁）。なお、市街地再開発事業〔旧・第一種市街地再開発事業〕の施行区域要件（**都市再開発法3条**）自体も、徐々に拡張されている（参照、竹内・前註(449)41頁及び藤木顕興「住みよい都市をよみがえらせるために」時の法令925号

④⑦の間及び⑦の後には、それぞれ市街地改造事業（公共施設の整備に関連する市街地の改造に関する法律（昭36法109－昭44法38）2条1号）及び第二種市街地再開発事業（**都市再開発法第4章**（昭50法66－））がある。前者は、再開発目的の私的公用収用をいわゆる附近地収用（前目参照）としてのみ許容するものであり[472]、後者は、正面から「市街地環境の整備それ自体の公共性により収用権を得ようとする[473]」ものである（両者の過渡期に位置する⑦は、附近地の再開発に止まらないが、新旧権利間の断絶が生じないこと（前節参照）によって正当化される。）。

両事業は、建築物の収用については、いずれも②によっている。前者における建築物の収用は、飽くまでも道路等の整備に附随した現象であり、一般法と異なる構成を採り得なかったためであろう。これに対し、後者では、一律に収用の請求を擬制する形を採っている（**同法118条の26**（同前）**第2項**）。両事業における建築物の収用は、④⑦と併せて考察されなければならない。

最後に、⑧が⑦と似て非なるものとなっているのは、一戸のマンションが再建されること自体には公益性が認められないためである。

第3目　動産所有権を有償で消滅させる行政作用

(1)　これに該当する立法例は、種類物に関する類型（①～⑬）に限られる（但し、必要な種類物が現場にあるものに限られる場合には、事実上特定されており、種類物と特定物との限界は連続的である。）。このうち⑦は、わが国にある当該種類物の全部を対象とする（⑧⑪についても、そのような形で発動することは排除されない。）、措置法律に基づく一回限りの行政処分である。

(2)　①米麦等の徴発（徴発令（明15太政官布告43－昭20勅604）12条1項[474]）。

（昭51）15頁）。

472)「公共施設の整備に関連せず、単に土地の合理的利用等の必要性からだけでは、超過収用権……が認められるか否かにつき私益と公益との調整という点で憲法上問題があるので、現段階においては、本法の程度としたものである」（吉兼・本編第1章註(104)21～22頁）。

473)　北島照仁「都市再開発の法制の系譜と今後の展望」自治研究49巻9号（昭48）152頁。「低層木造密集地域等著しく環境が悪化した地域、大震火災の危険の大きい地域、公害の著しい地域など緊急に再開発を行う必要がある区域については、クリアランス自体に公共性が高い」（同150～151頁）。

474)「徴発ス可キモノ左ノ如シ」「一　米麦粰霧塩味噌醤油漬物梅干及ヒ薪炭」（12条柱書・1項。「項」は現在の法令用語では「号」に当たる。）。類例、同条2項・5～7項・9項及び同令13条

供給拒否・蔵匿（同令10条[475]）の場合に限る[476]。）→②物資の収用（**自衛隊法**（昭29法165－）**103条1項・2項**）は、それらに対する既存の所有権を消滅させると同時に府県等→都道府県の所有権を発生させる行政処分に当たる。

①は、通常の場合には所有者に対し種類物を特定して引き渡すことを命ずる行政行為（徴発の賦課）に過ぎない[477]（明文の規定はないが、引渡し時に所有権が移転すると解される。）が、供給拒否・蔵匿があった場合には行政庁自ら選定することが出来るからであり、②は、その文言が**災害救助法**（後述）に倣っている[478]からである。

徴発令では、船舶・鉄道汽車を除き、徴発の命令を受けた府県知事等が徴発の賦課をする（4条1～3項[479]）。これはドイツ・軍事供給ニ関スル法律（Gesetz über die Kriegsleistungen, vom 13. Juni 1873）3条[480]及びフランス・軍事徴発ニ関スル法律（Loi relative aux réquisitions militaires du 3 juillet 1877）19条1項[481]に倣ったものである[482]。②も、防衛庁長官〔現・防衛大臣〕等の要請を受けた都道府県知事がするが、都道府県知事→都道府県は、私人と並ぶ行政客体でなく国と並ぶ行政主体として、機関委任事務→法定受託事務の処理について

1項（動産に限る。以下同じ。）・3項・4項。

475) 「徴発ヲ課セラレタルモノ商用其他ノ事故ヲ以テ供給ヲ拒ミ又ハ供給ス可キモノヲ蔵匿シタルトキハ直ニ之ヲ使用スルコトヲ得」。類例、徴発事務条例（明15太政官布達26－昭20勅604）8条。ここでいう「使用」とは、収用に対する使用という意味でなく、「買上ケ」（同令37条及び徴発事務条例（明15太政官布達26－昭20勅604）17条）も含んでいる。

476) 船舶・鉄道汽車の徴発（徴発令12条6項・7項）にあっては、供給遅滞（同令9条）の場合を含み、「買上ケ」の場合に限る。

477) 「徴発ヲ課セラレタルモノハ徴発令第十二条第六項第七項……第十三条……第四項……ノ物件……ヲ除クノ外其現在ノ所有品ヲ供給セサルモ便宜ニ従ヒ他ノ同品種ノモノヲ以テ換給スルコトヲ得」（徴発事務条例9条前段）。

478) 参照、加藤陽三「防衛両法律の主要問題（下）」警察研究25巻9号（昭29）46頁。尤も、公用令書の交付に関する規定（**自衛隊法103条**（平15法80－）**7～9項**）が加えられたのは、制定から約半世紀後である。

479) 「徴発ス可キモノノ種類ニ依リ徴発区……ヲ定ムルコト左ノ如シ」「一　第十二条第一項ハ　府県」（4条柱書・1項、2項・3項略）。「徴発書ヲ受ケタル府知事県令郡区戸長……ハ時期ヲ誤ルコトナク其供給ヲ完全セシムルノ責アルモノトス」（7条）。

480) "Dem Reiche gegenüber sind zunächst die Gemeinden zu nachfolgenden Leistungen verpflichtet: ……"

481) "Toute réquisitions doit être addressée à la commune. ……"

482) 参照、内閣記録局編『**法規分類大全**』1編兵制門一兵制総陸海軍官制一陸軍一（明23）198頁。徴発令の立案過程につき参照、遠藤芳信「近代日本における徴発制度の成立」人文論究（北海道教育大学）78号（平21）11～15頁。

第4節　所有権を消滅させる国家作用

の監督→関与を受けるに止まる。

(3)　❸④現品（土石を除く。）の収用（❸水利組合条例（明23法46－明41法50）53条2項[483]）→④水利組合法（明41法50－・現・**水害予防組合法**）50条1項[484]）のうち、④は、それに対する既存の所有権を消滅させると同時に国→水利組合〔現・水害予防組合〕の所有権を発生させる行政処分に当たる。

❸は、プロイセン・堤防団体ニ関スル法律（Gesetz über das Deichwesen, vom 28. Januar 1848）25条1項[485]と同じく警察行政庁の権限とされる一方、「収用」の語も用いており[486]、物の占有にしか触れない警察急状権に基づく即時強制か、本権まで変動させる応急公用負担か定かでない。これに対し、④は、公共団体である水利組合の権限とされており[487]、警察作用が国に独占されていた水利組合法制定時の法制上、住民保護の観点に基づく応急公用負担と解する外ないからである。

物品（土石を除く。）の収用（市制（明44法68－昭22法67）126条1項[488]→地方自治法160条（昭22法67－昭37法109）1項→**災害対策基本法**（昭36法223－）**64条1項**[489]）及び資材（土石を除く。）の収用（**水防法**（昭24法193－）21条1項

---

483)　「監督官庁ハ出水ノ為危険アルトキ水利組合ニ対シ防禦ニ必要ナル命令ヲ発スルコトヲ得」「前項ノ場合ニ於テ郡長市町村長又ハ警察官ハ組合区域内ニ住居スル一般ノ人民ヲ指揮シテ防禦ニ従事セシメ及必要ナル現品ヲ収用スルコトヲ得但現品ハ追テ組合ノ費用ヲ以テ相当ノ賠償ヲ為サシムヘシ」（同条1項・2項）。

484)　「非常災害ノ為必要アルトキハ組合ハ他人ノ土地ヲ一時使用シ又ハ其ノ土石竹木其ノ他ノ現品ヲ使用シ若ハ収用スルコトヲ得但シ其ノ損失ヲ補償スルコトヲ要ス」。類例、**土地改良法**（昭24法195－）121条（現**120条**）。

485)　"Ist die Erhaltung eines Deiches zur Sicherung einer Niederung gegen Ueberschwemmung nothwendig, so müssen bei drohender Gefahr, nach Anordnung der Polizeibehörde, alle Bewohner der bedrohten und nöthigenfalls auch der benachbarten Gegend zu den Schutzarbeiten unentgeltlich Hilfe leisten und die erforderlichen Arbeitsgeräthe und Transportmittel mit zur Stelle bringen."

486)　立案過程につき参照、国立公文書館蔵「水利組合条例ヲ定ム」（請求記号：本館-2A-011-00・類00509100）（内務省第一案（明22・3）88条）。

487)　水利組合が事実上行っていた活動に法的根拠を与えたものである（参照、21・衆・水利組合条例中改正法律案外一件委2回（明38・1・25）5頁〔吉原三郎政府委員〕及び24・衆・水利組合法案委2回（明41・2・26）3頁〔竹村良貞〕）。

488)　「非常災害ノ為必要アルトキハ市ハ他人ノ土地ヲ一時使用シ又ハ其ノ土石竹木其ノ他ノ物品ヲ使用シ若ハ収用スルコトヲ得但シ其ノ損失ヲ補償スヘシ」。類例、町村制（明44法69－昭22法67）106条1項。

489)　類例、**大規模地震対策特別措置法**（昭53法73－）**27条1項**及び**武力攻撃事態等における国民の保護のための措置に関する法律**（平16法112－）113条1項。

（現28条1項））についても、④と同様である。前者は、④を市町村に拡張したものであり[490]、後者は、④に代わるものとして制定された[491]からである。但し、後者は警察作用の国家独占が崩れた後の立法例であるため、消防機関の長も行政庁に加えられている。

　(4)　❺材料（土砂を除く。）等の徴収（(旧)河川法23条1項[492]）→⑥資材（土石を除く。）の収用（**河川法**（昭39法167 -）**22条1項**[493]）のうち、⑥は、それらに対する既存の所有権を消滅させると同時に河川管理者の所有権を発生させる行政処分に当たる。

　❺は、プロイセン法25条1項を警察急状権として再継受したものである[494]。これに対し、⑥は、**水防法**21条1項（現28条1項）及び**災害対策基本法64条1**項の文言を踏襲しており、応急公用負担と解されるからである。

　併しながら、⑥は、④等と異なり専ら公物保護の観点に基づくものであり、それが住民保護の観点と両立するかは問うところでない[495]。この点は、⑥が法定受託事務化された（**河川法100条の3**（平11法87 -）**第1項1号**）現在も、基本的に同様である。

　以上に対し、運搬具の供給（(旧)河川法38条[496]）は、その所有者に譲渡を

---

490)　「市町村ノ事業亦水利組合ノ事業ト同一状態ニ在ル場合アルヘキヲ以テ之ヲ参酌シテ茲ニ本条ノ規定ヲ設クルニ至レルモノ固ヨリ偶然ニ非サルナリ」（五十嵐鉱三郎他『市制町村制逐条示解』（自治館・大元）806頁）。

491)　④は、**水防法**の制定に伴い廃止されるべきものと考えられていた（参照、國宗正義＝粟屋敏信『水防法』（港出版合作社・昭30）75頁）が、そのまま現在に至っている。國宗水政課長は、水防法21条1項が④の特別法であるという（同157頁。同旨、水防法研究会『逐条解説水防法』（ぎょうせい・平17）114頁）が、両者は端的に重複していると見るべきであろう。

492)　「洪水ノ危険切迫ナルトキハ地方行政庁又ハ其ノ委任ヲ受ケタル官吏ハ其ノ現場ニ於テ直ニ防禦ノ為ニ必要ナル……土砂、竹木其ノ他ノ材料、車馬其ノ他ノ運搬具及器具等ヲ使用若ハ徴収……スルコトヲ得」。

493)　類例、(旧)道路法（大8法58 -昭27法181）46条→**道路法**（昭27法180 -）**68条1項**、漁港法（昭25法137 -。現・**漁港漁場整備法**）**36条2項**及び**港湾法55条の3**（昭29法111 -）**第1項**。

494)　(旧)河川法理由書には、「洪水ノ危険切迫ノ際ニ於ケル警察権行使ノ方法ヲ規定シタルモノナリ」とある（内務省土木局編・前編第3章註(313)20頁）。

495)　建設省河川研究会編『河川法』（港出版合作社・昭32）194頁は、❺と**水防法**21条1項とは「法的根拠は異なっている」が、後者の新設により前者は実際上適用を見なくなるという。建設省新河川法研究会編『逐条河川法』（港出版合作社・昭41）111頁は、⑥と同項は「存立の基礎を異にする」が、「両者相まって水防の効果を十分発揮することが期待される」という。

496)　「河川ニ関スル工事ノ為必要ナルトキハ地方行政庁ハ管内ノ土地若ハ森林ノ所有者ニ命シ補償

第4節 所有権を消滅させる国家作用

命ずる行政行為に止まる[497]。

(5) ⑦煙草製造専用の器具機械等の徴収（煙草専売法（明37法14）附則70条[498]）は、それらに対する既存の所有権を消滅させると同時に国の所有権を発生させる行政処分に当たる[499]。

⑦は、製造専売の実施に伴う経過措置である。立案過程の当初は、解体清算価値のみを補償するとされていた[500]が、結局、「営業利益の喪失に対する転業補償[501]」構成が選択された。継続企業価値の補償とされなかったのは、零細業者が多かったためという[502]。

(6) ⑧保護自動車の収用（軍用自動車補助法（大7法15－昭20勅604）8条1項[503]）は、それに対する既存の所有権を消滅させると同時に国の所有権を発生させる行政処分に当たる。

⑧は、補助金の下付[504]を受けて製造され、又は購買された物を対象としている。

(7) ⑨食糧等の徴用（非常徴発令（大12緊勅396－大13法7）3条[505]）は、それらに対する既存の所有権を消滅させると同時に国の所有権を発生させる行政

金トシテ時価相当ノ金額ヲ下付シ其ノ所有ニ係ル土石、砂礫、芝草、竹木及運搬具ヲ供給セシムルコトヲ得」（同条本文）。
497) （旧）河川法理由書には、「本条ハ河川ニ関スル工事ノ為ニ必要ナル動産収用ニ関スル規程ナリ」とある（内務省土木局編・前編第3章註(313)32頁）が、正確でない。
498) 「左記ノ物件ハ政府之ヲ徴収シ之ニ対シ補償金ヲ交付ス」「一　明治三十七年六月三十日ニ現在スル煙草製造専用ノ器具機械及巻紙」「二　明治三十八年三月三十一日ニ現在スル刻煙草製造専用ノ器具機械」「三　明治三十八年三月三十一日ニ現在スル葉煙草」（同条本文・1号本文・2号・3号）。類例、同法附則73条1項。
499) 類例につき参照、末松茂『煙草専売法釈義』（民友社・明37）83頁。
500) 参照、専売局編・前註(203)193頁。
501) 末松・前註(499)93頁。
502) 参照、遠藤湘吉『明治財政と煙草専売』（御茶の水書房・昭45）198～199頁。
503) 「主務大臣ハ軍用ノ為何時ニテモ保護自動車ヲ収用又ハ使用スルコトヲ得」。
504) このうち製造補助金の請求は義務的である（（旧）軍用自動車補助法施行細則（大7陸軍省令8－昭3陸軍省令20）33条2項）。
505) 「大正十二年九月一日ノ地震〔＝関東大震災〕ニ基ク被害者ノ救済ニ必要ナル食糧、建築材料、衛生材料、運搬具其ノ他ノ物件……ハ内務大臣ニ於テ必要ト認ムルトキハ其ノ非常徴発ヲ命スルコトヲ得」（同令1条）。「非常徴発ハ地方長官ノ徴発書ヲ以テ之ヲ行フ」（2条）。「非常徴発ヲ命セラレタルモノ徴発ノ命令ヲ拒ミ又ハ徴発物件ヲ蔵匿シタルトキハ直ニ之ニ徴用スルコトヲ得」（3条）。先例、穀類収用令（大7緊勅324－大8勅85）1条（但し、実際の発動を予定した手続は規定されていない。）。

第 2 編　物　　権　　第 3 章　所　有　権

処分に当たる[506]。

⑨は、①と同じく、供給拒否・隠匿に係る種類物を行政庁において選定するものである。

(8)　⑩物件の収用（防空法（昭 12 法 47 – 昭 21 法 2）9 条 1 項[507]）は、それに対する既存の所有権を消滅させると同時に国の所有権を発生させる行政処分に当たる。

⑩が警察急状権に基づく即時強制でなく応急公用負担であると解されるのは、たまたま同法が内務省警保局の所管とされなかった[508]からに過ぎない。

これに対し、自治体警察の創設直後に制定された**消防法**は、当初、消防対象物の「収用」（29 条（昭 23 衆法 186 – 昭 25 法 186）1 項・2 項）と「処分」（**同項**）を並列していた[509]。前者は⑩、後者は物件の処分[510]（行政執行法（明 33 法 84 – 昭 23 法 43）4 条[511]）をそれぞれ受け継いだものと見られる。前者が間もなく削られたのは、即時強制により処分することが出来る物件であれば、敢えて所有権を取得する必要もないためであろう。

(9)　⑪総動員物資の収用（総動員物資使用収用令（昭 14 総勅 838 – 昭 20 勅 601）2 条 1 項[512]）は、それに対する既存の所有権を消滅させると同時に国の所有権

---

506)　先例につき参照、「其ノ条項ハ概ネ範ヲ戦時船舶管理令〔大 6 勅 171 – 失効〕、〔旧〕土地収用法等類似ノ法制ニ採リ……」（『枢密院会議議事録』20 巻（東大出版会・昭 60）187 頁〔二上兵治書記官長〕）。

507)　「防空ノ実施ニ際シ緊急ノ必要アルトキハ地方長官又ハ市町村長ハ他人ノ土地若ハ家屋ヲ一時使用シ、物件ヲ収用若ハ使用シ又ハ防空ノ実施区域内ニ在ル者ヲシテ防空ノ実施ニ従事セシムルコトヲ得」。

508)　昭和 9 年の陸軍省案では、「収用」は「陸海軍ノ防空指揮官」の権限とされていた（参照、土田宏成『近代日本の「国民防空」体制』（神田外大出版局・平 22）222〜224 頁）。防空法の立案は、最終的には、陸軍のみならず警察による地方行政への介入をも警戒する内務省地方局によって主導された（参照、同 227〜230 頁）。

509)　立案過程につき参照、自治大学校編『戦後自治史Ⅸ（警察および消防制度の改革）』（自治大学校・昭 42）243 頁（昭和 22 年の消防法要綱試案(一)第四十四）。

510)　立案過程につき参照、東京大学法学部近代立法過程研究会「有松英義関係文書(九)」国家学会雑誌 87 巻 11 = 12 号（昭 49）152 頁・156 頁・160 頁・167〜168 頁。

511)　「当該行政官庁ハ天災、事変ニ際シ又ハ勅令ノ規定アル場合ニ於テ危害予防若ハ衛生ノ為必要ト認ムルトキハ土地、物件ヲ使用、処分シ又ハ其ノ使用ヲ制限スルコトヲ得」。

512)　「主務大臣国家総動員上必要ナル需要ヲ充足スル為特ニ必要アリト認ムルトキハ軍用ニ供スル総動員物資……ヲ……収用スルコトヲ得」（同令 2 条 1 項）。「主務大臣総動員物資ヲ……収用セントスルトキハ当該総動員物資ノ所有者ニ対シ……収用令書ヲ交付スベシ但シ所有者知レザル場合又ハ交付ニ著シキ日数ヲ要スル場合其ノ他所有者ニ交付スルコト著シク困難ナル場合ニ於テハ

第4節 所有権を消滅させる国家作用

を発生させる行政処分に当たる（同令13条2項[513]）。

井手法制局参事官によると、輾転流通する動産の特性に即した独自の手続を創設した点で、同令は「動産の公用徴収に関する一般的法典[514]」である。そこでは、❸〜⑥のような緊急の行政処分では顧慮する必要のなかった、手続開始後に生ずべき新たな法律関係が顧慮されている。即ち同令は、動産取引の安全を図るべく、収用令書の交付又は通知を受けた者のみに引渡義務を課し、引渡時に所有権が変動し、危険負担も移転する構成を採ったのである[515]。

⑩ ⑫物資の収用（戦時災害保護法（昭17法71－昭21法17）9条[516]）→⑬特定物資の収用[517]（**武力攻撃事態等における国民の保護のための措置に関する法律**（平16法112－）**81条2項**）は、それらに対する既存の所有権を消滅させると同時に国の所有権を発生させる行政処分に当たる（⑬は、所有者が売渡の要請（**同法81条1項**）に従わない場合にのみ発動される。）。

⑫⑬では、公用令書の交付（戦時災害保護法施行規則（昭17厚生省令26－昭21厚生省令38）5条1項[518]→武力攻撃事態等における国民の保護のための措置に関する

権原ニ基キ当該総動員物資ヲ占有スル者（以下管理者ト称ス）ニ対シ之ヲ交付スルヲ以テ足ル」（同令3条）。「主務大臣令書ノ交付ヲ為シタルトキハ遅滞ナク令書ノ交付ノ際ニ於ケル当該総動員物資ノ所有者又ハ管理者（令書ノ交付ヲ受ケタル者ヲ除ク）其ノ他当該総動員物資ニ付権利ヲ有スル者ニシテ知レタルモノニ対シ之ヲ通知スベシ令書ノ交付後当該総動員物資ノ所有者又ハ管理者ト為リタル者其ノ他当該総動員物資ニ付権利ヲ有スルニ至リタル者ニシテ知レタルモノニ対シ亦同ジ」（同令4条1項）。「令書ノ交付又ハ第四条第一項ノ通知ヲ受ケタル者ニシテ令書ニ記載シタル引渡時期ニ於テ当該総動員物資ノ所有者タルモノハ其ノ令書ニ記載シタル引渡時期ニ当該総動員物資ノ所在場所ニ於テ之ヲ引渡スベシ」（同令10条1項1文）。類例、要求物資使用収用令（昭20ポ勅635－昭27法15）2条及び食糧緊急措置令（昭21勅86－平6法113）1条。

513) 「総動員物資ヲ収用スル場合ニ於テハ当該総動員物資ノ引渡アリタル時ニ於テ政府其ノ所有権ヲ取得シ其ノ他ノ権利ハ消滅ス」。
514) 井手成三「動産の公用徴収に就て――総動員物資使用収用令解説(一)」自治研究16巻2号（昭15）39頁。
515) 参照、井手成三「動産の公用徴収に就て――総動員物資使用収用令解説(二)」自治研究16巻4号（昭15）57頁・65頁及び同「動産の公用徴収に就て――総動員物資使用収用令解説(四)」自治研究16巻7号（昭15）59〜60頁。
516) 「救助ヲ行フ為特ニ必要アリト認ムルトキハ地方長官ハ一時勅令ヲ以テ定ムル施設ヲ管理シ、土地、家屋若ハ物資ヲ使用シ、勅令ヲ以テ定ムル者ヲシテ物資ヲ保管セシメ又ハ物資ヲ収用スルコトヲ得」。
517) 立案過程につき参照、松浦一夫「有事法制定までの道程と現段階」西修他『我が国防衛法制の半世紀』（内外出版・平16）244頁。
518) 「法律第九条ノ規定ニ依リ……物資ヲ収用スル場合ニ於テハ公用令書ヲ交付シテ之ヲ為スベシ」「公用令書ニハ左ニ掲グル事項ヲ記載スベシ」「二 ……物資ノ種類、数量及所在ノ場所並ニ……

法律83条1項)から引渡までの間に所有権が移転することは想定されておらず、令書は単に要式行為性を示すものに過ぎなくなっている。

物資の収用(**災害救助法**(昭22法118－)12条(現23条の2)1項[519]))についても同様である。

(11)　特別公的管理銀行の株式の取得の決定(**金融機能の再生のための緊急措置に関する法律**(平10衆法132－)**38条1項**[520]))は、既存の株券の所有権(株券電子化により、この点を問題とする余地はなくなった。)でなく、既存の株主の権利を消滅させると同時に国の株主の権利を発生させる行政処分に当たる(本決定による株式の取得には株券の交付を要さず、株券は無効とされる[521])(**同法39条3項・2項**)。)。

(12)　以上の外、**民法**制定前には土地から分離される前の土石砂礫が動産とされていたという仮説[522]に立つならば、土石砂礫の収用((旧々)土地収用法28条)及び土石・砂礫の供給((旧)河川法38条)も、本目に分類される(後者は、プロイセン・堤防団体ニ関スル法律20条[523]に倣ったものであろう[524]。)。一方、**土地収用法**では、土石砂れきの収用(7条((旧)土地収用法8条))は、これらの採取のための土地の使用として整理された[525](139条1項)。

(13)　以上のうち、①②④⑥⑨⑩⑫⑬は、いずれも応急公用負担であり、「本来代替性を有し、収用の目的物とはならない筈の動産も緊急の場合には収用す

　　　引渡時期……」(同条1項・4項柱書・2号)。「……収用スベキ物資ハ公用令書ニ記載シタル引渡時期ニ其ノ所在ノ場所ニ於テ之ヲ地方長官ニ引渡スベシ」(6条1項)。
519)　類例、**災害対策基本法71条1項・78条1項及び大規模地震対策特別措置法27条3項**。
520)　類例、**預金保険法112条**(平12法93－)1項。
521)　参照、片山敦嗣「金融再生関連四法の概要」時の法令1586号(平11)18頁。類例につき同旨、佐々木宗啓他『逐条解説預金保険法の運用』(金融財政事情研究会・平15)442頁。
522)　参照、國宗・前註(370)74頁。土石・砂礫の供給も、(旧)河川法理由書では「動産収用」と説明されている(前註(497)参照)。
523)　"Die Eigenthümer der eingedeichten Grundstücke und Vorländer sind verpflichtet, auf Anordnung der Deichbehörde dem Verbande den zu den Schutz- und Meliorationsanlagen erforderlichen Grund und Boden gegen Vergütung abzutreten, desgleichen die zu jenen Anlagen nöthigen Materialien an Sand, Lehm, Rasen u.s.w. gegen Ersatz des durch die Fortnahme derselben ihnen entstandenen Schadens zu überlassen"(§20 S.1).
524)　水利組合条例草案にも、「組合区域内ノ土地及土砂ハ組合事業ノ為メ其使用又ハ採掘ヲ要スルトキハ所有者ニ於テ之ヲ拒ムコトヲ得ス」という規定があった(81条1項。市政専門図書館蔵・前編第2章註(39)28頁)。
525)　参照、高田＝國宗・前註(385)370頁。

る必要がある[526)]」ことによって正当化される。このうち、供給命令が先行しているもの（①⑨）及び要式行為（②⑫⑬）については、警察急状権に基づく即時強制との区別は比較的容易であるが、④⑥⑩については、沿革に頼る外ない。

⑪は、確かに動産収用の一般法であるが、緊急性のない動産収用自体が、一定の種類の動産の用途を国家が決定する総力戦体制の下でしか正当化されない点に注意しなければならない。⑧も、これに準ずるものである。

⑦は、滅却を目的としており、収用構成を採る論理的な必然性はないが、滅却命令を課しても自発的に履行される保障はないため、このような構成が採られたものであろう。

第4目　企業を構成する動産・不動産の所有権を有償で消滅させる行政作用
（1）　これに該当するかが問題となる立法例は、いわゆる公企業の収用に限られ、運輸事業（①〜⑧⑪）及び供給事業（⑨⑩）に大別される。このうち、④は措置法律に基づく一回限りの行政処分である。

（2）　①道路橋梁等の買上（道路橋梁河川港湾等通行銭徴収ニ関スル命令書下付ノ件（明17・9・17土木局長通牒）別紙命令書按16条[527)]）は、道路橋梁等の開設免許（明治4年布告648号[528)]）に附される条件（講学上の附款）として、それらを構成する動産・不動産に対する開設者の所有権を消滅させると同時に国の所有権を発生させる行政処分に当たる。

①は、免許期限内に未回収額を対価として当該道路橋梁等を取得するものであるところ、それらはいずれ国に帰属すべきものとされており、原始取得構成を採っていると解するのが自然だからである。明治4年布告648号[529)]は、私

---

526)　柳瀬・序説註（6）154頁。
527)　「免許期限中ト雖モ官ノ都合ニ依リテハ資金償却方法書ニ拠リ元利金ノ内既往ニ属スル収入金（償却方法書ニ掲クル予算ニ依ル）ヲ控除シ全ク未償却金額ヲ以テ買上ルコトアル可シ」（16条。内務省河川課編・前編第3章註（130）321頁）。
528)　「治水修路ノ儀ハ地方ノ要務ニシテ物産蕃盛庶民殷富ノ基本ニ付府県管下ニ於テ有志ノ者共自費或ハ会社ヲ結ヒ水行シ嶮路ヲ開キ橋梁ヲ架スル等諸般運輸ノ便利ヲ興シ候者ハ落成ノ上功費ノ多寡ニ応シ年限リ定メ税金取立方被差許候……」。
529)　同布告は、地方公共団体が港湾使用料を徴収する根拠として、**港湾法**の制定まで広く用いられた。参照、細田徳寿『港湾・運河編』（好文館・昭16）218〜219頁及び巻幡静彦『港湾法解説』（港湾協会・昭25）7〜9頁。河川、運河及び橋梁・渡船場は、（旧）河川法43条、**運河法**及び（旧）道路法26条が設けられたことにより、港湾に先立って同布告の適用対象から外れている。

第2編 物　権　第3章 所有権

人が交通インフラを整備し、使用料を徴収することを認めたものであるが、明治17年通牒により、運輸事業の国家独占原則を宣言したものと再解釈された[530]。これにより、民営の運輸事業は非営利事業と位置付けられ、私人が開設した道路橋梁等は、投下資本回収期間たる免許期限の満期後には国に無償で帰属する（同通牒18条[531]）とされた。

（3）❷❸鉄道及附属物件の買上（❷私設鉄道条例（明20勅12 – 明33法64）35条[532]）→❸私設鉄道法（明33法64 – 大8法52）72条1項[533]））及び④北海道炭礦鉄道等の買収（鉄道国有法（明39法17 – 昭61法93）2条1項[534]）→⑤地方鉄道の買収（地方鉄道法（大8法52 – 昭61法92）30条1項[535]）のうち、④⑤は、それらを構成する動産・不動産（鉄道財団が設定されている場合には、同財団）に対する鉄道会社→地方鉄道業者の所有権を消滅させると同時に国の所有権を発生させる行政処分に当たる。

④⑤は、幹線鉄道国有主義[536]（鉄道国有法（明39法17 – 昭61法93）1条[537]）と表裏一体をなしており、原始取得構成を採っていると解するのが自然だからである。④⑤がされても鉄道財団抵当権が消滅せず、存続する[538]（鉄道抵当法

530）　参照、池田（宏）・前註(219)67頁。尤も、同布告の立案理由からは、そこまで強い国家意思を読み取ることは出来ない（参照、国立公文書館蔵「治水修路等ノ便利ヲ興ス者ニ税金取立ヲ許ス」（請求記号：本館-2A-009-00・太00397100））。

531）　「免許満期ノ後ハ敷地及構造物共無代価ニテ官有ニ帰スルモノトス」（18条。内務省河川課編・前掲第3章註(130)321頁）。

532）　「政府ハ免許状下付ノ日ヨリ満二十五箇年ノ後（特ニ営業期限ヲ定メタルモノハ其満期後）ニ於テ鉄道及附属物件ヲ買上ルノ権アルモノトス」。

533）　「政府ハ本免許状下付ノ日ヨリ満二十五箇年ノ後鉄道及附属物件ヲ買上クルノ権ヲ保有ス」。

534）　「政府ハ明治三十九年ヨリ明治四十八年迄ノ間ニ於テ本法ノ規定ニ依リ左ニ掲クル私設鉄道株式会社所属ノ鉄道ヲ買収スヘシ」「一　北海道炭礦鉄道株式会社」（2条1項柱書・1号。2号以下略）。類て、京釜鉄道買収法（明39法18 – 昭29法93）1条1項。

535）　「政府カ公益上ノ必要ニ因リ地方鉄道ノ全部又ハ一部及其ノ附属物件ヲ買収セムトスルトキハ地方鉄道業者ハ之ヲ拒ムコトヲ得ス」（制定時）。

536）　参照、喜安健次郎『運送行政』（厳松堂・大14）16頁註3及び山口・前註(223)45〜46頁。

537）　「一般運送ノ用ニ供スル鉄道ハ総テ国ノ所有トス但シ一地方ノ交通ヲ目的トスル鉄道ハ此ノ限ニ在ラス」（「国」は、日本国有鉄道法（昭23法256 – 昭61法87）63条により、「日本国有鉄道」と読替え）。

538）　「鉄道抵当法ニ矢張リ官ニ買収スル場合ニ於キマシテモ鉄道財団ト云フモノハ成立シテ居ルコトニナッテ居リマス」（22・貴・鉄道国有法案外一件特別委2号（明39・3・22）19頁〔山之内一次政府委員〕）。鉄道抵当法の立案過程では、初め消滅構成が採られていたが、買収を抵当権者の同意に係らしめる Bearing 商会案が呈示されたことを受け、上記のように修正された（参照、清水誠「財団抵当法（法体制確立期）」鵜飼信成他編『講座日本近代法発達史』4巻（勁草書

第4節 所有権を消滅させる国家作用

26条[539)]（明38法53－昭61法93））ため、承継取得構成が採られているかに見えるが、同法（制定時）が鉄道財団抵当権の設定自体に公益性を見出していた点（本編第4章第4節第3款参照）に鑑みると、同条は原始取得に伴う第三者の権利の消滅の例外を定めたものと解すべきであろう[540)]。

❷の先駆をなす日本鉄道会社特許条約[541)]（明14達93）は、免許年限を99年とした上、50年経過後から買上を可能とし[542)]、その対価を株券価格としていた[543)]（28条[544)]）。阪堺鉄道会社特許条約[545)]（明18）は、許可年限を50年とした上、30年経過後から買上を可能とした[546)]。❷は、更に進んで、25年[547)]経

房・昭33）117頁及び鉄道抵当法案20条（国立公文書館蔵「鉄道抵当法案」『目賀田家文書』（請求記号：分館-05-059-00・平15財務00021100））。
539）「政府力鉄道及附属物件ヲ買上ケタル場合ニ於テ抵当権設定後二十箇年又ハ据置年限ヲ経過シタルトキハ抵当附債務ヲ弁済スルコトヲ得」（同条本文）。
540）因みに、満洲国・鉄道法（大同2教令2）は「収用」の語を用いている（2条1項）。
541）山口尚芳元老院幹事が起草し、東京府知事に提出された同条約案第八では、「会社創立後九十九ヶ年ノ後ハ何時ニテモ其時相当ノ価格ヲ以テ政府ニ鉄道ヲ買上ラルヘキ事」となっていた（参照、「日本鉄道株式会社沿革史（一）」野田正穂他編『明治期鉄道史資料』2集1巻（日本経済評論社・昭55）58頁・66頁）。
542）「此特許条約ノ期限ハ明治十五年一月ヨリ向九十九ヶ年トス但満五十ヶ年経過ノ後ハ政府ニ於テ何時ニテモ鉄道及ヒ第三十条ニ掲クル附属物ヲ買上ルノ権アルモノトス」（27条但書）。
543）これは権利の客体でなく主体の対価であり、一見奇異に映るが、当時はいまだ資本が観念上の数額と捉えられていなかったのかも知れない。例えば参照、伊藤博文参議提出「鉄道株券発行ノ方案」（明14・12）2条・3条・5条（鉄道省編『日本鉄道史』上巻（同省・大10）387～388頁）。
544）「第二十七条ノ場合ニ於テハ日本鉄道会社ニ於テ興業ノ為メ発行セシ株券ノ時価相当ヲ以テ買上ケノ価格ト為スヘシ」（28条（明14達102－））。制定時は「時価相当」でなく「総金額」であったが、「株金募集ニ影響ヲ及ホ」す虞があったため発起人の請願により改正された（参照、前註(541)98～99頁）。
545）立案過程では、内務・大蔵両省から次のような意見が表明されている。「曽テ日本鉄道会社ノ創立許可ノ節ハ特別ノ事情ト保護トノ二ツアリテ未タ充分ノ特許条款ヲ定ムルニ至ラサレトモ元来許可期限ニ至レハ線路停車場等ノ不動産ハ政府ノ所有ニ帰スルノ国〔＝フランス・地方鉄道及軌道ニ関スル法律（後述）9条1項〕モ有之候旁此辺篤ト御詮議ノ上御許可相成然ルヘシ」（内務省地理局編・前註(12)7巻122頁）。
546）「小鉄道営業許可ノ期限ハ満五十ヶ年タルヘシ而シテ営業期限中ト雖モ満三十ヶ年ノ後ハ政府ノ都合ニ依リ相当代価ヲ以テ買上ヲ為スコトアルヘシ」（11条本文）。「営業年限満期ニ至ルトキハ鉄道ハ悉皆取払ヒ原形ニ復シ予テ貸付セシ所ノ官有土地並家屋トモ原状ヲ以テ速ニ還納スヘシ然レトモ請願ニ因テハ更ニ営業ヲ許可スルコトアルヘシ」（21条本文）（いずれも参照、鉄道省編・前註(543)765～766頁）。
547）鉄道局案35条は20年としていたが、法制局により修正された（参照、国立公文書館蔵「私設鉄道条例ヲ定ム・附本条例中政府トアル場合ニ於テ事務ノ関渉ハ内閣ヲ指ス」（請求記号：本館-2A-011-00・類00321100））。

過後（営業期限がある場合にはその満期後）から買上を可能としたものである（❸は、営業期限を定めないこととした外、❷を踏襲した。）。

　❸までは、買上を猶予される期限の利益（とりわけ特許条約に基づくもの）は、欧州各国と同じく[548]、不可侵の既得権であると理解されていた[549]。④⑤は、この常識を打破するものであった。

　対価に関しては、❷は日本鉄道株式会社特許条約の主義を踏襲し、過去5年間の平均株券価格としている（私設鉄道条例36条[550]）。鉄道局の当初案では、過去3年間の平均株主配当金を5分で除した額となっていた[551]が、採用されなかった。同案は、資本還元率を交付国債の利率[552]と一致させて配当を利子に置き換えるものであり、プロイセン・鉄道企業ニ関スル法律42条2項4号a[553]等[554]に倣ったものと見られる。❸も、同条約の主義から袂別することが出来ず[555]、過去5年間の平均株主配当金を5分で除した額と過去

---

548) スイス・連邦ノ計算ニ於ケル諸鉄道ノ取得及経営並ニ瑞西連邦鉄道ノ管理ノ組織ニ関スル連邦法律（Bundesgesetz betreffend die Erwerbung und den Betrieb von Eisenbahnen für Rechnung des Bundes und die Organisation der Verwaltung der schweizerischen Bundesbahnen, vom 15. Oktober 1897）2条1項は、営業期限満期後の鉄道を買収するものであった。

549) 「現行私設鉄道条例ニ拠レハ鉄道買上権ハ営業期限ノ満了後ニ政府之ヲ有スト約束シタリ〔。〕然ルニ今此約束ヲ изменяетシテ何時ニテモ政府ニ買上権アリト定ムルハ法律上ハ不可ナキモ徳義上甚タ穏当ナラス〔。〕且又之ヲ為スモ特約アル日本鉄道会社両毛鉄道会社等ニ向テハ其権ヲ行フコトヲ得ス」（井上勝鉄道庁長官「鉄道政略ニ関スル議」（明24・7）。鉄道省編・前註(543)930～931頁）。

550) 「前条ニ依リ鉄道及附属物件ヲ買上ルトキハ前五箇年間ノ株券価格ヲ平均シ之ヲ以テ買上価格ト定ムヘシ」。

551) 「前条買上ノ場合ニ於テハ政府ハ会社ノ会計帳簿及物件ヲ監査シ前三個年間ニ株主ニ配当シタル純益金平均額一個年分ヲ二十倍シタル金額ヲ以テ鉄道及附属物件ノ価格ト定ムヘシ」（鉄道局当初案41条）。同局最終案では同条例36条と同文となった（参照、国立公文書館蔵・前註(547)）。

552) 「整理公債利子ノ割合ハ一箇年百分ノ五トス」（整理公債条例（明19勅66－実効性喪失）3条）。

553) "Dem Staate bleibt vorbehalten, das Eigenthum der Bahn mit allem Zubehör gegen vollständige Entschädigung anzukaufen" (Abs.1.). "Hierbei ist, vorbehaltlich jeder anderweiten, hierüber durch gütliches Einvernehmen zu treffenden Regulirung, nach folgenden Grundsätzen zu verfahren: …… 4) Die Entschädigung der Gesellschaft erfolgt sodann nach folgenden Grundsätzen: a. Der Staat bezahlt an die Gesellschaft den fünf und zwanzigfachen Betrag derjenigen jährlichen Dividende, welche an sämmtliche Aktionaire im Durchschnitt der letzten fünf Jahre ausbezahlt worden ist" (Abs.2. 4) a).

554) イギリス・鉄道規制法（Railway Regulation Act 1844 (c.85)）2条。

555) 「是〔＝私設鉄道条例36条〕ハ日本特有ノ条章デアッテ、外ニサウ云フコトヲ書イタ国ハゴザ

第4節　所有権を消滅させる国家作用

5年間の平均株券価格のうち、少額である方を対価とした（私設鉄道法73条[556]）。

とはいえ、プロイセン法の主義にも、配当金は必ずしも益金に比例しない上、投下資本額が顧慮されないという難点がある[557]。そこで④⑤は、過去3年間の建設費に対する益金の平均割合に買収時の建設費を乗じた額を5分で除した額をもって対価とした[558]（鉄道国有法5条1項1号[559]→地方鉄道法31条1項[560]）。個々の事業の危険率を斟酌することなく、資本還元率を一律5分としたのは、買収が期限の利益を喪失させるものだったからに外ならない[561]。

リマセヌ、大概利益ノ平均価格ニシテ居ルヤウデアリマス……、併ナガラ此等ノ箇条ハ大イニ鉄道ノ利益ニモ関係スル箇条デアリマスカラ、軽々ニ無暗ニ〔削除〕致スベキモノデハナイト云フ考ヲ持チマシテ、改正案〔＝私設鉄道法〕中ニモ是ハ置キマシタノデアリマス、併ナガラ各国ニ普通ナル鉄道買上ノ価格ニ付イテノ一般ノ法ヲ御注意シテ置イタ方ガ、大ニ工業ノタメニナラウト云フ考カラ、七十三条二項……ヲ補ヒマシタ」（14・衆・鉄道営業法案外二件審査特別委2号（明33・2・9）11〜12頁〔犬塚勝太郎政府委員〕）。
556)「前条ニ依リ鉄道及附属物件ヲ買上クルトキハ前五箇年間ノ株券価格ヲ平均シテ買上価格ヲ定ム」「前項ノ価格カ会社ニ於テ前五箇年間ニ株主ニ支払ヒタル純益金ノ配当平均額ノ二十倍ノ金額ヲ超ユルトキハ該金額ヲ以テ買上価格トヲスヘシ」（同条1項・2項）。
557)　参照、喜安・前註(536)156頁。
558)　但シ、開業後3年を経過しない場合又は建設費に対する益金の平均割合が5分に達しない場合には、対価が算定不能又は著しく低くなるため、建設費を上限とする協定価格とされた（鉄道国有法8条→地方鉄道法32条（大8法52－昭4法62））。それでも、期限の利益がない場合には過剰補償に当たると批判されたため、建設費に対する益金の平均割合が5分に達しない場合には、建設費と益金還元額の折半額とすることに改められた（地方鉄道法31条（昭4法62－昭61法92）1項2号・2項。参照、大山＝壺田・前註(223)218〜219頁）。
559)「買収価額ハ左ニ掲クルモノトス」「一　会社ノ明治三十五年後半期乃至明治三十八年前半期ノ六営業年度間ニ於ケル建設費ニ対スル益金ノ平均割合ヲ買収ノ日ニ於ケル建設費ニ乗シタル額ヲ二十倍シタル金額」「前項第一号ニ於テ益金ト称スルハ営業収入ヨリ営業費、賞与金及収益勘定以外ノ諸勘定ヨリ生シタル利息ヲ控除シタルモノヲ謂ヒ益金ノ平均割合ト称スルハ明治三十五年後半期乃至明治三十八年前半期ノ毎営業年度ニ於ケル建設費合計ヲ以テ同期間ニ於ケル益金ノ合計ヲ除シタルモノノ二倍ヲ謂フ」（同条1項柱書・同項1号・2項）。
560)「買収価額ハ最近ノ営業年度末ヨリ遡リ既往三年間ニ於ケル建設費ニ対スル益金ノ平均割合ヲ買収ノ日ニ於ケル建設費ニ乗シタル額ヲ二十倍シタル金額トス」「……益金トハ営業収入ヨリ営業費及賞与金ヲ控除シタルモノヲ謂ヒ益金ノ平均割合トハ三年間ニ於ケル毎営業年度末ノ開業線建設費ノ合計ヲ以テ同期間ニ於ケル益金ノ合計ヲ除シタルモノニ一年間ニ於ケル営業年度ノ数ヲ乗シタルモノヲ謂フ」（31条1項・2項（いずれも制定時））。「買収ノ日ニ於テ運輸開始後前条第一項ニ規定スル三年ヲ経過シタル線路ヲ有セサル場合又ハ前条第一項ノ金額カ建設費ニ達セサル場合ニ於テハ其ノ建設費以内ニ於テ協定シタル金額ヲ以テ買収価額トス」（32条（同前））。
561)「二十五ヶ年ニモ達シナイ前ニ必要ヲ認メテ買フノデアリマスカラ、多少私設鉄道法ニ掲ゲテアルヨリモ、会社ノ方ニ利益ヲ遣ル方ガ至当ナコトデアル」（22・衆・鉄道国有法案外一件委6回（明39・3・14）44頁〔山之内一次政府委員〕）。

（4）　軌道の⑥買上（軌道条例ニ関スル取扱方ノ件（明23内務省訓令662－明34内務省訓令17）別紙命令書案14条[562]）→⑦⑧買収（⑦軌道条例取扱心得（明34内務省訓令17）別記命令書案雛形32条1項[563]・37条1項[564]→⑧軌道法18条（大10法76－昭61法93。廃止時17条）1項[565]）。工事未着手ノ線路[566]の場合[567]を除く。）は、軌道を構成する動産・不動産（軌道財団が設定されている場合には、同財団）に対する軌道経営者の所有権を消滅させると同時に国等の所有権を発生させる行政処分に当たる（⑥⑦は、軌道の布設特許（軌道条例（明23法71－大10法76）1条[568]）に附される条件（講学上の附款）としてされる。）。

⑥は、フランス・地方鉄道及軌道ニ関スル法律（Loi relative aux chemins de fer d'intérêt local et aux tramways du 11 juin 1880）35条[569]に倣って、①と同じ枠

---

[562]　「非常又ハ公益ノ為メニ已ムヲ得サル事故アルトキハ第十五条ニ定メタル補償ヲ特許ヲ受ケタル者ニ給与シテ該軌道、停車場、停車場敷地及ヒ車馬ヲ全部若クハ一部ヲ……買上クルコトアルヘシ」（14条）。「前条全部買上ノ場合ニ於テハ前前箇月間其地方ノ金利平均年率ヲ以テ前何ヶ年間ノ純益平均年額ヲ除シ買上代価トス」（15条2項）。

[563]　「国又ハ公共団体ニ於テ公益ノ為軌道其ノ他営業上必要ナル物件ノ全部若ハ一部ノ……買収ヲ為サムトスルトキハ特許ヲ受ケタル者ハ之ヲ拒ムコトヲ得ス」（31条1項本文）。「前条全部買収ノ場合ニ於テハ年率七分ヲ以テ前五箇年間ノ純益平均年額ヲ除シ補償金額ヲ定ム」（32条3項本文）。

[564]　「特許ノ消滅シタル場合ニ於テハ国又ハ公共団体カ軌道其ノ他営業上必要ナル物件ノ全部又ハ一部ヲ買収セントスルトキハ特許ヲ受ケタル者ハ最近ノ財産目録ニ記載シタル物件ノ価格ヲ以テ之ヲ売渡スヘシ」（37条1項）。

[565]　「国ハ公共団体ニ於テ公益上ノ必要ニ因リ軌道ノ全部又ハ一部及其ノ附属物件ヲ買収セムトスルトキハ軌道経営者ハ之ヲ拒ムコトヲ得ス」（同項（制定時））。「地方鉄道法第三十一条乃至第三十五条ノ規定ハ国ニ於テ前条第一項ノ規定ニ依リ買収ヲ為ス場合ニ之ヲ準用ス」「公共団体カ前条第一項ノ規定ニ依リ買収ヲ為ス場合ニ於テハ買収価額ハ協議ニ依リ協議調ハサルトキハ申請ニ因リ前項ノ規定ニ準シ算出シタル金額ヲ標準トシテ主務大臣之ヲ裁定ス」（19条（同前）1項・2項）。

[566]　これは「未タ運輸開始ニ至ラサル線路」（軌道法17条（昭4法61－昭61法93）1項括弧書）に含まれる。

[567]　この場合、軌道経営の特許（軌道法3条）によって生ずる地位のみが買収の対象となる（参照、大山＝壹田・前註(223)240頁・212頁）。なお、柳瀬・序説註(6)158～159頁は、軌道法18条（同前）2項（「公共団体ニ於テ……買収ヲ為シタルトキハ特許ニ因リテ生スル権利義務ヲ承継ス」）を根拠に、⑧は常に「物に対する権利」だけでなく「事業経営の権利」も取得する行政処分であると説くが、通常の場合には、後者の価値は前者の価値に織り込まれるのであり、また同項がそのような趣旨で設けられた訳でもない（参照、大山＝壹田・同241～242頁）。

[568]　前註(215)参照。

[569]　"A l'expiration de la concession, l'administration peut exiger que les voies ferrées qu'elle avait concédées soient supprimées en tout ou en partie, et que les voies publiques et leurs déviations lui soient remises en bon état de viabilité aux frais du concessionaire."

第4節 所有権を消滅させる国家作用

組みを用いているからであり、⑦⑧は、④⑤と同じく幹線鉄道国有主義（前述）と表裏一体をなしている（軌道も鉄道の一種である。）からである[570]。

(5) ⑨⑩水道の買収（⑨水道条例18条[571]（明44法43－大2法15）→⑩同条（大2法15－昭32法177）1項[572]・17条（同前）1項[573]）のうち、⑨は、水道を構成する動産・不動産に対する会社の所有権を消滅させると同時に市町村の所有権を発生させる行政処分に当たる。

⑨は、イギリス・公衆衛生法（Public Health Act 1875 (c.55)）51条2号[574]を参考としつつも、①と同じ枠組みを用いているからである。即ち水道事業は原則公営主義であり、民営水道事業は非営利とされ（水道条例2条（明44法43－大2法15）1項但書[575]）、水道を構成する動産・不動産は、許可年限満了後には無償で国に帰属する（同条例17条[576]（同前））。

---

[570] ⑦の対価は、年限内の場合には継続企業価値、年限後の場合には解体清算価値とされる（イギリス・軌道法（Tramways Act 1870 (c.78)）43条・44条ともやや異なっている。）。これに対し、軌道法は営業年限を撤廃した（大14・3・10土木・監督両局長回答（田中好編『現行土木例規類纂』（良書普及会・大15）2類17頁））ため、⑧の対価は⑤に準じた継続企業価値とされる。⑦⑧がされても軌道財団抵当権は消滅せず、存続する（軌道ノ抵当二関スル法律3条（明42法28－昭61法93）1項）が、④⑤と同様に解すればよい。

[571] 「市町村ニ非サル企業者ノ布設シタル水道ニシテ関係市町村ニ於テ必要ト認ムルトキハ元資未償却金額又ハ水道布設費ヲ許可年限ニテ除シ之ニ残余ノ年限ヲ乗シタル金額ヲ以テ之ヲ買収スルコトヲ得」。

[572] 「市町村ニ非サル企業者ノ布設シタル水道ニシテ関係市町村ニ於テ必要ト認ムルトキハ許可年限ノ満了前ト雖モ之ヲ買収スルコトヲ得」「前項ノ買収価格ハ協議ニ依リ之ヲ定ム協議調ハサルトキハ鑑定人ノ意見ヲ徴シ地方長官之ヲ決定ス」（同条1項・2項前段）。

[573] 「市町村ニ非サル企業者ノ布設シタル水道ニシテ許可年限ノ満了シタル後ハ関係市町村ハ水道布設ニ要シタル費用ヲ支払ヒ其水道及水道経営ニ必要ナル土地物件ヲ買収スルコトヲ得」「前項費用ノ範囲及金額ニ関シ当該市町村ト企業者トノ間ニ争アルトキハ地方長官之ヲ決定ス」（同条1項本文・2項前段）。

[574] "Any urban authority ......, and any rural authority ...... may ...... (2.) ...... (with the sanction of the Local Government Board) purchase any waterworks, or any water or right to take or convey water, either within or without their district, and any rights powers and privileges of any water company ...."

[575] 「水道ハ市町村其公費ヲ以テスルニ非サレハ之ヲ布設スルコトヲ得ス但土地開発ノ為メ町村内ニ水道ヲ布設スル必要アル場合ニ限リ当該町村其資力ニ堪ヘサルトキハ元資償却ヲ目途トスル市町村以外ノ企業者ニ之ヲ許可スルコトアルヘシ」「前項ノ元資トハ布設費及其利子ヲ云フ」（同条1項・2項本文）。

[576] 「市町村ニ非サル企業者ノ布設シタル水道ニシテ許可年限満了シタルトキ又ハ許可年限内ニ元資ノ償却ヲ了リタルトキハ其水道及水道経営ニ必要ナル一切ノ土地物件ハ無償ニテ関係市町村有ニ帰ス」。

第2編 物　権　　第3章 所有権

　なお、❾に先立つ明治20年の市街私設水道条例案[577]（内務省）→明治21年の水道条例案[578]（内務・大蔵両省）も、水道及び附属物件の買上を規定していたが、このうち明治20年案は、①でなく❷に倣っていた[579]。

　これに対し、❿の性質は必ずしも明瞭でない（❿は、❾の下では現実の参入が期待されなかったため、原則公営主義を維持する一方、民営水道事業の非営利要件を削除して（水道条例2条[580]（大2法15→昭32法177）但書）設けられたものである。）。❾以来の沿革を重視すれば原始取得構成に、公有主義までは採られていない点を重視すれば承継取得構成に馴染むといえよう[581]（❿の後身である水道の買収（**水道法42条1項**。本章第3節第3款参照）は、承継取得構成を採っている（同款参照））。

　(6)　⓫運河及附属物件の買収（**運河法**（大2衆法16→）**15条1項・16条1項**[582]）は、それらを構成する動産・不動産（運河財団が設定されている場合には、

---

577) 「免許状下付ノ日ヨリ二十五年以後ニ至リ、地方長官ハ内務大臣ノ許可ヲ得、県有財産若クハ給水区域内ノ人民共有財産トシテ、該給水会社ノ水道及附属物件ヲ買上ル権アルモノトス。但、此場合ニ於テハ、前五年間ノ株券売買価格ヲ平均シ、之ヲ以テ買上価格ト定ムヘシ」（13条。東京市編『東京市史稿』上水編3（東京市役所・大12）165頁）。

578) 「免許状下付ノ日ヨリ二十五年以後ニ至リ該水道会社ノ水道及附属物件ヲ市町村有財産ト為サント欲スルトキハ府県知事ヲ経テ内務大臣ノ許可ヲ得之ヲ買上ルコトヲ得但此場合ニ於テハ評価法ヲ以テ其買上価格ヲ定ムヘシ」「評価法ハ其買主及給水会社ヨリ双方ニ関係ナキ者ニ就キ各三名ノ委員ヲ撰出シテ評価セシメ之ヲ以テ買上価格ト定ムヘシ委員中意見ヲ異ニシ価格一定セサル場合ニ於テハ府県知事ハ双方ノ意見ヲ参酌シ之カ価格ヲ定ムルモノトス」（25条1項・2項前段。国立公文書館蔵「水道条例ヲ定ム」（請求記号：本館-2A-011-00・類00509100））。

579) 衛生局は「私立会社」を「私立鉄道」に擬えており（参照、日本水道協会『日本水道史』総論編（同会・昭42）244頁）、明治20年案の買上規定は❷そのままである（参照、小石川裕介「明治二三年水道条例の成立（二）」法学論叢165巻6号（平21）132～133頁）。これに対し、明治21年案25条2項前段は、東京市区改正土地建物処分規則1条3項（前註(417)参照）を先取りしたものとなっている。併しながら、同案は地方自治制度の育成を重視する法制局の容れるところとはならなかった（参照、国立公文書館蔵・前註）。

580) 「水道ハ市町村其公費ヲ以テスルニ非サレハ之ヲ布設スルコトヲ得ス但当該市町村ニ於テ其資力ニ堪ヘサルトキハ市町村以外ノ企業者ニ水道ノ布設ヲ許可スルコトアルヘシ」。

581) ❿の対価は、許可期間の満了前には地方長官の定める額、満了後には投下資本額とされた。前者の基準は明示されていないが、時価によるものと解されていた（参照、73・貴・20号（昭13・3・9）233頁〔松本烝治〕）。

582) 「国又ハ公共団体ハ免許ノ効力消滅シタル後運河開設ニ要シタル費用ヲ支払ヒ其ノ運河及附属物件ヲ買収スルコトヲ得但シ運河及附属物件ニシテ開設当時ニ比シ価格ヲ減損シタルモノアルトキハ開設ニ要シタル費用ヨリ之ヲ控除ス」「前項費用ノ範囲及金額ニ付協議調ハサルトキハ地方長官〔現・都道府県知事〕之ヲ決定ス」（15条1項・2項前段）。「国又ハ公共団体ニ於テ必要ト認ムルトキハ免許年限ノ満了前ト雖モ運河及附属物件ヲ買収スルコトヲ得」「前項ノ買収価格ニ

同財団)に対する免許を受けた者の所有権を消滅させると同時に国又は公共団体の所有権を発生させる行政処分に当たるか、必ずしも明瞭でない。

⓫は、①から分立したものであるが、その枠組みは⓾に倣っている。沿革を重視すれば原始取得構成に、国公有主義までは採られていない点を重視すれば承継取得構成に馴染むといえよう。

新たに免許を受けた者による運河の買収(**運河法19条1項**)についても同様である(これは、開設の免許が取り消され、又はその効力が消滅した場合に備え、一木貴族院議員の提案により追加されたものである[583])。

(7) ⑤⑧は、幹線鉄道国有主義の廃止と運命を共にし、⓾は、義務違反を要件とする承継取得構成に整理された。これらの点に鑑みると、いわゆる公企業の収用は、国・地方公共団体が原始的に所有権を留保する企業財産についてのみ、正当化されよう。既存の企業でなく新たに生ずべき企業につき国公有主義を採ることは、今日でも理論的に排斥される訳でない。但し、⑨の失敗を見るまでもなく、それが政策的に妥当な場合は稀であろう。

第5節　所有権の限界を形成する国家作用

第1款　所有権の限界を形成する立法作用

該当例は見当たらない。

第2款　所有権の限界を形成する司法作用

該当例は見当たらない。

第3款　所有権の限界を形成する行政作用

(1) これに該当する立法例は、疆界線〔現・境界線〕に関する相隣関係上の私権を形成する類型(①)に限られる。

(2) 下水道の築造認可(((旧)下水道法(明33法32－昭33法79) 2条[584]) →公

付協議調ハサルトキハ鑑定人ノ意見ヲ徴シ地方長官〔同前〕之ヲ決定ス」(16条1項・2項前段)。
583) 参照、30・貴・運河法案特別委2回(大2・3・20)臨川書店版540頁〔一木喜徳郎〕。

第 2 編　物　　権　　第 3 章 所 有 権

共下水道の供用開始の公示（**下水道法**（昭33法79 - ）**9条1項**）は、土地所有者等が汚水等を通過させるための工作物→排水設備を築造→設置・修繕するために他人の土地を使用する相隣関係上の私権を発生させる行政処分には当たらない。

　ここでの土地使用権能[585]（(旧)下水道法5条[586]→**下水道法11条3項**）は、汚水等を下水道に疏通するための工作物→排水設備を築造→設置する義務（(旧)下水道法3条1項[587]→**下水道法10条1項**）を履行するためその行使を強制されており、相隣関係上の権利という形式は借り物に過ぎない[588]からである。

　(3)　①防火地区の指定（市街地建築物法（大8法37 - 昭25法201）13条1項[589]）→防火地域・準防火地域の指定（建築基準法60条（昭25法201 - 昭43法101）1項→**都市計画法**（昭43法100 - ）**19条1項・8条1項5号**）は、疆界線〔現・境界線〕附近の建築の廃止〔現・中止〕・変更請求権（**民法234条2項**）であって指定の際現に存するものを消滅させる行政処分に当たる（市街地建築物法13条2

---

584)　「市ニ於テ下水道ヲ築造セムトスルトキハ其ノ設計工費ノ収支予算及起工並竣工ノ期限ヲ定メ内務大臣ノ認可ヲ受クヘシ」（2条本文）。類例、同法11条（築造命令）。

585)　明治29年の下水法案（中央衛生会諮詢案及び調査委員修正案。『中央衛生会第十七次年報（明治三十年分）』56〜76頁）には、これに相当する規定は見当たらない。立案過程の最終段階で加えられたものであろう。

586)　「下水道ヲ築造シ若ハ之カ管理シ又ハ第三条〔次註参照〕ノ施設ヲ為シ若ハ之カ管理スル為必要アルトキハ他人ノ土地ヲ使用スルコトヲ得但シ之カ為他人ノ受ケタル損害ニ対シ償金ヲ払フコトヲ要ス」。

587)　「下水道ヲ設ケタル地ニ於テハ命令ノ定ムル所ニ依リ市又ハ土地ノ所有者使用者若ハ占有者ハ汚水雨水ヲ下水道ニ疏通スル為必要ナル施設ヲ為シ及之ヲ管理スル義務ヲ負フ」（同項）。「土地ノ所有者使用者又ハ占有者ハ左ノ区分ニ依リ下水道法第三条ノ施設ヲ為シ及之ヲ管理スルノ義務ヲ負フ」「一　建物アル土地ニアリテハ之カ築造及修繕ハ其ノ建物ノ所有者」「二　建物ナキ土地ニアリテハ之カ築造及修繕ハ其ノ土地ノ所有者」「三　建物ノ有無ニ拘ハラス掃除及浚渫ハ土地ノ占有者」（下水道法施行規則（明34内務省令21 - 昭34厚生・建設省令1）1条柱書本文・1〜3号）。

588)　汚水・雨水を通過させる"権利"及びそのための工作物→排水設備を使用する"権利"（(旧)下水道法4条1項→**下水道法11条1項**）についても同様である。これらが**民法220条・221条**と法意を同じくする（参照、小原新三『衛生行政法釈義』（金港堂・明37）134〜135頁）にも拘わらず重ねて規定された点は、私権でないことを裏付けるものであろう。現行法の立案関係者も、「民法の相隣関係の規定だけでは不十分であるので、新法は、旧法の考え方を受けついで、他人の土地または排水施設の強制利用権を定めた（第一一条）」と説明している（高橋明「下水道の画期的整備のための立法」時の法令283号（昭33）5頁）。

589)　「主務大臣ハ火災予防上必要ト認ムルトキハ防火地区ヲ指定シ其ノ地区内ニ於ケル防火設備又ハ建築物ノ防火構造ニ関シ必要ナル規定ヲ設クルコトヲ得」。

第5節 所有権の限界を形成する国家作用

項[590]→**建築基準法**60条2項（現65条））。

市街地建築物法13条2項が**民法234条**の特別法である点[591]は、台湾都市計画関係民法等特例[592]（昭11勅273。傍点引用者）の題名に示されているからである（**建築基準法**60条2項（現**65条**）につき判例同旨[593]）。

(4) 私道の交通制限・禁止の許可・承認（朝鮮私道規則（昭13朝鮮総督府令226－1961韓国法律872（私道法））5条[594]）は、囲繞地〔現・他の土地〕通行権（**民法210条1項**）を変更し、又は消滅させる行政処分には当たらない。

同規則にいう「私道[595]」は囲繞地通行権者のための通路（**民法211条2項**）に代わるものであり、これを通行しなければ「道路」（朝鮮道路令（昭13制令15－1961韓国法律871（道路法））1条[596]）に至ることが出来ない者は同許可・承認による交通制限・禁止の対象でないと解されるからである。

(5) 以上の通り、**民法**を前提としつつ相隣関係上の私権を形成する国家作用は見られない。①は、地域を限って民法特別法（序説参照）たる相隣関係法を適用するのに伴い、既存の相隣関係上の私権を形成するものに止まる。

---

590) 「防火地区内ニ於テハ建物ノ部分ヲ為ス防火壁ハ土地ノ疆界線ニ接シ之ヲ設クルコトヲ得」。
591) 立案過程につき参照、「之ヲ拵ヘテ一尺五寸ノ除外ヲシヤウト云フノデス」「民法ノ規定ハ……田舎ノヤウナ処ヲ皆ナ想像シテ出来テ居ルノデスカラ」（市政専門図書館蔵・前註(423)266～267頁〔池田幹事〕）。「第十三条等ノ規定ハ……民法ノ特別規定トシテ働カセタイト云フ積リデアリマス」（41・衆・都市計画法案外一件委3回（大8・3・12）30頁〔池田宏政府委員〕）。
592) 同令は12条までが**民法**、13条・14条が（旧）不動産登記法、15条が登録税法（明29法27－昭42法35）の特例を定めている（このうち2条が市街地建築物法13条2項に相当する。）。
593) 参照、最判平元・9・19民集43巻8号955頁。
594) 「私道ノ施設ヲ為ス者ハ府尹又ハ邑面長ノ許可又ハ承認ヲ受ケ私道ノ交通ノ制限又ハ禁止ヲ為スコトヲ得」。
595) 「一般交通ノ為ニ使用スル道路ニシテ朝鮮道路令第一条ノ道路〔次註参照〕……ニ連絡シテ設置スル道路」（朝鮮私道規則1条1項）であり、接道義務（朝鮮市街地計画令（昭9制令18－1962韓国法律983・984（都市計画法・建築法））26条に基づいて築造されるものが念頭に置かれている（参照、伊藤文雄「私道規則の実施に際して」朝鮮行政3巻1号（昭14）45頁）。
596) 「本令ニ於テ道路ト称スルハ一般交通ノ用ニ供スル道路ニシテ行政庁ニ於テ第二章ノ規定ニ依リ路線ノ認定ヲ為シタルモノヲ謂フ」。

第2編 物 権 第3章 所 有 権

第6節　共有関係を形成する国家作用

第1款　共有関係を発生させる国家作用

第1目　共有関係を発生させる立法作用

（1）　沖縄県土地整理法（明32法59）6条1項[597]は、浮掛地[598]（村持小作地の一種）等につき、村民の共有関係を発生させるのでなく、村民の占有を共有に基づく占有と看做す措置法律に止まる（本章第1節第1款参照）。

（2）　①（旧）国有林野法（明32法85）19条2項[599]は、部分林契約[600]（部分木仕付条例（明11内務省布達甲4－明32勅362）1条[601]（→（旧）国有林野法19条1項））によらないでその収益が国と造林者との間で分収されている国有林につき部分林契約を成立させることにより、その樹木を両者の共有とする措置法律に当たる（同法20条1項[602]）。

①は、現に共同して収益されている物に関する法律関係を明確化するものに過ぎない。

---

597)　「村ノ百姓地、地頭地、『オエカ』地、『ノロクモイ』地、『キナワ』畑ニシテ村又ハ与〔くみ（引用者註）〕ヨリ浮掛又ハ叶掛ヲ為シタルモノハ其ノ浮掛又ハ叶掛ヲ為シタル村又ハ与ニ於ケル地割ノ配当ヲ受クヘキ者ノ共有トス」（同項本文）。

598)　沖縄県土地種類調には、「旧藩ノ頃ハ各村又ハ与ニ於テ百姓地其ノ他村持地ノ耕耘シ切レサル際重々那覇首里両区若クハ其他ノ移住者（居住人）ニ貸与シ小作料ヲ徴シテ小作セシメタル地ナルモ爾来村又ハ与ニ於テ耕耘シ切レサル場合ト否トヲ問ハス其任意ニ小作セシムルヲ云フ」とある（多嘉良編・前註(15)1頁）。

599)　「国ハ造林者ト其ノ収益ヲ分収スルノ契約ヲ以テ国有林野ニ部分林ヲ設クルコトヲ得」「法令、慣行又ハ其ノ他ノ理由ニ依リ国有林ニ就キ収益ノ分収ヲ為スモノハ前項ノ部分林ト看做ス」（同条1項・2項）。

600)　部分林は、徳川時代の法制に由来する（参照、塩谷勉『部分林制度の史的研究』（林野共済会・昭34）251頁以下及び明9・1・9内務省指令（内務省編・前編第3章註(54)下巻1529～1530頁）。ドイツ流の直接経営主義を理想とする林学者からは「実ニ野蛮ノ遺風」（13・貴・国有林野法案特別委第2回（明32・3・8）1368頁〔武井守正〕）と酷評されたが、「此の制度に就き深く研究するときは棄つべからざる点が少なくない」（村田重治「国有林野法制定の由来」大日本山林会編・前編第3章註(82)77頁）として、（旧）国有林野法に受け継がれた。

601)　「樹木ナキ官有ノ山野官ニ於テ差支無之時ハ人民ノ願ニヨリ之ヲ貸渡シ地味ニ適当セル木種ヲ植挿セシメ其幾分ヲ官納シ自ラ其幾分ヲ納メシム之ヲ名ケテ部分木ト云フ」（1条本文）。「官ハ地所ノ貸渡料ヲ取立サルヘシ借人ハ植挿養護ヲ担任スルモノトス」（7条）。

602)　「部分林ノ樹木ハ国ト造林者トノ共有トシ其ノ持分ハ収益分収ノ部合ニ均シキモノトス」。

第6節　共有関係を形成する国家作用

第2目　共有関係を発生させる司法作用

①会社の合併無効判決（商法104条（昭13法72－平17法87）1項→**会社法**（平17法86－）**828条1項7号・8号**[603]）は、存続会社又は新設会社が合併後取得した財産を合併した会社の共有とする[604]司法処分に当たる（商法111条（同前）2項）→**会社法843条2項**）。

この効果は、会社の組織に関する訴えの判決効を遡及させないための手当に過ぎない。

第3目　共有関係を発生させる行政作用

(1) これに該当する立法例（共有関係を発生させる合意を成立させるものも含む。）は、竹木（①②④）及び土地（③）に関する類型に大別される。

(2) ①樹木の部分林化処分（（旧々）森林法（明30法46－明40法43）5条[605]）は、政府が造林命令に従わない者に代わって造林した樹木につき部分林契約を成立させることにより、それらを両者の共有とする行政処分に当たる。

①にいう部分林は、私人が国有地上に造林する通常の部分林（本款第1目参照）と逆に、国が私有地上に造林するものであるが、樹木が官民共有となる点[606]については、敢えて別異に解する理由もないからである。

ここで国が造林命令の代執行をするだけでは、これらの樹木は造林命令に従わない者の単独所有となってしまう（**民法242条但書**が適用されれば、逆に国の単独所有となるところ、代執行は飽くまでも本人の行為の代行であるため、その適用はないと解される。）。①は、代執行費用を共有持分によって代物弁済させるものに外ならない。

併しながら、そのような構成は、代執行に関する一般法である行政執行法が

---

603) 類例、**同項9号・10号**。
604) 立案過程につき参照、松本烝治「商法改正要綱解説」（昭6）『私法論文集』続編（厳松堂書店・昭13）63～66頁。
605) 「公有林及社寺林ニシテ其ノ経済ノ保続ヲ損シ又ハ荒廃スルノ虞アルトキハ主務大臣ニ於テ営林ノ方法ヲ指定スヘシ」「私有林ニシテ荒廃ノ虞アルトキハ主務大臣ニ於テ営林ノ方法ヲ指定スルコトヲ得」（3条1項・2項）。「前条指定ノ方法ニ背キ伐木ヲ為シタル者ニハ主務大臣其ノ伐採ヲ停止シ伐木跡地ニ造林ヲ命スルコトヲ得」（4条）。「前条ノ造林ヲ怠ル者アルトキハ政府ニ於テ之ヲ行ヒ其ノ費用ヲ徴収シ又ハ其ノ造林ニ係ル部分ヲ部分林トスコトヲ得」（5条）。
606) 「該木伐採以前ノ樹木ハ官民共有ニ有之候」（明18山林局長回答。農商務省山林局『林野法規』（明32）313頁）→（旧）国有林野法20条1項（前註(602)参照）。

制定されると、これと整合しないものとなった。①における樹木は、義務者が履行費用の支出を免れた結果として生じた物に外ならないが、かといって代執行費用をその共有持分の形で即時徴収すべきことにはならない[607]からである。

実際上も、政府自ら造林することは考えられず、①どころか造林命令すら発動例を見なかった[608]。そこで（旧）森林法（明40法43－昭26法249）は、造林命令（10条2項[609]）を受けた者との間で部分林契約を締結した公共団体に、代執行を委任する方針に転換した[610]。これに伴い、①は削除されている。

(3) ②地上権の設定の裁定（造林臨時措置法（昭25法150－平6法97）19条2項。本編第4章第1節第3款参照）は、伐採跡地等の上に造林計画に基づく造林を目的とする地上権を設定する合意を成立させること（同款参照）により、同計画に基づいて植栽される林木を地上権の設定を受けた者と土地所有者との共有とする行政処分に当たる（同法20条）。

②は、戦中・戦後の濫伐により、（旧）森林法のような方針（前述）では対処し得なくなったため設けられたものである[611]。①と異なり、造林義務の代執行[612]とは別建ての、「所有・用益の権利調整措置[613]」を組み込んだ独自の、

---

607) 共有に関する債権を共有物の部分をもって弁済することを認める**民法259条1項**の法意は、①には当て嵌まらない。国は①がされて初めて共有者となるからである。

608) 参照、23・衆・森林法改正法律案委1回（明40・3・25）8頁〔久米金弥政府委員〕。

609) 「公有林、社寺有林又ハ私有林ニシテ荒廃ノ虞アルトキハ地方長官ニ於テ施業ノ方法ヲ指定スルコトヲ得」「前項指定ノ方法ニ違反シ伐木ヲ為シタル者ニハ地方長官其ノ伐採ヲ停止シ伐木跡地ニ造林ヲ命スルコトヲ得」（10条1項・2項（いずれも制定時））。

610) （旧）森林法11条1項（「前条第二項ニ依リ造林ノ命令ヲ受ケタル者造林ヲ怠リタルトキハ行政官庁ニ於テ自ラ義務者ノ為スヘキ行為ヲ為シ又ハ公共団体ヲシテ之ヲ為サシムルコトヲ得」（制定時））が本文のように解されていた点につき参照、前註(608)14頁〔久米政府委員〕、永田漸『改正森林法釈義』（有斐閣・明42）31頁及び野守広『改正森林法要義』（清水書店・明42）90頁。

611) 「都道府県知事が零細な私有林の一つ一つを造林することには限度があり殆んど不可能に近く、第三者に代行させるにしても植栽した材木について何らかの権利が得られるならともかくその代行者を見つけることもなかなか困難であり、……造林の停滞は、資金の欠乏に因る場合が多く従つて造林後直ちに多額の実費を徴収することは……実情にもそわない」（坂村董一「緊急造林法案の構想」農林時報9巻1号（昭25）29頁）。

612) 造林計画は土地所有者等に対して造林を命ずる行政処分である（造林臨時措置法7条2項1～3号参照）から、造林の届出（同法13条1項）がない場合には、当然ながら代執行をすることが出来る。造林計画に倣って設けられた森林区実施計画（森林法8条（昭26法249－昭37法68）1項）に基づく植栽義務（森林法14条（同前））及び保安林の植栽命令（**森林法38条**（昭37法68－）3項（現**4項**））の不履行につきそれぞれ同旨、林野庁経済課編・序説註(8)45頁及び野崎博之「弾力的な林産物の供給を図る」時の法令429号（昭37）23頁。

行政上の義務の履行確保手段である。

　本来ならば地上権者の単独所有となる筈の林木を共有としたのは、地代等を収益分収の方法で後払いすることを認めて、②の申請を促すためである。この構成は、公有林野官行造林契約[614]（公有林野官行造林法（大 9 法 7 − 昭 36 法 88）1 条[615]）に倣っている。分収歩合については、任意手段である公有林野官行造林契約では、折半を基本とする（公有林野官行造林法施行令（大 9 勅 426 − 昭 36 法 88（消滅））6 条[616]）が、②では、後払い地代相当分及び代執行費用を免れた不当利得分を参酌することが可能である[617]（造林臨時措置法 19 条 6 項）。

(4)　市街地再開発事業〔現・第一種市街地再開発事業〕における③権利変換処分（**都市再開発法**（昭 44 法 38 −）**86 条 1 項**。同法 111 条によるもの（いわゆる"特則型"即ち地上権非設定方式）を含む。本章第 4 節第 4 款第 1 目参照）は、施行地区内の各宅地に対する既存の所有権を消滅させ、施行者の所有権を発生させる（各宅地は合併されて一筆の施設建築敷地となる（前編第 3 章第 2 節第 3 款参照））と同時に、当該損失を（更地たる）施設建築敷地の共有持分をもって現物補償すること（同目参照）により、共有関係を発生させる行政処分に当たる。

　"特則型"では、従前の宅地所有者に加え、従前の借地権者及び参加組合員も共有関係に加えられる（同目参照）。

(5)　④分収育林契約の締結の裁定（**森林法 10 条の 11 の 4**（平 3 法 38 −）第 1

---

613)　中尾英俊『林野法の研究』（勁草書房・昭 40）242 頁の表現を借用した（但し、文脈及び内容は異なる。）。

614)　「この〔公有林野官行造林〕事業の立案たるや……全く独創的なものであって、山林局業務課長の松波秀実博士が……大正七年頃から、主として故石川寅之丞……、早바丑麿……両技師を参画させて立案に着手し、更に関係の法律、勅令、省令及び諸規則類の作製は主として事務官佐藤百喜……に担当させ……た」（正木信次郎「私の林業の歩みから」林業経済研究所編『大正・昭和林業逸史』上巻（日刊林業新聞・昭 46）417 頁）。

615)　「国ハ……公共団体トノ契約ニ基キ収益ヲ分収スルノ条件ヲ以テ公有林野ニ造林ヲ為スコトヲ得」（1 条）。「前条ノ規定ニ依ル造林ニ係ル樹木ハ国ト公共団体トノ共有トシ其ノ持分ハ収益分収ノ歩合ニ均シキモノトス」（2 条 1 項）。「国ハ第一条ノ規定ニ依リ造林ヲ為ス公有林野ニ同条ノ契約ノ存続期間中地上権ヲ有ス」（3 条）。

616)　「造林地ノ収益分収ノ歩合ハ国及公共団体各十分ノ五ヲ標準トシ地代、造林費其ノ他造林契約ノ実行ニ要スル費用ヲ参酌シテ之ヲ定ム」。

617)　立案過程では、前払い地代（造林臨時措置法 19 条 5 項 4 号）につき、土地所有者が負担する公租公課相当額以下とすることが検討されていた（参照、坂村・前註(611)28 頁）。事前補償は憲法上の要請でないとした最大判昭 24・7・13 刑集 3 巻 8 号 1286 頁に依拠したものと見られるが、制裁に当たる虞があると判断されたためか、採用されていない。

項）は、要間伐森林の所有者と指定地方公共団体等との間に分収育林契約（**分収林特別措置法2条**（昭58法29－）2項5号）を成立させることにより、その樹木を両者の共有とする行政処分に当たる（**森林法10条の11の5**（平3法38－）第2項）。

④は、②のような代執行と並ぶ行政上の義務の履行確保手段でなく、代執行に代わる実効性確保手段である。**森林法**は、間伐に関する事項（10条の8（昭58法29－）第3項4号（現**10条の5第2項4号**）の遵守を森林所有者等の自覚に委ねた（10の7（平10法139－））上、その不遵守に対しては勧告・調停（10条の10（昭58法29－）**第2項・10条の11**（同前））を前置した上で④をすることとしており、間伐義務の代執行を予定していないと解されるからである。

分収育林契約は、公有林野官行造林契約に倣った分収造林契約（分収造林特別措置法（昭33法57－。現・**分収林特別措置法**）1条（現**2条1項**））を発展させたものである。この意味において、④は②の延長線上に位置している[618]。

尤も、育林による収益を分収するという長期的スキームの下では、申請への誘因が働かず、④の活用は望み薄であった[619]。このため、間伐木の所有権を移転させて短期的な資本回収を実現すべく、特定所有権の移転契約の締結の裁定（**森林法10条の11の4**（平23法20－）**第1項**。本章第3節第3款・〈次編第2章第3節第1款第3目〉参照）が設けられるに至り、④は後景に退くこととなった。

（6）　以上の立法例は、その対象に着目すれば、既存の物（①③④）及び将来生ずべき物（②）を共有化する類型に、その性質に着目すれば、共有化を行政の実効性確保手段（行政上の義務の履行確保手段を含む。）とする類型（①②④）及びそうでない類型（③）に、その手続に着目すれば、物の合併を伴わない類型（①②④）及び伴う類型（③）に、それぞれ再整理することが出来る。

このうち、最も正当化が容易なのは、将来生ずべき物を行政上の義務の履行確保手段として共有化する類型（②）である。これは、当該義務の性質上、共有化という手段によるのでなければ履行確保が著しく困難である場合には、一

---

618)　「裁定により分収育林契約を締結することとしたのは、間伐・保育を実施するためには土地に対する使用収益権の設定のほか、立木を育成するための立木に対する権利を設定することが必要であり、土地と立木双方の権利設定の制度として従来から分収林制度が活用されてきたことによるものである」（溝上欽也「森林の流域管理システムの確立と森林の有する公益的機能の維持・増進をめざして」時の法令1411号（平3）44頁）。

619)　参照、黒井・前註(279)時の法令1887号31頁。

応認められよう。また、既存の物を行政上の義務の履行確保手段として共有化する類型（①）については、相続税の物納制度（現・**相続税法41条**以下）が申請主義を採っている点との均衡が問題となるが、国が義務者に代わって生成した物の生成費用を強制徴収するものであれば、職権による代物弁済を許容する余地はあろう。微妙なのは、既存の物を単なる行政の実効性確保手段として共有化する類型（④）である。義務違反を前提とすることなく、このような強い効果を認めることには、疑問も残る。

以上に対し、③は、共有化を実効性確保手段とするものでないが、かといって共有化そのものを行政目的としている訳でもない。③の主眼は土地利用の集約化にあり、所有権の共有化は土地の合併の結果に過ぎないからである。③の本質は講学上の公用収用であり（本章第4節第4款第1目参照）、各宅地の所有権を消滅させることが正当化されるのであれば、金銭補償の途が開かれている限り、現物補償として共有持分を与えることは固より許容されよう。

第2款　共有関係を変更する国家作用（狭義）

該当例は見当たらない[620]。

第3款　共有関係を変更する国家作用（広義）

第1目　共有関係を変更する立法作用（広義）
該当例は見当たらない。

第2目　共有関係を変更する司法作用（広義）
①共有物の分割判決[621]（**民法258条1項**。共有物の一部を分割するものに限る。

---

620) マンション建替事業における権利変換処分（本節第4款第3目参照。敷地の共有持分を敷地利用権とするものに限る。）は、施行マンションの敷地の持分割合を変更する行政処分には当たらない。共有者に変更がない場合（権利変換を希望しない旨の申出（**マンションの建替えの円滑化等に関する法律56条1項**）をする者も参加組合員（**同法17条**）もいない場合）には共有持分のみが変更しているかに見えるが、同処分は飽くまでも敷地に対する従前の共有持分の全部を消滅させると同時に新たな共有関係を発生させるものだからである（同目参照）。**建物の区分所有等に関する法律**も、持分割合の変更を建替え決議の内容としていない。「新旧の建物の専有部分の床面積割合は異なることになるのが普通で」あるが、「法律的には、敷地利用権の再配分をしなければ建替えを実現することができないという必然的結び付きがない」からである（法務省民事局参事官室編『新しいマンション法』（商事法務研究会・昭57）344頁）。

次款第2目参照）は、分割請求権（**同法256条1項**）を形成訴権と捉える見解によれば、共有持分の主体を変更する司法処分に当たる。

遺産の分割の審判（**同法907条**（昭22法222 −）**2項**。遺産の全部を共同相続人全員の共有とするもの及び共同相続人の単独所有とするものを除く。同目参照）についても同様である。

これに対し、船舶の共有持分の競売（**商法**555条（現**702条**）**1項**。本章第2節第2款参照）は、実体法上の換価権能に基づくものであり、共有持分の主体を変更する司法手続には当たらない。

第3目　共有関係を変更する行政作用（広義）

該当例は見当たらない[622]。

第4款　共有関係を消滅させる国家作用

第1目　共有関係を消滅させる立法作用

該当例は見当たらない[623]。

第2目　共有関係を消滅させる司法作用

①共有物の分割判決（**民法258条1項**[624]。共有物の全部を分割するものに限る。）は、分割請求権（**同法256条1項**）を形成訴権と捉える見解によれば、共有物を分割することにより、共有関係を消滅させる司法処分に当たる[625]。

---

621) 「分割請求をした共有者が共有関係から離脱する『離脱型』」と「他の共有者を共有関係から排除する『排除型』」がある（参照、河邉義典〔判解民平8〕879頁）。なお、全面的価格賠償の方法による場合につき次款第2目参照。
622) 船舶の共有持分の引継ぎ（船舶公団の共有持分の処理等に関する法律（昭25法237 − 昭57法69）1条1項）は、契約による。マンション建替事業における権利変換処分（本節第4款第3目参照。敷地の共有持分を敷地利用権とし、参加組合員（**マンションの建替えの円滑化等に関する法律17条**）を加えるものに限る。）は、施行マンションの敷地の共有者を変更する行政処分には当たらない（同目参照）。
623) 特定多目的ダム法（昭32法35）附則2項は、建設大臣と事業者の共同施行により共有物となった既存ダムを特定多目的ダムに切り替えるための規定であるが、持分の任意譲渡が予定されている。
624) 類例、**民法758条**（昭22法222 −）**3項**。
625) 同様に、共有物の競売（**民法258条2項**）は、共有物の所有権を第三者に移転させることにより、共有関係を消滅させる司法手続に当たる。遺産の換価（家事審判規則107条→**家事事件手続**

第6節　共有関係を形成する国家作用

但し、①が全面的価格賠償の方法[626]によってされる場合には、「厳密にいうと、共有物分割という形式による共有関係の解消」でなく「一部共有者からの当該共有持分権の強制的買上げ」に外ならない[627]。この場合、共有物を取得する者の共有持分は単独所有権に変更し、その他の者の共有持分は消滅するものと解される。

遺産の分割の審判[628]（**民法 907 条**（昭 22 法 222−）**2 項**。遺産の全部を共同相続人の単独所有とするものに限る。）についても同様であり、債務を負担させる方法によってされる場合（家事審判規則（昭 22 最高裁規則 15−平 24 最高裁規則 9）109 条→**家事事件手続法**（平 23 法 52−）**195 条**）には、全面的価格賠償について述べた点が当て嵌まる。

第3目　共有関係を消滅させる行政作用

マンション建替事業における①権利変換処分（**マンションの建替えの円滑化等に関する法律**（平 14 法 78−）**68 条 1 項**。敷地の共有持分を敷地利用権とするものに限る。）は、敷地に対する従前の共有持分の全部を消滅させると同時に新たな共有関係を発生させる行政処分に当たる。

同法 70 条 1 項は、原始取得構成を定めたものと解するのが素直だからである[629]。①の前後で持分割合に変化のない場合には、共有持分上の担保権をそのまま存続させることが出来、敢えて原始取得構成を採る必然性はないが、この場合も例外とされていない。このように解すると、**同条 4 項**が地役権等[630]の存続を定めた点が問題となるが、自作農創設特別措置法 12 条 2 項（本編第 5

法 194 条 1 項）についても同様である。
626)　参照、最判平 8・10・31 民集 50 巻 9 号 2563 頁。
627)　奈良次郎「共有物分割訴訟と全面的価格賠償について」判例タイムズ 953 号（平 9）37 頁。
628)　①と同審判は、実体法上も手続法上も性質を異にしており、一般法・特別法の関係にはない（参照、奈良次郎「共有物分割訴訟と遺産分割手続との異質性」三ヶ月古稀『民事手続法学の革新』中巻（有斐閣・平 3）639〜657 頁）。
629)　結論同旨、「権利変換による施行再建マンションの敷地利用権の取得は、実体法的には原始取得であると解されている」（櫻庭倫「マンションの建替えの円滑化等に関する法律による不動産登記に関する政令について」登記研究 679 号（平 16）87 頁）。
630)　地役権の外、地上権である場合もある。「地上又は地下の空間の上下の範囲を定めて区分地上権を設定……するなど、建物の敷地として使用することと抵触しない限度において地上権……を設定しても、所有権は敷地利用権たることを妨げられない」からである（濱崎恭生「建物の区分所有等に関する法律の改正について（三）」法曹時報 37 巻 4 号（昭 60）122 頁）。

287

章第1節第3款参照）と同じく、①による敷地の所有権の消滅に伴い当然に消滅したこれらの権利を再設定する趣旨と解する外ない。

第4章 地上権

第1節 地上権を発生させる国家作用

第1款 地上権を発生させる立法作用

該当例は見当たらない。

第2款 地上権を発生させる司法作用

(**1**) 地上権の存続期間を定める裁判（**民法268条2項**[1]）及び法定地上権の地代を定める裁判（**民法388条但書（現2文**[2]））は、既存の地上権の内容を補充的に形成する司法処分に止まる[3]。

(**2**) 担保権実行手続における建物の競落許可決定（競売法32条2項。土地と建物が同一人に属していた場合に限る。）→売却許可決定（**民事執行法188条・69条**。同前。いずれも本章第4節第2款参照）は、土地所有者の意に反して地上権（**民法388条**）を設定する司法処分には当たらない。

土地所有者は、担保権の設定（法定設定を含む。）時又は担保権付建物の譲受け時において、地上権の発生を認容していたと看做し得るからである。

強制執行手続における建物の売却許可決定（**民事執行法69条**。土地と建物が同一人に属していた場合に限る。）についても同様である。債務者の一般財産は債権者のための引当だからである[4]。

---

1) 類例、**民法施行法44条1項**。
2) 類例、**立木ニ関スル法律5条**（現1項）但書（存続期間も）、**国税徴収法127条3項**（同前）及び**民事執行法81条後段**。
3) 参照、大判昭14・11・25民集18巻1461頁及び最判昭40・3・19民集19巻2号473頁。

(3)　昭和35年の借地借家法案要綱は、災害により建物が滅失して借家権を喪失した者のために敷地の「借地権」(本編第1章第3節参照)を発生させる司法処分として、「借地権」の設定の裁判を規定していた[5]（「借地権」の設定の裁判は、地主（＝建物所有者）対借家人という二面関係の場合を想定しており、地主、借地人（＝建物所有者）対借家人という三面関係の場合は、「借地権」の譲渡の裁判（本章第3節第2款参照）による。)。

これは、**罹災都市借地借家臨時処理法**（昭21法13－）**2条2項**——空襲等により建物が滅失して借家権を喪失した者がした敷地又は換地の賃貸借契約の申込に対する地主の承諾の意思表示を発生させる措置法律（〈前編第4章第1節第1款第1目〉参照）——を恒久法化しようとしたものである。

同法は、無数に上る焼け跡バラック敷地の使用権原を一挙に根拠付けるべく、先借の申出から3週間後に、正当な事由に基づく拒絶の意思表示がない限り、敷地先借権が当然に発生するものとし、正当な事由の存否に関する紛争については、別途賃借権の設定の裁判（**15条**）に委ねることとした。併しながら、正当な事由の存否は本来個別的な判断を要する問題であり[6]、一律に事後手続化するのは望ましくないため、本要綱では、司法処分の形式が採用されたのである[7]。

「借地権」の設定の裁判の特徴は、借家権しか持たなかった者に「借地権」を与える点及び一軒焼きにも適用される点にある。

---

4)　敷地利用権なき建物を現出させないためには、建物と借地権の一括処分（一括競売（**民法389条**（現1項））を含む。）の義務付けこそが抜本的な解決策である。この案は、昭和35年の借地借家法案要綱、**民事執行法**及び**借地借家法**の立案過程でも検討されたが、**民法**が斥けた筈の磯部説（本編第1章第3節第1款参照）に再接近する試みであるためか、断念されている（参照、鈴木重信他「借地借家法改正要綱試案をめぐって」ジュリスト197号（昭35）23〜24頁〔水田耕一、村上朝一、平賀健太〕、宇佐見他・前章註(107)134頁〔浦野雄幸〕及び寺田逸郎「新借地借家法の解説（四）」NBL 494号（平4）29頁)。

5)　「賃借建物が火災、震災、風水害その他の災害により滅失した場合には、建物の滅失当時における賃借人（……）は、その土地において営業を継続する必要がある場合その他自ら建物を使用することを必要とする特別の事由がある場合に限り、裁判所に対し、その敷地につき借地権の設定……の請求をすることができるものとすること」「第1項の請求は、建物の賃貸人であった敷地の所有者……を相手方としてするものと……すること」（第四十四第一項本文・第三項。香川＝井口・本編第1章註(36)20頁)。

6)　参照、原増司他『罹災都市借地借家臨時処理法解説』（巌松堂・昭23）28頁。

7)　この形式は、昭和31年の借地法案（第2案）に遡る（20条1項。参照、小柳・本編第1章註(37)273頁)。

第1節　地上権を発生させる国家作用

　第一点に対しては、当然ながら過剰保護でないかという疑問がある。この点、昭和31年の借地借家法案（第1草案）では、まず相当な建物を築造して賃貸すべき旨の裁判をし、地主がこれに従わないなどの場合に初めて「借地権」の設定の裁判をするという二段構えが考えられていた[8]。併しながら、前者を非訟事件手続として立法化することが困難とされた結果、後者だけから成る構成に舞い戻ったのだという[9]。その代わり、借家人であった者には営業の継続等その敷地上の建物を使用する特別の必要性を要求すると共に、地主から代替建物提供の申出があった場合には同裁判を認容しないこととした[10]。

　第二点——被災借家人間の平等を根拠とする提案である[11]——に対しても、立案過程の当初から異論が絶えなかった[12]。本書もまた、借家権の恢復に止まらず、物権・債権法秩序の例外たる優先的地位を正当化するには、それに見合うだけの公益性——広域災害の復興促進——が備わっていなければならないと考える。

　(4)　①不法収益等〔現・薬物犯罪収益等〕の没収及び犯罪収益等の没収（いずれも地上権が存する土地[13]に係るものに限る。本編第3章第4節第2款参照）は、当該土地の所有権を消滅させる（同款参照）と共に、所有権の消滅に伴い当然消滅する地上権のうち善意の第三者が有するものを再設定する司法処分に当たる（それぞれ**国際的な協力の下に規制薬物に係る不正行為を助長する行為等の防止を図るための麻薬及び向精神薬取締法等の特例等に関する法律16条2項**（現12条）及び**組織的な犯罪の処罰及び犯罪収益の規制等に関する法律15条2項**）。

　そもそも制限物権の存する物の没収は、最高裁が第三者没収を違憲として[14]以来、事前手続なくしては許されなくなった。そのような事前手続は、制限物権の存する物の没収に関する実体規定が整備されない以上、整備しようがない[15]ところ、昭和36年の改正刑法準備草案は、そのような実体規定として損

8）　37〜41条（参照、小柳・前註283〜284頁）。
9）　参照、小柳・前註338頁。
10）　それぞれ参照、小柳・前註287頁・313頁及び287頁。
11）　参照、小柳・前註295頁・299〜300頁。
12）　参照、小柳・前註279頁・327〜328頁・346頁。
13）　不動産が**刑法19条**による没収の対象となり得る点につき参照、団藤重光編『注釈刑法』1巻（有斐閣・昭39）131頁〔藤木英雄〕。
14）　参照、最判昭37・11・28刑集16巻11号1577頁。

291

害の補償を定めていた[16]（77条[17]）。①は、地上権が最終的に消滅しないようにする形でこの課題に応えたものといえよう。

第3款　地上権を発生させる行政作用

(1)　これに該当する立法例は、地上権（①〜④⑥）及び採石権（⑤）に関する類型に大別される。前者は、地上権の目的に着目すれば、工作物（①）、果樹（②③）、立木（④）及び建物（⑥）の所有に関する類型に細分され、その手続に着目すれば、地上権を原始的に設定する類型（①④⑥）及び一旦消滅した地上権を再設定する類型（②③）に細分される。

(2)　第一次農地改革における①使用収益の権利の設定の裁定（農地調整法4条（昭20法64－昭21法42）3項[18]）は、自作農創設維持の事業に要する土地の開発に必要な他の土地の上に地上権[19]を設定する合意を成立させる行政処分に

---

15)　**刑事事件における第三者所有物の没収手続に関する応急措置法**は、これを将来的な課題とした。「単に手続規定の整備だけでは足りるものではなくて、その前提といたしまして、財産権を保障する憲法二十九条との関係におきまして、この種の権利が存在する場合における没収の制限、あるいは没収によってこの種の権利者がこうむる損害に対する補償……を定めた実体規定が必要でございまして、このような実体規定を欠くただいまの現行制度のもとにおきまして、この種の権利者に防御のための参加を認める手続規定だけを設けましても、ほとんど意味がないと考えられます」（43・衆・法務委14号（昭38・5・21）2〜3頁〔竹内寿平政府委員〕）。

16)　同案77条は、1960年のドイツ・刑法草案119条に倣ったものという（刑法改正準備会『改正刑法準備草案（附同理由書）』（昭36）159頁〔本田正義〕）。加えて、臼井＝鈴木・前章註(355) 25頁は、ドイツ・秩序違反に関する法律（Gesetz über Ordnungswidrigkeiten, vom 25. März 1952）23条も挙げている。同法は、プロイセン・警察行政法（Polizeiverwaltungsgesetz, vom 1. Juni 1931）の流れを汲む、脱刑事化（Entkriminalisierung）された制裁の一般法である。わが国の行政上の秩序罰との異同につき参照、土屋正三「西独の秩序違反法に就いて（一）」警察研究25巻6号（昭29）20〜21頁註3。

17)　「没収すべき物が、……第三者の物権を負担しているときは、その損害に対し補償を与えなければならない。但し、次の場合は、この限りでない」「一　その物が犯罪行為を構成し又は犯罪行為の用に供せられたことについて、第三者の責に帰すべき事由があるとき」「二　第三者が情を知つて……その物権を取得したとき」「三　第三者が情を知つて利益を得ているとき」（同条柱書・1〜3号。刑法改正準備会・前註20頁）。

18)　「都道府県、市町村、市町村農業会其ノ他命令ヲ以テ定ムル団体ガ命令ヲ以テ定ムル自作農創設維持ノ事業ニ要スル土地……ノ開発ニ必要ナル他ノ土地ノ使用収益ノ権利ヲ取得スルノ必要アルトキ……ハ地方長官ノ認可ヲ受ケ土地ノ所有者其ノ他之ニ関シ権利ヲ有スル者ニ対シ……使用収益ノ権利ノ設定若ハ譲渡ニ関スル協議ヲ求ムルコトヲ得」「第一項ノ場合ニ於テ協議調ハズ又ハ協議ヲ為スコト能ハザルトキハ同項ノ団体ハ当該……使用収益ノ権利ノ設定若ハ譲渡ニ関シ命令ノ定ムル所ニ依リ都道府県農地委員会ノ裁定ヲ申請スルコトヲ得」（4条1項・3項）。

19)　「『当該土地ノ開発ニ必要ナル他ノ土地ノ使用収益ノ権利』即チ物権たる地役権、地上権等は勿

当たる（同法4条ノ5（同前）第2項[20]）。

①は、未墾地を開発するための工事に必要な工作物の設置を目的とするものである。但し、建物のように賃借権の設定で足りる場合には、比例原則上、地上権の設定は許されない（**罹災都市借地借家臨時処理法2条1項**参照）。

（3）　第二次農地改革における②農地の買収（自作農創設特別措置法3条1項。前章第4節第4款第1目参照）は、地主の所有権を消滅させる（同目参照）と共に、所有権の消滅に伴い当然消滅した、当該農地の上に存する地上権（果樹の所有を目的とするものに限る。）を再設定する行政処分に当たる（次章第1節第3款参照）。

（4）　③農地〔現・農用地〕の所有権についての交換分合計画の認可（前章第3節第3款参照）は、所有者が失うべき農地の上に存し、③によって消滅する（本章第4節第3款参照）地上権（果樹の所有を目的とするものに限る。）に代わる地上権を再設定する行政処分に当たる（次章第1節第3款参照）。

（5）　④地上権の設定の裁定（造林臨時措置法19条2項。前章第6節第1款第3目参照）は、伐採跡地等の上に造林計画に基づく造林を目的とする地上権を設定する合意を成立させる行政処分に当たる（同目参照）。

④が①と異なり地上権[21]に限っているのは、竹木を所有するためには通常賃借権の設定では足りないことによる。

（6）　⑤採石権の設定の決定（**採石法12条**）は、採石権を設定する合意を成立させる行政処分に当たる（**同法21条**）。

鉱業法令改正審議会は、農地及び保安林を一律に⑤の対象外としていたが、その案は総司令部により斥けられ[22]、代わりに⑤を土地調整委員会〔現・公害

論債権たる賃借権である」（和田博雄『農地調整法の解説』（日本経済新聞社・昭21）28頁（傍点引用者））。
20)　「土地ノ使用収益ノ権利ノ設定若ハ譲渡ヲ為スベキ旨ノ裁定……ニ付前項ノ規定ニ依ル公示アリタルトキハ其ノ裁定ニ定ムル所ニ依リ当事者間ニ協議調ヒタルモノト看做ス」。
21)　昭和24年の林業造成措置法要綱では、「造林事業ヲ目的トスル使用収益ノ権利（以下「借地権」と言う）」とされ、地上権に限定されていなかった（第一．参照、佐木義夫「思い出すまま——連合軍占領時代の林政」林業経済研究所編『大正昭和林業逸史』下巻（日刊林業新聞・昭47）515頁）。同要綱の外、造林臨時措置法の立案過程につき参照、全国森林組合連合会＝森林組合制度史編纂委員会編『森林組合制度史』2巻（全国森林組合連合会・昭48）49頁・52頁・54頁・58～59頁。
22)　「第十一条の第二号、第十七条の第一号は、土地が農地若しくは保安林であるとき採石権の賦

等調整委員会〕の承認（**同法18条**）に係らしめることとなった。アメリカ側が、実体法的な統制よりも準司法機関を通じた組織法的な統制に信頼を措く[23]のに対し、日本側は、鉱業権の設定の許可（**鉱業法21条1項**）という土地所有権の内容をなさない権利を賦与する処分すら鉱区禁止地域（**同法15条1項**）ではすることが出来ないにも拘わらず、⑤という土地所有権の内容をなす権利を割き与える処分が地域的に限定されないのは不合理とするものである。

日本側の主張は、明文化されなかったが、論理的な必然として要請されよう。即ち、農地及び保安林に機械的に一致しないまでも、鉱区禁止地域よりも広い範囲で、⑤の発動は禁止される。

公害等調整委員会によると、⑤は「石材の需給が逼迫し、当該地域の石材市場の需要を賄うに足りる供給量を確保し得ない状況にあるか、又は近い将来にこれを確保し得なくなる蓋然性が相当高度な状況にあって、土地の所有権を制限してでも石材を確保することが社会公共の利益の観点から必要である場合に限って……肯認される[24]」。「リサイクル骨材の活用」が拡大しているという社会情勢の変化を踏まえ、一層厳格な判断を示したものである。

砂利の採取を内容とする採石権（本編第1章第3節第2款参照）については、⑤をすることが出来る場合は更に限定され、例外中の例外でなければならないと解される。

(7) 滞納処分手続における建物の売却決定（**国税徴収法113条**。土地と建物が同一人に属していた場合に限る。）は、その建物の所有を目的とする地上権（**同法127条1項**）を発生させる行政処分には当たらない。

担保権実行手続における建物の競落売却決定→売却許可決定（前款参照）と同じく、土地所有者は地上権の発生を認容していたと看做し得るからである。

(8) 市街地再開発事業〔現・第一種市街地再開発事業〕における⑥権利変換処分（**都市再開発法86条1項**。**同法111条**によるもの（後述）を除く。いわゆる"本則型"即ち地上権設定方式。前章第4節第4款第1目参照）は、施行地区内の各宅地

　　与を否定している。採石業を行う土地は、農地又は保安林の小さな比率を占めるに過ぎないからかかる権利の拒否は、不当でありうる。なかんずく当該地が林業又は農業の目的以上に採石業のために価値があると考えられるときにさうである。法文はこの事実問題を考えていない」（採石法案に関する GS の COMMENT（昭25・3・23）東大法学部蔵・前章註(410)）。

23) 同様の事例につき参照、拙稿・前編第3章註(169)79頁。
24) 公調委裁定平16・12・14判時1892号10頁。

第1節　地上権を発生させる国家作用

に対する既存の所有権を消滅させると同時に施行者の所有権を発生させる（各宅地は合併されて一筆の施設建築敷地となる（前編第3章第2節第3款参照）。）と同時に、当該損失を（更地たる）施設建築敷地の共有持分をもって現物補償する（同目参照）と共に、施設建築敷地の上に施設建築物の所有を目的とする地上権を設定する（**同法88条1項**）と同時に、それにより当該共有持分を与えられる者が蒙る損失を当該地上権の準共有持分をもって現物補償する（**同法77条3項**）行政処分に当たる。

⑦が行政処分により建物所有目的の地上権という借地権を発生させる構成を採ったのは、各宅地の単独所有者を施設建築敷地の共有者としつつ、それ以外の者を建物の共有者に加える[25]ためである[26]。同法は、借地権者に対する金銭補償が原則とならないようにする[27]と共に、参加組合員からの資金調達を容易にすべく、これらの者を建物の共有者に加えることとしたのである[28]。

⑦により設定された地上権の準共有持分を有する者は、登記（**都市再開発法による不動産登記に関する政令**（昭45政87−）6条〔現5条〕2項）に記載された施設建築物の建築工事の完了時に、その区分所有権を取得する（**都市再開発法88条2項**）。竹内都市局長曰く、

「建物を取得する権利というのは、いわば債権[29]ですから……登記できません。そこで、なんとか、この時点で確実に建物を取得したと同じことにしたい。法

---

25)　**都市再開発法**の制定時には、このような法律関係を私人間の合意により創設することが出来るかについては、混同による消滅（**民法179条1項・520条**）との関係から、疑問視されていた。この問題が解決されたのは、自己借地権の法定（**借地借家法**（平3法90−）**15条1項**）によってである。寺田民事局参事官は、「借地権が準共有されている場合には、相互に一種の負担が付されているものと観念できないわけではないので、このような〔混同による消滅の〕例外を設けても違和感がないといえよう」と説明している（寺田逸郎「新借地借家法の解説（四）」NBL 494号（平4）28頁）。
26)　全ての宅地に借地権が存せず、かつ、参加組合員も加えない場合には、土地所有者のみにより建物を共有することが可能であるが、それでは経済的基礎要件（**同法17条4号**）の充足が困難となるため、そのような場合は予定されていない。
27)　借地権を消滅させる代わりに地上権を発生させる構成を採ることにより、現物補償を原則とし、借地権者は特に希望しない限り金銭補償を受けられないとすること（**同法71条1項**）が可能となっている。
28)　なお、⑥が借地権として地上権を選択したのは、建築物の上に存する抵当権を地上権の上に存する抵当権によって現物補償するためである（本編第10章第4節第3款参照）。
29)　公共施設の整備に関連する市街地の改造に関する法律31条1項にいう譲受け権は、指名債権と観念されていた（吉兼・本編第1章註(104)157頁）。

律上は、〔新〕建物の一部の所有権は、必ずそのための地上権の共有持分とくっついているものですから……その地上権の共有持分をもっている者が、新しく建物が完成したときに、必ずそれに見合う建物の一部……を取得するということを法律の上で明らかに定めておけば……この地上権の持分には、まだできていない建物の一部も含まれることとなる。地上権の共有持分は登記できますので、あたかも建物を取得する権利を登記したのと同じことになる。こういう考えにしたわけです[30]」。

要するに、⑦の主眼は、借地権・建物所有権を（区分所有権を取得する権利と結合した）地上権に置き換えることにより、新旧いずれの建築物も現存しない時間が生ずるにも拘わらず、建築物の所有権の交換価値を保持する点にある。ここでは、「地上権の〔準〕共有持分が将来建築される建築物の価値をも含んだものとして取引されるには、〔施設〕建築物が必ず建築されるという保障がなければならない[31]」ため、都道府県知事による事業代行制度（**同法112条〜118条**）が用意されている。

⑦のような法律構成は、**同法**の前法である公共施設の整備に関連する市街地の改造に関する法律（昭36法109 − 昭44法38）では、いまだ着想されていなかった[32]。このため、同法は伝統的な公用収用構成——当時は附近地収用（前章第4節第4款第1目参照）までしか認められていなかった——に甘んずる外なかったのである。

(**9**)　⑦分収育林契約の締結の裁定（**森林法10条の11の4（平3法38−）第1**

---

30)　竹内・前章註(448)63頁。
31)　中野和義「都市再開発法について」自治研究45巻9号（昭44）72頁。
32)　「市街地改造法制定の経緯をみると、この建築工事期間中の権利のつなぎ方を苦心して考えている。一つの案は、新しく登記簿のようなものを作成して、これにいったん消滅する権利を登録しておいて、権利者の権利保護を図るという案である。なるほどいい案であるが、そのためには〔旧〕不動産登記法の規定とほぼ同様の規定を市街地改造法にとりこまなくてはならないし、登記所の手間も大変である。牛刀をもって鶏をさくの感がある。もう一つの案は、消滅する権利を証券に変えてしまって証券を権利者に交付しようとする案である。この案でいくと、簡易な扱いにはなるが、その証券が滅失するとそれに対応する不動産が滅失することになったりして、軽すぎる」（竹内・前章註(448)333〜334頁）。後者の案（前章註(114)も参照）については、「〔有価証券たる〕地券そのものが転々流通され、また即時取得の問題などがからんできて、商法上、このような制度を創設することについて特に法務当局が消極的であつた」という（吉兼・本編第1章註(104) 9頁）。これら以外の法律構成として、近時、浦川健太郎「六本木六丁目地区を題材にした第一種市街地再開発事業の登記上の諸問題に関する考察」再開発研究20号（平16）35頁が（強制か定かでないが）信託構成の可能性に言及しており、注目される。

項。地上権を利用権とするものに限る。前章第6節第1款第3目参照）は、要間伐森林の上に間伐又は保育を目的とする地上権を設定する合意を成立させる行政処分に当たる（**同法10条の11の5**（同前）**第2項**。同目参照）。

(10) 以上の立法例のうち、地上権に関する類型（②③（次章第1節第3款参照）を除く。）は、土地所有権の取得に附随する類型（①⑥）及び附随しない類型（④⑦）に再整理することが出来る。

①は、売買契約を発生させる行政処分である自作農創設維持の事業に要する土地の譲渡の裁定（次編第2章第3節第1款第3目参照）と併せてされるものである。①の正当化根拠は、いわゆる附帯事業（現・**土地収用法3条35号**）のための土地の使用裁決と同じく、後者の裁定との附随性に求められる。

⑥は、各宅地の所有権が施設建築敷地の共有持分によって現物補償されることを前提に、各宅地に存した借地権を施設建築敷地の上に存する地上権によって現物補償するために採られた構成である。その本質は公用収用である（前章第4節第4款第1目参照）にも拘わらず、新旧権利間に断絶がないため、土地の権利取得裁決よりも緩やかな要件をもって正当化されている（同目参照）。

一方、④⑦は、土地を粗放に利用しているというだけでその所有権を剝奪することは許されないため、地上権を設定するという、より軽い構成を採ったものである。

以上に対し、採石権に関する類型（⑤）は、正にこれを導入したいからこそ、鉱業権と土地所有権との中間に採石権が創設されたのであった（本編第1章第3節第2款参照）。⑤が鉱業権より厳格な要件をもって初めて正当化されるのはこのためである。

第2節　地上権を変更する国家作用（狭義）

第1款　地上権を変更する立法作用（狭義）

該当例は見当たらない。

第2款　地上権を変更する司法作用（狭義）

(1) これに該当する立法例は、借地非訟事件（①〜③）に限られる。

(2) ①借地条件の変更を命ずる裁判[33]（借地借家臨時処理法（大13法16－昭21法13）2条[34]）は、関東大震災の罹災地に存する借地権たる地上権の地代等を変更する司法処分に当たる。

①は、震災を奇貨とした地主の暴利行為を是正すべく、地域を限って、借地法にない干渉を認めたものである[35]。長島司法省参事官曰く、

「独逸民法〔138条2項〕には、他人の困厄、軽忽、無経験に乗じ暴利を得ることを目的とする契約は善良の風俗に反するものとして無効とする主旨の規定がある。吾民法には此如き規定がないけれども解釈は同一に帰着すると思ふ。」「条件の変更を許すのは……元来民法の解釈上無効とせらるべき契約若は之に極めて近い契約に付てのみである……。」「若し本条の規定がないと暴利契約は只無効となるのみであつて、其結果借地人……は其土地……を明渡さなければならない様になり、……又……暴利契約に極めて近き契約は完全に有効なるものと認めらるることになつて……実情に適しない[36]」。

注目されるのは、①に附随して敷金の返還その他相当な処分[37]を命ずることも出来る点である（②③についても同じ）。

(3) ②借地条件の変更を命ずる裁判（防火地区〔防火地域（廃止時）〕内借地権処理法（昭2法40－昭41法93）2条1項[38]）は、甲種防火地区（市街地建築物法施

---

33) 末弘厳太郎東京帝大教授が主導した帝国経済会議社会部答申を基にしたものである（参照、小柳・本編第1章註(37)76頁・84頁・87〜88頁・95頁）。「命ずる」というのは、裁判の形式としての命令（(旧)民事訴訟法204条1項→**民事訴訟法119条**）を指し、形成的行為と対比される命令的行為という意味ではない（②についても同じ。）。

34) 「地代、……、敷金其ノ他借地……ノ条件カ著シク不当ナルトキハ当事者ノ申立ニ因リ裁判所ハ鑑定委員会ノ意見ヲ聴キ借地……関係ヲ衡平ナラシムル為其ノ条件ヲ変更ヲ命スルコトヲ得此ノ場合ニ於テ裁判所ハ敷金其ノ他ノ財産上ノ給付ノ返還ヲ命シ又ハ其ノ給付ヲ地代……ノ前払ト看做シ其ノ他相当ナル処分ヲ命スルコトヲ得」（同条）。「第二条……ノ規定ニ依ル裁判ニ対シテハ即時抗告ヲ為スコトヲ得」（15条1項前段）。「本法ニ依ル裁判ニシテ財産上ノ給付ヲ命スルモノハ執行力ヲ有スル債務名義タルノ効力ヲ有ス」（16条）。類例、**罹災都市借地借家臨時処理法17条**。

35) 49・衆・借地借家臨時処理法案外一件委2回（大13・7・10）10〜11頁〔池田寅二郎政府委員〕。

36) 長島毅『借地借家臨時処理法講話』（巌松堂・大13）7〜8頁。

37) 「当事者ノ借地……ノ関係ヲ衡平ニスルト云フ為ニ執ル得ベキコトナラバ、如何ナル手段デモ執ルコトガ出来ル、又場合ニ依ッテハ……権利金ヲ弁償スル、其代リニハ修繕ノコトハ……借地人ノ方デスル方ガ宜イト云フ……コトモ認メル」（前註(35)10頁〔池田（寅）政府委員〕）。

38) 「市街地建築物法ニ依リテ指定セラレタル甲種防火地区内ニ於テ同法第十三条ニ基ク命令ニ定メラレタル建物以外ノ建物ノ所有ヲ目的トスル借地権ヲ有スル者ガ其ノ土地ニ建物ヲ築造セントスル場合ニ於テ借地条件ノ変更ニ関シ当事者間ニ協議調ハザルトキハ裁判所ハ当事者ノ申立ニ因

第 2 節　地上権を変更する国家作用（狭義）

行規則（大 9 内務省令 37 – 昭 25 法 201）118 条[39]））→防火地域（建築基準法 60 条 1 項（制定時。現・**都市計画法 8 条 1 項 5 号**））に指定された土地に存する借地権たる地上権の目的等を建築制限に適合させる司法処分に当たる。

　建築制限に適合しない建物所有を目的とする借地権者は、地主が借地条件の変更に同意しない限り、適法な建替えをすることが出来なくなるため、借地契約を解除される危険を冒してでも、用法違反に踏み切ることを余儀なくされてしまう。ここでは、国家の手で紛争の種が蒔かれているのであり、これを未然に摘み取るのが、②の主たる目的である[40]。都市不燃化の推進自体は、主たる目的の達成を通じて結果的に達成される従たる目的に過ぎない。

　(4)　③借地条件の変更の裁判（借地法 8 条ノ 2（昭 41 法 93 – 平 3 法 90）第 1 項→**借地借家法 17 条 1 項**）は、防火地域の指定に限らず、広く事情の変更を理由として、借地権たる地上権の目的等を変更する司法処分に当たる。

　ここでの"事情変更の法理"は、飽くまでも契約法上の原則であり、都市不燃化の推進という政策目標を直接に取り込む意図はない。香川民事局参事官によると借地契約の時点において既に堅固の建物所有を目的とするのがその地域では一般的であったにも拘わらず、当事者が敢えて非堅固の建物所有を目的としていた場合には、③による変更を認めるべきでないという[41]。

　また、防火地域の指定があれば原則として③がされる[42]が、地主が専ら地代

　　　リ防火地区内借地委員会ノ意見ヲ聴キ借地権ノ残存期間、従前ノ借地条件、土地ノ状況、借地ニ関スル従前ノ経過等一切ノ事情ヲ斟酌シテ借地条件ノ変更其ノ他当事者間ノ衡平ヲ維持スル為相当ノ措置ヲ命ズルコトヲ得」（同項前段（制定時。傍点引用者））。「本法ノ裁判ニ対シテハ即時抗告ヲ為スコトヲ得」（10 条 1 項前段）。「本法ノ裁判ニシテ財産上ノ給付ヲ命ズルモノハ執行力ヲ有スル債務名義タルノ効力ヲ有ス」（11 条）。

39)　「主務大臣ハ火災予防上必要ト認ムルトキハ防火地区ヲ指定シ其ノ地区内ニ於ケル防火設備又ハ建築物ノ防火構造ニ関シ必要ナル規定ヲ設クルコトヲ得」（市街地建築物法（大 8 法 37 – 昭 25 法 201）13 条 1 項）。「防火地区ハ甲種防火地区及乙種防火地区ノ二種トス」（市街地建築物法施行規則 118 条）。「甲種防火地区内ニ在ル建物ハ其ノ外壁ヲ耐火構造ト為スヘシ」（同規則 119 条）。

40)　参照、52・衆・不良住宅地区改良法案委 6 回（昭 2・3・17）2 ～ 3 頁〔池田寅二郎政府委員〕。

41)　「契約したときからそこは鉄筋のものが合理的だという場合にあえて木造のものということで契約しているというのは、やはりそれ自体を尊重すべきじゃないか」「裁判所が中に入ってまで……公共の見地……で契約を変えるということは、私は行き過ぎだと思っているのです」（古山宏他「借地・借家法改正の問題点」自由と正義 17 巻 10 号（昭 41）40 頁〔香川保一〕）。

42)　参照、51・参・法務委 26 号（昭 41・6・21）8 頁〔新谷正夫政府委員〕。

目当てで申し立ててきた場合には、地代を増額しない処理も考えられるという[43]。

このように、①～③は、附随的裁判を自在に組み合わせることにより、廃止された筈の「調停ニ代ル裁判」(〈次編第2章第14節第1款第2目〉参照)と同様の機能を果している。かかる「強制調停的性質[44]」の問題性は、借地権の存否自体が争われた場合に、最も尖鋭化する。

> 「地主から借地権の存否が争われたというだけで却下ということになるのでは、制度を無意味にする悪用のおそれが多分にある。……その点法律でいろいろ手当てをするかどうかが検討されたのですが、結局理論的には前提問題の判断はできるということ、ただ訴訟が起こっておる場合には〔借地非訟事件手続〕規則〔(昭42最規1－)12条1項〕の方で中止できるという……ことにしてこの問題をいわば逃げたというのが率直な感じなんです[45]」。

(5) ①～③は、いずれも当事者間の衡平を正当化根拠としている。その対象は暴利行為(①)に始まり、国家に起因する事情変更(②)を経て、一般的な事情変更(③)に至っている。それらは拡張すればする程、非訟事件としての限界(既判力の欠缺等)に直面せざるを得ない宿命に置かれている。

第3款　地上権を変更する行政作用(狭義)

(1) これに該当する立法例は、地上権(①～④)及び採石権(⑤)に関する類型に大別される。前者は、いわゆる換地処分(①～③)及び採石権の設定の決定(④)に伴う類型に細分される。

(2) ①借地権の目的地の増加指定処分(特別都市計画法(昭21法19－昭29法

---

43) 「地主……は、決して自分の土地がビルを建てたほうが公共の見地から国家のお役に立つのだということを考えての上ではない、そんなことを借地法が期待するのは場違い……だと思うのです」「ねらいは地代ですから、……裁判所は、そのときの一切の事情を考慮して、おそらくこの対価というものの支払を借地人に命じないと思うのです」(古山他・前註(41)41頁〔香川保一〕)。
44) 鈴木禄弥「改正借地借家法の特色と残された問題点」法律時報38巻9号(昭41)8頁。
45) 古山他・前註(41)29頁〔香川保一〕。同旨、前註(42)10頁〔新谷政府委員〕。先例としては、遺産分割審判(家事審判法9条1項乙類10号)において相続権の存否についても判断することが出来るとした最大決昭41・3・2民集20巻3号360頁が援用されている(参照、井口牧郎編『改正借地法にもとづく借地非訟事件手続の解説』(酒井書店・昭42)5頁)。③が訴訟手続の要素を加味した"争訟的非訟"となっているのも、対立二当事者構造の存在を踏まえたものという(参照、山木戸克己他「借地事件の非訟的処理——借地法等の一部を改正する法律案要綱における裁判手続について」民商法雑誌53巻6号(昭41)33頁〔香川保一〕)。

120) 8条1項前段[46]→土地区画整理法92条1項）は、目的地が過小借地とならないよう、借地権が存する区域の比率を増大させる行政処分に当たる。

借地権が従前地の全部に存する場合には、換地が過小宅地とならないときには過小借地が生ずることもなく、換地が過小宅地となるときにも、増換地処分（特別都市計画法7条1項前段→土地区画整理法91条1項）がされれば[47]、過小借地が生ずることはない。これに対し、借地権が従前地の一部に存する場合には、換地が過小宅地となるか否かに拘わらず、過小借地が生ずる可能性がある。

①は、後者の場合に、過小借地が生ずることのないよう、換地上に存すべき借地権の目的地を従前地の減歩率以上に増加させて指定するものである[48]（①によっても過小借地が生ずるのを避けられない場合には、借地権の消滅処分→借地権の目的地の不指定処分（本章第4節第3款参照）がされることとなる。）。

①と②③及び地上権等の消滅処分（特別都市計画法8条2項後段。本章第4節第3款参照）とは、増加指定される宅地の部分に第三者の地上権等が存する場合には、①に先立って後三者のいずれかをしておかなければならないという関係にある。①によりその目的地を増加指定される借地権は、本来であれば増加指定された部分に存すべき筈であった第三者の地上権等を犠牲にしつつ、その存続を許されるのである。

増加指定される部分に第三者の地上権等が存せず、土地所有者もその部分を使用していないときには、①をすることが出来る点に争いはない[49]。これに対

---

46) 「第五条第一項の土地区画整理について、借地地積の規模を適正ならしめるために必要があるときは、土地区画整理委員会の意見を聞いて、過小借地の借地権に対し、その地積を増して権利の目的たる土地若しくはその部分を指定し、又は従前の権利を消滅せしめて金銭で清算することができる。」「前項の規定により、過小借地の借地権に対し、その地積を増して権利の目的たる土地又はその部分を指定するために必要があるときは、所有者を同じくする土地について存する他の地上権、賃借権、永小作権又は地役権について、その地積を減じてこれらの権利の目的たる土地若しくはその部分を指定し、又はこれらの権利を消滅せしめて金銭で清算することができる。」「前二項の規定により、地積を増し又は減じて権利の目的たる土地又はその部分を指定する場合に、その増減のあつた部分については、金銭で清算する」（8条1～3項）。
47) 増換地処分がされない場合には、換地不交付処分→換地不指定処分（前編第3章第3節第3款参照）がされることとなる。借地権は、土地の消滅に伴う所有権の当然消滅に伴い、当然に消滅する。
48) 参照、鬼丸・前編第3章註(330)70頁及び松浦・同章註(233)437頁。特別都市計画法には過小宅地・過小借地の基準地積を同一とする規定はないが、不一致を予定していたとも思えないため、同一と解しておく。
49) 鬼丸・前註71頁が、「更地」と表現しているのは、この趣旨を述べたものであろう。

し、土地所有者自らその部分を使用しているときには、借地権を所有権に優越させる理由はないから、①をすることは出来ないと解される。

(3) ②③地上権の目的地の減少指定処分（②特別都市計画法8条2項前段→③土地区画整理法92条4項）は、①により借地権の目的地を増加指定するに先立って、本来であれば増加指定される部分にも存すべき筈であった第三者の地上権が存する土地の範囲をその部分だけ縮小する行政処分に当たる。

特別都市計画法は、②と地上権等の消滅処分（特別都市計画法8条2項後段。本章第4節第3款参照）とを並列し、要件に差異を設けていない（同項参照）。従って、①をすることが可能となるまで、②により地上権の範囲を縮小することが許されそうである。とはいえ、②により新たに過小借地が創出されることになっては本末顛倒であるから、借地権である地上権については、過小借地となる地積以下までその範囲を縮小することは出来ない。一方、借地権でない地上権（竹木及び建物以外の工作物の所有を目的とする地上権）については、過小借地となる地積以下までその範囲を縮小することも出来よう[50]（借地権である地上権であっても現に行使されていないものについては、同様に解する余地もある。）。

土地区画整理法は、地上権等の消滅処分を廃止すると共に、②を土地区画整理審議会の同意に係らしめた上で存続させた（③）。

(4) ④採石権の設定の決定（**採石法12条**。本章第4節第3款参照。地上権が存する土地の一部に採石権を設定するものに限る。）は、採石権を設定する合意を発生させるに先立ち、地上権を変更する合意を成立させる行政処分に当たる[51]（**同法19条1項5号・21条**）。

④は、②③と同じく、用益物権のために用益物権を破るものである。とはいえ、採石権は元々強制設定が予定されている（前款参照）ため、④の正当化は②③よりも容易である。

(5) ⑤採石権の存続期間の更新の決定（**採石法28条**）は、採石権の内容を変更する合意を成立させる行政処分に当たる（**同法30条・21条**）。

---

50) 鬼丸前戦災復興院事務官は、「権利の種別からいへば、借地権者保護の趣旨にかんがみ、永小作権、地役権等借地権以外の権利に対し優先的に行ひ、借地権は、なるべく生かすやうに取計ふべきである。又同種の権利〔が二個以上ある〕ならば大なる地積の権利より処分すべきである」と説明している（鬼丸・前註74～75頁）。

51)「権利の変更とは、一部消滅による変更であり、変更の内容として地上権の場合を例にとると、新たな地代も定められる」（資源庁鉱山局鉱政課編・本編第1章註(40)144頁）。

採石権には、採石権の設定の決定（前節第3款参照）により設定されたものと任意で設定されたものがある。④は、後者については、新たに採石権の設定の決定をするのと同等の公益判断が要求される（次節第3款参照）。

(6) 以上の立法例のうち、換地処分に伴う類型（①〜③）は、いずれも過小借地の整理を免れるための、いわば緊急避難的な措置である。①が現に利用されていない土地を対象とする場合には、特別都市計画法の下では、私有地が利用されること（戦災復興）自体に公益性があり、**土地区画整理法**の下では、災害の防止及び衛生の向上が要件とされているため、その正当化は困難でない。

②③についても、現に行使されていない地上権を対象とする場合には、同様に考えられる（特別都市計画法の下では、借地権でない地上権よりも借地権の方が公益上重要であるため、現に行使されている前者を対象とする場合にも、正当化は可能である。**土地区画整理法**の下でも、住居用建物の所有を目的とする借地権がそれ以外の地上権を破る場合には、社会政策として正当化する余地はあろう。）。

併しながら、それ以外の場合、特に借地権のために借地権を破る場合には、共産主義的な色彩が濃厚となり、清算金による金銭的調整がされるにせよ、原理的に正当化は容易でない。破られる側の借地権は、破る側の借地権と等しく減歩負担を受けているため、附近地収用（前章第4節第4款第1目参照）の発想を援用することも出来ない。結局、何らかの限定解釈を施さない限り、違憲の疑いを払拭し切れないように思われる。

第3節　地上権を変更する国家作用（広義）

第1款　地上権を変更する立法作用（広義）

該当例は見当たらない。

第2款　地上権を変更する司法作用（広義）

昭和35年の借地借家法案要綱は、災害により滅失した建物の敷地の「借地権」を滅失により借家権を喪失した者に移転する司法処分として、「借地権」の譲渡の裁判を規定していた[52]（「借地権」の譲渡の裁判は、地主、借地人（＝建物所有者）対借家人という三面関係の場合を想定しており、地主（＝建物所有者）対借家

303

人という二面関係の場合には、「借地権」の設定の裁判（本章第1節第2款参照）による。）。

これは、**罹災都市借地借家臨時処理法3条・2条2項**——空襲等により建物が滅失して借家権を喪失した者がした敷地又は換地の借地権の譲渡の申込に対する借地人の承諾の意思表示を発生させる措置法律（〈前編第4章第1節第1款第1目〉参照）——を恒久法化しようとしたものであり、「借地権」の設定の裁判について述べたのと同様の点が当て嵌まる。

第3款　地上権を変更する行政作用（広義）

(1)　これに該当する立法例は、地上権（①②④）及び採石権（③）に関する類型に大別される。

(2)　第一次農地改革における①使用収益の権利の譲渡に関する裁定（農地調整法4条（昭20法64 – 昭21法42）3項。本章第1節第3款参照）は、自作農創設維持の事業に要する土地の開発に必要な他の土地の上に存する地上権を移転する合意を成立させる行政処分に当たる。

(3)　②農地〔現・農用地〕の地上権（果樹の所有を目的とするものに限る。）についての交換分合計画の認可（**土地改良法107条・98条**7項〔現8項〕）は、地上権を移転する行政処分に当たる（次章第3節第3款参照）。

(4)　③採石権の譲渡の決定（**採石法12条**）は、採石権を移転する合意を成立させる行政処分に当たる（**同法21条**）。

③は、採石権を行使しない者から剥奪して行使する見込のある者に再分配するものであり、鉱業権の譲渡の裁定（重要鉱物増産法4条2項。前編第2節第3款参照）の発動要件を限定したものに相当する[53]。即ち③は、採石権が行使されることの公益性（その存在が限定的に解されるべき点につき，本章第1節第3款参照）を正当化根拠としている。その存在は、採石権の設定の決定（**採石法12条**。同

---

52)　「賃借建物が火災、震災、風水害その他の災害により滅失した場合には、建物の滅失当時における賃借人（……）は、その土地において営業を継続する必要がある場合その他自ら建物を使用することを必要とする特別の事由がある場合に限り、裁判所に対し、その敷地につき借地権の……譲渡……の請求をすることができるものとすること」（同第1項本文）、「第一項の請求は、建物の賃貸人であった……借地権者を相手方としてするものと……すること」（同第3項。いずれも香川＝井口・本編第1章註(36)20頁）。

53)　参照、資源庁鉱山局鉱政課編・本編第1章註(40)99頁。

款参照）によって設定された採石権については判断済みであるが、任意で設定された採石権については、③をする際に不文の要件として判断されねばならない。

　採石権が土地所有権に対する負担である点を踏まえると、採石権の設定の決定によって設定された採石権が行使されず、かつ、合理的な期間内に③の申請がない場合には、土地所有者は同決定の撤回の義務付けを求めることが出来よう。

　(5)　④保安林の強制買取（保安林整備臨時措置法6条。前章第3節第3款参照）は、森林の土地の上に存する地上権を移転する行政処分に当たる。

　(6)　以上の立法例のうち、地上権に関する類型（②（次章第3節第3款参照）を除く。）は、土地所有権の取得に附随する類型（①（本章第1節第3款参照））及び附随しない類型（④）に再整理することが出来る。④は、元々土地所有権を移転させることも出来る（前章第3節第3款参照）が、地上権が存する場合にはその必要がないため、地上権の移転に止められたものである。

第4節　地上権を消滅させる国家作用

第1款　地上権を消滅させる立法作用

(1)　①罹災都市借地借家臨時処理法12条は、地上権者が期間内に存続の意思を申し出ない地上権を無償で消滅させる措置法律に当たる。

　①は、戦災復興の意慾のない地上権者を淘汰するためのものである[54]。

第2款　地上権を消滅させる司法作用

(1)　これに該当する立法例は、強制執行・担保権実行手続（①②）、詐害行為取消及び否認（③④）並びにそれ以外の類型（⑤）に大別される。

---

54)　「現在罹災都市においては、広大な未利用の罹災土地と〔建物〕疎開跡地があるに拘らず、一方容易に建物の敷地を取得し得ないという矛盾した状態にある。その一半の理由は、この未利用地にも従前からの借地権が存しているため、土地所有者がその土地を他の者に使用させることができないためであるので、本条は、右の如き矛盾した状態を打破し、土地の有効的利用を図る一方法として、存続させる意志の認められない借地権を消滅させるため、土地所有者に催告権を認めたのである」（原他・前註（6）82頁）。

(2) 強制執行手続における①競落許可決定（（旧）民事訴訟法677条（明23法29－昭54法4）1項）→売却許可決定（**民事執行法**（昭54法4－）**69条**）は、それにより優先弁済請求権に変更される担保権（第8～10章各第2節第2款参照）に後れる地上権（**民法**施行前は、全ての地上権[55]）を無償で消滅させる司法処分に当たる[56]。また、担保権実行手続における②競落許可決定（競売法（明31法15－昭54法4）32条2項）→売却許可決定（**民事執行法188条・69条**）は、それにより優先弁済請求権に変更される担保権（同款参照）に後れる地上権であって申立人の担保権に先立つものを無償で消滅させる司法処分に当たる[57]（申立人の担保権に後れる地上権は当然消滅する[58]。）。

判例は、「抵当権の実行は目的不動産の上の担保権全部のための競売である[59]」という発想の下、①②による地上権の消滅を先順位担保権の実行に伴う後順位担保権の当然消滅と同視している。

併しながら、そのような発想は、プロイセン・不動産ニ対スル強制執行ニ関スル法律（Gesetz betreffend die Zwangsvollstreckung in das unbewegliche Vermögen, vom 13. Juli 1883）制定前のドイツ[60]ならばいざ知らず、「先順位の権利が後順位のそれによって侵害されてはならないとする〔近代〕物権法秩序の要請[61]」にも、わが国の民事手続法の体系[62]にもそぐわない。

---

55) 参照、法典調査会「民法施行法整理会議事速記録」法務大臣官房司法法制調査部監修『日本近代立法資料叢書』14巻（商事法務研究会・昭63）47～48頁〔河村譲三郎〕。

56) 対抗力ある賃借権の事案であるが参照、最判昭46・3・30判時628号54頁。

57) 参照、大判大7・5・18民録24輯984頁。

58) 参照、大判大6・4・5民録23輯625頁及び**民事執行法59条2項**。

59) 竹下守夫「不動産競売における物上負担の取扱い」（昭45）『不動産執行法の研究』（有斐閣・昭52）102頁。参照、「競売裁判所ハ総テノ抵当権者ノ為ニ競売ヲ為スモノト云フヘク……」（大決昭6・11・30民集10巻1143頁）。

60) 「確かに近代的な登記制度が整備されず、したがって土地の上の負担の状態を正確に把握することが困難な時代のドイツにおいては、競落人の地位を安定させ、競売の機能を高めるために、競売はいずれの債権者の申立によっても、目的不動産上の負担を考慮することなく実施し、しかもその結果、不動産上の負担は全て消滅し、債権者はその売得金から破産におけると同じ順位で弁済をうけるにとどまるとせられたと言われる。つまり、不動産競売は、その不動産限りでの小型破産であったわけである。このような制度の下では、確かに、消除主義〔Löschungsprinzip〕と全担保権のための競売という観念とが結びついていたと言えよう」（竹下・前註102頁（原註略））。

61) 竹下・前註104頁。竹下教授は、剰余主義（不動産競売は申立人の権利に優先する全ての権利に対する弁済が保障される限りにおいて許されるとする主義）はこの物権法秩序の要請に由来するものと把握している（同頁）。

第4節　地上権を消滅させる国家作用

このため、ドイツ・強制競売及強制管理ニ関スル法律（Gesetz über die Zwangsverstreckung und Zwangsverwaltung, vom 24. März 1897）92条2項[63]に倣って「売却代金からその権利の価格について、その順位で賠償を得させる」という立法論が提唱され[64]、「実体法上申立債権者に対抗できる用益権は、競売によつて消滅させられるべきいわれはなく、……競落人に引受けられるべきものとすべきである[65]」という解釈論さえ主張された。

これらの見解は、昭和46年の強制執行法案要綱案（第一次試案）に盛り込まれた（それぞれ第三十第二項乙案・丙案[66]及び甲案[67]）が、結局、**民事執行法59条2項**には採用されなかった。

浦野元民事局参事官によると、この場合の用益権の保護については、短期賃貸借（民法395条[68]（明29法89－平15法134））が実体法上の上限とされている点を踏まえ、消除主義を維持することとしたという[69]。

---

62) 例えば抵当権付不動産に対する強制執行につき、「本当に抵当権自身が実行されたものと考えるというのであれば、抵当権者にも執行債権者たる地位を認めねばならぬ筈であるし、さらに、この場合の競売手続は、わが国の現行制度の下においてならば、強制競売と任意競売との併合があるものと考えねばならぬこととなる」（竹下・前註103頁）。

63) "Der Ersatz für einen Niessbrauch...... ist durch Zahlung einer Geldrente zu leisten, die dem Jahreswerte des Rechtes gleichkommt" (Abs.1.S.1).

64) 参照、兼子一『強制執行法』（弘文堂・昭24）240～241頁。

65) 鈴木忠一他編『注解強制執行法』3巻（第一法規・昭51）139頁〔竹下守夫〕。これは留置権等の引受主義（Übernahmeprinzip）を定めた民法施行法51条の起草者の見解とも一致している。参照、「〔所有者ガ制限物権ヲ設定シタ場合〕其所有者ノ権利ノ幅ハ狭ク為ツテ仕舞ヒマスカラ、ソレヨリ余計ニ競売デ売リヤウハアリマセヌ」「人ノ権利ト為ツタモノマデ引ツタクツテ所有スルコトハ許シマセヌ、サウ云フ趣意ガ……物権ノ規定カラ出テ居ルト思ヒマス」（法典調査会・前註(55)47頁〔梅謙次郎〕・48頁〔同〕）。

66) 「〔第一項の用益権〔＝「換価により消滅する担保権に優先する用益権」〕以外の用益権は、換価により消滅するものとし、当該用益権（差押えに対抗することができないものを除く。）を有する者は、その消滅に伴う債務不履行による損害賠償につき、不動産の代金から、一般債権者として配当を受けることができるものとすること」（乙案、傍点引用者）。参照、法務省民事局参事官室「強制執行法案要綱案（第一次試案）について」ジュリスト505号（昭47）63頁）。丙案では、傍点部分が「その順位に応じて」となっている（同頁）。

67) 「第一項の用益権〔前註参照〕のほか、換価により消滅する担保権に劣後する用益権のうち差押債権者の債権に優先するものも、競落人が引き受けるものとし、その他の用益権は、消滅するものとすること」（法務省民事局参事官室・前註63頁）。

68) 「第六百二条ニ定メタル期間ヲ超エサル賃貸借ハ抵当権ノ登記後ニ登記シタルモノト雖モ之ヲ以テ抵当権者ニ対抗スルコトヲ得」（同条本文）。

69) 「実体法的には、抵当権の価値権としての占有を伴わない優先弁済的機能、つまり、目的物件の価値権の保全は、抵当権設定者（所有者）の個有の義務であり、これを補充し、補助するもの

307

(3) 地上権の消滅請求（**民法266条1項・276条**）は、初め地上権を消滅させる司法処分を要するとされたが、僅か1年で判例が変更され、形成権の行使とされている[70]（永小作権についても同じ。）。

(4) 地上権設定行為に対する③詐害行為取消判決（**民法424条1項**）は、詐害行為取消権を形成訴権と捉える見解によれば、地上権を設定する合意を取り消す司法処分に当たる。

(5) 地上権設定行為に対する④否認判決（（旧）破産法72条1〜3号・5号）→否認判決・決定（**破産法160条1項・3項・161条1項**）、否認判決・決定（（旧）会社更生法78条1項1号・2号・4号→**会社更生法**（平14法154－平16法76）**86条1項1号・2号・4号（現3項）・86条の2**（平16法76－）**第1項**）及び否認判決・決定（**民事再生法127条1項1号・2号・3号**（平11法225－平16法86）・**5号（現3項）・127条の2**（平16法76－）**第1項**）は、否認権を形成訴権と捉える見解によれば、地上権を設定する合意を取り消す司法処分に当たる。

(6) ⑤借地権の消滅を命ずる裁判（防火地区〔防火地域（廃止時）〕内借地権処理法3条[71]）は、甲種防火地区（市街地建築物法施行規則118条）→防火地域（建築基準法60条1項（制定時。現・**都市計画法8条1項5号**））に指定された土地に存する借地権たる地上権を有償で消滅させる司法処分に当たる。

⑤は、借地権の変更を命ずる裁判（本章第2節第2款参照）によって増額されるべき地代を負担する資力が借地人にない場合に、同裁判に代わる選択肢として用意されたものである[72]。

昭和35年の借地借家法案要綱は、⑤の後身として、期間満了後における借

として民法第三九五条で短期賃借権を容認しているのであるから、この制度を改正しない以上、現行法上は、抵当権と用益権の調整は、短期賃貸借を接点にしてなされているといわざるを得ない。」「このことを前提とすると、不動産の強制換価においては、短期賃借権以外の賃借権は、すべての担保権者に優先するものを除いては、その権利に優先する担保権を有する者の申立てによると否とを問わず、短期賃借権以外はすべて消滅することを是認しているといわざるを得ない」（浦野雄幸『手続法と実体法の接点への模索——売却条件における用益権者の処遇をめぐって』青山正明編『民事法務行政の歴史と今後の課題』下巻（テイハン・平5）545頁）。

70) 参照、大判明39・6・13民録12輯966頁及び大判明40・4・29民録13輯452頁。
71) 「前条〔＝前註(38)参照〕ノ裁判ヲ為ス場合ニ於テ裁判所ハ当事者ノ申立ニ因リ相当ノ出捐其ノ他適当ノ条件ニテ借地権ノ消滅ヲ命ズルコトヲ得」。
72) 「借地人ノカカラモ、……其処ニ家ヲ建築スル意思ガ無イ場合ニハ、其借地権ヲ返上スル代リ、相当ノ対価ヲ求メルト云フ申出モ為シ得ル……積リデアリマス」（前註(40)2頁〔池田（寅）政府委員〕）。

地権の消滅の裁判[73]を規定していた。併しながら、借地法等の一部を改正する法律（昭41法93）は、借地の合理的な利用という改正の趣旨及び財産権の保障に照らし「行き過ぎ[74]」であるとして、これを採用しなかった。借地条件の変更の裁判（同款参照）が「強制調停的性質」を持つこと（同款参照）を意識したためであろう。

（7）　担保権消滅許可の決定（**民事再生法**（平11法225 −）**148条1項**。本編第7章第4節第2款参照）は、再生債務者の事業継続に不可欠な財産の上に存する用益権を消滅させる司法処分には当たらない。

深山民事局参事官らによると、「用益権は、目的財産の利用を本質的な内容とするものですから、用益権の価値に相当する金銭の支払をもって用益権が消滅するものとすることは、用益権の本質的内容を制約することになると考えられます[75]」という[76]。

（8）　以上の立法例のうち、③④は、債権者の保護を正当化根拠としている。

これに対し、①②は、短期賃貸借制度が廃止された現在、競売機能の強化のため補償なく財産権を剥奪する司法処分として、違憲の疑いがあろう[77]。

⑤も、国家に起因する事情変更によって失権を余儀なくされるのは不合理であり、廃止は正当であった。

第3款　地上権を消滅させる行政作用

（1）　これに該当する立法例は、地上権の目的に着目すれば、全ての工作物及

---

[73]　「借地権の存続期間の満了後左の各号に掲げる事由その他これに準ずる正当な事由があるときは、土地所有者は、裁判所に対し、借地権の消滅の請求をすることができるものとすること」「二　土地所有者が当該土地の上に工作物を築造する計画を有し、これを実施することが当該土地をより高度に利用することとなるとき」「四　土地所有者が借地権者……に対し相当な条件で直ちに使用し得る相当な代替土地を提供するとき」（第七第一項柱書・2号・4号。香川＝井口・本編第1章註(36) 8頁）。

[74]　51・参・法務委27号（昭41・6・23）2頁〔新谷正夫政府委員〕。なお参照、古山他・前註(41)41頁〔香川保一〕。

[75]　深山卓也他『一問一答民事再生法』（商事法務研究会・平12）203頁。

[76]　「もし消滅させるとすれば、用益権者にも、目的物の価額について争う機会を与える必要があり、また配当にも加えなければならないであろう。しかし、そのような手続はまったく予定されていない」（福永有利「担保権消滅請求制度——その解釈・運用上の諸問題」金融・商事判例1086号（平12) 63頁）。

[77]　反対、最決平24・2・7判時2163号3頁岡部補足意見。

び竹木（①〜⑧⑪⑫）、果樹のみ（⑨⑬⑭）、建物のみ（⑩⑱）、樹木のみ（⑮⑰）並びに建物及び公共の用に供する施設以外の工作物及び竹木（⑯）の所有に関する類型に大別され、手続に着目すれば、地上権を終局的に消滅させる類型（①〜⑬⑮〜⑱）及び後に再設定される地上権を一旦消滅させる類型（⑭）に大別される。

（2）　滞納処分手続における①〜③公売[78]（明治10年布告79号1条[79]）→②国税滞納処分法3条[80]→③（旧）国税徴収法24条1項[81]）→④売却決定（**国税徴収法113条**）は、地上権（①では、全ての地上権（次章第4節第3款参照）。②〜④では、それらにより優先弁済請求権に変更される担保権（第8〜10章各第2節第3款参照）に後れる地上権であって差押前に設定されたもの）を無償で消滅させる行政処分に当たる[82]（②〜④では、差押後に設定された地上権は当然消滅する。）。

③④には、強制執行・担保権実行手続と同じ問題がある（前款参照）。

（3）　華族世襲財産の創設認可→設定認可（いずれも前編第3章第3節第3款参照）は、華族世襲財産となる土地の上に存する地上権を消滅させる行政処分には当たらない。

地代収入を杜絶することは、却って華族世襲財産の目的に背くからである[83]。

（4）　土地収用手続における⑤地上権を消滅させるための収用裁決→権利取得裁決（権利収用ニ関スル法律[84]）（明32法72 − 明33法29）→（旧）土地収用法7条[85]→**土地収用法5条1項1号**）は、起業者が任意買収等により取得した土地の上に存する地上権を有償で消滅させる行政処分に当たる。

---

78)　正確には、①「財産売却ノ決定」（大判明37・5・31刑録10輯1189頁）→②「落札者又は競落者の決定」（桃井編・前編第5章註(54)641頁）。

79)　本編第8章註(11)参照。

80)　「滞納者督促令状ヲ受タル日ヨリ五日以内ニ税金ヲ完納セサルトキハ其所有財産ヲ差押ヘ売却シテ之ヲ徴収スヘシ」（3条）。「差押物件ハ入札若クハ競売ノ方法ヲ以テ之ヲ公売スルモノトス」（31条1項本文）。

81)　「差押ヘタル有体動産及不動産ハ公売ニ附ス」（同項1文（制定時））。

82)　③につき参照、桃井編・前編第5章註(54)649〜650頁及び三ヶ月＝加藤監修・前編第3章註(239)345頁〔香川保一幹事〕。④につき参照、吉国他編・前編第3章註(251)571頁。

83)　参照、37・衆・華族世襲財産法改正法律案委3回（大5・2・22）12頁〔馬場鎗一政府委員〕。

84)　「水ノ使用ニ関スル権利其ノ他土地ニ関スル所有権以外ノ権利ニ付キテハ〔旧々〕土地収用法ノ規定ヲ準用ス」。

85)　「本法ノ規定ハ水ノ使用ニ関スル権利其ノ他土地ニ関スル所有権以外ノ権利ノ収用又ハ使用ヲ為ス場合ニ之ヲ準用ス」。

第4節　地上権を消滅させる国家作用

（5）⑥譲与国有林野の返還処分（（旧）国有林野法16条（明32法85－大10法43（失効）－昭23法73）1項[86]）は、返還される土地の上に存する地上権を無償で消滅させる行政処分に当たる（同法16条（同前）2項[87]）。

これは明治30年の（旧）国有林野法案[88]に由来するが、外国法を参照したものかは定かでない。

その後、一般法として制定された（旧）国有財産法は、公的な性格を持たない雑種財産〔現・普通財産〕は契約法上の規律に服すべきであるとし[89]、⑥を行政処分から契約の解除（8条[90]）（→**国有財産法30条1項**））に改めた。その際、「契約の解除は第三者の権利を害し得ず」の法理（**民法545条1項但書**）に従い[91]、地上権の消滅に関する規定は失効せしめられた。

⑥では、地上権者（悪意で処分要件事実を作出した者を除く。）が林野の所有者に対して地上権の消滅による損害の賠償を請求しなければならなかった[92]。
（旧）国有財産法→**国有財産法**では、起訴責任が振り替えられ、国が林野の所有者（及び悪意で解除原因を作出した地上権者）に対して地上権の設定による損害の賠償を請求しなければならない[93]。

（6）⑦鉄道財団抵当権→鉄道財団の設定認可（**鉄道抵当法**5条[94]（明38法53

---

86)　「国有林野ハ左ノ場合ニ限リ譲与スルコトヲ得」「一　段別一町歩以下ニシテ公立ノ学校又ハ病院ノ用地ニ供スルトキ」「二　府県郡市町村及其ノ他ノ公共団体ニ於テ道路、河川、港湾、水道、堤塘、溝渠、溜池、火葬場、墓地、公園等公共ノ用ニ供スルトキ」（15条柱書・1号・2号）。「用途ヲ指定シテ譲与シタル国有林野ヲ指定ノ期間内ニ其ノ用途ニ使用セサルトキ又ハ一旦其ノ用途ニ使用シタル後当該官庁ニ於テ指定シタル期間其ノ使用ヲ継続セサルトキハ之ヲ返還セシムルコトヲ得」（16条1項）。
87)　「前項ニ依リ林野ヲ返還セシメタル場合ニ於テハ其ノ林野ノ上ニ設定シタル第三者ノ権利ハ消滅ス」。
88)　「前二項〔＝（旧）国有林野法16条1項〕ノ場合ニ於テハ其ノ森林原野ノ上ニ設定シタル第三者ノ権利ハ無効トス」（23条3項。10・衆・25号（明30・3・15）411頁）。
89)　「公共用財産、公用財産又ハ営林財産ニ在リテハ其ノ用途ニ供スル間之ヲ譲渡スルコトヲ得サルハ固ヨリ当然ノ事理ニ属シ……」（西野・前編第3章註(96)130頁）。
90)　「用途及期間ヲ指定シテ国有財産ノ……譲与……ヲ為シタル場合ニ於テ指定期間内ニ之ヲ其ノ用途ニ供セス又ハ之ヲ其ノ用途ニ供シタル後指定期間内ニ其ノ用途ヲ廃止シタルトキハ政府ハ其ノ契約ヲ解除スルコトヲ得」。
91)　参照、西野・前編第3章註(96)136～137頁。
92)　参照、市原虎松『国有林野法要義』（博文館・明34）45頁。
93)　参照、西野・前編第3章註(96)137頁。
94)　「抵当権ノ設定又ハ変更ハ総株金四分ノ一以上ノ払込アリタル後定款変更ト同一方法ノ決議ヲ経主務官庁ノ認可ヲ受クルニ因リテ其ノ効力ヲ生ス」。類例、**軌道ノ抵当ニ関スル法律**（明42法

311

－平7法85）→**同法2条ノ2**（平7法85－）**第1項**）は、鉄道財団に組成される土地の上に存する地上権（鉄道抵当法の一部を改正する法律（昭31法63）による改正後は、期間内に申出がなかったものに限る。）を消滅させる行政処分に当たる[95]。

　財団の単一性が破壊されないよう、組成物件には対抗力ある制限物権が付着した物件を含めることが出来ない（**同法4条3項**）。そこで政府案は、動産上の制限物権については、期間内に申出がなかった場合には消滅することとする[96]一方、不動産上の制限物権については、その存否を確認するため各物件の登記簿謄本を提出させると共に、善意の第三者の出現を防止すべく、予定登記制度を採用することとしていた[97]。つまり、⑦により消滅するのは、申出のない動産上の制限物権（留置権、先取特権及び質権）を除けば、不動産上の留置権のみであった。

　これに対し貴族院は、予定登記制度を煩瑣として斥け、不動産上の対抗力ある制限物権についても、期間内に申出をさせることとした（**同法8条1項**）。そして申出がなかった場合は固より、申出があった場合にも⑦をすることが出来[98]、いずれの場合にもそれらの権利の対抗力を失わせる（**同法11条2項**）と

28－）**1条及び運河法**（大2法16－）**13条**。
95）「実体上のこれらの権利が消滅するかどうかは、規定上疑問があるが、消滅するものと解すべきであろう」（香川保一『特殊担保』（金融財政事情研究会・昭38）692頁）。
96）「抵当権ノ設定認可ノ申請アリタルトキハ主務官庁ハ直ニ官報ヲ以テ鉄道財団ニ属スヘキ動産ニ関シ物権ヲ有スル者……ハ一定ノ期間内ニ申出ツヘキ旨ヲ催告スヘシ」「前項ノ期間内ニ申出ナキトキハ前項ノ物権ハ存セサルモノト看做……〔ス〕」（13条1項・2項本文。21・貴・8号（明38・2・1）127頁）。政府案につき一木法制局長官は、「前ニ存在シテ居ツタ権利ハ鉄道財団ノ設定ニ為ニ消エマセウ」と説明している（21・貴・鉄道抵当法案特別委4号（明38・2・7）22頁〔一木喜徳郎政府委員〕）。但し、申請者が（故意・過失により）未登記の制限物権が設定された不動産を鉄道財団に属せしめた場合には、損害賠償責任を負うという（同号27頁〔斎藤十一郎政府委員〕）。
97）「不動産ニ関スル権利ニ付鉄道財団ノ予定登記アリタル後其ノ権利ニ付為シタル登記ハ主務官庁ニ於テ抵当権ノ設定ヲ登録シタルトキハ其ノ効力ヲ失フ」（9条1項。前註・8号127頁。
98）「官庁が申出其の他の方法で財団の組成物件につき他の権利者があることを知つた場合でも、それが微々たるものであるならば、敢へて抵当権を認可して、かゝる権利を消滅させ（第十一条第一項、第三項）後は第十一条四項の求償問題に譲つてもよいのではあるまいかとさへ考へる。何故ならば、些細な私権を楯に取つて財団を設くることを得ずとなど云ふのは、公共機関の充実を妨害し、延ひて公益に反する所為と認めるからである。……殊に法律で損害賠償請求権は期間内に申出ありし者に付いてのみ認めてゐる（第十一条第四項但書）点から考へても法律は此の趣旨であると思ふ」（古谷善亮『鉄道軌道自動車抵当法の研究』（鉄道同志会・昭7）41頁）。「僅かの権利を楯に取つて鉄道のための金融を阻碍し鉄道抵当制度を破壊するが如き場合は、抵当権設定の認可をなし、後は求償関係に譲つてもよいものと思ふ」（大山=壺田・前章註(223)315

共に、後者の場合には、財団所有者に対する無過失損害賠償請求権[99]を旧権利者に与えることとした（**同条3項**[100]）。これにより、制定時の⑦は、全ての制限物権を消滅させる行政処分となった。

　このような失権的効果及び無過失損害賠償は、オーストリア・鉄道台帳ノ調製、鉄道抵当権ノ効力及鉄道優先債券所持人ノ担保権ノ登録ニ関スル法律（Gesetz, btr. die Anlegung von Eisenbahnbüchern, die Wirkung der an einer Eisenbahn eingeräumten Hypothekarrechte und die bücherliche Sicherung der Pfandrechte der Besitzer von Eisenbahn-Prioritätsobligationen, vom 2. Juni 1874) 22条6項[101]・39条2項[102]を参考としたものである。いずれも都筑議員の発案による[103]。

　更に貴族院は、⑦がされた後に取得された物件については、当然所属主義を採ることとした（**同法11条1項後段**）。プロイセン・鉄道財団ニ関スル法律（Gesetz über die Bahneinheiten, vom 8. Juli 1902) 1条[104]に倣ったものであるが、財団設定時に同主義が採られていない以上、木に竹を接いだ感が否めない。ともあれ、⑦は、これらの物件の上に存する制限物権を消滅させる行政処分ともなった。

　　　頁）。
99)　無過失損害賠償という構成は、一木法制局長官とも打ち合わせた上で採用されたようである（参照、前註(96)特別委5号（明38・2・10）44頁〔一木政府委員〕・49頁〔同〕）。
100)　「前項ノ場合ニ於テハ第四条第三項ノ権利ヲ有スル者又ハ差押、仮差押若ハ仮処分ノ債権者ハ鉄道財団ノ所有者ニ対シ損害賠償ノ請求ヲ為スコトヲ得但シ第八条ノ公告アリタルモノニ付期間内ニ申出ヲ為ササル権利者並期間経過後ニ於テ登記ノ申請ヲ為シタル者、動産ニ関シ所有権以外ノ物権ヲ取得シタル者又ハ差押、仮差押若ハ仮処分ヲ為シタル者ハ此ノ限ニ在ラス」（制定時（傍点引用者））。
101)　"Von dieser Aufforderung sind Diejenigen, deren Erklärung nach §. 20 einzuholen ist, durch Zustellung der für dieselben bestimmten Rubriken mit dem Beisatze zu verständigen, daß deren Stillschweigen als Zustimmung zur lastenfreien Uebertragung angesehen würde" (S.1.).
102)　"Wird in Beziehung auf ein nicht im Expropriationswege erworbenes Eisenbahngrundstück ein Anspruch geltend gemacht, welcher aus einer zur Aufnahme in die Eisenbahneinlage nicht geeigneten Last abgeleitet wird, so wird durch eine solche Anmeldung die Aufnahme des Eisenbahngrundstückes in die Eisenbahneinlage nicht aufgehalten" (Abs.1.). "Der anmeldenden Partei bleibt es vorbehalten, ihre Ersatzansprüche aus dem behaupteten Bestande der Last im Proceßwege gegen die Unternehmung geltend zu machen" (Abs.2.).
103)　参照、前註(96)特別委2号（明38・2・4）9頁〔都筑馨六〕。
104)　"Eine Privateisenbahn, welche dem Gesetz über die Eisenbahnunternehmungen vom 3. November 1838 (……) unterliegt, und eine Kleinbahn, deren Unternehmer verpflichtet ist, für die Dauer der ihm ertheilten Genehmigung das Unternehmen zu betreiben, bildet mit den dem Bahnunternehmen gewidmeten Vermögenswerthen eine Einheit (Bahneinheit)."

オーストリア法では、申出期間が比較的長く、申出のあった用益権・担保権をそれぞれ収用・弁済により消滅させることが原則とされる[105]。無過失損害賠償は、同法により全ての鉄道に財団設定が義務付けられたこと[106]に基づく、既存の鉄道のための経過措置に過ぎない。これに対し、日本法では、申出期間が比較的短いことに加え、新規取得物件につき当然所属主義を採ったことにより、恰も損害賠償が原則であるかの様相を呈している。

政府案が民法の延長としての財団抵当法制を目指していたのに対し、貴族院は鉄道財団抵当権の設定自体に公益性を見出し[107]、そのためには登記の対抗力という物権法の基本原理を破ることも厭わなかった。これは、鉄道企業を構成する個々の財産の一体性の維持に公益性を見出し、その限度でのみ所有者等の処分権能を制限したプロイセン法[108]とは、極めて対照的である。

その後、外資導入のための抵当権者優遇という政策上の必要性が失われると、憲法改正を契機として、申出があった場合には原則として⑦をすることが出来ないものとされ（**鉄道抵当法10条の2**（昭31法63－）**第2項**）、無過失損害賠償請求権は、期間内に申し出なかった権利者を保護するためのものとなった[109]（**同法11条**（同前）4項（現3項））。

（7）⑧**北海道国有未開地の売払・付与処分**（**北海道国有未開地処分法**（明41法

---

105) 申出期間、収用及び弁済につきそれぞれ参照、同国法22条2項、29条1項及び同条3項。
106) 既存及び新規の鉄道につきそれぞれ参照、同国法12条1項・35条1項及び12条2項・19条1項。
107) 「日本の鉄道財団は、専ら抵当権者のための存在であつて、抵当権設定の必要がなければ鉄道財団は設定されず」、組成物件も抵当権者の同意があれば処分することが出来る」（清水誠「明治三十八年の財団抵当法について――特に民法との関係における問題点」私法17号（昭32）82頁）。
108) プロイセン法では、「鉄道財団は鉄道企業の存在と同時に成立し、かつ消滅する……。公益上の見地から鉄道施設を一体として維持する必要があるというのであれば、このような構成をとるのが当然である。……また……鉄道財団の組成物件……は、……鉄道官庁（……）が鉄道企業の経営能力の害されないことを証明しなければこれを処分できない」（清水・前註82頁）。
109) 参照、原山亮三「私鉄の資金調達を便利に――鉄道財団抵当制度の運営を円滑に」時の法令204号（昭31）24・25頁。香川・前註(95)686頁は、「鉄道財団に属すべき物件で所有権以外の『権利……ノ目的タル』ものがある場合に、鉄道財団を設定することができないとしても、当該鉄道財団を目的とする最初の抵当権の設定の認可が誤つてされた場合には……結局鉄道財団が有効に設定されることになるわけである」と説くが、主務大臣〔現・国土交通大臣〕に登記簿調査義務が課されていない以上、そこでいう「誤つて」とは、「違法に」という意味でなく、「期間内に申出がなかったため対抗力ある制限物権が存することを知らずに」という趣旨に止まる。故に**鉄道抵当法11条2項**は、違法な行政処分を有効化する規定でない。

第 4 節　地上権を消滅させる国家作用

57 −) 2 条・4 条) の取消処分 (**同法 14 条 1 項・15 条 2 号**) は、返還される土地の上に存する地上権 (登記したものに限る[110]。) を無償で消滅させる行政処分に当たる[111] (**同法 22 条**。⑧が行政処分であることは、出訴規定 (同法 24 条 (明 41 法 57 − 昭 37 法 140)) から明らかである。)。

⑥と異なり、⑧は (旧) 国有財産法によっても失効させられなかった (30 条[112])。売払・付与処分 (⑧の後にされる再処分も含む。) は拓殖計画の一環をなすため、北海道国有未開地は不要存置林野でなく寧ろ公有水面に近いという発想[113]があったのかも知れない。

(8)　耕地整理組合の設立認可 (耕地整理法 50 条) →土地改良区の設立認可 (**土地改良法 10 条 1 項**) は、整理施行地区→地区内に存する地上権を消滅させる行政処分には当たらない。

地上権を設定した目的が耕地整理施行→土地改良事業により達成不能となる場合[114]には、地上権者はその権利を抛棄した上、整理施行者→土地改良区に

---

110)　未登記の制限物権については、元々国に対抗することが出来ないため、規定する必要がないと判断されたのであろう。

111)　黒金北海道庁事務官は、地上権、質権及び抵当権を例示している (参照、24・貴・北海道国有未開地処分法改正法律案特別委 3 号 (明 41・3・10) 23 頁〔黒金泰義政府委員〕)。

112)　「北海道国有未開地処分法中ノ規定ハ本法ノ規定ニ牴触スルモノト雖当分ノ内仍其ノ効力ヲ有ス」。

113)　返還された土地の登記用紙が閉鎖されたこと (北海道国有未開地処分法 23 条 (明 41 法 57 − 平 16 法 124) 2 項) は、河川の敷地となった土地 (前編第 3 章註(322)参照) と同様であった。なお参照、「本州方面では、古来から畦畔等で個別化された零細な耕宅地があり、原則として、かかる個別化された土地が明治初期の地租改正及びその後の地押調査事業によって一筆地として整理されたから、筆界はかかる個別化の基礎となった畦畔等に求められた。そして、その後はかかる筆界を前提として、土地の分合筆や耕地整理事業等が行われ、筆界の形成、消滅がくり返されたと考えてよい。これに対し、本道〔＝北海道〕では、地租改正当時、ごく限られた地域の私有地を除けば、それ以外は、すべて官有地に属するものであった。この官有地は明治 5 年の地所規則をはじめとするその後の一連の土地処分法によって処分され私有地化した。本道はかかる土地処分過程で、筆界が形成されたことに最大の特色がある」(森山彰『北海道における筆界の形成と地図』(札幌法務局・平 3) 1 頁)。

114)　地上権者が土地の利用を妨げられたに止まる場合には、土地所有者に対して地代の減額等を請求することが出来る (耕地整理法 23 条・19 条→**土地改良法 60 条**)。本文の場合にも、本来であれば同様であるべきところ、政策的見地から特に整理施行者→土地改良区を相手方としたという。「整理施行ノ結果其ノ目的ヲ達スルコト能ハザルニ至ルハ異例ニ属シ、土地所有者……ハ之ヲ予想セザルヲ通常トス、且ツ其ノ目的ヲ達スルコト能ハザルニ依リ之等権利ノ抛棄……ヲ為スガ為生ズベキ損害ハ其ノ額多額ニ達スベシ、故ニ土地所有者……ヲシテ之ガ賠償ヲ為サシムルハ……苛酷ノ観アルノミナラズ、斯ノ如キ事情ニ在ル土地ノ所有者……ト然ラザル土地ノ所有者……トノ間ニ均衡ヲ失スルコト極メテ大ナリ、従テ必ラズ其ノ賠償ノ責ニ任ズベシトセバ之等ノ権利ヲ

対して損害→損失の補償を請求することが出来る（耕地整理法21条1項・2項・18条2項[115]）→**土地改良法61条1項・3項**）に止まる。

(9) 　第二次農地改革における⑨農地の売渡（自作農創設特別措置法16条1項。当該農地の小作農以外の者に対してされる場合に限る。）は、当該農地の上に存する地上権（果樹の所有を目的とするものに限る。）を原則有償で消滅させる行政処分に当たる（次章第4節第3款参照）。

(10) 　⑩借地権の消滅処分（特別都市計画法8条1項[116]）→借地権の目的地の不指定処分（**土地区画整理法92条3項**）は、目的地が過小借地となる借地権たる地上権を有償で消滅させる行政処分に当たる。

⑩は、借地権の目的地の増加指定処分（本章第2節第3款参照）がされない場合にされる過小借地の整理である。その目的は、過小宅地の整理（換地不交付処分→換地不指定処分（前編第3章第3節第3款参照））と同様である。

(11) 　⑪地上権の消滅処分（特別都市計画法8条2項[117]）は、借地権の目的地の増加指定処分（本章第2節第3款参照）に先立って、本来であれば増加指定される部分に存すべき筈であった地上権を有償で消滅させる行政処分に当たる。

⑪は、地上権の目的地の減少指定処分（同款参照）が極限にまで達したものと把握することが出来る。

土地区画整理法は、⑪を踏襲せず、地上権の目的地の減少指定処分（同款参照）止まりとした。

(12) 　⑫学校施設の返還命令（**学校施設の確保に関する政令**[118]（昭24ポ政34－）

設定……シタル土地所有者……ハ容易ニ整理施行ヲ肯セズ斯業ノ施行ヲ阻碍スルニ至ルベキヲ以テ〔ナリ〕」（大石芳平『耕地整理法要論』改訂増補版（巌松堂書店・昭4）377～378頁。なお参照、所他・前編第3章註(328)147頁。

115) 「本法中別ニ規定アル場合ヲ除クノ外土地ノ所有者、占有者、関係人其ノ他整理施行地ニ付権利ヲ有スル者ハ耕地整理ノ施行ニ対シテ異議ヲ述フルコトヲ得ス」（6条）。「賃借地ニ付耕地整理施行ノ為賃借ヲ為シタル目的ヲ達スルコト能ハサルトキハ賃借人ハ契約ノ解除ヲ為スコトヲ得」「前項ノ場合ニ於テ賃借人ハ整理施行者ニ対シ解除ニ依リ生シタル損害ノ補償ヲ請求スルコトヲ得」（18条1項・2項）。「耕地整理施行ノ為地上権、永小作権又ハ地役権ヲ設定シタル目的ヲ達スルコト能ハサルトキハ地上権者、永小作権者又ハ地役権者ハ其ノ権利ヲ抛棄スルコトヲ得」「第十八条第二項ノ規定ハ前項ノ場合ニ之ヲ準用ス」（21条1項・2項）。

116) 前註(46)参照。
117) 前註(46)参照。
118) 同令制定の背景につき参照、「戦時中から校舎を軍施設や工場に転用したり、校舎に罹災者を収容するなど、教育目的以外に使用する例が多かったが、この状況は戦後まで持続していた。一

4条）は、返還される学校の土地の上に存する地上権を有償で消滅させる行政処分に当たる（9条）。

⑫は、行政財産上の地上権設定契約の解除（**国有財産法19条**（昭48法67－）・24条1項及び**地方自治法238条の4**（昭49法71－）**第2項・238条の5**（昭38法99－）第2項（現**第4項**））とその趣旨を同じくする（公有行政財産上に地上権を設定することは、地方自治法の一部を改正する法律（昭38法99）まで、明示的に禁じられていなかった。）。⑫は、同令施行の際現に存する地上権者にもすることが出来る（寧ろそれが主眼である。）が、行政財産を使用する権利は「本来の用途または目的上の必要を生じたときはその時点において原則として消滅すべき[119]」ものであるため、問題はない。

⑬　⑬小作地等の強制譲渡（前章第3節第3款参照）は、強制譲渡される小作地等の上に存する耕作者以外の者の地上権（果樹の所有を目的とするものに限る。）を有償で消滅させる行政処分に当たる（次章第4節第3款参照）。

⑭　⑭農地〔現・農用地〕の所有権についての交換分合計画の認可（前章第3節第3款参照）は、所有者が失うべき農地の上に存する地上権（果樹の所有を目的とするものに限る。）を消滅させる行政処分に当たる（次章第4節第3款参照）。

⑮　⑮使用収益権の消滅の裁定（造林臨時措置法21条3項。地上権を使用収益権とする場合に限る。）は、地上権の設定の裁定（前章第6節第1款第3目・本章第1節第3款参照）に先立ち、伐採跡地等の上に存する林木育成を目的とする地上権を有償で消滅させる合意を成立させる行政処分に当たる（同条6項・19条9項）。

採石権の譲渡の決定（**採石法12条**。本章第3節第3款参照）と異なり、地上権の主体を変更する構成を採らなかったのは、地上権の設定の裁定により設定される地上権が特別の内容を有すること等によるものであろう。

⑯　⑯採石権の設定の決定（**採石法12条**。地上権が存する土地の全部に採石権を設定するものに限る。）は、採石権を設定する合意を成立させるに先立ち、地上

方、疎開児童の復帰、新学制の実施等で校舎の不足はいよいよはなはだし……かった」（文部省『学制百年史』（帝国地方行政学会・昭47）記述編818頁）。講和に伴いポツダム命令を整理した際も、**同令**は「今後も必要に応じて返還させることができるように、そのまま存続することとした」（法制意見第二局「文部省関係ポツダム命令の存廃」時の法令59号（昭27）36頁）。

[119]　行政財産の目的外使用許可に基づく権利につき、最判昭49・2・5民集28巻1号1頁。

権を有償で消滅させる合意を成立させる行政処分に当たる（**同法19条1項5号・21条**）。

　用益物権である採石権は、坑内掘りのように地表の利用を伴わない例外的な場合を除き[120]、地上権と併存することが出来ない（**同法4条3項・2項**）。加えて、土地の構成部分たる岩石の採取を内容とするため、採石権者は土地を原状に回復しなくともよい（**同法8条1項**）。このため、地上権が存する土地に採石権を設定する場合には、地上権の効力を停止する[121]に止まらず、これを終局的に消滅させる必要がある。

　但し、採石権は建物又は公共の用に供する施設が存する土地に設定することが出来ない（**同法16条1項1号・10条1項1号**）ため、⑯により消滅させることが出来るのは、これら以外の工作物又は竹木の所有を目的とする地上権に限られる。

(17)　⑰地上権の消滅の裁定（農地法75条の5（昭45法56－平21法57）第1項）は、草地利用権の設定の裁定（同項（同前）。〈次編第2章第7節第1款第3目〉参照）に先立ち、未墾地の上に存する地上権であって草地利用権の行使の妨げとなるものを有償で消滅させる合意を成立させる行政処分に当たる（同法75条の6（同前）第2項）。

　⑰をすることが出来るのは、「存続期間が草地利用権の存続期間内に満了することとなる……地上権……で草地利用権の内容と競合し、互いに相容れないものである場合及び……草地利用権の行使によって再びその行使をすることが不能となるようなものである場合[122]」に限られる。それ以外の場合には、地上権の行使の制限の裁定（同法75条の5（同前）第1項）をすれば足りるからである。即ち、「存続期間が草地利用権の存続期間よりも長い場合には、草地利用権の存続期間中……その行使を制限し、……草地利用権の行使と併存できるようなものである場合には、草地利用権の内容に即して……行使の方法、土地の範囲につき制限をする[123]」こととなる。

---

120)　参照、資源庁鉱山局鉱政課編・本編第1章註(40)66〜68頁。
121)　例えば、造林を目的とする地上権を設定するため放牧又は採草を目的とする使用収益権を制限し、又は停止する立法例として、使用の制限又は停止の裁定（造林臨時措置法21条3項）がある。
122)　農林省農地局農地課監修『改正農地法の解説』（全国農業会議所・昭46）304頁。
123)　農林省農地局農地課監修・前註同頁。

第４節　地上権を消滅させる国家作用

⑱　マンション建替事業における⑱権利変換処分（前章第６節第４款第３目参照。地上権の準共有持分を施行マンションの敷地利用権とするものに限る。）は、施行マンションの敷地上に存する全ての準共有持分を消滅させる行政処分に当たる。⑱は、⑤とその性質を同じくしている。⑱の対価は、施行再建マンションの所有を目的とする地上権又は敷地の賃借権の準共有持分により、⑱と同時に補償される（**マンションの建替えの円滑化等に関する法律70条１項**）。

⑲　以上の立法例（⑨⑬⑭（次章第４節第３款参照）を除く。）は、滞納処分手続（①〜④）、いわゆる消滅収用（⑤⑩⑱）、国公有財産（であったもの）の返還に伴う類型（⑥⑧⑫）、地上権が集合物に破られる類型（⑦）並びに地上権が他の用益権に破られる類型（⑪⑮〜⑰）に再整理することが出来る。このうち滞納処分手続については、強制執行・担保権実行手続（前款参照）と一括して類型化されねばならない。

消滅収用の正当化根拠は、取得収用（土地の収用裁決→権利取得裁決（いずれも前章第４節第４款第１目参照）等）と同一である。故に、消滅収用による地上権の消滅は、取得収用による所有権の消滅に伴い地上権が当然に消滅する局面と併せて考察されるべきである。

国有財産（であったもの）の返還に伴う類型のうち、⑧については、売払・付与処分（再処分を含む。）の資源配分政策としての性格によって正当化されるかは疑問である。両処分が所有権を移転させる構成を採った以上、取引の安全に対する配慮は不可欠だからである。よって、**北海道国有未開地処分法22条**の適用を地上権者が悪意で処分要件事実を作出した場合に限るか、**学校施設の確保に関する政令22条１項**の法意に照らし、地上権者の損失を補償することが必要となろう。

地上権が集合物に破られる類型は、広義の消滅収用に分類することも出来る。鉄道抵当法の一部を改正する法律（昭31法63）以後は、**工場抵当法**（明38法54–）と同じく、集合物の設定者の利益と制限物権者の利益の水平的な調和を図ったものと見る余地も生じた。併しながら、**同条**との懸隔はなお大きく[124]）、⑦という行政処分に係らしめられている以上、財団抵当権〔現・財団〕の設定

---

124)　⑨は、登記ある地上権も破ることが出来る（前述）。**工場抵当法**では、期間経過による失権は動産上の権利に限られ、未登記の地上権であっても財団設定により消滅することはない（参照、香川保一『工場及び鉱業抵当法』（港出版合作社・昭28）138頁）。

自体に公益性を見出すという基本的な構図に変化はない。

　地上権が他の用益権に破られる類型のうち、⑮～⑰は、他の用益権の公共性を正当化根拠としている。⑪も、戦災復興に資する借地権を優越させたものといえる。

第5章　永小作権

第1節　永小作権を発生させる国家作用

第1款　永小作権を発生させる立法作用

該当例は見当たらない。

第2款　永小作権を発生させる司法作用

①不法収益等〔現・薬物犯罪収益等〕の没収及び犯罪収益等の没収（いずれも永小作権が存する土地に係るものに限る。本編第3章第4節第2款参照）は、当該土地の所有権を消滅させる（同款参照）と共に、所有権の消滅に伴い当然消滅する永小作権のうち善意の第三者が有するものを再設定する司法処分に当たる（前章第1節第2款参照）。

第3款　永小作権を発生させる行政作用

(1)　これに該当する立法例は、手続に着目すれば、一旦消滅した永小作権を再設定する類型（①②）に限られる。

(2)　第二次農地改革における①農地の買収（自作農創設特別措置法3条1項。本編第3章第4節第4款第1目参照）は、地主の所有権を消滅させる（同目参照）と共に、所有権の消滅に伴い当然消滅した、当該農地の上に存する永小作権を再設定する行政処分に当たる（同法12条2項）。

①が公用収用の一種である（同目参照）以上、小作農の永小作権は一旦消滅せざるを得ない。併しながら、第二次農地改革の主眼は小作農に農地の売渡（同法16条1項）をする点にあるところ、その間の耕作権原を繋ぐため再発生

321

構成を採ったのである。

(3) ②農地〔現・農用地〕の所有権についての交換分合計画の認可（**土地改良法98条**7項（現8項）。前章第3節第3款参照）は、所有者が失うべき農地に存し、②によって消滅する（本章第4節第3款参照）永小作権に代わる永小作権を再設定する行政処分に当たる（**同法104条**1項・**106条**1項）。

②では、恐らく外在的な理由により、物を変更する構成でなく所有権の主体を変更する構成が採用された（前章第3節第3款参照）。その結果、換地処分（前編第3章第2節第3款参照）では必要のなかった、制限物権の付替えが必要となったのである[1]。

②の目的は「現実の耕作者の農地の集団化」にあり、「自作していない農地が、所有者から見て分散されることがあつても止むを得ない」。但し、農地の永小作権についての交換分合の認可（本章第3節第3款参照）によって当該目的を達し得る場合には、比例原則上、②を選ぶことは許されない[2]。

(4) 以上の立法例は、いずれも一種の便法に止まる。

第2節　永小作権を変更する国家作用（狭義）

第1款　永小作権を変更する立法作用（狭義）

①**民法施行法47条**1項・2項は、**民法**施行前に設定された地上権であってそれぞれ存続期間が**民法**施行後50年を超えるもの及び存続期間が定められていないものを存続期間が**民法**施行後50年のものに変更する措置法律に当たる（後者の一部については、後に例外規定が追加された[3]）（**同条**（明33衆法71－）3項）。）。

第2款　永小作権を変更する司法作用（狭義）

該当例は見当たらない。

---

1) 参照、大場民男『土地改良法換地』新版（一粒社・平2）476頁・474頁。
2) 参照、最大判昭35・12・21民集14巻14号3157頁。
3) 提案経緯につき参照、小野・本編第3章註(46)68〜70頁。

第3款　永小作権を変更する行政作用（狭義）

（**1**）　小作料の変更の認可（農地調整法9条ノ4（昭20法64－昭27法230）第1項[4]。永小作権の小作料に係るものに限る。）は、その市町村内の農地の上に存する永小作権の小作料を変更するのでなく、同認可によって定められた上限を超える額の小作料の支払及び受領を禁ずる行政処分に止まる[5]（同法9条ノ3[6]（同前））。

（**2**）　①永小作権の目的地の減少指定処分（前章第2節第3款参照）は、借地権の目的地の増加指定処分（同款参照）に先立ち、本来であれば増加指定される部分にも存すべき筈であった永小作権が存する土地の範囲をその部分だけ縮小する行政処分に当たる（同款参照）。

（**3**）　②採石権の設定の決定（前章第1節第3款参照。永小作権が存する土地の一部に採石権を設定するものに限る。）は、採石権を設定する合意を成立させるに先立ち、永小作権を変更する合意を成立させる行政処分に当たる（前章第4節第3款参照）。

第3節　永小作権を変更する国家作用（広義）

第1款　永小作権を変更する立法作用（広義）

該当例は見当たらない。

4）　「市町村農地委員会必要アリト認ムルトキハ地方長官ノ認可ヲ受ケ当該市町村ニ在ル農地ニ付前条各号ニ掲グル小作料ノ額又ハ減免条件ニ代ルベキ小作料ノ額又ハ減免条件ヲ定ムルコトヲ得」「地方長官第一項ノ認可ヲ為シタルトキハ命令ノ定ムル所ニ依リ其ノ旨ヲ公示スベシ」「前項ノ規定ニ依ル公示アリタルトキハ其ノ小作料ノ額又ハ減免条件ヲ以テ前条各号ニ掲グル小作料ノ額又ハ減免条件ト看做ス」（同条1・3・4項）。上級行政庁による変更処分として、同法9条ノ5（昭20法64－昭27法230）第1項がある。

5）　和田（博）・前章註(19)72頁。

6）　「小作料ハ左ノ各号ニ掲グル小作料ノ額又ハ減免条件ニ比シ農地ノ賃借人又ハ永小作権者ニ不利ト為ルベキ額又ハ減免条件ヲ以テ之ヲ契約シ、支払ヒ又ハ受領スルコトヲ得ズ」（9条ノ3柱書本文）。「……第九条ノ三……ノ規定ニ違反シタル者ハ二年以下ノ懲役又ハ一万円以下ノ罰金ニ処ス」（17条ノ4（同前））。

第2款　永小作権を変更する司法作用（広義）

該当例は見当たらない。

第3款　永小作権を変更する行政作用（広義）

(1)　第二次農地改革における永小作権の交換の裁定（自作農創設特別措置法25条6項・23条4項。〈次編第2章第4節第1款第3目〉参照）は、永小作権を交換的に移転するのでなく、永小作権の交換契約を成立させる行政処分に止まる（同法25条6項・23条5項）。

(2)　①農地〔現・農用地〕の永小作権についての交換分合計画の認可（**土地改良法107条・98条7項〔現8項〕**）は、永小作権を移転する行政処分に当たる。
　その趣旨は、農地〔現・農用地〕の所有権についての交換分合計画の認可（**同法98条7項〔現8項〕**）と同様である（両者の関係につき本章第1節第1款参照）。

第4節　永小作権を消滅させる国家作用

第1款　永小作権を消滅させる立法作用

該当例は見当たらない。

第2款　永小作権を消滅させる司法作用

(1)　強制執行手続における①競落許可決定→売却許可決定（いずれも前章第4節第2款参照）は、それにより優先弁済請求権に変更される担保権に後れる永小作権（**民法**施行までは、全ての永小作権）を無償で消滅させる司法処分に当たる。また、担保権実行手続における②競落許可決定→売却許可決定（いずれも同款参照）は、それにより優先弁済請求権に変更される担保権に後れる永小作権であって申立人の担保権に先立つものを無償で消滅させる司法処分に当たる（同款参照）。

(2)　永小作権設定行為に対する③詐害行為取消判決（前章第4節第2款参照）は、詐害行為取消権を形成訴権と捉える見解によれば、永小作権を設定する合意を取り消す司法処分に当たる（同款参照）。

第4節　永小作権を消滅させる国家作用

(4)　永小作権設定行為に対する④否認判決→否認判決・決定（いずれも前章第4節第2款参照）は、否認権を形成訴権と捉える見解によれば、永小作権を設定する合意を取り消す司法処分に当たる（同款参照）。

第3款　永小作権を消滅させる行政作用

(1)　これに該当する立法例は、手続に着目すれば、永小作権を終局的に消滅させる類型（①～⑩⑫）及び後に再設定される永小作権を一旦消滅させる類型（⑪）に大別される。

(2)　滞納処分手続における①②公売（①明治10年布告79号1条→②国税滞納処分法3条→（旧）国税徴収法24条1項）→売却決定（いずれも前章第4編第3款参照）は、①全ての永小作権[7]→②優先弁済請求権に変更される担保権に後れる永小作権であって差押前に設定されたものを無償で消滅させる行政処分に当たる（同款参照）。

(3)　土地収用手続における③永小作権を消滅させるための収用裁決→権利取得裁決（前章第4節第3款参照）は、起業者が任意買収等により取得した土地の上に存する永小作権を有償で消滅させる行政処分に当たる（同款参照）。

(4)　④譲与国有林野の返還処分（前章第4節第3款参照）は、返還される土地の上に存する永小作権を無償で消滅させる行政処分に当たる（同款参照）。

(5)　⑤鉄道財団抵当権→鉄道財団の設定認可（いずれも前章第4節第3款参照）は、鉄道財団に組成される土地の上に存する永小作権（鉄道抵当法の一部を改正する法律（昭31法63）による改正後は、期間内に申出がなかったものに限る。）を消滅させる行政処分に当たる（同款参照）。

(6)　⑥北海道国有未開地の売払・付与処分の取消処分（前章第4節第3款参照）は、返還される土地の上に存する永小作権（登記したものに限る。）を無償で消滅させる行政処分に当たる（同款参照）。

(7)　第二次農地改革における⑦農地の売渡（自作農創設特別措置法16条1項。当該農地の小作農以外の者に対してされる場合に限る。）は、当該農地の上に存する永小作権を有償で消滅させる行政処分に当たる（同法22条1項）。

農地の買収（同法3条1項。本編第3章第4節第4款第1目参照）は、当該農地

---

7)　参照、明19・1・26内務省指令（内務省地理局編・前編第3章註(306)637～638頁）。

が永小作地である場合には、これを永小作権者に売り渡す目的でされるため、一旦消滅した永小作権を再発生させることとしている（本章第1節第3款参照）。⑦は、例外的に当該農地を永小作権者以外の者に売り渡すのが適当である場合に、予め当該永小作権を消滅させておくものである。

(8)　⑧永小作権の消滅処分（前章第4節第3款参照）は、借地権の目的地の増加指定処分に先立って、本来であれば増加指定される部分に存すべき筈であった永小作権を有償で消滅させる行政処分に当たる（同款参照）。

(9)　⑨学校施設の返還命令（前章第4節第3款参照）は、返還される学校の土地の上に存する永小作権を有償で消滅させる行政処分に当たる（同款参照）。

(10)　⑩小作地等の強制譲渡（自作農の創設に関する政令2条1項。本編第3章第3節第3款参照）は、強制譲渡される小作地等の上に存する耕作者以外の者の永小作権[8]を有償で消滅させる行政処分に当たる（同令3条1項・自作農創設特別措置法及び農地調整法の適用を受けるべき土地の譲渡に関する政令施行令（昭25政317－昭27政445）13条1項2号）。

⑩では、外在的な理由により承継取得構成が採られた（同款参照）ため、本来当然に消滅する筈の制限物権を消滅させる必要が生じたのである。

(11)　⑪農地〔現・農用地〕の所有権についての交換分合計画の認可（**土地改良法98条7項〔現8項〕**。第3章第3節第3款参照）は、所有者が失うべき農地の上に存する永小作権を消滅させる行政処分に当たる（**同法106条2項**。これに代わる永小作権の再設定につき本章第1節第3款参照）。

(12)　⑫採石権の設定の決定（**採石法12条**。永小作権が存する土地の全部に採石権を設定するものに限る。）は、採石権を設定する合意を成立させるに先立ち、永小作権を有償で消滅させる合意を成立させる行政処分に当たる（前章第4節第3款参照）。

(13)　以上の立法例（①～⑥⑧⑨⑫（前章第4節第3款参照）を除く。）のうち、⑦は、原始取得構成の部分的な例外を原則に戻すものに過ぎず、⑩も、例外的な承継取得構成を部分的に原則に戻すものに過ぎない。⑪も、外在的な理由により物を変更する構成が採られなかったための便法に止まる。

---

8)　永小作権者が永小作地を転貸している場合が想定されている（参照、農林省農地局農地課編・本編第3章註(264)287頁）。

第6章 地役権

第1節 地役権を発生させる国家作用

第1款 地役権を発生させる立法作用

該当例は見当たらない。

第2款 地役権を発生させる司法作用

(1) ①共有物の分割判決（**民法258条1項**）及び②遺産の分割の審判（**同法907条（昭22法222-）2項**）は、共有関係を変更し、又は消滅させる（本編第3章第6節第3・4款各第2目参照）と共に、一定の場合には、通行地役権を発生させる司法処分にも当たる[1]。

①②は、土地の分割に伴い必要となる地役権であり、かつ、地役権者・承役地所有者の受益・負担関係を含めた分割方法が全体として衡平である限り、正当化されよう。

(2) ③不法収益等〔現・薬物犯罪収益等〕の没収及び犯罪収益等の没収（いずれも地役権が存する土地に係るものに限る。本編第3章第4節第2款参照）は、当該土地の所有権を消滅させる（同款参照）と共に、所有権の消滅に伴い当然消滅する地役権のうち善意の第三者が有するものを再設定する司法処分に当たる（本編第4章第1節第2款参照）。

---

1) ②につき参照、岡本詔治『隣地通行権の理論と裁判』増補版（信山社・平21）6～7頁。

第2編 物 権　第6章 地役権

第3款　地役権を発生させる行政作用

(1)　これに該当する立法例は、地役権の目的に着目すれば、通行（①）、制限なし（②④）及び送電（③）に大別され、手続に着目すれば、地役権を原始的に設定する類型（①③④）及び一旦消滅した地役権を再設定する類型（②）に大別される。

(2)　第一次農地改革における①使用収益の権利の設定の裁定（農地調整法4条（昭20法64－昭21法42）3項。本編第4章第1節第3款参照）は、自作農創設維持の事業に要する土地の開発に必要な他の土地の上に通行地役権を設定する合意を成立させる行政処分に当たる[2]。

(3)　第二次農地改革における②農地の買収（自作農創設特別措置法3条1項。本編第3章第4節第4款第1目参照）は、地主の所有権を消滅させる（同目参照）と共に、所有権の消滅に伴い当然消滅した、当該農地の上に存する地役権を再設定する行政処分に当たる（前章第1節第3款参照）。

(4)　第二次農地改革における③農地の買収（自作農創設特別措置法（自作農創設特別措置法の一部を改正する法律（昭22法241）による改正後のもの）3条1項。電気事業者が所有し、電線路の施設の用に供している農地に係るものに限る。）は、当該電気事業者の所有権を消滅させる代わりに、当該農地の上に当該電線路の施設の妨げとなる行為をしないことを内容とする地役権を設定する行政処分に当たる（同法12条の2（昭22法241－昭27法230）第1項・第3項）。

　③は、公益事業者の土地使用権を地役権として構成した稀有の立法例である。その結果、要役地たる電気事業者の所有地が承役地たる当該農地に「近接」して存することが要件とされている（同法12条の2（同前）第1項・第2項）。併しながら、公益事業者の土地使用権というからには講学上の人的役権[3]（servitus personarum）の筈であり、③は公益事業の性質にそぐわないといわざるを得ない[4]。

---

[2]　「未墾地の場合には……隣接地を土砂運搬の為通行する為……通行地役権等を事業団体に取得せしむる要があるからである」（和田（博）・本編第4章註(19)28頁）。
[3]　本編補章註(102)参照。
[4]　③につき川島武宜編『注釈民法』7巻（有斐閣・昭43）465頁〔平井宜雄〕は、わが民法が人的役権を認めないため地役権と構成したのであろうと推測しているが、公法上の使用権とすれば足りた筈である。

第2節　地役権を変更する国家作用（狭義）

農地の買収（自作農創設特別措置法（自作農創設特別措置法の一部を改正する法律（昭22法241）による改正後のもの）3条1項。電気事業者が賃借権等により、電線路の施設の用に供している農地に限る。）についても同様である（同法12条の2（昭22法241－昭27法230）第2項・第3項）。

（5）　④農地〔現・農用地〕の所有権についての交換分合計画の認可（**土地改良法98条**7項（現8項）。本編第3章第3節第3款参照）は、交換分合により新たに必要となる地役権を設定する行政処分に当たる（**同法105条・106条1項**）。

（6）　以上の立法例（①（本編第4章第1節第3款参照）②（前章第1節第3款参照）を除く。）のうち、③は、農地の買収の特殊性に由来している。即ち、土地の収用裁決（本編第3章第4節第4款第1目参照）は、現に電気事業の用に供されている土地については、特別の必要がない限り、することが出来ない（（旧）土地収用法2条ノ2（昭2法39－昭26法220）→**土地収用法4条**）のに対し、農地の買収は、土地・所有権制度の変革に主眼があるため、電気事業の用に供されている小作地といえども、例外とすることは出来ない。③は、このような収用権の衝突を背景としており、その射程は必ずしも広くない。

これに対し、④は、共有物の分割判決及び遺産の分割の審判（いずれも前款参照）と一括して類型化されねばならない。

第2節　地役権を変更する国家作用（狭義）

第1款　地役権を変更する立法作用（狭義）

該当例は見当たらない。

第2款　地役権を変更する司法作用（狭義）

該当例は見当たらない。

第3款　地役権を変更する行政作用（狭義）

①地役権の目的地の減少指定処分（本編第4章第2節第3款参照）は、借地権の目的地の増加指定処分に先立って、本来であれば増加指定される部分にも存すべき筈であった地役権の存する土地の範囲をその部分だけ縮小する行政処分

に当たる（同款参照）。

第3節　地役権を変更する国家作用（広義）

該当例は見当たらない。

第4節　地役権を消滅させる国家作用

第1款　地役権を消滅させる立法作用

該当例は見当たらない。

第2款　地役権を消滅させる司法作用

（1）　地役権設定行為に対する①詐害行為取消判決（本編第4章第4節第2款参照）は、詐害行為取消権を形成訴権と捉える見解によれば、地役権設定行為を取り消す司法処分に当たる（同款参照）。

（2）　地役権設定行為に対する②否認判決→否認判決・決定（いずれも第4章第4節第2款参照）は、否認権を形成訴権と捉える見解によれば、地役権設定行為を取り消す司法処分に当たる（同款参照）。

第3款　地役権を消滅させる行政作用

（1）　これに該当するかが問題となる立法例（①〜❼）は、地役権の目的に着目すれば、いずれも制限がなく、手続に着目すれば、地役権を終局的に消滅させる類型に限られる。

（2）　土地収用手続における①地役権を消滅させるための収用裁決→権利取得裁決（本編第4章第4節第3款参照）は、起業者が任意買収等により取得した土地の上に存する地役権を有償で消滅させる行政処分に当たる（同款参照）。

（3）　②譲与国有林野の返還処分（本編第4章第4節第3款参照）は、返還される土地の上に存する地役権を無償で消滅させる行政処分に当たる（同款参照）。

（4）　耕地整理→土地改良事業におけるいわゆる換地処分（前編第3章第2節第3款参照）は、行使する利益を受ける必要がなくなった地役権（（旧）耕地整理法

第 4 節　地役権を消滅させる国家作用

63 条 2 項[5]→耕地整理法 22 条 2 項→**土地改良法 63 条 2 項**[6]）を無償で消滅させる行政処分には当たらない。

　同事業の主眼は地役権を不要とする点にある[7]ところ、**土地改良法**は地役権の消滅を換地処分の効果と別建てに規定しており、その趣旨は（旧）耕地整理法→耕地整理法でも同様であったと解される[8]からである。故に上記の規定は、いずれも民法特別法（序説参照）として位置付けられる。

　(5)　③鉄道財団抵当権→鉄道財団の設定認可（いずれも本編第 4 章第 4 節第 3 款参照）は、鉄道財団に組成される土地の上に存する地役権（鉄道抵当法の一部を改正する法律（昭 31 法 63）による改正後は、期間内に申出がなかったものに限る。）を消滅させる行政処分に当たる（同款参照）。

　(6)　④北海道国有未開地の売払・付与処分の取消処分（本編第 4 章第 4 節第 3 款参照）は、返還される土地の上に存する地役権（登記したものに限る。）を無償で消滅させる行政処分に当たる（同款参照）。

　(7)　第二次農地改革における⑤農地の売渡（自作農創設特別措置法 16 条 1 項。前章第 4 節第 3 款参照。当該農地の小作農以外の者に対してされる場合に限る。）は、当該農地の上に存する地役権（市町村農地委員会が当該農地を耕作することの妨げになるものと認定したものに限る。）を有償で消滅させる行政処分に当たる（同法 22 条 1 項括弧書）。

　(8)　⑥地役権の消滅処分（本編第 4 章第 4 節第 3 款参照）は、借地権の目的地の増加指定処分に先立って、本来であれば増加指定される部分に存すべき筈であった地役権を有償で消滅させる行政処分に当たる（同款参照）。

　(9)　⑦農地〔現・農用地〕の所有権についての交換分合計画の認可（**土地改良法 98 条 7 項**（現 8 項）。本編第 3 章第 3 節第 3 款参照）は、交換分合により行使す

5）　「整理地区ニ編入シタル土地ノ上ニ存スル地役権ハ整理施行ノ後仍其土地ノ上ニ存ス」「地役権者カ整理施行ノ為其ノ権利ヲ行使スル利益ヲ受クルコトヲ要セサルニ至リタルトキハ其ノ地役権ハ消滅ス」（同条 1・2 項）。耕地整理法 22 条 1・2 項もほぼ同じ。

6）　類例、**土地区画整理法 104 条 5 項**。

7）　「元来耕地整理ノ事業タルヤ……灌漑排水又ハ交通ノ便ヲ良好ナラシムルコトヲ目的トスルモノナレハ用水地役権又ハ通行地役権ノ存在ヲ失ハシムルコト又本事業ノ趣旨トスル所ナリ」（宮田・前編第 3 章註(327)201 頁）。

8）　坂本（家）・前編第 3 章註(228)115 頁には、「自ら消滅す」とあり、副島・前編第 3 章註(326)146 頁及び宮田・前註同頁には、「当然消滅」とある。

る利益を受ける必要がなくなる地役権（同法105条・106条1項）を無償で消滅させる行政処分に当たるか、必ずしも明瞭でない。

地役権の消滅が❼の効果とされる点を重視すれば、積極に解される一方、土地改良事業との均衡を重視すれば、消極にも解されるからである。

⑽　以上の立法例（①②③④⑥（本編第4章第4節第3款参照）を除く。）のうち、⑤によって消滅する地役権は、元々農地の買収（本編第3章第4節第4款第1目・本章第1節第3款参照）において再設定される必要のなかったものであるが、農地の買収を迅速に実施するため、耕作の妨げになるか否かの判断を⑤まで繰り延べたものであろう。

❼は、地役権を消滅させる行政処分に当たると解したとしても、地役権者を害することはなく、特に問題は生じない。

第7章　留　置　権

第1節　留置権を発生させる国家作用

第1款　留置権を発生させる立法作用

該当例は見当たらない。

第2款　留置権を発生させる司法作用

①不法収益等〔現・薬物犯罪収益等〕の没収及び犯罪収益等の没収（いずれも留置権が存する物に係るものに限る。本編第3章第4節第2款参照）は、その物の所有権を消滅させる（同款参照）と共に、所有権の消滅に伴い当然消滅する留置権のうち善意の第三者が有するものを再設定する司法処分に当たる（本編第4章第1節第2款参照）。

第3款　留置権を発生させる行政作用

納税の告知（（旧）関税法施行規則（明32勅319－昭29政150）3条[1]→**関税法**8条（昭29法61－昭41法36。現**9条の3**）**第1項**）及び更正・決定（**同法7条の4**（昭41法36－。現**7条の16**）**第1項・第2項**）は、貨物に対する国の留置権を発生させる行政処分には当たらない。

（旧）関税法は、イタリア・関税法典15条1項[2]に倣って、「関税未納ノ貨

---

1) 「関税ハ輸入申告者ヨリ之ヲ徴収ス但シ逋脱ヲ図リ又ハ逋脱シタル関税ハ犯則者ヨリ之ヲ徴収ス」（（旧）関税法4条）。「関税ヲ徴収セントスルトキハ納金額及納付金庫ヲ指定シタル文書ヲ以テ納税人ニ告知スヘシ」（（旧）関税法施行規則3条本文）。

2) "Le merci immesse in dogana per qualunque destinazione, quando non siano soggette a

物ハ其ノ関税ノ担保トス」（5条1項）と規定していた。**関税法**の下でも、外国貨物は関税債権の「一般担保」であると説かれることがある[3]。併しながら、これらはいずれも、金銭の納付が物の引取りに係る許認可等の要件とされていることの譬喩的な表現の域を出るものでない[4]。

いわゆる引取税の賦課処分の外、**行政不服審査法2条1項**にいう「物の留置」であってその返還を受けるために金銭の納付を要するもの（**関税法86条1項**等）についても同様である。

第2節　留置権を変更する国家作用（狭義）

第1款　留置権を変更する立法作用（狭義）

該当例は見当たらない。

第2款　留置権を変更する司法作用（狭義）

(1)　これに該当する立法例は、商事留置権に関する類型（①〜③）に限られる。

(2)　①破産宣告の決定[5]（（旧）破産法126条1項）→破産手続開始の決定（**破**

---

confisca, guarentiscono l'Amministrazione del pagamento dei diritti, delle multe e delle spese d'ogni specie, che deve riscuotere la dogana a preferenza di ogni altro creditore".

3)　参照、大蔵省主税局税関部業務課編・本編第3章註(162)198頁。

4)　「国家ハ関税未納ノ貨物ニ対シテ留置権ヲ有スル意味ナリト解スルモノアルモ、斯カル貨物ニ対シ、国家ハ管理権モ占有権モ有セザルヲ以テ、其ノ説ニ左袒スル能ハズ。法文ノ趣意ハ、只関税ヲ納付セザレバ輸入スル能ハザル意味ニ於テ、恰モ物ガ債権ノ担保ノ如キ状態ニ在ルモノナリトノ軽キ意味ニ解スベシ。然レドモ斯ク解スルニ於テハ、殆ンド規定ヲ要セザルコトトナルベク、又実行シ得ザル担保権ナリトセバ、無意味ノ法文ナリト云ハザルベカラズ」（太田（正）・本編第3章註(148)455〜456頁）。確かに、イタリアの現行法（Testo unico delle disposizioni legislative in materia doganale del 28 marzo 1973）が「留置権（diritto di ritenzione）」と明示している（38条2項）のとは異なっている。**関税法**は、「担保物が提供された場合に担保だけでは納付すべき関税額をみたしえないときは、さらに納税義務者から国税徴収の例によってその不足額を徴収できることとし、あるいは、貨物がすでに税関の管理をはなれた後に関税を徴収する場合に担保の提供のないときの関税の徴収は、すべて国税徴収の例によることとして、従来の、関税義務は輸入貨物または担保を限度とする思想を改め……た」（石川周「近代化された新関税法──最近の法制に従い規定を整備、税関手続の便宜化と簡素化」時の法令137号（昭29）14〜15頁）。

5)　①の前身である破産宣告の決定（（旧）商法978条（明23法32−大11法71）1項）は、こ

第2節 留置権を変更する国家作用（狭義）

産法30条1項）は、商事留置権を他の権利に変更する司法処分に当たる（これに対し、民事留置権は①により消滅する（本章第4節第2款参照）。）。

ここでいう他の権利とは、商事留置権を特別の先取特権と看做す規定（（旧）破産法93条1項[6]→**破産法66条1項・2項**）を素直に受け止めれば、文字通り特別の先取特権であるが、最高裁[7]のように留置的権能が存続すると解せば、留置的権能を伴う特別の先取特権[8]（留置的権能が対世的でないとすれば、質権）となる。

留置的権能が存続するかについては、池田民事局長の答弁（「商法上ノ留置権ハ、商取引ノ関係カラ生ズル所ノ特別ノ留置権デアリマスカラ、之ニ付キマシテハ別除権ヲ認メマスガ、民法上ノ留置権ニ付キマシテハ、之ニ別除権ヲ認メマスト徒ニ破産手続ヲ遷延セシメルコトニナリマスカラ、……破産手続ヲ進行セシムル方法ヲ採リマシタ[9]」）によっても、判然としない。その前段部分は、債務者破産という局面における商事留置権には（留置的権能により優先弁済を受ける事実上の利益でなく）法律上の優先弁済権能を認めるべきというに止まるし、後段部分は、商事留置権には妥当しない（商事留置権者は破産管財人による介入権の行使を拒むことが出来ない[10]（（旧）破産法203条1項[11]→**破産法184条2項**））からである。

れには当たらない。「優先権及ヒ其順序ハ民法及ヒ特別ノ法律ニ依リテ定マル」（同法998条）ためである。

[6] 「破産財団ニ属スル財産ノ上ニ存スル留置権ニシテ商法ニ依ルモノハ破産財団ニ対シテハ之ヲ特別ノ先取特権ト看做ス此ノ先取特権ハ他ノ特別ノ先取特権ニ後ル」。

[7] 参照、最判平10・7・14民集52巻5号1261頁。

[8] 最高裁は、「特別の先取特権の実行」という表現を用いており、優先弁済権能を伴う留置権でなく、留置的権能を伴う先取特権を想定していると見られる。なお、田中（昌）調査官は、「特別の先取特権と商事留置権が完全に併存することになるのか……という点については、判断した趣旨ではない」と解説している（田中昌利〔判解民平10〕681～682頁）が、（旧）破産法93条1項の文言上、このような完全併存構成が予定されていたとは考え難い。

[9] 45・衆・破産法案外一件委4回（大11・3・11）6頁〔池田寅二郎政府委員〕。（旧）破産法理由書も、商事留置権につき「破産に於て此の種の留置権の附随する債権に優先の順位を与ふるに非されば商法か留置権を認めたるの趣旨無意義に帰すべきを以てなり」、民事留置権につき「此の如き留置権の行使に依り破産財団に属する財産を留置せしむるは止た財団の管理及換価を妨くるものにして百害ありて一利なきを以てなり」という（司法省編『改正破産法理由附和議法理由』（中央社・大11）56～57頁）。

[10] （旧）破産法理由書には、「別除権は破産手続外に於て之を行はしむるを当然とすれども遅滞の為破産手続の遂行に支障を来す虞なきに非す〔。〕本条は破産管財人に別除権の目的たる財産を換価することを得しめ以て手続上の便宜を図りたり」とある（司法省編・前註109頁）。故に、商事留置権者は留置物の提出（（旧）民事訴訟法567条（明23法29－昭54法4）→**民事執行法**

併しながら、民事留置権に留置的権能を否定する一方、商事留置権に優先弁済権能を与えつつ留置的権能も存続させるのは、如何にも不均衡である。この点に鑑みると、(旧)破産法制定時には、否定説が採られていたと見るのが自然である。それにも拘わらず最高裁が肯定説を採ったのは、後に制定された(旧)会社更生法(→**会社更生法**)との権衡を意識したためと推測される[12]。

(旧)会社更生法は、更生手続開始の決定は商事留置権の留置的権能に影響を及ぼさないとしたが、立法的選択としては、これを失わせることも(旧)破産法以上に容易く認められた筈である。何故なら、事業の維持更生を図る更生手続では、留置的権能を行使して優先弁済を受ける事実上の利益が否定される(((旧)会社更生法123条2項・112条)どころか、優先弁済権能を持つ担保権の実行までが制約される(同法67条1項)からである[13]。

ところが、同法が制定される際、留置権の扱いにつき検討を尽くす余裕は与えられなかった[14]。(旧)会社更生法等の一部を改正する法律(昭42法88)の立案過程でも、「留置権の効力自体を根本的に再検討することはやはり不可能[15]」であった。昭和42年改正では寧ろ、留置的権能の存続を前提としつつ、商事留置権の消滅請求の許可(後述)によって個別的な対処を図る途が選ばれた。これにより、破産手続においてすら消滅する留置的権能が更生手続におい

124条)を拒むことが出来ないと解される(但し過料による制裁はない。)。

11) 「破産管財人ハ民事訴訟法ニ依リ別除権ノ目的タル財産ノ換価ヲ為スコトヲ得此ノ場合ニ於テハ別除権者ハ之ヲ拒ムコトヲ得ス」(制定時)。

12) この外、田中(昌)調査官は、商事留置権が動産の先取特権に変更されるとすれば、破産管財人が引渡しを受けた目的物を第三者に任意売却した場合、動産の先取特権の追及効が失われ(**民法333条**)、商事留置権者であった者が害される点を指摘している(田中(昌)・前註(8) 692〜693頁)。併しながら、これは①②以前からの先取特権者についても当て嵌まる問題であり、仮に任意売却を認めるにしても、それらの者を保護する解釈論は、本判決以前に別途呈示されていて然るべき筈である。

13) 「破産法上は別除権とされた諸権利が、会社更生法では更生担保権とされ、更生手続から別除される……ことなく、むしろ更生手続に組み込まれ、同手続に即した権利行使が求められている……。それなのに、なぜ〔商事〕留置権だけが、破産法に比べて手厚く保護されるのか」(鈴木正裕「留置権小史」河合退官=古稀『会社法・金融取引法の理論と実務』(商事法務・平14) 216〜217頁)。

14) 「もともと、〔旧〕会社更生法立法の際にも、留置権の効力をどのように規整すべきかを一応俎上にのせたものの、適当な立法的解決を見出しえないまま時間切れとなって見送った、という経緯だといわれている」(宮脇幸彦=時岡泰『改正会社更生法の解説』(法曹会・昭44) 242頁)。

15) 宮脇=時岡・前註同頁。

第2節　留置権を変更する国家作用（狭義）

て消滅するのは当然という論理から、更生手続においてすら消滅しない留置的権能が破産手続において消滅しないのは当然という論理への逆転が決定付けられたのである[16]。

（3）　②和議開始の決定（和議法（大 11 法 72 − 平 11 法 225）15 条）は、①と同じく、商事留置権を特別の先取特権（留置的権能を伴うかについても①と同じ）に変更する司法処分に当たる[17]。

これに対し、②の後身である再生手続開始の決定（**民事再生法**（平 11 法 225 −）**33 条 1 項**）は、この構成を踏襲しなかった。

花村判事は、その理由として次の三点（「再生手続においては、他の再生債権者は再生手続開始の効力によって個別的権利行使を禁止されているので、事実上、商事留置権者が優先的満足を受けることができる可能性が高いと考えられること」「特別の先取特権とみなして、担保権の実行手続をとることができるものとすることにより、その実行を容易にする側面があるとはいえ、破産財団に属するすべての財産を換価処分する必要がある破産手続とは異なり、再建型の手続である再生手続においては、商事留置権者の債権に格段の権利保護を与えてまで、別除権の行使を促す必要に乏しいこと」「再生手続開始前は（優先弁済権が認められていない）商事留置権を有する者は一般優先権のある債権には劣後するにもかかわらず、再生手続開始後に特別の先取特権とみなす場合には両者の順位が逆転することになるが、再生手続が開始したとの一事をもって、このような結論の差異が生ずることについて合理的な説明をすることは困難であると考えられること[18]」）を挙げている。

このうち第一点及び第三点は、優先弁済を受ける事実上の利益が法律上の優先弁済権能に高められるには、破産という例外状況の発生を要するという考え

---

16)　「更生担保権の個別の権利行使は認められず、担保目的物を事業再建のために使用する必要がある会社更生手続においてさえ、留置的効力が存在することを前提に右規定〔＝（旧）会社更生法 161 条の 2〕がおかれていることとの対比・バランスからすれば、破産手続と関係なく別除権行使が認められ、財産の換価・清算を目的とする破産手続において、留置的効力が消滅すると解することの合理性は見いだし難いであろう」（田中（昌）・前註（8）691 頁）。

17)　「和議法に於ては〔旧〕破産法の別除権の規定を準用せざるも、第四十三条〔＝「破産ノ場合ニ於テ別除権ヲ行使スルコトヲ得ヘキ権利ヲ有スル者ハ其ノ権利ノ行使ニ依リテ弁済ヲ受クルコト能ハサル債権額ニ付和議債権者トシテ其ノ権利ヲ行フコトヲ得」〕に於て破産の場合に別除権を行使することを得べき権利を有する者の地位を認めて居るから、和議の場合に於ても別除権の存在を認めざるを得ない」（加藤正治『和議法要論』（有斐閣・昭 10）25 頁）。

18)　花村・前編第 5 章註(42)161 頁（原註略）。

方に立脚するものであろう（和議原因が破産原因と同一であった（和議法12条1項[19]）のに対し、民事再生手続の開始原因は「債務者に破産手続開始の原因となる事実の生ずるおそれがあるとき」（**民事再生法21条1項**）等に前倒しされている。）。

第二点は、破産手続において優先弁済権能を認める根拠を、自発的換価が促進されることによる破産債権者一般の利益にも見出している。併しながら、この説明は民事留置権にも妥当する筈であり、破産手続において民事留置権が消滅させられること（前述）と必ずしも整合的でないように思われる。

(4) ③更生計画認可の決定（（旧）会社更生法233条1項→**会社更生法199条1項**。商事留置権の他の権利への変更を定めるもの（（旧）会社更生法（（旧）会社更生法等の一部を改正する法律（昭42法88）による改正後のもの）242条1項→**会社更生法205条1項**）に限る。）は、商事留置権を他の権利に変更する司法処分に当たる（本編第10章第2節第2款参照）。

(5) 商事留置権の消滅請求の許可（（旧）会社更生法54条（昭42法88－平14法154）9号・161条の2（同前）第1項）は、商事留置権[20]を供託物取戻請求権の上に存する[21]質権に変更する司法処分[22]には当たらない。

供託金額の相当性については、即時抗告のような決定手続も更生担保権確定訴訟（（旧）会社更生法147条1項）のような判決手続も設けられておらず、専ら留置権の消滅を前提とする目的物の返還請求訴訟における抗弁の形で判断される（留置権消滅請求のための代担保供与の承諾に代わる判決（本章第4節第2款参照）とは異なる。）ため、商事留置権の消滅は司法処分でなく形成権の行使によるものと解されるからである。

供託[23]構成が採られたのは、他の担保権者との平等を維持するためである[24]

---

19) 「破産ノ原因タル事実アル場合ニ於テハ債務者ハ和議開始ノ申立ヲ為スコトヲ得」（同項本文）。
20) 商事留置権のみを対象としたのは、「更生担保権とされていない民事留置権につき本条〔＝（旧）会社更生法161条の2第〕2項と同様の処理〔＝供託金の上に質権者と同一の権利を有すること〕をすれば、破産手続に移行したとき（……）には別除権が与えられるから、民事留置権の保護が厚くなりすぎる」ためである（宮脇＝時岡・前註(14)243頁）。
21) 参照、宮脇＝時岡・前註(14)247～248頁。
22) 本許可が必要的でない点は、これが直ちに司法処分でないことを示すものでない。（旧）会社更生法54条各号に掲げる行為が裁判所の必要的許可事項とされていないのは参議院修正の結果であるが、性質上、必ず許可事項に指定すべきものもあると解されていた（参照、宮脇＝時岡・前註(14)253頁）からである。
23) 被担保債権額が留置物の価額を上回る担保割れの場合には、留置物の価額に相当する金銭を供

第2節　留置権を変更する国家作用（狭義）

（更生手続では、商事留置権者・質権者いずれも弁済の受領及び競売の申立てが禁止されている（それぞれ（旧）会社更生法123条3項・112条及び同法67条1項）ため、供託金額が相当である限り、質権への変更自体は商事留置権者を害するものでなく、対象となる財産にも限定はない。）。

（6）　昭和46年の強制執行法案要綱案（第一次試案）[25]では、強制執行手続における不動産の競落許可決定は、留置権を優先弁済請求権（本編第10章第2節第2款参照）に変更する司法処分として構成されていた[26]。

滞納処分手続における売却決定（次款参照）に倣ったものであるが、「民法上、留置権というものは、優先権はないのであり、しかし、誰にも対抗できるのだから引受けにせざるをえないということになり[27]」、**民事執行法59条4項**には採用されなかった。

（7）　以上の立法例は、破産・和議手続（①②）及び更生手続（③）に再整理することが出来る。破産手続と更生手続とで商事・民事留置権の序列が入れ替わっている点については、合理的な説明を見出し難く、（旧）会社更生法の制定時に"ボタンの掛違え"があったといわざるを得ない。

第3款　留置権を変更する行政作用（狭義）

（1）　これに該当する立法例は、留置権の種別に着目すれば、商事留置権のみ（①②）及び民事・商事留置権（③）に関する類型に大別され、留置権の目的に着目すれば、動産のみ（①②）及び動産・不動産（③）に関する類型に大別さ

託すれば足りる。商事留置権者は元々留置物の価額の限度でしか更生担保権者となれない（（旧）会社更生法124条2項）からである。

[24]　商事留置権者であった者は、更生計画認可の決定があった場合にはその定めに従い供託金の還付を受け、更生手続が同決定によらずに終了したり破産手続に移行したりした場合には質権者として質権を実行することが出来る。

[25]　「不動産の上に存する留置権……は、……換価により消滅するものとすること」「……留置権者は、売却条件決定期日までに、その被担保債権の原因及び金額を執行裁判所に届け出て疎明することにより、他の債権者に先だって弁済を受けることができるものとすること」（第二十八第一項本文・第二項但書。法務省民事局参事官室・本編第4章註(66)62頁）。

[26]　「留置権には公示方法がないこともあり、後から買受人が出てきてからその存否、被担保債権額が争われることになりますので、留置権を手続の中に引き込むことを考えるべきではないか……ということが議論されたわけでございます」（福永有利他「担保権の効力と不動産執行」民事訴訟法雑誌44号（平10）204頁〔竹下守夫〕）。

[27]　福永他・前註204〜205頁〔竹下〕。

れる。

(2) 貨物整理手続における①②貨物の公売（**関税法**（昭29法61－）**84条1項**。本編第3章第2節第3款参照）は、営業用の保税上屋・保税倉庫に蔵置されている貨物の上に存する商事留置権を①動産の先取特権（同法85条（－昭31法88）2項）→②物上代位権（本編第1章第4節第2款参照）類似の権利（**同法85条（昭31法88－）2項**）に変更する行政処分に当たる（旧法における扱いについては本章第4節第3款参照）。

関税法は、収容（79条（現80条の2第）1項）は税関が貨物を占有して行い、留置権者はその貨物を引き渡さなければならないとした（80条（現80条の2第）1項・2項）。制定時の同法は、これと呼応する形で、公売代金を関税等に充てた残金につき、保管料等を被担保債権とする第一順位の動産の先取特権を、留置権者であった者に認めていた。破産宣告の決定（前款参照）を参考にしたものと見られるが、ここでは留置権が先取特権に変更されるのが収容によってであるとは明示されていない。寧ろ収容解除が義務的とされる点に鑑みると、国（税関長）は留置権者の補助機関として貨物を占有し続ける[28]のであって、留置権は収容があっても占有喪失により消滅することはなく[29]、③があって初めて先取特権に変更されると解すべきであろう[30]。但し、先取特権が発生すると同時に実行されることとなる点には、やや違和感も残る。

　この点を意識したか定かでないが、関税法等の一部を改正する法律（昭31法88）は、公売残金を被担保債権額に達するまで留置権者であった者に交付することとした。これは、質権の扱い（本編第9章第4節第3款参照）と平仄を合わせて、質権に備わっている物上代位権を独立した権利として留置権者であった者に認めたものである。このような法律構成を採ることにより、被担保債権の

---

[28] 強制執行手続（次註参照）につき、同旨、岩野徹他編『有体動産の差押』（有斐閣・昭41）10～11頁〔宮脇幸彦、岩松三郎〕。

[29] 反対、大蔵省主税局税関部業務課編・本編第3章註(162)494頁。併しながら、**関税法80条1項**のモデルである（旧）国税徴収法22条（明35法36－昭34法147）1項のモデルである（旧）民事訴訟法566条1項（現・**民事執行法123条1項**）にいう「占有」は、「所持」を意味するとされていた（参照、松岡義正『強制執行要論』中巻（清水書店・大13）915頁）。

[30] なお、①は保管料等を被担保債権とする先取特権を発生させる行政処分であり、留置権の被担保債権の残額についてはなお留置権が存続するという解釈も文理上は不可能でない。併しながら、買受人が残額を弁済しない限り貨物の引渡しを受けられないことが同法によって予定されていたとは考え難い。

第2節　留置権を変更する国家作用（狭義）

全額を弁済することが可能となった。

(3)　滞納処分手続における③売却決定（**国税徴収法111条・113条**）は、留置権を優先弁済請求権（本編第10章第2節第2款参照）に変更する行政処分に当たる（**同法21条1項・124条1項**）。

立案過程では、強制執行手続のような引受主義を採るか[31]、これを一歩進めて優先弁済請求権を認める案[32]が、民事局から示された。その後、留置権付財産の差押が他に適当な財産のない場合に限られたため、強制執行手続と破産手続の中間を採り、留置権を最後順位とする案が浮上した[33]。昭和33年の租税徴収制度調査会答申は、留置権を最先順位・最後順位とする両案とも極端に過ぎること[34]から、商事留置権については、質権と同じく法定納期限等によって優劣を決することとした[35]。ところが、土壇場になって民事局の"直談判"により[36]、留置権を最先順位とする案に押し戻されたのである。

(4)　以上の立法例は、いずれも強制換価手続に限られている。

このうち、③の正当化根拠は、留置権は有益費に基づく場合が多く、先取特権並みの保護を与える必要がある点に求められている[37]。併しながら、**民法**が先取特権によって保護している範囲は、飽くまでも保存費の域を出ていない[38]。そうすると、③は、純然たる政策上の優遇措置と考える外なく、立法論としては答申の水準まで保護を引き下げることも許されよう。

---

[31]　参照、三ヶ月章＝加藤一郎監修『国税徴収法〔昭和改正編〕（5）』日本立法資料全集155巻（信山社・平20）133頁〔中田秀慧幹事〕。留置権は滞納と無関係に発生するため、質権・抵当権以上に保護する必要があるという（同136頁〔同〕）。

[32]　参照、三ヶ月＝加藤監修『国税徴収法〔昭和改正編〕（2）』日本立法資料全集152巻36頁〔香川保一幹事〕。

[33]　参照、三ヶ月＝加藤監修・前編第3章註(239)328頁〔三ヶ月章幹事〕。

[34]　参照、三ヶ月＝加藤監修・前註372頁〔我妻栄会長、三ヶ月章幹事〕。

[35]　参照、前編第5章註(54)46頁（留置権と租税）。

[36]　参照、三ヶ月＝加藤監修・前註(31)300〜301頁〔吉国一郎幹事〕。

[37]　参照、三ヶ月＝加藤監修・前編第3章註(239)425〜426頁〔加藤一郎幹事〕・前註(31)318頁〔三ヶ月章幹事〕。

[38]　留置権に「法定質権」的要素を見出そうとしても、それは並立する先取特権によってカヴァーされているから、結局のところ「拒絶権」的要素しか残らない（参照、三ヶ月＝加藤監修・前編第3章註(239)423〜424頁〔三ヶ月幹事〕）。

第2編 物 権 第7章 留置権

第3節 留置権を変更する国家作用（広義）

留置権の譲渡を定める更生計画認可の決定（司法処分）を別とすれば、該当例は見当たらない。

第4節 留置権を消滅させる国家作用

第1款 留置権を消滅させる立法作用

①財産及び請求権に関する問題の解決並びに経済協力に関する日本国と大韓民国との間の協定第二条の実施に伴う大韓民国等の財産権に対する措置に関する法律（昭40法144）1項2号は、日本国又は日本国民が有する物の上に存する韓国又は韓国民（いわゆる在日韓国人を除く。）の留置権を無償で消滅させる措置法律に当たる（同協定2条につき本編第3章第4節第1款参照）。

第2款 留置権を消滅させる司法作用

(1) これに該当する立法例は、留置権の種別に着目すれば、民事・商事留置権（①）、民事留置権のみ（②）及び商事留置権のみ（③～⑧）に関する類型に大別される。

(2) 強制執行手続における不動産の競落許可決定（(旧)民事訴訟法677条（明23法29－昭54法4）1項）は、**民法**施行後は、留置権を消滅させる司法処分には当たらない[39]。

民法は、留置権に対世的な留置的権能を認め（**295条1項**）、競落人（→買受人）は被担保債権を弁済しない限り不動産の引渡しを受けられないこととした[40]

---

39) **民法**施行前は、全ての「負担」を消滅させる司法処分とされていた（(旧)民事訴訟法649条（明23法29－明31法11）2項）。但し、当時は、商事留置権は不動産上には成立しないと解されていた。競売法22条1項が同法3条1項と異なり「商法」を規定しなかったのも、このためと見られる。

40) 動産については、留置権者が占有している場合には、差押自体が許されない（(旧)民事訴訟法567条（明31法11－昭54法4）→**民事執行法124条**）。但し、(旧)民法債権担保編95条1項・2項は、特に動産・不動産を区別することなく「留置権ハ……他ノ債権者カ之ヲ差押へ及ヒ

((旧)民事訴訟法649条(明31法11－昭54法4)3項[41]→**民事執行法59条4項**)。

(3) ①留置権消滅請求(**民法301条**)のための代担保供与の承諾に代わる判決((旧)民事訴訟法736条(明23法29－昭54法4)→**民事執行法174条1項**)は、質権若しくは抵当権を設定する合意又は保証契約の申込に対する承諾の意思表示を発生させること(〈前編第4章第1節第1款第2目〉参照)により、形成権の停止条件を成就させて留置権を消滅させる司法処分に当たる。

法典調査会では、代担保供与に関する留置権者の承諾が得られない場合には承諾に代わる判決を要するが、判決があった場合には、留置権はその効力を失うと説明されている[42]。債権者にとっては、優先弁済権能を持つ質権・抵当権(又は十分な資力ある保証人に対する保証債務履行請求権)を得られる点で、債務者にとっては、被担保債権の全額を弁済しなくとも留置物の引渡しを受けられる点で、双方を保護するものという[43]。

法定担保という性質上、留置権の発生時から被担保債権額が留置物の価額を上回っていること(原始的な担保割れ)もあり得るが、その場合には留置物の価額に相当する代担保を供与すれば足りよう。これに対し、担保割れが後発的に生じた場合には、飽くまでも被担保債権額に相当する代担保を供与しなければならないと解される[44]。

売却セシムル妨ト為ラス」「然レトモ……取得者ハ留置権者ニ全ク弁済セスシテ其物ヲ占有スルコトヲ得ス」と規定していた。

41) 「留置権カ不動産ノ上ニ存スル場合ニ於テハ競落人ハ其留置権ヲ以テ担保スル債権ヲ弁済スル責ニ任ス」。類例、競売法2条3項(「競買人ハ留置権者……ニ弁済スルニ非サレハ競売ノ目的物ヲ受取ルコトヲ得ス」。→**民事執行法188条・59条4項**)。

42) 参照、法典調査会・本編第1章註(30)356～357頁〔穂積陳重〕)。なお、富井・本編第1章註(57)341頁につき林良平編『注釈民法』8巻(有斐閣・昭40)78頁〔田中整爾〕は、供与の承諾に加え消滅の承認も要求する趣旨に理解しているが、異論もあろう。

43) 参照、法典調査会・前註356頁〔穂積〕。

44) 訴訟費用及び国税の納付の担保においても、後発的担保割れの場合には、増担保の提供(それぞれ(旧)民事訴訟法107条(大15法61－平8法109)1項後段→**民事訴訟法75条1項後段**及び**国税通則法51条1項**)が命じられる。この点、富井・本編第1章註(57)340頁は、留置権消滅請求により「当事者ハ……留置権ノ不可分〔民法296条〕……ヨリ生スル悪結果ヲ矯正スルコトヲ得ヘシ」と説くが、これは被担保債権の全額を弁済しなくとも目的物の引渡しを受けられる点を述べたものであり、担保権を消滅させることが出来るという趣旨でない。一方、薬師寺・本編第1章註(41)196頁は、「留置物は通常其客観価額を以て債権を担保するが故に、これに代る担保は留置物の価格に相当するものて足る」と説くが、後発的担保割れの場合も念頭に置かれているかは定かでない。

(4) ②破産宣告の決定→破産手続開始の決定（本章第2節第2款参照）は、破産財団に属する財産の上に存する民事留置権を無償で消滅させる司法処分に当たる（（旧）破産法93条2項[45]→**破産法66条3項**）。

ドイツ・破産法（Konkursordnung, vom 20. Mai 1898）49条3号を参考としたものであるが、明治35年の破産法草案30条[46]が留置権を別除権としていたのに比べると、一八〇度の方針転換に踏み切ったことになる。

同草案も（旧）破産法も、留置権の行使（目的物の留置）が破産管財人による破産財団の管理及び換価の妨げとなると見る点では、一致していた[47]。両者の差異は、前者が目的物の留置により優先弁済を受ける事実上の利益を法律上の優先弁済権能に高めたのに対し、後者がこれを零と評価した点にある。

後者の正当化根拠としては、「『当事者間の公平』の為めの民事留置権は『多数債権者の公平的満足』を使命とする破産手続の為めに譲歩すべき[48]」という点が挙げられている。

平成10年代の倒産法大改正に際しては、②を再生・更生手続に拡張すべきとする意見もあったが、逆に、破産手続においても民事留置権を保護すべきとする意見の方が多かったという。後者は、**民事執行法59条4項**（前述）、**国税徴収法129条1項**（本章第2節第3款参照）及び（旧）破産法93条1項（同節第2款参照）との均衡を重視するものである。これは、民事留置権を特別の先取特権

---

45)「前項ニ規定スルモノ〔＝「破産財団ニ属スル財産ノ上ニ存スル留置権ニシテ商法ニ依ルモノ」〕ヲ除クノ外留置権ハ破産財団ニ対シテハ其ノ効力ヲ失フ」。

46)「留置権者、特別ノ先取特権者、質権者及ヒ抵当権者ハ破産財団ニ属スル財産ニシテ其権利ノ目的タルモノニ付キ別除権ヲ有ス」（『破産法草案』（日本法律学校・明36）6頁）。

47) 同草案につき参照、「債権全額ノ弁済ヲ受クルマテ其物ヲ留置セラルルハ他ノ債権者ノ苦痛ノ程度ヨリ云ヘハ其物自体ヨリ先ツ弁済ヲ受ケラルルト毫モ異ナル所ナシ〔。〕又破産手続ノ上ヨリ云フモ留置権ヲ有スル債権者ヲシテ普通ノ破産債権者トシテ其債権ヲ届出テシメ而モ財団中ノ或特定物ニ付キ債権全額ノ弁済ヲ受クルマテ其物ヲ留置スル権利ヲ行ハシムルハ唯徒ニ破産手続ヲ遅延過キス〔。〕又其物ヲ財団ヘ取戻スモ到セシムルニ底〔＝結局ノ所〕換価セサルヲ得サルハナリ〔。〕故ニ草案ニ於テハ断然他ノ物上担保権者ト均シク留置権者ニモ亦別除権ヲ与ヘタルナリ」（加藤正治『破産法講義』（厳松堂・大3）134頁）。②の理由書につき、前註（9）参照。

48) 薬師寺・本編第1章註(41)10頁。「唯留置権者ハ……自ラ返還ノ義務ヲ履行スルモ相手方ヨリハ其債務ノ履行ヲ受ケサルコトアリテハ公平ヲ失スト云フニ過キス此外ニハ何等特別ノ保護ヲ必要トスル法律上ノ理由アルニ非サルナリ」（富井・本編第1章註(57)303頁）。「破産等でその効力が剝奪されぬ限りでという条件の下に、留置的効力のみが与えられているにすぎぬ」（三ヶ月章「任意競売と強制競売の再編成」（昭46）『民事訴訟法研究』6巻（有斐閣・昭47）139頁（傍点原文））。

と看做すか、別除権とするか、**民法、民事執行法**等が認めている民事留置権の効力をそのまま認めるかによって、三説に細分される。**破産法**の立案過程では、第三説が有力となったものの、結局時間切れとなり、(旧)破産法の立法主義が踏襲されたという[49]。

(5) ③更生計画認可の決定((旧)会社更生法233条1項→**会社更生法199条1項**。商事留置権の存続を定めないもの((旧)会社更生法241条→**会社更生法204条1項**)又はその消滅を定めるもの((旧)会社更生法((旧)会社更生法等の一部を改正する法律(昭42法88)による改正後のもの)242条1項→**会社更生法205条1項**)に限る。)は、商事留置権を消滅させる司法処分に当たる(本編第10章第4節第2款参照)。

(6) ④担保権消滅の許可の決定(**民事再生法148条1項**)は、再生債務者の事業継続に不可欠な財産の上に存する商事留置権等の担保権(民事留置権[50]及び一般の先取特権を除く。)を消滅させる司法処分に当たる。

④は、滞納処分手続における売却決定(本章第2節第3款参照)と異なり、商事留置権を優先弁済請求権に変更するものでない。担保割れの場合に限られ[51]、各担保権者は目的財産の価額に相当する金銭から配当を受けるに止まるからである。仮に、商事留置権者を最先順位とする解釈[52]を採れば、通常は優先弁済を受けられようが、そのような解釈はどこにも明示されていない。

---

49) 参照、伊藤眞他編『新破産法の基本構造と実務』(有斐閣・平19) 454〜456頁〔小川秀樹〕。「破産法上の各規定で民事留置権をそのまま認めるとすると、……例えば受戻しがどうなるか、担保権消滅がどうなるか、あるいは配当の場面はどうなるかについていろいろ検討した」(同455頁〔同〕)。

50) ④が民事留置権を対象としなかったのは、「民事留置権と商事留置権を区別して規律し、しかもその規律の仕方も破産と会社更生とでは異なるという現行倒産法制のあり方の見直しにつながる非常に根の深い問題がある」ためという(伊藤眞他編『民事再生法逐条研究』(有斐閣・平14) 134頁〔深山卓也〕)。

51) 担保割れでない場合には、「再生債務者等は、この制度を利用するまでもなく、これらの被担保債権を弁済して目的財産の受戻し〔**民事再生法41条1項9号**〕をすることが可能である」(花村・前編第5章註(42)406頁)。なお、担保割れの場合に受戻しをすることは、「担保権を有しない再生債権者との間の公平を害することになる」ため許されない(同402頁)。

52) 「留置権は、その成立の時期を問わず抵当権等に対抗することができるものと解されており、このために、不動産競売においては留置権につき常に引受主義(民執59条4項)が採られ、国税徴収法による公売においては留置権について消除主義を採った上で最先順位で配当するものとされていることから(同法21条、124条)、担保権消滅の制度における配当においても、商事留置権を有する者に対して最先順位で配当をすべきものと考えられます」(深山他・本編第4章註(75)205頁)。併しながら、このような根幹的事項を解釈に委ねる立法方針には、多大な疑問を感じざるを得ない。

花村判事によると、④は抵当権の滌除[53]（**民法 378 条**（-平 15 法 134））。→抵当権消滅請求（**現 379 条**））と同じく「実体上の形成権（消滅請求権）を付与するもの」であるが、「要件の充足性に関して、後日紛争を生じるおそれがあることから、消滅請求権を行使する前提として、裁判所の許可を得なければならないものとした」という[54]。併しながら、このような論法が許されるのであれば、およそ「申請に対する処分」（**行政手続法第 2 章**）は余さず形成権の行使に解消されることとなるであろう[55]。

そもそも滌除を援用すること自体、「担保目的物の第三取得者の出現、すなわち抵当不動産の売買が現実化するという要件が……要求されていない」という「理論的障害」がある[56]。「滌除……の制度は、民事執行手続に頼るまでもなく目的物の担保価値が具体化した場合には、その機会に担保権者が目的物の交換価値から優先的な弁済を受けることによって本来の目的を達するのが、担保権者にとって簡便であるばかりでなく、担保目的物の所有者および譲受人の利益に合致し、社会的にも合理性が認められるという考え方の下で成り立っている[57]」からである。故に花村判事の説明は、④を正当化するには必ずしも十

---

53) 実際、④は滌除をモデルとして立案された。価額決定の請求（**民事再生法 149 条 1 項**）は、増価競売の請求（**民法 384 条**（-平 15 法 134））1 項。→競売の申立（**現 384 条 1 号**））に「代替するもの」とされる（花村・前編第 5 章註(42)410 頁）。財産価額の配分についても、当初は滌除と同じく再生債務者が払渡し等をする案であった（同 422 頁）。これが裁判所による配当に改められたのは、「複数の担保権者に対する財産価額の払渡し等につきその分配を誤ったときは、担保権消滅の効力が生じないこととなって、法律関係が不安定となるおそれ」があったためという（深山他・前註 204 頁）。なお、債務者による滌除の禁止（**民法 379 条**（**現 380 条**））は、滌除をモデルとするための「理論的障害」にはならない。再生債務者は単なる債務者でなく、担保権者に対して特別清算人（商法 434 条（昭 13 法 72 - 平 17 法 87））。現・**会社法 523 条**）と同様の公平誠実義務を負っている（**民事再生法 38 条 2 項**）からである。
54) 花村・前註 402～403 頁。
55) 恐らく概ね同旨、「消滅許可の申立てをして、それに対して裁判所が一定の要件を具備しているかどうかを審査して、そのうえで許可の決定をしなければ、およそ効果が発生し得ないものを、はたして実体法上、『形成権』と言えるのか、私はちょっと疑問なのです」（伊藤（眞）他編・前註(50)130 頁〔伊藤眞〕）。滌除についても、「その申出に対して抵当権者の承諾（ないし承諾とみなされること）がなければ、抵当権の消滅という効果は生じない」から、「滌除権を形成権と解すべきではない」という指摘がある（福永・本編第 4 章註(76)59 頁）。
56) 森田修「倒産手続と担保権の変容——優先弁済権の範囲と任意売却の促進」別冊 NBL 60 号（平 12）81 頁。営業譲渡を目的とする場合には滌除の前倒し（参照、山本和彦「担保権消滅請求制度について——担保権の不可分性との関係を中心に」今中古稀『最新倒産法・会社法をめぐる実務上の諸問題』（民事法研究会・平 17）473 頁註 55）と見る余地もないではないが、「担保価値が具体化した」というには程遠いであろう。

第4節　留置権を消滅させる国家作用

分といえない。

　この点、山本（克）教授は、「〔再生〕手続開始決定に包括差押効を認めるべきである」とし、「担保権消滅請求制度は消除効を伴う（民事執行法59条1項）不動産の強制競売と共通の性格を有する」と論じている[58]。併しながら、この包括執行構成に対しては、「担保権者を別除権者としていることと矛盾しないか[59]」、「消滅請求の対象がなぜ事業の継続に必要な目的物に限られるのか」、「〔商事留置権及び質権を消滅させる一方、用益権を消滅させないなど〕要件や効果を競売のそれと違える」のはなぜか[60]といった疑問が提起されている[61]。

　一方、松下教授は、④の正当化根拠を「会社更生における担保権の処遇をより限定的なものにした」点に見出している[62]。更生手続では、「更生担保権の範囲を開始決定時の目的物の評価額で決めて、そこで担保割れになった部分については、一般債権扱いになる」（（旧）会社更生法124条2項→**会社更生法2条10項**）のに対し、再生手続では、「全担保権について自動的に不可分性〔**民法296条・305条・350条・372条**〕を外して実行時期の選択権〔担保割れ状態が解消するまで財産の値上がりを待つ利益〕を奪うのではなくて、事業の継続に……不可欠な財産の上の担保権に限って、不可分性を外したり、実行時期の選択権の自由を奪ったりする」に止まるからという[63]。併しながら、「更生担保権制度はそれ自体、時価の範囲で不可分性をすでに否定しているという理解」に対しては、「理論的には、更生手続外では担保権自体は存続しており、担保権が最終的に

---

57)　鎌田薫「倒産法における物的担保権の処遇——民法学の立場から」民事訴訟雑誌46号（平12）189頁。
58)　山本克己「担保権消滅請求制度と倒産・執行法制」銀行法務21 564号（平11）67頁・68頁。
59)　鎌田・前註(57)190頁。
60)　伊藤（眞）他編・前註(50)129頁〔福永有利〕。
61)　筆者は、包括執行構成を採るためには、**企業担保法20条1項**のような明文の手掛りを要すると考える（同項につき参照、香川保一「企業担保法の逐条解説（五）」金融法務事情176号（昭33）366〜367頁）。④と直接の連関はないが、破産手続を強制執行手続に擬えることに対する批判として参照、「往々破産が一般執行であるとの前提から、破産手続の機構を個別執行の類推によって説明する例があるが、これは譬喩以上の意味をもたないのみか、却つて破産関係の実体を誤解させる懸念がある。例えば、破産宣告による破産財団の成立を一般的仮差押といっても何等現実の執行を伴わない法律上の効果である」（兼子一「破産法」『強制執行・破産法』（弘文堂・昭29）9頁）。
62)　松下淳一「担保権消滅制度の倒産法上の位置づけについての試論」銀行法務21 564号（平11）59頁。包括執行構成については、価格評価の基準時を開始決定時とする説と親和的となるため疑問を感じるという（伊藤（眞）他編・前註(50)161頁〔松下〕））。
63)　伊藤（眞）他編・前註132頁・133頁〔松下〕。

消滅するのは更生計画に基づく効果である」から、両者は「別個の問題」であるという批判が提起されている[64]（更生手続における担保権は、実行禁止と権利変更という二段階の制約を受けるが、実行禁止は権利変更の準備措置に過ぎないし、権利変更として権利自体が消滅させられることは稀である（本編第10章第4節第2款参照）。これに対し、再生手続における担保権の制約は端的な消滅であり、平等の原則（**民事再生法155条1項**）も適用されない。）。

寧ろ注目されるのは、両教授いずれも④を破産管財人の介入権（（旧）破産法203条1項[65]→**破産法184条2項**）に擬えている点[66]である[67]。確かに、事業継続に不可欠な財産が留置され続け、又は競売されると、牽連破産（**民事再生法249条1項**等）に陥る蓋然性が高く、仮にそうなった場合には、不可分性及び実行時期選択の自由は介入権によって制約される運命にある[68]。そこで、④を前倒し的な一部破産と見る説明が現れるのであろう。併しながら、この説明が成り立つのは、二個以上の対象財産につき異なる担保権者が存在し、互いに出し抜き合う関係にある場合だけである。対象財産が一個しかない場合には、債務者を破産に追い込んででも優先弁済を受けられるという担保権者の利益を剥奪するための理屈が、別途必要となるはずである。

結局、④は、たまたま対象財産が事業継続に不可欠であった担保権者を"特別の犠牲"として「私有財産……を公共のために用ひる」（**憲法29条3項**）司法処分としか位置付けようがないように思われる。ここでいう「公共」とは、

---

64) 山本（和）・前註(56)472〜473頁。
65) 前註(11)参照。
66) ④は介入権と異なり、清算でなく再生債務者等への財産引渡しを目的とするが、この点は債務者による買受申出を禁じた**民事執行法68条**の精神に反するものではない。再生債務者等は単なる債務者ではない（前註(53)参照）上、同条は担保権実行を申し立てた担保権者との関係において担保権の不可分性を保障する規定であるとは説明されていない（参照、浦野雄幸『逐条概説民事執行法』全訂版（商事法務研究会・昭56) 249〜250頁及び田中（康）・本編第1章註(58)183頁）からである。なお、強制執行手続における担保権者及び担保権実行手続における先順位担保権者との関係における担保権の不可分性は、剰余主義（**民事執行法63条**）によって保障されている。
67) 参照、山本（克）・前註(58)67頁及び伊藤（眞）他編・前註(50)130頁〔松下淳一〕。
68) 介入権につき、（旧）破産法は行使時期を制限しており（196条1項）、通説も、剰余主義が適用されるため、担保権者の換価権限に対し二次的な位置付けを持つに過ぎないと解していた。**破産法**はこの制限を撤廃すると共に、剰余主義の適用を除外すること（**184条3項**）により、介入権が独立的な位置付けを持つことを明らかにした（参照、竹下守夫他編『大コンメンタール破産法』（青林書院・平19) 740〜741頁・747頁〔菅家忠行〕）。

第4節　留置権を消滅させる国家作用

更生手続と同じく、「企業を破産により解体清算させること〔に伴う〕……社会的、国民経済的損失[69]」の防止である。それは、再生手続が法人格の維持存続を目的としていないこと[70]によって担保されている。故に、財産の評価基準である処分価額（**民事再生規則（平12最規3－）79条1項**）は、「正常な取引価格」（**公共用地の取得に伴う損失補償基準要綱（昭37・6・29閣議決定）8条1項**）と同義に解されなければならない。

④が担保権の処理の裁定（企業整備令7条2項。本編第10章第4節第3款参照）のような行政処分とされなかったのは、業種を問わず全ての事業の継続に公共性を見出していることによる。この点は、建物買取請求権[71]（借地法（大10法49－平3法90）4条2項→**借地借家法（平3法90－）13条1項**）と相通ずるものがあろう。

(7)　⑤商事留置権の消滅請求等の許可（**会社更生法29条3項**）は、更生会社の事業継続に不可欠な財産の上に存する商事留置権を消滅させる司法処分に当たる。

⑤は、担保権を個別に制約するものであり、④とパラレルに捉えることが出来る。但し、留置物の価額に関する判断を返還請求訴訟に委ねた点は、商事留置権の消滅請求の許可（本章第2節第2款参照）と共通している。

④が再生手続開始後にされるのに対し、⑤は「更生手続開始の申立てに伴う保全措置」（**同法第2章第2節**）であり、申立てから開始までの間に限られる。ここには、再生手続と更生手続との役割分担が反映されている。事業継続に不可欠な財産の上に存する担保権が実行されない限り破産しない場合が前者、それ以外の財産の上に存する担保権が実行されても破産する場合が後者の担当範囲となる[72]とすれば、前者はほぼ後者の保全段階に相当するからである。

---

69)　最大決昭45・12・16民集24巻13号2099頁。
70)　再生手続では、営業等の譲渡の許可（**民事再生法42条1項**）に示される通り、「営業の全部譲渡が事業の再生の一つの有力な手段であるとして、むしろ積極的に位置づけられている」（伊藤（眞）他編・前註(50)17頁〔深山卓也〕）。更生手続における資本構成の変更、新会社の設立等（（旧）会社更生法211条2項→**会社更生法167条2項**）についても同様である（参照、三ヶ月章「会社更生法改正の実践的評価」（昭43）『会社更生法研究』（有斐閣・昭45）335頁）。
71)　「其立法ノ理由トスル所ハ借地人ヲ保護スルニ止マラス、他方ニ於テハ、建物ノ利用ヲ全フセシメントスル公益上ノ意味モ亦存スルモノナルヘシ」（三瀦・本編第1章註(33)94頁）。
72)　参照、「いくら債権者が多くても、あるいは会社の規模が大きくても、担保権を拘束する必要がない事例、あるいは資本構成にまで手をつける必要がないか、あるいは手をつける必要があっ

第2編 物　権　第7章 留置権

(8)　⑥担保権消滅の許可の決定（**会社更生法104条1項**）は、更生会社の事業更生に必要な財産の上に存する商事留置権等の担保権（民事留置権及び一般の先取特権を除く。）を消滅させる司法処分に当たる。

これは④でなく、寧ろ商事留置権の消滅請求の許可（本章第2節第2款参照）の系譜に属している。同許可を他の担保権にも拡張した結果、変更構成でなく消滅構成を採らざるを得なくなったものだからである。

深山官房審議官らによると、「更生担保権者が、確定した更生担保権の順位に従って供託金の上に質権者と同一の権利を有するものとすること」には、「ある財産に設定された担保権の順位自体の確定は更生担保権の確定手続において行なわれないこと、金銭債権の執行手続においては質権者を含めた配当手続が予定されておらず、実体的な順位に従った弁済がされない可能性があること」等の問題があり、「当該財産にかかる更生担保権の額に相当する金銭を個別に供託し、個別の供託金上に質権者と同一の権利を有するものとすること」も、「確定した更生担保権の額の総額が更生担保権にかかる担保権の目的の価額を超えた場合の合理的な処理が困難である」という[73]。

(9)　⑦担保権消滅の許可の決定（**破産法186条1項**）は、破産財団に属する財産の上に存する商事留置権等の担保権（民事留置権及び一般の先取特権を除く。）を消滅させる司法処分に当たる[74]。

それらの財産は破産管財人の介入権（前述）により競売される運命にあるところ、競売価格は任意売却価格を下回るのが通常である。そこで、破産管財人が任意売却の相手方を探し出してきた場合に、売得金（但し、その一部は組入金

ても、それは一般の商法〔現・**会社法**〕の規定でできるという事例であれば、民事再生で再建を図ればよい」（伊藤眞他編『新会社更生法の基本構造と平成16年改正』（有斐閣・平17）16頁〔竹下守夫〕）。更生手続において資本構成の変更が容易化されている点は、担保権を再生手続以上に制約する点とは、直接の連関はないと考えられる（無担保債権を株式に振り替える更生計画であっても、当然に担保権を消滅させるべきとはいえない。）。なお、現行法は更生手続の利用を株式会社、協同組織金融機関及び相互会社に限っている（**会社更生法2条1項及び金融機関等の更生手続の特例等に関する法律3条・168条**）が、これは絶対的な要請という訳でもない（(旧)会社更生法及び**会社更生法**につきそれぞれ参照、長谷部茂吉他「会社更生法をめぐる諸問題（二）」判例タイムズ135号（昭37）16頁〔位野木益雄〕・21頁〔三ヶ月章〕及び伊藤（眞）他編・同21〜22頁〔深山卓也〕）。

[73]　深山卓也他『新しい会社更生法』（金融財政事情研究会・平15）72頁。
[74]　立案過程につき参照、伊藤（眞）他編・前註(49)176〜178頁〔小川〕。

第 4 節　留置権を消滅させる国家作用

として破産財団に組み入れられる[75]。）に相当する金銭を担保権者に配当しつつ、担保権を消滅させることとしたものである[76]。

⑦については、介入権を任意売却の場合に拡張したものと抵当権消滅請求〔旧・滌除〕を前倒ししたものという二つの理解が示されている[77]。担保権者に異議のないことが要件とされ、対抗手段が採られた場合には財団組入れが認められない点[78]に照らすと、前者の理解が妥当であろう[79]。その正当化根拠は、抵当権消滅請求が前倒しされた分、担保権者の対抗手段が増やされた点に求められる[80]。

(10)　⑧商事留置権の消滅請求等の許可（**破産法 192 条 3 項**）は、事業継続の許可（**同法 36 条**）を得て暫定的に継続されている事業に必要な破産財団に属する財産の上に存する商事留置権を消滅させる司法処分に当たる。

既に破産手続が開始されており、商事留置権者は介入権（前述）を甘受すべき地位にある点が、その正当化根拠である。留置物の価額に関する判断を返還

---

75)　組入金の性質については、担保価値の維持に対する一般債権者の寄与分説と破産管財人に対する報奨（費用部分と報酬部分から成る。）説があるが、前説は対抗手段が採られた場合に財団組入れが認められない点と整合的でない（参照、伊藤（眞）他編・前註 181～183 頁〔伊藤眞、山本和彦、松下淳一〕・208～210 頁〔同〕）。
76)　担保権者は、売得金が過少又は組入金が過大であるため配当額が競売価格又は市場価格を下回ると考えた場合には、自ら担保権を実行し、又は提示価格の五分増し以上で買受けの申出をすることが出来る。
77)　参照、山本（和）・前註(56)465～466 頁。
78)　「一般に、担保権者は目的財産の交換価値を把握しているから、売得金が目的物の交換価値である限り、その一部を破産財団に組み入れることは、担保権者の同意がない限りできず、まして、客観的に適正な組入額の基準を見出すことはできない。……組入れについて〔担保権者の消極的〕同意によって決まるほかはないという基本姿勢は、組入金額についての決定手続の不在のほか、組入金額についての担保権者との協議義務の法定（186 条 2 項）や担保権者への配当原資を切り出す（売得金額を決定する）ための控除項目（費用等）の限定（186 条 1 項 1 号かっこ書）など、本制度の各所に現れている」（竹下他編・前註(68)766～767 頁〔沖野眞已〕）。なお参照、山本弘「破産財団の範囲およびその管理・換価」福永有利他『倒産実体法』（商事法務・平 14）139～140 頁。
79)　立案関係者曰く、「比較的早い段階で内部的に議論していた際にも、破産管財人が第三取得者と一緒になってかつての滌除を使えば、担保権の消滅のような制度の趣旨は実現できるわけで、そのことが、破産で担保権の消滅の制度を作る理論的な安心感の一つでもあったわけです。内容的にも、担保権者の意思に基づく、承諾の構成をとるところなども含めて、……〔両制度の〕類似性というのも、指摘できるのではないかと思います」（伊藤（眞）他編・前註(49)181 頁〔小川〕）。
80)　参照、山本（和）・前註(56)467 頁。

第2編 物　権　　第7章 留置権

請求訴訟に委ねた点は、商事留置権の消滅請求の許可（本章第2節第2款参照）及び⑤と共通している。

(11)　以上の通り、(旧)会社更生法以降の立法例（③〜⑧）は、いずれも民事留置権を手付かずとしており、留置権を変更する司法処分（狭義）と同様の問題がある。この点を別とすれば、それらはひとまず、倒産法制における集団的な権利変更の段階（③）、手続開始後同段階以前の段階（④⑥〜⑧）及び手続開始前の段階（⑤）に再整理することが出来る。

併しながら、より重要なのは、担保権の処理の裁定（本編第10章第4節第3款参照）の流れを汲む類型（④⑤）、①及び商事留置権の消滅請求の許可（本章第2節第2款参照）の系統に属する類型（⑥）、滌除との均衡によって正当化される類型（⑦）及び介入権との均衡によって正当化される類型（⑧）に再整理することである。

第3款　留置権を消滅させる行政作用

(1)　これに該当するかが問題となる立法例は、留置権の目的に着目すれば、動産・不動産（❶❷⑤⑥⑧）、土地（❸④）及び不動産（⑦）に関する類型に大別される。

(2)　滞納処分手続における財産（留置権が存するものに限る。）の❶差押（国税滞納処分法12条→(旧)国税徴収法10条。本編第3章第2節第3款参照）及び❷公売（国税滞納処分法3条→(旧)国税徴収法24条1項。同編第4章第4節第3款参照）は、留置権を無償で消滅させる行政処分に当たるか、必ずしも明瞭でない（現行法上の扱いについては、本章第2節第3款参照）。

留置権付き動産については、国税滞納処分法の下では、❶をすることが許されていなかった可能性がある[81]。

---

81)　国税滞納処分法の母法であるプロイセン・ライン州ニ於ケル直間税其他公租公課ノ行政上ノ強制徴収ノ為ノ勅令11条及びプロイセン・金員徴収ノ為ノ行政強制手続ニ関スル勅令29条は、強制執行手続と同じく、滞納者以外の第三者が占有する動産の差押を認めていなかった。わが国税滞納処分法も、「質屋営業者ニ質入シタル動産」（13条6号）の差押（12条）を明示的に禁じており、その他の第三者占有動産の差押についても、他人の家屋等に対する立入権限を財産蔵匿の疑いがある場合に限った点（20条2項）に照らすと、正面から予定していた訳ではなさそうである。これに対し、(旧)国税徴収法における差押は刑事訴訟的色彩を帯びることとなり（後述）、強制執行手続における差押との分化は決定的となった。

第4節　留置権を消滅させる国家作用

　(旧) 国税徴収法の下では、留置権者が留置権付き動産の引渡を拒んだ場合にも、❶をすることが出来る点が明示された (20条3項[82])。同項は、留置権者の留置的権能は元々行政権の主体たる国には及ばないという民法特別法 (序説参照) を前提としている (同項は留置的権能を無視して強制的に占有を喪失させ、留置権を消滅させる趣旨でない。さもなければ国家が不法を行い、不動産との均衡 (後述) にも欠けることとなる。)。ここでは、国が❶により占有を取得したことの反射として、一般私人との関係でも留置的権能が失われ、留置権が消滅すると解する外ない。但し、国税庁は、留置権は❷により消滅すると解していた[83]。他の担保権と平仄を合わせたものであろうが、占有という事実に立脚する留置権については、必ずしも他の担保権と等しく扱う理由はなさそうである。

　留置権付き不動産については、❶により国が占有を取得する訳でないが、解釈上、動産と均衡を取る必要がある。(旧) 国税徴収法の下では、留置権者の留置的権能は元々買受人に及ばない (買受人による占有取得の反射として、その他の私人との関係でも留置的権能が失われ、留置権が消滅する。) と解することも出来るし、❷によって消滅すると解することも出来る。いずれにせよ買受人が強制的に占有を取得する術はなく、最終的には所有権に基づく引渡請求訴訟を提起せざるを得ない。

　貨物整理手続における貨物 (営業用の私設上屋[84]・私設保税倉庫[85]に蔵置されているものに限る。) の競売→公売 ((旧) 関税法50条1項。本編第3章第2節第3款参照) についても同様である (現行法上の扱いについては、本章第2節第3款参照)。

　(3)　土地収用手続における❸❹留置権を消滅させるための収用裁決→権利取

---

82)　「収税官吏財産ノ差押ヲ為ストキハ滞納者ノ家屋、倉庫及筐匣ヲ捜索シ又ハ閉鎖シタル戸扉、筐匣ヲ開カシメ若ハ自ラ之ヲ開クコトヲ得滞納者ノ財産ヲ占有スル第三者其ノ引渡ヲ拒ミタルトキ亦同シ」(傍点引用者)。
83)　桃井編・前編第5章註(54)650頁。
84)　「其ノ他法令ニ依リ外国貨物ヲ蔵置シ得ル地域」((旧) 関税法29条ノ2 (明44法44－昭27法198)) をいう。参照、27・貴・租税外諸収入金整理ニ関スル法律案外七件特別委1号 (明44・3・19) 3頁〔桜井鉄太郎政府委員〕及び大蔵省関税局編『税関百年史』上巻 (日本関税協会・昭47) 172頁。
85)　営業用私設保税倉庫の蔵置貨物が公売の対象に加えられたのは、保税倉庫法9条ノ2・9条ノ4 (昭2法44－昭29法61) によってである。それ以前は、庫主から関税を徴収することとされていた (参照、23・衆・保税倉庫法中改正法律案委2回 (明40・2・19) 5頁〔桜井鉄太郎政府委員〕)。関税を徴収された庫主は、**商法**381条 (現**624条**) **1項**により、貨物を競売することが出来た。

得裁決（❸権利収用ニ関スル法律→（旧）土地収用法7条→④土地収用法5条1項1号。本編第4章第4節第3款参照）のうち、④は、起業者が任意買収等により取得した土地の上に存する留置権を有償で消滅させる行政処分に当たる[86]）。

これに対し、❸は、その存在が予定されていたか自体が疑わしい。土地等の明渡しにつき直接強制（（旧）土地収用法73条2項[87]）が用意されていた当時、留置的権能は国及び起業者に対抗し得ないと解して何ら支障は生じなかったからである。

担保権の処理の裁定（企業整備令7条2項。本編第10章第4節第3款参照）についても同様であり、留置権は「担保権」に含まれない[88]）と解される。

（4）譲与国有林野の返還処分（本編第4章第4節第3款参照）は、返還される土地の上に存する留置権を消滅させる行政処分には当たらない。

「存スル」でなく「設定シタル」という文言（（旧）国有林野法16条2項。同款参照）に照らすと、法定担保は含まれないと解されるからである。ここでも、留置的権能は元々国に対抗することが出来ないと考えられていたものと推測される。

（5）⑤鉄道財団抵当権→鉄道財団の設定認可（本編第4章第4節第3款参照）は、鉄道財団に組成される物件の上に存する留置権（鉄道抵当法の一部を改正する法律（昭31法63）による改正後は、期間内に申出がなかったものに限る。）を消滅させる行政処分に当たる（同款参照）。

（6）北海道国有未開地の売払・付与処分の取消処分（本編第4章第4節第3款参照）は、返還される土地の上に存する留置権を消滅させる行政処分には当たらない（**北海道国有未開地処分法22条**）。

同処分により消滅する制限物権は既登記のものに限られており、ここでも留置権は元々国に対抗することが出来ないと考えられていたものと推測される。

（7）⑥華族世襲財産の設定認可（前編第3章第3節第3款参照）は、期間内に

---

86) 参照、高田＝國宗・本編第3章註(385)54頁。
87) 「義務者カ本法又ハ本法ニ基ツキテ発スル命令ノ規定ニ依ル義務ヲ履行セス又ハ之ヲ履行スルモ一定ノ期間内ニ終了スル見込ナキトキハ地方長官ハ自ラ之ヲ執行シ又ハ他人ヲシテ之ヲ執行セシムルコトヲ得」「義務者カ本法又ハ本法ニ基ツキテ発スル命令ノ規定ニ依ル義務ヲ履行セサル場合ニ於テ前項ノ規定ニ依ルコト能ハサルトキハ地方長官ハ直接ニ之ヲ強制スルコトヲ得」（同条1項・2項）。
88) 福田・前編第2章註(254)139頁も、留置権を例示に加えていない。

第 4 節　留置権を消滅させる国家作用

申出のなかった、華族世襲財産となる物の上に存する留置権の対抗力を喪失させる行政処分に当たる。

⑥がされた後における権利主張は、所有権、質権及び抵当権に限られている（華族世襲財産法 14 条 1 項[89]）からである。その理由につき山内司法省参事官曰く

「世襲財産ノ設定ヲ妨ゲル権利ヲ……並ベ立テルト、所有権抵当権質権ノ外ニ又或ハ差押ニ係ッテ居ル或ハ法律上先取特権ガ附イテ居ルト云フヤウナモノガ色々アッテ、ドレダケ列ベヤウカト云フコトニ付テ実ハ困ッテ仕舞ッタ、ノミナラズ若シ……気ガ付カズニ申出ナカッタト云フヤウナ場合ニ……認可シタノハ無効ニナルト……云フコト[90]モ随分余程ムツカシイ問題ダト考ヘテ居リマス、前ノ帝室制度調査局ノ案デアリマスト、……期間内ニ権利ノ申出ヲシナカッタナラバ最早其権利ハ打切ッテ消滅サセル、唯登記シタ権利ハ主張ガ出来ル……コトニ……出来上ッテ居リマシタガ[91]、ソレモ随分惨酷デアル……、ソレカラ……登記ナキ抵当権ト雖モ其抵当権ヲ設定シタ……所有者……ニ対抗スルコトハ出来ナケレバナラヌノデアルカラ、登記ノ有無ニ依ッテ権利ヲ打切ルト云フコトハドウデアラウカ[92]」。

北海道国有未開地処分法と同じく、直接には不動産登記制度を援用しているが、より根柢的には、やはり留置的権能は元々国に対抗し得ないという民法特別法に依拠するものといえよう。

これに対し、世伝御料への編入（前編第 3 章第 3 節第 1 款参照）については、

---

89)　「世襲財産ノ効力ヲ第三者ニ対抗スルコトヲ得ルニ至リタル日以後ハ其ノ前ノ原因ニ基キ世襲財産ニ付所有権、質権又ハ抵当権ヲ有スル者ハ確定判決又ハ確定日附アル証書ニ依リテノミ其ノ権利ヲ主張スルコトヲ得」「前条ノ規定ニ依リテ権利ヲ主張セムトスル者ハ其ノ旨ヲ宮内大臣ニ申出ツヘシ」（同条 1・2 項）。「世襲財産ニ付第十四条第二項ノ申出アリタル後二月内ニ主張ニ係ル権利ヲ消滅セシメ又ハ主張ニ対シ訴ヲ提起セサルトキハ其ノ財産ハ初ヨリ世襲財産タル効力ヲ失フ」（27 条 1 項）。

90)　⑥の前身に当たる華族世襲財産の創設認可（（旧）華族世襲財産法 19 条 1 文）については、「負債償却ノ義務アル財産ハ世襲財産及ヒ附属物ト為スコトヲ得ス」（同法 6 条）という主義が採られていた。その母法は、バイエルン・世襲財産ニ関スル勅令（Edikt über die Fideikommisse vom 26. Mai 1818. 未見）のようである（参照、明治法制経済史研究所編『元老院会議筆記』24 巻（元老院会議筆記刊行会・昭 55）1781 頁）。

91)　明治 37 年の皇室財産令立案要旨には、世伝御料につき、「編入前ニ登記アリタルモノニ付テハ編入ト共ニ其ノ登記抹消ノ手続ヲ為ス」とあった（7 項但書。伊藤博文編『秘書類纂（雑纂）』3 巻（秘書類纂刊行会・昭 11）94 頁）。

92)　37・貴・華族世襲財産法改正法律案特別委 3 号（大 4・12・23）22 頁〔山内確三郎説明員〕。

第 2 編 物　権　第 7 章 留 置 権

必ずしも明瞭ではない[93]。

(8)　⑦学校施設の返還命令（本編第 4 章第 4 節第 3 款参照）は、返還される学校施設の上に存する留置権を有償で消滅させる行政処分に当たる（同款参照）。

(9)　⑧解散団体の指定（団体等規正令 4 条 1 項。法人である団体に対するものに限り、同令附則 2 項により⑧と看做された指定も含む。前編第 2 章第 3 節第 3 款参照）は、当該団体を解散させ（同款参照）、その財産の所有権を国に移転させる（本編第 3 章第 3 節第 3 款参照）と同時に、その上に存する留置権を無償で消滅させる行政処分に当たる（解散団体の財産の管理及び処分等に関する政令（昭 23 政 238 － 昭 27 法 240) 3 条）。

⑧は、重罪人の一般財産の没収とも思想を同じくする占領立法である（同款参照）。第三者没収に関する判例（同章第 4 節第 2 款参照）に照らし、現行法制上、許容される余地はない。

(10)　以上の立法例（⑧を除く。）は、強制換価手続（❶❷）、消滅収用（❸④）、集合物の設定に伴う類型（⑤）、不融通物の設定に伴う類型（⑥）及国公有財産の返還に伴う類型（⑦）に再整理することが出来る。

国公有財産の返還に伴う類型は、広義の消滅収用ともいえる。集合物・不融通物の設定に伴う類型についても、行政処分に係らしめられる限り、同様に考えられよう。

留置的権能は元々国に対抗し得ないという民法特別法（序説参照）は、行政的執行システムと密接に連関しており、今日そのままの形で維持することは出来ない。併しながら、留置権が最も原始的な、占有という事実に立脚する権利に過ぎない点に鑑みると、極めて制限された形であれば、立法化する余地もあろう。

---

93)　「物権の設定ある不動産は該物権を消滅せしむるにあらざれば、世伝御料に編入することを得ない。何となれば、現に存する物権の登記を宮内大臣の一方的行為に依り其の抹消を登記所に嘱託することを得べしとは到底解せられないからである」（酒巻芳男『皇室制度講話』（岩波書店・昭 9）202 頁）。この説明だけからは、留置権の扱いは定かでない。

第8章 先取特権

第1節 先取特権を発生させる国家作用

第1款 先取特権を発生させる立法作用

①**会社経理応急措置法**（昭21法7）**12条3項（現4項）本文**（本編第10章第1節第1款参照）は、**同条1項**により一旦消滅（同章第4節第1款参照）した、特別経理会社の新勘定に属する財産の上に存する先取特権（その財産の上に他の担保権が設定されておらず、かつ、その財産が第三者に譲渡されていない場合に限る。）を新旧勘定併合の時に再設定する措置法律に当たる（同款参照）。

第2款 先取特権を発生させる司法作用

①不法収益等〔現・薬物犯罪収益等〕の没収及び犯罪収益等の没収（いずれも先取特権が存する物に係るものに限る。本編第3章第4節第2款参照）は、その物の所有権を消滅させる（同款参照）と共に、所有権の消滅に伴い当然消滅する先取特権のうち善意の第三者が有するものを再設定する司法処分に当たる（本編第4章第1節第2款参照）。

第3款 先取特権を発生させる行政作用

(1) これに該当するかが問題となる立法例は、先取特権の種別に着目すれば、一般の先取特権（①②）及び不動産の先取特権（③〜⑦）に関する類型に大別され、手続に着目すれば、先取特権を原始的に設定する類型（①②）及び一旦消滅した先取特権に代わる先取特権を再設定する類型（③〜⑦）に大別される。

(2) ①内国税の賦課処分[1]即ち徴税伝令書の発出（（旧々）国税徴収法（明22

第2編 物 権　第8章 先取特権

法9 - 明30法21) 9条[2])→納税告知（(旧)国税徴収法（明30法21 - 昭34法147) 6条[3])→国税徴収法42条（昭34法147 - 昭37法67)→**国税通則法**（昭37法66 -) **36条1項**）は、納税人→納税者の総財産上に一般の先取特権を発生させる行政処分に当たる。

　この問題は、いわゆる国税の優先権が先取特権を意味するかによる[4])。

　先取特権はそれ自体「公益上ノ理由」に立脚している（本編第1章第4節第2款参照）から、"租税の公共性"は国税の優先権が先取特権でないとする理由にはならない[5])。寧ろ重要なのは、優先性が相対的か絶対的かである。同一引当財産に対する競合を前提とする相対的な優先性であれば、いまだ先取特権の域を出るものでないが、競合以前の原始的控除（例えば執行費用の控除（(旧)民事訴訟法554条（明23法29 - 昭54法4) 1項[6])→**民事執行法42条2項**））を前提とする絶対的な優先性であれば、もはやその域を超えているからである。

　わが法制における国税の優先権は、滞納国税の強制徴収を身代限処分（華士族平民身代限規則（明5布告187 - 明23法29）等）即ち破産手続によって行うこととした明治5年布告285号[7])（- 明9布告4)→明治9年布告4号（- 明10布告79) の時代から認められていた[8])。併しながら、国税は質入〔現・質権〕・書

---

1) 　自動確定の租税（印紙納付又は源泉徴収の国税等）にあっては、滞納税額を初めて通知する行政処分（納税告知（**国税通則法36条**）等）、申告納付の国税にあっては、更正（**同法24条**）又はそれに相当する行政処分とする。
2) 　「市町村長ハ徴税令書ニ拠リ徴税伝令書ヲ調製シ之ヲ各納税人ニ発スヘシ」。
3) 　「国税ヲ徴収セムトスルトキハ収税官吏又ハ市町村ハ納税人ニ対シ其ノ納金額、納期日及納付場所ヲ指定シ之ヲ告知スヘシ」（制定時）。
4) 　**民法起草委員が当然の如く肯定説を採る**（参照、梅・本編第1章註(1)324～325頁及び富井・本編第1章註(57)342頁）のは、国庫の先取特権（フランス・民法典2098条1項）を「其他ノ法律ノ規定」（**民法303条**）に委ねたという意識があるためであろう。近時は性質論が取り上げられることすら稀であり、村井正「租税債権と私債権——租税債権の優先性を中心に」租税法研究15号（昭62）6頁に、肯定説を前提とした叙述が見出されるに止まる。
5) 　木戸有直＝高橋虎太『国税滞納処分法義解』（明23) 7頁も、「税金ハ元来其性質公法上ノモノナルカ故ニ先取特権ノ之レニ伴随ス」（傍点引用者）という、一見逆説的な論法を用いている。
6) 　「強制執行ノ費用ハ必要ナリシ部分ニ限リ債務者ノ負担ニ帰ス此費用ハ強制執行ヲ受クル請求ト同時ニ之ヲ取立ツ可シ」。
7) 　「兼テ納達ノ期限迄ニ各其管轄庁ヘ納方不致者ハ……其年七月ニ至ル迄猶納方相滞ルニ於テハ本人身代限リ申付本税利分トモ一同ヲ差出候積相心得……屹度取締可相立事」。
8) 　「租税不納ノ者身代限ヲ以取立ヘキ時ハ素ヨリ他ノ負債ニ関係致スヘキ筋ニ無之ニ付……」（明治6年布告422）。国税債権でなく私債権の不履行に基づき身代限となった場合についても同様である（明6・12・20司法省指令。司法省編『**司法省日誌**』5巻（橘書院・昭57) 456頁）。

第1節　先取特権を発生させる国家作用

入〔現・抵当権〕にも優先するという大蔵省に対し、司法省は一般債権に優先するのみであると主張し、一致を見なかった[9]。

そこで、明治10年布告79号（－明22法32）は独自の滞納処分手続を創設し[10]、国税等を質入・書入に対しても優先させる一方、公売の対象を課税物件（例えば地租にあっては土地）に限ること（1条[11]）により、質取主〔現・質権者〕・書入取主〔現・抵当権者〕の予測可能性を保障することとした[12]。いわゆる"物権主義"であり[13]、ベルギー・直税ノ台帳及滞納処分ニ関スル通則法典（Arrêté ministeriel contenant le règlement général sur le recouvrement et sur les poursuites en matière de contributions directes du 1er décembre 1851）40条1項[14]（＝フランス・1816年2月11日法律9条1項[15]）にいう法定抵当権[16]（hypothèque

---

9）　後註(12)参照。
10）　私債権の不履行に基づき身代限となった場合、国税は別除権扱いとされた（参照、「他ノ負債上ヨリ身代限ノ処分相成ル際税納ノ期限ニ到リ不納ノ分ハ其旨裁判官ニ照会シ其未納ニ係ル財産ハ成規ノ通公売ノ処分ニ及フモノトス」「前納ニ非ル営業税等未ダ納期ニ至ラサルモ他ノ負債上ヨリ身代限ノ処分相成トキハ裁判官ニ照会シ其製造品及其器物ヲ公売シ其期節ノ税金徴収スルモノトス」（明11大蔵省達乙7（－明22法32）3条本文・5条））。なお、当時は強制執行手続も配当を伴う担保権実行手続も未整備であったため、国税債権と私債権が競合するのは明治10年布告に基づく滞納処分手続と私債権の不履行に基づく身代限においてのみであった。
11）　「徴収期限（毎期ヲ云）後三十日ヲ過テ尚国税ヲ上納セサル時ハ之ヲ賦課シタル財産ヲ公売シテ徴収スヘシ若シ其財産他人ヘ売与譲与シタル時ハ之ヲ買受譲受タル者ヨリ完納セシムヘシ」（1条本文（制定時、括弧内原文割註、傍点引用者））。「営業税ヲ上納セサル時ハ其営業ヲ停止ス其製造品アル者ハ之ヲ公売シ次ニ其器物ニ及ホスヘシ」（2条本文（制定時、傍点引用者））。
12）　法制局曰く、「司法省ニ於テハ書入質入ニナリタル債主ノ特権ハ官府ニ先ツヘキモノト為サントノ意見ヲ表セリ〔。〕若シ此意見ヲシテ然リトセハ奸黠ノ人民ニ至テハ故ラニ租税ノ逋逃ヲ謀リ之レカヲメ一般ノ収額ニ欠乏ヲ生スルノ患ナキ能ハス〔。〕因テ租税ニ付テノ特権ハ書入質入ノ債主ノ特権ニ先ツモノトセン歟一個ノ動産若クハ不動産ヲ質入若クハ書入ニ取リタル債主ニ負ハシムルニ負債主ノ所有スル他ノ財産ニ課シタル税例ヘハ地租地税一時当リ其質入若クハ書入ニ取リタル動産不動産ヲ以テ完納ニ充テシムヘキノ義務ヲ以テセサルヘカラス」（国立公文書館蔵「租税怠納処分方改正」（請求記号：本館-2A-009-00・太00495100））。
13）　水沢謙三郎『国税徴収法釈義』（大成会・明41）5頁の表現による。
14）　"Tous les immeubles seront à l'avenir hypothéqués, en faveur de l'Etat, au payement de l'impôt foncier et de l'additionnel auxquels ces immeubles seront imposés. Cette hypothèque légale existera à compter du 1er janvier de l'année de l'impôt, mais n'aura d'effet que pendant cette année et l'année suivante : de telle manière qu'elle sera prescrite et anéantie, si, durant cet intervalle, ces biens n'ont point été effectivement attaqués, et n'ont point été l'objet de poursuites pour le recouvrement de l'impôt foncier et de l'additionnel arriérés."
15）　この法律は A. Batbie, "Traité théorique et pratique de droit public et administratif" (Cotillon, 1867) tom. VIe には言及されておらず、フランスでは、ベルギーが独立した1830年から同年までの間に廃止されたものと見られる。

359

légale）を継受したものである[17]。但し、特定の財産を課税物件としない民費〔→区町村税〕については、全ての動産に対する「先取特権」があるとした（3条但書[18]）。これはフランス・1808年11月12日法律1条2号[19]（＝ベルギー法典37条2号）にいう先取特権（privilège）に倣ったものであろう。

　"物権主義"の下での国税の優先権は、物が課税物件であること自体に基礎を置く点で絶対的なものであり、私法上の先取特権の域を超えている。併しながら、それは純粋に公法的という訳でもない。買受人のない公売財産が官没された点[20]（明治10年布告6条[21]（明11布告34－明22法32））に鑑みると、国税の優先権は寧ろ、前近代法における原始的物上負担たる上級所有権（Obereigentum）を彷彿させる[22]（一方、特定の財産を課税物件としない民費の優先権は、

16）　わが国では法定抵当権の立法例は見当たらない。僅かに、昭和35年の借地借家法改正要綱案が、借地料債権を担保するための抵当権が借地権者所有建物の上に当然発生すると規定した（第二十条第一項。参照、香川＝井口・本編第1章註(36)12～13頁）に止まる。

17）　参照、「本邦従来ノ慣習ハ其〔＝租税ノ〕人ニ附着シテ財産ニ附着セスト雖モ……仏国ニ於テモ地面ヲ買得シタル者若シ以前ノ直税未済ナレハ其買得人ヨリ徴求ス」（明治法制経済史研究所編『元老院会議筆記』4巻（元老院会議筆記刊行会・昭39）227頁〔山崎直胤内閣委員〕）。なお、小柳春一郎「明治一〇年代の滞納処分における国税の自力執行力と優先権――明治一〇年租税不納処分規則とその展開」法学政治学論究23号（平6）60頁は、米国のtax lien（参照、佐上武弘「租税優先権の沿革と外国制度」法律時報29巻9号（昭32）44頁）との類似性を指摘しているが、ベルギー法と同様の立法例は、スイス・民法典836条に先行するカントン法（Vgl., H. Leeman, Kommentar zum schweizerischen Zivilgesetzbuch Bd. IV. Abt. II (Bern: Stämpfli, 1925), S.901）にも見出される。

18）　「府県税民費モ此規則ニ準シテ処分スヘシ」「但各別ニ財産ヲ指定メテ賦課セサル民費徴収ニ付テハ土地家屋ヲ除キ他ノ財産ニ付先取特権アリトス」（3条本文・但書（いずれも制定時））。

19）　"Le privilège du Trésor public pour le recouvrement des contributions directes, est réglé ainsi qu'il suit, et s'exerce avant tout autre: 1° pour la contribution foncière de l'année échue et de l' année courante, sur les récoltes, fruits, loyers et revenus des biens immeubles sujet à la contribution; 2° pour l'année échue et l'année courante des contributions mobilières, des portes et fenêtres, des patentes, et toute autre contribution directe et personnelle, sur tous les meubles et autres effets mobiliers appartenant aux redevables, en quelque lieu qu'ils se trouvent."

20）　官没は明治16年の未納租税徴収規則案の初期段階まで残っていたが、Boissonade内閣顧問の意見により、買上に改められている（参照、国学院大学日本文化研究所編『近代日本法制史料集』9巻（東大出版会・昭62）139頁・同7巻（同会・昭59）88頁）。

21）　「財産公売ノ際請買望人無之節該財産ハ之ヲ官没スヘシ」。

22）　明治10年の時点では、内務省は「地租を……土地に附従するものとして理解する立場」を採っていた（参照、小柳春一郎「明治初年の滞納処分における国税の自力執行力と優先権――明治5年太政官布告285号とその展開」西川洋一他編『罪と罰の法文化史』（東大出版会・平7）111頁）。

第1節　先取特権を発生させる国家作用

動産に係る一般の先取特権と解する外ない[23]。)。

　この"物権主義"には別の弊害もあった[24]ため、明治10年布告の後法である国税滞納処分法（明22法32－明30法21）は、これに代わるものとして滞納者の一般財産に対する「先取権」を創設すると共に、それは納期限より1年以上前に設定された質入・書入には後れるものとした[25]（3条・6条[26]）。

　ここで1年以上前とされたのは、「当時は、租税制度の中枢をなす税は酒税、地租であり、前者は造石時に租税債権が確定し、その後それを一年以内に納付するものであり、後者は台帳に基き毎年確定する租税債権を以後一年以内に納付するものであつた[27]」ことによる。つまり担保権者の予測可能性を保障するには、それで充分であった[28]。

　この「先取権」は、自ら私債権の優先順位の階梯内に収まることにより、国税に後れる担保権が必ずしも完全な補償を得られずに剝奪されることを正当化している。この枠組みは、担保権付の土地が収用された場合に見られる"公法の論理"（"租税の公共性"に基づく"特別の犠牲"）によっては説明が付かないものであり、"私法の論理"（一般の先取特権の実行に伴う後順位担保権の当然消滅）

---

23)　無論、かかる理論的区別が当時十分に意識されていた訳ではない。現に、明治16年の未納租税徴収規則案は、"物権主義"を廃止しながらも、それに伴って必要となるべき一般の先取特権を規定しておらず、Roesler内閣顧問にその不備を指摘されている（参照、国学院大学日本文化研究所編・前註(20)7巻84～87頁）。

24)　大蔵省曰く、「抵償トスヘキ財産ノ範囲狭隘ナルヲ以テ他ニ財産アルモ之ヲ差押フルコト能ハス〔。〕……所得税不納ノ如キニ至テハ之ヲ制裁スルニ由ナシ〔。〕又地租不納ノ場合ニ在テハ不納者ニ於テ他ニ財産ヲ有スルニ拘ハラス直ニ其土地ヲ公売スルハ頗ル民産ヲ重セサルノ実アリ」（内閣記録局編・前編第5章註(74)150頁）。

25)　私債権の不履行に基づき身代限となった場合も同様とされた（（旧々）国税徴収法14条1項・15条）。

26)　「滞納者督促令状ヲ受タル日ヨリ五日以内ニ税金ヲ完納セサルトキハ其所有財産ヲ差押ヘ売却シテ之ヲ徴収スヘシ」（3条（傍点引用者））。「滞納処分費滞納税金ニ付テハ他ノ債主ニ対シ先取権アルモノトス但滞納シタル税金ノ納期限ヨリ一箇年前ニ質入書入トヲシタル財産ニ付テハ此限ニ在ラス」（6条）。

27)　吉国他編・前編第3章註(251)12頁。なお、昭和9年現在における納期限の一覧として参照、岡田・前編第5章註(64)535～536頁。

28)　「一ヶ月以下ナルトキハ略負債主ノ情状ヲモ察シ他日滞納処分ニ遭遇スルヤ否ヤ知得スルコトヲ得ヘシ〔。〕然ルヲ尚ホ其財産ニノミ信用ヲ置クハ未タ債主ノ解怠ナシトセサルヘカラサルノミナラス此ノ如キ僅カノ時日ヲ経過シタル債主ニ対スル此政府ハ先取権ナキモノトスルトキハ滞納者他人ト相通謀シ収税官吏ノ差押ヲ免レンコトヲ計ルモノナキニアラサルヘシ」（小野崎吾助＝草光万平『国税滞納処分法解釈』（八尾新助・明23）20頁）。

によって理解する外ない。故に、「先取権」は一般の先取特権そのものであり[29]、かつ、「国庫の先取特権は第三者の既得権を害し得ず」の法理（フランス・民法典2098条2項[30]）を満たすものでもあった。

国税滞納処分法の後法である（旧）国税徴収法は、国税に優先する担保権をやや限定しつつも、前法の枠組みを踏襲した（2条・3条[31]）。**国税徴収法**は、所得税・法人税が税収の大半を占めるようになったという情勢の変化を踏まえ、法定納期限等により優劣を決することとした[32]（8条・15条・16条・20条）。

地方税及びその他の公課を賦課する処分も、①と同じく、一般の先取特権を発生させる行政処分に当たる。地方税については、明治10年布告以来、元々「先取特権」の語が用いられており[33]（（旧）市制102条2項[34]）、大蔵省関係者もこれを先取特権と解している[35]。その他の公課についても、同じ内務省所管の（旧）河川法（55条2項[36]）以来、この語が用いられている[37]（大蔵省所管法

---

[29]　大蔵省自身、国税滞納処分法6条と趣旨を同じくする（旧々）国税徴収法15条につき、「先取特権」の語を用いて説明している（「国税ノ先取特権ヲ制限セシモノナリ〔。〕蓋シ国税ノ先取特権タル一国公共ノ必要上止ムヲ得サルニ出テシモノニシテ成ルヘク他債主ノ権利ヲ害スヘカラス〔。〕則チ税金ノ納期限ヨリ一箇年前ニ買入書入ト為シタルモノハ未タ納税ノ義務ヲ生セサル前既ニ他債主ノ抵当ト為リタルモノナレハナリ」（内閣記録局編・前編第5章註(74) 8頁（傍点引用者）・151頁））。

[30]　"Le Trésor royal ne peut cependant obtenir de privilège au préjudice des droits antérieurement acquis à des tiers."

[31]　「国税ノ徴収ハ総テノ他ノ公課及債権ニ先ツモノトス」（2条（制定時））。「納税人ノ財産上ニ質権又ハ抵当権ヲ有スル者其ノ質権又ハ抵当権ノ設定カ国税ノ納期限ヨリ一箇年前ニ在ルコトヲ公正証書ヲ以テ証明シタルトキハ該物件ノ価額ヲ限トシ其ノ債権ニ対シテ国税ヲ先取セサルモノトス」（3条）。

[32]　「納税者の総財産について」という表現（**国税徴収法8条**）は、「当該関税を徴収すべき外国貨物について」という表現（**関税法**7条1項（現**9条の5**））との対比を意識したものであろう。

[33]　（旧）市制102条2項（後述）は、明治20年の自治部落制草案122条では、単に「特権」となっていた（参照、山中他編・前編第2章註(33) 278頁）が、明治10年布告の用語に倣ったのであろう。

[34]　「本条ニ記載スル徴収金〔＝使用料、手数料、市税等〕ノ追徴、期満得免及先取特権ニ付テハ国税ニ関スル規則ヲ適用ス」（→**市制**131条5項→**地方自治法**225条5項（現**231条の3第3項後段**）。類例、（旧）町村制102条3項→**町村制**111条5項及び府県制116条3項。

[35]　参照、藤塚林平「国税徴収権の優先的地位（三）」自治研究7巻7号（昭6）44頁。

[36]　「此ノ法律若ハ此ノ法律ニ基キテ発スル命令ニ依リ私人ニ於テ負担スヘキ費用及過料ハ此ノ法律ニ於テ特ニ民事訴訟ヲ許シタル場合ヲ除クノ外行政庁ニ於テ国税滞納処分法ニ依リ之ヲ徴収スルコトヲ得」「前項ノ費用及過料ニ付キ行政庁ハ国税ニ次キ先取特権ヲ有スルモノトス」（同条1項・2項（傍点引用者））。

[37]　郡制（明32法65－大10法63）94条2項、（旧）土地収用法74条2項→**土地収用法**128条5

第1節　先取特権を発生させる国家作用

律を除く。)。この語を用いていない立法例については、国税徴収法の施行に伴う関係法律の整理等に関する法律（昭34法148）により、この語が統一的に補われた。

（3）②納税の告知（(旧)関税法施行規則3条→**関税法**8条（昭29法61－昭41法36。現**9条の3**)**第1項**）及び更正・決定（**同法7条の4**（昭41法36－)**第1項・第2項**。いずれも前章第1節第3款参照）は、内国税の優先権に関する規定（前述）が準用・適用される限度で、納税義務者（輸入申告者）の総財産の上に一般の先取特権を発生させる行政処分に当たる。

制定時の（旧）関税法では、内国税の優先権に関する規定は準用・適用されず[38]、専ら関税の優先権（(旧)関税法5条1項（同款参照）・2項[39]（→**関税法7条（現9条の5）第1項**））のみが働いていた（具体的には、貨物整理手続（本編第3章第2節第3款参照）において貨物が競売された場合、代金は質権に先立って関税に充当された（次章第4節第3款参照)。）が、それは動産の先取特権を意味するものでなかった。競売は輸入申告がない（よって②もされない。）場合にされるため、納税義務者（(旧)関税法4条[40]（→**関税法6条**))は存在せず、租税債権もそれに附従する先取特権も観念し得ない[41]からである。この優先権は、貨物が保税

項、(旧)郵便法（明33法54－昭22法165）27条2項、電信法（明33法59－昭28法98）21条2項、行政執行法6条2項、遠洋漁業奨励法（明38法40－失効）15条3項、遠洋航路補助法（明42法15－昭29法93）15条2項、地方鉄道補助法（明44法17－昭28法169）7条2項、染料医薬品製造奨励法（大4法19－昭29法138）7条2項但書、軍用自動車補助法（大7法15－昭20ポ勅604）14条2項、(旧)都市計画法24条2項→**都市計画法75条5項、公有水面埋立法38条但書**、(旧)製鉄業奨励法7条ノ3（大10法79－大15法49）第3項→製鉄業奨励法（大15法49－昭12法68）10条2項、(旧)競馬法（大12法47－昭23法158）8条2項但書、国立公園法（昭6法36－昭32法161）7条2項但書→**自然公園法66条3項**等。

38) (旧)国税徴収法1条参照。貨物引取り後に関税の賦課額が過少であったことが判明した場合にも、一旦保税地域外に出た貨物を換価することは出来なかった（参照、鈴木繁『帝国税法論』（宝文館・大8）1077～1078頁）。
39) 「関税ノ徴収ハ総テ他ノ公課及債権ニ先ツモノトス」（同条2項）。
40) 「関税ハ輸入申告者ヨリ之ヲ徴収ス」（同条本文（制定時)）。
41) (旧)関税法は「……収容貨物ニシテ公売ニ付スルモノノ関税ハ公売ノ日ニ於テ行ハルル法規ニ従ヒ徴収ス」（3条但書（制定時)）と規定していたため、公売代金の充当も「賦課徴収」に含まれると解されていた（参照、太田（正）・本編第3章註(148)360頁）。この場合に納税義務者を求めるとすれば、同法4条（前章註（1）参照）の文理に反しても貨主とせざるを得ないが、洋上売買を常態とする外国貨物の所有者を特定することは不可能である。「元来、わが〔旧〕関税法の体系として、輸出入申告者については、その資格を制限せず、誰でも輸出入申告をすることができることとしているので、所有権を表示する船荷証券は、特に必要なものではない」（石川

363

地域内にあること自体に基礎を置く絶対的なものである（前述）のみならず、公法・私法未分化の上級所有権（Obereigentum）であるとさえいえる（国は租税債権でなく"租税物権"を貨物に対して直接行使する。）。

　その後、関税に代えて納付した証券につき支払がなかった場合には、（旧）国税徴収法を準用して徴収することとされた[42]（証券ヲ以テスル歳入納付ニ関スル法律2条（大5法10－昭41法39）2項[43]）。これに伴い、②は、この場合に関する限り、①と同じ性質を有するものとなった。このような内国税と同等の優先権は、貨物が保税地域外に出て初めて、当該貨物を含む納税義務者の一般財産に対して働くものである。一方、関税本来の優先権は、元々貨物が保税地域内に止まっている限りにおいて働くものであったが、これが保税地域外に出た貨物に対しても働き続ける可能性は、文言上排除されなかった。それ故、差押・公売の対象として外ならぬ当該貨物が選ばれた場合には、（旧）国税徴収法2条の特別法たる（旧）関税法5条が適用され、仮に輸入後に質権の設定を受けた者があっても、その者は常に関税に劣後せざるを得ないこととなる。それは、質権者の予測可能性を損なうものであった[44]。

　関税法は、貨物整理手続については、（旧）関税法を踏襲した（本編第3章第2節第3款参照）。関税の優先権が動産の先取特権を意味しない点も、旧法と同様である[45]。一方、貨物が保税地域内にない場合には、広く国税徴収の例によ

　　（周）・前章註（4）13頁）。債務者が特定されない債権は、その要素を欠くため、不存在という外ない。
42)　これに先立ち、関税を逋脱した貨物が譲渡又は消費されたために没収することが出来ない場合に、（旧）国税徴収法を準用することとされていた（（旧）関税法83条（明44法44－昭29法61）4項）。
43)　「前項ノ規定〔＝「納付シタル証券ニ付支払ナカリシトキ……」〕ニ依リ関税……ヲ初ヨリ納付ナカリシモノト看做シテ徴収スル場合ニ於テ之ヲ納付セサルトキハ内国税徴収ニ関スル規定ヲ準用ス」。
44)　そもそも（旧）関税法が（旧）国税徴収法の一般的準用を認めなかったのは、次のような理由からであった。「若シ貨物ノ輸入サレタル後、強制的ニ関税ヲ徴収スル為……転輾スル貨物ニ追従シ得ルモノトセバ、社会取引ヲ乱スコトナシトセズ。……此ノ趣意ハ……課税処分ニ対スル異議ハ貨物引取前ナルヲ要ストセラルル趣意〔〔（旧）関税〕法第六十一条但書〕等ヨリモ推理シ得ルコトニシテ……」（太田（正）・本編第3章註(148)456頁）。
45)　大蔵省主税局関部業務課編・本編第3章註(162)177頁は、貨主を（納税義務者でなく）「納付義務者……と考えるべきであろう」（傍点引用者）という含蓄のある表現を用いている。この場合、②はしなくともよい（**関税法9条の2**（昭41法36－。現**9条の3**）**第1項2号**）が、貨主が特定されない以上、しようがないのである。

第1節　先取特権を発生させる国家作用

り強制徴収することとされた（**11条**）。制定時の**関税法**では、その場合における関税の優先順位が内国税と同一とされた（7条（－昭34法148）3項（現**9条の5第2項前段**））ため、質権者の予測可能性という問題も一旦は解消を見た。ところが、国税徴収法の施行に伴う関係法律の整理等に関する法律により、この場合にも再び関税の優先権が働くこととされ[46]（**関税法**7条（昭34法148－）3項（現**9条の5第2項**）後段）、この問題が再燃したのである。同項の規定（輸入後に設定された質権に優先する部分に限る。）は、内国税につき**国税徴収法**が担保権者の予測可能性を最大限保障したこと（前述）との均衡に照らすと、違憲の疑いがあろう。

　(4)　第二次農地改革における③小作地と買収農地等との交換の裁定（自作農創設特別措置法23条4項。次編第2章第4節第1款第3目参照）は、所有者が失うべき小作地の上に存する先取特権に代えて、所有者が取得すべき農地の上に先取特権を設定する行政処分に当たる（本編第10章第1節第3款参照）。

　(5)　④農地〔現・農用地〕の所有権についての交換分合計画の認可（本編第3章第3節第3款参照）は、所有者が失うべき農地の上に存する先取特権に代わる先取特権を発生させる行政処分に当たる（本編第10章第1節第3款参照）。

　(6)　土地区画整理事業における❺いわゆる立体換地処分（前編第3章第3節第3款参照）は、従前地の上に存する先取特権（❺による従前地の消滅に伴い当然消滅する。）に代えて、施行者が処分権限を有する建築物の一部及びその敷地の共有持分の上に先取特権を発生させる行政処分に当たるか、必ずしも明瞭でない（本編第10章第1節第3款参照）。

　(7)　市街地再開発事業〔現・第一種市街地再開発事業〕における⑥権利変換処分（**都市再開発法86条1項。同法111条**によるものを除く。いわゆる"本則型"即ち地上権設定方式。本編第3章第4節第4款第1目参照）は、施行地区内の宅地の上に存する先取特権（⑥による宅地の所有権の消滅に伴い当然消滅する（本編第10章第4節第3款参照）。）に代えて施設建築敷地の共有持分の上に、建築物の上に存する先取特権（⑥による建築物の所有権の消滅に伴い当然消滅する（同款参照）。）に代えて、建築工事の完了の公告後において、施設建築物の一部の上に先取特権

---

[46]　改正の理由は定かでないが、**国税徴収法**を関税にも適用する代わりに税関部〔現・関税局〕が得た譲歩だったのかも知れない。

365

を設定する行政処分に当たる（同章第1節第3款参照）。

　先取特権は、質権・抵当権と異なり、施設建築物の所有を目的とする地上権の準共有持分の上に設定することは出来ないため、⑥によって一旦消滅することとなる。ここでは、従前の権利を時間的空隙なく他の権利に置き換えるという、⑥の建前は貫徹されていない。

　(8)　マンション建替事業における⑦権利変換処分（本編第3章第6節第4款第3目参照）は、施行マンションの敷地の共有持分（これを敷地所有権とする場合に限る。）及び同マンションの区分所有権の上に存する先取特権（⑦による共有持分及び区分所有権の消滅に伴い当然消滅する（本編第10章第4節第3款参照）。）に代えて、施行再建マンションの敷地の共有持分（これを敷地所有権とする場合に限る。）及び（建築完了の公告時に）同マンションの区分所有権の上に先取特権を設定する行政処分に当たる（同款参照）。

　(9)　以上の立法例（③〜⑦（本編第10章第1節第3款参照）を除く。）は、いずれも国税の優先権に関する類型（①②）に限られている。

　(旧)国税徴収法→国税徴収法が「先取権」の語を用いなかった理由は、一般の先取特権は動産・不動産の順に実行しなければならないとする、**民法335条1項**の適用可能性を封ずる点にあったと推測される。**同項**は、フランス・民法典2105条を継受した（旧）民法債権担保編143条1項[47]に由来している。滞納処分手続もこの順序によるべきことは母法国では大原則とされており[48]、国税滞納処分法もこれを継受した[49]が、（旧）国税徴収法には踏襲されなかった。

　併しながら、国税の優先権が"私法の論理"を享受する以上、"私法の論理"を甘受しなければならないのは当然である。よって**民法335条1項**の法意は、

---

47)　「一般ノ先取特権ハ先取特権アル各債権者カ動産ニ付キ配当ヲ受ケ尚ホ不足アルニ非サレハ不動産ニ付キ之ヲ行フコトヲ得ス」。

48)　参照、ベルギー法典83条及びプロイセン・金員徴収ノ為ノ行政強制手続ニ関スル勅令54条1項。

49)　「財産差押ヲ為ストキハ……通貨ヲ先ニシ次ニ左ノ順序ニ従ヒ……逐次差押ヲ為スヘシ」「第一　地金銀、公債証書、株券、手形、其他ノ証券」「第二　農業其他営業上ノ生産物、製造物及売品」「第三　第一第二ニ掲ケサル動産及一月以内ニ収獲シ得ヘキ土地ノ生産物」「第四　債主権」「第五　不動産」「第六　質入書入ト為シタル財産但質屋営業者ニ質入シタル動産ヲ除ク」(13条柱書本文・1〜6号)。

例えば不動産担保権者による動産への差押換請求（**国税徴収法 50 条 1 項**）を緩やかに認めるといった形で、解釈論に反映されて然るべきであろう。

第 2 節　先取特権を変更する国家作用（狭義）

第 1 款　先取特権を変更する立法作用（狭義）

該当例は見当たらない。

第 2 款　先取特権を変更する司法作用（狭義）

（1）　強制執行手続における①競落許可決定→②売却許可決定（本編第 4 章第 4 節第 2 款参照）は、先取特権（不動産質権（②にあっては、使用・収益をしない旨の定めがないものに限る。）に優先するものを除く。）を優先弁済請求権に変更する司法処分に当たる（本編第 10 章第 2 節第 2 款参照）。同様に、担保権実行手続における③競落許可決定→売却許可決定（本編第 4 章第 4 節第 2 款参照）は、委任者又は申立人→申立人の担保権に先立つ先取特権を優先弁済請求権に変更する司法処分に当たる（本編第 10 章第 2 節第 2 款参照）。

（2）　④更生計画認可の決定（（旧）会社更生法 233 条 1 項→**会社更生法 199 条 1 項**。先取特権の順位を変更し、又は他の権利への変更を定めるもの（（旧）会社更生法（（旧）会社更生法等の一部を改正する法律（昭 42 法 88）による改正後のもの）242 条 1 項→**会社更生法 205 条 1 項**）に限る。）は、それぞれ先取特権の順位を変更し、又はこれを他の権利に変更する司法処分に当たる（本編第 10 章第 2 節第 2 款参照）。

第 3 款　先取特権を変更する行政作用（狭義）

滞納処分手続における①売却決定（**国税徴収法 111 条・113 条**）は、国税に先立つ特別の先取特権を優先弁済請求権に変更する行政処分に当たる（次章第 2 節第 3 款参照。国税との優先順位の定めのない特別の先取特権については、本章第 4 節第 3 款参照）。

第3節　先取特権を変更する国家作用（広義）

先取特権の譲渡を定める更生計画認可の決定（司法処分）を別とすれば、該当例は見当たらない。

第4節　先取特権を消滅させる国家作用

第1款　先取特権を消滅させる立法作用

(1)　①**会社経理応急措置法**（昭21法7）**12条1項**（本編第10章第4節第1款参照）は、特別経理会社の新勘定に属する財産の上に存する先取特権（指定時以前の原因に基づく債権を担保するものに限る。）を消滅させる措置法律に当たる（同款参照）。

(2)　②**財産及び請求権に関する問題の解決並びに経済協力に関する日本国と大韓民国との間の協定第二条の実施に伴う大韓民国等の財産権に対する措置に関する法律1項2号**は、日本国又は日本国民が有する物の上に存する韓国又は韓国民（いわゆる在日韓国人を除く。）の先取特権を無償で消滅させる措置法律に当たる（前章第4節第1款参照）。

第2款　先取特権を消滅させる司法作用

(1)　破産宣告の決定→破産手続開始の決定（前章第1節第2款参照）及び免責許可の決定（(旧)破産法366条ノ11（昭27法173－平16法75）→**破産法252条1項**）は、いずれも一般の先取特権を消滅させる司法処分には当たらない。

破産宣告の決定→破産手続開始の決定により、被担保債権は優先的破産債権となる（(旧)破産法39条→**破産法98条1項**）が、これに伴い一般の先取特権が消滅する訳でないことは、強制和議手続に移行した場合の扱い（(旧)破産法293条[50]）から明らかである。

---

50)　「一般ノ先取特権其ノ他一般ノ優先権ヲ有スル者ハ強制和議ニ付テハ之ヲ破産債権者ト看做サス」。

第 4 節　先取特権を消滅させる国家作用

　一方、免責許可の決定については、責任のみを消滅させる司法処分とする見解と債権を消滅させる司法処分とする見解がある[51]が、前者の見解によれば、一般の先取特権は消滅しないし、後者の見解によれば、債権の消滅に伴い当然消滅するのであって、司法処分により消滅するのでない[52]。

　(2)　①更生計画認可の決定（（旧）会社更生法 233 条 1 項→**会社更生法 199 条 1 項**。特別の先取特権の存続を定めないもの（（旧）会社更生法 241 条→**会社更生法 204 条 1 項**）又はその消滅を定めるもの（（旧）会社更生法（（旧）会社更生法等の一部を改正する法律（昭 42 法 88）による改正後のもの）242 条 1 項→**会社更生法 205 条 1 項**）に限る。）は、特別の先取特権を消滅させる司法処分に当たる（本編第 10 章第 4 節第 2 款参照）。

　(3)　②担保権消滅の許可の決定（**民事再生法 148 条 1 項**。前章第 4 節第 2 款参照）は、再生債務者の事業継続に不可欠な財産の上に存する特別の先取特権を消滅させる司法処分に当たる（同款参照）。

　これが商事留置権のような占有担保に止まらず先取特権のような非占有担保にも適用されるのは、事業継続のためには自己利用のみならず営業譲渡を必要とする場合もあるからである。

　(4)　③担保権消滅の許可の決定（**会社更生法 104 条 1 項**。前章第 4 節第 2 款参照）は、更生会社の事業更生に必要な財産の上に存する特別の先取特権を消滅させる司法処分に当たる（同款参照）。

　(5)　④担保権消滅の許可の決定（**破産法 186 条 1 項**。前章第 4 節第 2 款参照）は、破産財団に属する財産の上に存する特別の先取特権を消滅させる司法処分に当たる（同款参照）。

第 3 款　先取特権を消滅させる行政作用

　(1)　これに該当する立法例は、先取特権の種別に着目すれば、特別の先取特権（①②④⑥⑦）、不動産の先取特権（③⑤⑧⑩⑪）及び全ての先取特権（⑨）に関する類型に大別され、手続に着目すれば、先取特権を終局的に消滅させる類

---

51)　参照、斎藤秀夫他編『注解破産法』（青林書院・昭 58）1146〜1147 頁。
52)　なお、更生計画認可の決定も免責を効果とする（（旧）会社更生法 241 条→**会社更生法 204 条 1 項**）が、担保権は更生計画にその存続を定めない限り消滅するとされ、一般の先取特権も文理上、この「担保権」に含まれる。

型（①〜⑦⑨⑪）及び消滅する先取特権に代わる先取特権が再設定される類型（⑧⑩）に大別される。

　（2）　滞納処分手続における①公売（国税滞納処分法3条→（旧）国税徴収法24条1項）→②売却決定（**国税徴収法111条・113条**）（いずれも本編第4章第4節第3款参照）は、①全ての先取特権→②国税との優先順位の定めのない先取特権を無償で消滅させる行政処分に当たる（国税との優先順位の定めのある先取特権の現行法上の取扱いについては、本章第2節第3款参照）。

　国税滞納処分法に先行して元老院の審議を受けた（旧）民法には、国税滞納処分法において国税よりも優先するとされた質入〔現・質権〕・書入〔現・抵当権〕に更に優先する先取特権が掲げられていた[53]が、国税滞納処分法は、（旧）民法との整合性に意を尽くさない[54]まま、先に成立した。**民法**制定に伴い起草された（旧）不動産登記法は、滞納処分手続において先取特権者にも配当されることを期待しつつ[55]、関連する手続規定（（旧）不動産登記法148条[56]（明32法24－昭34法148））を調えていた。併しながら、国税滞納処分法の後法である（旧）国税徴収法が前法の方針を改めることはなかった[57]。

　（旧）国税徴収法上の下では、競売法との類似性を根拠に、配当の対象となる担保権の範囲は政策的に決めてよいという見解もあった[58]。併しながら、競

---

53)　（旧）民法債権担保編135条2項・164条2項・4項。
54)　この点は元老院においても問題視されていた（参照、大蔵省主税局『国税滞納処分法案（第647号議案）に関する元老院会議議事録（国税の優先権に関する事項）』租税徴収制度調査会資料（昭31）11〜13頁〔小畑美稲〕）。
55)　「先取特権モ質権及ビ抵当権ト同様ニ救助セラルルコトヲ予知セリ〔。〕若シ……国税怠納処分法ガ悪シケレバ其方ヲ直スノ外ハナカルベシ」（法典調査会・前編第3章註(192)227〜228頁〔田部芳委員〕）。
56)　「第二十九条ノ規定ニ従ヒ官庁又ハ公署ヨリ公売処分ニ因ル権利移転ノ登記ノ嘱託アリタル場合ニ於テハ滞納処分ニ関スル差押ノ登記ヲ抹消シ若シ其権利ヲ目的トセル先取特権、質権又ハ抵当権ノ登記アルトキハ其登記ヲ抹消スルコトヲ要ス」（傍点引用者）。
57)　その後、同法が先取特権者に配当しないことを根拠に、国税の優先権は私債権の優先順位とは次元を異にするという見解すら現れた（参照、桃井編・前編第5章註(54)89〜90頁）。
58)　「本来〔旧〕国税徴収法による競売が、ある程度競売法に似た考え方で立っていると思う……。つまり国税優先権に基いてそれを実行して取る、強制執行でない……から、一般の債権者に払うということは全然考えてない。そこで例外的に担保権者に担保権を失わせる場合に、政策的に換価代金から支払いをするものを二十八条に書いてあるというふうに解釈する」（三ヶ月＝加藤監修・前編第3章註(239)170頁〔吉国二郎幹事〕）。なお、ここで「一般の債権者」というのは、担保権者・一般債権者を含む私債権者という趣旨であろう。競売法15条・33条2項（次註参照）にいう「之ヲ受取ルヘキ者」に担保権者が含まれる点は争いがないからである。

第 4 節　先取特権を消滅させる国家作用

売法が配当手続を設けなかったこと[59]は寧ろその不備を示すものに外ならず、後法である**民事執行法**により改められるに至っている（192 条・188 条）。

　国税徴収法は、質権・抵当権に常に優先する先取特権については、国税にも常に優先することとし（**19 条 1 項**）、登記の先後により質権・抵当権に優先することのある先取特権については、同様の要件により国税にも優先することとした（**20 条 1 項**）。併しながら、その他の先取特権については、①と同じ状況が続いている[60]。

　(3)　土地収用手続における③先取特権を消滅させるための収用裁決→権利取得裁決（本編第 4 章第 4 節第 3 款参照）は、起業者が任意買収等により取得した土地の上に存する先取特権を有償で消滅させる行政処分に当たる（本編第 10 章第 4 節第 3 款参照）。

　(4)　譲与国有林野の返還処分（本編第 4 章第 4 節第 3 款参照）は、返還される土地の上に存する先取特権を消滅させる行政処分には当たらない（前章第 4 節第 3 款参照）。

　(5)　④鉄道財団抵当権→鉄道財団の設定認可（本編第 4 章第 4 節第 3 款参照）は、鉄道財団に組成される物件の上に存する特別の先取特権（鉄道抵当法の一部を改正する法律（昭 31 法 63）による改正後は、期間内に申出がなかったものに限る。）を消滅させる行政処分に当たる（同款参照）。

　(6)　⑤北海道国有未開地の売払・付与処分の取消処分（本編第 4 章第 4 節第 3 款参照）は、返還される土地の上に存する先取特権（登記したものに限る。）を無償で消滅させる行政処分に当たる（同款参照）。

　(7)　⑥華族世襲財産の設定認可（前編第 3 章第 3 節第 3 款参照）は、期間内に申出のなかった、華族世襲財産となる物の上に存する先取特権の対抗力を失わせる行政処分に当たる（前章第 4 節第 3 款参照）。

　(8)　⑦担保権の処理の裁定（本編第 10 章第 4 節第 3 款参照）は、国家総動員即

---

59)　動産につき、「執達吏ハ競売ノ完結後売得金ノ中ヨリ競売ノ費用ヲ控除シ其残金及ヒ競落セサリシ物ハ遅滞ナク之ヲ受取ルヘキ者ニ交付シ又ハ其者ノ為メニ之ヲ供託スルコトヲ要ス」（競売法 15 条）。不動産につき、「裁判所ハ前項ノ代価ノ中ヨリ競売ノ費用ヲ控除シ其残金ハ遅滞ナク之ヲ受取ルヘキ者ニ交付スルコトヲ要ス」（同法 33 条 2 項）。
60)　「その例も必ずしも多くなくまた国税の徴収手続において格別にその先取特権の存在の有無ないしその先取特権により担保される債権額の範囲を決定することは必ずしも適当ではない」点が理由とされている（吉国他編・前編第 3 章註(251)170〜171 頁）。

371

ち総力戦体制に必要な設備の上に存する先取特権を有償で消滅させる行政処分に当たる（同款参照）。

⑼　第二次農地改革における⑧小作地と買収農地等との交換の裁定（自作農創設特別措置法23条4項。次編第2章第4節第1款第3目参照）は、所有者が失うべき小作地の上に存する先取特権を消滅させる行政処分に当たる（本編第10章第4節第3款参照）。

⑽　⑨解散団体の指定（前章第4節第3款参照）は、当該団体を解散させ、その財産の所有権を国に移転させると同時に、その上に存する先取特権を無償で消滅させる行政処分に当たる（同款参照）。

⑾　⑩農地〔現・農用地〕の所有権についての交換分合計画の認可（本編第3章第3節第3款参照）は、所有者が失うべき農地の上に存する先取特権を消滅させる行政処分に当たる（本編第10章第4節第3款参照）。

⑿　⑪小作地等の強制譲渡→買収（いずれも本編第3章第4節第3款参照）は、強制譲渡→買収される小作地等の上に存する先取特権を有償で消滅させる行政処分に当たる（本編第10章第4節第3款参照）。

⒀　以上の立法例は、抵当権を消滅させる行政処分とほぼ重複しており、それらと一括して類型化されねばならない。

先取特権に固有の論点としては、優先順位が明確でないものの取扱い（②）がある。それは、滞納処分手続が司法的形式性（次章第2節第3款参照）を纏えば纏うほど、司法管轄留保事項に捲き込まれざるを得なくなる点を暗示している。

第9章 質　権

第1節　質権を発生させる国家作用

第1款　質権を発生させる立法作用

（1）これに該当する立法例は、質権の種別に着目すれば、（動産に化体された）権利質（❶）及び全ての質権（②）に関する類型に大別される。

（2）❶**外貨債処理法**（本章第4節第1款参照）**2条4項**[1]は、外貨債と借り換えられた邦貨債等の上に質権を設定する措置法律に当たるか、必ずしも明瞭でない。

この問題は結局、**民法350条・304条1項**（物上代位）の解釈として、権利質の目的たる権利が消滅し、それに代わる権利が発生した場合には、後者の権利を目的とする質権が当然に発生するといえるか、仮にそれがいえないとしても、そのような物上代位を創設することが一般に許容されるかに帰着しよう（法人の根拠法律の廃止に伴う組織変更の場合における同種の規定（**消費生活協同組合法**（昭23法200－）**附則105条2項**等）についても同様である。）。

（3）②**会社経理応急措置法**（昭21法7）**12条3項**（現**4項**）**本文**（次章第1節第1款参照）は、**同条1項**により**一旦消滅**（同章第4節第1款参照）した、特別経理会社の新勘定に属する財産の上に存する質権（その財産の上に他の担保権が設定されておらず、かつ、その財産が第三者に譲渡されていない場合に限る。）を新旧勘定併合の時に再設定する措置法律に当たる（同款参照）。

1）「第一項ノ規定ニ依ル外貨債ノ借換アリタルトキハ当該外貨債ヲ目的トスル質権ハ同項ノ規定ニ依リ発行スル邦貨債又ハ前項ノ規定ニ依リ支払フ金銭ノ上ニ存在ス」。

(4)　旧外貨債処理法による借換済外貨債の証券の一部の有効化等に関する法律（本章第4節第1款参照）**9条後段**は、**同条前段**（同款参照）により遡って有効とされた証券（質権者であった者が占有しているものに限る。）の上に質権を設定する措置法律には当たらない。

これは、証券の遡及的な有効化に伴い当然に生ずる原状回復の域を出ないからである。なお、質権者であった者が証券を占有していない場合には、代担保の供与を求めることが出来よう[2]。

(5)　以上の立法例は、戦時措置及びその原状回復措置（❶）並びに戦時補償の打切りに伴う勘定分離（❷）に再整理することが出来る。

第2款　質権を発生させる司法作用

(1)　明治19年の訴訟法草案では、強制執行手続における Pfändung（差押）は、質権を発生させる司法処分として構成されていた（651条1項[3]）。

これは、Techow 司法省顧問がドイツ・民事訴訟法典（Civilprozeßordnung, vom 30. Januar 1877）709条1項を継受したものである（ドイツ法では、先に差押をした一般債権者が他の一般債権者に優先する優先主義（Prioritätprinzip）が採られており、差押により差押質権（Pfändungspfandrecht）が発生する。）。

ところが、（旧）民法が優先主義と相容れない債権者平等原則（債権担保編1条）を謳うと共に、（旧）商法が商人破産主義（978条1項）を採用したため、強制執行手続には一部破産としての性格が求められた。その結果、（旧）民事訴訟法は差押の先後を問わず一般債権者を均しく扱う平等主義（Ausgleichsprinzip）への急転換を余儀なくされ[4]、差押質権構成は採用されず仕舞いに終わった。

---

2)　外貨債証券が外貨債処理法4条1項により無効とされた後に、その上に善意で質権の設定を受けた者についても同様である（参照、荒巻与四郎「旧外貨債処理法による借換済外貨債の証券の一部の有効化等に関する法律の一部を改正する法律の解説」財政経済弘報371号（昭27）7頁）。

3)　"Durch die Pfändung erwirbt der Gläubiger ein Pfandrecht an dem gepfändeten Gegenstande, welches einem durch Vertrag erworbenen Faustpfandrechte gleichsteht"（松本博之＝徳田和幸編『民事訴訟法（明治編3）テヒョー草案Ⅲ』日本立法資料全集別巻193巻（信山社・平20）309頁）。

4)　参照、宮脇幸彦「強制執行における平等主義規定の生成」兼子還暦『裁判法の諸問題』下巻（有斐閣・昭45）209頁。

(2) ❶訴訟費用の担保の供与命令（（旧）民事訴訟法110条（大15法61－平8法109）1項[5]）は、質権を発生させる司法処分に当たるか、必ずしも明瞭でない。

松岡前大審院判事によると、他の債権者に先立ち弁済を受ける権利という構成では他の権利に対する関係が明確にならないため、供託物取戻請求権の上に存する質権という構成[6]（同法113条[7]（同前））を選択したという[8]。

この説明に対しては、「供託者側の取戻請求権は担保取消決定を俟つて始めて発生するに過ぎないから、この担保に対する権利をば取戻請求権に対する債権質と構成するは本末を顚倒するものである[9]」との原理的批判が提起された。

そこで**民事訴訟法**は、「最近の担保供託に関する立法例と合わせ[10]」、他の債権者に先立ち弁済を受ける権利（**77条**）という構成[11]に回帰した。

(3) ②不法収益等〔現・薬物犯罪収益等〕の没収及び犯罪収益等の没収（いずれも質権が存する物に係るものに限る。本編第3章第4節第2款参照）は、その物の所有権を消滅させる司法処分に当たる（同款参照）と共に、所有権の消滅に伴い当然消滅する質権のうち善意の第三者が有するものを再設定する司法処分に当たる（本編第4章第1節第2款参照）。

第3款　質権を発生させる行政作用

(1) これに該当するかが問題となる立法例は、質権の種別に着目すれば、権

---

5) 「原告カ日本ニ住所、事務所及営業所ヲ有セサルトキハ裁判所ハ被告ノ申立ニ因リ訴訟費用ノ担保ヲ供スヘキコトヲ原告ニ命スルコトヲ要ス」（107条（同前）1項前段）。「裁判所ハ担保ヲ供スヘキコトヲ命スル決定ニ於テ担保額及担保ヲ供スヘキ期間ヲ定ムルコトヲ要ス」（110条1項）。
6) 参照、松岡義正『新民事訴訟法注釈』3巻（清水書店・昭7）545〜546頁（但し金銭供託の場合には、供託物の所有権が国に移転するため、取戻でなく返還請求権となるという。）、長島毅＝森田豊次郎『改正民事訴訟法解釈』（清水書店・昭5）119頁及び大決昭10・3・14民集14巻4号351頁。
7) 「被告ハ訴訟費用ニ付前条ノ規定ニ依リテ供託シタル金銭又ハ有価証券ノ上ニ質権者ト同一ノ権利ヲ有ス」。
8) 参照、松岡・前註（6）545頁。
9) 兼子一『判例民事訴訟法』（弘文堂・昭25）461頁。
10) 参照、竹下守夫他編『研究会新民事訴訟法――立法・解釈・運用』（有斐閣・平11）91頁〔柳田幸三〕。
11) なお、営業保証金に対する権利の性質につき参照、竹田盛之輔「『営業保証供託』について」青山編・前編第3章註(69)450〜456頁。

利質（①）、不動産質（②③）並びに不動産質及び権利質（❹〜⑥）に関する類型に大別され、手続に着目すれば、一旦消滅した質権に代わる質権を再設定する類型（①〜⑥）に限られる。

(2)　第二次農地改革における①農地の買収（本編第3章第4節第4款第1目参照）は、農地の上に存する賃借権、使用貸借による権利、永小作権、地上権又は地役権（農地の所有権の消滅に伴い当然消滅すると同時に①により再び発生する。本編第5章第1節第3款参照）の上に存する質権（賃借権等の消滅に伴い当然消滅する。）を再設定する行政処分に当たる（次章第1節第3款参照）。

(3)　第二次農地改革における②小作地と買収農地等との交換の裁定（自作農創設特別措置法23条4項。次編第2章第4節第1款第3目参照）は、所有者が失うべき小作地の上に存する質権に代えて、所有者が取得すべき農地の上に質権を設定する行政処分に当たる（次章第1節第3款参照）。

(4)　③農地〔現・農用地〕の所有権についての交換分合計画の認可（本編第3章第3節第3款参照）は、所有者が失うべき農地の上に存する質権に代わる質権を設定する行政処分に当たる（次章第1節第3款参照）。

(5)　滞納処分手続における債権の差押（**国税徴収法62条1項**）の立案過程では、これを質権を発生させる行政処分とする案も検討された。

併しながら、第三債務者が任意に履行しない場合に給付訴訟を提起する必要がある点では旧法[12]と変わらないことから、端的に取立権を取得する趣旨を明文化することで決着した[13]（**同法67条1項**）。

(6)　保全担保の設定処分（**国税徴収法158条**4項（現3項）。次章第1節第3款参照）は、質権を発生させる行政処分には当たらない。

保全担保に質権が含められなかったのは、保全のために動産の占有を奪うのは行過ぎと判断されたことによる[14]。

(7)　土地区画整理事業における❹いわゆる立体換地処分（前編第3章第3節第3款参照）は、従前地又はその上に存する用益権の上に存する質権（❹による従

---

12)　（旧）国税徴収法23条ノ1（明35法36‐昭34法147）第2項（「前項〔＝債権ノ差押〕ノ通知ヲ為シタルトキハ政府ハ滞納処分費及税金額ヲ限度トシテ債権者ニ代位ス」（全部改正時））は、国が取立権を取得する趣旨に解されていた（参照、桃井編・前編第5章註(54)514頁）。

13)　参照、三ヶ月＝加藤監修・本編第7章註(32)214〜215頁〔杉本良吉幹事、兼子一委員〕。

14)　三ヶ月＝加藤監修・本編第7章註(31)139頁〔吉国二郎幹事〕・153巻404頁〔同幹事〕。

前地の消滅に伴い当然消滅する。）に代えて、施行者が処分権限を有する建築物の一部及びその敷地の共有持分の上に質権を発生させる行政処分に当たるか、必ずしも明瞭でない（次章第1節第3款参照）。

(8) 市街地再開発事業〔現・第一種市街地再開発事業〕における⑤権利変換処分（**都市再開発法86条1項。同法111条**によるものを除く。いわゆる"本則型"即ち地上権設定方式。本編第3章第4節第4款第1目参照）は、施行地区内の宅地の上に存する質権（⑤による宅地の所有権の消滅に伴い当然消滅する（次章第4節第3款参照）。）に代えて施設建築敷地の共有持分の上に、同宅地の上に存する用益権及び建築物の上に存する質権（⑤による宅地及び建築物の所有権の消滅に伴い当然消滅する（同款参照）。）に代えて施設建築物の所有を目的とする地上権の準共有持分の上に（建築工事の完了の公告後は、これに加えて施設建築物の一部の上にも）、それぞれ質権を設定する行政処分に当たる（同章第1節第3款参照）。

(9) マンション建替事業における⑥権利変換処分（本編第3章第6節第4款第3目参照）は、施行マンションの敷地の共有持分（これを敷地所有権とする場合に限る。）又は同マンションの所有を目的とする地上権の準共有持分（同前）及び同マンションの区分所有権の上に存する質権（⑥による共有持分及び区分所有権の消滅に伴い当然消滅する（次章第4節第3款参照）。）に代えて、それぞれ施行再建マンションの敷地の敷地の共有持分（これを敷地所有権とする場合に限る。）又は同マンションの所有を目的とする地上権の準共有持分（同前）及び（建築完了の公告時に）同マンションの区分所有権の上に質権を設定する行政処分に当たる（同款参照）。

⑽ 以上の立法例は、いずれも抵当権を発生させる行政処分と重複しており、それらと一括して類型化されねばならない。

第2節　質権を変更する国家作用（狭義）

第1款　質権を変更する立法作用（狭義）

該当例は見当たらない。

第2編　物　　権　　第9章　質　　権

第2款　質権を変更する司法作用（狭義）

(1)　これに該当する立法例は、質権の種別に着目すれば、全ての質権（①）並びに動産質及び不動産質（②③）に関する類型に大別される。

(2)　①更生計画認可の決定（（旧）会社更生法233条1項→**会社更生法199条1項**。質権の順位を変更し、転質権を設定し、又は他の権利への変更を定めるもの（（旧）会社更生法（（旧）会社更生法等の一部を改正する法律（昭42法88）による改正後のもの）242条1項→**会社更生法205条1項**）に限る。）は、それぞれ質権の順位を変更し、これに転質権を設定し、又はこれを他の権利に変更する司法処分に当たる（次章第2節第2款参照）。

(3)　強制執行手続における②売却決定（**民事執行法69条**）は、まずもって、使用・収益をしない旨の定めのある不動産質権を優先弁済請求権に変更する司法処分に当たる（前章第2節第2款参照）。担保権実行手続における③売却決定（**同法188条・69条**）も、申立人の担保権に先立つ使用・収益をしない旨の定めのある不動産質権を優先弁済請求権に変更する司法処分に当たる（同款参照）。これは、使用・収益権能のない不動産質権を抵当権と同視し、消除主義の範囲を拡張したものという[15]（**同法59条1項、188条**）。

同法は、一歩進んで、使用・収益をしない旨の定めのない不動産質権であっても、②③により優先弁済請求権に変更される抵当権に後れるもの（③にあっては申立人の担保権に先立つものに限る。）は、売却により「権利の取得……の効力を失う」（**59条2項・188条**）と規定した（この表現は些か解りにくいが、優先弁済請求権への変更と解されている。）。これは、使用・収益権能のある不動産質権を用益物権と同視し、②③により優先弁済請求権に変更される抵当権に後れる用益物権が②③により消滅するという判例（本編第4章第4節第2款参照）を踏まえたものという[16]。担保物権を用益物権と同視することの可否には疑問もあるが、これらの質権の変更は先順位担保権の実行に伴う当然変更でない[17]から、司法処分たる②③によるものと解すべきである。

要するに、②③は、不動産質権（使用・収益をしない旨の定めがないものであっ

---

15)　参照、田中（康）・本編第1章註(58)154〜155頁。
16)　参照、田中（康）・前註155頁。
17)　田中（康）・前註155頁は、これらの質権の変更を当然変更に擬えているが、疑問である。

第2節　質権を変更する国家作用（狭義）

て全ての抵当権に先立つものを除く。）を優先弁済請求権に変更する司法処分に当たる。

(4)　以上の立法例は、抵当権を変更する司法処分（狭義）とほぼ重複しており、それらと一括して類型化されねばならない。

第3款　質権を変更する行政作用（狭義）

(1)　これに該当する立法例は、質権の種別に着目すれば、不動産質（①④⑤）、動産質及び不動産質（②③）並びに動産質（⑥）に関する類型に大別される。

(2)　滞納処分手続における①②公売（①国税滞納処分法3条→②（旧）国税徴収法24条1項）→③売却決定（**国税徴収法111条・113条**）は、国税に先立つ質権（①にあっては不動産質に限る。）を優先弁済請求権に変更する行政処分に当たる。

このような行政処分はわが国特有のものであり、国税滞納処分法の母法国であるプロイセンには例を見ない。同国では、不動産の換価は司法管轄留保事項とされている[18]。動産の換価は行政官が担当する[19]ものの、第三者占有動産の差押を認めない（本編第7章第4節第3款参照）ため、質権（ドイツ法に先取特権は存在しない。）との競合は未然に回避されている。

そもそも滞納処分手続は、私権の存否及び範囲の確認を直接の目的としないため、絶対的な司法管轄留保事項には当たらない[20]。また、手続の進行に伴い私法関係が形成される（処分の禁止、所有権の移転、債務の弁済等）からといって、司法管轄留保事項となる訳でもない。そうすると、プロイセン法が滞納処分手続の一部を司法管轄留保事項としたのは、第三者の権利の目的となっている財産を換価した場合には配当が必要となり、私権の存否及び範囲を確認する作用に踏み込まざるを得なくなるからだと考えられる。

---

18)　参照、金員徴収ノ為ノ行政強制手続ニ関スル勅令54条1項。なお、国税滞納処分法の前法に当たる明治10年布告79号の母法国であるベルギーでは、動産の換価は執達吏資格を併有する行政官、不動産の換価は裁判所によって行われ（参照、直税ノ台帳及滞納処分ニ関スル通則法典54条2項1文・83条）、"司法管轄留保事項の理論"が貫徹されていた。

19)　参照、ライン州ニ於ケル直間税其他公租公課ノ行政上ノ強制徴収ノ為ノ勅令20条及び金員徴収ノ為ノ行政強制手続ニ関スル勅令5条1項。

20)　担保権実行手続につき同旨、「抑モ競売法ハ物上担保権者其他ノ者カ法律ニ依リテ付与セラレタル権利又ハ法律上享有スル権能ノ実行ニ関スル手続ヲ規定シタルモノニシテ実体権ノ有無並ニ其範囲ニ関スル当事者間ノ争訟ヲ決スルヲ以テ目的トスルモノニアラサルニ依リ此点ヨリ観察スルトキハ競売法ハ所謂非訟事件手続法ノ一種ニ属シ……」（大決大2・6・13民録19輯436頁）。

第2編　物　権　第9章　質　権

　これに対し、わが国の滞納処分手続は、行政・司法組織が未分化であった時代に半ば偶然の産物として発祥し、固定化したものといえる。強制徴収につき破産手続を利用していた明治5年布告285号等（前章第1節第3款参照）は、行政的・司法的執行システムの混淆形態であった[21]。独自の滞納処分手続を創設した明治10年布告79号（同款参照）の政府案も、これを本質的に改めようとするものではなかった[22]。即ち同案では、質取主〔現・質権者〕・書入取主〔現・抵当権者〕への配当は裁判所に委ねられていた[23]。これに対し、元老院が手続の煩瑣を理由として[24]配当を地方官に委ねるよう修正した（4条[25]）結果、図らずも自己完結的な行政的執行システムが樹立されたのである。
　その後法である国税滞納処分法の立案過程では、(旧)民事訴訟法を準備中であった司法省が、初めて"司法管轄留保事項の理論"を掲げ、大蔵省を牽制している[26]。併しながら、司法省といえども、既に定着した行政的執行システ

21)　国税滞納による身代限処分は訴訟手続を経由することなく開始され（参照、「租税不納ノ者処分ノ節ハ訴訟手続ヲ履行スルニ及ハサルニ付……」(明9・10・25司法省指令。議会官庁資料室蔵『司法省指令録民事部第18〜25号』246頁)）、その執行も村町役人によって担われていた（参照、小柳・前章註(22)102頁）。加えて、国税滞納による身代限処分は債権届出期間である60日を待たずに執行され、国は個別的独占的満足を得ていた（同105頁）から、包括執行というより寧ろ個別執行に近かった。
22)　"司法管轄留保事項の理論"が政府の意識に上っていなかったことは、山崎少書記官によるフランス法の紹介（明治法制経済史研究所編・前章註(17)218頁〔山崎内閣委員〕）から窺うことが出来る。同国では、催告（sommation avec frais）及び止宿（garnison）は行政手続であるが、督促（commandement）、差押（saisie）及び公売（vente）は司法手続である（V., Batbie, ibid. tom.VIe., pp.239 et 243）ところ、同少書記官はその点に何ら触れていない。
23)　「凡租税不納ニ付地所船車物品酒類ヲ公売セントスル時ハ地方ニ於テ之ヲ処分シ第一国税第二府県税第三民費第四公売ニ関スル入費ヲ徴シタル後直チニ其趣ヲ該地管轄ノ裁判所ニ通知シ剰余アル時ハ之ヲ該裁判所ニ送付シ該裁判所ニ於テハ其他所船車等ニ付先取ノ特権アル債主ノ順次給付シ債主ナキ時ハ之ヲ本人ニ還付スヘシ」(4条1文（傍点引用者)）。参照、国立公文書館蔵・前章註(12))。
24)　「其剰余ノ金ヲ以テ裁判所ニ送付スレハ租税不納ノ一事ニ就キ其処分ハ行政司法ノ両部ニ関渉シテ繁ヲ加フルヲ恐ル〔。〕初メヨリ収税ノ事務ニ与カル区戸長ヲシテ此事ヲ完了セシムルニ如ス〔。〕且区戸長ヲシテ之ヲ掌ラシメハ該租税不納者ノ物品ニ先取特権ノ債主アルヤ否ヤヲ知リ易キノ便アリ」(国立公文書館蔵・前註)。
25)　「凡租税不納ニ付財産ヲ公売セントスル時ハ地方官ニ於テ処分シ先ツ公売ニ関スル入費ヲ引去リ而後国税府県民費ヲ徴シ剰余アル時ハ之ヲ本人ニ還付ス」「但該財産ニ付テ区戸長役所ノ帳簿ニ記載セル債主アル時ハ其残金ヲ順次其債主ニ給付ス」（4条本文1文・但書）。
26)　「抑行政官署ニ於テ滞納アリシトテ人民ノ財産ヲ公売スル等ノ事ヲ行フハ一ノ裁判権ヲ行フモノニシテ実際ノ便宜上ニ出テ本来ハ裁判所ニ於テ総テ此処分ヲ為スヘキモノナラン」（内閣記録局編・前編第5章註(74)159頁。傍点引用者）。

第2節　質権を変更する国家作用（狭義）

ムを覆えそうとした訳でもなければ、担保権者への配当を裁判所に移管するよう求めた訳でもない。同省の要望は、公売残金を有名義債権者のため裁判所に送致すべきという、実に謙抑的なものであった。これは法制局により国税滞納処分法43条3項[27]として採用された[28]が、その後法である（旧）国税徴収法は、これすらも削ってしまったのである（この規定が復活するには、**滞納処分と強制執行等との手続の調整に関する法律**（昭32法94-）**6条1項**を待たねばならなかった。）。

　国税徴収法の立案関係者は、行政的執行システムを維持する理由として、それが国税の優先権（前章第1節第3款参照）と「車の両輪」をなす点を挙げている[29]。とはいえ、国税の優先権が一般の先取特権に外ならない（同款参照）とすれば、それは寧ろ司法的執行システムにこそ馴染む筈であろう。併しながら、大蔵省にとっては、今さら慢性的な機能不全に陥っている同システムに乗り換える選択肢などあり得なかった。そこで**同法**は、留置権者・先取特権者も配当に加える（第7章・前章各第2節第3款参照）など、行政的執行システムに司法的形式性（Justizförmigkeit[30]）を纏わせることにより、私法秩序との調和という要請に応えたのである。

　ここには、公法が"司法管轄留保事項の理論"に抗うことによって、結果的に私法化される一例が見出される。司法的執行システムが十分に実効的なものとなった暁には、司法的形式性を纏った行政的執行システムの存在意義も問い直されることとなろう。この意味において、「強制執行制度はそのまま租税がそれに乗ってきても十分に国家財政の需要をまかないうる程度に強力でなければならぬのだし、逆に租税債権とても、そのまま強制執行制度を利用してもほぼ目的を達するという程度に穏和でなければならぬ[31]」という三ケ月教授の指摘は、今なお新鮮さを失わない。

　(3)　④学校施設の返還命令（本編第4章第4節第3款参照）は、返還される学

---

27)　「前二項ノ場合ニ於テ滞納者ニ対シ裁判ノ執行アルトキハ其残余金ハ該裁判所ニ送付スヘシ」。
28)　参照、内閣記録局編・前編第5章註(74)158頁・165頁。
29)　吉国他編・前編第3章註(251)28頁。
30)　塩野宏『オットー・マイヤー行政法学の構造』（有斐閣・昭37）110頁。なお、**国税徴収法**が（旧）民事訴訟法第6編（強制執行）に倣って新設した諸規定の概観につき参照、三ケ月章「強制執行と滞納処分の統一的理解」（昭35）『民事訴訟法研究』2巻（有斐閣・昭37）98～100頁。
31)　三ケ月・前註215頁（傍点略）。

381

校施設の上に存する質権の使用・収益権能を喪失させることにより、これを質権と同順位の抵当権類似の権利に変更する行政処分に当たる（**同令9条**）。

(4) ⑤採石権の設定の決定（本編第4章第4節第3款参照）は、採石権を設定する合意を成立させるに先立ち、採石権が設定される土地の上に存する質権の使用・収益権能を喪失させることにより、これを質権と同順位の抵当権類似の権利に変更する合意を成立させる行政処分に当たる（同款参照）。

(5) 貨物整理手続における⑥貨物の公売（関税法84条（－昭31法88）1項。本編第3章第2節第3款参照）は、質入証券（**商法**358条（現**598条**））又は倉荷証券（**商法**383条ノ2（明44法73－。現**627条**）1項）の所持人の質権を特別の先取特権に変更する行政処分に当たる（同法85条（－昭31法88）2項）。

これは、留置権の扱い（本編第7章第2節第3款参照）と平仄を合わせたものである（旧法及び現行法における質権の扱いについては、本章第4節第3款参照）。

(6) **国税徴収法22条**（担保権付財産が譲渡された場合の国税の徴収）の立案過程では、国税に後れる質権が設定された財産が第三者に譲渡された場合に、転質権を設定する行政処分が構想されていたが、民事局の反対により実現しなかった（次章第2節第3款参照）。

(7) 以上の立法例は、強制換価手続（①～③⑥）、国公有財産の返還に伴う類型（④）及び不動産質の使用収益権能が他の用益物権により破られる類型（⑤）に大別される。このうち、①～③及び④⑤については、それぞれ抵当権及び地上権を変更する行政処分（狭義）と重複しており、それらと一括して類型化されねばならない。

第3節　質権を変更する国家作用（広義）

質権の譲渡を定める更生計画認可の決定（司法処分）を別とすれば、該当例は見当たらない。

第4節　質権を消滅させる国家作用

第1款　質権を消滅させる立法作用

（1）　これに該当する立法例は、質権の種別に着目すれば、（動産に化体された）権利質（①③）及び全ての質権（②④）に関する類型に大別される。

（2）　外貨債処理法（昭18法60（－昭20大蔵省令101））は、邦貨債に借り換えられた外貨債の上に存する質権を消滅させる措置法律には当たらない。

同法2条2項・4条1項[32]は、外貨建債権の邦貨建債権への更改の申込に対する証券所有者の承諾の意思表示を発生させる（〈前編第4章第1節第1款第1目〉参照）と共に、当該証券を（物理的に完全であるにも拘わらず）無効とする[33]措置法律に当たるところ、当該質権は（証券に化体された）外貨建債権の消滅に伴い当然消滅するからである（その代わりとなる質権の発生につき、本章第1節第1款参照）。

（3）　①外貨債処理法9条1項・2項[34]は、政府が外貨建地方債・社債の元利支払債務を承継すると共に、その物上担保（発行地たる外国の法令に基づくもの。わが国の質権・抵当権に相当）を消滅させる[35]措置法律に当たる。

---

32)　「外貨債ノ発行者（……）ハ原契約ニ拘ラズ命令ヲ以テ定ムル者ノ所有スル外貨債ニ代ヘテ邦貨ヲ以テ表示スル国債、地方債又ハ社債（以下邦貨債ト称ス）ヲ発行シ当該外貨債ト借換フベシ」「前項ノ借換ニ付テハ当該外貨債ノ所有者ノ承諾ヲ得ルコトヲ要ス此ノ場合ニ於テ当該所有者ガ命令ヲ以テ定ムル本邦人ニシテ其ノ意思ヲ確ムルコト能ハザルモノナルトキハ借換ヲ承諾シタルモノト看做ス」「第一項ノ場合ニ於テ邦貨債ノ最小額面金額ニ満タザル端数アルトキハ其ノ端数ハ金銭ヲ以テ之ヲ支払フベシ」（2条1～3項）。「第二条第一項ノ規定ニ依リ借換ヘラレタル外貨債ノ証券ハ之ヲ無効トス」（4条1項）。

33)　これは、日本人・中立国人の所有分に関する措置である（参照、大蔵省編『第二次大戦における連合国財産処理』戦時篇（大蔵省印刷局・昭41）425頁）。「発行者の負担と外貨債所有者の権利を調整し、且つ、当時の敵性通貨建債権債務に関する本邦人間の利害の関心を除去することが望ましいとの考慮」に基づくものとされる（徳宣一郎「本邦外貨債の有効化措置について」財政経済弘報292号（昭26）6頁）。

34)　「政府ハ外貨債タル地方債又ハ社債ニシテ第二条第一項ノ規定ニ依リ借換ヘラルルモノ以外ノモノニ付命令ノ定ムル所ニ依リ其ノ元利支払義務ヲ承継ス」「前項ノ場合ニ於テハ元利支払義務ヲ除クノ外当該地方債又ハ社債ノ物上担保其ノ他ノ原契約ノ効力ハ消滅スルモノトス」（同条1項・2項）。

35)　これは、敵国人の所有分に関する措置である（参照、大蔵省編・前註(33) 427頁）。交戦国に

(4) ②会社経理応急措置法（昭21法7）12条1項（次章第4節第1款参照）は、特別経理会社の新勘定に属する財産の上に存する質権（指定時以前の原因に基づく債権を担保するものに限る。）を消滅させる措置法律に当たる（同款参照）。

(5) ③旧外貨債処理法による借換済外貨債の証券の一部の有効化等に関する法律（昭26法289）9条前段は、外貨債処理法4条1項（前述）により無効とされた証券を遡って有効とすると共に、同法2条4項（前述）に規定する質権を消滅させる措置法律に当たる（その代わりとなる質権の発生につき、本章第1節第1款参照）。

③は、証券引換の方法によることなく無記名証券を無効とした異例の措置の後始末である。旧外貨債処理法による借換済外貨債の証券の一部の有効化等に関する法律は、外貨債処理法2条1項により外貨債から借り換えられた邦貨債を無効とするものでなく、後者の上に存する質権が当然に消滅することはないため、これを③により消滅させたのである。

(6) ④財産及び請求権に関する問題の解決並びに経済協力に関する日本国と大韓民国との間の協定第二条の実施に伴う大韓民国等の財産権に対する措置に関する法律1項2号は、日本国・日本国民が有する物又は権利の上に存する韓国・韓国民（いわゆる在日韓国人を除く。）の質権を無償で消滅させる措置法律に当たる（本編第7章第4節第1款参照）。

(7) 以上の立法例は、戦時措置及びその原状回復措置（①③）、戦時補償の打切りに伴う勘定分離（②）並びにわが国とわが国から分離した国家との間の在外財産の処理（④）に再整理することが出来る。

第2款 質権を消滅させる司法作用

(1) 質権設定行為に対する①詐害行為取消判決（**民法424条1項**）は、詐害行為取消権を形成訴権と捉える見解によれば、質権を消滅させる司法処分に当たる。

(2) 質権設定行為に対する②否認判決→否認判決・決定[36]（次章第4節第2款参照）は、否認権を形成訴権と捉える見解によれば、質権を消滅させる司法処

対する敵産管理措置の一環であり、利払いはされていない。
36) 流質の場合には、**破産法160条2項**による否認もあり得る（参照、竹下他編・本編第7章註(68)631頁〔山本和彦〕）。

第4節　質権を消滅させる国家作用

分に当たる（同款参照）。

(3)　③強制和議取消の決定（次章第4節第2款参照）は、強制和議の認可の決定の確定後に設定された質権を消滅させる司法処分に当たる（同款参照）。

(4)　④更生計画認可の決定（（旧）会社更生法 233 条 1 項→**会社更生法 199 条 1 項**。質権の存続を定めないもの（（旧）会社更生法 241 条→**会社更生法 204 条 1 項**）又はその消滅若しくは担保変換を定めるもの（（旧）会社更生法（（旧）会社更生法等の一部を改正する法律（昭 42 法 88）による改正後のもの）242 条 1 項→**会社更生法 205 条 1 項**）に限る。）は、質権を消滅させる司法処分に当たる（次章第4節第2款参照）。

(5)　⑤～⑦担保権消滅の許可の決定（⑤**民事再生法 148 条 1 項**、⑥**会社更生法 104 条 1 項**及び⑦**破産法 186 条 1 項**）は、それぞれ再生債務者の事業継続に不可欠な財産、更生会社の事業更生に必要な財産及び破産財団に属する財産の上に存する質権を消滅させる司法処分に当たる（本編第7章第4節第2款参照）。

第3款　質権を消滅させる行政作用

(1)　これに該当する立法例は、質権の種別に着目すれば、動産質及び不動産質（①⑤⑦）、不動産質（②④⑥⑧⑩⑪）、動産質（③）及び全ての質権（⑨）に関する類型に大別され、その手続に着目すれば、質権を終局的に消滅させる類型（①～⑦⑨⑪）及び消滅する質権に代わる質権が再設定される類型（⑧⑩）に大別される。

(2)　滞納処分手続における①公売（明治10年布告79号1条。特定の財産を課税物件としない民費の場合を除く。前章第1節第3款参照）は、質入〔現・質権〕を消滅させる行政処分に当たる。

ここでの国税等の優先権は先取特権でない（同款参照）ため、質入は先順位担保権の実行に伴い当然消滅するのでなく、①により消滅する。

(3)　土地収用手続における②質権を消滅させるための収用裁決→権利取得裁決（本編第4章第4節第3款参照）は、起業者が任意買収等により取得した土地の上に存する質権を有償で消滅させる行政処分に当たる（次章第4節第3款参照）。

(4)　貨物整理手続における③貨物の競売・公売（保税倉庫法 16 条（明 30 法 15 － 明 40 法 20）1 項及び（旧）関税法 50 条 2 項。本編第 3 章第 2 節第 3 款参照）は、質入証券（**商法** 358 条（現 **598 条**））又は倉荷証券（**同法** 383 条ノ 2（明 44 法 73 －

現627条）1項）の所持人の質権[37]を消滅させる行政処分に当たる（これらの後法である**関税法**における質権の扱いについては、後述及び本章第2節第3款参照）。

　③（→貨物の公売（**関税法84条1項**））の目的は、貨物の整理であって関税の徴収でない[38]。貨物が無税品又は免税品である場合にも、③をすることは可能である。貨物が有税品である場合にも、③がされる瞬間まで、収容解除を受けて輸入申告又は積戻しをすることが出来る。ここでは、納税義務及び納期限が③によって確定し、到来するのである[39]。

　故に、③を通じた関税の徴収は、滞納処分手続を通じた内国税の徴収とのアナロジーによって把握することは出来ない。それは寧ろ、倉庫営業者のための競売（**商法**381条（制定時。現**624条1項**））に対する交付要求（（旧々）国税徴収法施行規則（明30勅221－明35勅135）11条1項→（旧）国税徴収法施行規則（明35勅135－昭34政329）29条→**国税徴収法82条1項**）を通じた内国税の徴収に通ずるものがある（但し、税関長は倉庫営業者、執達吏〔現・執行官〕及び税務署長の一人三役を演じている。）。

　③がされた場合、質権者であった者は残金に対して物上代位権を行使することが出来るが、それは必ずしも容易でない。イタリア・関税法典42条2項[40]と異なり、残金の供託については、何ら規定されていない時期もあった[41]から

---

37)　保税倉庫法は官設保税倉庫蔵置貨物の預証券の質入の可否については規定していないが、肯定説が採られていた（参照、鈴木（繁）・前章註(38)1153〜1154頁）。なお、官設保税倉庫では、預証券のみの単券主義（Einscheinsystem）が採られていた（同法10条）。

38)　（旧）関税法→**関税法**は、競売・公売の目的を規定していない。**関税法**は、収容の目的につき「保税地域の利用についてその障害を除き、又は関税の徴収を確保するため」（79条（現**80条**傍点引用者））と規定しているが、後者の目的による収容は、輸入申告をする意思があると認められる者に収容課金（**82条**）を賦課して同申告を促す場合にのみ、許容されると考えられる。

39)　ここでいう「納税義務」とは、人的でなく物的なものである（前章第1節第3款参照）。

40)　"La somma incassata, dopo defalcati i diritti, le multe e le spese, sarà consegnata ai proprietari, ovvero depositata nella Cassa dei depositi e prestiti."

41)　参照、「……残金アルトキハ貨主ニ還付ス」（保税倉庫法16条（明30法15－明40法20）2項）、「……残金アルトキハ之ヲ供託スヘシ」（（旧）関税法50条（明32法61－明44法44）2項）→「……残金アルトキハ貨主ニ交付ス」（（旧）関税法50条（明44法44－昭29法61）2項）・「関税法第五十条第二項ニ依リ貨主ニ交付スヘキ残金アルトキハ之ヲ供託スルコトヲ得」（（旧）関税法施行規則49条ノ2（明44勅184－昭29政150））。明治44年改正につき参照、「残金アル場合ハ、改正前ハ供託スベキコトトナリ居タリシモ、担保物公売ノ場合ト同様、供託ヲ為シ得ルコトト改メラレタリ（施第十六条第四十九条ノ二）。即チ之レヲ保管スルモ、供託スルモ任意トス。此ノ場合ニ残金ヲ渡スベキモノハ、貨主即チ貨物ニ対シ所有権ヲ主張シ得ルモノ〔ナリ〕」（太田（正）・本編第3章註(148)571〜572頁）。

第4節　質権を消滅させる国家作用

である。

そこで、関税法等の一部を改正する法律（昭31法88）は、公売残金を被担保債権額に達するまで質権者であった者に交付することとした（**関税法85条2項**）。これは、倉庫営業者のための競売における代金の取扱い[42]（**商法**381条（明44法73 -。現**624条**）2項・370条（現**611条**）1項）に倣ったものであろう[43]。

(5)　④譲与国有林野の返還処分（本編第4章第4節第3款参照）は、返還される土地の上に存する質権を無償で消滅させる行政処分に当たる（同款参照）。

(6)　⑤鉄道財団抵当権→鉄道財団の設定認可（本編第4章第4節第3款参照）は、鉄道財団に組成される物の上に存する質権（鉄道抵当法の一部を改正する法律（昭31法63）による改正後は、期間内に申出がなかったものに限る。）を消滅させる行政処分に当たる（同款参照）。

(7)　⑥北海道国有未開地の売払処分・貸付処分・付与処分の取消処分（第4章第4節第3款参照）は、返還される土地（貸付処分の取消処分にあっては、返還される土地の賃借権[44]）の上に存する質権（登記したものに限る。）を無償で消滅させる行政処分に当たる（同款及び次章第4節第3款参照）。

(8)　⑦担保権の処理の裁定（次章第4節第3款参照）は、国家総動員即ち総力戦体制に必要な設備の上に存する質権を有償で消滅させる行政処分に当たる（同款参照）。

(9)　第二次農地改革における⑧小作地と買収農地等との交換の裁定（自作農創設特別措置法23条4項。次編第2章第4節第1款第3目参照）は、所有者が失うべき小作地の上に存する質権を消滅させる行政処分に当たる（本編第10章第4節第3款参照）。

(10)　⑨解散団体の指定（本編第7章第4節第3款参照）は、当該団体を解散さ

---

42)　**商法**は、質権者の権利が競売代金の上に存することを確認する（381条（明44法73 -。現**624条**）1項後段）と共に、倉庫営業者が保管料等を控除した残額を質権者に支払うべきこととしている。この「支払」は、質権の実行としての配当でなく、物上代位権の行使手続を簡易化したものに相当する。被担保債権全額が支払われない限り、質権は消滅しない（**商法**381条（明44法73 -。現**624条**）2項・371条（現**612条**））からである。

43)　大蔵省主税局税関部業務課編・本編第3章註(162)521頁は、昭和31年改正前から、質権者の物上代位権に着目していた。

44)　（旧）北海道国有未開地処分法（明30法26 – 明41法57）15条の許可を受けて質権を貸付地の上に設定していた場合には、その貸付地（参照、24・貴・北海道国有未開地処分法改正法律案特別委3号（明41・3・10）22頁〔黒金泰義政府委員〕。抵当権についても同じ。）

387

せ、その財産の所有権を国に移転させると同時に、その上に存する質権を無償で消滅させる行政処分に当たる（同款参照）。

(11)　⑩農地〔現・農用地〕の所有権についての交換分合計画の認可（本編第3章第3節第3款参照）は、所有者が失うべき農地の上に存する質権を消滅させる行政処分に当たる（次章第4節第3款参照）。

(12)　⑪小作地等の強制譲渡→買収（いずれも本編第3章第3節第3款参照）は、強制譲渡→買収される小作地等の上に存する質権を有償で消滅させる行政処分に当たる（次章第4節第3款参照）。

(13)　特別公的管理銀行の株式の取得の決定（本編第3章第4節第3款参照）は、株式を目的とする質権を消滅させる行政処分には当たらない。

その消滅（**金融機能の再生のための緊急措置に関する法律 42 条 1 項**[45]）は、株主の権利の消滅に伴う当然消滅に過ぎないからである。

(14)　以上の立法例は、ほぼ抵当権を消滅させる行政処分と重複しており、それらと一括して類型化されねばならない。

---

45)　類例、**預金保険法 112 条 4 項**。

第10章 抵当権

第1節 抵当権を発生させる国家作用

第1款 抵当権を発生させる立法作用

（1）これに該当する立法例は、債務者の財産の上に抵当権を設定する類型（①）に限られる[1]。

（2）①**会社経理応急措置法**（昭21法7）**12条3項（現4項）本文**は、**同条1項**により一旦消滅（本章第4節第1款参照）した、特別経理会社の新勘定に属する財産の上に存する抵当権（当該財産の上に他の担保権が設定されておらず、かつ、第三者に譲渡されていない場合に限る。）を新旧勘定併合の時に再設定する措置法律に当たる（特別経理会社は、当該財産の上に他の担保権を設定し、又は第三者に譲渡していた場合には、債権者が物上代位権を行使することが出来るよう、金銭を供託しなければならない（同条4項・5項（いずれも制定時））。）。

①は、（産業構造の転換促進という公益上の理由により後順位に変更されていた）抵当権の順位を回復するという構成を採るものでないが、その企図するところは同一である。

第2款 抵当権を発生させる司法作用

（1）登記法取扱規則（明19司法省訓令32－明23司法省令7（失効））は、「執行上ノ抵当」（3条5項[2]）を登記事項に予定していた。

1）国が肩代わりした債務につき旧債務者に物上保証させる案が検討されたことはある。（参照、石田正「日英支払協定と外債処理問題」『戦後財政史口述資料』第5冊（昭28）38頁〔石田正〕）。

2）「其丙区ハ執行上ノ抵当即チ登記法第九条ニ記載シタル諸件ヲ記入スルノ所トス」。

第2編 物 権　第10章 抵当権

これは、(旧) 民法財産担保編又は (旧) 民事訴訟法がそれぞれフランス・民法典 2123 条 1 項にいう裁判上の抵当権 (hypothèque judiciaire) 又はプロイセン・不動産ニ対スル強制執行ニ関スル法律 6 条 1 項にいう強制抵当権 (Zwangshypothek) を継受することを予期したものであったが、その見通しは外れ、登記法取扱規則 (明 23 司法省令 7 – 明 32 法 46 (失効)) により削除された。

(2)　❶不在者の財産の管理人に担保を提供させる措置 (**民法 29 条 1 項**) は、抵当権を発生させる司法処分に当たるか、必ずしも明瞭でない。

管理人に辞職の自由があった点 ((旧) 非訟事件手続法 40 条 (明 31 法 14 – 昭 22 法 153) 2 項→家事審判規則 32 条 2 項) も、嘱託登記が可能である点 ((旧) 非訟事件手続法 45 条 (同前) 1 項[3]→家事審判規則 35 条 1 項→**家事事件手続法 146 条 5 項**) も、その決め手にはならない[4]。

(3)　②不法収益等〔現・薬物犯罪収益等〕の没収及び犯罪収益等の没収 (いずれも抵当権が存する物に係るものに限る。本編第 3 章第 4 節第 2 款参照) は、その物の所有権を消滅させる (同款参照) と共に、所有権の消滅に伴い当然消滅する抵当権のうち善意の第三者が有するものを再設定する司法処分に当たる (本編第 4 章第 1 節第 2 款参照)。

(4)　**会社更生法**の立案過程では、大阪弁護士会から、更生会社の事業継続に必要な財産の上に存する抵当権を消滅させる代わりに他の財産の上に抵当権を設定する司法処分として、担保権変換許可の決定を設けることが提案された[5] (これは、抵当権の客体 (物) を変更する司法処分には当たらない。「抵当権は特定の物について成立し、それにより初めて公示が可能となるからである[6]」。)。

併しながら、「新旧両担保権の目的の等価性に加えて、価格変動、担保権実

---

[3]　「裁判所ハ管理人ノ不動産又ハ船舶ノ上ニ抵当権ヲ設定スヘキコトヲ命シタルトキハ其設定ノ登記ヲ嘱託スルコトヲ得」。

[4]　岡村玄治『非訟事件手続法』新法学全集 23 巻 (日本評論社・昭 13) 89〜90 頁は、非訟事件手続法 45 条を根拠に形成的行為説を採るが、命令的・形成的行為が**民法**と非訟事件手続法に分属するのは不自然である上、同条が後に最高裁規則事項とされた点からも首肯し難い。山木戸克己『家事審判法』(有斐閣・昭 33) 61 頁は、「担保権が家庭裁判所の処分によって直ちに成立するかどうかは問題である」と説くに止まる。

[5]　参照、田原睦夫「会社更生手続と担保権変換請求権──立法上の提言」金融法務事情 1615 号 (平 13) 50 頁。

[6]　岡光民雄『逐条新担保附社債信託法』(商事法務研究会・平 6) 469 頁。同旨、香川保一「担保附社債信託法の諸問題」財政経済弘報 363 号 (昭 28) 5〜6 頁。

第1節　抵当権を発生させる国家作用

行手続の難易、担保物の滅失の危険等の同等性を判断するのは、極めて困難であること、新担保権の目的の価格変動や隠れた瑕疵の判明により担保権者に生じる不利益や不当な利益の回復・是正措置を設けることが困難であること[7]」から採用に至らず、担保権消滅許可の決定（本編第7章第4節第2款参照）に改められた上で立法化を見た。

第3款　抵当権を発生させる行政作用

(1)　これに該当する立法例は、手続に着目すれば、消滅した抵当権に代わる抵当権を再設定する類型（①〜④⑥⑦）及び抵当権を原始的に設定する類型（⑤）に大別される。

(2)　昭和21年の自作農創設緊急措置法要項案では、農地の売渡と併せて抵当権を発生させる行政処分が構想されていた[8]が、自作農創設特別措置法には採用されなかった。

(3)　第二次農地改革における①農地の買収（自作農創設特別措置法3条1項。本編第3章第4節第4款第1目参照）は、農地の上に存する永小作権、地上権又は地役権（農地の所有権の消滅に伴い当然消滅すると同時に①により再び設定される。本編第5章第1節第3款参照。以下本款において「永小作権等」という。）の上に存する抵当権[9]（永小作権等の消滅に伴い当然消滅する。）を再設定する行政処分に当たる（同法12条3項）。

なお、永小作権等は、小作農に対して農地の売渡（同法16条1項）がされる際、混同により当然消滅する。但し、永小作権等の上に抵当権が存する場合には、混同の例外として存続する（**民法179条1項**）。

(4)　第二次農地改革における②小作地と買収農地等との交換の裁定（自作農

---

7)　参照、福永有利「担保権消滅の請求」山本克己他編『新会社更生法の理論と実務』（判例タイムズ社・平15）163頁。

8)　「政府は其の売渡した土地につき買受人其の代価を完納するに至るまでは当該土地につき抵当権を設定するものとす」（21条。農地改革資料編纂委員会編『農地改革資料集成』2巻（農政調査会・昭50）62頁）。

9)　同法12条3項は「先取特権」についても規定しているが、権利を含む一般財産の上に存する先取特権がその権利の消滅に伴い当然消滅するのは、債務者の一般財産がその権利だけから構成されている場合における一般の先取特権だけであり、そのような事態は通常考えられないから、無用の規定のように思われる。もしかすると、**農業動産信用法**（昭8法30−）を改正して権利の上に存する特別の先取特権を創設する構想があったのかも知れない。

創設特別措置法23条4項。次編第2章第4節第1款第3目参照)は、所有者が失うべき小作地の上に存する抵当権に代えて、所有者が取得すべき農地の上に抵当権を設定する行政処分に当たる。

同法24条2項[10]の文言を素直に受け止めれば、前者の抵当権に代えて後者の抵当権が当然に発生するという特別法上の物上代位を創設したものに見えるが、それは飽くまでも②の効果とされている上、一般にそのような物上代位の創設は許されないからである。というのも、そのような物上代位は新旧担保物が等価であって初めて正当化されるが、等価性の判断については司法処分又は行政処分に係らしめざるを得ないためである。

このように、②は、担保権変換許可の決定(前款参照)を農地に限って行政処分化したものに相当する(なお、②は③と異なり、一対一の交換である。)。

(5) ③農地〔現・農用地〕の所有権についての交換分合計画の認可(本編第3章第3節第3款参照)は、所有者が失うべき農地の上に存する抵当権(③により消滅させられる。本章第4節第3款参照)に代えて、所有者が取得すべき農地又は従来から所有している農地の上に抵当権を設定する行政処分に当たる(**土地改良法103条1項・106条1項**)。

③は、換地処分(前編第3章第2節第3款参照)と異なり、所有権を移転する行政処分として構成された(本編第3章第3節第3款参照)ため、抵当権を所有権の移転先に付け替える必要が生じたのである[11]。

③は、一対一でなく多極的な交換である(同款参照)ため、抵当権が設定される農地は、個々の事案に応じて決定される。しかも、農地の集団化を目的とするため、抵当権が設定される農地は、所有者が取得すべき農地だけでなく、従来から所有している農地であってもよい(**同法**の制定時には、農地の価格が統制されていた(農地調整法6条ノ2(昭20法64-昭27法230)第1項)ため、このような構成でも抵当権者の保護に欠けなかったのかも知れない。)。ともあれ、担保価値の

---

10) 「前条の規定による交換においては、……同条第四項の裁定において定められた日に、農地の所有権の移転の効力が生ずるものとする」「前項の規定による所有権の移転の際当該小作地の上にある先取特権、質権又は抵当権は、当該小作地の所有者が交換に因り取得した農地の上にあるものとする」(同条1項・2項)。

11) ③は、抵当権は目的物と交換された価値変形物に対しては物上代位しないという見解(本編第1章註(93)参照)と親和的である。新たに設定される抵当権と(この見解を採らないとすれば発生する筈の)物上代位権との調整規定が置かれていないからである。

第1節　抵当権を発生させる国家作用

同一性については、裁判所による全面的な判断代置審査が及ぶと解される。

　(6)　土地の収用裁決（土地収用法41条（昭26法219－昭42法74））→権利取得裁決（**土地収用法47条の2**（昭42法74－）**第2項**。本編第3章第4節第4款第1目参照。替地による補償（**同法70条但書**）をするものに限る。以下「替地裁決」という。）は、被収用地の上に存する抵当権（替地裁決による被収用地の所有権の消滅に伴い当然に消滅する。）に代えて、替地の上に抵当権を設定する行政処分には当たらない。

　同法82条及び（旧）不動産登記法127条ノ2→**不動産登記法118条**は、そのような内容の裁決を予定していないと解されるからである[12]。

　ここでは、**民法372条・304条1項**（物上代位）の解釈論として、被収用地の抵当権に代えて替地上の抵当権が当然に発生すると捉えること[13]も出来ない。価値変形物が特定物である場合にも、物上代位の対象は飽くまでもその引渡請求権であり（本編第1章第4節第2款参照）、そのことは**土地収用法104条但書**が差押えを要求している点によって裏付けられるからである。

　同法の立案過程では、特別法上の物上代位を創設すべきとの意見もあったが、「替地は、補償金の全部について与えられるとは限らず、担保物権は存続しながら本条〔＝**同法104条**〕の規定によることとなり、また使用の場合は、替地が与えられないこと〔との均衡〕、及び損失補償と収用の効果の特例の規定の困難且つ複雑の故[14]」、断念されたという。前段部分は、補償の一部が金銭、一部が替地によってされる場合には、従前の担保権が補償金との関係では存続する一方、新たな担保権も設定されることの不合理を説くものである。

　(7)　土地区画整理事業における❹いわゆる立体換地処分（前編第3章第3節第3款参照）は、従前地又はその上に存する地上権の上に存する抵当権（❹による

---

12)　栗田隆「土地収用の補償と抵当権者の物上代位権」関大法学論集35巻3・4・5号（昭60）722〜723頁は、**土地収用法82条**に規定がないのは、土地所有者及び用益権者の要求により替地裁決がされる場合には、職権により抵当権を設定しても抵当権者を害することがないためであり、そのような内容の裁決を禁ずる趣旨でないというが、現・**不動産登記法118条**に規定がない点には触れられていない。

13)　「解釈論としては、物上代位権者は当該土地〔＝替地〕の上に抵当権を取得し、その登記をなしうるが、その前に第三者に登記が移転されれば対抗しえなくなると……解するのが適当であろうと考える」（我妻・本編第1章註(95)292頁）。これに対し、栗田・前註720頁は、「抵当権が、その順位を変更されることなく替地上に確実に登記されうるのか」等の疑問を呈している。

14)　高田＝國宗・本編第3章註(385)304頁。

393

従前地の消滅に伴い当然消滅する。）に代えて、施行者が処分権限を有する建築物の一部及びその敷地の共有持分の上に抵当権を設定する行政処分に当たるか、必ずしも明瞭でない。

　土地区画整理法 104 条 6 項（現 7 項・6 項後段）の文言（「……の上に存するものとする」）を素直に受け止めれば、前二者の抵当権に代えて後者の抵当権が当然に設定されるという特別法上の物上代位を創設したものに見えるが、それは飽くまでも「換地処分の効果」（**同条見出し**）とされているからである。

　この問題は結局、抵当権の目的物が国家作用によらずに「滅失」した場合にも、その価値変形物が特定物であるときには、当該特定物上の抵当権が当然に設定されるという物上代位を創設することが一般に許されるかに帰着しよう。この点が積極に解されるならば、❹における抵当権の設定も、国家作用によらない物上代位と区別されなくなるからである。

　(8)　⑤保全担保の設定処分（**国税徴収法 158 条** 4 項（現 3 項[15]））は、保全担保提供命令に従わない内国消費税等〔現・消費税等〕の滞納者の財産の上に抵当権を設定する合意を成立させる[16]行政処分に当たる（**同条** 5 項（現 4 項））。

　立案過程の当初は、国税の優先権（本編第 8 章第 1 節第 3 款参照）を制限する代償として、国税全般に亘って（租税債権確定前における）保全担保提供命令に従わない者に対する保全担保の設定処分を導入することが摸索された[17]。併しながら、保全担保提供命令の立法例は従来から間接税に限られており（酒造税法 13 条（明 31 法 23 － 昭 15 法 35）4 項→（旧）酒税法（昭 15 法 35 － 昭 28 法 6）43 条→**酒税法**（昭 28 法 6 －）**31 条** 2 項（現 1 項[18]）)、それは間接税が担税者からの

---

15)　類例、**地方税法 16 条の 3**（昭 34 法 149 －）**第 4 項**。

16)　当初は、「職権により……抵当権を設定することができる」という案であった（参照、三ケ月＝加藤監修・前編第 3 章註(239) 404 頁〔吉国二郎幹事〕・436 頁〔同幹事〕）。合意を擬制する構成に落ち着いたのは、「抵当権は契約によつて生ずる約定担保物権であるから、税務署長の通知のみで、その効力が生ずるとするのは、疑義が生ずるし、その設定の時期も明確ではない」との理由による（吉国他編・前編第 3 章註(251) 694 頁）。

17)　参照、三ケ月章＝加藤一郎監修『国税徴収法〔昭和改正編〕(1)』日本立法資料全集 151 巻（信山社・平 14）334～335 頁〔吉国二郎幹事〕及び租税法研究会編『租税徴収法研究』上巻（有斐閣・昭 34）122～123 頁〔吉国二郎〕。

18)　類例、入場税法（昭 29 法 96 － 昭 63 法 108）14 条 1 項、砂糖消費税法（昭 30 法 38 － 昭 63 法 108）24 条 2 項、**揮発油税法**（昭 32 法 55 －）**18 条** 2 項（現 1 項）及びトランプ類税法（昭 32 法 173 － 昭 63 法 108）27 条 2 項。

「預り金」的な性格を持ち、かつ、将来発生すべき租税債権の額が概ね予測可能だからである[19]。この点に鑑み、④は、既存の保全担保提供命令のための補充的な[20]行政上の義務の履行確保手段に止められた。

朝鮮高等法院は、保全担保提供命令に従って設定された抵当権につき、自力執行主義が採られているからといって私権でなくなる訳でないと説示している[21]。この理は、⑤によって設定された抵当権にも妥当しよう。

(9) **国税徴収法22条**（担保権付財産が譲渡された場合の国税の徴収）の立案過程では、国税に劣後する抵当権が設定された財産が第三者に譲渡された場合に、その抵当権に優先する抵当権を設定する行政処分を設けることが検討された。

併しながら、譲渡後に現れた後順位抵当権者が害されることから、転抵当権構成（本章第2節第3款参照）の方が有力となった[22]。

(10) 市街地再開発事業〔現・第一種市街地再開発事業〕における⑥権利変換処分（いわゆる"本則型"即ち地上権設定方式に限る。本編第3章第4節第4款第1目参照）は、施行地区内の宅地の上に存する抵当権（⑥による宅地の所有権の消滅に伴い当然消滅する（本章第4節第3款参照）。）に代えて施設建築敷地の共有持分の上

---

19) 参照、三ケ月＝加藤監修・前註(17)377頁〔松隈秀雄委員〕・378頁〔同委員〕。「預り金」という表現は、同・前編第3章註(239)403頁〔吉国二郎幹事〕にも見られる。なお、直接税の中でも源泉徴収所得税は間接税に類似しており、途中段階の案には盛り込まれていた（三ケ月＝加藤監修・本編第7章註(31)138頁〔吉国二郎幹事〕）が、徴収事務を無償で行わせている点との兼合い（参照、同140頁〔田中二郎委員〕）から、削られた模様である。

20) 製造免許の取消（**酒税法12条5号**）及び用紙の不交付（入場税法19条4項・20条3項）のような他の行政上の義務の履行確保手段が存在する間接税は、除外されている（参照、吉国他編・前編第3章註(251)692頁）。なお、消費税（**消費税法**（昭63法108－））が除外されたのは、「仕入控除があることにより資産の譲渡があっても納付すべき税額が無いことがあること」「課税期間が一年と長いこと」による（吉国二郎他編『国税徴収法精解』13版（大蔵財務協会・平5）862頁）。

21) 「酒税令〔大5制令2－1949韓国法律60（酒税法）〕並ニ其ノ施行規則ニ規定スル納税担保物ニ対スル国ノ権利ハ其ノ不動産ノ上ニ爾後ニ設定セラルヘキ私法上ノ物権ニ優先シ登記ノ順位ニ従ヒ抵当権者ト同一ノ地位ヲ保持スルコトヲ以テ内容トスルモノニシテ私法上ノ抵当権ニ外ナラス」（朝高判昭2・4・12朝録14巻90頁）。同旨、東京高判昭31・3・28高民集9巻3号195頁。

22) 「超抵当権となると、二番抵当権を設定しなくなりますね」「その点を実は考えましたら、加藤〔一郎〕先生にやられちやつたわけです。あとのが食い込まれてはひどいじやないかということで、そこで逆戻りして転抵当になつたのでございます」（三ケ月章＝加藤一郎監修『国税徴収法〔昭和改正編〕（4）』日本立法資料全集154巻（信山社・平15）161頁〔我妻栄会長、吉国二郎幹事〕）。

に、同宅地の上に存する地上権及び建築物の上に存する抵当権[23]（⑥による宅地及び建物の所有権の消滅に伴い当然消滅する（同款参照）。）に代えて施設建築物の所有を目的とする地上権の準共有持分の上に（建築工事の完了の公告（**都市再開発法100条**）後は、これに加えて施設建築物の一部の上にも）、それぞれ抵当権を設定する行政処分に当たる。

❹と同じく、**同法89条**（担保権等の移行）の文言を素直に受け止めれば、特別法上の物上代位を創設したものに見える[24]が、❹と異なり、従前の抵当権に如何なる抵当権が対応すべきかにつき、個別事情に即した行政判断が要求されているからである。例えば抵当権に後れる借地権が存する場合には、土地所有者には底地権分の現物補償しか与えられないため、新たな抵当権は土地所有者に与えられる現物補償の上だけでなく、借地権者に与えられる現物補償の上にも存するよう、権利変換計画に必要な定めがされなければならない[25]（**同法78条2項**）。このような行政処分を介在させる構成は、法律上その内容が当然に定まるべき物上代位とは相容れない[26]。

尤も、これと似た状況は❹においても生ずるのであり[27]、**同項**のような規定が**土地区画整理法**に置かれていないのは、単なる法の不備なのかも知れない。そうだとすれば、❹についても、⑥と同様に解すべきこととなろう。

なお、担保価値の同一性が確保されているかにつき、裁判所による全面的な判断代置審査が及ぶ点は、②と同じである。

(11) マンション建替事業における⑦**権利変換処分**（本編第3章第6節第4款第3目参照）は、施行マンションの敷地の共有持分（これを敷地利用権とする場合に

---

[23] 同一の宅地につき両者の抵当権が存する場合におけるそれらに代わる抵当権の順位は、必要な定め（**都市再開発法78条2項**）に委ねられている。

[24] 「施設建築物の一部等に移行する担保権等の登記に係る権利は、まず権利変換期日に地上権の〔準〕共有持分の上に移行し、その後施設建築物の完成に伴って施設建築物の一部の上に移行する効果が拡大されることとなる」（竹内・本編第3章註(448)244頁）。

[25] 参照、竹内・前註211頁。

[26] 新旧担保権の間に断絶がある点につき参照、「〔同〕法第八九条にいわゆる担保権等の移行は、……従前の抵当権等の権利に代わるべきものとしての抵当権等の新たな設定に他ならないものであり、一種の法定設定と解すべきものである」（飛沢・本編第3章註(468)45頁。同旨、建設省都市局都市再開発課監修『都市再開発法解説』（大成出版社・昭52）334頁）。

[27] 「担保権等の登記に係る権利は、権利変換前の状況を前提に設定されたものであり、権利変換手続によりその前提となる状況が一変してしまう」（竹内・本編第3章註(448)210〜211頁）点は、❹にあっても変わるところはない。

限る。)又は同マンションの所有を目的とする地上権の準共有持分（同前）及び同マンションの区分所有権の上に存する抵当権（⑦による共有持分又は準共有持分及び区分所有権の消滅に伴い当然消滅する（本章第4節第3款参照）。）に代えて、それぞれ施行再建マンションの敷地の共有持分（これを敷地利用権とする場合に限る。)又は同マンションの所有を目的とする地上権の準共有持分（同前）及び（建築工事の完了の公告（**マンションの建替えの円滑化等に関する法律81条**）時に）同マンションの区分所有権の上に抵当権を設定する行政処分に当たる。

　❹と同じく、**同法73条**（担保権等の移行）の文言を素直に受け止めれば、特別法上の物上代位を創設したものに見えるが、⑥と同じく、必要な定めに関する規定（**同法61条2項**）が置かれているからである。

　⑿　以上のうち、①は、原始取得構成の部分的な例外を原則に戻すものに過ぎず、②は過渡的な立法であり、③は、外在的な理由により物を変更する構成が採られなかったための便法に止まる。故に、抵当権を発生させる行政処分は、保全担保制度（⑤）及び立体換地の系統（❹⑥⑦）に再整理することが出来る。

第2節　抵当権を変更する国家作用（狭義）

第1款　抵当権を変更する立法作用（狭義）

　①**特定住宅金融専門会社が有する債権の時効の停止等に関する特別措置法**（平8衆法98）2条は、特定住宅金融専門会社の根抵当権の元本をそれらの解散時に確定させる措置法律に当たる。

　特定住宅金融専門会社が有する債権は債権処理会社に譲渡することが予定されている（**特定住宅金融専門会社の債権債務の処理の促進等に関する特別措置法**（平8法93-）**7条1項**等参照）ところ、根抵当権には随伴性がなく、未確定のまま移転するには設定者の承諾が必要となる（**民法398条ノ12**（昭46法99-）**第1項**）ため、これを回避すべく制定されたものである[28]。

---

28)　参照、佐藤（哲）・前編第5章註(36)23〜24頁。

第2編 物　権　第10章 抵当権

第2款　抵当権を変更する司法作用（狭義）

（1）　これに該当する立法例は、変更の態様に着目すれば、他の権利への変更（①〜④）、あらゆる態様の変更（⑤）及び根抵当権の元本の確定（⑥）に大別される。

（2）　強制執行手続における①競落許可決定（（旧）民事訴訟法677条（明23法29－昭54法4）1項）→②売却許可決定（**民事執行法**（昭54法4－）**69条**）は、抵当権（不動産質権（②にあっては、使用・収益をしない旨の定めがないものに限る。）に優先するものを除く。）を優先弁済請求権（後述）に変更する司法処分に当たる。

（旧）民事訴訟法649条（明31法11－昭54法4）2項は「不動産ノ上ニ存スル一切ノ先取特権及ヒ抵当権ハ売却ニ因リテ消滅ス」（→**民事執行法59条1項**）と規定しているが、先取特権・抵当権の実体法的内容の核心をなす優先弁済権能（**民法303条・369条1項**）は債権たる優先弁済請求権に形を変えて存続している[29]から、正確には権利の消滅でなく変更と捉えるべきである。

（旧）民事訴訟法がこのような消除主義（Löschungsprinzip）を採ったのは、競売の円滑化という政策的理由からである[30]。これに対し、プロイセン・不動産ニ対スル強制執行ニ関スル法律は、抵当権者にとって意図しない時期に投下資本の回収を強いられることは重大な不利益に当たるとして引受主義（Übernahmeprinzip）を採っていた[31]が、わが国には継受されなかった。**民事執行法**も、実務上定着した消除主義を敢えて改めてはいない[32]。

（3）　担保権実行手続における③競落許可決定（競売法（明31法15－昭54法

---

29)　「消滅といつても、もちろん、不動産そのものについての権利としての消滅、換言すれば、追及権的側面の消滅を意味するにとどまり、競落代金の配当との関係における優先権の側面まで消滅するわけではない」（鈴木（忠）他編・本編第4章註(65)128頁〔竹下守夫〕）。「売得金ニ付キ優先ノ弁済ヲ請求スル権利」（（旧）民事訴訟法565条（明23法29－昭54法4）1項）は、後者の側面を独立した債権として構成したものに相当する。

30)　参照、「元来此〔(旧)民事〕訴訟法ノ規定ト云フモノハ債権保護ノ精神カラ出来テ居ルモノデアツテ……、サウセヌト此不動産ノ競売ヲスルト云ツテモ実際譲受ケル者ガナイ……、サウスルト……不動産ニ信用ヲ置クト云フコトガ薄ラグト思ヒマス」（法典調査会・本編第4章註(55)48頁〔河村譲三郎〕）。

31)　同法が消滅主義による「破産的競売」からの脱却を図った点につき参照、伊藤眞「不動産競売における消除主義・引受主義の問題——プロイセン法の発展を中心として（三）」法学協会雑誌90巻3号（昭58）104頁。

32)　参照、田中（康）・本編第1章註(58)154頁。

第2節　抵当権を変更する国家作用（狭義）

4）32条2項）→④売却許可決定（**民事執行法188条・69条**）は、委任者・申立人→申立人の担保権に優先する抵当権（③にあっては、質権に優先するものを除く。）を優先弁済請求権に変更する司法処分に当たる。

競売法2条2項[33]（→**民事執行法188条・59条1項**）にいう「消滅」が正確には変更を指す点は、①②と同様である。但し、③については判例が剰余主義を採らなかった時期があり[34]、優先弁済は必ずしも保障されていなかった。

(4) ⑤更生計画認可の決定（（旧）会社更生法233条1項→**会社更生法199条1項**。抵当権の順位の変更[35]その他の変更を定めるもの（（旧）会社更生法（（旧）会社更生法等の一部を改正する法律（昭42法88）による改正後のもの）242条1項→**会社更生法205条1項**）に限る。）は、それぞれ抵当権の順位を変更するなど抵当権を変更する司法処分に当たる（本章第4節第2款参照）。

(5) ⑥強制執行手続及び担保権実行手続における競売手続の開始決定（（旧）民事訴訟法644条（同前）1項→**民事執行法45条1項**及び競売法25条1項→**民事執行法188条・45条1項**）は、根抵当権の元本を確定する司法処分に当たる（**民法398条ノ20**（昭46法99 - ）**第3号**）。

破産宣告の決定（（旧）破産法126条1項）→破産手続開始の決定（**破産法30条1項**）についても同様である（**民法398条ノ20**（同前）**第4号**）。

(6) 以上の立法例は、根抵当権に関する類型（⑥）を除くと、強制換価手続（①〜④）及び倒産法制における集団的な権利変更の段階（⑤）に再整理することが出来る。⑤による変更としては、実例があるかはともかく、転抵当権の設定、他の権利への変更、相対的な抛棄、順位の譲渡、順位の絶対的な抛棄及び順位の相対的な抛棄も考えられよう。

第3款　抵当権を変更する行政作用（狭義）

(1) これに該当する立法例は、変更の態様に着目すれば、他の権利への変更（①）及び根抵当権の元本の確定（②）に大別される。

(2) 滞納処分手続における①公売（国税滞納処分法3条→（旧）国税徴収法24条1項）→売却決定（**国税徴収法111条・113条**）（いずれも前章第2節第3款参照）

---

33) 「競売ノ目的ノ上ニ存スル先取特権及ヒ抵当権ハ競落ニ因リテ消滅ス」。
34) この流れに歯止めを掛けた判例として参照、大判昭17・11・20民集21巻1099頁。
35) 参照、志水義文「認可更生計画の効力」松田在職『会社と訴訟』下巻（有斐閣・昭43）820頁。

は、国税に先立つ抵当権を優先弁済請求権に変更する行政処分に当たる（同款参照）。

(3)　昭和32年の租税徴収制度調査会答申には、転抵当権を設定する行政処分[36]が盛り込まれていた[37]。

国税に後れる抵当権付財産の譲渡人が国税を滞納した場合、もはや譲渡後の財産に対して滞納処分をすることは出来なくなるが、抵当権者は元々国税に後れることを予測していたから、仮にその財産が譲渡されずに滞納処分を受けたとすれば配当を受けられなかった限度で譲渡後も配当を受けられないとしても、特に害されることはない（これにより譲受人や譲渡後に現れた後順位抵当権者が害されることもない。）。同答申はこのような考慮に基づくものであった。

ところが、この案は根抵当権（**民法398条ノ2**（昭46法99－）**第1項**）の立案を進めていた民事局等の反対を受けた[38]。その代わり、大蔵省は、税務署長による抵当権の代位実行[39]（**国税徴収法22条3項**[40]）を認めさせることに成功し、名を捨てて実を取ったのである。この構成は、次順位抵当権者による代位実行（**民法392条2項**）及び破産管財人の介入権（（旧）破産法203条1項→**破産法184条2項**）を参考としたものであろう。

(4)　滞納処分手続における②差押（**国税徴収法68条1項**）は、根抵当権の元本を確定させる行政処分に当たる（**民法398条ノ20**（昭46法99－）**第4号**）。

(5)　以上の立法例は、根抵当権に関する類型（②）を除くと、強制換価手続（①）に限られる。

第3節　抵当権を変更する国家作用（広義）

抵当権の譲渡を定める更生計画認可の決定（司法処分）を別とすれば、該当

---

36)　「その設定の行為自体は行政処分としてされます」（三ケ月＝加藤監修・前註(22)155頁〔吉国二郎幹事〕）。
37)　参照、本編第7章註(35)45〜46頁（質権、抵当権付財産の譲渡と租税）。
38)　参照、三ケ月＝加藤監修・本編第7章註(31)293〜295頁〔平賀健太委員、宮脇幸彦幹事〕及び吉国他編・前編第3章註(251)190頁。
39)　この代案は、同答申の取纏め以前から用意されていたようである（参照、研究会「抵当権付私債権と国税徴収権との関係」ジュリスト134号（昭32）77〜78頁〔安井誠〕）。
40)　類例、**地方税法14条の16第3項**。

例は見当たらない。

第4節　抵当権を消滅させる国家作用

第1款　抵当権を消滅させる立法作用

（1）　これに該当する立法例は、その手続に着目すれば、抵当権（又はそれに相当する権利）を終局的に消滅させる類型（①②）及び消滅した抵当権に代わる抵当権の再設定又は物上代位権の行使が予定されている類型（②）に大別される。

（2）　①**外貨債処理法9条2項**は、外貨債の物上担保（発行地たる外国の法令に基づくもの。わが国の質権・抵当権に相当）を消滅させる措置法律に当たる（前章第4節第1款参照）。

（3）　②**会社経理応急措置法**（昭21法7）**12条1項**は、特別経理会社の新勘定に属する財産の上に存する抵当権（指定時以前の原因に基づく債権を担保するものに限る。）を消滅させる措置法律に当たる。

同法は、戦時補償の打切り──政府に対する戦時補償請求権（軍需物資の生産命令を受けた会社の損失補償請求権等）と同額の戦時補償特別税（**戦時補償特別措置法**（昭21法38 - ）**2条**）を相殺的に賦課する形で行われた──により打撃を蒙った会社の財産を民需生産に必要なものとそうでないものに二分した[41]上、前者の上に新たな一番抵当権を設定させる途を拓いて[42]新規の資金調達を容易に

---

41)　**会社経理応急措置法**の立案過程では、初めアメリカ法を参考に、一律に第二会社を設立させる措置法律が構想されていた（参照、大蔵省財政史室編『昭和財政史──終戦から講和まで』13巻（東洋経済新報社・昭58）707～708頁）。併しながら、設立手続中に担保権が実行されると、当面必要な民需生産の続行すら危ぶまれることから、負債を旧勘定に棚上げすると同時に資産を新勘定に移す勘定分離方式が採られることとなった（酒井俊彦「会社経理応急措置法と企業再建整備法について」戦後財政史口述資料4冊2～5頁）。「会社の中で一本線を引いて、一方ではモラトリアム式なものを考え、一方では第二会社的なものを会社の中につくつた。第二会社をつくりたければ、それからゆつくりつくれということだつた」（酒井・同35頁）。

42)　担保権の消滅は、昭和21年7月の閣議決定（「従来の債務に関する物上担保権を制限又は消滅せしめ又会社に対する従来の債権の実行を停止せしめる等の措置を講ずる」）を初見とする（大蔵省財政史室編・前註721頁）。これに対し総司令部から修正意見が出されたが、日本側は「新勘定への移転資産は債権者が半分を占める委員会（特別管理人、「措置法」第17条）によって厳重に管理されること、旧債権者の権利を重視する条文があること」を主張し、諒解を得たという

し[43]、軍需から民需への産業構造の転換を促すものである。新勘定に属する財産の上に存する抵当権を有する者が、その実行を禁じられるという消極的協力（一般債権者につき**会社経理応急措置法14条1項**）に止まらない、積極的協力を義務付けられている点に特徴がある。

抵当権は、②により終局的に消滅させられる訳でなく、一定の場合には新旧勘定併合の時に再発生する（本章第1節第1款参照）。

(4) （旧）会社更生法の立案過程では、アメリカ・破産法（Bankruptcy Act of 1938）116条2号を参考として、抵当権を消滅させる司法処分を設けることが検討された。

これは、既存の抵当権者を害するため見送られた[44]が、より洗練された構成で後に甦った。即ち借入金等の許可（（旧）会社更生法119条の3（昭42法88－平14法154）→**会社更生法128条2項**）であり、借入金等請求権を担保する新たな抵当権を設定するため既存の抵当権を消滅させるのでなく、端的に同請求権を共益債権とすることにより、②と同一の機能を果たしている。

(5) ③**財産及び請求権に関する問題の解決並びに経済協力に関する日本国と大韓民国との間の協定第二条の実施に伴う大韓民国等の財産権に対する措置に関する法律1項2号**は、日本国又は日本国民が有する物又は権利の上に存する韓国又は韓国民（いわゆる在日韓国人を除く。）の抵当権を無償で消滅させる措置法律に当たる（本編第7章第4節第1款参照）。

(6) 以上の立法例は、交戦国に対する戦時措置（①）、戦時補償の打切りに伴う勘定分離（②）及びわが国とわが国から分離した国家との間の在外財産の処理に関する類型（③）に再整理することが出来る。

第2款　抵当権を消滅させる司法作用

(1) これに該当する立法例は、手続に着目すれば、抵当権を終局的に消滅させる類型（①〜⑮）に限られる。

（同746頁）。
43) 「新勘定における事業活動に必要な金融を受け得る様、新勘定に移された資産に設定されていた従来の担保権は自動的に一切消滅することになつて〔い〕る」（酒井俊彦他『企業再建整備法・金融機関再建整備法・復興金融公庫法等諸法律詳解』（大蔵財務協会・昭22）2頁）。
44) 参照、長谷部茂吉他「会社更生法の立法論的再検討（三）」判例タイムズ148号（昭38）21〜23頁〔三ケ月章〕。

第4節　抵当権を消滅させる国家作用

　(2)　抵当権設定行為に対する①詐害行為取消判決（**民法424条1項**）は、詐害行為取消権を形成訴権と捉える見解によれば、抵当権設定行為を取り消す司法処分に当たる。

　(3)　抵当権設定行為に対する②否認判決（(旧)破産法72条2号）→③否認判決・決定（**破産法161条1項・162条1項**）、④⑤否認判決・決定（④(旧)会社更生法78条1項2号・3号→**会社更生法**（平14法154－平16法76）86条1項2号・3号→⑤同法86条の2（平16法76－）**第1項・86条の3**（同前）**第1項**）及び⑥⑦否認判決・決定（⑥**民事再生法**127条（平11法225－平16法76）1項2号・4号→⑦**同法127条の2**（平16法76－）**第1項・127条の3**（同前）**第1項**）は、否認権を形成訴権と捉える見解によれば、抵当権設定行為を取り消す司法処分に当たる。

　②は、既存の債務のみならず、新規の債務に関する設定行為も対象としていた。併しながら、後者は同時交換的行為であって債権者を不当に利するものでない上、救済融資を保護する必要性もある[45]。そこで③⑤⑦は、融資金について隠匿等のおそれがある場合に限り、後者を対象とすることにした[46]。

　(4)　⑧強制和議取消の決定（(旧)破産法332条1項[47]）は、強制和議の認可の決定（同法308条1項）の確定後に設定された抵当権を消滅させる司法処分に当たる[48]（同法341条）。

　破産法では、⑧は③に吸収された。

　(5)　⑨⑩更生計画認可の決定（(旧)会社更生法233条1項→**会社更生法199条1項**[49]。⑨抵当権の存続を定めないもの（(旧)会社更生法241条→**会社更生法204条1項**[50]又は⑩その消滅若しくは担保変換を定めるもの（(旧)会社更生法（(旧)会社更生法等の一部を改正する法律（昭42法88）による改正後のもの）242条1項→**会社更生法205条1項**）に限る。）は、抵当権を消滅させる司法処分に当たる。

---

45)　参照、竹下他編・第7章註(68)649頁〔山本和彦〕。
46)　参照、伊藤（眞）他編・前註(49)394頁〔松下淳一、山本和彦〕。
47)　類例、同法333条1項。
48)　「強制和議が取消さるれば破産が再施せらるるに至るので、中間の時期に或債権者だけに供与したる担保は之を破産財団に返還せしむるのが公平と見たからである。故に再施せらるる破産手続より見れば是れは一種の否認権と同様である」（加藤正治『破産法要論』（有斐閣＝巌松堂・昭9）445頁）。
49)　類例、金融機関〔現・**金融機関等**〕の更生手続の特例等に関する法律（平8法95－）123条（現・**120条**）1項等。
50)　類例、金融機関〔現・**金融機関等**〕の更生手続の特例等に関する法律125条（現1項）等。

⑨は、更生計画の安定性を保障するための一連の規定——更生担保権の確定手続を設け[51]、これに確定判決と同一の効力を認め（（旧）会社更生法145条→**会社更生法150条3項**）、確定した更生担保権を有する者のみに議決権の行使及び権利変更の効果を認める（（旧）会社更生法170条1項・243条→**会社更生法194条2項・205条2項**）と共に、権利変更に確定判決と同一の効力を認める[52]（（旧）会社更生法245条1項→**会社更生法206条2項**）——に裏付けを与えるべく、失権的効果を定めたものである。

位野木法制意見参事官は、「届出〔（旧）会社更生法126条1項→**会社更生法138条2項**〕をしなかつた更生担保権等について免責等の効果を生ぜしめることは、……既に民法、商法等においても除斥期間[53]等の制度が認められていることから考えて、憲法上も十分許されるものと考える[54]」と説明している。

⑩は、制定時の（旧）会社更生法では、更生担保権者の全員の同意を要するとされていた（同法205条（−昭42法88））。政府案が議決権総額の四分の三以上の同意で足りるとしていたのに対し、奥野参議院法制局長が「憲法上多少の疑義あり[55]」と答弁したため、同院により修正されたのである。その後、山陽特殊製鋼の倒産を機に、これが五分の四以上まで引き下げられ、**会社更生法**により、漸く四分の三以上まで引き下げられた（**196条5項2号ロ**）。

とはいえ、更生手続による権利変更にあっては、担保権者、一般債権者及び

---

51) 参照、「折角、更生計画ができたところが、……後になつて予想もされなかつた債務が発見されたために崩れてしまうということになると、これは非常に困るわけであります」（小川善吉他「会社更生法の諸問題（一）」判例タイムズ24号（昭27）15頁〔位野木益雄〕）及び長谷部茂吉他「会社更生法の立法論的再検討（四）」判例タイムズ14巻11号（昭38）20頁〔三ヶ月章、位野木〕）。

52) 立案趣旨につき参照、兼子一他『条解会社更生法』下巻（弘文堂・昭49）765～767頁。

53) **民法566条3項・724条**につきそれぞれ参照、最判平4・10・20民集46巻7号1129頁及び最判平元・12・21民集43巻12号2209頁。

54) 位野木・前編第5章註(46)235頁。

55) 「抵当権とか質権を持つて十分担保されておるもの……を中に入れて、場合によつてはその権利の或る部分を強制的に譲歩せしめるということは多少問題ではないかと思います。先例といたしましては、その特別和議法〔昭21法41−平11法225〕というような、これは私が民事局長のときこしられたのでありますが、これは担保権者といえども和議債権者に入れておるのでありますが……戦時補償打切りに基いて、各種の再建整備法……と一環を成す特別措置法でありまして、これをやらないと、財界が破綻に瀕するというふうなことで……ここに先例があるからと言つて、今度の中に特別担保権者を強制的に譲歩せしむるというのは如何かと思います」（12・参・法務委会社更生法案等に関する小委4号（昭26・11・22）8頁〔奥野健一法制局長〕）。

第4節　抵当権を消滅させる国家作用

株主の間に公正・衡平な差等〔現・差〕を設けねばならず（（旧）会社更生法228条1項→**会社更生法168条3項**）、かつ、担保権者には必ず清算価値を保障しなければならない（（旧）会社更生法234条1項2号→**会社更生法200条1項1号**）。このため、⑩によって抵当権を消滅させることは、担保権者、一般債権者及び株主をそれぞれ社債権者（担保附社債信託法71条（現・**担保付社債信託法37条1項**））、優先株主及び劣後株主とするような更生計画を除けば、例外的にしか認められないように思われる。

（6）　⑪担保権消滅の許可の決定（**民事再生法148条1項**）は、再生債務者の事業継続に不可欠な財産の上に存する抵当権を消滅させる司法処分に当たる（本編第7章第4節第2款参照）。

これが商事留置権のような占有担保に止まらず抵当権のような非占有担保にも適用されるのは、事業継続のためには自己利用のみならず営業譲渡を必要とする場合もあるからである。

（7）　⑫担保権消滅の許可の決定（**会社更生法104条1項**）は、更生会社の事業更生に必要な財産の上に存する抵当権を消滅させる司法処分に当たる（本編第7章第4節第2款参照）。

立案過程では、更生会社の事業継続に必要な財産の上に存する抵当権を消滅させる代わりに他の財産の上に存する抵当権を発生させる司法処分として、担保権変換許可の決定を設けることが提案されたが、そのままの形では実現しなかった（本章第1節第2款参照）。

（8）　⑬担保権消滅の許可の決定（**破産法186条1項**）は、破産財団に属する財産の上に存する抵当権を消滅させる司法処分に当たる（本編第7章第4節第2款参照）。

（9）　以上の立法例は、詐害行為取消・否認制度（①～⑦）、倒産法制における集団的な権利変更の段階（⑨⑩）及びそれ以前の段階（⑪～⑬）に再整理することが出来る。いずれも留置権を消滅させる司法処分と重複しており、それらと一括して類型化されねばならない。

第3款　抵当権を消滅させる行政作用

（1）　これに該当する立法例は、手続に着目すれば、抵当権を終局的に消滅させる類型（①～⑧⑩⑫⑬）と消滅する抵当権に代わる抵当権が再設定される類

405

型（⑨⑪）に大別される。

（2） 滞納処分手続における①公売（明治10年布告79号1条。特定の財産を課税物件としない民費の場合を除く。第8章第1節第3款参照）は、書入〔現・抵当権〕を無償で消滅させる行政処分に当たる（前章第4節第3款参照）。

（3） 土地収用手続における②抵当権を消滅させるための収用裁決→権利取得裁決（本編第4章第4節第3款参照）は、起業者が任意買収等により取得した土地の上に存する抵当権を有償で消滅させる行政処分に当たる（同款参照）。

損失の補償については、個別払いの原則（（旧）土地収用法47条2項但書[56]→**土地収用法69条**）が適用されるが、被担保債権の弁済期が到来していない場合には、その額の算定は困難である[57]。担保附債権が無担保債権となったことによって生ずる損失は、結局のところ事後的にしか判明しないからである（**連合国財産補償法**（昭26法264 −）**7条2項**参照）。立法論としては、供託の規定を設けることが望ましい。

（4） ③譲与国有林野の返還処分（本編第4章第4節第4款参照）は、返還される土地の上に存する抵当権を無償で消滅させる行政処分に当たる（同款参照）。

（5） ④鉄道財団抵当権→鉄道財団の設定認可（本編第4章第4節第3款参照）は、鉄道財団に組成される不動産の上に存する抵当権（鉄道抵当法の一部を改正する法律（昭31法63）による改正後は、期間内に申出がなかったものに限る。）を消滅させる行政処分に当たる（同款参照）。

（6） ⑤北海道国有未開地の売払・付与処分の取消処分（本編第4章第4節第3款参照）は、返還される土地の上に存する抵当権（登記したものに限る。）を無償で消滅させる行政処分に当たる（同款参照）。

立案過程では、これらの土地を担保権者に払い下げる案も検討されたが、適格者主義に反し、脱法行為の虞もあるため、採用されなかった[58]。併しながら、その僅か2年後には、漁業権を取り消す場合には抵当権者が保護されることと

56）「損失ノ補償ハ各人別ニ之ヲ為スヘシ但シ其ノ各人別ニ見積リ難キトキハ此ノ限ニ在ラス」。
57）「担保物権者が収用裁決により当該権利を喪失した場合でも債務者の一般財産が潤沢であれば完全な弁済を受けうるのであるから、この場合には担保物権者に対しては無補償でよいとも考えられるし、逆に一般財産が乏しい場合には担保物から弁済させる途を確保しておく必要がある」（小澤道一『逐条解説土地収用法』下巻（ぎょうせい・昭62）24頁）。
58）参照、本編第4章註(111)6号（明41・3・17）52頁〔黒金政府委員〕及び24・衆・北海道国有未開地処分法改正法律案委3回（明41・3・24）31～32頁〔同〕。

第 4 節　抵当権を消滅させる国家作用

なっており（（旧）漁業法 27 条→**漁業法 41 条**）、それに照らすと、⑤の合理性は極めて疑わしいものとなっている。

　(7)　⑥軌道財団組成物件の無償引渡処分→❼軌道敷地の道路敷地化処分（いずれも本編第 3 章第 3 節第 3 款参照）のうち、⑥は、軌道財団抵当権を無償で消滅させる行政処分に当たる（**軌道ノ抵当ニ関スル法律**（明 42 法 28 -）3 条 2 項[59]（現 3 条））。

　⑥❼は、いずれも軌道敷地を道路敷地とするものであるが、⑥が敷地の所有権を国又は公共団体に移転するのに対し、❼はこれを移転しない（同款参照）。⑥がされると、敷地という最も重要な組成物件が財団から除かれるため、もはや財団を存続させる意味がないと考えられる。

　一方、❼がされても、敷地における私権の行使が制限されるに止まり、抵当権の設定及び所有権の移転は妨げられない（（旧）道路法 6 条→**道路法 3 条**）。そこでは、❼により財団抵当権を消滅させる必要性は元々存在しない。そもそも**軌道ノ抵当ニ関スル法律** 3 条 2 項（現 3 条）は、軌道条例から**軌道法**への切換えにも拘わらず、いまだに⑥を念頭に置いた文言となっている。これらの点に鑑みれば、端的に同項は❼に適用がないと解すべきなのかも知れない[60]。

　(8)　⑧担保権の処理の裁定（企業整備令[61]（昭 17 総勅 503 - 昭 20 勅 601）7 条 2 項[62]）は、国家総動員即ち総力戦体制に必要な設備の上に存する抵当権を有

---

59)　本編第 3 章註(216)参照。
60)　古谷・本編第 4 章註(98)169 頁は、❼に同項の適用があるという前提に立った上、「恐らく之は、軌道は道路に敷設すべきものであるとの前提の下に、専用敷地が全部道路になつた場合に於ては、残るものは殆ど車輛其の他の動産のみとなり、動産抵当の感を呈するので斯く規定したのかとも思はれる。但し線路は不動産と思ふし、停車場其他建物もあり得ること故斯く決めて了ふのもどうかと思ふ」と論じている。これは、❼が⑥と同じく所有権を移転させる行政処分に当たるという見解に基づくものであり、その点は賛同し難い（本編第 3 章第 3 節第 3 款参照）。因みに、**日本国有鉄道改革法等施行法**（昭 61 法 93）が同項を削除しなかったのは、軌道の買収（同章第 4 節第 4 款第 4 目参照）の廃止に伴う最小限の改正だったためである。
61)　国家総動員法 16 条ノ 2（昭 16 法 19 - 昭 20 法 44。「政府ハ戦時ニ際シ国家総動員上必要アルトキハ勅令ノ定ムル所ニ依リ事業ニ属スル設備又ハ権利ノ譲渡其ノ他ノ処分、出資、使用又ハ移動ニ関シ必要ナル命令ヲ為スコトヲ得」）に基づく勅令である。
62)　「知レタル担保権ノ目的タル設備又ハ権利ニ付第五条第一項ノ規定ニ依リ譲渡又ハ譲受ノ命令アリタル場合ニ於テ当該担保権ヲ消滅セシムルニ非ザレバ企業ヲ整備シ又ハ当該設備若ハ権利ノ利用ヲ有効ナラシムルコト困難ナルトキハ当事者ハ担保権ノ処理ニ付担保権者ト協議スルコトヲ得」「前項ノ協議調ハズ又ハ協議ヲ為スコト能ハザルトキハ当事者又ハ担保権者ハ当該事項ニ付主務大臣ノ裁定ヲ申請スルコトヲ得」（同条 1・2 項）。「譲渡ヲ受クル設備又ハ権利ニ付知レタ

償で消滅させる行政処分に当たる。

設備の譲渡の決定（同令6条3項[63]）及び設備の出資の決定（同令11条2項[64]）は、不要不急の設備を軍需産業に振り向けることを目的としている[65]。同令は、これらの設備をスクラップにすることまで予定しているため、⑧を設けて担保権を消滅させる途を拓いたのである[66]。

⑼　第二次農地改革における⑨小作地と買収農地等との交換の裁定（自作農創設特別措置法23条4項。次編第2章第4節第1款第3目参照）は、所有者が失うべき小作地の上に存する抵当権を消滅させる行政処分に当たる（これに代わる抵当権の発生と併せ、本章第1節第3款参照）。

⑽　⑩解散団体の指定（本編第7章第4節第3款参照）は、当該団体を解散させ、その財産の所有権を国に移転させると同時に、その上に存する抵当権を無償で消滅させる行政処分に当たる（同款参照）。

⑾　⑪農地〔現・農用地〕の所有権についての交換分合計画の認可（**土地改良法98条**7項〔現8項〕。本編第3章第3節第3款参照）は、所有者が失うべき農地の上に存する抵当権を消滅させる行政処分に当たる（**同法106条2項**。これに代わる抵当権の発生と併せ、本章第1節第3款参照）。

⑿　⑫在外会社の指定（旧日本占領地域に本店を有する会社の本邦内にある財産の

ル担保権ノ存スル場合ニ於テ当該担保権ガ第七条ノ規定ニ依リ消滅スルトキハ当該設備又ハ権利ノ譲渡価格ヲ支払フベキ者ハ其ノ譲渡価格ヲ供託スルコトヲ要ス」「前項ノ場合ニ於テハ当該担保権者ハ供託金ニ対シ其ノ権利ヲ行フコトヲ得」（9条1項本文・2項）。類似、水産統制令（昭17勅520 – 昭20勅613）32条3項、農地調整法4条ノ12（昭20法64 – 昭21法42）第1項等。

63）「主務大臣ハ必要アリト認ムルトキハ物資ノ生産、修理、販売、輸出、輸入若ハ保管ノ業ヲ営ム者（以下事業主ト称ス）又ハ主務大臣ノ指定スル法人ニ対シ其ノ事業ニ属スル設備若ハ権利ノ譲渡……ヲ命ジ又ハ事業主又ハ主務大臣ノ指定スル法人ニ対シ当該設備若ハ権利ノ譲受……ヲ命ズルコトヲ得」（5条1項）。「前条ノ場合ニ於ケル譲渡……ノ条件ハ当事者間ノ協議ニ依ル」「第一項ノ協議調ハズ又ハ協議ヲ為スコト能ハザルトキハ主務大臣ハ譲渡……ニ関シ必要ナル決定ヲ為スコトヲ得」（6条1・3項）。

64）「主務大臣ハ必要アリト認ムルトキハ事業主ニ対シ其ノ事業ニ属スル設備又ハ権利ヲ株式会社、株式合資会社又ハ有限会社ニ出資スベキコトヲ命ズルコトヲ得」「……第六条乃至第八条ノ規定ハ前項ノ場合ニ之ヲ準用ス」「出資スル設備又ハ権利ニ付知レタル担保権ノ存スル場合ニ於テ当該担保権ガ前項ニ於テ準用スル第七条ノ規定ニ依リ消滅スルトキハ当該担保権者ハ出資ニ対シ割当テラレタル株式又ハ持分ノ上ニ質権ヲ有ス」（11条1項前段・2項・3項本文）。

65）国家総動員審議会における趣旨説明につき参照、福田・前編第2章註(254)17頁。

66）「例へば譲受人の方でその設備の有効利用を図る為に大改造を加へるとか、又は産業設備営団、国民更生金庫が引取る場合に譲受後スクラップにして再生利用を図るといふ様な場合には担保権がついてゐては困るのである」（福田・前註139～140頁）。

第4節　抵当権を消滅させる国家作用

整理に関する政令（昭24ポ政291－）2条1項1号）は、在外会社の在内資産の上に存する担保権を消滅させる行政処分に当たる（同令6条1項）。

「これは整理を円滑に進める意味であつて、弁済順位には影響がないから、債権者の地位を害することにはならない[67]」と説明されている。

⒀　⒀小作地等の強制譲渡→買収（いずれも本編第3章第3節第3款参照）は、強制譲渡→買収される小作地等の上に存する抵当権を有償で消滅させる行政処分に当たる（自作農の創設に関する政令3条1項→農地法13条（現11条）1項）。

⒀は、外在的な理由により承継取得構成が採られたため、本来当然に消滅する筈の制限物権を消滅させる必要が生じたのである（本編第5章第4節第3款参照）。

⒁　市街地再開発事業〔現・第一種市街地再開発事業〕における権利変換処分（**都市再開発法86条1項**。**同法111条**によるものを除く。いわゆる"本則型"即ち地上権設定方式。本編第3章第4節第4款第1目参照）は、施行地区内の宅地、借地権（地上権である場合に限る。）及び建築物の上に存する抵当権（登記したものに限る。）を消滅させる行政処分には当たらない。

宅地上の抵当権は、同処分による宅地の所有権の消滅（同目参照）に伴い、地上権上の抵当権は、宅地の所有権の消滅に伴う地上権の当然消滅（本編第4章第4節第3款参照）に伴い、建築物上の抵当権は、同処分による建築物の所有権の消滅（本編第3章第4節第4款第2目参照）に伴い、それぞれ当然に消滅する[68]からである。

このうち前者に代わる抵当権は、同処分と同時に設定されるが、後二者に代わる抵当権が出揃うのは、施設建築物の完成後である。即ち、まず同処分と同時に、施設建築物の所有を目的とする地上権の上に抵当権が設定された後、建築工事の完了の公告（**同法100条**）時に、施設建築物の一部の上に抵当権が設定される（本章第1節第3款参照）。このため、施設建築物の完成前における当該地上権は、施設建築物の一部の譲受け権付きの地上権といい得るものでなけ

---

67)　太田亮一「在外会社の在内資産の整理について」財政経済弘報139号（昭24）5頁。
68)　なお、**都市再開発法87条1項・2項**では、担保権は「消滅」しないこととなっている（**同法89条**は**両項**にいう「別段の定め」に当たる。）。これは、**同法**が権利の終局的な消滅のみを「消滅」と表現しており、消滅する権利に代わる権利が行政処分又は物上代位により再発生する場合を含んでいないためである。

れば、抵当権者が害されてしまう。

そこで**同法**は、当該地上権と譲受け権とを法律上結合させる（**88条2項**）と共に、組合が事業を継続することが出来なくなった場合の都道府県知事による事業代行制度（112〜118条）まで用意し、両者を事実上も結合させたのである（本編第4章第1節第3款参照）。

(15) マンション建替事業における権利変換処分（本編第3章第6節第4款第3目参照）は、施行マンションの敷地の共有持分（これを敷地利用権とする場合に限る。）又は施行マンションの所有を目的とする地上権の準共有持分（これを敷地利用権とする場合に限る。）の上に存する抵当権及び施行マンションの区分所有権の上に存する抵当権を消滅させる行政処分には当たらない。

これらの抵当権は、同処分によるこれらの共有持分又は準共有持分及び区分所有権の消滅（同目・本編第4章第4節第3款参照）に伴い、当然に消滅するからである。

このうち共有持分又は準共有持分の上に存する抵当権に代わる抵当権は、同処分と同時に設定されるが、区分所有権の上に存する抵当権に代わる抵当権が設定されるのは、施行再建マンションの完成後である（本章第1節第3款参照）。ここでは、敷地利用権が地上権の準共有持分とは限らないため、第一種市街地再開発事業のように地上権を媒介とする構成によって後者の抵当権者を保護することは出来ない（マンション建替事業は基本的には私的な性格の事業であるため、事業代行制度も設けられていない[69]）。のみならず、後者の抵当権者は、価値変形物である施行再建マンションの区分所有権の譲受け権に対して物上代位権を行使することも、**民事執行法**上不可能である。これらの点に鑑みると、都道府県知事等が権利変換計画の認可（**マンションの建替えの円滑化等に関する法律57条1項**）をすることが出来るのは、施行者が「同意を得られない者の権利に関し損害を与えないようにするための措置」（**同条3項**）として、事業を継続することが出来なくなった場合の損害保険金請求権の上に質権を設定する申込をした場合に限られると解される[70]。

---

[69] 「公共施設の整備が伴わず、都市計画の位置付けもないマンション建替事業の性格を考えると、市街地再開発事業と同様の地方公共団体による事業代行制度を設けることはなじまないと考えられる」（国土交通省住宅局住宅政策課・市街地建築課監修＝マンション建替え円滑化法研究会編・本編第3章註(469)66頁）。

第 4 節　抵当権を消滅させる国家作用

　とはいえ、より根本的な問題は、マンション建替事業が第一種市街地再開発事業と異なり高度利用を前提とするものでないため、新旧担保権の目的物に関する等価原則（**都市再開発法 77 条 2 項前段**）すら求められていない点[71]にある。そこで、施行マンションの区分所有権の上に抵当権を有する者は、債権者代位権（**民法 423 条 1 項**）により、自ら権利変換を希望しない旨の申出（**マンションの建替えの円滑化等に関する法律 56 条 1 項**）をすることが出来ると解すべきであろう。

　(16)　以上の立法例（❼⑨～⑪を除く。）は、強制換価手続（①）、消滅収用（②⑥⑧）、国公有財産であった土地の返還に伴う類型（③⑤）及び集合物の設定に伴う類型（④）に再整理することが出来る。いずれも留置権を消滅させる司法処分と重複しており、それらと一括して類型化されねばならない。

　抵当権（先取特権及び質権についても同じ。）に固有の論点としては、いうまでもなく物上代位がある。行政作用による抵当権の消滅に対する国家補償がどこまで物上代位の概念によって把握することが出来るかは、根元的な問題であり、なお検討を要しよう[72]。

---

70)　国土交通省住宅局住宅政策課・市街地建築課監修編＝マンション建替え円滑化法研究会編・前註 93 頁は、単に「損害保険の付保等」があればよいというが、賛同し難い。
71)　「基本的には敷地単位で行われ」る同事業では、「容積率等の制約により保留床を十分に生み出すことは困難であることから、従前資産と等価の権利床を取得するという等価原則によつては必ずしも適正な規模の床面積を確保することはでき」ない（国土交通省住宅局住宅政策課・市街地建築課監修＝マンション建替え円滑化法研究会編・前註 102 頁・104 頁）。
72)　安本典夫〔判批〕判例評論 309 号（昭 59）206 頁は、公用収用・公用換地法制における「財産権保障」のための物上代位は、「不測の事故等により滅失・毀損してしまった後の、利害関係者間の調整の問題とは性格を異にする面がある」と指摘している。

補　章　入会権・旧慣使用権

第 1 節　総　　則

(**1**)　旧慣使用権（((旧)町村制（明21法1－明44法69）83条[1]→町村制（明44法69－昭22法67）90条1項[2]→**地方自治法**（昭22法67－）209条1項（現**238条の6第1項**））及び入会権（**民法**（明29法89－）**263条・294条**）は、いずれも徳川時代→明治初年の入会慣行に基づく権利である[3]（以下、叙述を簡明にするため、一の入会慣行の存する範囲が一筆の土地の区画と一致するものとする。）。

中田東京帝大教授によると、徳川時代→明治初年の入会慣行は、一村持地にその一村民が入り会う"村中入会"、数村持地にその数村民が入り会う"数村持地入会"、一・数村持地に他村民が入り会う"他村持地入会"、一・数人持地に一・数村民が入り会う"私有地入会"、藩有林→官林に一・数村民が入り会う"藩有地→官有地入会"に分類される[4]。

1）「旧来ノ慣行ニ依リ町村住民中特ニ其町村有ノ土地物件ヲ使用スル権利ヲ有スル者アルトキハ町村会ノ議決ヲ経ルニ非サレハ其旧慣ヲ改ムルコトヲ得ス」。類例、(旧)市制（明21法1－明44法68）83条。
2）「旧来ノ慣行ニ依リ町村住民中特ニ財産又ハ営造物ヲ使用スル権利ヲ有スル者アルトキハ其ノ旧慣ニ依ル旧慣ヲ変更又ハ廃止セムトスルトキハ町村会ノ議決ヲ経ヘシ」。類例、市制（明44法68－昭22法67）110条1項。
3）旧慣使用権は、(旧)町村制施行の際現に存する入会慣行に基づくものに限られている。入会権も、共有の性質を有するものについては、地租改正関係法令が新たに生じた入会慣行に基づくその発生を許容しているとは解し難い。そうすると、共有の性質を有しないものについても、権衡上、原則として同様に解するのが自然であろう。我妻栄＝有泉亨『物権法』新訂版（岩波書店・昭58）448頁は、「特定の地域住民が新たに団体を組織して、土地の所有権または共同利用権を取得し、……入会権とすること」は、「新たな組織を認める慣習の有無が問題であり、公示方法が不完全であることなど」から、「組合の合有として処理できるかぎり……疑問である」という。反対、千葉地判平元・12・20中尾英俊編『戦後入会判決集』（信山社・平16）3巻9頁。

第 1 節　総　　則

　中田教授によると、徳川時代→明治初年の村（以下「旧村」という。）は、個々の村民の人格から峻別された近代的法人でなく、村民の総体として観念されていた[5]。このことを反映して、"村中入会"の対象地は村民の総体たる旧村の総有財産（Gesamteigentum）であり、"数村持地入会"の対象地はそれぞれ村民の総体であるその数旧村の合有財産（Eigentum zur gesamten Hand）であった[6]。また"他村持地入会"、"私有地入会"及び"藩有地→官有地入会"は、明治初年には、村民の総体たる旧村が総有する制限物権と捉えられるに至ったという[7]。

　(2)　旧村には、（旧）町村制の施行に伴いそのまま町村となったもの、「町村内ノ一部」（同法114条[8]）（→「町村ノ一部」（町村制124条1項[9]））→財産区（**地方自治法294条1項**））。以下「区」という。）となったもの及びいずれにもならなかったものがある[10]。第二・第三の区別は必ずしも容易でないが、町村長による管理の有無、課税関係等が基準とされる[11]。

　「村中入会」は、旧村が町村・区となった場合には旧慣使用権への再編を迫られ、ならなかった場合には共有の性質を有する入会権として存続した[12]。

4）　参照、中田薫「明治初年の入会権」（昭3）『法制史論集』2巻（岩波書店・昭13）672頁・688頁・727～728頁・750頁・758頁。同旨、川瀬善太郎『公有林及共同林役（即入会関係）』（三浦書店・大元）219～220頁。

5）　参照、中田薫「徳川時代に於ける村の人格」（大9）前註984～985頁及び同「明治初年に於ける村の人格」（昭2）同1068頁。

6）　参照、中田・前註（4）716頁・721頁。前者につき石井良助「『江戸時代の入会権と地租改正』続考」（昭62）『江戸時代土地法の生成と体系』（創文社・平元）484頁は、総有権でなく「総用益権」とするが、近代的所有権の概念を前提としないGesamteigentumには、厳密な意味での共有・準共有に相当する区別は存しないように思われる。

7）　参照、中田・前註（4）788頁・773頁・758頁。

8）　「……町村内ノ一部……ニシテ別ニ其区域ヲ存シテ一区ヲ為スモノ特別ニ財産ヲ所有シ若クハ営造物ヲ設ケ其一区限リ特ニ其費用（第九十九条）ヲ負担スルトキハ郡参事会ノ其町村会ノ意見ヲ聞キ条例ヲ発行シ財産及営造物ニ関スル事務ノ為メ区会又ハ区総会ヲ設クルコトヲ得其会議ニ町村会ノ例ヲ適用スルコトヲ得」（同条）。「前条ニ記載スル事務ハ町村ノ行政ニ関スル規則ニ依リ町村長之ヲ管理ス可シ但区ノ出納及会計ノ事務ハ之ヲ分別ス可シ」（115条）。

9）　「町村ノ一部ニシテ財産ヲ有シ又ハ営造物ヲ設ケタルモノアルトキハ其ノ財産又ハ営造物ノ管理及処分ニ付テハ本法中町村ノ財産又ハ営造物ニ関スル規定ニ依ル」。類例、**市制144条1項**。

10）　区でなく権利能力なき社団と認定された事例として参照、最判平20・4・14民集62巻5号909頁。

11）　参照、高須儼明＝松岡勝定編著『入会林野近代化法の解説』（日本林業調査会・昭41）127～128頁、白井皓喜「大字と財産区」雄川献呈『行政法の諸問題』上巻（有斐閣・平2）261～262頁及び中尾英俊『入会権——その本質と現代的課題』（勁草書房・平21）163～164頁。

第2編　物　　権　　補章　入会権・旧慣使用権

即ち（旧）町村制は、プロイセン・東部六州市制（Städte-Ordnung für die sechs östlichen Provinzen der Preußischen Monarchie, vom 30. Mai 1853）9条[13]に倣い、町村を近代的法人として位置付けた[14]（2条[15]）。区についても同様である[16]。それは、村民の総体たる旧村の権利を法人及びその構成員の権利に置き換えようとするものであった[17]。そこでは、旧慣使用権が各町村民・区民に帰属する使用収益権として認められる[18]一方、旧慣使用権の管理処分権は旧慣使用権自体には含まれず、町村・区の公法上の権限とされた。

とはいえ、"村中入会"の旧慣使用権への再編は、林野の入会慣行を一変さ

---

12)　**民法 263 条**の立案過程では、都築土木局長が入会権なるものは旧慣使用権に外ならないとして削除を主張したのに対し、梅起草委員が「純然タル一私人ノ所有地」に入会権が存する場合もあると反駁して、これを斥けている（参照、法典調査会・本編第 1 章註(30) 136 頁〔都築馨六委員〕・137 頁〔梅謙次郎委員〕）。梅委員のいう入会権には、"私有地入会"のみならず、旧村が町村・区にならなかった場合における"村中入会"も含まれている点に注意しなければならない。

13)　"Die Stadtgemeinden sind Korporationen; denselben steht die Selbstverwaltung ihrer Angelegenheiten nach näherer Vorschrift dieses Gesetzes zu".

14)　A. Mosse 内務省顧問曰く、「自治体ト即チ一ノ法人ナリ……茲ニ或町村売買ノ契約若クハ貸借ノ契約ヲ為スニ其契約ニ由テ起ル所ノ権利義務ハ……其当時町村ニ住居スル住民総体ニ属スルニ……アラスシテ一ニ町村ニ属スルモノナリ」（モツセ『自治制講義』（日本書籍・明 22）2 回 23〜24 頁）。

15)　「町村ハ法律上一個人ト均ク権利ヲ有シ義務ヲ負担シ凡町村公共ノ事務ハ官ノ監督ヲ受ケテ自ラ之ヲ処理スルモノトス」。

16)　（旧）市制町村制理由には、「其部落ハ即独立ノ権利ヲ存スルモノト謂フ可シ」とある。

17)　村民の総体たる旧村が近代的法人に移行するに際し、林野の入会慣行が辿る運命としては、「（一）団体ト団員トノ関係ヲ変更スルコトナク之ニ公法的形式ヲ附与スルカ　（二）従来ノ団体ノ総有シタル所有権ヲ行政的村団体ヨリ分離シテ村団体ト異ル別個ノ私権的団体ニ帰属セシムルカ　（三）其ノ所有権ヲ村ニ存シテ入会権ヲ他物権〔＝制限物権〕トナスカ　（四）入会地ヲ分割シテ純然タル私有トナスカ」の四通りが考えられる（佐藤百喜『入会権公権論』（常磐書房・昭 8）465 頁）。この点、戒能通孝『入会の研究』（日本評論社・昭 18）393 頁は「入会・牧場等……町村組合体の財産が、〔旧〕町村制の施行により何等の影響を受け得ないことは云ふまでもない」、石田文次郎『土地総有権史論』（岩波書店・昭 2）578 頁は「部落が其儘新村と……なつた場合には、……入会権は……他物権的性質を帯びるに至つた」と断じ、それぞれ（二）（一）の立場に立つ。併しながら、最判昭 57・1・22 民集 135 号 8397 頁〔新島基地〕は、わが地方自治制度は（一）の方式を採ったと説示している。尤も、同判決は、〔旧〕町村制施行後も入会集団の統制が鞏固であった場合には、（一）と（三）が拮抗する過渡的状態を認めている（その一例として参照、最判昭 42・3・17 民集 21 巻 2 号 388 頁）。近時の学説史研究として参照、中村忠「入会権の帰属主体とその法的構造についての学説史的考察（その一）」高崎経済大学論集 51 巻 4 号（平 21）1 頁以下。なお、漁場の入会慣行は、（二）の方式により、「漁業協同組合……の有する……漁業権……の範囲内において漁業を営む権利」（**漁業法 8 条**（昭 37 法 156 −）**1 項**）として再構成されている。

18)　（旧）市制町村制理由も、「市町村住民タル資格ニ随伴スルモノ」と明言している。

第 1 節 総　則

せることを企図したものでない。(旧) 町村制は、旧村がそのまま町村となった場合には、バイエルン・ライン右岸部町村制 35 条[19]に倣い、旧慣使用権の変更・消滅には町村会の議決を要するとした[20] (83 条・86 条[21])。旧村が区となり、これと町村全体の利害が相反する場合には、特別に設けた区会の議決によるべきこととした ((旧) 市制町村制理由)。これらの議決は、徳川時代の村寄合の権能を引き継いだものに相当している[22]。

一方、入会権については、入会集団が法人でない以上、各構成員に使用収益権、入会集団に管理処分権が分属するという構成は採り得ない[23]。**入会林野等に係る権利関係の近代化の助長に関する法律**(昭 41 法 126 –) も、「入会林野につき入会権に基づいて使用又は収益をする者」のみを「入会権者」とした[24] (**2 条 1 項**)。但し、入会集団が権利能力なき社団である場合には、構成員全員でなく自らが入会権確認の訴えを提起することも認められている[25]。

(3)　"数村持地入会"は、"村中入会"と同じく、数旧村が町村・区となった

---

19) "Die Gemeinden sind befugt, durch nach Vorschrift des Art. 27 Abs. I gefaßte Gemeindebeschlüsse Nutzungsrechte am Gemeindevermögen, welche nach bisherigem Ortsgebrauche gewährt worden sind, im Falle des Bedürfnisses für Gemeindezwecke ganz oder theilweise zurückzuziehen, soferne nicht das Nutzungsrecht auf einem privatrechtlichen Titel beruht."
20) 立案過程につき参照、山中他編・前編第 2 章註 (33) 276 頁 (明治 20 年の自治部落制草案 100 条本文・103 条)。なお、(旧) 町村制 86 条但書では、同法以外に「民法上」の使用権もあるとされるが、「広ク言ハヾ私法上ノト云フ意味」(明治法制経済史研究所編『元老院会議筆記』29 巻 (昭 59) 128 頁〔水野遵内閣委員〕) であり、「既得権 (wohlerworbenes Recht) 不可侵の原則」の直訳的継受に過ぎない (参照、同 298 頁〔大森鍾一内閣委員〕)。大森内務大臣秘書官の説明も、「其成否ハ全ク裁判所ノ判決ニ在ル可キ者トス」とあやふやである (同 302 頁〔大森内閣委員〕)。結局、町村制により、この規定は冗文として削られた (参照、清水他・前編第 2 章註 (27) 859 頁)。
21) 「町村会ハ町村ノ為メニ必要ナル場合ニ於テハ使用権……ヲ取上ケ又ハ制限スルコトヲ得但特ニ民法上使用ノ権利ヲ有スル者ハ此限ニ在ラス」。類例、(旧) 市制 86 条。
22) 参照、中田・前註 (4) 1092～1094 頁。(旧) 町村制 83 条の政府案は、「町村ノ共有地」という "村中入会" の対象地を指す伝統的表現 (参照、同 1031～1049 頁。民法にいう共有とは異なる。) を踏襲していた (参照、明治法制経済研究所編・前註 (20) 16 頁)。元老院がこれを「町村有ノ土地物件」と修正したのは、単なる技術的理由による (参照、同 43 頁〔楠本正隆〕)。
23) 「入会権は権利者である一定の部落民に総有的に帰属する」(最判昭 41・11・25 民集 20 巻 9 号 1921 頁) というのは、その趣旨とされる (参照、太田豊〔判解民昭 57〕492 頁)。これに対し、中吉徹郎〔判解民平 20〕198 頁・212～213 頁註 18 は分属説に立つが、明文の根拠なく入会集団を法人とし、又は法人と看做す趣旨とまでは解されない以上、譬喩の域を出ないように思われる。
24) 「入会集団そのものは……人格をもたないため、……法律行為の主体として現れるのは、入会権者全員ということにならざるをえない」(高須＝松岡編著・前註 (11) 134～135 頁)。
25) 参照、最判平 6・5・31 民集 48 巻 4 号 1065 頁。

第2編　物　権　補章　入会権・旧慣使用権

場合には旧慣使用権への再編を迫られ、ならなかった場合には共有の性質を有する入会権として存続した[26]。

一方、"他村持地入会"及び"私有地入会"は、旧村が町村・区となった場合であれ、ならなかった場合であれ、共有の性質を有しない入会権として存続した[27]。

これに対し、農商務→農林・内務両省は、明治44年頃から昭和22年頃まで、"数村持地入会"及び"他村持地入会"につき、上記と異なる見解[28]を採っていた。即ち、これら複数の町村・区に亘る入会慣行は、第一次的には町村・区を主体とする権利として把握されるべきであり、これこそが「入会権」に当たるといい、それが第二次的には町村民・区民によって行使され、この「入会権」に基づく使用収益権こそが「旧慣使用権」に当たるというのである[29]。この見解は、明治44年の入会整理法草案（次節第三款参照）の立案過程で、上山山林局長（前法制局参事官兼行政裁判所評定官）及び渡辺地方課長によって固められた[30]（本書では、この見解に基づく入会権・旧慣使用権の語を鉤括弧付きで表すこととする。）。

─────────

26)　数旧村のうち町村・区となったものとならなかったものがある場合には、旧慣使用権と共有の性質を有する入会権が併存することとなるか定かでないが、ここでは立ち入らない。

27)　参照、大8・6・16司法次官回答（遠藤治一郎『日本林野入会権論』改訂増補版（公有林野調査会・昭32）156頁）及び高須＝松岡編著・前註(11)129頁。

28)　これに対し、現在の見解として参照、「市町村の境界変更があり、旧慣による使用権を有していた山林が他の町村の区域に編入された如き場合は、その使用権は当然に消滅する」（長野士郎『逐条地方自治法』初版（学陽書房・昭28）596頁）。但し、この場合に旧慣使用権が入会権として存続する趣旨かは定かでない。

29)　「入会権ノ整理」とは、「数市町村又ハ数市町村部落若ハ数部落間ノ入会関係ヲ単独市町村又ハ単独部落ノ関係ニ整理」することをいう（昭14・1・31山林局長照会。遠藤・前註(27)380頁）。「数町村または数部落の入会において、入会権の主体は町村あるいは部落なる法人であって、その住民が入会山林に立ち入って採草採薪をおこなうのは、住民の所属する町村または部落の有する入会権を、『町村制』第九十条（旧『町村制』第八十三条）の規定にもとづいて行使する」（農林大臣官房総務課編『農林行政史』5巻上（農林協会・昭38）730頁）。なお、現在の私法学界にも、「関係全部落の合意で、数村持地入会をいくつかの一村持地入会に分解すること……は許される」という見解がある（鈴木禄弥『物権法講義』5訂版（創文社・平19）71頁。その先駆として参照、末弘厳太郎『物権法』下巻（有斐閣・大11）707頁）。

30)　参照、渡辺忠寿「公有林野の整理統一」大日本山林会編・前編第3章註(82)152頁。その際、**民法**起草委員が精査する暇のなかった明治26年の慣行調査（参照、福島正夫＝西川善介編『民法成立過程と入会権──明治二十六年全国山林原野入会慣行調査資料の総括分析』（森林所有権研究会・昭43）分析編7頁）も参酌されたという（参照、渡辺・同153頁）。確かに、「入会」を入会集団が複数の場合に限った点は、伝統的な用語法と合致している（参照、川島武宜編『注釈民法』7巻（有斐閣・昭43）510頁〔川島〕）。

416

第1節　総　則

　(4)　現在の判例理論[31]によると、入会権は〈入会集団の慣習的統制の下にある入会地毛上の使用収益という事実の上に成立している権利〉と要約される。ここには、入会集団の統制、毛上の使用収益（生活必需的な現物の採取に限らず、賃料等の金銭収入でもよい。現在ではそれが通常であろう。）及び事実の上に成立している権利という三つの要素が示されている。

　第一点によると、慣習の変化に伴い、当初の共同利用形態から団体直轄利用形態[32]（留山）・個人分割利用形態（割山）へと推移しても、入会集団の統制の下にある限り、入会権であることを失わない。併しながら、例えば個人分割利用形態において、割地の自由譲渡性が認められるに至ると、もはや入会権は解体消滅したとされる[33]。

　第二点によると、毛上の使用収益が無制限でよいとすれば、もはや土地を排他的に支配する近代的物権と変わらなくなるため、入会権には自ずと"合理的に許容される使用収益量"があると考えられる[34]。例えば、他人の土地上に生育する竹木を転売目的で無制限に伐採するような権原は、地上権と変わるところがないため、共有の性質を有しない入会権とは認められない（慣習をそのような内容に改めることは、たとい所有者の同意があったとしても、もはや入会権の変更でなくその消滅及び地上権の設定として位置付けられる。）。この点は、旧慣使用権についても妥当する（これを地上権と同等の権利とすることは、もはや変更でなく消滅として位置付けられる。）。

　共有の性質を有する入会権についても、それが存する土地は近代的所有権制度が妥当する以前の土地であり、公共用物に近い[35]と捉えることが出来れば、

---

31)　「もともと、入会権は慣習によつて発生し事実の上に成立している権利であるから、慣習の変化により入会地毛上の使用収益が入会集団の統制の下にあることをやめるにいたると、……解体消滅に帰したものというべく……」（最判昭42・3・17・前註(17)）。

32)　いわゆる契約利用形態は、「［団体］直轄利用形態の亜種とみられる」（広中俊雄『物権法』下巻（青林書院・昭56）500頁。同旨、中尾・前註(11)100頁。

33)　参照、瀬戸正二〔判解民昭40〕152頁、加藤雅信「戦後の判例にみる『入会権』の解体の法理・序説」平井古稀『民法学における法と政策』（有斐閣・平19）216頁及び中尾・前註(11)278～279頁・306～307頁④。

34)　大判明34・2・1民録7輯1頁は、喬木の伐採を制限しない入会権の存在を認めたに止まる。大判昭14・1・24法律新聞4380号5頁は、入会権に基づき採取される産物が生活の主要資源でなくともよいとしたに止まる。

35)　これに対しては、入会地といえども地券が発行された以上、その名義人の近代的所有権を確認する国家意思は表現されているという反論があり得よう。併しながら、入会者全員の共有名義の

417

「公水使用権は……使用目的を充たすに必要な限度の流水を使用しうるに過ぎない[36)]」という判例を類推する余地があろう。蓋し所有権絶対の原則はあっても、入会権絶対の原則はないからである。

第三点によると、入会権は占有権の一ヴァージョンであり[37)]、集団化された占有の保護に関する権利として位置付けられる[38)]。その消滅には、所持の喪失だけでなく占有意思の抛棄も必要である（民法203条参照）が、後者は通常の意思表示と同じく黙示的なものでもよい[39)]。

第2節　入会権・旧慣使用権を変更する国家作用（狭義）

第1款　入会権・旧慣使用権を変更する立法作用（狭義）

(1)　該当例は見当たらない。

(2)　昭和8年の（旧）森林法改正案（帝国森林会）62条2項[40)]は、森林組合を設立することにより入会権を法人及びその構成員の権利に変更するのでなく、それを命ずる措置法律に止まる（同項にいう森林組合は、各組合員が森林を所有し、組合が各組合員の計算において施業する"事業組合[41)]"（Wirtschaftsgenossenschaft）"

　　　地券であれば格別、少なくとも個人・寺社名義等の"不実"の地券（参照、戒能・前註(17) 252〜259頁）であって官吏の慾應に基づくものに関しては、本文のように捉えることも決して不自然でないと考えられる。
36)　最判昭37・4・10民集16巻4号699頁。
37)　「入会権は、占有権と同じく、事実の上に成立している」（瀬戸・前註(33)133頁）。
38)　恐らく同旨、「入会行為は権利其ものでなく、権利行使の一様式で、民法の入会権は偶々此権利行使の方法夫れ自体を権利の基礎的要件としたるに過ぎない」（渡辺・前註(30)160頁）。
39)　恐らく同旨、小倉顕〔判解民昭48〕445頁（川島編・前註(30)579頁〔中尾英俊〕を敷衍したもの）。
40)　「旧来ノ慣行ニ依リ共同シテ使用収益ヲ為ス林野ニ対シテハ使用収益者ニ於テ森林組合ヲ設立スヘシ」「前項ニ依リ設立シタル森林組合ハ施業森林組合トス」（同条同項本文・3項。宮田長次郎編『現行森林法改正案説明書』（帝国森林会・昭8）104頁）。
41)　参照、島田錦蔵『森林組合論』（岩波書店・昭16）118〜120頁。"事業組合"の設立を命ずる行政行為の立法例として、施業直営組合の設立命令（(旧)森林法66条ノ2（昭14法15－昭26法249）第1項）があるが、持分の観念すらない入会林野への適用は予定されていない（参照、74・衆・森林法中改正法律案外1件委5回（昭14・2・16）12頁〔村上富士太郎政府委員〕）。なお、森林法（昭26法249－）2条2項にいう「森林所有者」も、入会権者を含まないと解されている（参照、武田誠三「新森林法について」法律時報23巻8号（昭26）59頁）。

第 2 節　入会権・旧慣使用権を変更する国家作用（狭義）

でなく、組合が森林を所有し、自己の計算において施業する"所有組合[42)]（Eigentums-genossenschaft）"に近いとされていた[43)]）。

　なお、**森林法**は"所有組合"として生産組合[44)]（86 条（昭 26 法 249 − 昭 53 法 36）2 項[45)]）。現・生産森林組合（**森林組合法**（昭 53 法 36 −）**3 条 1 項**））を実定化した[46)]が、その設立は任意とされている（そもそも**森林法**が制定されたのは、森林組合の強制加入制を廃止するためでもあった[47)]）。

　(3)　共有の性質を有する入会権のうち、団体直轄利用形態であって入会集団が権利能力なき社団であるものについては、当該社団を"所有組合"とすることにより入会権を法人及びその構成員の権利に変更する措置法律が許容されるかは、検討に値しよう。

　これは、法人の存在を確認するもの（民法施行法 19 条（明 31 法 11 − 平 18 法 50）1 項[48)]）でもなければ、ある法令の適用につきそれを擬制するもの[49)]（取引高税法（昭 23 法 108 − 昭 24 法 285）4 条[50)]及び保険募集の取締に関する法律（昭 23

---

42)　参照、島田・前註 116～118 頁。
43)　参照、宮田編・前註（40）111～112 頁。
44)　「生産組合の制度を設けた主たる理由は、現在の部落有林その他の共有林経営を生産組合経営に切り換えることによって組織化、合理化し得る可能性を与えることに在る訳であつて、無責任、無秩序な経営による共有林の荒廃防止がその狙いの一つであるといえる」（岡安誠「森林組合制度改編の行方」農林時報 10 巻 3 号（昭 26）28 頁）。
45)　先例、**水産業協同組合法**（昭 23 法 242 −）**2 条**（漁業生産組合）及び**中小企業等協同組合法**（昭 24 法 181 −）**3 条 4 号**（企業組合）。
46)　同組合では、「組合員がその森林を組合に現物出資してしまうと、その出資した森林についての従前の権利は、すべて組合という一個の法人に帰属し、組合の主体性の下に経営がなされることとなる。反面、組合員は出資に応ずる持分（……）を有し、組合の事業に参加する義務と組合の収益の配当を受ける権利をもつこととなる。いわば組合員は組合という法人格の中に埋没する関係になる」（全国森林組合連合会＝森林組合制度史編纂委員会編・本編第 4 章註(21)818 頁）。立案過程につき参照、同 3 巻（昭 48）456 頁・469 頁・497 頁・512 頁・517 頁・525 頁。
47)　参照、林野庁経済課編・序説註（8）30～32 頁。
48)　類例、宗教団体法 2 条 1 項。
49)　参照、「社団は組合と異り、その構成員の単なる集合を超越する独立の存在であつて団体自身として活動するものであり、又財団は数箇の財産の結合であるが単一の権利の目的として取扱われるものであるので、これらはたとい法人格がなくても、その営む社会的及び経済的機能の実体は法人と同様であると考えられるので個人の集団等と見るよりはむしろ一個の法人とみなして、課税対象及び課税関係を明確ならしめるのが妥当と認められるのである」（大蔵省大臣官房文書課編『取引高税法逐条解説』（大蔵財務協会・昭 23）29 頁）。
50)　類例、（旧）法人税法 1 条（昭 32 法 28 − 昭 40 法 34）2 項→**法人税法**（昭 40 法 34 −）**3 条**等。

419

法171 －平7法105）27条1項[51]→**保険業法**（平7法105 －）**321条1項**）でもない。入会権を抛棄することによって旧入会地を共有地とする[52]と共にこれを現物出資したと看做すことにより、法人の設立を擬制するものである[53]（民法施行法22条（同前）のような過料の制裁をもって登記を義務付ける規定及び**建物の区分所有等に関する法律47条**（昭58法51 －）**5項**のような入会集団の内部行為の効力を法人に承継させる規定も必要となろう。）。

　法人を直接設立する国家作用はわが法制では例外中の例外に属する（前編第2章第1節参照）が、特に本分野において不動産登記制度が機能せず、取引の安全が害されているという社会的不利益を解消するものであり、かつ、法律関係を実態に適合させるだけであって入会集団の構成員に不利益を与えることもないため、既存の立法例と全く異なる理由により、正当化する余地はあろう。

第2款　入会権・旧慣使用権を変更する司法作用（狭義）

（1）　該当例は見当たらない。

（2）　共有の性質を有しない入会権については、その行使を"合理的に許容される使用収益量"を下回らない範囲内で限定することは、そもそも土地所有者の権能に含まれていると解する余地がある（国有林野の入会慣行に関する最高裁判決（本章第4節第1款参照）は、この理解に親和的であるように見える[54]。）。このような限定を求めた者の土地所有権の内容を確認する判決が、入会権を変更する司法作用に当たらないことは勿論である。

第3款　入会権・旧慣使用権を変更する行政作用（狭義）

（1）　これに該当する立法例は、旧慣使用権（①）及び入会権・旧慣使用権の双方（②③）に関する類型に大別される。

---

51)　類例、事業者団体法（昭23法191 －昭28法259）14条3項→**私的独占の禁止及び公正取引の確保に関する法律95条**（昭24法214 －）**2項**等。
52)　後註(101)参照。
53)　これに類似する行政処分の先例として、テューリンゲン・森林令（Forstordnung, vom 17. September 1930）35条1項がある。
54)　「官有地に編入された土地については、国が所有権者としてその地上の入会権の行使について何らかの規制・制限を加えること自体は別に異とするには当らない」（小倉・前註(38)443頁）。同じく参照、最判昭42・3・17前註(17)。

第 2 節　入会権・旧慣使用権を変更する国家作用（狭義）

　(2)　①旧慣の変更処分（((旧) 町村制 83 条→町村制 90 条 1 項→**地方自治法** 209 条 1 項（現 **238 条の 6 第 1 項**））は、旧慣使用権を変更する行政処分に当たる。

　①は、町村会・区会（((旧) 町村制 114 条→町村制 125 条）→市町村・財産区の議会[55]（**地方自治法 295 条**）の議決を経てされる点で、公共組合による自治的行政処分（総会の表決を経てされる換地処分（耕地整理法 61 条 1 号。現・**土地改良法 54 条 1 項**）等）とパラレルに位置付けられる。住民の権利を住民から構成される法人が変更するものだからである。具体例としては「刈秣ヲ為スノ区域若ハ期間ヲ限定」することが挙げられている[56]が、利用方法に止まらず、利用形態（前節参照）自体の変更も可能であろう。

　(3)　公有原野等の管理区分の更正認可（((旧) 森林法施行規則 2 条（明 40 農商務省令 21 −昭 26 農林省令 54。廃止時 3 条）2 項[57]。申請内容を更正する部分に限る。申請は義務的である。）は、旧慣使用権を変更する行政処分には当たらない。

　類例である公有牧野の管理方法の認可（((旧) 牧野法（昭 6 法 37 −昭 25 法 194) 2 条 1 項[58]。申請は義務的である。）が更正認可制を踏襲しなかった点に着目すると、旧慣使用権の変更はこれによって直接でなく、飽くまで①を通じて実現されると解するのが自然だからである。故に、これは公共団体に対して①をするよう命ずる行政行為に止まる。

　その主眼は、小柴採取等の地域及び方法を限定して[59]林業地を確保すること[60]により、収奪的な旧慣使用を集約的なものとする点にある。その際、従前

---

55)　区会（前節参照）と同じく、財産区と市町村全体の利害が相反する場合には、財産区の議会を設置しなければならないと解される。長野・前註(28)921〜922 頁には「設けることができる」とあるが、疑問である。

56)　五十嵐他・本編第 3 章註(490)713 頁。

57)　「公共団体……ハ其ノ公共団体……ニ属スル原野、山岳、荒蕪地又ハ森林タリシモノニシテ現ニ荒蕪セルモノニ付森林トシテ管理スヘキモノト否トヲ区分シ……地方長官ノ定メタル期間内ニ……認可ヲ受クヘシ」「地方長官ハ区分ヲ更正シテ前項ノ認可ヲ与フルコトヲ得」（同条 1 項・2 項）。

58)　「地方公共団体ハ其ノ所有スル牧野ニ付命令ノ定ムル所ニ依リ管理方法ヲ定メ行政官庁ノ認可ヲ受クベシ」（同項本文）。

59)　「小柴採取地ハ小柴ノ生産量及需用額ヲ調査シ尚ホ将来ニ於ケル採取法改良ノ能否他方面ヨリスル供給変遷等ヲ考察シテ必要ナル地域ニ止ムルコト」「前項ニ依リテ画定シタル小柴採取地ハ旧慣ヲ参酌シ適当ナル方法ヲ定メテ利用セシムルコト」（明 43・10 農商務・内務両次官通牒「公有林野整理開発ニ関スル件」第 6 項 1 項・第 2 項。遠藤・前註(27)290 頁）。

60)　確保された林業地には、公有林等の施業案の認可の申請の義務付け（((旧) 森林法 9 条（明 40 法 43 −昭 26 法 249）1 項）が予定されている。

421

の生産量・消費量、代替的な供給先の見通し等を考慮すべき事項として掲げている。

なお、旧慣使用林野と異なり、入会林野については、このような申請の義務付けはされなかった。即ち、(旧)牧野法は公有牧野しか対象としていない[61]し、私有林等の施業案の認可の義務付け（(旧)森林法9条（昭14法15－昭26法249）1項[62]）も入会林野を対象としていない[63]。その理由は、法人でない入会集団に意思決定をする義務を課すことが、およそ考えられないからであろう。法人である株式会社においてすら、行政上の義務の履行に株主総会の決議を必要とする場合に、取締役が合理的な議案を提出したにも拘わらず、これが否決されたときには、会社、取締役、株主いずれの責任も問うことが出来ないと解されている[64]のである。

(4) 明治44年の入会整理法草案[65]は、"数村持地入会"及び"他村持地入

---

61) 「地方団体ノ方ノ制限ハ矢張リ民法的ノ技術ニモ関聯シマスケレトモ、目的カ比較的ニ達シ易イト思フノテアリマス、……個人ノ方ニナルト……一般的ノ民法トノ関係ナトカ余程ムツカシイテアラウト思ヒマス」（農林省畜産局『第四回馬政委員会議事録』（昭2）144〜145頁〔戸田保忠委員〕）。「〔畜産〕局ニ於テハ屢々立案ヲシテ色々攻究ヲ致シマシタ……ガ、民法上ノ権利及市〔制〕町村制等ニ依ル公法上ノ権利、或ハ慣習ニ依ル使用方法ハ非常ニ複雑デゴザイマシテ、権利関係カラ之ヲ規定シテ〔旧〕牧野法ヲ制定スルト云フ考ハ非常ニ困難デアルト考ヘタノデアリマス」（59・貴・競馬法中改正法律案特別委3号（昭6・3・24）3頁〔戸田保忠政府委員〕）。なお、(旧)牧野法の後法である**牧野法**（昭25法194－）**3条1項**は、必ずしも明瞭でないが、旧慣使用牧野すら対象としていないようである（参照、斎藤誠三「牧野法について」農林時報9巻9号（昭25）11頁）。

62) 「命令ヲ以テ定ムル……私有林ノ所有者ハ其ノ所有スル森林又ハ造林ノ用ニ供スル土地ニ付命令ノ定ムル所ニ依リ施業案ヲ編成シ地方長官ノ認可ヲ受クヘシ」（同項前段）。

63) 「此ノ法律ノ改正ニ依ツテ現行ノ入会権ヲドウ斯ウスルト云フコトハ致シマセヌ、唯入会権ガ整理セラレテ、其ノ結果森林トシテ管理スベキ土地ト決ツタモノニ付キマシテハ、此ノ〔旧〕森林法ニ依ツテ施業案ヲ確定スルト云フコトニナリマスガ、……未確定ノ所ニ付テハ〔旧〕森林法ヲ其ノ儘適用スル訳ニハ参リマセヌ」「部落ノ決議等……入会権者ノ総会……ニ依ツテ整理シテ行クベキモノダト思ヒマス、……即チ施業案ヲ作ル場合ニ於テ、……ソレニ応ズル入会権ノ内容ヲ処理シテ行カナケレバナラヌ」（前註(41)5回15頁・18頁〔村上政府委員〕）。

64) 「取締役が最大限の努力をして客観的に合理的な案を提出したにもかかわらず、ついに株主総会で……特別決議が得られないということになりますと、これは取締役としてはいかんともしがたい。……この場合にすら取締役の責任を問うということはできない」（80・衆・商工委14号（昭52・4・20）18頁〔香川保一政府委員〕）。

65) 本書では、同年4月の地方官会議に諮問された草案（宮城県公文書館蔵『明治四十四年四月地方官会議関係書類宮城県』（請求記号：M44-0051））を用いる（山梨県庁所蔵のもの（北条浩『入会の法社会学』下巻（御茶の水書房・平13）99〜100頁）と同文）。手束平三郎『森のきた道』（日本林業技術協会・昭62）132頁は、これを「第一次草案」と呼ぶ。なお、本草案に先立

会"における町村・区の「入会権」及び町村民・区民の「旧慣使用権」から成る重層構造を変更する行政処分として、②入会関係の整理方法の決定を規定していた（5条1項[66]）。

同草案は、司法省・法制局の了解を得たが、農務局の反対により省議決定には至らなかったという[67]。このため「入会権」の整理は、行政指導を通じて次のように実施された。

> 「先ず入会権の権利主体である市町村又はその一部たる法人の協議によつて、(イ)共有の性質を有する入会権（民法第二百六十三条）の場合は、なるべく地盤の分割により、或は入山する区域の分離又は一方の権利を他方において買収するなどの方法によつて行われ、若し利用目的が共通であるなどの関係から共同経営を有利とする場合には、各自の持分を協定して権利関係を共有権に改め、然る後に共同経営を行うのが普通であつた。また(ロ)共有の性質を有せざる入会権（民法第二百九十四条）の場合には、地盤に所有権のない入会権者が有料又は無料で地盤の所有権の一部を獲得して地盤の所有権者となり或は地盤の所有権者が代償を支払つて一方の権利を買収し、或はその入会区域を限定するなどの方法で行われるものが多」かった[68]。

って遙かに包括的な案があり、司法省等との協議及び法制局審査を経て簡略化された模様である。「成案は第一に民法の入会権なるものゝ実質を確定し、第二は市制町村制に依る住民の市町村財産使用権の意義を定め、第三に入会に関する権利の得喪変更、第四に権利者の資格、第五に入会整理の方法を定めたもので、就中整理に関しては個人の権利を尊重し、頗る周到なる方法を定めた。即ち之に関して整理協議会、整理審査会の如き機関を設け、入会関係地の所有者たる市町村部落の利害と、入会行為を為す個人の利害と相背馳することなきやう之を調節する方法を設けたのである。又此法律草案と共に、細密なる施行規則の草案も作り同時に入会整理を促進する入会整理組合なるものゝ組織権能をも起草したる為、終に浩瀚なものになつた」（渡辺・前註(30)160頁）。

66) 「市町村又ハ其ノ一部ノ所有スル森林、原野、山岳又ハ荒蕪地ニ於ケル入会関係ハ本法ノ規定ニ依リ之ヲ整理ス」（1条1項）。「入会権者ハ入会地所有者ト協議シ入会関係ヲ整理スヘシ」（2条）。「地方長官ニ於テ協議調ハストシ認メタルトキハ入会整理審査会ノ意見ヲ聴キ整理方法ヲ決定ス」（5条1項）。「第五条ノ決定中補償金ニ付不服アル者ハ通常裁判所ニ出訴スルコトヲ得」（8条2項本文）。「……整理方法ノ決定アリタルトキハ……行政訴訟ノ提起期間満了ノ日ノ翌日ニ於テ整理方法ノ定ムル事項ハ其ノ効力ヲ生ス」（9条1項本文）。「入会権者間、入会地所有者間並入会権者及入会地所有者間ノ協議ノ方法、入会整理審査会ニ関スル事項其ノ他入会関係整理ニ関シ本法ニ規定スルモノヽ外必要ナル規定ハ命令ヲ以テ之ヲ定ム」（10条）。「公簿上一個人ノ所有又ハ数人ノ共有ニ属スル森林、原野、山岳又ハ荒蕪地ト雖市町村又ハ其ノ一部ノ住民カ入会シテ産物ヲ採取シ又ハ利用スルモノニハ本法ノ規定ヲ準用ス」（13条）。

67) 参照、渡辺・前註(30)160～161頁及び上山君記念事業会編『上山満之進』上巻（成武堂・昭16）127～129頁。

②が予定していた整理方法の詳細は定かでないが、これらの行政指導と概ね同様であったと推測される。即ち、(イ)甲乙両村の"数村持地入会"の場合には、(a)対象地を分割すると共に各村の「入会権」の行使区域を各村の単独所有地に限定すること、(b)対象地を分割することなく各村の「入会権」の行使区域を限定すること、(c)甲村が乙村の「入会権」を買収すること及び(d)対象地を共有地とすることであり[69]、(ロ)甲村持地に乙村が入り会う"他村持地入会"の場合には、(e)甲村が対象地の一部を乙村に譲渡すると共に同村の「入会権」の行使区域を当該土地に限定すること、(f)甲村が対象地の一部を乙村に譲渡することなく同村の「入会権」の行使区域を限定すること及び(g)甲村が乙村の「入会権」を買収することである。

(a)(e)は村の「入会権」を消滅させ、上記の重層構造を単層構造("村中入会")化するものであるが、(b)(f)は村の「入会権」を変更するに止まる。とはいえ、(a)(b)(e)(f)は、村の「入会権」の消滅又は変更の結果として自ずと村民の「旧慣使用権」の行使区域が限定される点において、いずれも共通している。なお、(c)(g)は乙村の「入会権」のみならず乙村民の「旧慣使用権」をも消滅させるものであり((c)において甲村の"村中入会"が成立するのは、その反射に過ぎない。)、本章第4節第3款において取り上げる。

②の正当化根拠は、(イ)(ロ)によって全く異なっている。即ち、(イ)が"コモンズの悲劇"を回避して各「入会権」を保全するための相隣関係的な制約であり、それだけで正当化されるのに対し、(ロ)は乙村の「入会権」を一方的に制約するに足る甲村の土地所有権行使の重要性（造林等の高度利用）が存在して初めて正当化されるからである。尤も、「入会権」の重要性を判断する際の考慮事項——依存関係、地理的関係、公租負担関係等[70]——は、(イ)(ロ)いずれにも共通している。

ここでの「入会権」及び土地所有権は、地方公共団体を主体とすることにより、私権でありながら公益性を帯びたものとなっている。住民の生活に必要な

---

68) 遠藤・前註(27)285〜286頁。
69) "数村持地入会"にあっては、甲乙両村の境界が未確定の場合も少なくないが、同草案の立案時に、②と町村の境界の決定（町村制4条2項）との役割分担がどのように考えられていたかは定かでない。自治庁→自治省→総務省の見解（前註(28)参照）によると、市町村の境界の決定（**地方自治法9条の2**（昭27法306－）**第1項**）は、(a)(b)と同一の効果を持つことになる。
70) これらの事項は、行政指導に際しても考慮されたという（参照、遠藤・前註(27)286頁）。

産物を確保すること及び造林により基本財産を確実なものとすることは、いずれも町村・区固有の利益であり、「入会権」相互間及び「入会権」・土地所有権間の調整は、非訟事件の裁判でなく行政処分に馴染むといえよう。

②による行使区域の制限は、各町村・区の"合理的に許容される使用収益量"が確保されている限り、補償を要しないと解される。逆に補償をすればこれを下回ってもよいかが問題となるが、採取が生活必需的でなく、又は生活必需的であっても代替的な供給先がある場合には、肯定される余地もあろう[71]。これらの点は、共同利用形態のみならず、団体直轄利用形態・個人分割利用形態にも当て嵌まる。

以上の通り、②をするに当たっては、"合理的に許容される使用収益量"を確定することが先決となる。そのような行政処分の先例は、バイエルン・森林法（Forstgesetz, vom 28. März 1852）27条3項[72]（不確定林役権の確定林役権への変更の裁定）に見出されるが、わが国でいう(f)のみに対応するものであり、②のような「入会権」「旧慣使用権」の区別も前提としていない。

(5) 朝鮮における国有森林の入会の区域の指定（森林令（明44制令10 - 1961韓国法律881（山林法））8条2項[73]）は、入会権を対象とするものでない。

国有森林の入会慣行は、当初は入会権と理解されていた可能性もある[74]が、

---

71) 乙村に支払われた補償金は、旧慣使用権の変更・消滅手続に準じて処分されるべきである。但し、乙村民の権利を旧慣使用権でなく入会権とする現在の理解によれば、端的に乙村民の総有となろう（参照、最判平15・4・11判時1823号55頁）。

72) "Kommt eine solche〔freie Uebereinkunft〕nicht Stande, so hat die Forstpolizeibehörde die Umwandlung vorzunehmen und zwar nach folgenden Bestimmungen: ⋯⋯ 2. Ist nach der Natur der Berechtigung die Festsetzung eines bestimmten jährlichen Maßes nicht möglich, weil deren Ausübung von dem Eintritte gewisser Voraussetzungen abhängt, so geschieht die Umwandlung durch genaue Feststellung, sowohl der Voraussetzungen, unter welchen die Ausübung der Berechtigung eintritt, als auch der Größe, der Zeit und der Art der Ausübung."

73) 「国有森林ニ入会慣行アル地元住民ハ慣行ニ従ヒ其ノ森林ノ副産物ヲ採取シ又ハ之ニ放牧ヲ為スコトヲ得」「朝鮮総督ハ前項ニ規定スル入会ノ区域ヲ指定又ハ変更スルコトヲ得」（同条1項・2項）。「森林令第八条ノ入会慣行トハ地元住民ノ全部又ハ大部分カ国有森林ノ一定ノ区域ヲ限リ永年部落用又ハ自家用ニ供スヘキ産物ノ採取又ハ放牧ノ用ニ供シタル慣行ヲ謂フ」（森林令施行規則（明44朝鮮総督府令74）35条）。

74) 斎藤朝鮮総督府技師の説明には、「入会権」の語を用いた箇所がある（斎藤・本編第3章註(31)207頁）。朝鮮総督府『朝鮮総督府施政年報〔明44〕』（大2）310頁にも、「従来地方人民ノ慣行ハ出来得ル限リ之ヲ尊重スルノ趣旨ヲ以テ国有林野入会ノ権利ヲ認メタ」とある。

第2編 物　　権　　補章　入会権・旧慣使用権

最終的には、準貸付契約[75]に基づく使用・収益として整理された[76]（（旧）国有財産法ヲ朝鮮ニ施行スルノ件（昭11勅266－昭23法73（原法廃止））21条[77]）からである。この整理は、内地の国有林野に関する政府見解（本章第4節第3款参照）と平仄を合わせたものであろう[78]。

嘗ては内地の国有林野においても、個人を主体とする入会慣行が認められていた（官有森林原野及産物特別処分規則5条[79]（明24勅202－明32勅363）。これは恩恵であると説明されている[80]。）。併しながら、「此制度は地元人民をして一種の権利関係の観念を生ぜしむるに至り、夫れが為め従来国有林の施業を制限せらるる虞がある[81]」と考えられたため、（旧）国有林野法（明32法85－昭26法246）は委託林（18条[82]）を新設し、市町村・区を相手方とする契約に基づく使用収益へと切り替えた[83]。

---

75) 「貸付ト準貸付トノ差異ハ前者ハ其ノ物ヲ相手方ニ引渡シテ占有ヲ為サシムルニ在ルモ、後者ハ引渡ヲ為サス国ニ於テ其ノ物ヲ占有シテ本来ノ用途又ハ目的ニ供シナカラ支障ナキ限度ニ於テ之ガ使用又ハ収益ヲ為サシムルニ在リ」（岸田愿『会計法規辞典』（文英閣・昭8）143頁）。

76) 「森林原野に於て放牧を為さしめる場合に、其の土地の占有を移さずして之を許す場合の如きは、使用せしめる場合の準貸付であつて、下枝を落させ若しくは牧草を刈取らせ、又は土石を採取せしめる場合に於て、其の占有を移さずして之を許す場合の如きは、収益せしめる準貸付であるが、前例の場合に於て牧草を刈取らせると同時に放牧をも為さしめる場合は、使用収益の準貸付である。……〔旧〕国有財産法以外の法令に於て、貸付に依らざる国有財産の使用又は収益を規定したものと思はれるものに、森林令第八条……の規定がある」（矢野・前編第3章註(103)100～101頁）。

77) 「……森林令……中ノ国有財産ノ……貸付ニ依ラザル使用若ハ収益ニ関スル事項ニ付テハ〔旧〕国有財産法トノ関係ニ於テハ当分ノ内当該……制令ニ依ル」。

78) 〔なお、李・本編第3章註(36)248～252頁は、入会集団の統制の下にある「入会権」は元々朝鮮には実在せず、森林令8条にいう「入会慣行」は総督府が「創出」しようとした」ものであるとの仮説を呈示している。これによると、本文のような整理は、法律関係を実態に適合させたものといえよう。

79) 「農商務大臣ハ森林保護ノ為メ必要ト認ムルトキハ制限ヲ付シ地元人民ニ森林ノ副産物ヲ無料ニテ採取セシムルコトヲ得」。

80) 「官ト民トノ入会ハアリマセヌ」「人民ガ冥加銭ヲ出シマシテ、副産物ナリ芝ナリヲ貰ツテ居リ、ソレハ入会トハ申シマセヌ」「権利ハナイト思ヒマス」「是ハ恩恵的デヤッタ」（10・衆・森林法案審査特別委5号（明30・3・2）58頁〔高橋琢也政府委員〕）。明治30年の国有林法案も、同様の枠組みを採っていた（22条1項本文・2項・3項。同25号（明30・3・15）3頁。提案経緯につき参照、同6号（明30・3・4）65頁〔榎本武揚農商務大臣〕）。

81) 村田・本編第3章註(600)78頁。

82) 「国有林野ニシテ保護上必要ナル場合ニ於テハ市町村又ハ市町村内ノ一部ニ其ノ保護ヲ委託スルコトヲ得」「前項ノ場合ニ於テハ其ノ受託者ニ林野産物ヲ譲与スルコトヲ得」（同条1項・2項）。

83) （旧）国有林野法の後法である国有林野法〔現・**国有林野の管理経営に関する法律**〕は、委託

第2節　入会権・旧慣使用権を変更する国家作用（狭義）

　これに比べると、森林令が個人を主体とする国有林野の入会慣行を認めたのは、「かなり思い切った措置であった」とされる。尤も、同指定の併用により、「実質的には……委託林制度の実施と同じような結果とな」ったという[84]。

　(6)　③採石権の設定の決定（**採石法**（昭25法291－）**12条**。入会地・旧慣使用地（**地方自治法238条4項**）であるものに限る。）の一部に採石権を設定するものに限る。本編第4章第4節第3款参照）は、入会権・旧慣使用権を変更する合意を成立させる行政処分に当たる。

　③は、②と同じく、入会権・旧慣使用権の行使区域を限定するものであり、残余の部分だけで"合理的に許容される使用収益量"が確保される場合には、補償を要しないと解される。これは、地上権・永小作権のような土地そのものに対する支配権と異なる点である（地上権・永小作権が存する土地の一部に⑤がされる場合、常に補償が必要となる。）。

　③は、採石権の設定を受けようとする者と入会権・旧慣使用権者等との間で協議が調ったものと看做す構成を採っている（**採石法21条**）。入会権については、慣習に基づいて必要とされる割合の入会権者の同意が擬制されるが、旧慣使用権については、市町村・財産区の議会の議決まで擬制されることとなるのか、必ずしも明瞭でない（もし積極に解するならば、代表制原理との関係が問題となろう。）。

　これに対し、造林地の使用の制限の裁定（造林臨時措置法（昭25法150－平6法97）21条3項・2項）及び草地利用権の行使を妨げる権利の行使の制限の裁定（農地法75条の5（昭45法56－平21法57）第1項）は、いずれも入会権・旧慣使用権を変更する合意を成立させる行政処分には当たらない。使用裁決がされた土地における物権の行使制限（**土地収用法101条2項**）と同じく、権利の行使としてされる事実行為を禁止するものに過ぎない[85]（本編第3章第2節第3款

　　林を共用林野（**18条1項**）に改め、市町村を相手方とする契約と並んで、市町村内の一定の区域の住民全員を相手方とする契約を新設した（**同条3項**）。これは森林令に倣ったのでなく、民有林野を対象とする使用権の設定の裁定（農地調整法14条ノ3（昭22法240－昭27法230）第3項。〈次編第2章第7節第1款第3目参照〉）が認められたことに対応するものという（参照、林野庁監修・前編第3章註(101)79頁）。
84)　土井林学振興会編『朝鮮半島の山林』（同会・昭49）13頁。
85)　後者の想定問答には、「草地利用権に依る賃借権が解除され、または草地利用権の存続期間が満了したときは、その行使を制限されていた入会権が元に復することは当然である」とある（農

参照）からである。

　(7)　以上の立法例では、①が全面的な変更を可能としているのに対し、②③は行使区域の限定に止まる。これは、入会権が入会集団の統制の下にある占有の保護に関する権利である点（前節参照）に由来している。そのような権利を法的に変更するには、入会集団の統制そのものを変更するのでなければ、当該入会地の一定の部分につき保護を否定することぐらいしか考えられないからである。

　①が入会集団の統制そのものを行政処分化することが出来たのは、入会集団を公共団体としたからに外ならない。入会集団が私的集団である場合には、これに代えて、意思決定を擬制する構成（意思決定の省略を認める構成を含む。）が考えられるが、正当化は困難である。そのような構成は、決議の成立が内在的要因により困難である場合（破産手続における決議擬制の決定（（旧）破産法（大11法71－平16法75）180条1項〈前編第4章第1節第1款第2目〉参照））か、構成員の権利が実質的価値を失っている場合（営業の譲渡等に係る代替許可の決定（**金融機能の再生のための緊急措置に関する法律**（平10衆法132－）**22条1項**〈同目〉参照））に、非訟事件の裁判として認められるに過ぎないからである。入会権については、前者のような要因は存しないし、後者のような場合には、もはや入会慣行は解体していると認定されよう。

　一方、②③が行使区域の限定しか出来ないのは、①と異なり、内発的な変更でないからである。それは、元の入会地のうち削減を受けた部分における入会集団の占有を法的にレレヴァントでないものとする作用に止まる。②③を受けた入会集団は、他方当事者——他村（②(イ)）、甲村（②(ロ)）及び採石権者（③）——に対してのみならず、もはや対世的に占有を主張し得なくなる。これは、土地の使用裁決（前述）を受けた地上権者が使用者以外の第三者に対してはその占有を主張し得るのと異なっている。②③が、使用裁決と異なり、物権を変更する行政処分に分類されるのはこのためである。

　行使区域の限定は、②のように重層構造を単層化する段階では、地方公共団体相互の利害調整となるため、その正当化は容易である。これに対し、通常の単層的な入会権では、少なくとも粗放な土地利用が公益上著しい支障を及ぼす

地制度史編纂委員会編『戦後農地制度資料』5巻（農政調査会・昭60）446頁）。

場合か、他に優越する公益が存する場合でなければ、その正当化は不可能である。とはいえ、前者の場合には、造林地の使用の制限の裁定（前述）、後者の場合には、土地の使用裁決（前述）で十分であり、入会権自体を変更するまでの必要性はない。③は、入会権との間の利益状況及びその手続構造では使用裁決と変わらないが、たまたま採石権が私権とされた結果、入会権を変更する行政処分となったに過ぎない。

第3節　入会権・旧慣使用権を変更する国家作用（広義）

該当例は見当たらない。

第4節　入会権・旧慣使用権を消滅させる国家作用

第1款　入会権・旧慣使用権を消滅させる立法作用

(1) 該当例は見当たらない。

(2) 共有の性質を有しない入会権につき、土地所有者がその行使を"合理的に許容される使用収益量"に限定する権能を有するという見解（本章第2節第2款参照）を採らない場合には、**民法**施行から一定期間を経過した後、土地所有者がその消滅を請求することが出来るとする措置法律が検討されて然るべきであろう。**民法**は、近代的所有権が前近代的権利によって未来永劫制限され続ける事態を予定していないと解されるからである。類似の先例としては、**民法**施行前に永久存続すべきものとして設定された永小作権があり、土地所有者は**民法**施行から50年を経過した後、その消滅を請求することが出来る[86]（**民法施行法47条**（明33衆法71－）**3項前段**）。

因みに、このような措置法律は団体を解散させるものでない点に注意を要する。入会集団は償金を総有しつつ存続するからである。

---

86) **民法施行法**の制定時には、無償で当然消滅するとされていた（同条2項）。なお、**同条**（明33衆法71－）**3項後段**は、土地所有者がこの権利を行使しない場合、永小作人が土地を買い取らなければならないとするが、入会権につきその必要性があるかは、別途検討を要しよう。

第2編　物　権　補章　入会権・旧慣使用権

第2款　入会権・旧慣使用権を消滅させる司法作用

(1) 該当例は見当たらない。

(2) 共有の性質を有しない入会権につき、土地所有者がその行使を"合理的に許容される使用収益量"に限定する権能を有するという見解（本章第2節第2款参照）を採る場合には、これを一歩進めて、使用収益が生活必需的な現物の採取でなく賃料等の金銭収入に置き換わっている場合（現在ではそれが通常であろう。）には、土地所有者は留置権消滅請求（**民法301条**）に類似した権能を有するという見解もあり得るかも知れない。即ち、土地所有者は他の土地上に地上権等を設定する代わりに、入会権の消滅の承諾を求めることが出来、承諾が得られない場合には、代担保供与の承諾に代わる判決（（旧）民事訴訟法736条（明23法29－昭54法4）→**民事執行法174条1項**）に相当する判決を求めることが出来るという見解である。併しながら、地上権等の準共有者となるべき入会権者間に組合契約が成立する保障はなく、入会集団の存続が危険に曝されるため、解釈論としても立法論としても、正当化は困難であろう。

第3款　入会権・旧慣使用権を消滅させる行政作用

(1) これに該当する立法例は、旧慣使用権（①）及び入会権・旧慣使用権の双方（②～④）に関する類型に大別される。

(2) 地租改正における「公有地」（（旧）地所名称区別。現在の用語法でいう「地方公共団体の所有地」という意味ではない。）の官有査定（本編第3章第1節第3款参照）は、入会権を消滅させる行政処分には当たらない。

政府は、長らく積極説を採っていた[87]。即ち、「入会権ヲ消滅サセル法律、有ルヤ無シヤ」という花井衆議院議員の質疑に対し、岡野農商務省参事官（東京帝大教授）は、明治7年達143号[88]及び山林原野等官民所有区別派出係員心得書（明9地租改正事務局別報達11）を挙げ[89]、次のように答弁している。

---

87) 参照、69・参・内閣委・閉3号（昭47・8・31）4～5頁〔吉国一郎説明員〕。
88) 「今般地所名称改定候ニ付テハ従前私有地ハ民有地第一種ニ編入シ村請公有地ノ内所有ノ確証有之モノハ第二種ヘ編入可致尤公有ト称候内ニハ各種ノ地所有之候間……従来ノ景況篤ト検査ヲ加ヘ官ニ属ス可キモノハ官有地ニ編入シ民ニ属ス可キモノハ民有地ニ編入シ官民ノ所有ヲ難分モノハ別紙雛形ニ準取調内務省ヘ可伺出此旨相達候事」。
89) 16・衆・国有森林原野入会ニ関スル法律案外3件委4回（明35・1・29）24頁〔花井卓蔵、

第4節　入会権・旧慣使用権を消滅させる国家作用

「〔心得書〕第一条ト第三条[90]ノ精神カラ考ヘテ見ルト……入会権ト云フモノハ、原則トシテ官有地ニ編入シタモノニ附イテハ消滅スル、併ナガラ消滅セシメテ忽チ差支ノ生ズルモノハ、ソレゾレ〔払下・拝借〕処分シテヤレト云フコトニ解釈スルノガ、当然デアラウト思フ」「入会権消滅ト云フコトガ前提セラレテ、地租改正処分以来、今日ニ至ルマデノ処分、……法令皆ナ其前提ニ基イテ出来テ居ルノデアリマスカラ、……今日尚……国有林野ニ対スル入会権ガ存在シテ居ルト云フコトハ、チトムヅカシクハアルマイカト思フ[91]」。

大審院もまた、上記の法令を根拠として、官有と査定された「公有地」上に存していた入会慣行が「入会権ナルト否トヲ問ハス〔、〕……一切斯ノ如キ私権関係ノ存続ヲ認メサルモノト解セサルヲ得ス[92]」（傍点引用者）と判断した。

ところが、昭和48年に至って最高裁は次のように説示し、判例変更に踏み切ったのである[93]。

「官民有区分処分は……課税の基礎となる地盤の所有権の帰属を明確にし、その租税負担者を確定する必要上、地租改正事業の基本政策として行なわれたもので、民有地に編入された土地上に従前入会慣行があつた場合には、その入会権は、所有権の確定とは関係なく従前どおり存続することを当然の前提としていたのであるから、官有地に編入された土地についても、入会権の消滅が明文[94]をもつて規定されていないかぎり、その編入によつて、入会権が当然に消滅したものと解することはできない」。

同判決で問題となった屛風山は、「公有地」でなく旧藩有林である。しかも地租改正により「官地民木林」とされた結果、入会権どころか林木所有を目的とする地上権の存在まで推定される[95]（**地上権ニ関スル法律**（明33法72－）1

岡野敬次郎政府委員〕（原文濁点一部脱落）。
[90]　「従前秣永山永下草銭冥加永等ヲ納ムルモ曽テ培養ノ労費ナク全ク自然生ノ草木ヲ採伐シ来タルノミナルモノハ其地盤ヲ所有セシモノニ非ス故ニ右等ハ官有地ト定ムヘシ但其伐採ヲ止ムルトキハ忽チ支吾ヲ生ス可キ分ヲ払下或ハ拝借地等ニナスハ内務省ノ管掌ニ付地方官ノ意見ニ任スヘシ」。
[91]　前註(89)20頁〔岡野政府委員〕。
[92]　大判大4・3・16民録21輯328頁。
[93]　最判昭48・3・13民集27巻2号271頁。
[94]　心得書3条につき小倉調査官は、「払下あるいは拝借地等にするのは内務省の権限に属することであるから……地方官の裁量に委ね、派出官としてはこの権限を侵すことがないようにという注意事項を規定しているにすぎないと読むのが素直である」という（小倉・前註(39)450頁）。
[95]　（旧）国有林野法は、「たとひ国有の土地にして林相を形成するも必ずしも国有林たらず〔。〕是れ山林の地籍を有せざればなり」として、地目主義を採っていた（柴田・本編第3章註(268)

431

条）という特異な事例であった。それにも拘わらず、同判決は敢えて、民有査定における入会権の存続という効果は官有査定全般にも妥当するという一般命題を樹立したのである。

　そもそも入会慣行が存する土地の官民有査定は、次の四つに分類される。第一は、（旧）地所名称区別・地所名称区別いずれによっても入会者以外の私人の所有権が認められる類型（積極的民有査定）である。第二は、（旧）地所名称区別により「公有地」とされ、地所名称区別により入会者の所有権が認められた類型（消極的民有査定）である。第三は、（旧）地所名称区別により「公有地」とされたが、地所名称区別によっては入会者の所有権が認められず、"無主物国有の法理"（本編第３章第１節第３款参照）に基づき国の所有権が認められた類型（消極的官有査定）である。第四は、（旧）地所名称区別・地所名称区別いずれによっても国の所有権が認められる類型（積極的官有査定）である。

　第一類型における入会慣行（"私有地入会"）は、査定後には、共有の性質を有しない入会権として位置付けられる。第二類型における入会慣行（"村中入会"）は、査定後には、共有の性質を有する入会権として位置付けられる。ここまでは争いがない。第三類型における入会慣行については、大審院は、査定前に入会権であったかを問わず、査定後にはその裏付けとなる私法上の権原はないとした。これに対し最高裁は、第一類型と同じく、査定の前後を通じ、入会権として存続するとした。第四類型における入会慣行については、大審院は触れていないが、最高裁は第三類型と同様であるとした。

　両者の相違は、大審院が共有の性質を有しない入会権を用益物権に擬えて把握したのに対し、最高裁はこれを占有権又はGewereのアナロギー（本章第１節参照）により把握した点にある。前者は、**民法**が入会慣行を近代物権法上に位置付けた点、後者は、入会慣行が前近代法に立脚する点をそれぞれ重視するものといえよう。

　大審院の立場では、近代法上の用益物権たり得る前近代法上の法状態は、近代法上の所有権たり得る前近代法上の法状態（"所持"）に従たるものとして存在していなければならない。第三類型では、後者の法状態が存在しない以上、

　　７～８頁）。このため、屏風山は明治38年まで国有林として扱われず、実際に地上権の設定登記をした者もあったという（参照、青森営林局計画部『屏風山沿革参考資料』（昭14）138頁・197頁）。

第4節　入会権・旧慣使用権を消滅させる国家作用

前者の法状態もまた存在し得ない。よって、第一類型を第三類型に推及することは不可能である。第三類型では、近代物権法を適用する基盤は査定によって初めて調うからである。

　これに対し、最高裁の立場では、第三類型においても、査定前の入会慣行は入会権として位置付けられ、それが法的行為たる査定によって消滅することはない。その反面、この入会権は、事実行為たる国有林野の管理によって比較的容易に消滅する運命にあるとされる。即ち同判決は、「その後……村民の官有地への立入りを制限し……た地域……においては、従前の入会権が事実上消滅し……たとみられる」とも説示しているのである。

　同判決は、入会権が消滅しない場合として、「植栽、培養を伴う明確な入会慣行……がそのまま容認されていた地域」を挙げている。これには、当該慣行が「公有地」上にあった場合、通常の藩有林上にあった場合及び「官地民木林」たる藩有林上にあった場合（屏風山）が考えられる。第一の場合、官有査定は第二類型を第三類型と誤認したものであり、私人はその取消及び土地の下戻を求めることが出来た（本編第3章第1節第3款参照）から、入会権者として保護されるのは、これらの救済手段を講じなかった者に限られる。第二の場合、当該慣行は部分林契約に基づくものと看做され（（旧）国有林野法19条2項[96]）、私人には林木の共有持分が認められるため、入会権者として保護する必要はない。第三の場合、私人は推定された地上権を登記することが出来た（**地上権ニ関スル法律2条**）から、入会権者として保護されるのは、期間内に登記をしなかった者に限られる。これらの入会権が国有林野の管理によって比較的容易に消滅するからこそ、権利の上に眠る者が権利を行使した者より手厚く保護されることにはならないのである。

　要するに、同判決は大審院の入会権理解を変更したものであるが、その実際的な帰結において大きな隔たりが生ずる訳でない。

　(3)　①旧慣の廃止処分（（旧）町村制86条→町村制90条1項→**地方自治法**209条1項（現**238条の6第1項**）。いずれも本章第1節参照）は、旧慣使用権を消滅させる行政処分に当たる。

　①は、旧慣の変更処分（本章第2節第3款参照）と同じく、公共組合による自

---

96)　本編第3章註(599)参照。

治的行政処分とパラレルに位置付けられる。但し、入会慣行が生活必需的である場合には、単に町村会・区会→市町村・財産区の議会の議決があったというだけでは、①をすることは出来ない（他の普通財産の準貸付契約をするなどの代替措置が必要となる。）と解される。

旧慣使用林野整備計画の認可（**入会林野等に係る権利関係の近代化の助長に関する法律22条1項**）についても同様である[97]（**同法21条1項・24条1項**）。

(4) 土地収用手続における②入会権・旧慣使用権を消滅させるための収用裁決→権利取得裁決（本編第4章第4節第3款参照）は、起業者の所有地上に存する入会権・旧慣使用権を消滅させる行政処分に当たる[98]。

このうち旧慣使用権を消滅させるものにあっては、起業者は地元市町村に限られる。旧慣使用権は、その存する土地が第三者に移転した場合には消滅する[99]（入会権として存続するかは別問題である。）からである。地元市町村は、財産管理者としての立場で①をすることが出来ない（必要な議決が得られない）場合にも、起業者としての立場で②を申請することが出来る。

②は、①③と異なり、入会慣行が生活必需的である場合にも、することが出来ると解される[100]。公用収用法制では土地に関する権利を公共団体規模で消滅させることも可能であり、その場合にも生活再建措置は義務的とされていないからである。

(5) 明治44年の入会整理法草案は、"数村持地入会"及び"他村持地入会"における町村・区の「入会権」及び町村民・区民の「旧慣使用権」を消滅させ

---

97) 所有権等の取得に関する旧慣使用権者の同意（**同法21条1項**）は、公有財産の売払契約等の申込に対する承諾に相当する（参照、高須＝松岡編著・前註(11)273頁）。また、農林業上の土地利用を増進する他の事業の効率的な実施を促進すること（**同法22条1項2号**）は、随意契約を認めるために加えられた要件である（参照、同251頁）。

98) 入会権が公用収用法制の対象となり得る点は、自作農創設特別措置法（昭21法43－昭27法230）37条1項→農地法施行令7条（昭27政445－平21政285）3項に明示されている通りである。

99) 前註(28)参照。

100) 例外は、公有牧野の買収（自作農創設特別措置法40条の2（昭22法241－昭27法230）第4項3号（廃止時4号）。共同利用牧野（同法40条の3（同前）第2号括弧書）を買収するものに限る。）であり、その対象は集約的に利用すれば不要となる部分に限られている。これは、他の公益事業のためにするものでないからである。なお、同法は入会牧野を対象としていない。大和田啓気農林事務官によると、「複雑な内容をもつ入会権をどう処理するかの問題を一応回避した」ためという（近藤康男編『牧野の研究』（東大出版会・昭34）381頁）。

る行政処分として、③入会関係の整理方法の決定を規定していた。即ち、本章第2節第3款に掲げた(c)(g)の類型である。

いずれも乙村の「入会権」ばかりでなく乙村民の「旧慣使用権」をも消滅させるものである（同款参照）ため、入会慣行が生活必需的でなく、又は生活必需的であっても代替的な供給先がある場合でない限り、正当化は困難である。とりわけ(c)は「入会権」同士の比較衡量であるため、これに加えて、甲村の「入会権」に対する依存度が極めて高く、かつ、乙村民による「旧慣使用権」の行使が甲村民による「旧慣使用権」の行使に支障を及ぼしているといった特別の事情を必要としよう。

(6) ④採石権の設定の決定（**採石法 12 条**。入会地・旧慣使用地（普通財産（**地方自治法 238 条 4 項**）であるものに限る。）の全部に採石権を設定するものに限る。本編第 4 章第 4 節第 3 款参照）は、入会権・旧慣使用権を消滅させる合意を成立させる行政処分に当たる（同款参照）。

(7) 入会林野整備計画の認可（**入会林野等に係る権利関係の近代化の助長に関する法律 11 条 1 項**）は、入会権を消滅させる行政処分には当たらない。

同認可は、共有の性質を有する入会権にあっては、入会権を抛棄することによって旧入会地を共有地とする[101]と共にこれを分割することを内容とする入会権者全員の合意の存在、共有の性質を有しない入会権にあっては、入会権を抛棄する[102]と共に旧入会地の各部分に各旧入会権者のための地上権等を設定することを内容とする入会権者全員・土地所有者間の合意の存在をそれぞれ確認する行政行為に止まる[103]。

---

101) 川島編・前註(30)579 頁〔中尾英俊〕は、共有の性質を有する入会権が抛棄されると、旧入会地は当然に共有地となると説くが、この点は必ずしも自明でないかも知れない。共有の性質を有する入会権が存する土地は近代的所有権制度が妥当する以前の土地である（本章第 1 節参照）と捉えることが出来れば、入会権が抛棄された後の土地は無主物となり、国庫に帰属する（**民法 239 条 2 項**）とも考えられるからである。この見解によると、❻は土地が国有となった瞬間、これを旧入会権者に譲与するという**国有財産法**の特例として位置付けられよう。なお、**入会林野等に係る権利関係の近代化の助長に関する法律 4 条 1 項 3 号・12 条**は所有権の「取得」「移転」という文言を用いているが、この点は本問題にとっては中立的である。

102) 共有の性質を有しない入会権が抛棄されると、旧入会地は負担のない土地となると解される。川島編・前註(30)579 頁〔中尾〕は、地上権等の準共有関係が成立すると説くが、共有の性質を有しない入会権は講学上の人的役権（servitus personarum）である（参照、法典調査会・本編第 1 章註(30)258 頁〔梅委員〕。同旨、佐久間毅『民法の基礎』2 巻（物権）初版（有斐閣・平 18）246 頁）ため、疑問である。

435

同認可の主眼は、多数の法律関係の変動に安定性を与える点にある[104]。即ち、手続から漏れた入会権者がいた場合、同認可は違法となるが、出訴期間経過後は（無効でない限り）もはやそれを争い得なくなる。これは抗告訴訟制度自体の効果であり、同認可がその者との関係で入会権を消滅させる行政処分であることにはならない。

同認可を非訟事件の裁判でなく行政処分とする根拠は、「入会権に係る林野についての権利関係の近代化」（林業基本法12条（昭39法161－平13法107））自体が政策目標とされた点にある。従って、例えば入会地を不分割特約付きの共有地とするだけの合意に対しては、同認可を拒否し、上記の安定性や税制上の**優遇措置（入会林野等に係る権利関係の近代化の助長に関する法律28条**）を与えないことが許されよう。

同認可が入会権者全員の同意に基づく処分とされたのは、土地を粗放に利用しているというだけでは、その土地上に存する権利を消滅させる理由にはならないからである[105]。わが法制上、例えば造林義務を履行しない土地の所有者・使用収益者に対しては、指定造林者のための地上権の設定の裁定（造林臨時措置法19条2項。本編第3章第1節第3款参照）がされるに止まり、所有権・使用収益権を剥奪することとはされていない。

なお、同認可が全員同意主義を採ったのは、入会権の消滅に関する慣習が存在することは想定し難いと考えられたためという[106]。併しながら、最高裁はその後、入会権の消滅を役員会の全員一致の決議に委ねる慣習の存在及びその

---

103) 「この認可によって、各種の権利や権利者の存在をも確認するのである。この意味において『確認判決』に準じた効果をも発生することになる。行政的というよりは、むしろ準司法手続的な性格をもっているといえるのである」（高須＝松岡編著・前註(11)84頁）。同212頁は、同認可が講学上の法律行為認可であるとも述べるが、正確でない。同133頁は無認可の合意も有効としているからである。

104) この安定性は、登記名義人及びその相続人の協力を必要としない嘱託登記（**同法14条2項**）と相俟って、一層確固たるものとなる（参照、江渕武彦「『委任の終了』と不動産登記法改正──登記原因の推定力及び入会権推認機能との関係において」島大法学51巻1号（平19）14頁）。

105) 「入会権は前近代的な権利であるといっても、それは民法で認められている私権である。したがって、たとえば都道府県知事の裁定なり入会権者の三分の二以上の議決によって入会権を廃止させるというような方法をとることは、よほど強い公益的な理由でもなければ許されないのは当然である」（高須儼明編『入会林野近代化の指標』（日本林材新聞社・昭41）354～355頁）。

106) 参照、高須＝松岡編著・前註(11)135頁。

第4節　入会権・旧慣使用権を消滅させる国家作用

有効性を認めるに至っている[107]。これによれば、**入会林野等に係る権利関係の近代化の助長に関する法律**を改正して、入会権者全員の同意以外の慣習が存在する場合には、それに沿った規約で足りるとすることも許容されよう。

(**8**)　草地利用権の行使を妨げる権利の消滅の裁定（農地法75条の5（昭45法56－平21法57）第1項。第4章第3節第3款参照）は、入会権・旧慣使用権を対象とするものでない。

その理由として想定問答は、「入会権は入会権者等が慣行により永年にわたって行使してきた権利であるのに対し、草地利用権は更新された場合でも最高二〇年という期間の定めのある権利であること、入会権の内容は入会集団ごとにあるいは入会権者ごとに複雑多岐にわたりこれを画一的に処理することは妥当でないこと等[108]」を挙げている。

立案過程では、入会権者の三分の二以上の同意により入会権を消滅させる案及び公告により同意を求め、期間内に同意しなかった入会権者を失権させる案も検討された[109]が、いずれも採用されていない。

(**9**)　以上の立法例のうち、①は内発的な消滅であり（本章第2節第3款参照）、②はより優越した公益のための消滅である。③の(g)及び④も、対立する私権（甲村の土地所有権及び採石権）が公益性を帯びている点において、②に準じたものといえる。③の(c)も、相隣関係的な制約の域を超えている以上、これらと同様の把握により正当化する外ない。

---

107)　参照、最判平20・4・14民集62巻5号909頁。
108)　農地制度史編纂委員会編・前註(85) 5巻446頁。
109)　参照、農地制度史編纂委員会編・前註83頁〔橘武雄委員、東畑四郎委員〕。

事項索引

あ 行

違憲審査基準 ································· 7
遺失物行政主義 ····························· 196
一部事務組合 ························ 36, 40, 41
一部破産・小型破産・破産的競売 ······ 306, 348, 374, 398
一般財産の没収 ····························· 219
一般担保（General Mortgage） ············· 168
入会整理法草案 ················· 416, 422, 434
運輸事業の国家独占 ······················· 270
営業保証金に対する権利 ·················· 375
永代借地権 ·································· 158
応急公用負担 ······················· 263, 268

か 行

改正刑法仮案 ······························· 228
改正刑法準備草案 ·························· 291
解体清算価値 ······················· 265, 275
介入権 ·························· 335, 348, 350-352, 400
替地裁決 ···································· 393
価格固定制（土地収用手続の） ············ 244
家産国家論 ································· 173
過小借地 ························ 301, 303, 316
課税台帳（Kataster） ······················· 108
加入命令（商工組合への） ················· 38
株主自治 ··································· 218
貨物整理手続 ···· 199, 238, 340, 353, 363, 382, 385
借入金等の許可 ···························· 402
カルテル法人 ······························· 37
関税の優先権 ······························ 363
幹線鉄道国有主義 ················· 270, 275, 277
換地処分 ···················· 15, 107, 112, 220, 421
換地不交付処分・換地不指定処分 ······ 116, 118, 120, 132, 171, 301
官地民木林 ··························· 431, 433
関東大震災 ······················ 138, 265, 298
議院法制局 ···························· 223, 404
起訴責任 ··································· 311
機能法人 ···································· 28
旧藩時代 ··································· 177

休眠会社 ······················· 48, 66, 69, 72
境界査定 ·································· 87-93
狭義の財産管理権 ··············· 192, 195, 205
業主権 ···································· 158
強制執行手続と破産手続の中間 ········· 341
強制執行法案要綱案 ················ 307, 339
行政上の義務の履行確保手段 ······ 41, 223, 283-284, 395
行政上の秩序罰 ··························· 292
行政上の没収 ············ 205, 228, 231, 237
行政組織法における法人格否認の法理 ······ 67
強制調停 ································ 300, 309
強制抵当権（Zwangshypothek） ·········· 390
行政的執行システム ··············· 356, 380
強制同業組合（Zwangsinnung） ··········· 52
行政法各論 ································ 5
行政法総論 ································ 5
虚有権（nuda proprietas） ················ 159
区分所有権の競売 ··················· 157, 194
境界査定（ケイカイサテイ） → 境界査定（キョウカイサテイ）
計画確定手続 ···························· 242
警察違反 ·································· 204
警察官庁の刑事処分（Strafverfügung der Polizeibehörde） ························ 237
警察急状権 ························· 263, 269
警察作用の国家独占 ······················ 264
形式的競売 ······························· 193
形式的形成訴訟 ······················· 79, 93
刑事訴訟的色彩（滞納処分手続の） ······ 352
継続企業価値 ······················ 265, 275
「契約の解除は第三者の権利を害し得ず」の法理 ································ 311
契約の承諾の決定 ············· 193, 195, 199
減価補償金 ······························· 189
現地再現性のある地図 ·········· 79, 80, 84, 88-89
現物補償 ············· 254, 257, 260, 285, 295, 396
権利変換処分（第一種市街地再開発事業の）
················ 119, 254-255, 259, 294, 365, 395, 409
広域連合 ·································· 40
公営事業 ·································· 217

公営主義……………………………… 215, 223, 275
公益事業法たる性格（鉱業法制の）…… 217, 225,
247, 248
公企業の収用…………………… 225, 258, 269, 277
公共組合による自治的行政処分………… 421, 433
鉱業専有主義…………………………… 121-122
公産（domaine public）…………………………77
公証の効果・公証力………………… 99, 102, 105
公所有権（propriété publique）…………………77
公　水……………………………………… 128, 418
高水位主義…………………………………… 127
交戦権の行使………………………………… 235
公物・公共用物…… 85-86, 91, 93, 95, 174-175,
179, 183, 185, 187, 189, 237, 417
　　私有——……………………………… 214
公物管理権（所有権からの純化）………… 214
公物・無主物国有の原則…………… 174, 432
合分筆の登記………………………… 106, 114
公法・私法二元論……………………………… 8
公法人の商行為……………………………… 201
合有財産（Eigentum zur gesamten Hand）413
「公有地」（(旧) 地所名称区別）……… 76, 85, 88-
89, 430
公有林野官行造林契約……………………… 283
公用収用…… 2, 133, 188, 240, 285, 296, 321, 434
公用収用法制の一元化………………… 252, 256
公用使用…………………………………………… 2
合理的に許容される使用収益量……… 417, 420,
425, 427, 429, 430
小型破産　→　一部破産
国税（内国税）の優先権……… 358, 366, 381, 394
国有主義…………………………………… 258
国家・官吏無答責理論……………………… 195
国家と個人の二元論………………………… 76
国家レヴェルの相殺………………… 191, 209
国庫の先取特権……………………… 358, 362
コモンズの悲劇…………………………… 424
コモンロー上の受託者としての所有権…… 208
混和物……………………………… 118, 151

さ　行

債権者保護手続……………………… 207, 209
財産管理権（狭義）　→　狭義の財産管理権
裁判上の抵当権（hypothèque judiciaire）… 390
下　戻……………………………………… 77, 182
差押質権（Pfändungspfandrecht）…… 191, 374
事業組合（Wirtschaftsgenossenschaft）…… 418

自己借地権…………………………………… 295
事後補償……………………………………… 260
事実上の団体……………… 44-46, 48, 59-60, 62
事情変更の法理……………………………… 299
始審的争訟…………………………………… 130
事前補償……………………………………… 283
実質的当事者訴訟…………………………… 212
指定保税地域………………………………… 199
私的公用収用…………………… 251, 254, 261
私的自治の補充…………………………………24
自動確定の租税…………………………… 150, 358
支那事変議会…………………………………… 4
司法管轄留保事項…… 3, 26, 46, 47, 54, 62-63, 89,
93, 102, 105-106, 148, 234, 236, 239, 372, 379,
228
司法処分…………………………………………… 2
司法的形式性（Justizförmigkeit）………… 381
私有公物……………………………………… 214
集合物………………………………… 319, 356, 411
住専（住宅金融専門会社）………………… 141
集中効（Konzentrationswirkung）………… 242
収用権の衝突………………………………… 329
種類物………………………………… 120, 261
瞬間売買……………………………………… 253
準則主義…… 44, 46, 48, 51, 62, 65-66, 198
準物権………………………………… 159, 225
上級所有権（Obereigentum）…… 122, 177, 179,
200, 226, 254, 360, 364
消除主義（Löschungsprinzip）…… 306, 378, 398
商人の自治団体……………………………… 50, 53
消滅収用……………………… 171, 319, 356, 411
条約改正…………………………………… 123
剰余主義………………………… 306, 348, 399
昭和の大合併……………………………………40
職能自治…………………………………………41
所有組合（Eigentumsgenossenschaft）…… 419
自力執行主義…………………………… 199, 395
人的役権（servitus personarum）…… 328, 435
スラムクリアランス………………… 258, 260
整理信託公社（RTC）……………………… 142
制　令……………………………………………13
世帯単位原則………………………………… 216
絶対的な危険物……………………………… 239
世伝御料………………………………… 124, 355
先願主義………………………………… 217, 248
全権限的（allzuständig）な地方公共団体…… 71
潜在主権……………………………………… 140

戦災復興院·················· 132, 195
戦時補償の打切り·················· 401
全面的価格賠償·················· 287
占領軍·············· 72, 118, 207, 219, 232
相互主義に基づく対抗措置·············· 20
争訟的非訟·················· 300
総司令部···· 30, 33, 43-46, 48-49, 59-61, 67, 174,
209, 248, 293
相続税の物納·················· 285
相対的な危険物·················· 239
総有・総有財産 (Gesamteigentum)·· 206, 413
総力戦体制·············· 253, 269, 407
組織変更·············· 41, 60, 373
措置法律 (Maßnahmengesetz)·············· 2
──に基づく一回限りの行政処分······ 210,
226, 240, 257, 261, 269

た 行

第三者占有動産の差押·············· 352, 379
第三者の行為を理由とする本人に対する不利
益取扱い·················· 216
第三者没収·············· 229, 291
対審手続·············· 188, 244, 251, 256
大租権·················· 158
代替的紛争解決手段 (ADR)·············· 136
対物訴訟·················· 82
台湾土地調査事業········ 94, 184, 206, 226, 235
高内引·················· 241
脱刑事化 (Entkriminalisierung) された制裁
·················· 292
建物買取請求権·················· 349
単独法人·················· 68, 73
担保権の処理の裁定···· 349, 352, 354, 371, 407
担保権変換許可の決定·············· 390, 392
担保物権に内在する換価機能·············· 193
担保割れ·············· 338, 343, 345, 347
地図混乱地域·················· 101, 106
地籍台帳 (Grundbuch)·············· 108
地租改正······· 77, 81, 84, 88, 90, 109, 181, 315,
412, 430
知的財産権侵害物品·················· 11, 238
中央衛生会·············· 210, 278
超過収用·················· 120, 252
徴収権 (国税の)·············· 144, 146, 149
朝鮮高等法院·················· 187, 395
朝鮮土地調査事業·············· 95, 178, 186
直接強制·················· 354

地割権説·················· 109
追加鉱物·················· 121
通航可能性·················· 127
堤外地・堤外の土地·············· 86, 106, 128
帝国森林会·················· 418
抵当権の代位実行·················· 400
滌 除·············· 346, 351-352
撤回の義務付け·················· 305
手続迅速化·············· 242, 250, 253, 256
転質権·················· 382
転抵当権·················· 400
電力国家管理·············· 216, 218
当然所属主義·················· 313
当然法人·················· 29, 35
徳川時代······· 52, 75, 77, 109, 156, 167, 183, 232,
241, 280, 412
特定性原理 (Bestimmtheitsgrundsatz)····· 111
土地台帳と登記簿の一元化·············· 99, 108
取締役の責任·················· 422

な 行

日本鉄道会社·················· 271
農会の系統組織·················· 53
農地改革······· 179, 219, 221, 253, 259, 292, 304,
321, 324-325, 328, 391

は 行

破産的競売 → 一部破産
破産能力·············· 43, 64, 207, 209
筆界特定·············· 80, 99, 103
比例原則·············· 233, 293, 322
不確定林役権の確定林益権への変更········ 425
附加刑·············· 228, 230, 236
賦課権 (国税の)·················· 146
附加制裁・附加の制裁·················· 24, 45
附近地収用·············· 252, 261, 296, 303
府県の法人格·················· 173
普通法 (droit commun)·················· 89
普通法 (gemeines Recht)·················· 179
物上代位・物上代位権···· 170, 340, 373, 386, 411
特別法上の──······ 171, 392-394, 396-397
物上負担·············· 94, 156, 360
部分収用·················· 111, 171
不融通物·············· 124, 126, 356
部分林·············· 280-281, 433
分割所有権 (geteiltes Eigentum)·········· 180
分収育林契約·············· 283-284, 296

保安処分……………………………… 228, 233
報償契約……………………………………… 215
法制局（法務庁・法務府）・内閣法制局……… 9,
　　13-14, 97, 102, 123, 144, 175, 190, 199, 202,
　　206, 210, 213-214, 242, 246, 267, 271, 276,
　　　　　　317, 359, 381, 404, 416, 423
法定抵当権（hypothèque légale）………… 359
法律要件的効果………………………………… 14
捕獲審検所……………………………… 234, 243
保全担保の設定処分………………………… 394
保存行為………………………… 194-195, 201-205
保留地………………………………… 116, 186, 189

ま　行

民事死亡（bürgerlicher Tod）……………… 23
民法特別法……………… 2, 279, 331, 353, 356
無過失損害補償……………………………… 313
無主物国有の法理　→　公物・無主物国有の
　　原則
明治の大合併…………………………………… 33
滅却（Unbrauchbarmachung）…………… 234

面的な収用…………………………………… 257
モラトリアム………………………………… 138

や　行

優先弁済請求権……………… 341, 345, 378, 398
要式行為……………………………… 29, 71, 73, 268
要式主義……………………………………… 243
洋上売買……………………………………… 363
預金封鎖……………………………………… 143
横並び立法……………………………………… 5

ら　行

利害関係人の請求による特許の取消……… 217
立体換地処分……………………… 117, 133, 393
律　令………………………………………… 13
令書の交付…………………………… 262, 267
連合国軍総司令部　→　総司令部

わ　行

割　地………………………………………… 180

人名索引

あ 行

浅田正彦 …………………………… 190
阿部泰隆 …………………………… 11
鮎川幸雄 …………………………… 128
有尾敬重 ………………… 77, 86, 176, 181
有松英義 ………………………… 196, 266
粟屋敏信 …………………………… 264
飯沼一省 ………………………… 114, 259
五十嵐鉱三郎 …………………… 264, 421
幾代通 ……………………………… 109
池田寅二郎 ……………… 298-299, 308, 335
池田宏 ……………… 190, 213, 250, 270, 279
井阪右三 …………………………… 242
石田文次郎 ……………………… 170, 414
磯崎辰五郎 ………………………… 93
磯部四郎 ………………… 160, 163, 165, 290
一木喜徳郎 ……… 85, 117, 176, 243-244, 277, 312
市村光恵 ……………………… 4, 10, 127
井手成三 ………………………… 49, 267
伊藤孝夫 …………………………… 169
伊藤博文 ………………… 96, 271, 355
伊藤眞 ………………… 346, 351, 398
犬塚勝太郎 ………………………… 273
井上毅 ………………………… 123-124
井上勝 ……………………………… 272
位野木益雄 …………… 144, 350, 404
今村和郎 ………………………… 33, 175
岩田宙造 …………………………… 218
梅謙次郎 …… 78, 143, 155, 157, 160, 163, 166-167, 307, 414, 435
浦野雄幸 ………………… 193, 244, 290, 307, 348
榎本武揚 …………………………… 426
遠藤博也 …………………………… 6, 260
大場民男 ………………………… 220, 322
大森鍾一 ………………… 34, 36, 415
大和田啓気 ………………………… 22
大和田啓気 ………………………… 434
岡田敬次郎 ……… 54, 56, 168, 171, 430-431
小川秀樹 ………………… 144, 345, 350, 351
奥田義人 …………………………… 122

か 行

奥野健一 ………………………… 143, 404
小澤道一 ………………………… 245, 406
尾島明 …………………………… 8, 238
織田萬 …………………………… 3, 246
鬼丸勝之 ………………………… 132, 301
於保不二雄 ………………………… 24

香川保一 …… 111, 172, 299-300, 309-310, 312, 314, 319, 341, 347, 390, 422
加藤正治 ……………… 192, 337, 344, 403
角松生史 …………………………… 242
金沢良雄 ………………………… 12, 38
兼子一 ……………… 79, 191, 307, 347, 375-376
金丸三郎 ………………… 32, 35, 60, 67
可部恒雄 …………………………… 150
鎌田薫 …………………………… 347
上山満之進 ……………………… 416, 423
楠本正隆 ………………………… 251, 415
國宗正義 …… 9, 131, 242, 244, 264, 268, 354, 393
小高剛 ……………………………… 6
小谷宏三 …………………………… 101
小町谷操三 ……………………… 166, 197
小柳春一郎 …… 78, 148, 160, 183, 290, 360, 380
近藤崇晴 …………………………… 194

さ 行

斎藤誠 …………………………… 11, 239
佐藤功 ……………………………… 223
佐藤達夫 …………………………… 248
佐藤百喜 ………………… 76, 283, 414
塩野宏 …………………………… 6, 9, 381
志場喜徳郎 ………………………… 146
清水澄 …………………… 10, 32, 35, 92, 415
白井皓喜 …………………………… 413
新山一雄 …………………………… 232
末弘厳太郎 ……………… 158, 298, 416, 59
杉原則彦 …………………………… 170
杉村章三郎 ………………………… 212
杉本良吉 …………………………… 376
鈴木正裕 …………………………… 336

443

鈴木禄弥	169, 300, 416
膳桂之助	71

た 行

高木光	10
高島益郎	190
高田賢造	244, 248, 268, 354, 393
高辻正巳	31
高橋琢也	426
多賀谷一照	224
竹内藤男	255, 295
竹下守夫	306, 307, 339, 350, 398
田中二郎	10, 12, 14, 100, 175, 222, 395
田中隆三	91, 122, 125
田部芳	110, 370
田原睦夫	390
玉井克哉	239
田村達久	242
都筑馨六	128, 313, 414
角田礼次郎	62
寺田逸郎	104, 290, 295
富樫総一	59
時岡泰	99, 141, 336, 338
富井政章	155, 164, 169, 196, 343-344

な 行

中島玉吉	157, 162, 169
長島毅	298, 375
中田薫	412-413
中野貞一郎	192-193
中村是公	95
西谷剛	4, 9
西野元	91, 93, 149, 311
西原寛一	57

は 行

萩原彦三	13, 57
花井卓蔵	174, 430
花村良一	144, 337, 346
馬場鍈一	310
原龍之介	10
人見剛	174
平井宜雄	328
平岡久	258
平賀健太	290, 400
平田慶吉	125, 246
平田東助	243

広中俊雄	417
枇杷田泰助	80, 106, 111, 114
福永有利	309, 346, 347, 391
藤崎萬里	208
藤田四郎	182
古市公威	127, 129
古田佑紀	231
寳金敏明	81, 181
穂積陳重	41, 155, 160, 163, 167, 343
穂積八束	93, 155

ま 行

巻幡静彦	269
町田充	210, 240
松岡義正	340, 375
松下淳一	347, 351, 403
松永邦男	9
松本烝治	136, 218, 276, 281
馬屋原彰	130
三ヶ月章	164, 341, 344, 349-350, 381, 402, 404
水野遵	415
水野錬太郎	171, 249
箕作麟祥	130
南博方	186
美濃部達吉	5, 8, 10, 92, 192, 212-213, 250
三松武夫	112, 114
味村治	69
宮崎清文	204
宮沢俊義	8
深山卓也	144, 309, 345, 349-350
宮脇幸彦	82, 99, 336, 338, 340, 374, 400
陸奥宗光	77
村田重治	182, 280, 426
村田保	130, 229, 234, 236, 243
目賀田種太郎	175, 200, 211
森田修	346

や 行

安本典夫	99, 255, 411
柳瀬良幹	2, 223, 244, 269, 274
山口真弘	11, 21, 29, 97, 214, 237, 270
山崎直胤	360, 380
山下竜一	11
山田顕義	124
山内確三郎	22, 355
山本和彦	81, 104, 346, 348, 351, 384, 403
山本克己	347

人名索引

山脇玄………………………………… 206, 243
柚木馨………………………………… 58, 169
吉国一郎……………………………… 248, 341, 430
吉国二郎……………………… 370, 376, 394-395, 400

ら行

李宇衍………………………………… 178, 426

わ行

若槻礼次郎…………………………………… 175
我妻栄…… 14, 125-126, 161, 170, 222, 248, 341,
393, 395, 412
和田維四郎…………………………… 121, 122, 246
渡辺忠寿……………………………… 416, 423
綿貫吉直………………………………………… 251

A～Z

Boissonade（ボアソナード）……… 78, 81, 162,
227, 360
Mosse（モッセ）……………………………… 33, 414
Roesler（レースラー又はロエスレル）…… 33,
123, 165, 361

法令索引（日本法）

＊原則として、法律、条約及び法律の効力を有する命令を収録し、法律を改廃する法律及び公文式（明22勅139）以前の法令を除いた。ゴシック体は現行法令を指す（そのうち改正・削除された条項については、頁数に括弧を付した。）。

あ

アイヌ文化の振興並びにアイヌの伝統等に関する知識の普及及び啓発に関する法律……… *151, 226*
あへん法……………………………………………………………………………………… *211*
阿片法………………………………………………………………………………………… *210-211*
アルコール専売法…………………………………………………………………………… *211*

い

違警罪即決例………………………………………………………………………………… *237*
医師会、歯科医師会及び日本医療団の解散等に関する法律…………………………… *42*
医師会及歯科医師会令……………………………………………………………………… *37*
医師会規則…………………………………………………………………………………… *54*
医師会令……………………………………………………………………………………… *34, 37, 57*
遺失物取扱規則……………………………………………………………………………… *195*
遺失物法……………………………………………………………………………………… *195, 197, 204*
　（旧）遺失物法…………………………………………………………………………… *195-197, 205, 233*
　（旧）医師法……………………………………………………………………………… *37*
一般社団法人及び一般財団法人に関する法律…………………………………………… *31, 43, 51, 58, 73*
入会林野等に係る権利関係の近代化の助長に関する法律……………………………… *415, 434-437*
医療法………………………………………………………………………………………… *51, 68*
印紙犯罪処罰法……………………………………………………………………………… *237*

う

運河法………………………………………………………………………………………… *269, 276-277, 312*

え

永代借地権ニ関スル法律…………………………………………………………………… *158*
永代借地権ノ整理ニ関スル件……………………………………………………………… *158, 190*
塩業組合法…………………………………………………………………………………… *44, 49*
塩業組合令…………………………………………………………………………………… *37, 51*
遠洋漁業奨励法……………………………………………………………………………… *363*
遠洋航路補助法……………………………………………………………………………… *363*

お

小笠原諸島振興開発特別措置法…………………………………………………………… *219*
小笠原諸島の復帰に伴う法令の適用の暫定措置等に関する法律……………………… *30*
岡山県下郡廃置及郡界変更法律…………………………………………………………… *28, 66*

法令索引（日本法）

沖縄県土地整理法	175, 177, 185, 280
沖縄県の区域内における位置境界不明地域内の各筆の土地の位置境界の明確化等に関する特別措置法	101-103
沖縄振興開発特別措置法	29
沖縄の復帰に伴う特別措置に関する法律	30, 42, 141
屋外広告物法	205
お年玉つき郵便葉書及び寄付金つき郵便葉書等の発売並びに寄付金の処理に関する法律の一部を改正する法律	67, 208
オリンピック記念青少年総合センターの解散に関する法律	67
恩給法	140

か

海運統制令	71
外貨債処理法	373-374, 383, 401
海岸法	205
会計法	148-149, 192
（旧）会計法	148-149
（旧々）会計法	148
戒厳令	231
外国人土地法	20
外国倒産処理手続の承認援助に関する法律	144
外国等による本邦外航船舶運行事業者に対する不利益な取扱いに対する特別措置に関する法律	21
外国ニ於テ流通スル貨幣紙幣銀行券証券偽造変造及模造ニ関スル法律	236
外国旅券規則	235
介護保険法	136
解散団体の財産の管理及び処分等に関する政令	72, 219, 356
会社経理応急措置法	357, 368, 373, 384, 389, 401, 402
会社更生法	31-32, 144, 148, 308, 336, 338, 345, 347, 349-350, 367, 369, 378, 385, 390, 399, 402-404
（旧）会社更生法	31-32, 144, 148, 308, 336, 338-339, 345, 347, 352, 367, 369, 378, 385, 399, 402-404
会社法	43, 48, 64-65, 72-73, 143, 148, 166, 194, 206, 281, 346, 350
会社令（朝鮮）	57
海賊行為の処罰及び海賊行為への対処に関する法律	236
開拓融資保証法	58
外貿埠頭公団の解散及び業務の承継に関する法律	68
化学兵器の禁止及び特定物質の規制等に関する法律	239
核原料物質、核燃料物質及び原子炉の規制に関する法律	11
家事事件手続法	286, 287, 390
家事審判規則	286, 287, 390
家事審判法	300
貸家組合法	54
ガス事業法	215
瓦斯事業法	214, 215, 216
河川法	12, 86, 128, 131, 205, 237, 264
（旧）河川法	12, 77-78, 127-130, 179, 237, 264, 268-269, 362
河川法施行法	78, 179
華族世襲財産法	126, 355
（旧）華族世襲財産法	126, 355

家畜保険法	57-58
学校組合令（朝鮮）	71
学校施設の確保に関する政令	316, 319
過度経済力集中排除法	61
（旧）樺太町村制	35
樺太ノ地方制度ニ関スル法律	35
仮置場法	201
仮登記担保契約に関する法律	170
簡易生命保険法	135
（旧）簡易生命保険法	135
監獄則	233
韓国併合ニ関スル条約	20
監獄法	233
関税定率法	238
関税法	11, 49, 199-200, 202-203, 230, 238, 240, 333-334, 340, 362-365,（382）, 386-387
（旧）関税法	149, 199-203, 230, 238, 333, 353, 363-364, 385-386
（旧）間接国税犯則者処分法	202
官設埠圳規則（台湾）	131

き

企業再建整備法	60
企業整備令	71, 354, 407-408
企業担保法	172, 347
技術士法	42
軌道条例	213, 274
軌道ノ抵当ニ関スル法律	213,（275）, 311, 407
軌道法	214,（274）, 407
揮発油税法	394
旧外貨債処理法による借換済外貨債の証券の一部の有効化等に関する法律	374, 384
旧日本占領地域に本店を有する会社の本邦内にある財産の整理に関する政令	145, 408
旧令による共済組合等からの年金受給者のための特別措置法	140, 146
行政管理庁設置法	27, 29
行政裁判法	183
行政事件訴訟特例法	137, 144
行政事件訴訟法	14, 81, 104, 144, 212
行政執行法	203, 266, 363
行政書士法	64, 73
行政手続法	110, 346
行政不服審査法	334
漁業災害補償法	135
漁業生産調整組合法	52
漁業法	11, 171, 225, 229, 407
（旧）漁業法	13, 54, 229, 407
（旧々）漁業法	229
漁業法施行法	171
漁港漁場整備法（漁港法（制定時））	205, 264
漁船損害等補償法（漁船損害補償法（制定時））	57, 136

漁船保険法··· *57*
銀行法··· *55*
（旧）銀行法··· *55*
（旧）銀行令（朝鮮）·· *55*
銀行令（朝鮮）··· *55*
金融機関等の更生手続の特例等に関する法律（金融機関の更生手続の特例等に関する法律（制定時））·· *350, 403*
金融機能の再生のための緊急措置に関する法律································ *147, 268, 388, 428*
金融緊急措置令·· *138*
金融商品取引法（証券取引法（制定時））·· *146*
金融統制団体令··· *39*

く

国の債権の管理等に関する法律··· *148*
国の船舶と朝鮮郵船株式会社の船舶との交換に関する政令·· *207*
組合等登記令··· *41*
軍艦外務令·· *236*
郡区町村編制法··· *32, 69*
勲章年金受給者に関する特別措置法··· *137*
郡制·· *35, 52, 70, 362*
（旧）郡制··· *27, 206*
郡制廃止ニ関スル法律··· *66, 69, 207*
軍用自動車補助法··· *265, 363*

け

警察法··· *210*
刑事事件における第三者所有物の没収手続に関する応急措置法············ *152, 239, 292*
刑事施設ニ於ケル刑事被告人ノ収容等ニ関スル法律（監獄法（制定時））················ *233*
刑事収容施設及び被収容者等の処遇に関する法律（刑事施設及び受刑者の処遇等に関する法律（制定時））··· *233*
刑事訴訟法·· *194, 202*
（旧）刑事訴訟法·· *194, 202*
けい肺及び外傷性せき髄障害に関する特別保護法··· *137*
競売法·· *163-165, 167, 193, 289, 306, 343, 370-371, 398-399*
（旧）競馬法··· *363*
刑法··· *81, 227-229, 233, 236, 291*
（旧）刑法··· *24-25, 78, 81, 227, 232, 234, 236*
刑法施行法··· *232*
下水道法··· *278*
（旧）下水道法·· *277-278*
結社の自由及び団結権の保護に関する条約·· *62*
健康保険法·· *37, 41, 70, (136-137), 214, 216*
建築基準法·· *(278), 279, (299), (308)*
憲法··································· *7-8, 30-31, 37, 63, 72, 131, 235, 240, 244, 348*
権利収用ニ関スル法律·· *310, 354*

449

こ

項目	頁
交易営団解散令	42
公益事業令	216
公益社団法人及び公益財団法人の認定等に関する法律	224
公害健康被害の補償等に関する法律（公害健康被害補償法（制定時））	137
公害紛争処理法	103, 135
公共企業体職員等共済組合法	42, 136
工業組合法	37, 51, 52
公共施設の整備に関連する市街地の改造に関する法律	171, 172, 261, 296
鉱業条例	122, 123, 125, 246, 247
鉱業条例中改正法律（明33法74）	124
鉱業法	125, 159, 161, 171, 245, 247, 248, 294
（旧）鉱業法	123, 123, 124, 125, 159, 217, 246, 247
公共用地の取得に関する特別措置法	171, 250
航空法	10, 21
皇室財産令	96, 124
（旧）皇室典範	124, 173
工場抵当法	319
公証人法	49
公職選挙法	15
紅蔘専売令（朝鮮）	211
厚生年金保険の保険給付及び国民年金の給付に係る時効の特例等に関する法律	142
厚生年金保険法	41, 136, 146
（旧）厚生年金保険法（労働者年金保険法（制定時））	136
更生保護事業法	39
耕地整理法	13, 46, 56, 112, 115–116, 132, 185, 220, 315–316, 331, 421
（旧）耕地整理法	112, 114–116, 171, 185, 330–331
公認会計士法	64, 65
公文式	87
公有水面埋立法	11, 96–97, 188–189, 237–238, 363
公有地の拡大の推進に関する法律	63–64
公有林野官行造林法	283
公用土地買上規則	241, 249, 257
公立学校の学校医、学校歯科医及び学校薬剤師の公務災害補償に関する法律（公立学校の学校医の公務災害補償に関する法律（制定時））	135
行旅病人及行旅死亡人取扱法	168
高齢者の医療の確保に関する法律（老人保健法（制定時））	40, 136
航路標識条例	174, 258
航路標識法	258
港湾運送業等統制令	71
港湾法	199, 205, 237, 264, 269
港湾労働法	137
小型自動車競走法	224
国際的な協力の下に規制薬物に係る不正行為を助長する行為等の防止を図るための麻薬及び向精神薬取締法等の特例等に関する法律	227, 229, 231, 291
国際連合安全保障理事会決議第千八百七十四号等を踏まえ我が国が実施する貨物検査等に関する特	

法令索引（日本法）

　　別措置法···202
　国税滞納処分法··150, 198-199, 310, 325, 352, 361, 370, 379, 399
　国税徴収法·········117, 120,（144-145）, 146,（149）, 150, 198-199, 289, 294, 310, 341, 344,（358）, 362, 365,
　　　　　　　　　　　　　　　　　　　　　（366）, 367, 370-371, 376, 379, 381-382, 386, 394-395, 399-400
（旧）国税徴収法·················117, 144-146, 149-150, 198, 310, 325, 340, 352-353, 358, 362-364, 366, 370,
　　　376, 379, 381, 399
（旧々）国税徴収法··149, 357, 361-362
　国税通則法··144-146, 149-150, 343, 358
　国税犯則取締法（間接国税犯則者処分法（制定時））···202
　国土調査法···80, 97-98,（99）, 102
　国民健康保険法··136
（旧）国民健康保険法···38, 136-137
　国民年金法··41, 136, 146
　国有財産法··87, 92, 100, 174, 208, 311, 317, 435
（旧）国有財産法··87, 89-90, 92-93, 174, 311, 315
（旧）国有財産法ヲ朝鮮ニ施行スルノ件···95, 426
　国有土地森林原野下戻法··78, 84, 174, 182
　国有林野の管理経営に関する法律（国有林野法（制定時））··（87）,（100）, 426
（旧）国有林野法··87-88, 91, 280, 311, 354, 426, 431, 433
　国立教育会館の解散に関する法律··67
　国立公園法··363
　穀類収用令··265
　戸籍法··22
（旧）戸籍法··22
　国家公務員共済組合法··42, 136
（旧）国家公務員共済組合法··29, 136
　国家公務員災害補償法··135
　国家公務員法··14, 62
　国家総動員法··39, 71, 252-253, 407
　国家賠償法··14
　こどもの国協会の解散及び事業の承継に関する法律··68, 209
　雇用促進事業団法··68
　雇用保険法··136

さ

　サービスの貿易に関する一般協定···21
　災害救助法··262, 268
　災害対策基本法···30, 197, 263, 264, 268
　災害被害者に対する租税の減免、徴収猶予等に関する法律···146
　細菌兵器（生物兵器）及び毒素兵器の開発、生産及び貯蔵の禁止並びに廃棄に関する条約等の実施
　　に関する法律···239
　財産及び請求権に関する問題の解決並びに経済協力に関する日本国と大韓民国との間の協定········190
　財産及び請求権に関する問題の解決並びに経済協力に関する日本国と大韓民国との間の協定第二条
　　の実施に伴う大韓民国等の財産権に対する措置に関する法律······················208, 342, 368, 384, 402
　採石法···161-162, 171, 293, 302, 304, 317, 326, 427, 427, 435
　裁判所構成法··78
　砂鉱法···159

451

砂糖消費税法	394
産業組合法	53, 54
産業設備営団法中改正法律（昭17法85）	42
蚕糸業組合法	51
（旧）蚕糸業法	237

し

自衛隊法	262
（旧）塩専売法	211
（旧々）塩専売法	37, 211, 213
糸価安定施設法	37, 51
市街地建築物法	278-279
事業者団体法	45-46, 61, 420
自作農創設特別措置法	107, 171, 219-222, 226, 253-254, 259, 293, 316, 321, 324-325, 328-329, 331, 365, 372, 376, 391-392, 408, 434
自作農創設特別措置法及び農地調整法の適用を受けるべき土地の譲渡に関する政令（自作農の創設に関する政令（制定時）)	221, 326, 409
寺刹令（朝鮮）	12
地震保険に関する法律	136
（旧）市制	67, 362, 412, 415
市制	35, 52, 67, 70, 207, 263, 362, 412-413
市制中東京市京都市大阪市ニ特例ヲ設クルノ件	67
私設鉄道条例	50, 197, 270, 272
私設鉄道法	197-198, 270, 273
自然公園法	363
市町村合併特例法	40
市町村職員共済組合法	136
失業手当法	137
失業保険法	136
執行官法	134
私的独占の禁止及び公正取引の確保に関する法律	45-46, 61, 420
自転車競技法	(73), 224
自転車の安全利用の促進及び自転車駐車場の整備に関する法律	205
自動車交通事業法	37
自動車損害賠償保障法	(136), (168)
児童手当法	137
児童扶養手当法	137
紙幣類似証券取締法	237
私法上ノ金銭債務ノ支払延期及手形等ノ権利保存行為ノ期間延長ニ関スル件	138
（旧）私法上ノ金銭債務ノ支払延期及手形等ノ権利保存行為ノ期間延長ニ関スル件	138
司法書士法	64-65, 73
市民農園整備促進法	219
社会福祉法（社会福祉事業法（制定時）)	39, 51, 68
社会保険労務士法	64, 73
社会保障研究所の解散に関する法律	67
借地借家法	119, 160-161, 290, 299, 349
借地借家臨時処理法	298

法令索引（日本法）

借地法‥‥ 119, 160, 299, 349
借家法‥‥‥ 161
（旧）砂利採取法‥‥ 161
獣医師会及び装蹄師会の解散に関する法律‥‥‥‥‥‥‥‥‥‥‥‥‥‥‥‥‥‥‥‥‥‥‥‥‥ 42
獣医師会令‥‥‥ 37
宗教団体法‥‥‥‥‥‥‥‥‥‥‥‥‥‥‥‥‥‥‥‥‥‥‥‥‥‥‥‥‥‥‥‥‥ 29, 43-44, 47-48, 419
宗教法人法‥‥ 44, 48-49
宗教法人令‥‥ 44, 48
宗教法人令中改正ノ件‥‥ 28
住宅営団法‥‥‥ 27
住宅地区改良法‥‥‥ 258
住宅の品質確保の促進等に関する法律‥‥‥‥‥‥‥‥‥‥‥‥‥‥‥‥‥‥‥‥‥‥‥‥‥‥‥ 224
（旧）銃砲火薬類取締法‥‥‥‥‥‥‥‥‥‥‥‥‥‥‥‥‥‥‥‥‥‥‥‥‥‥‥‥‥‥‥‥‥‥‥‥‥‥ 232
銃砲火薬類取締法‥‥‥ 232
銃砲刀剣類所持等取締法‥‥‥‥‥‥‥‥‥‥‥‥‥‥‥‥‥‥‥‥‥‥ 203-204, 216, 232, 240
銃砲刀剣類等所持取締令‥‥‥‥‥‥‥‥‥‥‥‥‥‥‥‥‥‥‥‥‥‥‥‥‥‥‥‥‥‥ 203, 231-232
銃砲等所持禁止令‥‥‥‥‥‥‥‥‥‥‥‥‥‥‥‥‥‥‥‥‥‥‥‥‥‥‥‥‥‥‥‥‥‥‥ 203, 231-232
住民基本台帳法‥‥ 15
重要鉱物増産法‥‥‥‥‥‥‥‥‥‥‥‥‥‥‥‥‥‥‥‥‥‥‥‥‥‥‥‥‥‥‥ 159, 171, 216-217, 304
重要産業団体令‥‥‥ 39, 58
重要肥料業統制法‥‥‥ 37, 51
重要物産同業組合法‥‥‥‥‥‥‥‥‥‥‥‥‥‥‥‥‥‥‥‥‥‥‥‥‥‥‥‥‥‥‥‥‥‥‥‥‥ 42, 51-52
重要輸出品同業組合法‥‥‥‥‥‥‥‥‥‥‥‥‥‥‥‥‥‥‥‥‥‥‥‥‥‥‥‥‥‥‥‥‥‥‥‥‥ 42, 51
集落地域整備法‥‥ 219
酒税の保全及び酒類業組合等に関する法律‥‥‥‥‥‥‥‥‥‥‥‥‥‥‥‥‥‥‥‥‥‥ 52
酒税法‥‥ 394-395
（旧）酒税法‥‥‥ 394
酒税令（朝鮮）‥‥‥ 395
酒造税法‥‥‥ 394
出典地業主権ニ関スル律令（台湾）‥‥‥‥‥‥‥‥‥‥‥‥‥‥‥‥‥‥‥‥‥‥‥‥‥‥‥‥‥ 206
出入国管理及び難民認定法‥‥‥‥‥‥‥‥‥‥‥‥‥‥‥‥‥‥‥‥‥‥‥‥‥‥‥‥‥‥‥‥‥‥‥‥ 15
首都圏の近郊整備地帯及び都市開発区域の整備に関する法律（首都圏市街地開発区域整備法（制定
　時））‥‥‥ 257
酒類業組合法（酒造組合法（制定時））‥‥‥‥‥‥‥‥‥‥‥‥‥‥‥‥‥‥‥‥‥‥‥‥‥‥‥‥ 51
酒類業団体法‥‥‥ 39
障害者自立支援法‥‥ 137
商業会議所条例‥‥ 53
商業会議所法‥‥‥ 53
商業組合法‥‥ 51
証券ヲ以テスル歳入納付ニ関スル法律‥‥‥‥‥‥‥‥‥‥‥‥‥‥‥‥‥‥‥‥‥‥‥‥‥‥ 364
商工会議所法‥‥‥ 53, 73
（旧々）商工会議所法‥‥‥‥‥‥‥‥‥‥‥‥‥‥‥‥‥‥‥‥‥‥‥‥‥‥‥‥‥‥‥‥‥‥‥ 53, 207
商工会法（商工会の組織等に関する法律（制定時））‥‥‥‥‥‥‥‥‥‥‥‥‥‥‥ 53, 74
商工協同組合法‥‥ 54
商工組合法‥‥‥ 39, 58
商工経済会法‥‥‥‥‥‥‥‥‥‥‥‥‥‥‥‥‥‥‥‥‥‥‥‥‥‥‥‥‥‥‥ 39, 42, 58, 67, 69, 206-207
少年法‥‥‥ 230

453

しよう脳専売法	211
消費生活協同組合法	55, 373
消費税法	395
商標法	239
商品先物取引法（商品取引所法（制定時））	50
商法	(43), (46), (48), (65), (69), (72-73), (134), (143), (147-148), 165-168, 194, 201, (206), (281), 286, 353, 382, 385-387
商法の一部を改正する法律（昭49法21）	69, 73
（旧）商法	24, 43, 163, 165-167, 334, 374
消防法	2, 266
職員健康保険法	136
職員団体等に対する法人格の付与に関する法律	62
職業能力開発促進法	39
食糧緊急措置令	267
私立学校法	39, 41, 51
新幹線鉄道保有機構法	29
新市町村建設促進法	40
信託業法	56
（旧）信託業法	56
信託法	167
（旧）信託法	167
信用保証協会法	58
新律綱領	181, 196
森林開発公団法	219
森林基金特別会計法	88
森林組合法	55, 419
森林国営保険法	135
森林法	2-3, 7, 224-225, 282-284, 296-297, 418-419
（旧）森林法	3, 56, 246, 282, 418, 421-422
（旧々）森林法	87, 281
森林令（朝鮮）	178, 425

す

水害予防組合法（水利組合法（制定時））	34, 263
水産会法	53
水産業協同組合法	55, 419
水産業団体法	58
水産資源保護法	171
水産統制令	408
水道条例	215-216, 223, 275-276
水道法	223, 276
水難救護法	196-197, 201, 204
水防法	263-264
水利組合条例	34, 263

せ

生活衛生関係営業の運営の適正化及び振興に関する法律	52

法令索引（日本法）

税関仮置場法	201
製鉄業奨励法	363
(旧) 製鉄業奨励法	363
政府職員共済組合令	29
政府ノ取得シタル土地ニ対スル大租権消滅ニ関スル律令（台湾）	226
税理士法	64, 73
世界貿易機関を設立するマラケシュ協定	20, 238
石炭鉱害賠償等臨時措置法	135
石炭鉱業権等臨時措置法	159
石油専売法	211
接収貴金属等の処理に関する法律	118, 151, 226-227, 235
接収刀剣類の処理に関する法律	151-152, 226-227
船員法	135
船員保険法	136
戦時海運管理令	39
戦時建設団令	39
戦時災害保護法	267
戦時補償特別措置法	401
船主相互保険組合法	55, 58
戦傷病者戦没者遺族等援護法	137
戦傷病者等の妻に対する特別給付金支給法	137
船舶公団の共有持分の処理等に関する法律	286
戦没者等の遺族に対する特別弔慰金支給法	137
戦没者等の妻に対する特別給付金支給法	137
戦没者の父母等に対する特別給付金支給法	137
染料医薬品製造奨励法	363

そ

造船事業法	51
相続税法	285
総動員物資使用収用令	266
総務省設置法	27, 29, 43
造林臨時措置法	282-283, 293, 317-318, 427, 436
訴願法	85
測量標規則	252
測量法	252, 257
組織的な犯罪の処罰及び犯罪収益の規制等に関する法律	229, 291
粗製樟脳、樟脳油専売法	211, 213
損害保険料率算出団体に関する法律	61

た

大規模地震対策特別措置法	263, 268
大規模な公有水面の埋立てに伴う村の設置に係る地方自治法等の特例に関する法律	40
退職積立金及退職手当法	135
大租権確定ニ関スル律令（台湾）	226
大租権整理ニ関スル件（台湾）	158, 226, 254

大都市地域における住宅及び住宅地の供給の促進に関する特別措置法（大都市地域における住宅地

等の供給の促進に関する特別措置法(制定時))·················· 256
滞納処分と強制執行等との手続の調整に関する法律·················· 381
台湾市制··················34
台湾樟脳及樟脳油専売規則··················211-212
台湾食塩専売規則··················211
(旧)台湾食塩専売規則··················211
台湾水利組合令··················39, 72
台湾総督府地方官官制··················34
台湾畜牛保健組合規則··················36
台湾地籍規則··················94
台湾都市計画関係民法等特例··················279
台湾土地調査規則··················94, 184, 226, 230, 235
台湾土地登記規則··················185
台湾ニ施行スヘキ法令ニ関スル法律··················13
(旧)台湾ニ施行スヘキ法令ニ関スル法律··················13
(旧々)台湾ニ施行スヘキ法令ニ関スル法律··················13
台湾ニ施行スル法律ノ特例ニ関スル件··················158
台湾農会規則··················36
台湾保安林規則··················185
台湾民事令··················158
台湾林野調査規則··················94
タクシー業務適正化特別措置法(タクシー業務適正化臨時措置法(制定時))·················· 223
建物の区分所有等に関する法律·················· 7, 157, 194, 260, 285, 420
建物保護ニ関スル法律··················160
たばこ耕作組合法··················55
たばこ事業法··················213
煙草専売法··················211-212, 265
たばこ専売法··················211-212
炭鉱離職者臨時措置法··················137
団体等規正令··················72, 219, 356
担保付社債信託法(担保附社債信託法(制定時))·················· 55-56,(224), 405

ち

治安警察法··················44
畜産組合法··················51
地上権ニ関スル法律··················431, 433
地所名称区別··················76, 85, 87, 173, 183, 432
(旧)地所名称区別··················75, 85, 87, 173, 430, 432
地租条例··················148, 175
地租法··················108, 110-111
地方公務員共済組合法··················42
地方公務員災害補償法··················135
地方公務員等共済組合法(地方公務員共済組合法(制定時))·················· 136
地方公務員法··················62, 65,(135)
地方自治法········28, 30,(32),(35), 36, 40-41, 60, 63, 67, 70, 148,(263), 317, 362, 412-413, 421, 424, 427, 433, 435
地方住宅供給公社法··················63

法令名	頁
(旧) 地方税規則	173
地方税法	146, 394, 400
地方鉄道法	198, 270, 273
地方鉄道補助法	363
地方道路公社法	63-64
地方独立行政法人法	63, 65
中央省庁等改革関係法施行法	42
中央省庁等改革基本法	31
中間法人法	43
中小企業安定法（特定中小企業の安定に関する臨時措置法（制定時））	52
中小企業退職金共済法	(68), 135
中小企業団体の組織に関する法律	(38), 41, 52
中小企業等協同組合法	(44), 47, 49, 55, 419
中小漁業融資保証法	58
朝鮮河川令	12, 96, 188
朝鮮漁業令	13
朝鮮鉱業令	245
朝鮮戸籍令	20
朝鮮市街地計画令	279
朝鮮私道規則	279
朝鮮総督府官制	12
朝鮮道路令	279
朝鮮土地改良令	13
朝鮮取引所令	50
朝鮮ニ施行スヘキ法令ニ関スル件	13
朝鮮ニ施行スヘキ法令ニ関スル法律	13
朝鮮農地令	13
朝鮮不動産登記令	95
朝鮮林野調査令	178
町村合併促進法	32, 40
町村職員恩給組合法	36
町村制	32, 35, 52, 57, 60, 70, 207, 263, 362, 412-415, 421, 433
(旧) 町村制	32, 33, 36, 60, 69-70, 362, 412-415, 421, 433
町内会部落会又はその連合会等に関する解散、就職禁止その他の行為の制限に関する政令	207
徴発令	174, 261-262

つ

法令名	頁
通貨及証券模造取締法	234
津波防災地域づくりに関する法律	205

て

法令名	頁
敵産管理法	25
鉄道営業法	167
鉄道国有法	270, 273
鉄道事業法	198
鉄道抵当法	117, 202, (270), 311-314
電気事業法	168, 216

（旧）電気事業法	168, 215
電気通信事業法	224
電気に関する臨時措置に関する法律	216
電信法	363
電波法	225

と

独逸国等ニ属スル財産管理ノ件	25
（旧）独逸国等ニ属スル財産管理ノ件	25
ドイツ財産管理令	60, 139
登記法	77, 81, 156-157, 159
東京市区改正条例	249
東京市区改正土地建物処分規則	249, 251, 276
東京都制	28, 66
東洋拓殖株式会社法	168
道路橋梁河川港湾等通行銭徴収ニ関スル命令書下付ノ件	269
登録税法	279
道路交通法	204-205
道路整備特別措置法	63
道路法	205, 214, 264, 407
（旧）道路法	214, 264, 269, 407
特定住宅金融専門会社が有する債権の時効の停止等に関する特別措置法	141, 147, 397
特定住宅金融専門会社の債権債務の処理の促進等に関する特別措置法	141, 397
特定多目的ダム法	9, 171, 286
特定非営利活動促進法	51
特別鉱害復旧臨時措置法	28
特別児童手当等の支給に関する法律（重度精神薄弱児扶養手当法（制定時））	137
特別調達庁設置法	67, 207
特別調達庁法	28, 67, 207
特別都市計画法	132, 189-190, 300-303, 316
（旧）特別都市計画法	190
独立行政法人消防研究所の解散に関する法律	67
独立行政法人通則法	31, 40, 73
独立行政法人農業者年金基金法	136
独立行政法人緑資源機構法	219
都市計画法	278, 299, 308, 363
（旧）都市計画法	114-116, 249, 251-252, 258, 363
都市公園法	205
都市再開発法	56, 119, 171, 254-255, 259-261, 283, 294-296, 365, 377, 396, 409-411
土地改良法	7, 13, 46-47, 56, 112-113, 115-116, 132, 172, 185, 219-220, 263, 304, 315-316, 322, 324, 326, 329, 331-332, 392, 408, 421
土地家屋調査士法	64-65, 73
土地区画整理法	15, 56, 112-113, 115-117, 132-133, 171, 186, 189, 256, 301-303, 316, 331, 394, 396
土地工作物管理使用収用令	252
土地収用法	2, 111, 161, 188, 223, 241, 243-244, 248, 257, 259, 268, 297, 310, 329, 354, 362, 393, 406
（旧）土地収用法	111, 161, 190, 241, 243, 246-248, 257, 259, 268, 310, 329, 354, 362, 406
（旧々）土地収用法	111, 241, 243-244, 246, 256-257, 268

法令索引（日本法）

土地収用令（朝鮮）······247
土地台帳法······108, 110-111, 116
土地調査令（朝鮮）······95, 108, 186, 187
(旧) 特許法······217
都道府県の所有に属する警察用財産等の処理に関する法律······210
トランプ類税法······394
取引高税法······419
取引所条例······50
取引所法（(旧) 商品取引所法（廃止時））······50

な

内航海運組合法（小型船海運組合法（制定時））······52
南方諸島及びその他の諸島に関する日本国とアメリカ合衆国との間の協定······30

に

日英通商航海条約······158
日本育英会法······42
日本勧業銀行法······27, 31
日本銀行券預入令······138
日本銀行法······42
日本坑法······121-122, 161, 245-246
日本国米利堅合衆国修好通商条約（日米修好通商条約）······158
日本国憲法施行の際限に効力を有する命令の規定の効力等に関する法律······20
日本国憲法の施行に伴う民事訴訟法の応急措置に関する法律······137, 202
日本国と中華民国との間の平和条約······20
日本国との平和条約······13, 20, 118, 139-140, 190-191
日本国有鉄道改革法等施行法······42, 407
日本国有鉄道清算事業団法······42
日本国有鉄道法······29, 42, 270
日本国有鉄道法施行法······29
日本証券取引所の解散等に関する法律······42
日本製鉄株式会社法······218
日本専売公社法施行法······29
日本鉄道会社特許条約······271-272
日本てん菜振興会の解散に関する法律······67
日本電信電話公社法······29, 42
日本発送電株式会社法······217-218
日本郵政公社法······29, 31
日本郵政公社法施行法······42
入場税法······394

の

農会法······53
(旧) 農会法······53
農会令······34
(旧) 農会令······53
農業委員会等に関する法律······65-66

農業共同組合法	47, 54

農業共同組合法……………………………………………………………47, 54
農業災害補償法…………………………………………(37), 39, 57-58, 136
農業者年金基金法…………………………………………………………136
農業振興地域の整備に関する法律…………………………………………219
農業信用保証保険法（農業信用基金協会法(制定時)）………………………58
農業団体法………………………………………………………………58, 67
農業動産信用法……………………………………………………………391
農業保険法……………………………………………………………38, 57
農住組合法…………………………………………………………55, 219
農地開発法…………………………………………………………………116
農地調整法………………………13, 161, 253-254, 292, 304, 323, 328, 392, 408, 427
農地法……………………………………(107), 161, 171, 221, (254), (318), (437)
農用地開発公団法…………………………………………………………219
農林漁業金融公庫法…………………………………………………………29
農林漁業団体職員共済組合法………………………………………………136
農林中央金庫法……………………………………………………………42

は

配電統制令…………………………………………………………………71-72
破壊活動防止法……………………………………………………45, 63, 72, 194
破産法……24, 43-44, 143-144, 148, 384, 308, 334, 344-345, 348, 350-351, 368-369, 385, 399-400, 403, 405
(旧) 破産法………………………24, 43, 44, 143, 308, 334-336, 344-345, 348, 368, 399-400, 403, 428
馬事団体令…………………………………………………………………39
葉煙草専売法…………………………………………………………211-212
馬匹組合法…………………………………………………………………51
犯罪被害財産等による被害回復給付金の支給に関する法律…………………231

ひ

引揚者給付金等支給法……………………………………………………137
被災区分所有建物の再建等に関する特別措置法……………………………7
非訟事件手続法………………………………………………………………3
(旧) 非訟事件手続法………………………………………………………390
非常徴発令…………………………………………………………………265
(旧) 百貨店法………………………………………………………………37, 51
日雇労働者健康保険法……………………………………………………136

ふ

府県制（道府県制（廃止時））…………………………………27-28, 35, 52, 70, 362
(旧) 府県制…………………………………………………………………28
不動産登記法………………………1, 15, 77-78, 80-81, 84, 99, 103, 105, 108, 110, 393
(旧) 不動産登記法………………1, 77, 80, 84, 106, 108, 110, 124, 131, 157, 241, 279, 370, 393
不良住宅地区改良法………………………………………………………258
武力攻撃事態等における国民の保護のための措置に関する法律……263, 267
武力攻撃事態における外国軍用品等の海上輸送の規制に関する法律………235
分収林特別措置法（分収造林特別措置法（制定時））………………………7, 284

へ

米穀自治管理法	37, 51
閉鎖機関整理委員会令	28
閉鎖機関に関する債権の時効等の特例に関する政令	145
閉鎖機関に関する債権の時効等の特例に関する勅令	139, 145
閉鎖機関の引当財産の管理に関する政令（特定在外活動閉鎖機関等の引当財産の管理に関する政令（制定時））	61, 145
閉鎖機関令	60, 145
平成二十二年度における子ども手当の支給に関する法律	137
平成二十三年度における子ども手当の支給等に関する特別措置法	137
弁護士法	41, 65, 73
（旧）弁護士法	41, 65
弁理士法	42

ほ

保安林整備臨時措置法	222, 305
貿易組合法	37, 51
防火地域内借地権処理法	308
防空法	266
法人税法	419
（旧）法人税法	419
放送法	28
法の適用に関する通則法	21
法例	21
捕獲審検令	234
牧野法	422
（旧）牧野法	51, 421-422
保険業法	55, 168, 224, 420
（旧）保険業法	55, 168, 224
（旧々）保険業法	55-56, 168, 224
保険募集の取締に関する法律	419
補助金等に係る予算の執行の適正化に関する法律	193
保税工場法	201
保税倉庫法	199, 201, 229, 353, 385-386
母体保護法（優生保護法（制定時））	41
北海道一級町村制	35
（旧）北海道一級町村制	35
北海道区制	35
北海道国有未開地処分法	314-315, 319, 354-355
（旧）北海道国有未開地処分法	387
北海道二級町村制	35
（旧）北海道二級町村制	35
（旧々）北海道二級町村制	35
ポツダム宣言	60, 139

ま

マンションの建替えの円滑化等に関する法律 …………………… 56, 171, 260, 285-287, 319, 397, 410-411

み

未帰還者に関する特別措置法 …………………………………………………………… 22
水資源開発公団法の一部を改正する法律 ……………………………………… 68, 209
未成年者喫煙禁止法 ………………………………………………………………… 236
密集市街地における防災街区の整備の促進に関する法律 ………………… 55-56, 254
水俣病被害者の救済及び水俣病問題の解決に関する特別措置法 ………………… 224
民間資金等の活用による公共施設等の整備等の促進に関する法律 ……………… 172
民事再生法 …………………… 144, 148, 308-309, 337-338, 345-346, 348-349, 369, 385, 403, 405
民事執行法 …… 134, 163-165, 170-171, 191-194, 289-290, 306-307, 335, 339-340, 342-345, 358, 371, 378,
398-399, 410, 430
民事訴訟法 ………………………………………… 81-82, 134, 138, 298, 343, 375
(旧) 民事訴訟法 …… 78, 82, 104, 134, 138, 164, 191-194, 298, 306, 335, 340, 342-343, 358, 375, 380-381,
390, 398-399, 430
民事保全法 …………………………………………………………………… 134, 164
民法 ……… 25, (68), 78, 157-158, 161, 167-168, 182, 196, 268, 279, 306, 314, 322, 324, 341-342, 345, 358,
370, 415-416, 429, 432
 3 条 ……………………………………………………………………………… 20
 4 条 …………………………………………………………………………… 236
 7 条, 10 条, 13 条, 14 条 …………………………………………………… 24
 29 条 ………………………………………………………………………… 390
 30 条 …………………………………………………………………… 19, 21, 22
 31 条 ………………………………………………………………………… 19, 21
 32 条 …………………………………………………………………………… 21
 40 条 ………………………………………………………………………… (39)
 43 条 ………………………………………………………………………… (41)
 68 条 ………………………………………………………………………… (44)
 71 条 ………………………………………………………………………… (51)
 72 条 ……………………………………………………………………… (224)
 73 条 ………………………………………………………………………… (51)
 86 条 …………………………………………………………………………… 97
 147 条 ………………………………………………………………… 134, 146, 150
 149 条 ………………………………………………………………… 134-136, 149
 154 条 ………………………………………………………………………… 135
 158 条 ……………………………………………………………………… 141-142
 160 条 ………………………………………………………………………… 143
 161 条 ………………………………………………………………………… 140
 162 条 …………………………………………………………………… 141, 155
 174 条ノ 2 …………………………………………………………………… 152
 177 条 …………………………………………………………………………… 81
 179 条 ………………………………………………………………………… 295
 180 条, 181 条, 183 条～185 条, 188 条, 189 条, 197 条 ……………… 155
 203 条 ………………………………………………………………………… 418
 204 条 ………………………………………………………………………… 155

法令索引（日本法）

206条	191, 195
206条〜238条	161
208条	(157)
210条，211条	279
213条	110
220条，221条	278
234条	278-279
239条	91, 175, 177, 179, 188, 435
240条	204
242条	97, 281
243条，244条	97
249条	157
256条	286
258条	193, 285-286, 327
259条	282
263条	412, 414
265条	159
266条	308
268条	289
270条	160
276条	308
280条	161
281条	160
282条	110
294条	412
295条	162, 342
296条	347
301条	343, 430
303条	167, 358, 398
304条	170-172, 373, 393
305条	347
306条	168
311条	166
333条，335条	336
342条	168
350条	170, 347, 373
369条	169, 398
372条	170, 347, 393
379条，380条，384条	346
388条	289
389条	290
392条	400
395条	(307)
398条ノ2	400
398条ノ12	397
398条ノ20	399-400
412条	138

463

423条 ··· *192, 411*
424条 ·· *308, 384, 403*
497条 ··· *194*
520条 ··· *295*
545条 ··· *311*
566条 ··· *404*
568条 ··· *192*
724条 ··· *404*
758条 ··· *286*
907条 ··· *286-287, 327*
918条 ··· *143*
932条 ··· *193*
(旧) 民法 ············ *12, 23-25, 78-79, 110, 122, 152, 159-162, 167-169, 175, 180, 241, 366, 370, 374, 390*
民法施行法 ···································· *1, 36,（51）, 157,（177）, 289, 322,（419-420）, 429*

む

無尽業法 ··· *55*
(旧) 無尽業法 ··· *56*

め

明治4年太政官布告648号 ··· *269*
明治10年太政官布告79号 ······································ *310, 325, 359, 379-380, 385, 406*

も

木船再保険法 ··· *58, 136*
木船保険組合の解散に関する法律 ·· *42*
持株会社整理委員会令 ·· *27*
元南西諸島官公署職員等の身分、恩給等の特別措置に関する法律 ··················· *140*

や

薬剤師会令 ·· *37*
(旧) 薬剤師会令 ·· *37*

ゆ

(旧) 郵便年金法 ··· *135*
郵便法 ·· *8*
(旧) 郵便法 ··· *363*
輸出組合法 ·· *51*
輸出水産業の振興に関する法律 ·· *52*
輸出入取引法（輸出取引法（制定時） ·· *52*

よ

要求物資使用収用令 ·· *267*
預金保険法 ··· *147, 268, 388*

ら

酪農業調整法 ··· *51*

法令索引（日本法）

り

陸運統制令 …………………………………………………………………………………… *71*
陸上交通事業調整法 ………………………………………………………………………… *72*
陸地測量標条例 ……………………………………………………………………………… *252*
罹災都市借地借家臨時処理法 ……………………………………… *290, 293, 298, 304-305*
琉球諸島及び大東諸島に関する日本国とアメリカ合衆国との間の協定 ……………… *141*
立木ノ先取特権ニ関スル法律 ……………………………………………………………… *167*
立木ニ関スル法律 …………………………………………………………………………… *289*
旅券法 ………………………………………………………………………………… *15, 235-236*
林業基本法 …………………………………………………………………………………… *436*
林野調査令（朝鮮） ………………………………………………………………………… *95*

れ

連合国軍人等住宅公社法 …………………………………………………………………… *28*
連合国最高司令官の許可を得て海外に渡航する者に対して発給する旅券に関する政令 … *235*
連合国財産の返還等に伴う損失の処理等に関する法律 ………………………………… *137*
連合国財産補償法 …………………………………………………………………………… *406*
連合国占領軍等の行為等による被害者等に対する給付金の支給に関する法律 ……… *137*

ろ

労働基準法 …………………………………………………………………………… *135-136*
労働金庫法 …………………………………………………………………………………… *55*
労働組合法 ……………………………………………………………………… *43, 46, 59, 62-63*
（旧）労働組合法 ……………………………………………………………… *44-46, 48, 59, 62*
労働災害防止団体法（労働災害防止団体等に関する法律（制定時）） ……………… *53*
労働者災害扶助責任保険法 ………………………………………………………………… *135*
労働者災害補償保険法 ……………………………………………………………………… *136*

わ

和議法 …………………………………………………………………………………… *337-338*

法令索引（外国法）

アメリカ法

破産法（連邦）·· 402
保険法（コネティカット州）··· 61

イギリス法

会社法··· 69
貨物蔵置法·· 201
関税法典··· 230
軌道法··· 275
公衆衛生法··· 275
商船法··· 197, 201
対敵取引修正法·· 26
鉄道規制法··· 272
倫敦旅客運輸法··· 218

イタリア法

関税法典·· 200, 333, 386

オーストラリア法

鉱業法（ヴィクトリア植民地）·· 121

オーストリア法

水法中帝国立法ニ留保スル規定ニ関スル法律··· 127
鉄道台帳ノ調整、鉄道抵当権ノ効力及鉄道優先債券所持人ノ担保権ノ登録ニ関スル法律············· 313

オランダ法

刑法典··· 233
民法典··· 159

韓国法

憲法··· 13
国有未墾地利用法（旧韓国）··· 177
森林法（旧韓国）·· 46, 178, 222, 226, 246, 282
土地調査法（旧韓国）·· 95, 186-187

民法‥‥‥ *14*

スイス法

債務法‥‥‥ *163*
民法典‥‥‥ *84, 360*
連邦ノ計算ニ於ケル諸鉄道ノ取得及経営並ニ瑞西連邦鉄道ノ管理ノ組織ニ関スル連邦法律‥‥‥‥ *272*

スペイン法

強制収用法‥‥ *245*
鉱山法‥‥ *121, 245*

ドイツ（ライヒ・連邦）法

一般商法典‥‥ *165-166*
営業法中改正法律‥‥‥ *52*
強制競売及強制管理ニ関スル法律‥‥‥‥‥‥‥‥‥‥‥‥‥‥‥‥‥‥‥‥‥‥‥‥‥‥‥‥‥‥‥‥‥ *307*
軍事供給ニ関スル法律‥‥‥‥‥‥‥‥‥‥‥‥‥‥‥‥‥‥‥‥‥‥‥‥‥‥‥‥‥‥‥‥‥‥‥‥‥‥ *262*
刑事訴訟法典‥‥‥ *237*
耕地整理令‥‥ *132*
失踪法‥‥‥ *23*
私保険事業ニ関スル法律‥‥‥‥‥‥‥‥‥‥‥‥‥‥‥‥‥‥‥‥‥‥‥‥‥‥‥‥‥‥‥‥‥‥‥‥‥ *55*
商法典‥‥ *166*
生産及経済協同組合ニ関スル法律‥‥‥‥‥‥‥‥‥‥‥‥‥‥‥‥‥‥‥‥‥‥‥‥‥‥‥‥‥‥‥‥‥ *54*
生産及経済協同組合ノ私法上ノ地位ニ関スル法律‥‥‥‥‥‥‥‥‥‥‥‥‥‥‥‥‥‥‥‥‥‥‥‥‥ *54*
秩序違反に関する法律‥‥‥‥‥‥‥‥‥‥‥‥‥‥‥‥‥‥‥‥‥‥‥‥‥‥‥‥‥‥‥‥‥‥‥‥‥‥ *292*
電気事業ノ社会化ニ関スル法律‥‥‥‥‥‥‥‥‥‥‥‥‥‥‥‥‥‥‥‥‥‥‥‥‥‥‥‥‥‥‥‥‥ *218*
土地台帳法‥‥‥ *111*
破産法‥‥‥ *344*
保険法（社会保険法）‥‥‥‥‥‥‥‥‥‥‥‥‥‥‥‥‥‥‥‥‥‥‥‥‥‥‥‥‥ *37, 71, 136, 214*
民事訴訟法典‥‥‥‥‥‥‥‥‥‥‥‥‥‥‥‥‥‥‥‥‥‥‥‥‥‥‥‥‥‥‥‥‥‥‥‥‥‥‥ *191, 374*
民法典‥‥‥‥‥‥‥‥‥‥‥‥‥‥‥‥‥‥‥‥‥‥‥‥‥‥‥‥‥‥‥‥‥‥‥ *51, 58, 152, 164, 201*
労働者ノ疾病保険ニ関スル法律‥‥‥‥‥‥‥‥‥‥‥‥‥‥‥‥‥‥‥‥‥‥‥‥‥‥‥‥‥‥‥‥‥ *34*

ドイツ（ラント）法

医師名誉裁判所、会費賦課権及医師会金庫ニ関スル法律（プロイセン）‥‥‥‥‥‥‥‥‥‥‥‥‥ *37*
一般建築法（ザクセン）‥‥‥‥‥‥‥‥‥‥‥‥‥‥‥‥‥‥‥‥‥‥‥‥‥‥‥‥‥‥‥‥‥‥‥ *132*
一般鉱山法（プロイセン）‥‥‥‥‥‥‥‥‥‥‥‥‥‥‥‥‥‥‥‥‥‥‥‥‥‥‥‥‥‥‥ *123, 246*
金員徴収ノ為ノ行政強制手続ニ関スル勅令（プロイセン）‥‥‥‥‥‥‥ *352, 366, 379, 199*
警察行政法（プロイセン）‥‥‥‥‥‥‥‥‥‥‥‥‥‥‥‥‥‥‥‥‥‥‥‥‥‥‥‥‥‥‥‥‥ *292*
公共目的ノ為ニスル土地所有権ノ強制譲渡ニ関スル法律（バイエルン）‥‥‥‥‥‥‥‥‥‥‥ *243*
耕地整理法（バイエルン）‥‥‥‥‥‥‥‥‥‥‥‥‥‥‥‥‥‥‥‥‥‥‥‥‥‥‥‥‥‥‥‥‥ *112*
商工会議所法（プロイセン）‥‥‥‥‥‥‥‥‥‥‥‥‥‥‥‥‥‥‥‥‥‥‥‥‥‥‥‥‥‥‥‥ *53*
森林法（バイエルン）‥‥‥‥‥‥‥‥‥‥‥‥‥‥‥‥‥‥‥‥‥‥‥‥‥‥‥‥‥‥‥‥‥‥‥ *425*
森林令（テューリンゲン）‥‥‥‥‥‥‥‥‥‥‥‥‥‥‥‥‥‥‥‥‥‥‥‥‥‥‥‥‥‥‥‥‥ *420*

水法（プロイセン）……………………………………………………………… *34, 96*
水利組合ノ設立ニ関スル法律（プロイセン）…………………………………… *34*
世襲財産ニ関スル勅令（バイエルン）…………………………………………… *355*
堤防団体ニ関スル法律（プロイセン）…………………………………… *263, 268*
鉄道企業ニ関スル法律（プロイセン）…………………………………… *198, 272*
鉄道財団ニ関スル法律（プロイセン）…………………………………………… *313*
東部六州市制（プロイセン）……………………………………………………… *414*
東部六州町村制（プロイセン）……………………………………………………… *33*
土地所有権ノ収用ニ関スル法律（プロイセン）………………………………… *242*
土地整理法（ヴュルテンベルク）………………………………………………… *112*
土地整理法（バーデン）…………………………………………………………… *112*
物上負担ノ消除及領主農民関係ノ規制ニ関スル法律（プロイセン）…………… *94*
不動産ニ対スル強制執行ニ関スル法律（プロイセン）……………… *306, 390, 398*
捕獲事件手続規程（プロイセン）………………………………………………… *234*
ライン右岸部町村制（バイエルン）…………………………………… *33, 35, 415*
ライン州ニ於ケル直間税其他公租公課ノ行政上ノ強制徴収ノ為ノ勅令（プロイセン）…… *198, 352, 379*

フランス法

1808年1月22日デクレ…………………………………………………………… *127*
1808年11月12日法律…………………………………………………………… *360*
共和国ノ海商及税関ニ関スル法律………………………………………………… *201*
軍事徴発ニ関スル法律……………………………………………………………… *262*
刑法典………………………………………………………………………………… *228*
県参事会ニ関スル法律……………………………………………………………… *33*
鉱床、浅鉱床及露天鉱床ニ関スル法律…………………………………………… *122*
公用収用ニ関スル法律……………………………………………………… *242, 251-252*
財政ニ関スル法律…………………………………………………………………… *211*
市町村法典…………………………………………………………………………… *70*
沼沢地ノ干拓等ニ関スル法律……………………………………………………… *251*
商法典……………………………………………………………………………… *165, 166*
森林法典……………………………………………………………………………… *89, 96*
地租ノ配賦、標準及徴収ニ関スル法律…………………………………………… *76, 149*
地方鉄道及軌道ニ関スル法律……………………………………………………… *274*
地方道ニ関スル法律………………………………………………………………… *90*
都市ノ整備美化及拡張計画ニ関スル法律………………………………………… *250*
巴里ノ街路色ニ関スル勅令………………………………………………………… *251*
水制度ニ関スル法律………………………………………………………………… *127*
民法典………………………………………………… *162, 167, 169, 358, 362, 366, 390*

ベルギー法

地上権ニ関スル法律………………………………………………………………… *159*
地方公共団体ノ公共事業ノ為ノ地帯収用ニ関スル法律………………………… *259*
直税ノ台帳及滞納処分ニ関スル通則法典………………………………………… *359*
通貨交換ニ関スル準法律的命令…………………………………………………… *138*
鉄道特許ノ譲渡ニ関スル法律……………………………………………………… *198*

法令索引（外国法）

満洲国法

石油類専売法 ··· *211*
鉄道法 ··· *271*
民法 ·· *14, 58, 126*

《著者紹介》
仲野　武志（なかの　たけし）
　昭和50年1月　神戸市生まれ
　平成9年3月　東京大学卒業
　平成9年4月　東京大学助手
　平成12年8月　東北大学助教授
　　この間、外務省・内閣法制局に出向
　平成24年4月　京都大学教授

〈著書・主要論文〉
『公権力の行使概念の研究』（有斐閣・平19）
「行政過程による〈統合〉の瑕疵」稲葉馨他編『藤田宙靖博士
　東北大学退職記念・行政法の思考様式』（平20）所収
「公権力と公益」磯部力他編『行政法の新構想』（平23）所収
「不可分利益の保護に関する行政法・民事法の比較分析」民商
　法雑誌148巻6号（平26）所収
「法治国原理の進化と退化？──行政における違法概念の諸相」
　長谷部恭男編『岩波講座 現代法の動態』1巻（近刊）所収

国家作用の本質と体系 I
Justifying Legislative Encroachment upon Inherent Patrimonial Rights — An Encyclopedia. vol. I

2014年3月30日　初版第1刷発行

著　者　　仲野　武志

発行者　　江草　貞治

発行所　　株式会社　有斐閣
　　　　　郵便番号　101-0051
　　　　　東京都千代田区神田神保町2-17
　　　　　電話　(03) 3264-1314〔編集〕
　　　　　　　　(03) 3265-6811〔営業〕
　　　　　http://www.yuhikaku.co.jp/

印刷・製本　中村印刷株式会社
©2014, Takeshi Nakano. Printed in Japan.
落丁・乱丁本はお取替えいたします
★定価はカバーに表示してあります
ISBN 978-4-641-13153-8

[JCOPY]　本書の無断複写（コピー）は、著作権法上での例外を除き、禁じられています。複写される場合は、そのつど事前に、(社)出版者著作権管理機構（電話03-3513-6969、FAX03-3513-6979、e-mail:info@jcopy.or.jp）の許諾を得てください。